Un Clásico de Li...

FRANK DAMAZIO

Principios
de Liderazgo
Bíblico
para
los Líderes
de Hoy

LA HECHURA DE UN LIDER

Prefacio por C. Peter Wagner

Publicado por
City Christian Publishing
9200 NE Fremont
Portland, Oregon 97220

Impreso en EE.UU.

City Christian Publishing es un ministerio de City Bible Church y está dedicado a servir a la iglesia local y a sus líderes a través de la producción y distribución de materiales de calidad.

Es nuestra oración que estos materiales, probados en el contexto de la iglesia local, levantarán líderes para la exaltación del Señor y para la extensión de Su Reino.

Para un catálogo gratis de recursos adicionales de City Christian Publishing favor de llamar al 800-777-6057 o visitar nuestra página de Web en www.citychristianpublishing.com.

La Hechura de un Líder

ISBN 10: 1-59383-043-2
ISBN 13: 978-1-59383-043-4

A menos que se indique algo diferente, todas las referencias de versículos bíblicos han sido tomadas de la Versión Reina Valera de la Biblia. En algunas referencias de versículos bíblicos el autor añadió itálicas para su énfasis.

DEDICATORIA

Dedico este libro a tres padres espirituales quienes han tenido una influencia significativa en mi vida y ministerio. Primero, reconozco al Pastor Leonard Fox, de San Bernardino, California, quien puso los primeros cimientos cristianos en mi vida. Después, reconozco al Pastor Dick Iverson, de Portland, Oregon, pues sus palabras de sabiduría me han dado dirección piadosa continuamente. Finalmente, muestro mi agradecimiento por Kevin Conner, de Melbourne, Australia, quien me ha dado muchas llaves para la Palabra de Dios, horas innumerables de instrucción personal y paternal, así como una hermosa esposa, su hija, quien me motivó durante los cinco años de la redacción del presente libro.

Tabla de Contenido

PREFACIO

En la vida de la iglesia actual no existe un tema más crucial que el del liderazgo. Vivimos en un tiempo de una gran cosecha a nivel mundial con decenas de miles de gente que llegan a Cristo cada día. Pero desafortunadamente muchos de los que expresan un deseo por seguir a Jesús terminan una vez más en el mundo, debido a que no hay una iglesia que los envuelva con compañerismo cristiano. La razón principal de esto es la falta de liderazgo en las iglesias. El evangelismo avanza a alta velocidad mientras que la capacitación del liderazgo apenas está en el primer giro de la caja de velocidades.

Frank Damazio, y muchos otros como él, han visto claramente este problema y se han propuesto hacer algo al respecto. Una de las razones principales por las que los movimientos pentecostales y carismáticos están dejando atrás a las iglesias tradicionales en sus tasas de crecimiento es, que han reconocido el hecho de que las formas tradicionales de selección y capacitación de gente para el ministerio pastoral son lamentablemente anticuadas.

Muchos líderes carismáticos independientes están sobrepasando el sistema seminarista establecido para preparar gente para su ordenación. Mientras que son maestros, también son hacedores de la Palabra. Frank Damazio sobresale entre ellos debido a que es un hacedor que también tiene la capacidad envidiable para analizar lo que está haciendo, para redactarlo en prosa clara y entendible, y por lo tanto, para comunicar ideas valiosas a otros.

Considero *La Hechura de un Líder* un documento altamente importante en el cristianismo contemporáneo. En éste, Frank Damazio explica con detalles fascinantes la filosofía moderna del liderazgo de la iglesia que representa lo que yo considero es una oleada del futuro mientras entramos al tercer milenio.

Espero que este libro tenga una circulación extensa y que sea profundamente considerado, no sólo por aquellos pentecostales y carismáticos que ya están de acuerdo con este enfoque, sino lo que es más importante, por aquellas personas responsables de le capacitación del liderazgo futuro en las tradiciones evangélicas principales. Sólo al hacerlo será posible cambiar de giro y permitirá que la capacitación del liderazgo se mantenga al paso de lo que Dios está haciendo en nuestro mundo.

C. Peter Wagner
Seminario Teológico Fuller
Pasadena, California

INTRODUCCIÓN

La historia humana nos confirma ampliamente el hecho de que ninguna generación puede levantarse más allá del nivel de su liderazgo. Las naciones se levantan y se derrumban de acuerdo a la efectividad de sus gobiernos. Estas verdades son a la vez aplicables a los negocios, organizaciones, iglesias, familias e individuos. Es un hecho que cuando el líder es titubeante, sus seguidores son dañados, dispersados, y se convierten en presa fácil de sus depredadores. Y cuando los líderes son destruidos, prevalece el caos y la transgresión. Así que es imperativo que los hombres y mujeres, jóvenes y viejos, se ocupen en responder al llamado de Dios y escojan convertirse en líderes cristianos de integridad, fuertes y confiables. El milagro del liderazgo íntegro es posible porque Dios mismo promete introducir su presencia, carácter, sabiduría y habilidad a sus líderes, que se han rendido para sujetarse a su dirección. La tarea no siempre es fácil porque sus caminos son más altos que nuestros caminos. El sendero de la justicia está lleno de pruebas y de bendiciones. Dios ha puesto su mejor parte, y él espera que usted dé *lo máximo* a cambio. ¿Está usted dispuesto a hacer lo que sea necesario para maximizar su potencial de liderazgo para Su gloria? Esto es de lo que trata este libro... **La Hechura de un Líder**.

Escribí el texto original mientras enseñaba este tema en el instituto Portland Bible College. Siendo que el texto nació de un programa educativo de salón de clases, usted será retado a estudiar y batallar con profundos mandatos bíblicos, parábolas y principios. Será movido a maravillosos ciclos de aprendizaje en los cuales su mente será despertada para percibir nuevas verdades, retener penetrantes pensamientos espirituales, y de esta forma, crecer en tan especial llamado y destino al cual Dios le ha investido de poder para cumplir. ¡Mi deseo es que usted sea un campeón en Cristo! Es mi meta única como autor y pastor/maestro superarme en cada don que poseo para capacitarle y equiparle para ver y llegar a ser todo lo que Dios tiene para usted. Yo creo que las raíces del estudio bíblico y del entrenamiento son la vigorosa tradición que han hecho extensivo el evangelio a toda generación. Los líderes nacen, pero también se hacen, y son guiados a maximizar sus potenciales como siervos y columnas en la casa de Dios. La marca de un líder dinámico se manifiesta claramente en cualquier cosa que toma en sus manos. Por lo tanto, es mi esperanza que los líderes cristianos dedicarán sus prioridades para colocar la iglesia en el punto focal de la sociedad.

Necesitamos levantar modernos Danieles que hablen con denuedo y sin compromisos la palabra de Dios en medio de las presiones y tentaciones aplastantes de la Babilonia de la sociedad moderna. Los Goliats están burlándose de nuestra sociedad sin Cristo que divaga al carecer de fundamentos bíblicos. Los gigantes burlones del enemigo están tomando control al malorientar a una nación confundida a través del humanismo, secularismo, pensamiento de la Nueva Era y sectas de todo tipo. Los Goliats de las drogas, alcohol, pornografía, violencia y permisividad sexual, se evidencian en cada barrio, así como en las pantallas de cine y televisión. Estos parecen ser obstáculos invencibles que necesitan ser atacados por una nueva clase de líderes. Necesitamos líderes ungidos como David que digan a sus hombres, "¡Adelante... destruyamos al enemigo... recuperemos todo!"

¿Está usted ungido para servir y liderar? Sólo la verdadera unción de Dios puede equipar al cristiano con poder de lo alto. Dios puede hacer lo que el hombre no puede... y Él lo hará a través de usted si se dedica a penetrar con la Palabra de Dios a esta generación de corazón endurecido. Le reto a sumergirse en Su palabra, en este libro y a ver mis sesiones en el juego de videos de 7 horas de duración *Maximizando su Potencial de Liderazgo*. Si usted hace estas cosas, tengo fe que, en efecto, Dios le bendecirá con visión y determinación santa para cambiar nuestro mundo para la causa de Cristo.

¡Sigamos adelante!

Sinceramente,

Pastor Frank Damazio

Capítulo 1

LA NATURALEZA DEL LIDERAZGO

En cada siglo la iglesia lucha con las fallas de su liderazgo. Algunas veces éstas siguen un patrón similar al de la caída y levantamiento de la economía. Tiempos de prosperidad se ven ensombrecidos por un crecimiento de carnalidad y enfermedad espiritual en la Iglesia.

La iglesia en Norteamérica ha experimentado estos procesos en los años 80. Un número de muy prominentes líderes cristianos cayeron en problemas morales dramáticos y muy publicados. Los medios de comunicación masiva que ayudaron al crecimiento de algunos de estos ministerios, sirvieron también para amplificar el impacto de su caída. ¿Se habían visto antes en la iglesia errores tan conmovedores y repugnantes moralmente? Desafortunadamente, una mirada a través de la historia nos muestra que ha habido casos tan malos como estos y aun peores. Tal vez parecen tan malos hoy día porque todo el mundo puede darse cuenta de ellos.

¿Puede alguien dudar que Dios permite que la iglesia sea sacudida? La iglesia necesita algo más que "controlar los daños" al tratar de sobrevivir en estos tiempos de colapso. La iglesia debe reconstruir su liderazgo sobre la sólida base bíblica de un liderazgo ungido.

Uno de los factores claves que pueden ayudar a la iglesia en su avance hacia adelante es la persona que está leyendo este libro. ¡Usted! Si usted responde al genuino llamado de Dios al servicio, Él va a usarle. Pero usted necesita saber que su habilidad para conducir su liderazgo determinará el grado de fructificación de su servicio a Dios. Esto es válido sea que usted sirva en un ministerio de tipo gubernamental o en un ministerio de apoyo en la congregación.

¿Cuál es la naturaleza del verdadero liderazgo? ¿Qué hay de erróneo en los conceptos populares del momento? Los capítulos uno y dos de *La Hechura de un Líder* nos permitirán recuperar una definición escritural de lo que es el liderazgo cristiano.

La Imagen Torcida

Definiciones Cambiantes de Liderazgo

Mencione la palabra "liderazgo" y una amplia variedad de conceptos surgirán en la mente de las personas. Algunos de esos conceptos son demasiado vagos y generales, mientras que otros son más mundanos que bíblicos. Muchos de estos conceptos populares se enfocan en lo que un líder hace:

- Va a la cabeza, o en avance, actúa como una fuerza guiadora
- Motiva a la gente hacia un cierto propósito o meta
- Atrae a la gente en un curso de acción por medio de la persuasión o el ejemplo
- Provee dirección y estructura, para el esfuerzo y trabajo de los otros
- Aconseja y coordina las ideas de otros
- Guía a los demás a una vida de santidad por medio de su ejemplo
- Posee autoridad para guiar a otros por medio de instrucción y corrección

Estas siete definiciones de liderazgo son buenas pero muy generales. En el día de hoy la iglesia necesita conceptos de liderazgo que sean bíblicos a la vez que específicos. Uno de los propósitos de este libro es el de proveer definiciones de liderazgo más bíblicas y más específicas.

Algunos conceptos del liderazgo de la iglesia son meramente traslados de los contextos no cristianos. Tales conceptos populares tienen más de los principios del mundo de los negocios que de las Escrituras. Sí, el liderazgo de la iglesia debe aprender cómo hacer balances contables, administrar el tiempo, delegar responsabilidades y eliminar los programas menos útiles. Sin embargo, la iglesia no es algo así como el equivalente espiritual de la General Motors o la Compañía Georgia Pacific.

Dios ha dado en su palabra ciertos principios, por medio de los cuales deben funcionar sus líderes y la iglesia. Si los principios de la administración de empresas reciben una prioridad superior que las directrices específicas de la palabra divina, la iglesia llegará a ser una organización grande pero sin vida (al igual que muchas iglesias de nuestros días), en vez de ser un organismo espiritual vivo y creciente. Si los principios administrativos reemplazan los principios espirituales de la Palabra de Dios, la iglesia se convertirá en algo similar a un odre sin vino (Marcos 2:21, 22).

Muchos líderes de la iglesia que han sido instruidos en las prácticas de los negocios por nuestras universidades y seminarios han considerado la iglesia como un negocio secular. Los líderes que ven la iglesia como una corporación, en vez de una comunidad del Nuevo Pacto, también tienen la tendencia de considerar los programas de la iglesia como herramientas de mercadotecnia. Tienden a ver las reuniones como juntas de negocios en vez de oportunidades de escuchar la voz de Dios.

Ven el gobierno de la iglesia como una democracia o dictadura en vez de un servicio. Estos líderes se ven a sí mismos como presidentes y directores ejecutivos en vez de siervos ordenados por Dios. Ven a sus feligreses como accionistas individuales en lugar de cristianos con ministerios vitales.

Tales actitudes de tipo mercantil han robado a la iglesia parte de su vida espiritual y su vigor. Han incrementado la importancia de las posiciones, pero disminuido la importancia al hecho de ser piedras vivas en el edificio espiritual de Dios (1 Pedro 2:1-9). Han puesto lo académico por encima de la santidad, el profesionalismo por sobre la unción del Espíritu Santo, y lo externo sobre lo interno. El peligro de este profesionalismo es que tiende a reemplazar los caminos de Dios por los caminos del hombre, y finalmente, terminar en hipocresía y destitución espiritual.

El mismo Señor Jesús criticó el profesionalismo externo de los líderes religiosos de sus días, porque se habían vuelto hipócritas (Mateo 23:1-39). Ellos tenían todo tipo de conocimiento en sus cabezas, pero no lo demostraban en su forma de vida. Estos escribas y fariseos se dieron cuenta de que era más fácil estudiar las escrituras que vivirlas.

De igual manera sucede en nuestros seminarios e institutos. El énfasis tiende a estar en saber en lugar de hacer; en obtener grados más que en menguar, como comentó Juan el Bautista acerca de su relación con Jesús. Juan dijo, "Es necesario que él crezca, pero que yo mengüe" (Juan 3:30).

Desafortunadamente, el exagerado énfasis actual en los títulos académicos ha contribuido al orgullo, hipocresía y carencia de vida espiritual en muchos de los guías de la iglesia. Como observaremos en la Biblia, Dios no da tanta importancia a los grados académicos de sus líderes como la da al desarrollo del carácter, sabiduría y piedad. Dios no da premio alguno a la ignorancia, pero tampoco esto significa que su prioridad sea el entrenamiento académico.

¿Por qué se ha desviado tanto la Iglesia de los requerimientos bíblicos de Dios en direcciones totalmente opuestas? Una razón es originada por el cambio en nuestro entendimiento de lo que es un verdadero líder bíblico. La introducción de los términos "clero" y "laico" ha contribuido a esta comprensión errónea. Antes de tratar con los principios para la preparación del liderazgo, es necesario examinar primero estos conceptos de liderazgo. Examinaremos la definición, trasfondo e influencia de estas dos palabras antes de tratar bíblicamente con los conceptos que ellas intentan describir.

El "Clero" vs. Los "Laicos"

En su aplicación a la Iglesia de Jesucristo, los términos "clero" y "laicos" contienen semillas de verdad y de mentira. Es verdad que el Nuevo Testamento presenta dos distinciones generales en cuanto al ministerio, pero al hacer esto, el Nuevo Testamento nunca hace uso de las palabras "clero" y "laicos" o las raíces que dan origen a su significado.

El Nuevo Testamento presenta a todos los cristianos como ministros, en el sentido de que todo cristiano tiene un ministerio que desempeñar dentro del Cuerpo de Cristo. El Nuevo Testamento muestra que las dos funciones generales en la iglesia son de tipo gubernamental y congregacional; pero esta distinción general nunca se hace en una actitud de completa superioridad de una sobre la otra, según se ha entendido generalmente que el clero es superior a los laicos.

La relación entre los ministerios gubernamentales y congregacionales es similar a la relación bíblica de un marido con su esposa. Esposo y esposa son iguales como personas, pero difieren en su función o papel específico. De manera similar, los ministerios de gobierno y de la congregación en el cuerpo son iguales como personas pero diferentes y únicos en las funciones que desarrollan. Los términos "el clero" y "los laicos" causan desviación porque ponen en la mente de las personas una distinción no bíblica entre los cristianos de la iglesia.

Actualmente entendemos el significado de la palabra "clero" como aplicable al grupo de personas ordenadas en una religión, distinto a los laicos o gente común. Sin embargo, es interesante notar de dónde provino tal distinción. La palabra "clero" proviene de la palabra "clérigo", la cual se deriva de la palabra eclesiástica latina "clericus" que significa "sacerdote". Por lo tanto, el concepto de clero es similar al de sacerdocio. Note lo que señala el Diccionario Oxford acerca de los antecedentes culturales para la palabra "clérigo":

> *"El sentido original (de lo que era un clérigo) se refería a un hombre en una orden religiosa... como la educación escolar en la Edad Media estaba limitada al clero, y ellos desempeñaban todo el trabajo notarial, de escritura y secretarial de la época; el nombre 'clérigo' vino a ser semejante a 'erudito' y especialmente aplicable a un notario, secretario cronista, contador o escribano. Este último (esto es, escribano) vino a ser el sentido ordinario, los otros se hicieron arcaicos, históricos, formales o contextuales".*

El concepto de la Edad Media del clero como eruditos ha sido transportado conceptualmente al pensamiento religioso de nuestra época. Este hecho ha provocado que la gente piense que el clero consiste de personas doctas, y que para poder ser miembro del clero uno debe obligatoriamente ser un erudito. Sin embargo, no encontramos que el Nuevo Testamento antepone la erudición a la condición de la santidad o el tener el corazón de pastor, como cualidad necesaria para los que van al ministerio.

Algunos ejemplos importantes del Nuevo Testamento verifican esto. Aun el mismo Pablo (quien es ejemplo de aquellos quienes gustan de enfatizar la formación académica en la iglesia, debido a su entrenamiento a los pies del famoso maestro Gamaliel), pone mayor énfasis a la aptitud para el pastoreo, el carácter y la predicación de la cruz de Cristo, que al conocimiento en sus epístolas (1 Corintios 1:3,13; 1 Timoteo 3; Tito 1). Es interesante notar que Pablo, siendo un preparado y notable erudito en sus días, fue enviado principalmente a los Gentiles, que eran personas generalmente ignorantes y sin instrucción. En forma contraria, Pedro, el ignorante e indocto pescador, fue enviado al pueblo judío, los teólogos de sus días. Los caminos de Dios no son nuestros caminos.

La Iglesia de hoy ha sido engañada al pensar que los letrados son los ministros mejor preparados y que la mejor preparación para el ministerio es la académica. Este énfasis exagerado ha provocado diversos problemas. Muchos están orgullosos de su posición ministerial (el "conocimiento envanece"). Han desarrollado un vocabulario teológico ininteligible para la persona promedio. Un intelectualismo ha sido desarrollado que impide que muchos puedan suplir las necesidades prácticas del pueblo cristiano e incluso ha llevado a muchos a negar a Jesús y su Palabra. Como alguien señaló, "Los teólogos tienen el gracioso hábito de jugar entre ellos en un jardín amurallado, cerrado a la vista del público y utilizar un lenguaje que nadie más entiende".

Hablando históricamente, la Iglesia de Jesucristo, al irse identificando políticamente más y más con el mundo no cristiano de su alrededor, se ha venido identificando educacional y profesionalmente con el mundo. La cuestión de qué cantidad y qué clase de educación eran necesarias para preparar a la gente para el ministerio cristiano ha sido tema de gran controversia en los seminarios norteamericanos, desde la fundación de la primera universidad teológica, Harvard.

El propósito original de la Universidad de Harvard fue entrenar a hombres para la predicación del evangelio de Jesucristo. Los alumnos estaban obligados a estudiar la Biblia devocionalmente dos veces al día, y tenían que solicitar permiso a sus profesores para viajar fuera del pueblo para visitar a sus familiares/amigos. Hoy, sin embargo, Harvard se ha desviado gravemente de su propósito original, y nos sirve como un ejemplo representativo de lo que ha sucedido con nuestros seminarios y escuelas de divinidad. Dicho en forma sencilla: los requisitos académicos han reemplazado los requisitos bíblicos para el ministerio.

Para demostrar que los requerimientos intelectuales de los hombres a veces han sido más importantes que los requerimientos espirituales señalados por Dios para el ministerio y la ordenación, permítaseme citar algunos fragmentos provenientes de los catálogos de tres de las más conocidas instituciones teológicas de los Estados Unidos hoy día. Ciertas palabras han sido remarcadas por el autor para dar énfasis. Note el énfasis en la formación académica e intelectual.

Escuela de Divinidad de Yale

"Los estudiantes presbiterianos deben recordar que en la mayoría de las ocasiones, el conocimiento de los lenguajes hebreo y griego es un requisito para la ordenación. Puesto que los estudiantes que esperan ser ordenados por la UPUSA deben resolver los Exámenes Standard para Ordenación en la primavera de su año final, deben estar preparados para un examen sobre el contenido de la Biblia en el invierno de su segundo año y tomar las Políticas de la Iglesia en el semestre de otoño de su año final" (pág. 57).

"El requerimiento mínimo para el grado de Maestro en Divinidad es la terminación exitosa de tres años académicos de estudio con un horario de no menos de setenta y dos horas-semestre" (pág. 59).

"El grado de Maestro en Artes en Religión ofrece la oportunidad para nuevas y especiales formas de ministerio que no requieren de la ordenación. El requisito mínimo para el grado de Maestro en Artes en Religión es la terminación exitosa de dos años académicos de estudio con un horario no menor a cuarenta y ocho horas-semestre. (Pero) normalmente la Escuela de Divinidad no recomendará a ningún estudiante para su ordenación en base al grado de Maestro en Artes en Religión".

Escuela de Divinidad de Harvard

La portada del catálogo de Harvard ostenta un escudo de armas con la palabra latina "veritas", la cual significa verdad.

"Una parte importante de la Escuela de Divinidad es el Centro para el Estudio de las Religiones del Mundo. Este centro fue establecido en 1958 para estimular el esfuerzo de un entendimiento y estudio coordinado de las diferentes religiones y tradiciones históricas. Se ocupa principalmente de las diferentes comunidades religiosas, en la teoría y en la práctica, el pasado y el presente, y con la religiosidad del hombre en sus diferentes variedades. Este pequeño centro de residencia provee una experiencia única de comunidad para gente de diferentes creencias. El programa total del centro se desarrolla en colaboración con los diversos departamentos de la Universidad" (pág. 24).

"La evaluación en la Escuela de Divinidad se efectúa a través de una escala a base de letras... en un sistema del tipo Satisfactorio/No Satisfactorio. Para cumplir exitosamente con el programa de Maestría en Estudios Teológicos, es obligatorio aprobar un mínimo de doce de los dieciséis medios cursos con calificaciones honoríficas (B- o superiores)...." (pág. 29).

El estudiante de Maestría en Divinidad debe mostrar un conocimiento a nivel de lectura en alguno de los idiomas de interés en estudios teológicos (hebreo, griego, latín, alemán o francés)..." (pág. 31).

"Instrucción especial en las políticas y procedimientos de denominaciones específicas es ofrecida para candidatos cuya ordenación requiere tal entrenamiento" (pág. 33).

"Los candidatos a los grados de Maestría en Divinidad y Maestría en Estudios Teológicos deben haber recibido su grado de licenciatura en Artes, Ciencia o Filosofía en alguna universidad acreditada. Es posible que algunos estudiantes sin tal grado sean admitidos si dan evidencia satisfactoria de una preparación educativa similar. A cada candidato se le solicita lo siguiente:

- Una copia de su certificado universitario de calificaciones.

- Recomendaciones de su habilidad académica, promesa profesional y un documento sobre su carácter.

- Un documento de mil palabras, con los antecedentes generales estudiantiles, su trabajo académico previo y las razones porqué desea admisión al programa de la Escuela de Divinidad de Harvard".

"Reconociendo la amplia diversidad de los programas universitarios disponibles para estudiantes actualmente, el Comité de Admisión se ha preocupado de que no se utilice un sistema cerrado de criterios de preparación para los estudios del seminario. Es deseable que el estudiante posea una sólida formación previa en historia, filosofía, literatura y las ciencias sociales. Ciertamente es muy apropiado tener cierta experiencia en el área de religión pero no como para excluir a los otros estudios humanísticos. Cierta familiaridad con las ciencias naturales, las bellas artes y la música es lo más deseable, pero aquellos estudiantes universitarios en las áreas de ciencias naturales, ingeniería o artesanías podrían completar su preparación en humanidades y ciencias sociales, con trabajo orientado a estas áreas. Se espera que los candidatos tengan un buen conocimiento elemental (nivel de lectura) en uno de los siguientes idiomas: hebreo, griego, latín, alemán o francés".

"Cada candidato al Doctorado en Teología, antes de recibir su grado, debe satisfacer los requisitos del Comité en lo referente a:

(a) demostración de las habilidades lingüísticas apropiadas;

(b) aprobación del Examen General en su área;

(c) escribir una tesis aceptable

(d) sustentarla en forma oral satisfactoriamente en un examen final" (pág. 41).

Seminario Teológico de Princeton:

Su catálogo ostenta en el sello de las autoridades del Seminario Teológico, la figura de unos rayos de luz saliendo de un ojo colocado sobre una Santa Biblia abierta.

"Se recomienda que la preparación del candidato a licenciatura incluya un mínimo de sesenta horas-semestre ... en artes liberales como inglés, filosofía, historia y lenguas antiguas y modernas juntamente con cierto estudio en ciencias naturales y humanísticas, especialmente psicología y sociología".

"(El Programa de) Religión y Sociedad apoya el desarrollo de la participación en la reflexión teológica en la lucha mundial por la paz y la justicia. El trabajo se orienta hacia la cuestión teológica primaria y como una contribución creativa, a la acción humana a favor de la transformación de las realidades políticas y económicas. El programa intenta mantener unidas a la acción y el pensamiento en la enseñanza, el diálogo comunitario de la facultad y los estudiantes en la búsqueda de oportunidades para la participación en marcos religiosos, asociativos y académicos".

¿Seminarios "Seculares"?

Los extractos de los catálogos de los seminarios nos presentan varias desafortunadas desviaciones que han ganado terreno en varios seminarios, y por lo tanto, en las Iglesias. Dichas desviaciones son:

- Que el estudio de las diversas religiones del mundo, en el nombre de la expansión del entendimiento de la persona, ha llevado a muchos de nuestros seminarios (y a muchas Iglesias) a una mezcla religiosa, tal que muchos "ministros" actuales niegan la existencia del Dios personal de la Biblia, la inspiración de las Escrituras y el único y universal mensaje de salvación a través de la sangre del Señor Jesucristo;

- Que los requisitos académicos hayan reemplazado casi totalmente a los requisitos bíblicos (tales como unción, sabiduría, integridad, etc; I Timoteo 3 y Tito 1) para la ordenación ministerial;

- Que la escolaridad casi se ha equiparado con el ministerio;

- Que el conocimiento intelectual se convierta en el criterio para la ordenación por encima del conocimiento de la persona de Cristo Jesús y Sus caminos;

- El hecho de usar el término "candidatos ministeriales" implica que solamente algunos cristianos son llamados al ministerio en el Señor;

- Que la evaluación de los candidatos al ministerio se realice a través de una escala académica de calificación, en vez de las cualidades determinadas por Dios;

- Que la falta de conocimientos de hebreo, griego, alemán, francés o latín signifique que un hombre sea incapaz de servir como un maestro competente de la Biblia en el Cuerpo de Cristo;

- La necesidad de realizar estudios en los temas de artes liberales para poder ser ordenado, o para poder ministrar el evangelio de Cristo a la sociedad;

¿Cuál es el resultado de todas estas aberraciones en la formación de líderes religiosos? Los estudios generales en religión y ciencias sociales y otros planes de estudio relacionados, comprometen las claras posiciones sustentadas por la Biblia y terminan en una nube de palabrería humanista y anticristiana propagando un evangelio de unidad mundial, en términos puramente humanos.

En toda ocasión que la Iglesia no mantenga la Palabra de Dios como la norma final, se verá a sí misma comprometiendo la verdad divina en muchas áreas (en nombre de una educación más elevada), lo que generalmente hace decaer su vida espiritual – un sacrificio que no está a su alcance. La Iglesia no debe sacrificar la espiritualidad a cambio de una "educación más elevada". Una vez que la Iglesia ha permitido que la búsqueda de una educación elevada domine en la preparación de sus líderes, veremos a la Iglesia igualando la educación en una institución teológica con el ministerio. Para apoyar este hecho, es interesante notar que una de las palabras utilizadas para definir al grupo de hombres letrados (aquellos preparados literariamente y los que poseen inteligencia) es "cleresía", equivalente a la palabra del Latín medieval "clericus" – sacerdote o clérigo.

La Iglesia ha perdido mucho de su poder espiritual en la tarea de ganar las almas para Cristo, porque ha sustituido las normas bíblicas del ministerio de sus líderes por las reglas académicas mundanas. Es imperativo que la Iglesia se vuelva hacia la Palabra de Dios para determinar su énfasis en la formación y preparación para el ministerio. Cuando la Iglesia regresa a las Escrituras, como su fuente, experimentará las bendiciones y confirmaciones que Dios le ha prometido en Su Palabra.

"Sacerdote" vs. "Anciano"

Para seguir explorando cómo la Iglesia desarrolló un enfoque equivocado de liderazgo, pongamos nuestra atención ahora en la relación que hay entre las palabras "sacerdote" y "anciano". Un sacerdote se define generalmente como una persona que realiza ceremonias de tipo religioso, o funciones del oficio pastoral o ministerial. Se entiende que un cuerpo de ordenación de una autoridad religiosa mayor, debe investir al sacerdote con la autoridad para llevar a cabo estas funciones. En este punto, se pueden hacer varias observaciones con respecto al uso tradicional y moderno de la palabra "sacerdote" en la Iglesia.

Mediador. El concepto de un sacerdote como mediador entre Dios y los hombres es totalmente perteneciente al Antiguo Testamento. Sólo fue necesario hasta el tiempo de la vida y muerte de Jesucristo, el gran Sumo Sacerdote de la Iglesia (Hebreos 2:17; 3:1; 4:14,15; 5:1,5,10; 6:20; 7:1,

26-28; 8:1-3; 9:7,11, 25; 10:21 y 13:11) y el único mediador entre Dios y el hombre (I Timoteo 2:5; Hebreos 8:6 y 9:15; 12:24).

Inclusión. El concepto neotestamentario de un sacerdocio que no incluya a todos los cristianos es un traslado del Antiguo Testamento, el cual fue totalmente cumplido y abolido en la cruz. El Nuevo Testamento enseña que todos los cristianos son sacerdotes (1 Pedro 2:5,9) y que deben ofrecer sacrificios espirituales (no sacramentales) en acción de gracias a Dios, por lo que Cristo ha logrado para ellos a través de su Hijo en la cruz del calvario (1 Pedro 2:5; Hebreos 13:15,16).

Liderazgo. El concepto de un sacerdocio separado, constituido como el cuerpo dirigente de la Iglesia, es una perversión de los ministerios gubernamentales del apóstol, profeta, evangelista, pastor y maestro que Dios ha designado para guiar a la Iglesia (Efesios 6:10-12).

Santidad. La raíz griega de la palabra sacerdote significa "sagrado" o "santo". ("Hieros" es la raíz griega; "hierus" es la palabra griega para sacerdote). Este significado ha causado que la gran mayoría crea que el sacerdocio debería ser santo, y que los demás no necesitan ser tan santos ni pueden alcanzar tal grado de santidad. En el Antiguo Testamento esto era cierto, pero no se extiende al Nuevo Testamento donde todos los cristianos son miembros del "real sacerdocio".

La preservación de la idea de un sacerdocio especial ha sido esencial para mantener la estructura jerárquica de muchas Iglesias, ya que la palabra jerarquía se deriva de la misma palabra griega para sacerdote, "hierus". Destruir el concepto de un sacerdocio separado sería alterar las presentes estructuras jerárquicas de algunas Iglesias, las cuales se basan estrictamente sobre la autoridad terrenal. Algunas Iglesias declaran que creen en la existencia del sacerdocio de todos los creyentes, en adición a un sacerdocio separado. A causa de que estos dos conceptos están en conflicto, este tipo de declaración sólo puede existir en teoría, no en la práctica.

Categoría. En ciertas sociedades religiosas y órdenes hay una distinción entre los "sacerdotes", los "hermanos" y las "hermanas". Esto es indicativa de una delineación no bíblica de lo que es la posición en la Iglesia y una actitud de superioridad sacerdotal. Contrariamente, el Nuevo Testamento enseña que todos los cristianos son hermanos y hermanas en Cristo. (Romanos 1:13; 7:1,4; 8:12; 1 Corintios 1:10,11, 26; 2:1; 3:1; 2 Corintios 1:8; Gálatas 1:11; Efesios 6:10; Filipenses 1:12).

Autoridad. La palabra sacerdote en inglés (priest) se deriva de la palabra antigua "preost". Esta palabra es una alteración inexplicada de la palabra "presbíteros" la cual en el Nuevo Testamento se traduce como ancianos. Estas alteraciones inexplicadas de palabras y significados son paralelas a la forma inexplicable en que algunas Iglesias han desarrollado estructuras no bíblicas de autoridad jerárquica sacerdotal. El Nuevo Testamento menciona diferentes ministerios en la congregación. Pero siempre ha enseñado que el ministerio de gobernar adentro de la Iglesia recae en manos de los ancianos ("presbíteros") o los obispos ("episkopos") y no en sacerdotes. (Vea también Hechos 14:23; 15:2,4,6,22,23; 16:4; 20:17,28; Efesios 4:11,12; 1 Timoteo 5:17; Tito 1:5; Filipenses 1:1; I Timoteo 3:1,2; Tito 1:7; 1 Pedro 2:25).

Los Clérigos como Profesionales

Otra gran razón por la que se ha producido tal división no bíblica en la Iglesia entre el "clero" y los "laicos" se debe a que el clero ha sido definido como los "profesionales" en el campo del cristianismo. Una de las formas en que los clérigos han llegado a ser los "cristianos profesionales" se observa en la siguiente progresión lógica:

Dado que: el clero   =   el sacerdocio
y: el sacerdocio   =   una profesión
y: una profesión   =   un profesional
EN CONSECUENCIA: clérigos   =   profesionales

Permítame explicar esta progresión lógica de cómo los miembros del clero llegan a considerarse iguales a profesionales.

Como hemos visto ya, el concepto de "clero" equivale al de un sacerdocio separado. La palabra "clero" proviene de una palabra latina que es una variante de la palabra "clérigo". Esta palabra proviene de la palabra latina de uso eclesiástico "clericus", que significa sacerdote. Tanto por su trasfondo lingüístico y por la tradición, el clero y el sacerdocio son equivalentes. De esta manera, tenemos la primera parte de la progresión antes mencionada: "el clero = un sacerdocio".

A continuación notamos que la definición general de la palabra "profesión" en general define un grupo de personas dedicadas a una ocupación o llamado en particular. La palabra "profesión" se origina en una palabra latina medieval, esta es "profession" o "professio". "Profesión" se relacionaba originalmente con la acción de comprometerse con los votos de alguna orden religiosa. Diversas ordenes religiosas fueron formadas alrededor de líderes disciplinados, santos o carismáticos que "profesaban" con sus vidas un caminar con Dios. En forma particular durante la Edad Media y también a través de la historia de la Iglesia, los hombres que hacían votos en ciertas órdenes religiosas, eran llamados sacerdotes (después de su educación y posterior ordenación). Por consiguiente, llegó a entenderse que por esos votos quedaba constituida una "profesión" de compromiso con Dios.

En general, cada una de esas órdenes tenía su propio énfasis espiritual (a pesar de que esos énfasis se han atenuado con el transcurso del tiempo). Los jesuitas subrayaban la importancia de la educación; los dominicos, la predicación; los franciscanos, la vida pobre. Las personas que deseaban huir de las corrupciones de la sociedad medieval generalmente se apartaban de la sociedad y se unían a alguna de las órdenes. Las personas que no se adherían a ninguna de las órdenes religiosas eran criticadas y miradas despreciativamente como "gente común" que no tenían el deseo de sacrificarse enteramente para el Señor. Esta misma actitud ha prevalecido a lo largo de la historia de la Iglesia. Aquellos hombres que desean hacer una profesión por Cristo se convirtieron en "sacerdotes", y las mujeres por su parte, se hicieron "hermanas" o monjas. De esta forma observamos el cumplimiento del segundo enunciado general de nuestra progresión lógica: "el sacerdocio = una profesión". Ahora bien, aquellos que hacían una profesión por Cristo en las órdenes religiosas hacían ciertos votos de compromiso con Dios y con su grupo religioso en particular. Los tres votos más comunes que se formulaban en las diferentes sociedades religiosas eran: el de pobreza, (es decir, vivir dentro de la comunidad religiosa en la que nadie poseía nada en particular); el voto de castidad (vivir soltero, sin pareja matrimonial); y la obediencia (una obediencia plena a Dios al obedecer a los directivos de la orden).

A pesar de que la mayoría de las órdenes principiaron con motivos puros, sus perversiones de la verdad neotestamentaria son obvias. Algunas de ellas son:

1. El volverse personas centradas en la orden religiosa en vez de centrarse en la iglesia local, la cual abarca a todos aquellos que creen en Jesucristo;

2. El requisito del celibato, del cual el Apóstol Pablo predijo que se introduciría en la Iglesia, y así mismo catalogó tal enseñanza como doctrina de demonios (1 Timoteo 4:1-5);

3. La reducción del énfasis en la Palabra Divina, al colocar la constitución de la orden religiosa en un nivel equivalente a aquella o como superior;

4. El apartarse de aquella parte de la sociedad que más necesitaba de la predicación y la vida del evangelio de Jesús para poder conocer también al Señor;

5. El menosprecio al ciudadano típico, considerándole incapaz de una vida perfectamente cristiana.

Echemos una mirada a la última parte de nuestra progresión lógica. La palabra "profesional" se define generalmente como una persona que desempeña cierta ocupación y proporciona cierta clase de servicio como su medio de sostén económico. Por lo general, se entiende que un profesional hace su trabajo como su rutina u ocupación en algo que los aficionados solo hacen por diversión o para recrearse. Es en este sentido que los miembros de las órdenes religiosas se vuelven profesionales. Los miembros de las órdenes se convirtieron en receptores profesionales, predicadores profesionales, hombres de negocios profesionales, religiosos profesionales o maestros profesionales. Todo esto se hacía en el nombre de su profesión religiosa hacia Jesucristo.

Eventualmente, las palabras "profesión" y "profesional" también fueron aplicadas a las personas que se involucraban en cualquier actividad de negocios por lucro. Los gremios de negocios y comerciantes se organizaron con algunos patrones similares a los de las órdenes religiosas. Se entendía que estaban profesando los ideales para los que su ocupación se dirigía. Por ejemplo, el campo de la medicina, se empezó a llamar la "profesión" médica en el sentido original de vivir para el cumplimiento de los elevados ideales y obligaciones de los médicos, contenidos en el juramento de Hipócrates, el padre de la medicina, de origen griego (460 a 360 a.C.). Como consecuencia, tenemos la tercera y cuarta partes de nuestra progresión inicial: "una profesión = un profesional", por lo tanto "los clérigos = profesionales". Así que podemos de nuevo enunciar nuestra progresión lógica:

el clero = el sacerdocio

el sacerdocio = una profesión

una profesión = un profesional

EN CONSECUENCIA: clérigos = profesionales

Aquellos considerados como miembros del clero se les solicitaba como a los profesionales. Por otra parte, aquellos que recibían una educación teológica y "profesional" se les llegó a considerar parte del clero, o al menos, bien preparados para una ordenación de una denominación en particular. Sin embargo, ambas ideas no son bíblicas.

Para mejorar la comprensión de esta idea de que sólo los miembros del "clero" podían involucrarse en las actividades y ministerios de naturaleza espiritual, examinaremos cinco palabras claves. Veremos cómo los términos "Negocio", "Oficio", "Autorización", "Ordenación" y "Laicado" se han aplicado erróneamente al servicio cristiano y al liderazgo.

El "Negocio" del Ministerio

La palabra "negocio" se define regularmente como la dedicación activa de alguien, continuamente comprometido a cierta actividad para obtener un beneficio. Hoy día, la palabra "negocio" se refiere a la tarea oficial o profesional de uno o a su función u ocupación, en contraste con la recreación o el placer. La palabra "ocupación" se deriva de la palabra "ocupado".

Dos ideas erróneas han surgido con el concepto del "negocio del ministerio". En la primera, la gente ha creído que aquellos que están dedicados al ministerio deben ser apoyados financieramente por la iglesia o por donativos públicos y deben mantener el mismo nivel de prestigio que tienen las ocupaciones o profesiones no cristianas. Esto no es cierto y no necesariamente debe ser así. Aunque Pablo (un instrumento escogido por el Señor) tenía el poder de requerir que las iglesias lo sostuvieran económicamente, él no recibió apoyo de este tipo en varias ocasiones, para evitar que la gente le acusara de predicar el evangelio a cambio de una ganancia monetaria (1 Corintios 9:1-27; 2 Tesalonicenses 3:6-12).

Más aún, el apóstol Pablo escribió que una de las cualidades básicas era que no fuera codicioso o deseoso de dinero (1 Timoteo 3:3). Debido a que muchos piensan en el ministerio como algo exclusivamente similar a cualquier profesión mundana, ellos siempre han pensado que los ministros reciben el apoyo económico para realizar su servicio. Es desafortunado que esta actitud ha llevado a muchas personas hacia el ministerio por lo que podrían obtener de él económicamente. Muchos ministros literalmente han robado a los rebaños, "en el nombre del Señor".

Una de las verdaderas pruebas de que un hombre es verdaderamente ordenado por Dios para el ministerio es que él, voluntaria, natural y deseosamente desempeñará el ministerio de la predicación del Evangelio y la enseñanza de la Palabra de Dios en su tiempo libre, sin necesidad de un apoyo económico. Es por ello que los pastores deben probar a sus jóvenes que están preparándose para el ministerio, al observar si ellos, de manera espontánea, ministran la Palabra de Dios sin ninguna ambición de dinero o posición. De esta manera sus motivos para el servicio serán traídos a la luz.

Una segunda percepción errónea en cuanto al "negocio del ministerio" es que sólo los que están en una posición de ministerio de tiempo completo, apoyados económicamente por la Iglesia, están haciendo la obra del Señor a tiempo completo con una entrega total. Esto ha llevado a los "ordenados" (ministros asalariados) a hacer todo el trabajo de la Iglesia. Para repetir lo que ya hemos dicho, todos los cristianos son llamados por Dios a Su obra. Cada cristiano tiene una función especial e importante que debe cumplir en el Cuerpo de Cristo (1 Corintios 12). Muchas Iglesias Protestantes han caído en la misma delineación falsa del servicio cristiano que es parte de la tradición católica.

El "Oficio" del Ministerio

La palabra "oficio" es definida generalmente como la posición que ostenta una persona profesional y "oficina" es el local donde se hacen las transacciones de un profesional. La palabra "oficio" proviene del latín "oficium" que quiere decir servicio, obligación o ceremonia. Esta palabra tiene su raíz en otra palabra del latín: "opus", que significa trabajo.

Hay varios conceptos erróneos que aparecen cuando se le aplica el término "oficio" al ministerio:

Hay gente que piensa que en tanto que una persona desempeñe alguna ceremonia prescrita, está desempeñando correctamente su oficio ministerial. Por el contrario, las ceremonias fácilmente se pueden volver vacías y carentes de vida. Para estar funcionando realmente en nuestro oficio ministerial, debemos trabajar de manera flexible, con la unción del Espíritu Santo.

Muchos creen que el laborar el oficio del ministerio es sentarse en una oficina, hacer trabajo de escritorio, escribir, y esperar que la gente llegue a pedir ayuda. El ministrar a las necesidades de la gente ocasionalmente tendrá lugar en una oficina. Sin embargo, el cumplir con el oficio de ministro realmente significa llenar la necesidad espiritual de la gente, no importa donde se encuentren. Jesús y los apóstoles lo hicieron al salir fuera, ministrando al perdido y al moribundo.

Otros tantos creen que cualquier persona con un título y un nombre en la puerta de su oficina realmente puede satisfacer las necesidades de la gente. Por el contrario, el funcionar en nuestro oficio de ministro consiste en salvar y sanar las vidas de las personas, y no depende de los títulos, posiciones, certificados, o cuartos oficiales para tal tipo de servicio. La recomendación para el ministerio de Pablo, por ejemplo, no eran sus títulos dados por el hombre, ni su posición y oficio en el templo. Su recomendación era el fruto espiritual que Dios le había capacitado para producir en las vidas de la gente. Él afirmó *"¿Comenzamos otra vez a recomendarnos a nosotros mismos? O tenemos necesidad, como algunos, de cartas de recomendación para vosotros, o de recomendación de vosotros? Nuestras cartas sois vosotros, escritas en nuestros corazones, conocidas y leídas por todos los hombres; siendo manifiesto que sois carta de Cristo expedida por nosotros; escrita no con tinta, sino con el Espíritu del Dios vivo; no en tablas de piedra, sino en tablas de carne del corazón"* (2 Corintios 3:1-3).

La "Autorización" para el Ministerio

La palabra "autorización" se refiere al estado o la cualidad de haber recibido autoridad oficial o poder para desempeñar una función debidamente sancionada. La palabra "autorización" se deriva del latín medieval "auctorizare," que significa crecer o incrementar.

Muchos en la Iglesia de hoy malentienden lo que constituye un ministerio "autorizado". Esto se arraiga en la creencia de que el sistema de la Iglesia confiere autoridad, directamente resultante en una posición de privilegio, que aumenta el prestigio personal y la reputación del que lo recibe. Esto no es lo que constituye la autorización en el ministerio.

Es Dios quien unge a una persona para ministrar, y las organizaciones de los hombres pueden solamente estar de acuerdo con su unción. La meta del ministerio es el crecimiento e incremento en las vidas de los demás, no el prestigio personal del ministro. La meta del crecimiento espiritual no viene de recibir un título, sino de servicio entregado por aquél que confía en que Dios le pondrá en alto.

La palabra "autorización" proviene de la palabra latina "auctor". Cuando la interpretamos espiritualmente, "auctor" nos provee de una multitud de significados que en sí mismos hacen un fascinante estudio en el liderazgo. Por extensión, la palabra "auctor" tiene los significados espirituales de:

Un progenitor de familias espirituales

Un constructor de edificios espirituales

Un autor de escritos espirituales

Un hacedor de obras espirituales

Un maestro de conocimiento espiritual

Un mensajero de buenas nuevas espirituales

Un consejero espiritual de las acciones

Un promotor de dimensiones espirituales

Uno que apoya las leyes espirituales

Un líder espiritual en la vida pública

Un modelo de conducta espiritual

Un testigo de promesas espirituales

Un guardián espiritual de las mujeres y los niños

Un campeón por el bienestar espiritual de otros

La persona que realmente desempeñe algunas o todas las funciones de esta lista es quien está autorizado(a) a servir al Señor "a tiempo completo".

"La Ordenación" para el Ministerio

La "ordenación" se define comúnmente como el acto de investir oficialmente a una persona con las funciones ministeriales y santas órdenes. Esta palabra se deriva de la palabra latina "ordinare", que significa poner en orden, arreglar, señalar o regular. "Ordenar" oficialmente a alguien para el ministerio es designarlo para la obra, y para regular las actividades ministeriales de tal persona.

En la Iglesia, sin embargo, la verdadera ordenación no precede al ministerio; lo sigue. Sólo después de estar funcionando de manera obvia en ciertas áreas de ministerio e influencia espiritual, por la capacitación del Espíritu Santo, una persona es ordenada por Dios para hacer la obra del ministerio. Un hombre no es ordenado por otro hombre para que pueda funcionar. Al contrario, él es reconocido por los hombres porque ya ha sido espiritualmente ordenado por Dios. ¡Ya está funcionando en el ministerio que Él le ha dado!

Los "Laicos" y el Ministerio

La inmensa brecha entre el rango superior del clero y el inferior de los laicos está cambiando en muchas Iglesias. Sin embargo, el cambio parece estar más en la teoría que en la realidad. Demos una mirada a la palabra "laico".

Tiene un trasfondo diverso e interesante. El "laicado" se define comúnmente como el cuerpo de personas que está fuera de una profesión en particular, y en la mayoría de las veces se refiere a los que no son parte del clero. La palabra "laico" sigue afectando nuestros pensamientos acerca del "laicado", a pesar de que es usado menos en ese contexto hoy día. "Laico" significa iletrado o sin instrucción. En 1535, la versión de la Biblia Coverdale tradujo Hechos 4:13 en esta forma: "Vieron la valentía de Pedro y Juan y se maravillaban porque estaban seguros de que eran iletrados y laicos".

¿No es interesante que los líderes judíos considerasen a Pedro y a Juan, dos de los más grandes ministros del Evangelio, como simples "laicos"? ¿No ha mantenido la Iglesia la misma actitud a través de su historia, hacia los ministros del sencillo evangelio de Jesucristo?

La Palabra "laico" también tiene la connotación de "no santo". Siendo de esta forma, la Biblia Douay tradujo en 1609 1 Samuel 21:4 así: "No tengo pan laico, sino sólo pan sagrado".

Sea que nos guste o no, a través de los años la Iglesia ha considerado a los laicos como iletrados y sin santidad en comparación con los clérigos. Los términos "diácono laico" o "hermano laico" ejemplifican este mal entendimiento acerca del verdadero ministerio. La Iglesia Católica define a un "hermano laico" como "un hombre que ha tomado el hábito de una orden religiosa, pero que se emplea principalmente en trabajo manual y está exento de los estudios o trabajos en el coro que se le requieren a los demás miembros". Un "diácono laico" es "un hombre con las órdenes diaconales que dedica sólo parte de su tiempo a las ministraciones religiosas, a la vez que sigue en su empleo secular".

Así que el término "laico" implica a aquellos que hacen trabajos manuales, que generalmente no tienen estudios religiosos, y sirven al Señor a tiempo parcial. Este concepto tiene sus raíces en la filosofía griega que consideraba santo al espíritu del hombre, pero a su cuerpo, malo.

La Palabra "laico" también se deriva directamente del latín "laicus", que es una forma diferente de la palabra "lake". Algunos de los sentidos principales de "lake" son juego, deporte, diversión, trucos, jovialidad, etc. La Iglesia ha creado un contraste impresionante al usar la palabra "laico" para referirse a los que están dedicados a las "cosas de juego" o divertidas de la vida, mientras que aplican la palabra "clero" para referirse a aquellos que están involucrados en las cosas más importantes y "espirituales" de la vida. ¿No ha sido ésta la actitud prevaleciente de la Iglesia?

Es más interesante aun notar que la palabra "lake" es una forma antigua de la palabra "lac" que significa un defecto, fracaso, delincuencia moral, ofensa, carencia de algo, o la condición de ser censurado. Cuando la palabra "lac" se aplica a un miembro del cuerpo, se refiere a un miembro dañado; cuando se refiere a un distrito geográfico, significaba un área destituida. La Iglesia ha permanecido con la idea que la gente laica o común tiene tantos defectos y debilidades morales que lo que tienen que decir debe ser censurado. La actitud prevaleciente es que los laicos son miembros inválidos del Cuerpo de Cristo, y que viven en un distrito espiritualmente destituido. A pesar de que muchas Iglesias buscan escapar de esta forma de pensar, sigue estando debajo de las actitudes de muchas de ellas.

El Señor está moviendo a Su gente para derribar las murallas de error que se han edificado para separar a los laicos de los clérigos. Está restaurando nuestra habilidad para ver a los ministerios en su forma escritural. El Nuevo Testamento nunca usa el concepto del clero como algo opuesto a los laicos. En lugar de ello, subraya la importancia de que todos los cristianos encuentren sus ministerios y funcionen en los mismos.

Es en este contexto que usted descubrirá su ministerio especial para el Cuerpo de Cristo, su propio papel en la reedificación de la Iglesia.

Capítulo 2

LIDERAZGO DE LA IGLESIA: ANTECEDENTES Y CONFLICTOS

En el capítulo uno, estudiamos los conceptos y definiciones que nos ayudarán a comprender el liderazgo cristiano.

En ocasiones, sin embargo, un poco de información hace surgir muchas preguntas: ¿Cómo fue que se llegó a tal confusión en cuanto al liderazgo cristiano? ¿Cómo podemos colocar una base bíblica sensata que nos permita reedificar el liderazgo cristiano, sin cometer otra vez los errores del pasado?

Para restablecer el diseño divino para la Iglesia de hoy, es crucial entender el liderazgo bíblico y la historia del liderazgo de la Iglesia.

El Comienzo del Conflicto - Las Jerarquías Religiosas

¿Qué fue lo que produjo tales conceptos antibíblicos acerca del ministerio como la separación entre el clero y los laicos? Debemos ir atrás hasta la Iglesia primitiva para encontrar las raíces del conflicto actual acerca de los roles en el liderazgo. La iglesia en sus comienzos, estaba organizada de tal forma que permitía a todos los miembros de cada congregación jugar un papel activo en la vida de la iglesia. Dentro de su membresía, la iglesia primitiva tenía una variedad de gente con dones espirituales que eran benéficos para el cuerpo total de creyentes. Las dos áreas principales de función en los dones tenían que ver con aquellos cristianos que guiaban y laboraban en la palabra de Dios y aquellos que participaban de los ministerios congregacionales de I Corintios 12:4-11 y Romanos 12:3-8. Estas porciones de la Escritura enumeraban varios de los ministerios congregacionales en la Iglesia. A pesar de que estos versículos no nos dan una lista exhaustiva de los ministerios, nos dan una idea adecuada de la diversidad de los ministerios congregacionales dados por Dios:

la palabra de sabiduría	la interpretación de lenguas
la palabra de ciencia	el servicio
el don de fe	la enseñanza
dones de sanidad	la exhortación
el hacer milagros	dar
profecía	presidir
el discernimiento de espíritus	mostrar misericordia
diversos géneros de lenguas	

Muchos de los miembros de la iglesia de los primeros días operaban en estos diferentes ministerios y no necesariamente ostentaban títulos o nombramientos. La iglesia primitiva aparentemente consideraba el trabajo de la ministración como algo mucho más importante que un oficio. Profetizar para la edificación de la iglesia o mostrar misericordia hacia los miembros débiles de la congregación, debe haberles producido un mayor crecimiento verdadero que la creación de posiciones con un título para cada función de ministerio. Esto mismo es válido para hoy día.

En la actualidad, desafortunadamente, la Iglesia ha perdido mucho del espontáneo poder del Espíritu dado por Dios en su diario caminar. Ella misma depende mucho más de la fuerza y poder que van de la mano de los títulos de una posición, que del obvio poder del Espíritu de Dios que no necesita mayor presentación o argumentos defensivos para Su obra. La obra es más importante que el rango, y la iglesia en su era temprana enfatizó más la función de los santos de Dios que su posición oficial.

Cuando fue necesario crear una posición, ellos escogían de entre aquellos miembros que habían manifestado previamente la sabiduría, el carácter y la unción del Señor sobre sus vidas. Ejemplo de ello es la selección de los diáconos de Hechos 6:3. De esta manera, los primeros apóstoles marcaron el principio de que es la persona la que santifica al oficio, y no el oficio el que santifica a la persona. La iglesia de nuestros días bien haría en escoger de entre sus miembros a aquellos que están funcionando dentro del área de su llamado. Cuando no lo hace así, podría darse el caso de hallarse "imponiendo manos vacías sobre cabezas vacías", y esperar que "vuele una paloma sin alas".

Los escritos de los padres de la Iglesia eran claros en cuanto al tema de la dirección y el gobierno. Ellos sostenían que la habilidad para funcionar ministerialmente siempre estaba fundada en el servicio y habilidades actuales en vez de estarlo sobre un rango o una posición. Los padres de la iglesia no buscaban "llenar posiciones" por sí mismas en la iglesia. La iglesia de hoy debe recuperar esta misma actitud.

Dentro de los primeros tres siglos, la iglesia primitiva experimentó un cambio drástico en su estructura gubernamental del cual nunca se ha recuperado totalmente. La iglesia del primer siglo tenía básicamente dos oficios: obispos (ancianos, pastores, supervisores) y diáconos. La supervisión de cada congregación local se hallaba en las manos del cuerpo local de ancianos, mientras que los diáconos ministraban las necesidades prácticas de la gente.

Sin embargo se requería de un corazón de diácono (siervo) en cada obispo. Policarpo de Esmirna (quien escribió alrededor de 110-117 d.c.) sostenía la opinión de que la primera cualidad exigible a los obispos era la compasión y la misericordia, es decir, visitar a aquellos que padecían alguna enfermedad. En los siguientes dos capítulos de *La Hechura de Un Líder* trataremos más ampliamente con la necesidad de poseer un corazón de siervo.

En el segundo siglo, empezó a surgir otro oficio en la iglesia. Se añadieron los ancianos a los diáconos y obispos (los pastores locales). Desafortunadamente, en esta estructura, el cuerpo de ancianos ejercía un poder total sobre aquel hombre que tenía el oficio de obispo. Esto, sin embargo, tuvo una ventaja. El obispo (el pastor en jefe) seguía siendo el hombre en quién recaía el manto del liderazgo y sus otros ancianos reconocían este hecho. Sin embargo, él no podía utilizar su posición para enseñorearse de sus compañeros ancianos.

Fue Santiago, el obispo/pastor de la iglesia local de Jerusalén, el que se levantó y aplicó el Antiguo Testamento al asunto de la circuncisión de los Gentiles durante la conferencia apostólica de Hechos capítulo 15. En términos más prácticos Santiago era el hombre "que conducía el autobús", pero él consultó con su equipo de compañeros de liderazgo acerca de cómo alcanzar la meta de todos. Esto ilustra la manera en que Dios señala a un hombre de entre los ancianos de la Iglesia local para ser "el primero entre otros iguales", no para dominar, sino para recibir un manto específico de dirección ungida.

Sin embargo, ya en el tercer siglo, el oficio del obispo o anciano principal fue llevado a un extremo. Obispos de varias iglesias locales empezaron a ejercer autoridad total sobre los diáconos y ancianos locales. Esta tiranía de un solo hombre causó la supresión espiritual de las funciones de los diáconos en el servicio de la iglesia local. Gradualmente, ciertos obispos recibieron poderes extendidos sobre muchas otras congregaciones locales. Casi todo el poder total llegó a residir en el obispo, y no en los ancianos locales como había sido anteriormente.

¿Porqué permitió la iglesia de esa época tal engrandecimiento del oficio del obispo local? Parece haber muchas razones:

La iglesia sentía que podría sobreponerse a la inmoralidad y al intelectualismo más fácilmente si daba más poder a un solo hombre.

La iglesia creía que se podía obtener una unidad mayor contra las herejías divisoras si exaltaba a ciertos maestros expertos.

La iglesia empezó a servirse de un hombre de cada iglesia local para representarlos ante los obispos de otras asambleas locales, lo cual condujo a la exaltación de esta persona por sobre los demás ancianos locales como el "obispo por excelencia".

La iglesia empezó con el deseo de apoyar financieramente a ciertos obispos locales de manera que ellos pudieran dedicar todo su tiempo para ministrar a la gente, lo cual empezó a separar políticamente a ciertos hombres deseosos de posiciones y de prestigio.

Así mismo, la Iglesia inició la costumbre de que ciertos obispos locales desempeñaran la mayor parte de la obra del ministerio, debido a que principalmente ellos eran los que tenían toda la educación. Esto causó que cuerpos gubernamentales formados principalmente por obispos fueran los supervisores de la educación, la doctrina, los matrimonios, los bautismos, la mesa de la comunión, los ancianos, los diáconos y aun las propiedades y dineros de la iglesia.

La Iglesia empezó a mirar al oficio de los obispos como el encargado de la enseñanza más importante, y de esta forma, los ancianos locales llegaron a ser simplemente "maestros", mientras que el obispo era considerado apóstol y profeta (los ministerios itinerantes de los apóstoles y profetas del pasado).

La culminación de este proceso de conceder autoridad suprema a los obispos queda ilustrado en la manera en que Ignacio de Antioquía se refería al obispo. "Nosotros debemos reconocer al obispo como al Señor mismo", escribió. En consecuencia, la iglesia se desvió definitivamente del patrón del Nuevo Testamento. Ahora, los obispos eran considerados como apóstoles, profetas y evangelistas; los ancianos locales se convirtieron en pastores y maestros; los diáconos servían principalmente a los obispos y ancianos; los miembros de la congregación, simplemente "no estaban en el ministerio" del Señor.

Sin embargo, podemos dar gracias a Dios que desde la Reforma, Él ha estado restaurando continuamente el patrón del Nuevo Testamento de la Iglesia local y liberando a su pueblo de las cadenas de autoridad no escriturales.

El Cambio del Concepto de un Ministro

En la Iglesia de nuestros días, los líderes son llamados "ministros", más que "pastores". La palabra "pastor" es un término más exacto para describir al hombre de Dios que sirve al rebaño de Cristo, especialmente en contraste con la forma en que la palabra "ministro" se utiliza en la actualidad. Hoy en día, la palabra "ministro" se refiere a un pastor ordenado, anciano o reverendo quien efectúa la obra del Señor a tiempo completo. Sin embargo, necesitamos preguntarnos si este es el concepto que da el Nuevo Testamento a la palabra "ministro". ¿Tan sólo algunos de los miembros del cuerpo de Cristo son "ministros", o todos los miembros del cuerpo son ministros en el sentido que el Nuevo Testamento da a la palabra, el cual es siervo?

La palabra "ministro" o siervo ha sufrido un cambio verdaderamente drástico y desafortunado del uso original que tenía en la Iglesia neotestamentaria. Este cambio ha sucedido en dos formas: gramatical y teológicamente.

Gramaticalmente. En la Iglesia primitiva (alrededor de 33 d.C.) el significado gramatical y el uso de la palabra "ministro" denotaba un verbo, es decir, era una palabra de acción. Por supuesto, la palabra "ministro" está relacionada íntimamente con la palabra "ministerio". De manera que todos los cristianos (ya sea que fueran fabricantes de tiendas, tejedores, pescadores, doctores o campesinos) en la Iglesia primitiva tenían un ministerio el cual consistía en una labor para el Señor y su pueblo, la cual llevaban a cabo activamente, dedicadamente, en forma funcional y efectiva. El concepto de un "ministro" (un siervo cristiano) con un ministerio (un servicio en el Cuerpo) era aplicado a todos aquellos que realizaban variadas labores dentro de la vida cristiana normal, por ejemplo, guiar a alguien a Cristo, ayudar a las viudas, orar por los enfermos o exhortar a otros santos. La distribución de la carga de trabajo de la Iglesia no estaba en función del nombre, título, posición o salario, sino en la acción, el compromiso, la espontaneidad y el servicio individual. "Ministrar" era la acción de todos los creyentes cristianos para la extensión del Reino de Jesucristo.

Desafortunadamente el concepto de "ministro" y ministerio" cambiaron gradualmente en su significado gramatical y uso original. Paulatinamente la palabra "ministro" empezó a referirse al nombre, título, posición o salario de aquellos pocos que desempeñaban ciertas actividades sagradas del Nuevo Testamento, es decir, la predicación, el bautismo en agua, el servir la comunión, la unción de los enfermos y la consejería.

Actualmente, esta palabra ya no es una palabra de acción, sino que se ha transformado por su uso en un nombre, la designación de una persona, un lugar u objeto.

La palabra "ministro" se usa el día de hoy como un nombre, porque se refiere al título de una persona especial que ha sido ordenada por cierta denominación como funcionario de cierta oficina o estudio (esto es un lugar), para ocupar una posición jerárquica (es decir una cosa). El Nuevo Testamento presenta la palabra "ministro" como un término que describe la actividad y función cristianas y no meramente el nombre de una posición, un título o el receptor de un salario. Esto representa una desviación grande de la enseñanza bíblica.

Teológicamente. En la Iglesia primitiva (alrededor del año 33 d.C.) el significado teológico y utilización de la palabra "ministro" servía para referirse a todos los miembros del Cuerpo de Cristo que tenían parte en el servicio y no sólo a algunos miembros que tenían parte en el mismo. No se hacía distinción entre el "clero y los laicos" como hoy en día. Todos los creyentes en los albores del cristianismo eran "ministros" (siervos) del Señor Jesús, cumpliendo diferentes papeles en el reino.

Por otra parte, en nuestro día la palabra "ministro" se refiere a un hombre que realiza el trabajo del Señor. Para la Iglesia contemporánea, la única persona que tiene el llamado de Dios en su vida para servir a Cristo y su Iglesia es el hombre que ostenta el título de "pastor", "reverendo", "obispo" o "doctor". En esta estructura, a la gente común no se le considera parte importante del ministerio.

El Señor, quien es el constructor de la Iglesia, no dejará a su pueblo en tal estado de destitución, en el cual sólo parte de su Cuerpo está funcionando adecuadamente. En estos días postreros, Dios está poniendo de su Espíritu sobre la Iglesia para restaurarle la verdad de que todos los cristianos están llamados al ministerio.

A causa de los falsos conceptos de la extrema división entre los laicos y el clero ha surgido una multitud de problemas. Algunos de ellos son:

Gente con una mentalidad inclinada a las posiciones, aspirando a un puesto en el ministerio.

Gente con una mentalidad profesionista, sin la unción de Dios.

Personas autoritarias que se enseñorean del rebaño de Dios; gente sedienta de poder que cree que el ministerio es ejercer dominio en las vidas de la gente. Hipócritas, quienes al igual que los fariseos, ponen pesadas cargas sobre el pueblo, pero ellos no las tocan ni siquiera con sus dedos.

La división entre laicos y clérigos produce una mayoría de cristianos perezosos que no llevan a cabo su llamamiento otorgado por Dios.

Mesas directivas de diáconos que gobiernan sobre los ancianos locales y congregaciones.

Líderes con tendencias políticas, quienes dan prioridad al profesionalismo, al dinero, y al complacer a los hombres, en vez de satisfacer las necesidades de su gente y agradar a Dios.

Una minoría sobrecargada de trabajo, quienes hacen la mayoría, si no es que toda, la verdadera "ministración" en el cuerpo de Cristo.

La Definición Original del Nuevo Testamento. La definición de la parte anterior es una desviación de la definición del cuerpo de Cristo, como el Nuevo Testamento lo definía. Para los cristianos en la Iglesia primitiva, "ministro" era un verbo, un acto de servicio y era tenido como parte inseparable de su fe cristiana. En el siglo XX, "ministro" es un nombre, aquel que es dado al individuo especial, que ha logrado una posición de elevado rango religioso.

El siguiente sencillo diagrama nos ilustrará los cambios teológicos y gramaticales que ha sufrido la palabra "ministro" durante la historia de la Iglesia:

Año 33 d.C.   **Siglo XX**

HISTORIA DE LA IGLESIA

"Ministro"	**"Ministro"**
Gramaticalmente: un verbo, una palabra de acción.	Gramaticalmente: un substantivo, el nombre de una persona.
Teológicamente: una función y servicio de todos los cristianos.	Teológicamente: una posición para un individuo de prestigio.

Dios busca destruir la falsa división entre el clero y los laicos, juntamente con sus penosos resultados, y restaurar la verdad neotestamentaria del ministerio. En *La Hechura de Un Líder* no nos referiremos a los líderes de la Iglesia como "ministros". Puesto que Dios busca que "ministrar" sea una acción más que el nombre de un título (ministro), nos referiremos al líder de la Iglesia como un ministerio, y al liderazgo en general como "ministerios". A la luz de las propias directrices de la Biblia sobre el tema, esto parece ser el título más apropiado para una posición. Esto resuelve la confusión de la función vs. título, y restaura el entendimiento de que sólo Dios puede establecer el ministerio.

Liderando a través del servicio en el Antiguo Testamento

"La benevolencia del rey es para con el servidor entendido..." (Proverbios 14:35).

"El siervo prudente se enseñoreará del hijo que deshonra, y con los hermanos compartirá la herencia" (Proverbios 17:2).

En el Antiguo Testamento, ser un líder del pueblo de Dios significaba ante todo, que él mismo era un siervo de Dios y de Su pueblo. El servicio era necesario antes de llegar al liderazgo, y una parte vital del mismo. La siguiente es una lista de algunos líderes bíblicos quienes fueron definitivamente siervos de Dios y de sus semejantes.

Abraham: Siervo de Dios (Génesis 22:24)

Moisés: Siervo de Dios (Éxodo 14:31; Números 12:7, 8; Deuteronomio 34:5; Josué 1:1,2, 7)

Josué: Siervo de Moisés (Éxodo 33:11)

Caleb: Siervo de Dios (Números 14:24)

Samuel: Siervo de Dios (I Samuel 3:9)

David: Siervo de Saúl (I Samuel 29:3); Siervo de Dios (I Crónicas 17:4)

Elías: Siervo de Dios (II Reyes 9:36)

Nehemías: Siervo de Dios (Nehemías 1:6)

Isaías: Siervo de Dios (Isaías 20:2)

Estos son solamente algunos de los tantos líderes del Antiguo Testamento, cuyo liderazgo estuvo basado en el servicio a Dios y a otras personas. Note por favor que en la lista previa, Josué y David eran siervos de las autoridades sobre ellos, y ocuparían sus posiciones más tarde. (Examinaremos más cuidadosamente el área del servicio en el capítulo cinco "Las Cualidades del Corazón del Líder").

Del Servicio al Liderazgo

La palabra hebrea empleada para decir "líder" es "nagiyd". Esta palabra no sólo tiene como su base la idea de servicio, también de esa base proviene el significado de establecer un firme ejemplo para la gente.

El significado de esta palabra para "líder" mantiene un interesante contraste con la palabra "rey". Aun cuando la palabra Hebrea para rey ("melech") es meramente neutral en su significado, permitía la posibilidad de despotismo. Es por eso que Samuel previno a los israelitas en I Reyes 8:9-18 cuando ellos pedían un rey. Y esto es a lo que el reinado de Saúl llegó al degradarse.

Por el lado opuesto, un líder "nagiyd" tiene en su raíz el cuadro de una persona bajo autoridad, uno que está sujeto a una potestad superior y que complace los deseos de tal potestad. Este era el tipo de autoridad que Dios deseaba para su pueblo: un hombre atento a sus deseos para ejecutarlos fielmente con la autoridad divinamente concedida. David, un hombre de acuerdo al corazón de Dios, era el "nagiyd" de Dios para Israel.

Esta palabra hebrea se traduce de las siguientes maneras:

"Capitán"	Isaías 9:16; 10:1, 13-14; II Samuel 5:2; II Reyes 20:5; II Crónicas 11:11.
"Jefe"	I Samuel 25:30; II Samuel 6:21; I Crónicas 5:2; II Crónicas 6:5; 11:22
"Príncipe"	I Reyes 14:7; Job 3:15; 12:19, 21; 29:9; 34:18; Salmo 76:12; Proverbios 28:16; Ezequiel 28:2; Daniel 9:25, 26; 11:22.
"Gobernador"	1 Crónicas 29:22; II Crónicas 28:7; Jeremías 20:1
"Nobles"	Job 29:10

En consecuencia, para que una persona pudiera ser un capitán, jefe, príncipe, gobernador o noble entre el pueblo de Dios, debía estar primeramente bajo la autoridad del Dios todopoderoso.

La raíz de la palabra "nagiyd" contiene otro importante elemento: sostenerse denodadamente para anunciar o para manifestar. Este es un complemento natural a la acción de recibir mandamientos del Dios todopoderoso. El "nagiyd" de Dios recibe los mandamientos del Rey de Reyes y también se pone de pie valerosamente para anunciarlos y manifestarlos. Por extensión esto conlleva el significado de ser un ejemplo al pueblo de Dios en cuanto a la manera de obedecer el mandato divino. El líder de Dios tipo "nagiyd" es el primero en sentar un modelo de la voluntad de Dios que los demás puedan imitar. Él toma la delantera y acaudilla a través del ejemplo, sea en la batalla contra los enemigos de Dios o en el establecimiento de la verdad y la justicia en el Reino de Dios.

El Líder-Pastor

El pastor de ovejas constituye una hermosa ilustración del líder que va delante de su pueblo para prepararles el camino. Él debe ir adelante del pueblo de Dios en su experiencia y en su forma de vida, de manera que él pueda guiarles con seguridad a través de los peligros y llevarles a pastos buenos y verdes.

El pastor en el Salmo 23 es un tipo de Cristo y presenta también un cuadro de cada líder del pueblo de Dios. Él debe tener conocimiento avanzado del terreno por transitar y debe dar pasos activos para guiar al rebaño en los caminos del Señor.

(Para obtener una ilustrativa información posterior sobre la aplicación espiritual del Salmo 23 a la vida del líder cristiano, lea el libro de Phillip Keller "Un Pastor Examina el Salmo 23", (en inglés) Ed. Zondervan, 1970)

Los Ministerios Gubernamentales en el Nuevo Testamento

Efesios 4:11 nos da una lista de los ministerios gubernamentales del Cuerpo de Cristo: el apóstol, el profeta, el evangelista, el pastor y el maestro. En el pasado, la mayoría de los cristianos consideraban que las personas que tenían estos ministerios (dados por la gracia divina) eran las únicas que tienen un servicio específico para el Señor en la Iglesia. Como ya hemos señalado, los cristianos tienen una obra que hacer delante del Señor y es responsabilidad de estos hombres con ministerios gubernamentales supervisar y desarrollar estos ministerios en los demás. Efesios 4:12 nos dice que estos cinco ministerios deben preparar a los santos para sus diferentes ministerios pero NO deben hacer toda la ministración para los santos.

Una revisión de varias traducciones del pasaje de Efesios 4:12 nos muestra más claramente la función de los ministerios gubernamentales:

La Versión Rey Santiago: *"Para el perfeccionamiento de los santos para la obra del ministerio, para la edificación del Cuerpo de Cristo"*.

La Versión Amplificada: *"Su intención era el perfeccionamiento y equipamiento total de los santos (su pueblo consagrado), para que ellos hagan la obra del ministerio hacia la edificación del cuerpo de Cristo (la Iglesia)"*.

La Biblia al Día: *"¿Y por qué concede tales habilidades? Porque quiere que su pueblo esté perfectamente capacitado para realizar mejor la tarea de llevar a la iglesia, el cuerpo de Cristo, a un estado de vigor y madurez"*.

La Biblia Knox: *"Él ha dado al Apóstol, al Profeta, al Evangelista, al Pastor y al Maestro para organizar a los santos para el trabajo del ministerio"*.

La Nueva Americana Standard: *"Él ha dado el quíntuple ministerio... para el equipamiento de los santos para la obra de servicio, para la edificación del cuerpo de Cristo"*.

La Biblia de Jerusalén: *"para que los santos juntos puedan hacer unidad en la obra de servicio".*

El Nuevo Testamento en lenguaje moderno por J.B. Phillips: *"Sus dones fueron otorgados de manera que los cristianos puedan ser equipados de manera apropiada para su servicio, para que todo el cuerpo sea edificado".*

Partiendo de esta perspectiva, es evidente que todos los cristianos tienen una función en el Cuerpo de Cristo que desempeñan bajo la supervisión de los ministerios gubernamentales de Efesios 4:11. Podemos ilustrar la operación adecuada de los ministerios de gobierno en la preparación y equipamiento de los santos por medio del siguiente diagrama:

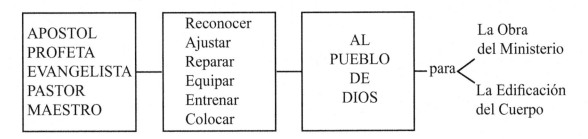

Los ministerios gubernamentales han sido dados al Cuerpo de Cristo para el acomodo y ajuste del Cuerpo, de tal manera que el cuerpo mismo pueda hacer la obra del ministerio. Los ministros con autoridad deben equipar, proveer, vestir, arreglar y ceñir al cuerpo de modo que este funcione apropiadamente.

Sin embargo, existe una distinción obvia entre los ministerios de gobierno y los de la Iglesia, que no debemos pasar de alto. Estos tienen una diferencia en función y en autoridad, pero no debemos llamar a unos el "clero" y a los otros los "laicos". Ambos tienen un ministerio en la Casa del Señor. Los ministerios congregacionales y gubernamentales son solamente dos niveles distintos que presenta el Nuevo Testamento con respecto a su función. Ambos tienen la misma importancia con respecto a su necesidad y significado en la Iglesia.

La función de los ministerios de gobierno nos es ilustrada con la palabra "perfeccionar" contenida en Efesios 4:12. "Katartismos" es la palabra griega para "perfeccionar" la cual significa: completar cuidadosamente, reparar, o ajustar. De estas palabras viene la idea de un artesano denotando a aquel que hace o construye algo. Esta es una palabra compuesta que comprende las palabras "kata" y "artismos". "Kata" es un prefijo preposicional. Cuando se usa unida a un verbo en griego, se refiere al estándar por el cual se hacía un juicio. El estándar para juzgar se puede observar en los ministerios gubernativos. Ellos son la vara de medida para todos los ministerios que se levantan en el cuerpo, así como ellos se alinean con la vara de medición perfecta, el Señor Jesucristo.

"Artismos" quiere decir reparar o ajustar como lo hace el artesano. Este término griego se traduce de diferentes formas, cada una de las cuales nos presenta un aspecto de la verdad en lo que concierne a la función de los que tienen ministerios de gobierno. Artismos se traduce como: remendar, amoldar, unir perfectamente, restaurar, preparar y constituir. Ahora, echemos un vistazo más cercano a estas palabras claves.

Remendar. *"Pasando de allí, vio a otros dos hermanos, Santiago hijo de Zebedeo, y Juan su hermano, en la barca con Zebedeo su padre, que remendaban sus redes…"* (Mateo 4:21).

Juan y Santiago estaban atando las cuerdas rotas de sus redes, unas con otras para que pudieran servir adecuadamente. Ellos estaban remendando, ajustando y equipando la red para la labor de la pesca. Aquellas cuerdas que han llegado a romperse bajo la presión del trabajo deben ser remendadas. Lo que ellos estaban haciendo en el área de lo natural era profético de lo que ellos estaban destinados a realizar en el área espiritual, "remendar" la Iglesia, porque Jesús los había llamado a ser "pescadores de hombres".

Remendar las vidas que están quebrantadas es tarea de los ministerios gubernamentales del cuerpo de Cristo. Los ministros deben juntar otra vez aquellas cuerdas rotas y unirlas con todas las demás para formar una red fuerte para la pesca (de almas) para Jesús.

Cuando la red se rompía, Santiago y Juan no salían a navegar y a tratar de pescar. En lugar de ello, ellos restauraban la parte dañada para que pudiera realizar su función por sí misma. Muchos pastores en la Iglesia de esta época tratan de hacer el trabajo de todo el cuerpo, en lugar de cumplir su ministerio de equipar al cuerpo de Cristo para que haga su trabajo.

Amoldados. *"Vasos de ira preparados para destrucción"* (Romanos 9:22).

Aquí la palabra griega "artismos" se usa para describir el moldeo o formación del barro a manos del alfarero: Dios es el alfarero que hace los vasos para honor o para la ira. Una persona puede responder al Señor como barro moldeable o puede rechazar la formación de la mano de Dios. El Señor es la fuente de la corrección y el ajuste. Los ministerios gubernamentales son los instrumentos en Su mano, que él usa para corregir.

Perfectamente unidos. *"Os ruego, pues, hermanos,… que no haya entre vosotros divisiones, sino que estéis perfectamente unidos en una misma mente y en un mismo parecer"* (I Corintios 1:10).

La Iglesia de Corinto había sido herida por un espíritu de cisma y de división. El Apóstol deseaba que todas las uniones y partes del Cuerpo que estaban fuera de lugar vinieran a ajustarse.

Pablo deseaba que se suscitara un remiendo de manera que el cuerpo pudiera funcionar en completa coordinación.

La Iglesia necesita en gran manera el oficio de los cinco ministerios para que sea liberada a su propia función de sanidad de las heridas y reconstruir aquello que se había quebrado. El cuerpo de Cristo estará "perfectamente unido" sólo cuando estos ministerios puedan cumplir su labor en el Cuerpo.

Preparado. *"Por lo cual entrando en el mundo dice: Sacrificio y ofrenda no quisiste; Mas me preparaste cuerpo"* (Hebreos 10:5).

Este pasaje proviene de una cita de la profecía mesiánica del Salmo 46:6. El cuerpo preparado para Jesús fue un cuerpo humano, de carne y hueso, preparado por el Espíritu Santo en el vientre de María. Cuando Jesús vino al mundo, él vino a un cuerpo "preparado" para el único propósito de hacer la voluntad del Padre.

Así como fue preparado un cuerpo perfecto y sin pecado para el Señor Jesús, también Dios está preparando un cuerpo de múltiples miembros a través del cual él continúa su ministerio en la tierra. El Padre se sirve de los ministerios gubernamentales para preparar y perfeccionar tal cuerpo (la Iglesia), de tal forma que ella pueda cumplir Su propósito eterno de someter todas las cosas bajo los pies de Jesucristo.

Constituido. *"Por la fe entendemos haber sido constituido el universo por la palabra de Dios"* (Hebreos 11:3).

En esta porción, el escritor no está hablando precisamente acerca del acto original de la creación de los mundos, sino más bien de poner en orden, arreglar o ajustar para su uso aquello que ya existía. El universo previamente creado fue puesto en orden por la palabra de Dios. De igual manera, la palabra de Dios hablada será vista a través de los ministerios gubernamentales, mientras ellos ayudan a traer el Cuerpo de Cristo al orden.

En el Griego clásico, la palabra compuesta "katartismos" tiene tres interesantes significados y usos. El primero de ellos era el de ordenar una ciudad que había sido atacada por facciones y cismas. El proceso de restaurar la ciudad a su belleza original, se llamaba "katartismos".

El segundo significado de esta bella palabra del Griego clásico, se relacionaba con la idea de la responsabilidad de preparar algo o alguien para cierta tarea o propósito. La palabra se refería al ajuste de una nave para la navegación. Si el barco se encontraba con alguna tormenta, o se encontraba algún funcionamiento defectuoso en cualquier parte de él, todos los marineros se verían en grandes problemas. La Iglesia es similar a un buque, y los cinco ministerios gobernantes son los responsables de ajustarla y equiparla para su misión de llevar con seguridad a los santos a través del mar de una humanidad malvada. Si la Iglesia llega a verse amenazada por el hundimiento a causa de las tormentas o furiosos vientos, es probable que la falla esté en sus ministros que no la equiparon apropiadamente para el viaje.

El tercer significado del Griego clásico de "katartismos" era el de preparar un ejército para la batalla. Si un ejército se ve derrotado, la falla podría ser la falta de preparación. Los ministerios gubernamentales de la Iglesia deben equipar meticulosamente a los ejércitos del Señor con las armas espirituales para que puedan ganar sus batallas.

El Discernimiento – Una Función Gubernamental Crucial

Una de las funciones más importantes de los ministerios gubernamentales en la Iglesia es el poseer ojos espirituales capaces de discernir a aquellos que han sido llamados a una tarea en particular en el cuerpo, y ser capaces de darles la libertad para ministrar. Para mostrar la importancia de esta tan necesaria función, veamos al Señor Jesús, quién también desempeñó su ministerio mientras estaba en la tierra. Jesús tenía ojos espirituales capaces de ver en una vasija estropeada, el potencial que podría ser desarrollado para su uso en el reino de Dios. Él tenía la sabiduría necesaria para ver sobre las muchas deficiencias naturales de la vasija y discernir el tesoro oculto bajo la superficie.

Para liberar a los numerosos ministerios en el cuerpo que se encuentran latentes, el liderazgo de la Iglesia debe funcionar con discernimiento espiritual a la manera de Cristo. No sucederá de otra manera. Los ministros deben aprender a mirar por sobre las deficiencias y ver el potencial que los demás tienen en el Señor. Isaías 11:3-4 contiene una palabra profética que se cumplió en el ministerio de Jesús. Isaías dice: *"...No juzgará según la vista de sus ojos, ni argüirá por lo que oigan sus oídos".* Jesús no juzga según la sabiduría y el consejo de los hombres, sino en el conocimiento y discernimiento de Dios. Esto se puede ilustrar en su elección de Leví, el cobrador de impuestos.

Leví, el cobrador de impuestos. Los recaudadores de impuestos eran muy impopulares en la época del Nuevo Testamento. Los impuestos no se pagaban por correo, como se hace actualmente, sino que eran cobrados por un funcionario imperial, como una rutina cotidiana. Este funcionario del imperio comúnmente formaba parte del personal de aduanas del país. El odio al pago de impuestos al gobierno del imperio romano estaba clavado muy profundamente en la naturaleza de los pueblos subyugados por Roma. En Judea, el recaudador de impuestos era el objeto representativo del odioso Imperio Romano. El impuesto en sí era visto como algo pecaminoso. Si el cobrador era un judío (como en el caso de Leví), sus paisanos le consideraban un renegado y rebelde.

En lugar de todo esto, la sabiduría divina estaba operando contrariamente a la sabiduría de los hombres. Jesús vio el potencial de Leví para el apostolado y para ser el autor de una de las narraciones del evangelio, el evangelio según Mateo. Jesús tenía la penetración espiritual para liberar el ministerio de aquellos menos amados y aquellos externamente menos prometedores para un ministerio exitoso. Jesús no estaba atado por el discernimiento o por la aprobación humana. Él no estaba juzgando según la vista de Sus ojos naturales ni por el oír de Sus oídos físicos.

De la misma manera, los líderes de la Iglesia del Nuevo Testamento de hoy deben liberarse de la externalidad de los juicios mundanos. Deben empezar a seleccionar a los líderes potenciales de acuerdo al discernimiento espiritual.

Juan y Santiago. Jesús poseía la visión espiritual para llamar a Juan y a Santiago de su ocupación de pescadores naturales al ministerio de pescadores espirituales. Juan y Santiago no tenían una formación teológica o algún reconocimiento mundano, pero Jesús tenía los ojos espirituales para llamarles a ministerios fructíferos dentro del Reino de los Cielos.

Pablo. Jesús también llamó y transformó a Saulo, el perseguidor de la Iglesia primitiva, en Pablo el apóstol de los necesitados gentiles.

Timoteo. De la misma manera, Pablo tuvo la visión espiritual para liberar el ministerio de otros. Pablo trabajó con un tímido y frágil joven llamado Timoteo, porque vio el potencial de Dios en él. Pablo eventualmente lanzó a Timoteo a ser un gran guerrero en el Reino de Dios. Los ministros de hoy deben orar y creer en Dios para recibir una habilidad similar. La vida de la Iglesia depende de ello.

Liberando Los Ministerios

El proceso de reconocer y auspiciar los ministerios en el Cuerpo de Cristo toma tiempo y dedicación meticulosa. Los pasos de este proceso son:

Reconocer la habilidad y el potencial de la persona.

Enfocar las áreas positivas de la persona

Retar a esta persona a cumplir con su potencial y usar sus dones.

Estar dispuesto a emplear tiempo con él.

Estar dispuesto a pasar frustraciones con él, pero sin rendirse.

Animarle en los momentos de sus fallas.

Plantar en su corazón una visión del verdadero pastoreo.

Darle oportunidades de desarrollo.

Depositar confianza en su ministerio.

Orar que su ministerio venga a la existencia.

Una clara descripción de las funciones apropiadas y necesarias de los ministerios gubernamentales requeriría el volumen de un libro por sí mismo. Pero esta lista de descripciones nos da una idea sobre su tremenda variedad e importancia. En el ejercicio de sus funciones de liderazgo, los ministros gubernamentales están llamados a ser:

Entrenadores de los soldados del ejército de Dios.

Restauradores de los huesos rotos del Cuerpo de Cristo.

Ejercitadores de los músculos del Cuerpo de Cristo.

Labradores de las piedras del Templo del Señor.

Reparadores de los portillos de los Jardines del Señor.

Liberadores del preso.

Ajustadores del dislocado.

Remendadores del rasgado.

Equipadores del Cuerpo de Cristo.

Colocadores del pueblo de Dios.

Organizadores del Reino del Señor.

Moldeadores de los vasos de barro del Señor.

Observadores del potencial para el servicio de Dios.

Los Ancianos en el Nuevo Testamento

En la estructura total del liderazgo de la Iglesia, los ministerios gubernamentales operan dentro del contexto de la autoridad de los ancianos de la Iglesia. En el Nuevo Testamento el gobierno de la Iglesia se encuentra confiado al cuerpo de ancianos, lo cual incluye a los cinco ministerios gubernamentales de Efesios 4:11-12. Los ministerios gubernamentales operan dentro del apoyo, estímulo y moderación del cuerpo de ancianos.

Los ancianos son llamados y reconocidos por su carácter y cualidades así como requisitos y funciones ministeriales. El verdadero ancianato bíblico no es sólo lo que la persona es, sino también lo que la persona hace.

Términos importantes acerca de los ancianos

Anciano. Palabra griega: "Presbyteros". La persona de mayor edad o más avanzada en la vida, o jefe principal, con rango o posición de responsabilidad, ya sea entre los gentiles o en la nación judía. En la Iglesia se aplica esta misma palabra a aquellos que han sido señalados para ejercer una función de supervisión espiritual y cuidado de una iglesia local.

Obispo. Del griego "episkopee". El oficio de la supervisión, para el propósito de observar e inspeccionar. Como un oficio ministerial, un "obispo" es parte de los ministerios gubernamentales.

Diácono. Procede de la palabra griega "Diaconia". Un siervo, uno que sirve a otros, en cualquier tarea o labor; para apoyar, para ministrar, o para estar al pendiente. Todos los cristianos deben funcionar como diáconos, sea que ostenten ese oficio como tal o no.

Escrituras Relacionadas con los Ancianos

El libro de los Hechos presenta dieciocho referencias a los ancianos, diez de ellas relacionadas directamente al oficio de un anciano en la Iglesia del Nuevo Testamento. Otros escritores también se refirieron al tema de los ancianos.

"(determinaron enviar socorro)... enviándolo a los ancianos por medio de Bernabé y de Saulo" (Hechos 11:30).

"Y constituyeron ancianos en cada iglesia, y habiendo orado con ayunos, los encomendaron al Señor en quién habían creído" (Hechos 14:23).

"Se dispuso que subiesen Bernabé y Saulo a Jerusalén, y algunos otros de ellos, a los apóstoles y a los ancianos, para tratar esta cuestión" (Hechos 15:2).

"Entonces pareció bien a los apóstoles y a los ancianos, con toda la iglesia, elegir de entre ellos varones y enviarlos a Antioquía con Pablo y Bernabé... y escribir por conducto de ellos: Los apóstoles y los ancianos y los hermanos, a los hermanos de entre los gentiles... salud" (Hechos 15:22, 23).

"Y al pasar por las ciudades, les entregaban las ordenanzas que habían acordado los apóstoles y los ancianos que estaban en Jerusalén" (Hechos 16:4).

"(Pablo) enviando, pues, desde Mileto a Éfeso, hizo llamar a los ancianos de la iglesia" (Hechos 20:17).

"Por tanto, mirad por vosotros, y por todo el rebaño en que el Espíritu Santo os ha puesto por obispos..." (Hechos 20:28).

"Y al día siguiente Pablo entró con nosotros a ver a Santiago, y se hallaban reunidos todos los ancianos" (Hechos 21:18).

"Pablo... a todos los santos en Cristo Jesús que están en Filipos, junto con los obispos y diáconos" (Filipenses 1:1).

"Palabra fiel: Si alguno anhela obispado, buena obra desea." (1 Timoteo 3:1).

Este pasaje en I Timoteo 3:1-7 establece los requisitos y las cualidades del carácter para un obispo (supervisor), así como los versículos 8-13 los determinan para un diácono. Tito 1:6-9 determina las cualidades requeridas a un anciano.

"Contra un anciano no admitas acusación sino con dos o tres testigos" (I Timoteo 5:19).

"Por esta causa te dejé en Creta, para que corrigieses lo deficiente y establecieses ancianos en cada ciudad" (Tito 1:5).

"¿Está alguno enfermo entre vosotros? Llame a los ancianos de la iglesia, y oren por él, ungiéndole con aceite en el nombre del Señor" (Santiago 5:14).

"Pero vosotros erais como ovejas descarriadas, pero ahora os habéis vuelto al Pastor y Obispo de vuestras almas" (I Pedro 2:25).

"Ruego a los ancianos que están entre vosotros, yo anciano también..." (I Pedro 5:1).

La Designación de Ancianos

Funcionamiento de los ancianos. El argumento a favor de un liderazgo co-igual y plural como la más alta autoridad de la iglesia local no puede sostenerse ante un examen cuidadoso de las Escrituras. Los ancianos eran enseñados y dirigidos en ocasiones por los apóstoles, y trabajaban en un papel de apoyo a los líderes señalados por Dios.

El grupo de ancianos es definitivamente un cuerpo gobernante en la iglesia local. Sin embargo, este cuerpo opera bajo la dirección de un ministro en jefe, quién debe tener uno de los cinco ministerios gubernamentales. No hay nada en las Escrituras que apoye el hecho de una co-igualdad de los ancianos en la toma de decisiones y en el gobierno de una iglesia local. Los ancianos son responsables de trabajar con el ministro principal, y de gobernar y alimentar a las ovejas. A pesar de que los ancianos tienen muchas obligaciones de tipo activo, sólo un hombre puede "guiar el autobús" como lo hizo Santiago en la conferencia apostólica de Hechos 15.

El hombre que dirige es el ministro principal, quién debe trabajar con los ancianos y en una forma sabia guiar con el total apoyo y unidad de ellos. La Escritura requiere que el ministro reciba un consejo abierto y aun la corrección del cuerpo de ancianos. La Escritura no permite controversias sobre asuntos secundarios tales como los métodos o el estilo. Sin embargo, las Escrituras señalan claramente, que en caso de errores en la ética, o en la moral o en la doctrina, los ancianos deben confrontar a los ministros dirigentes. La Biblia no enseña que se deba alcanzar el acuerdo mutuo a cualquier precio, ni que haya que estancarse hasta que se logre el acuerdo. Dios ha hecho importantes provisiones espirituales para su Iglesia, a través de la visión, unción y talentos de sus líderes escogidos. Al mismo tiempo estos dones deben operar a través del apoyo y fortaleza de un grupo de ancianos unificados. Ambas formas de liderazgo son de importancia crucial para la iglesia.

Ordenación y Designación de Ancianos. En la Iglesia del primer siglo, los ancianos no eran establecidos en virtud de sus habilidades ejecutivas, su carrera, su carácter, su éxito en la vida social o su habilidad para las relaciones públicas.

Al nombrar ancianos, el acto de la designación precede al acto de la ordenación. La designación denota los elementos institucionales de señalar a alguien para un oficio; nombrar o escoger a la persona para una posición; establecer un momento y un lugar para un acto o reunión de nombramientos; ajustar, equipar o preparar a una persona para un grupo de obligaciones prescritas. En algunos casos, puede mediar un período probatorio o de ensayo entre la designación y la ordenación plena. El Nuevo Testamento describe en muchos casos la puesta a prueba del ministerio de un siervo.

El acto de la ordenación incluye el ordenar, establecer e investir de autoridad. Este acto confirma lo que el Espíritu ya ha hecho claramente obvio en la vida de una persona – que tal persona ha sido llamada y agraciada con dones para desarrollar ciertas funciones ministeriales.

Funciones Ministeriales Bíblicas de los Ancianos

Todos los ancianos deben dirigir en la iglesia local. Todos están llamados a enseñar. Cristo da ciertos ancianos a la Iglesia para que sean predicadores o maestros de la Palabra, en un grado que requiere tiempo adicional, habilidad y esfuerzo de su parte. Estos son especialmente dignos de "doble honor" (I Timoteo 5:17). Algunos ancianos pueden aportar su propio sostenimiento económico y todavía tener el tiempo adecuado para servir como ancianos; estos ocasionalmente son llamados ancianos laicos. Un anciano del personal de la iglesia es aquel que es liberado para ejercer su papel de anciano a tiempo completo.

Función Ministerial de los Ancianos

Función	Descripción/Escrituras
Supervisor, guardián	Del griego "Episkopos" Hechos 20:28; I Pedro 2:25.
Gobernante	Del griego "proistemi" Permanecer delante, presidir, practicar. Romanos 12:8; I Timoteo 3:4, 5, 12 y 5:17; I Tesalonicenses 5:12; Tito 3:8, 14. El Nuevo Testamento no define una autoridad terrenal más elevada que la de los ancianos de una asamblea local. Los ancianos deben glorificar a Cristo al tomar decisiones basadas en los sensatos principios bíblicos de amor y equidad.
Alimentador (Pastor)	Del griego "Poimano". Cuidar como un pastor. Hechos 20:28; Juan 21:26; Judas 12.
Guerrero de Oración	Hacer poderosas intercesiones y guerra espiritual por las necesidades especiales en la Iglesia. Santiago 5:15-16, Apocalipsis 5:8; 8:3, 4.
Atalaya	Del griego "Gregoreo", mantenerse despierto espiritualmente. Hechos 20:28-30; I Tesalonicenses 5:6-10; Lucas 12:37, 39; Ezequiel 3:17-21.
Estudiante de la Palabra	Mantener la doctrina correcta de la Palabra. I Timoteo 3:2; II Timoteo 2:24; Tito 1:17.
Maestro/ Defensor de la Sana Doctrina	El anciano sea "apto (experto) para enseñar" sana doctrina. I Timoteo 3:2; II Timoteo 2:24; Tito 1:7. *Debe sostener la segura y confiable Palabra de Dios, tal como le ha sido enseñada, para que sea también capaz de dar instrucción estimuladora y ánimo en la sana doctrina, refutar y convencer a aquellos que se oponen y la contradicen, con mansedumbre mostrándoles su error.* (Traducción de Tito 1:9 en la Versión Amplificada de la Biblia).
Compasivo	I Timoteo 3:5; Ezequiel 34.

Ejemplo para los Creyentes	El anciano debe ser ejemplar en todo lo que él es, en lo que dice y en todo lo que hace. Esto incluye el carácter, la forma de vida, su vida familiar y matrimonial. Filipenses 3:17; II Tesalonicenses 3:9; I Timoteo 4:12; I Pedro 5:3.
Líder	Hebreos 13:7,17, 24; Lucas 22:26
Siervo Sacrificial	II Samuel 24:24; Lucas 14:25-33; Romanos 12:1, 2; Juan 10:11.
Consejero Sabio	Marcos 15:43; Lucas 25:30; Salmo 16:7; Proverbios 1:25,30; Proverbios 20:18; Isaías 9:16; Proverbios 11:14
Trabajador Esforzado	I Timoteo 3:1; I Tesalonicenses 6:13; Filipenses 2:30; I Corintios 3:13-15; Efesios 4:12; Proverbios 24:30-34.
Portador de Las Cargas	*"Y dijo Moisés a Jehová: ¿Por qué has hecho mal a tu siervo? ¿y por qué no he hallado gracia en tus ojos, que has puesto la carga de todo este pueblo sobre mí?... Entonces Jehová dijo a Moisés: Reúneme setenta varones de los ancianos de Israel que tú sabes que son ancianos del pueblo y sus principales; y tráelos a la puerta del tabernáculo de reunión, y esperen allí contigo. Y yo descenderé y hablaré allí contigo, y tomaré del espíritu que está en ti, y pondré en ellos; y llevarán contigo la carga del pueblo, y no la llevarás tú solo"* (Números 11:11,16,17). Éxodo 18:22; Deuteronomio 1:12; Gálatas 6:5.
Hombre Leal de Equipo	Filipenses 2:19-22.
Animador de los Hermanos	Como Bernabé, el "hijo de consolación", quien primeramente discipuló a Pablo y después apoyó su ministerio.
Compartidor de la Visión	Como el paje de armas de Jonatán que dijo a su amo: *"Haz todo lo que tienes en tu corazón; ve, pues aquí estoy contigo a tu voluntad"* (I Samuel 14:7).
Transparente	Una calidad de vida que resulta de no tener motivaciones o pecados secretos que esconder, en la cual sus propios planes e intenciones están abiertos a la vista de todos.

Sumiso	La raíz de todo pecado es el deseo del yo, *"y todo lo que no proviene de fe, es pecado"* (Romanos 14:23). El anciano debe ser tan sumiso a la voluntad de Dios, como para buscar esa voluntad activamente y no resistirse al cambio o a nuevas decisiones, yéndose en busca de su propia comodidad.
Dador Liberal	En el dar sacrificial. Lo que cuenta no es el tamaño del donativo, sino lo que le costó al dador, y el amor y la fe con que el regalo es ofrecido. I Corintios 8:2,5 y 9:5,6.
Positivo en la Fe	Como un pastor-gobernante, un anciano debe mantener una fe activa y positiva que ayude a los otros a hacer lo mismo. Actitudes negativas, de cinismo o incredulidad serán dañinas para aquellos a los que está llamado a ayudar.
Disciplinado	Un estilo de vida disciplinado captura las bendiciones de Dios y las libera para su pleno propósito.
Preservador de la Unidad	¡La unidad y la armonía en la Iglesia empiezan con los ancianos! Su propia unidad y armonía, por su parte, dependerá de su conocimiento de la palabra de Dios y de sus importantes principios. Si cada anciano es guiado por el Espíritu Santo, por la Palabra y una oración activa, el cuerpo de ancianos se hallará unánime en todas sus decisiones. Efesios 4:1, 2; Isaías 65:8; I Corintios 1:10.
Adorador	Un estilo de vida de adoración libera el mover del Espíritu Santo. Apocalipsis 4:4-11.
Protector del Rebaño	Los ataques satánicos provienen de adentro y afuera del rebaño. Como pastores, los ancianos juegan un importante papel en la protección del rebaño de Dios.
Lleno del Espíritu Santo	Su vida debe ser abierta y receptiva a la influencia del Espíritu Santo.
Correctamente Motivado	Un anciano débilmente motivado se volverá indiferente hacia las necesidades y sufrimientos del rebaño del Señor. Un anciano inapropiadamente motivado será guiado por la necesidad personal y no por el mover del Espíritu.

En este estudio sobre el liderazgo de la Iglesia, intencionalmente hemos excluido ciertos puntos del papel del anciano en los cuales la Biblia no desarrolla una definición completa. Dos de estas áreas no desarrolladas acerca del ministerio del anciano y las estructuras de la Iglesia son: la co-igualdad de los ancianos y la relación del cuerpo de ancianos con el pastor principal o anciano principal.

Creemos que Dios ha permitido que se desarrollen una diversidad de enfoques y estructuras eclesiásticas exitosas en la Iglesia del Nuevo Testamento. La Biblia requiere claramente de las Iglesias que establezcan ancianos. Más allá de esto, no define cuántos ancianos ha de tener la Iglesia, ni quién debe ser el anciano principal, y si es necesario para todos los ancianos el llamado a uno de los cinco ministerios gubernamentales de Efesios 4:11.

Dejemos que cada Iglesia sea sabia y sensible a Dios en esa área del liderazgo.

Contraste: El Liderazgo Verdadero versus el Dominante

Dios está restaurando el liderazgo bíblico y verdadero a la Casa del Señor. Un cuerpo de ancianos saludable y unido es de gran ayuda para brindar armonía a la Iglesia y mantener un liderazgo balanceado que no se enseñoree del rebaño de Dios. Los líderes gubernamentales también deben pasar por grandes dolores para "mantener la unidad del Espíritu en el vínculo de la paz". En esta sección trataremos uno de los asuntos claves en esta tarea: mantener el balance entre el ejercicio de la autoridad y mostrar misericordia.

Un verdadero líder de Dios es firme y fuerte, pero a pesar de ello, no trata déspotamente al pueblo de Dios. Es el líder falso, tan inseguro en su relación con Dios y con los demás, el que debe compensarla por medio de una dominación antiescritural y dictatorial sobre el pueblo de Dios. Revisemos algunas fuertes advertencias en el Nuevo Testamento contra la tiranización, opresión, abuso y control de manera totalitaria del rebaño de Dios.

El ejemplo de los nicolaítas. En el libro de Apocalipsis, el apóstol Juan escribió bajo un espíritu profético a las Iglesias de Pérgamo y Éfeso. A través de Juan, el Señor reprendió a la Iglesia de Pérgamo por tolerar a algunas personas que enseñaban la doctrina de los nicolaítas. Al mismo tiempo, alabó a los efesios por su rechazo de los nicolaítas: *"pero tienes esto, que aborreces las obras de los nicolaítas, las cuales yo también aborrezco"* (Apocalipsis 2:6). El Señor también habló a los de Pérgamo acerca de un asunto relacionado:

"Pero tengo unas pocas cosas contra ti: que tienes ahí a los que retienen la doctrina de Balaam, que enseñaba a Balac a poner tropiezo ante los hijos de Israel, a comer de cosas sacrificadas a los ídolos y a cometer fornicación. Y también tienes a los que retienen la doctrina de los nicolaítas,

la que yo aborrezco" (Apocalipsis 2:14,15).

La Iglesia de Tiatira también tenía algunos nicolaítas, ya que tenían la misma enseñanza de inmoralidad e idolatría (Apocalipsis 2:20-25). Aquí el nombre "Jezabel" describe no solamente a una mujer que era similar a la malvada reina fenicia, esposa de Acab, sino también a cualquier liderazgo que era como ella.

Los nicolaítas fueron condenados por su fornicación e idolatría. Al estudiar el significado del nombre "nicolaíta", es posible observar otra razón para su condenación. Esta secta herética seguía a un hombre llamado Nicolás. A pesar de que no conocemos mucho acerca de Nicolás o de su liderazgo de esta secta, la palabra "nicolaíta" significa por sí misma "victorioso o triunfante por sobre la gente". Además de causar fornicación e idolatría, los nicolaítas bien podrían haber levantado un liderazgo dictatorial (como Jezabel) sobre las Iglesias de Pérgamo, Éfeso y Tiatira. En estos días de restauración, Dios está guiando a Sus líderes a ser amables, amorosos y protectores de la heredad por la cual Él derramó Su propia sangre.

El ejemplo de Diótrefes. Un segundo ejemplo de liderazgo dominador en el Nuevo Testamento es el de Diótrefes. Juan, el apóstol amado de Jesús, escribió:

"Yo he escrito a la iglesia; pero Diótrefes, al cual le gusta tener el primer lugar entre ellos, no nos recibe. Por esta causa, si yo fuere, recordaré las obras que hace parloteando con palabras malignas contra nosotros; y no contento con estas cosas, no recibe a los hermanos, y a los que quieren recibirlos se lo prohíbe, y los expulsa de la iglesia. Amado, no imites lo malo, sino lo bueno" (III Juan 9-11a).

Diótrefes es un ejemplo excelente del liderazgo autoritario, el que busca soberbiamente ser exaltado sobre los hermanos. Es interesante observar cómo presentan otras traducciones las partes de III Juan 9-11a:

"Pero Diótrefes, quien ama tener la preeminencia entre ellos" (Versión Rey Santiago)

"Quien ama tener el mejor lugar entre ellos" (Weymouth)

"Quien gusta tomar el liderazgo" (Moffatt)

"Quien ama empujarse hacia el frente" (Biblia Viviente)

"Quien está deseoso de ser el líder" (Versión de Norlie)

"Quien es el que sería su líder" (Nueva Biblia Inglesa)

Y él "no recibe a los hermanos en su casa" (Versión Inglesa Básica)

"Ni permite que los hermanos les den la bienvenida" (Versión Rotherham)

"Él se rehusa a recibir a nuestros amigos" (Nueva Biblia Inglesa)

Y él "trata de expulsarlos de la congregación" (Nueva Biblia Inglesa)

III Juan 6-9a presenta algunas características de los líderes que son orgullosos y autocráticos.

Ellos aman la autoexaltación y el orgullo: *"... pero Diótrefes... le gusta tener el primer lugar entre ellos"* (III Juan 9).

Ellos rechazan el consejo y la doctrina apostólicos: *"... pero Diótrefes... no acepta lo que nosotros decimos"* (III Juan 9).

Ellos hacen acusaciones abiertas e injustas contra el liderazgo: *"... recordaré las obras que hace parloteando con palabras malignas contra nosotros"* (III Juan 10a).

Ellos son incapaces de recibir a todos los hermanos cristianos: *"... y no contento con estas cosas, no recibe a los hermanos"* (III Juan 10b).

Públicamente rechazan e intentan dominar a los cristianos que reciben a todos los hermanos: *"... y a los que quieren recibirlos se lo prohíbe, y los expulsa de la iglesia"* (III Juan 10c).

Lo que empezó como una semilla de orgullo y autoexaltación en Diótrefes terminó en un espíritu público no educable y exclusivista. Todos los líderes cristianos son advertidos por su ejemplo a permanecer humildes delante del Señor y de sus hermanos para evitar el mismo pecado.

La advertencia de Pedro. Un tercer ejemplo de una advertencia neotestamentaria contra el liderazgo dominante se encuentra en I Pedro 5:1-5, que dice:

"Ruego a los ancianos que están entre vosotros, yo anciano también con ellos, y testigo de los padecimientos de Cristo, que soy también participante de la gloria que será revelada: Apacentad la grey de Dios que está entre vosotros, cuidando de ella, no por fuerza, sino voluntariamente; no por ganancia deshonesta, sino con ánimo pronto; no como teniendo señorío sobre los que están a vuestro cuidado, sino siendo ejemplos de la grey".

Aquí Pedro pone al liderazgo según el ejemplo, en contraste con la imposición de la autoridad de uno sobre el rebaño. Un pastor cristiano nunca debería imponer su autoridad sobre el rebaño de Dios, a menos que él quiera que a su vez ellos impongan su autoridad sobre sus familias y sobre aquellos que están por debajo de ellos. Es también verdadero que los que dictatorialmente se imponen sobre los demás, encontrarán muy difícil someterse ellos mismos a cualquier otro. La Versión Amplificada de la Biblia traduce estos versículos de la siguiente manera:

"Yo advierto y aconsejo a los ancianos entre vosotros – los pastores y guías espirituales de la Iglesia – yo, como un anciano también y testigo presencial (llamado a testificar) de los sufrimientos de Cristo, así como también copartícipe de la gloria (honor y esplendor) que será revelada (descubierta y demostrada): Apacentad – guiad, vigilad, nutrid y guardad – el rebaño de Dios

que es (vuestra responsabilidad), no por coerción ni por fuerza sino con ánimo pronto; no motivados deshonrosamente por las ventajas y beneficios (pertenecientes al oficio) sino voluntaria y alegremente.

No como teniendo señorío (arrogante, dictatorial, y abusivamente) sobre aquellos bajo vuestro cuidado, sino siendo ejemplos – patrones y modelos de vida cristiana – al rebaño (la congregación).

Y (entonces) cuando aparezca el pastor en jefe, vosotros recibiréis la corona incorruptible de gloria. Igualmente, vosotros que sois jóvenes y de menor rango, estad sujetos a los ancianos – los ministros y guías espirituales de la Iglesia, dando a ellos el respeto debido y aceptando su consejo. Revestíos a vosotros mismos de humildad – a la manera de los siervos, de tal forma que vuestro vestido no sea arrancado de ustedes, libres del orgullo y la arrogancia --del uno hacia el otro. Porque Dios resiste a los soberbios – al insolente, al abusivo, al desdeñoso, al presuntuoso, al orgulloso, y se le opone, le frustra y le derriba – pero da gracia (favor, bendición) a los humildes".

Pablo estaba de acuerdo con Pedro cuando escribió a los corintios:

"Más yo invoco a Dios por testigo sobre mi alma, que por ser indulgente con vosotros no he pasado todavía a Corinto. No que nos enseñoreemos de vuestra fe, sino que colaboramos para vuestro gozo; porque por la fe estáis firmes" (II Corintios 1:23, 24).

La enseñanza de Cristo. Cristo Jesús, cuya autoridad sobre el pueblo tuvo más razón para el Señor que cualquiera de sus pastores, fue el ejemplo de un Buen Pastor para el rebaño de Dios. Él enseñó a los apóstoles firmemente Su forma de pensar; que el liderazgo en el Reino de Dios es diferente al liderazgo del mundo.

"Entonces se le acercó la madre de los hijos de Zebedeo con sus hijos, postrándose ante él y pidiéndole algo.

Él le dijo: ¿Qué quieres? Ella le dijo: Ordena que en tu reino se sienten estos dos hijos míos, el uno a tu derecha, y el otro a tu izquierda.

Entonces Jesús respondiendo dijo: No sabéis lo que pedís. ¿Podéis beber del vaso que yo he de beber, y ser bautizados con el bautismo con que yo soy bautizado? Y ellos le dijeron: Podemos.

Él les dijo: A la verdad, de mi vaso beberéis, y con el bautismo con que yo soy bautizado, seréis bautizados; pero el sentaros a mi derecha y a mi izquierda, no es mío darlo, sino a aquellos para quienes está preparado por mi Padre;

Cuando los diez oyeron esto, se enojaron contra los dos hermanos.

Entonces Jesús, llamándolos, dijo: Sabéis que los gobernantes de las naciones se enseñorean de ellas, y los que son grandes ejercen sobre ellas potestad.

Mas entre vosotros no será así, sino que el que quiera hacerse grande entre vosotros será vuestro servidor,

Y el que quiera ser el primero entre vosotros será vuestro siervo;

Como el Hijo del Hombre no vino para ser servido, sino para servir, y para dar su vida en rescate por muchos" (Mateo 20:20-28).

Los líderes cristianos no deben pensar en obtener buenas posiciones o ser servidos. Al contrario, deben guiar pacientemente al rebaño, siendo ellos mismos ejemplo de todo lo que quieren que el rebaño sea. La regla en el Reino de Dios es amar, no enseñorearse.

La Palabra de Ezequiel. El profeta Ezequiel dijo unas de las palabras más apropiadas a todos los pastores del Israel natural, que pueden aplicarse a todos los pastores del Israel espiritual, la Iglesia. Ezequiel dijo:

"Vino a mí palabra de Jehová, diciendo: Hijo de hombre, profetiza contra los pastores de Israel; profetiza y di a los pastores: Así ha dicho Jehová el Señor: ¡Ay de los pastores de Israel, que se apacientan a sí mismos! ¿No apacientan los pastores a los rebaños?

Coméis la grosura, y os vestís de la lana; la engordada degolláis, mas no apacentáis a las ovejas.

No fortalecísteis las débiles, ni curásteis la enferma; no vendásteis la perniquebrada, no volvísteis al redil la descarriada, ni buscásteis la perdida, sino que os habéis enseñoreado de ellas con dureza y con violencia.

Y andan errantes por falta de pastor, y son presa de todas las fieras del campo, y se han dispersado.

Anduvieron perdidas mis ovejas por todos los montes, y en todo collado alto; y en toda la faz de la tierra fueron esparcidas mis ovejas, y no hubo quien las buscase, ni quien preguntase por ellas,

Por tanto pastores, oíd palabra de Jehová: Vivo yo, ha dicho Jehová el Señor, que por cuanto mi rebaño fue para ser robado, y mis ovejas fueron para ser presa de todas las fieras del campo, sin pastor; ni mis pastores buscaron mis ovejas, sino que los pastores se apacentaron a sí mismos, y no apacentaron a mis ovejas;

Por tanto, oh pastores, oíd palabra de Jehová.

Así ha dicho Jehová el Señor: He aquí, yo estoy contra los pastores; y demandaré a mis ovejas de su mano, y les haré dejar de apacentar las ovejas; ni los pastores se apacentarán más a sí mismos pues yo libraré mis ovejas de sus bocas, y no les serán más por comida.

Porque así ha dicho Jehová el Señor: He aquí yo, yo mismo iré a buscar a mis ovejas, y las reconoceré.

Como reconoce su rebaño el pastor el día que está en medio de sus ovejas esparcidas, así reconoceré mis ovejas, y las libraré de todos los lugares en que fueron esparcidas el día del nublado y de la oscuridad.

Y yo las sacaré de los pueblos y las juntaré de las tierras; las traeré a su propia tierra, y las apacentaré en los montes de Israel, por las riberas, y en todos los lugares habitados del país.

En buenos pastos las apacentaré, y en los altos montes de Israel estará su aprisco; allí dormirán en buen redil, y en pastos suculentos serán apacentadas sobre los montes de Israel.

Yo apacentaré mis ovejas, y yo les daré aprisco, dice Jehová el Señor.

Yo buscaré la perdida, y haré volver al redil la descarriada, vendaré la perniquebrada, y fortaleceré la débil; mas a la engordada y a la fuerte destruiré; las apacentaré con justicia" (Ezequiel 34:1-16).

Ciertamente, este pasaje para los pastores del Israel natural tiene también mucho significado para los pastores del siglo XX. No debemos descuidar las necesidades urgentes de las ovejas que Dios ha puesto bajo nuestro cuidado.

Las siguientes columnas muestran, en términos generales, el contraste entre el liderazgo falso y el verdadero. Los verdaderos líderes aman al pueblo del Señor, mientras que los falsos líderes usan su autoridad para enseñorearse sobre ellos.

Verdadero Liderazgo	Liderazgo Dominante
Concentra la influencia desde ADENTRO reforzando, inspirando y motivando.	Depende de controles desde AFUERA, aplicando restricciones, reglas y regulaciones.
Disfruta de una buena relación con sus colaboradores, demostrando respeto para las personas.	Se refiere a sus colaboradores desde un punto de vista de: "Yo soy superior – Tú eres inferior".
Trabaja con sus colaboradores mediante metas a largo plazo con interés en el desarrollo de ellos.	Pide resultados inmediatos, aun si esto daña el potencial de sus colaboradores.
Busca hacerse innecesario.	Crea una atmósfera donde los subordinados dependen permanentemente de él.
Valora a sus colaboradores individualmente, los alienta y alaba, en vez de condenarlos.	Tiene una opinión pobre de sus colaboradores y critica mucho los errores de los demás.
Desea el poder CON sus colaboradores, está abierto a sus ideas y sugerencias y comparte el crédito de los resultados.	Desea el poder SOBRE sus colaboradores, toma todo el crédito de los logros y no acepta la crítica constructiva.
Siempre tiene voluntad para discutir sus decisiones y razones, a menos que las circunstancias no lo permitan.	Interpreta las preguntas como crítica personal o deslealtad.
Alienta al individuo, anima las ideas y participación, equipa las personas para producir resultados definidos.	Limita las libertades personales, prefiere tomar todas las decisiones, no entrena a nadie más para trabajar efectivamente.

Es un hombre "con corazón", con un genuino interés por otros.	Es un hombre "cerebral", mostrando poca o ninguna compasión.
Es considerado y preocupado por los demás.	Tiene un sólo interés: él mismo.

Los Motivos del Liderazgo. Al revisar las características de un líder de Dios, no podemos dejar de notar que los motivos puros y espirituales en el corazón ayudan al crecimiento. Al contrario, si un líder busca posiciones altas solamente para su exaltación, usará a la gente para sus propios fines, en vez de servirles.

Además, si un líder busca principalmente hacer a la gente dependiente de su presencia (dándose así un sentido de poder), nunca entrenará adecuadamente a aquellos que desean ser usados por el Señor. Dios da una enorme importancia a los motivos y razones de un líder. Los motivos equivocados envenenarán el trabajo del líder, mientras que los correctos ayudarán a solucionar múltiples dificultades.

En los evangelios, vemos a menudo ejemplos de motivaciones impropias de los escribas, fariseos y maestros de la ley. Cuando esos líderes religiosos iban con una pregunta para Jesús, o aun cuando sólo se dedicaban a sus actividades diarias, siempre tenían motivos escondidos. Hay que notar cómo el Espíritu Santo expone constantemente los motivos equivocados de ellos en el evangelio de Mateo, para amonestarnos.

"Antes, hacen todas sus obras para ser vistos por los hombres" (Mateo 23:5a).

"¡Ay de vosotros, escribas y fariseos, hipócritas! Porque devoráis las casas de las viudas, y como pretexto hacéis largas oraciones" (23:14).

"Y he aquí había allí uno que tenía seca una mano; y preguntaron a Jesús, para poder acusarle: ¿Es lícito sanar en el día del reposo?" (12:10).

"Vinieron los fariseos y los saduceos para tentarle, y le pidieron que les mostrase una señal del cielo" (16:1).

"Diciéndoles él estas cosas, los escribas y los fariseos comenzaron a estrecharle en gran manera, y a provocarle a que hablase de muchas cosas; acechándole y procurando cazar alguna palabra de su boca para acusarle" (Lucas 11:53,54)

Es obvio, al ver estas escrituras, que los escribas, fariseos y maestros de la ley no tenían motivos puros respecto al Señor Jesús. Al contrario, los líderes de Dios deben tener motivos puros hacia Dios y Su pueblo. Los líderes no deben sentir que su estado de siervos es sólo una forma de "pagar sus obligaciones" que después los hará "subir al cielo". Un líder es un siervo toda la vida.

Motivos carnales. ¿Cuáles son algunos de los motivos impropios que una persona puede tener al aspirar al liderazgo? Esta es una pregunta difícil, pero pruebe usted sus propios motivos. Hágase las preguntas siguientes.

¿Le gustaría la gloria de un ministerio cumplido más que el proceso de satisfacer las necesidades espirituales de la gente?

¿Desea poder, posición, una autoridad incrementada que va junto con un oficio y un título?

¿Le gustaría alguna vez ser el que manda, el maestro sobre los estudiantes, el que está al frente del cuarto dando órdenes?

¿Por qué no tener oportunidad de brillar, de probar ser el mejor, para ser admirado por sus propias habilidades?

Y si obtiene la oportunidad, ¿estaría muy mal si obtuviera la aprobación pública y fuera servido por otros?

Hay muchos espíritus seductores en el mundo. El hombre o la mujer que quiere servir a Dios sabe que debe resistir la tentación que alberga motivos impropios.

Motivos piadosos. Por otra parte, las motivaciones que Dios quiere ver en las vidas de Sus líderes son las que los impulsen hacia adelante.

Un deseo de servir a otros y cubrir sus necesidades, para hacerlos exitosos en sus llamados y ministerios, como Jonatán lo hizo con David.

Un ansia de demostrar el amor y la compasión de Dios para aquellos que lo necesitan desesperadamente.

Un profundo y empecinado deseo de ser fiel a la voluntad de Dios en nuestras vidas.

Una urgencia de conducir a otros a Cristo.

Una necesidad de unir los miembros de las familias bajo la dirección de Cristo.

Una conducción que ayude a los enfermos espirituales, a los pobres y a los oprimidos.

El ejemplo de Cristo. Cristo Jesús mismo nos demostró los motivos apropiados para desear ser un ministro del Evangelio, cuando Él dijo a los judíos en la sinagoga los objetivos del Espíritu del Señor al estar sobre Él:

"Vino a Nazaret, donde se había criado; y en el día del reposo entró en la sinagoga, conforme a su costumbre, y se levantó a leer.

Y se le dio el libro del profeta Isaías; y habiendo abierto el libro, halló el lugar donde estaba escrito:

El Espíritu del Señor está sobre mí, Por cuanto me ha ungido para dar buenas nuevas a los pobres; Me ha enviado a sanar a los quebrantados de corazón; A pregonar la libertad a los cautivos, Y vista a los ciegos, A poner en libertad a los oprimidos, A predicar el año agradable del Señor" (Lucas 4:16-19).

Que los motivos de Cristo lleguen a ser los nuestros.

Conclusión

La siguiente fábula acerca de las ranas, tomada de las Fábulas de Esopo, resume bien la necesidad de ser siervos del pueblo de Dios, en vez de dominarlo.

"Las ranas querían un líder. Ellas molestaron tanto a Júpiter con sus demandas que él finalmente les arrojó un tronco al estanque, y así, las ranas estuvieron contentas con su nuevo líder.

Sin embargo, pronto encontraron que podían correr, saltar encima y abajo de él. Pues no ofrecía resistencia ni daba ninguna respuesta. El tronco no tenía ninguna dirección en su comportamiento, sólo flotaba hacia atrás y hacia adelante en el estanque. Esto exasperó a las ranas, quienes realmente querían un liderazgo fuerte.

Volvieron con Júpiter y se quejaron sobre su tronco-líder. Pidieron una jefatura más fuerte y mayor vigilancia. Ya que Júpiter estaba cansado de las ranas quejosas les dio una cigüeña que sobresalía de entre todas las ranas y, ciertamente, tenía la apariencia de un líder.

Las ranas estaban muy felices con su nuevo líder. Daba vueltas al estanque haciendo gran alboroto y atrayendo la atención. Sin embargo, su alegría se transformó en pena primero y en pánico después, porque en muy poco tiempo la cigüeña devoró a todos sus subordinados".

El Señor no desea que sus líderes sean como troncos que permitan a la gente correr totalmente sobre la Iglesia. Tampoco quiere que sean como cigüeñas que devoren al pueblo y sólo se aprovechen de él. Quiere el Señor dar a Sus líderes el balance divino que Él verdaderamente desea.

Dios está restaurando un verdadero énfasis bíblico en el liderazgo de la Iglesia. En el siguiente capítulo, El Llamado del Liderazgo, examinaremos en detalle ese llamado. Veremos cómo encaja en el patrón de Dios para la organización de la Iglesia. Y usted verá que sea cual sea su don y ministerio, Dios le tiene un llamado también.

Capítulo 3

EL LLAMADO DEL LIDERAZGO

La mayoría de los encuentros divinos a través de la Biblia se han relacionado directamente con el llamado de Dios a hombres y mujeres. Para el líder cristiano, el llamado de Dios es el punto de revelación, la fundación personal de su ministerio.

Esto también se aplica a todos los cristianos, aunque no todos los ministerios requieren tanto tiempo o energía como un ministerio gubernamental. Nuestra primera meta e identidad como cristianos es conocer a Cristo y servir a Su Cuerpo. A este respecto, gran parte de la identidad individual y personal de usted como cristiano proviene de su llamado al ministerio de Dios. Si usted dedica su vida a Cristo y su Iglesia, lo descubrirá.

En este capítulo revelaremos el misterio del llamado de Dios. Explicaremos qué llamado hace Dios a un creyente y cómo Dios usa este llamado como una parte de Su plan para construir Su Iglesia. Si Usted todavía no ha oído el llamado de Dios en su vida, esto le ayudará para descubrirlo. Si ya lo ha recibido, aprenderá más acerca de cómo se establece su lugar en el Cuerpo de Cristo.

Pues aun Jesucristo no vino para ser servido sino para servir y dar su vida en rescate por muchos. Con este mismo espíritu, empecemos el proceso de descubrir el papel de cada uno en el Cuerpo de Cristo.

La Necesidad del Llamado Divino

A través de los años, muchos teólogos han ponderado, discutido y pensado sobre el tema del llamado de Dios. Las revistas han publicado incontables artículos y testimonios sobre la necesidad del llamado de Dios. Todos los cristianos son llamados para un ministerio específico. El ministerio gubernamental, sin embargo, por su naturaleza pública y visible, muy a menudo es deseado y realizado sin el llamado de Dios.

Desafortunadamente, muchos líderes, por largo tiempo, han logrado obtener un ministerio posicional sin recibir un llamado divino de parte de Dios. A través de sus fallas, estas personas han descubierto que la victoria en el ministerio se basa en este llamado inicial de Dios. Algunos iniciaron su ministerio por suposición, otros, con motivos nobles e inocentes, y otros, en la misma forma en que asumirían cualquier otra profesión en el mundo.

Muchas escrituras del Antiguo Testamento describen el fenómeno del supuesto "liderazgo" sin el llamado de Dios. Todos los pasajes llegan a la misma conclusión: Los hombres que van por su propia iniciativa, sin que el Señor los haya enviado, fracasan.

El libro de Jeremías desarrolla el tema del llamado de Dios muy claramente. Sus advertencias llegan en un momento clave de la historia de Israel, cuando lo que queda de Judá es amenazado con el cautiverio en Babilonia. Jeremías habla en contra de los falsos profetas, los líderes espirituales de Israel que conducen al pueblo a creer en mentiras (como la de que Dios no castigaría a su pueblo por la desobediencia). Esos profetas crecían en el favor del pueblo porque le decían a la gente lo que quería oír, contribuyendo directamente al desastre de Judá. Y ellos eran tan populares, que aun en el cautiverio, el pueblo continuaba oyéndolos, esperando una pronta liberación, cuando Ezequiel fue llamado para responder.

"Yo no los envié ni les mandé; y ningún provecho hicieron a este pueblo" (Jeremías 23:32).

"Porque yo no los envié, dice Jehová" (27:15).

"Entonces dijo el profeta Jeremías al profeta Hananías: Ahora oye, Hananías: Jehová no te envió, y tú has hecho confiar en mentira a este pueblo" (28:15).

"Porque falsamente os profetizan ellos en mi nombre; no los envié, ha dicho Jehová" (29:9).

"Vieron vanidad y adivinación mentirosa. Dicen: Ha dicho Jehová, y Jehová no los envió; con todo, esperan que él confirme la palabra de ellos" (Ezequiel 13:6).

Dios Rechaza el Falso Liderazgo

A través de las Escrituras, encontramos el juicio de Dios: "Yo no les he enviado". Los líderes van trabajando a través del tiempo sin un llamado divino y el pueblo de Dios ha sufrido por esto. Ellos no fueron enviados por Dios. ¿Quién los envió? ¿Fueron enviados por el diablo, por la voluntad del hombre, o lo hicieron ellos mismos?

En el Antiguo Testamento el asumir el oficio de cualquier ministerio sin un llamado divino era una ofensa muy seria. Si un hombre era llamado a ser un sacerdote, él no se atrevía a asumir el oficio del rey. Si un hombre era llamado a ser rey, el oficio del sacerdote estaba fuera de su alcance. Tal presunción siempre resultó en el juicio de Dios. Ningún hombre llegaba a la presencia del Señor, sin una encomienda divina. Dios llamó a Moisés a ver la zarza ardiente. El Señor le dijo: *"Y quita tu calzado de tus pies, porque el lugar en que tú estás, tierra santa es"* (Éxodo 3:5). Dios ordenaba al sumo sacerdote una vez al año, en el Día de la Expiación, para que fuera ante Su presencia al lugar santísimo. Para un hombre, tomar esto por sí mismo era literalmente tomar su vida en sus propias manos (la muerte).

De la misma forma, es presuntuoso para una persona que no ha sido llamada por Dios, ir y decir que es el representante del Señor. Debe haber un encuentro divino con Dios antes de que una persona pueda ser enviada por Dios. El Señor debe llamar a la persona y equiparla antes de que inicie su trabajo. Debe haber una designación por Dios.

Hay tres formas en que una persona puede ser señalada para el ministerio. Primero, Dios puede designarla; segundo, el hombre la designa; tercero, la persona se designa a sí misma. En el mundo actual hay muchos líderes autorizados por ellos mismos y por el hombre, y pocos autorizados por Dios. Veamos por separado a cada una de estas fuentes de llamado.

Coré: El Liderazgo Autodesignado

Un líder designado por sí mismo toma, bajo su autoridad y responsabilidad, un oficio espiritual para el cual no ha sido llamado por Dios. La persona de Coré es un ejemplo del Antiguo Testamento del líder autodesignado. En Números 16 y 17 se da el trasfondo y la historia de esta narración. Coré se rebeló contra el liderazgo divinamente designado de Moisés e intentó presentarse a sí mismo como líder.

Coré siguió un proceso claramente definido de autodesignación, que cualquiera podría seguir para dedicarse a una posición para la cual Dios no lo ha llamado.

1. Hizo que otros se levantaran contra el liderazgo espiritual existente (Números 16:2).

2. Criticó públicamente y cuestionó al liderazgo existente: *"¡Basta ya de vosotros! Porque toda la congregación, todos ellos son santos, y en medio de ellos está Jehová; ¿por qué, pues, os levantáis vosotros sobre la congregación de Jehová?"* (Números 16:3).

3. Acusó al liderazgo de lo que él mismo era culpable (16:3).

4. No estaba satisfecho con la posición que se le había dado. Continuamente quería más autoridad y una posición mayor (16:10).

5. Continuamente murmuraba en contra del liderazgo existente (16:11).

La epístola de Judas, versículo 11, se refiere a tres hombres como ejemplo de falsos ministros: Caín, Balaam y Coré. Judas dice que en estos últimos días, algunos hombres se comportarían a la manera de alguno o de todos esos falsos ministros. La manera de Coré es la del hombre que se designa a sí mismo para un oficio divino sin el llamado de Dios. Él representa al hombre que presuntuosamente y por su propia voluntad, quiere autoridad que no le ha sido dada. Se levanta en contra del liderazgo ordenado por Dios, como Coré lo hizo en contra de Moisés.

Saúl: El Liderazgo Designado por el Hombre

Los líderes designados por el hombre dicen recibir un llamado de Dios, pero el llamado es por la autoridad del hombre, y no representan la unción del Señor.

El liderazgo designado por los hombres es muy común en nuestra sociedad de hoy. La fuerte tendencia del humanismo en el mundo hace que la gente esté centrada en el hombre y no en Dios. El espíritu humanístico, que exalta el poder y la voluntad del hombre, se ha infiltrado en la Iglesia y sus líderes. Cuando un hombre se coloca a sí mismo en una posición de autoridad en la Iglesia, tiene mucha confianza en su propia fuerza y capacidad, en sus grados académicos, en su entrenamiento y educación. Las Iglesias de hoy hacen frente a este tipo de liderazgo. Pero la educación, tan buena como es, no puede reemplazar el llamado de Dios, que es el único que brinda la unción y la verdadera autoridad de Dios sobre la vida del individuo. La Iglesia de hoy no necesita de un liderazgo hecho, entrenado o llamado por el hombre.

Los líderes designados por el hombre miran su ministerio como un profesional mira su carrera (por ejemplo, un dentista). Pero el ministerio es más que una buena carrera en una buena institución. Algunas de nuestras modernas instituciones teológicas, que dicen entrenar a jóvenes para el trabajo del ministerio, casi han perdido el concepto del encuentro divino con el Señor. ¡Gracias a Dios por esas universidades y seminarios que consideran el llamado divino como de la mayor importancia!

El hombre no es el que escoge la profesión del ministerio. Dios es el único que ejerce la elección, el hombre sólo responde.

Es presuntuoso entrar al ministerio simplemente porque uno puede hablar varios idiomas y aprobar exámenes escritos sobre historia, religiones del mundo y otras materias. Muchos se han entrenado en esta categoría, pero Dios no los ha enviado. El hombre puede decir: "ve y habla". Pero sólo Dios puede dar la unción y la autoridad del Espíritu Santo para dar los frutos y cambiar las vidas a través de Jesucristo.

El primer rey de Israel es un ejemplo del líder designado por el hombre. Este ejemplo se encuentra en I Samuel 8:10. En I Samuel 8:1-4 encontramos a Samuel designando a sus propios hijos como jueces sobre Israel. Sin embargo, los hijos de Samuel, no habían seguido a su padre en los caminos del Señor. Por lo tanto, la gente los rechazó como líderes. Le pidieron a Samuel que les diera un rey como lo tenían todas las otras naciones. Hasta ese entonces, Israel no tenía más Rey que Jehová. Israel tenía una teocracia, pero ahora ellos querían que los gobernara un hombre. Samuel, muy disgustado, fue a Dios.

Dios le dijo que le diera al pueblo de Israel lo que ellos querían (un hombre que los gobernara). El Señor le dijo que no lo habían rechazado a él como su líder, sino que habían rechazado a Dios. Samuel regresó a su pueblo y les dio lo que pedían, un líder con autoridad terrenal, un gobernante que podría gobernar sólo sobre los recursos de la tierra. Samuel describió el tipo de líder que podrían tener. Tomada de I Samuel 8:11-17, esta descripción se puede aplicar a los líderes designados por el pueblo en la Iglesia del mundo actual.

"Tomará vuestros hijos, y los pondrá en sus carros y en su gente de a caballo, para que corran delante de su carro" (I Samuel 8:11).

"Los pondrá asimismo a que aren sus campos y sieguen sus mieses, y a que hagan sus armas de guerra y los pertrechos de sus carros" (8:12).

"Tomará también a vuestras hijas para que sean perfumadoras, cocineras y amasadoras" (8:13).

"Tomará lo mejor de vuestras tierras, de vuestras viñas y de vuestros olivares, y los dará a sus siervos" (8:14).

"Diezmará vuestro grano y vuestras viñas, para dar a sus oficiales y a sus siervos" (8:15).

"Tomará vuestros siervos y vuestras siervas, vuestros mejores jóvenes, y vuestros asnos" (8:16).

"Diezmará también vuestros rebaños y seréis sus siervos" (8:17).

La frase clave de estos pasajes de la Escritura es: "Él tomará". El líder designado por el pueblo está destinado a robar y explotar al pueblo del Señor. Él obtendrá lo que quiere y necesita, a expensas de sus ovejas. No le interesan las necesidades de su rebaño. Es un retrato del explotador, al contrario de lo que es el verdadero pastor. El pastor morirá por sus ovejas, así como el explotador vive de sus ovejas. Un líder designado por el hombre está más interesado en sus propios deseos, que en los de la gente a la que supuestamente va a servir.

En I Samuel 10 tenemos la unción de Saúl por el profeta Samuel. Samuel ungió a Saúl con aceite proveniente de una vasija. Todos los otros reyes fueron ungidos con el aceite vaciado del cuerno de un animal, no de una vasija. La vasija era un recipiente construido por los hombres para contener agua. El cuerno se tomaba de un animal que tenía que dar su vida para obtenerlo. David, por otro lado, siendo elegido por Dios, fue ungido con el aceite divino vaciado del cuerno de un animal. Los líderes de Dios son ungidos con un cuerno y no con una vasija, por el Espíritu de Dios y no por el de los hombres.

El Liderazgo Designado por Dios

Después de ver dos de los errores más comunes en la designación de los líderes, veremos ahora el patrón bíblico. La Biblia sigue siendo el manual para el creyente, que da la guía necesaria en todas las áreas. Dios designa a los líderes en función de sus capacidades. Son elegidos por Dios, designados por Dios y puestos en el ministerio. Las siguientes palabras (designar, separar, llamar y enviar) darán la visión de las Escrituras sobre el llamado de Dios mismo a sus líderes.

Designar. La palabra hebrea para "designar" significa supervisar, cuidar, vigilar. Los siguientes son ejemplos de aquellos que Dios designa:

Números 1:50	*"Pondrás a los levitas"*.
Números 3:10	*"Constituirás a Aarón y a sus hijos para que ejerzan su sacerdocio"*.
II Samuel 6:21	*"Fue delante de Jehová, quien me eligió en preferencia a tu padre y a toda tu casa"*.
I Crónicas 15:16	Dijo a los levitas que designasen a sus cantores.
I Crónicas 15:19	*"Así Hemán, Asaf y Etán, que eran cantores, sonaban címbalos de bronce"*.
Números 27:16-19	Josué fue el hombre puesto (designado) por sobre toda la gente.
Hechos 6:3	Los apóstoles designaron diáconos con el objetivo de servir las mesas.

Separar. La palabra hebrea para "separar" significa poner fuera de los límites, colocar a un lado. Los siguientes son ejemplos de los que Dios separa:

Deuteronomio 10:8	*"Apartó Jehová la tribu de Leví"*.
Deuteronomio 32:8	El Señor *"hizo dividir a los hijos de los hombres"*.
I Crónicas 23:13	*"Y Aarón fue apartado para ser dedicado a las cosas más santas"*.
Romanos 1:1	*"Pablo... llamado a ser apóstol, apartado para el evangelio de Dios"*.
Gálatas 1:15	Pablo había dicho: *"me apartó desde el vientre de mi madre"*.
Hechos 13:2	*"Dijo el Espíritu Santo: Apartadme a Bernabé y a Saulo"*.

De esta forma Dios llama y separa. Muchas personas pueden ayudar a desarrollar un ministerio a través del proceso de preparación, pero el Señor debe primero llamar a la gente para Su trabajo. Por medio de la mano del Señor, a través de los delineamientos de Dios, una persona pone su vida al servicio de Él. Todos los sacerdotes, reyes, profetas y apóstoles, siendo escogidos por Dios, experimentaron una separación divina.

Llamar. La palabra hebrea "llamar" significa abordar a una persona, llamarla por su nombre. La palabra "llamar" es usada en las siguientes referencias:

Éxodo 3:4	Dios llamó a Moisés de en medio de la zarza.
Éxodo 31:2	*"Yo he llamado por nombre a Bazaleel"*.
I Samuel 3:4, 8	*"Jehová llamó a Samuel"*.
Romanos 1:1	*"Pablo... llamado a ser apóstol"*.
I Corintios 1:1	*"Pablo, llamado a ser apóstol de Jesucristo"*.
Marcos 1:20	*"Y (Jesús) luego los llamó"*.

Enviar. La palabra hebrea para "enviar" significa enviar para una razón específica. Las siguientes son algunas de las referencias en las que se usa la palabra "enviar":

Génesis 45:7	*"Dios me envió delante de vosotros"*.

Éxodo 3:12-18	*"El Dios de Abraham, Dios de Isaac y Dios de Jacob, me ha enviado a vosotros".*
Jeremías 1:7	Dios le dijo a Jeremías que a todo lo que le enviara, él iría.
Zacarías 2:8	*"Me enviará Él a las naciones".*
Lucas 4:18	*"Me ha enviado a sanar a los quebrantados de corazón".*
Juan 1:6	*"Hubo un hombre enviado de Dios".*
Juan 4:34	*"Mi comida es que haga la voluntad del que me envió".*

Cada una de esas palabras se escogieron para ilustrar la fuerza divina de Dios al elegir y llamar a Sus líderes. Moisés fue designado para establecer el tabernáculo de Dios. A ningún otro hombre en esa época se le dio tal responsabilidad. Dios le dio un llamado especial y un trabajo específico. David fue señalado como Rey de Israel. No fue elegido por los hombres, sino por Dios. Los hombres no podrían haber escogido a un joven pastor para conducir la nación. Pero Dios puso su mano sobre David y lo llamó para cumplir un destino divino.

Todos los siervos de Jehová recibieron un llamado específico del Señor para realizar su trabajo. El Señor nunca ha disminuido sus estándares para llamar a sus siervos; sólo Él puede designar a los líderes que escoge. Si la Iglesia coloca líderes escogidos por los hombres, la voluntad de Dios no se cumple.

Todos los Creyentes Son Llamados para una Función Específica

El llamado de Dios tiene dos partes que hacen un todo perfectamente balanceado. La necesidad de un llamado divino no se puede considerar sobreenfatizada, puesto que hay muchos que pretenden los oficios de los ministerios descritos en Efesios 4:11. Desafortunadamente, la Iglesia misma ha ayudado a crear cierta confusión. Ha sobreenfatizado los cinco ministerios de gobierno y no ha enseñado lo suficiente acerca del ministerio de cada miembro. Algunas personas han creído que los ministerios de gobierno eran los únicos disponibles. Han supuesto, falsamente, que si ellos querían servir a Dios y a Su Iglesia, tenían que aspirar a uno de los ministerios gubernamentales.

La Biblia no enseña que el apóstol, el profeta, el evangelista, el pastor y el maestro son los únicos ministerios en el Cuerpo de Cristo. El Nuevo Testamento lista muchos otros más. Pero algunas veces, la Iglesia reacciona en demasía a ciertas doctrinas y se va a los extremos en sus prácticas. El llamado de Dios a los ministerios de gobierno se balancea con el llamado de Dios a los ministerios congregacionales.

Ahora mismo, la Iglesia está reaccionando en demasía a su anterior énfasis exagerado en los ministerios gubernamentales. El tema de que todos los miembros tienen un ministerio en el Cuerpo de Cristo está siendo enfatizado fuertemente. La Iglesia de hoy está oyendo acerca del sacerdocio de los creyentes y el Cuerpo completo está funcionando en cierto dominio de responsabilidad. Pero cuando decimos que todos los miembros tienen un ministerio y una responsabilidad, debemos hacer que las responsabilidades para cada uno estén muy claras. La responsabilidad de practicar la supervisión del Cuerpo de Cristo es dada solamente a los ministerios de gobierno y no a todos los miembros.

Hay una gran diferencia entre los ministerios gubernamentales y los congregacionales. Los ministerios de gobierno tienen la autoridad divina para gobernar el Cuerpo de Cristo a través de los oficios investidos en ellos, es decir, los oficios de apóstol, profeta, evangelista, pastor, o maestro. Para funcionar en uno de estos oficios, una persona debe recibir un llamado de Dios y bajo Su autoridad, llevar a cabo Sus propósitos. Para funcionar en un ministerio congregacional, una persona debe entender su posición de responsabilidad y sus limitaciones. Cada parte del Cuerpo de Cristo ha recibido un llamado de Dios, pero no necesariamente para funcionar en un ministerio gubernamental.

Algunas personas en la Iglesia viven toda su vida esperando una visitación de los ángeles que los colocaría en un ministerio apostólico por todo el mundo. Esperan ese llamado divino para ciertos oficios que sienten que deberían tener. Sin embargo, la mayoría del Cuerpo de Cristo, debe entender que ya ha sido llamada para funcionar mostrando misericordia, o con un ministerio de ayuda, hospitalidad, exhortación, o cualquier otro ministerio congregacional. Tal llamado no es menos importante. Un ministerio de ayuda es tan importante como un ministerio apostólico. Un ministerio de hospitalidad es tan importante como el ministerio de un profeta. Aunque hay diferentes llamados en el Cuerpo, todos ellos son importantes y necesarios. La diferencia se encuentra en la función, no en la importancia.

Es de la mayor importancia para todos los cristianos el comprender que todos tienen un llamado importante de Dios. Los siguientes pasajes ilustran este hecho:

II Timoteo 1:9   *"Quien nos salvó y llamó con llamamiento santo"*.

II Pedro 1:10	*"Procurad hacer firme vuestra vocación y elección"*.
I Tesalonicenses 2:12	*"Que os llamó a su reino y gloria"*.
Hebreos 3:1	*"Por tanto, hermanos santos, participantes del llamamiento celestial"*.
Romanos 1:6, 7	*"Entre los cuales estáis también vosotros, llamados a ser de Jesucristo"*.
I Corintios 1:26	*"Pues mirad, hermanos, vuestra vocación"*.
Efesios 1:18	*"Para que sepáis cuál es la esperanza a que él os ha llamado"*.
Efesios 4:1	*"Os ruego que andéis como es digno de la vocación con que fuísteis llamados"*.
II Tesalonicenses 2:14	*"A lo cual os llamó"*.

La sabiduría de Dios en los llamados de diferentes personas para funcionar en posiciones distintas rebasa el entendimiento y legislación humanos. Está establecido en la Palabra de Dios. La Iglesia no necesita esperar voces o visiones posteriores del cielo para conocer que cada miembro ha sido llamado por Dios para cierta forma de servicio.

Ciertos cristianos sufren de un sentimiento de inferioridad. No pueden creer que Dios pudo llamarlos a un lugar en el ministerio. Sin embargo, en su Epístola a los Corintios, Pablo establece esta doctrina del llamado de Dios en una forma muy clara:

"Pues mirad, hermanos, vuestra vocación, que no sois muchos sabios según la carne, ni muchos poderosos, ni muchos nobles; sino que lo necio del mundo escogió Dios, para avergonzar a los sabios; y lo débil del mundo escogió Dios, para avergonzar a lo fuerte; y lo vil del mundo y lo menospreciado escogió Dios, y lo que no es, para deshacer lo que es, a fin de que nadie se jacte en su presencia" (I Corintios 1:26-29).

Todos los cristianos pueden verse a sí mismos en este pasaje. No muchos de nosotros somos sabios según la carne, ni muchos somos poderosos, ni muchos somos nobles. El mundo completo nos describe como lo más vano, débil y vil. Somos las cosas despreciadas y las cosas que no son.

Aun Dios mismo nos ha usado, y nos usará, para confundir al sabio y al poderoso y "para deshacer lo que es".

La Naturaleza del Llamado

¿Qué es el llamado de Dios? ¿Contiene el llamado de Dios para su vida, ciertos elementos que pueden ser entendidos y examinados? ¿Tiene el llamado de Dios para usted, algunas cosas en común con Su llamado a todos los otros miembros del Cuerpo de Cristo? Podemos contestar estas preguntas con un breve estudio de varios pasajes del Nuevo Testamento, que nos darán entendimiento en el área del llamado de Dios a todos los miembros del Cuerpo. Estas palabras son: Ministerio, Talento, Gracia, Don y Oficio.

Ministerio. La palabra "ministerio" en el Nuevo Testamento griego es "diakonia" que significa ser un sirviente en los campos. La siguiente es una lista de las Escrituras en las cuales se usa esta palabra:

Colosenses 4:17   *"Mira que cumplas el ministerio que recibiste en el Señor".*

I Corintios 16:15   *"Se han dedicado a los servicios de los santos".*

II Corintios 5:18   *"Nos dio el ministerio de la reconciliación".*

Romanos 12:7   *"O si de servicio, en servir".*

Todos los cristianos tienen el ministerio de ser siervos de la casa del Señor. La palabra "ministerio" ya se ha discutido en el capítulo anterior. Sólo repetiremos aquí que la Iglesia debe deshacerse del falso concepto de esta palabra, que conduce a creer que el ministerio es sólo para unos cuantos.

Todos los cristianos tienen el mandato de servir. Mientras que los ministerios públicos y los púlpitos no tienen cabida para todos, siempre hay un lugar para dedicarse al servicio cristiano. Haga un inventario mental rápido de las necesidades de su Iglesia, de su vecino, de su hogar, de su trabajo, de su escuela. Verá que alguien necesita a Jesús, que necesita de su ayuda (y puede ser que usted sea la única persona que pueda dársela).

Talento. La palabra que traducimos como "talento" del Nuevo Testamento griego significa llevar un peso o se refiere a lo que es pesado. En nuestro vocabulario español, esta palabra tiene el significado de una abundancia de capacidad.

En Mateo 25, Jesús nos enseña varias cosas a través de la parábola de los talentos. La gente recibe los talentos (capacidades y oportunidades) en diferentes grados. Pero cada miembro del Cuerpo de Cristo ha recibido del Señor al menos un talento o capacidad. Y todos los creyentes tienen la responsabilidad de desarrollar el talento que le ha sido dado y usarlo para el Reino de Dios.

Gracia. La palabra griega del Nuevo Testamento para "gracia" tiene el significado de la influencia divina en el corazón y sus reflejos en la vida de quien lo recibe. También significa el depósito de Dios dentro de un cristiano, una capacidad que le hace avanzar en alguna área de servicio del Cuerpo de Cristo. Este depósito de gracia en la vida de Pablo lo llevó a describirse como un "deudor", con una obligación de predicar el Evangelio en Roma (Romanos 1:13-16).

La palabra "gracia" se usa 150 veces en el Nuevo Testamento. La siguiente es una lista de las Escrituras que usan la palabra "gracia":

Lucas 2:40	*"Y la gracia de Dios era sobre él".*
Juan 1:14	*"Y aquel Verbo fue hecho carne y habitó entre nosotros...., lleno de gracia y verdad".*
Romanos 1:5	*"Por quien recibimos la gracia y el apostolado".*
Romanos 12:6	*"Según la gracia que nos es dada".*
Efesios 4:4-7	La gracia es dada al Cuerpo de Cristo.

La gracia de Dios es dada abundantemente a cada miembro del Cuerpo de Cristo para que cada uno pueda ministrar abundantemente a todo el Cuerpo. De esta forma, la gracia de Dios promueve el crecimiento del Cuerpo.

Don. En griego, la palabra "don" significa un regalo y una bendición de Dios. Sin embargo, en este caso, quien lo recibe no es quien se beneficia, sino toda la gente que se encuentra a su lado, a quien Dios bendice a través de quien recibe el don. La siguiente es una lista de algunos de los versículos en que se usa esta palabra.

Romanos 1:11	*"Para comunicaros algún don espiritual".*
Romanos 12:6	*"De manera que, teniendo diferentes dones".*
I Corintios 14:1	*"Y procurad los dones espirituales".*

I Corintios 14:12	*"Así también vosotros; pues que anheláis dones espirituales"*.
I Timoteo 4:14	*"No descuides el don que hay en ti"*.
II Timoteo 1:6	*"Te aconsejo que avives el fuego del don de Dios que está en ti"*.

El apóstol Pablo ordenó a la iglesia de Corinto que fuera cuidadosa de los dones espirituales y los deseara. Esta misma exhortación se puede aplicar a la Iglesia del siglo XX. Cada miembro de la Iglesia actual necesita pedir al Señor dones que bendigan y construyan el Cuerpo de Cristo. Sus dones espirituales provenientes del Señor no son dados por casualidad. Y no son una herramienta para llamar la atención o admiración, como lo son los talentos mundanos. Deben ser buscados por medio de intensa oración y deben ser usados fielmente para servir a quienes el Señor desea ayudar a través de usted.

Oficio. La palabra "oficio" se refiere a una actividad o derecho oficial para practicar algo. Describe una acción, una función o un desempeño. La siguiente es una lista de algunos versículos en los que se usa esta palabra:

Éxodo 29:1	*"Esto es lo que les harás para consagrarlos, para que sean mis sacerdotes"*.
I Crónicas 9:22	Los porteros eran designados por los sacerdotes para guardar las entradas.
I Crónicas 23:28	Los sacerdotes de Leví estaban bajo las ordenes de los hijos de Aarón.
Nehemías 13:13	*"Y ellos tenían que repartir a sus hermanos"*.
Romanos 11:13	Pablo honraba su ministerio.
Romanos 12:4	*"Pero no todos los miembros tienen la misma función"*.
I Timoteo 3:1	*"Si alguno ahnela obispado"*.
I Timoteo 3:10	*"Entonces ejerzan el diaconado"*.

"Primero lo natural y luego lo espiritual" es un principio que usa la Escritura (I Corintios 15:45-49) en la enseñanza de la verdad espiritual a través de análogos físicos. La imagen natural del cuerpo humano trabajando es una ilustración perfecta del oficio de cada miembro trabajando en el Cuerpo de Cristo. No todos los miembros del Cuerpo tienen la misma función o el mismo oficio. Además, si no todos los miembros del Cuerpo hacen su parte correspondiente, el Cuerpo entero lo resiente. Cada parte debe conocer su función y cumplirla fielmente.

La Iglesia: El Cuerpo de Cristo

Los escritores del Nuevo Testamento usaron muchas veces el ejemplo de la anatomía humana para explicar la función del Cuerpo de Cristo. Ellos sabían que es una analogía muy tangible para lograr el entendimiento del gran misterio, la operación compleja del Cuerpo espiritual de Cristo. Y la anatomía humana, compleja de por sí, es un análogo perfecto del Cuerpo de Cristo.

Aun con los avances tecnológicos en la medicina actual, el hombre se sigue sorprendiendo con las estructuras y funciones del cuerpo humano. David, el profeta, dijo apropiadamente (y con revelación divina) acerca de su propio cuerpo humano : *"Te alabaré, porque formidables, maravillosas son tus obras"* (Salmos 139:14). De la misma forma, está más allá de nuestro entendimiento el comprender totalmente la grandeza del Cuerpo espiritual de Cristo y de las funciones de sus ministerios y dones.

Científicamente hablando, el estudio de la anatomía trata de la estructura y organización de los seres vivientes. En una forma complementaria, el estudio de la fisiología describe el uso o funciones de los organismos vivos. La fisiología explora cada órgano del cuerpo y muestra cómo está integrado en el organismo completo. La ciencia natural de la fisiología puede demostrar a la Iglesia el principio espiritual de cómo cada miembro del Cuerpo de Cristo es llamado a funcionar en su lugar particular. Como cada miembro del Cuerpo funciona en su propio lugar, el Cuerpo entero llega a ser saludable y hermoso.

El funcionamiento del Cuerpo de Cristo es similar a la operación del cuerpo humano, el cual está compuesto de millones de células, una estructura compleja de huesos, musculatura, sistema digestivo, sistema glandular, sistema nervioso, corazón, pulmones, un complejo sistema circulatorio y un magnífico cerebro (todos esenciales para la vida del organismo). Todas estas partes del cuerpo humano son diferentes en su función y actividad, y aún así son muy necesarios para que el cuerpo opere normal y saludablemente.

Los siguientes versículos presentan la Iglesia como la imagen de un cuerpo:

Efesios 1:22-23	*"Y lo dio por cabeza sobre todas las cosas a la iglesia".*
Efesios 4:12	*"Para la edificación del Cuerpo de Cristo".*
Efesios 3:6	*"Son coherederos y miembros del mismo cuerpo".*
Efesios 4:4	*"Un cuerpo y un espíritu".*
Efesios 4:16	*"Todo el cuerpo, bien concertado y unido entre sí".*
Efesios 5:30	*"Porque somos miembros de su cuerpo".*
I Corintios 12:12	*"Porque así como el cuerpo es uno, y tiene muchos miembros".*
Colosenses 1:18	*"Y él es la cabeza del cuerpo".*
Colosenses 2:19	*"Todo el cuerpo, nutriéndose y uniéndose por las coyunturas".*
Colosenses 3:15	*"Fuísteis llamados en un sólo cuerpo".*

La Plenitud del Espíritu

Dos palabras claves, "plenitud" y "medida", revelan el principio fundamental que nos ayudará a entender la operación de las múltiples partes del ministerio en el Cuerpo de Cristo. "Plenitud" tiene el significado de "estar completo, lleno de, no faltar nada". La palabra griega para "medida", en contraste, describe un estado de grados, de parcialidad.

Plenitud de Cristo. En la Escritura, la palabra "plenitud" es usada para describir la Cabeza del Cuerpo, al Señor Jesucristo. Sólo Él tiene la plenitud de la bendición divina. Como la Cabeza del Cuerpo, Cristo recibe la plenitud del Espíritu. Él no recibe el Espíritu en una forma parcial, como lo hace un creyente cuando es bautizado en el Espíritu Santo. Cristo recibe la plenitud del Espíritu de Dios. Los siguientes versos demuestran el principio de que Cristo recibe la plenitud del Espíritu de Dios, mientras el creyente recibe sólo una porción del Espíritu:

Juan 1:16	*"Porque de su plenitud tomamos todos".*
Juan 3:34	*"Pues Dios no le da el Espíritu por medida".*
Efesios 1:23	*"La plenitud de Aquel que todo lo llena en todo".*

Efesios 3:19	*"Para que seáis llenos de toda la plenitud de Dios".*
Efesios 4:13	*"A la medida de la estatura de la plenitud de Cristo".*
Colosenses 1:19	*"Por cuanto agradó al Padre que en él habitase toda plenitud".*
Colosenses 2:9	*"Porque en él habita corporalmente toda la plenitud de la Deidad".*

Juan el Bautista testificó que Cristo recibió el Espíritu de Dios sin medida (Juan 3:34). Jesús fue único entre todos los profetas u hombres de Dios que habían llegado a Israel. Otros, habían sido enviados con un mensaje de arrepentimiento o juicio de Dios. Jesús mismo era el mensaje de Dios, la Palabra de Dios encarnada. El Espíritu no fue dado a Cristo para capacitarle a realizar los milagros de Dios en ocasiones especiales. Él mismo era la plenitud del Espíritu, Dios en carne.

A través de la historia de Israel, muchos habían llegado como libertadores, hombres con distintos mensajes de Dios. Habían experimentado intermitentemente el poder del Espíritu en sus ministerios. Fueron inspirados en diferentes ocasiones para ir y predicar para Dios. Pero este hombre, el Señor Jesucristo, era Dios Hijo, enviado por el Padre para trabajar por la redención eterna y la reconciliación. Jesús no solamente recibió el Espíritu de vida o el Espíritu de poder. Él era la fuente de toda la vida y todo el poder. Ningún creyente, en esta vida o en la por venir, tendrá jamás la plenitud del Espíritu como la ha tenido la Cabeza del Cuerpo, el Señor Jesucristo. Sólo Él es el único Hijo de Dios engendrado y encarnado con la plenitud del Espíritu. Sólo en Jesús se encuentra la plenitud del Espíritu.

Medida en la Iglesia. La palabra "medida" se refiere a una parte o porción del todo. La Biblia la aplica a menudo al describir el Cuerpo de Cristo. El creyente cristiano, a través de la fe y la obediencia hacia la Palabra de Dios, recibe una parte limitada de la plenitud de la Cabeza.

Uno de los grandes misterios de la Iglesia es que, a pesar de esta limitación, el mundo puede seguir viendo la plenitud de la Cabeza. Esto pasa cuando cada miembro del Cuerpo de Cristo es lleno con su medida proporcionada del Espíritu, y demuestra que la medida se encuentra en armonía con el resto del Cuerpo. Esto es un testimonio milagroso para el mundo.

Aquí se encuentran algunos pasajes de las Escrituras que se refieren al Cuerpo de Cristo que recibe una parte de la plenitud de Cristo, la Cabeza del Cuerpo.

Juan 1:16	*"Porque de su plenitud tomamos todos".*
Romanos 12:3	*"La medida de fe que Dios repartió a cada uno".*
Efesios 4:7	*"Pero a cada uno de nosotros fue dada la gracia conforme a la medida del don de Cristo".*
Efesios 4:13	*"A la medida de la estatura de la plenitud de Cristo".*
Efesios 4:16	*"Según la actividad propia de cada miembro, recibe su crecimiento".*
I Corintios 12:11	*"Pero todas estas cosas las hace uno y el mismo Espíritu, repartiendo a cada uno en particular como él quiere".*

Esta es la voluntad de Dios: que a su debido tiempo, Su Cuerpo sea lleno con la plenitud de Dios (Efesios 3:19). Él ha ordenado que pase cuando cada miembro del Cuerpo funcione en su propio lugar, con la parte de la gracia de Dios que le ha sido dada. La siguiente tabla de comparación dará claridad a este concepto de la plenitud del Señor Jesucristo y la medida en Su Cuerpo de muchos miembros. No se sorprenda si encuentra uno de sus propios dones señalados aquí, pues es una parte correspondiente de la plenitud de Cristo.

CRISTO, LA CABEZA LA PLENITUD	LA IGLESIA, EL CUERPO UNA MEDIDA
1. Plenitud del Espíritu	1. Una medida del Espíritu
2. Plenitud de gracia	2. Una medida del Espíritu de gracia
3. La Palabra hecha carne	3. Una medida de la Palabra en una palabra de Dios
4. Plenitud de poder	4. Una medida del Espíritu de poder
5. Plenitud del fruto del Espíritu	5. Una medida del fruto del Espíritu

6. Plenitud del ministerio

Apóstol en plenitud
Profeta en plenitud
Evangelista en plenitud
Pastor en plenitud
Maestro en plenitud

6. Medidas de ministerio a diferentes miembros

Algunos apóstoles
Algunos profetas
Algunos evangelistas
Algunos pastores
Algunos maestros

7. Plenitud de los dones del Espíritu

Espíritu de sabiduría
Espíritu de conocimiento
Espíritu de fe
Espíritu de sanidad
Espíritu de milagros
Espíritu de profecía
Espíritu de discernimiento
Espíritu de lenguas
Espíritu de interpretación

7. Una medida de los dones del Espíritu

Palabra de sabiduría
Palabra de conocimiento
Palabra de fe
Don de sanidad
Don de milagros
Don de profecía
Don de discernimiento
Don de lenguas
Don de interpretación

8. Plenitud del Espíritu de intercesión

8. Medida en diferentes ministerios de intercesión

9. Plenitud del ministerio de misericordia

9. Medida de misericordia en varios ministerios

10. Plenitud de predicación ungida

10. Una medida en varios predicadores ungidos

11. Plenitud del Espíritu en vendar a los quebrantados de corazón

11. Una medida en ciertos ministerios de compasión

12. Plenitud del Espíritu para proclamar la libertad a los cautivos

12. Una medida de liberación a través de ciertos ministerios

13. Plenitud del Espíritu para abrir las puertas de los prisioneros

13. Una medida de diferentes llaves espirituales para abrir las puertas de los presos

14. Plenitud del Espíritu para proclamar el año agradable del Señor

14. Una medida para proclamar los últimos días y las buenas nuevas de Jesucristo

15. Plenitud del Espíritu para confortar a quienes sufren

15. Una medida de consuelo a través de diferentes ministerios en el cuerpo

16. Plenitud del Espíritu para dar gloria en lugar de ceniza

16. Una medida de restauración a través de cada ministerio del cuerpo

17. Plenitud del Espíritu para dar el óleo de gozo a quienes sufren

17. Una medida del óleo de gozo, manifestado a través de los diferentes ministerios del cuerpo

18. Plenitud del Espíritu para dar el manto de alabanza contra el espíritu de pesadez

18. Una medida de alabanza a través de varios ministerios de canto, oración, acción de gracias, música, instrumentos y adoración en el cuerpo

19. Plenitud del Espíritu de consejo, poder y temor del Señor

19. Una medida de consejo, poder y temor del Señor a través de varios ministerios en el cuerpo

Su Llamado de Dios

Ahora que hemos explorado los dones y ministerios en el Espíritu Santo, quizás pueda tener preguntas urgentes. ¿Cuál es mi don? ¿A qué ministerio he sido llamado? ¿Cuál es mi lugar en el Cuerpo de Cristo? ¿Qué gracia está operando en mí ahora? Aun si es usted un cristiano maduro con un ministerio bien definido, puede ser más fructífero cuando entienda su llamado. Su don y ministerio hacen gran parte de su identidad como cristiano.

La tabla siguiente "Dones y Ministerios en la Iglesia del Nuevo Testamento" puede ayudar a contestar sus preguntas acerca de sus dones y ministerio. Puede ayudarle a usted y a otros como nunca habían pensado.

En algún lugar de la tabla, se describe su don y ministerio, porque esta es una lista completa de todos los dones y ministerios de la Iglesia. Las secciones claves de la Escritura listadas con su don le ayudarán para ver lo que la Biblia dice acerca de usted y su personalidad como creyente. Incluye la función de su don, permitiéndole saber las actividades en las que su don se aprovecha mejor. Esto puede confirmar que ya ha iniciado su función en el ministerio, si actualmente está desempeñándose activamente para servir en el Cuerpo. La definición de su ministerio, incluida también, le dará una idea de dónde encaja su don en el Cuerpo de Cristo. También puede ayudarle para identificar cristianos con quienes compartir su ministerio, personas a las que pueda ayudar a crecer en su área de servicio en el Cuerpo de Cristo.

Pero el proceso de descubrir su don y ministerio también involucra un encuentro personal con Dios. Una vez que su fe haya sido dirigida y que vea cuál puede ser su don y ministerio, necesita escuchar a Cristo. Sólo Él puede llamarle a su lugar en el Cuerpo de Cristo. Sólo Él puede establecer Su elección de don y ministerio para usted. Usted descubrirá el patrón bíblico del llamado de Dios a Sus siervos en el capítulo cuatro, "La respuesta del hombre al llamado de Dios".

DONES Y MINISTERIOS EN LA IGLESIA DEL NUEVO TESTAMENTO

DON/ MINISTERIO	ESCRITURAS	DEFINICIÓN	FUNCIÓN
Apóstol	Efesios 4:11 1 Corintios 12:28 Hechos 2:43	Uno enviado con órdenes Un delegado o embajador El que lleva una comisión	Establecer iglesias locales Ordenación de ancianos Traer revelación de la Palabra Entrenar y disciplinar ministerios Traer ajustes a los consejeros Ser un padre espiritual para otros
Profeta	Efesios 4:11 Efesios 2:20 Hechos 11:27-30 Hechos 13:1-4	Predecir la Palabra de Dios y eventos futuros Hablar la Palabra de Dios bajo la inspiración del Espíritu Ser un vocero para Dios Ser un intérprete de la Palabra de Dios.	Funcionar en el oficio de profeta Pronunciar juicio Confirmar la dirección de ministerios Viajar con un equipo apostólico confirmando las iglesias locales

Profetisa	Éxodo 15:20 Lucas 2:36	Mujer que predice la Palabra de Dios Una mujer inspirada por el Espíritu Santo en la Palabra de Dios	Profetizar
Evangelista	Efesios 4:11 Hechos 21:8 II Timoteo 4:5	Predicador del Evangelio (mensajero de las buenas nuevas) Predicador que tiene el ministerio de cosechar	Entrenar a los ganadores de almas Ganar a los perdidos a través de predicación y milagros Trabajar con los equipos apostólicos en plantar y establecer las iglesias locales
Pastor	Efesios 4:11 Juan 10:16 Juan 21:16 I Pedro 5:2,3	Apacentador del pueblo de Dios Un supervisor de la iglesia Uno que cuida, guarda, alimenta y guía al rebaño de Dios	Alimentar al rebaño Aconsejar al rebaño Dirigir al rebaño Identificarse con el rebaño Supervisar un rebaño local
Maestro	I Corintios 12:28 I Timoteo 3:2 II Timoteo 2:2,24	Instructor en la Palabra de Dios Uno que imparte conocimiento sistemático Un maestro de otros maestros	Establecer la verdad y doctrina de la Palabra de Dios Enseñar a otros cómo enseñar Corregir la doctrina Traer balance al ministerio del profeta bajo inspiración

Profecía	Romanos 12:6 I Corintios 12:10 I Corintios 13:2 y 14:3	Ocasionalmente predice eventos futuros Habla bajo la inspiración del Espíritu de Dios Un miembro dotado que inspira, confirma y refuerza la verdad revelada	Exhortar, edificar, consolar a través de hablar bajo inspiración Animar a los cristianos a través de la unción del Espíritu
Servicio	Hechos 6:1 Romanos 15:31 II Corintios 4:1 Romanos 12:7	Uno que atiende como un siervo Un siervo en la casa de la fe Uno que rinde servicio, socorro y auxilio a otros	Servir en cualquier capacidad disponible Mostrar un espíritu de disposición para suplir las necesidades en cualquier momento Ministrar a las necesidades y deseos de otros
Enseñanza	Romanos 12:7 II Timoteo 2:2	Uno que instruye a otros Uno que inculca doctrina a otros	Hacer material para la edificación, exhortación y consuelo de otros Instruir a otros en un papel de apoyo para un ministerio verdadero
Exhortación	Efesios 4:11 Hechos 20:12 I Corintios 14:3 II Corintios 1:4,6 Tito 1:9	Uno que consuela, anima y fortalece a otros Uno que consuela a otros de manera personal Uno que edifica la iglesia con palabras breves de edificación	Animar, consolar o amonestar a los creyentes Reconfortar o consolar a la iglesia en tiempos de fatiga o necesidad

Dar	Romanos 1:11 y 12:8 Efesios 4:28	Uno que comparte e imparte liberalmente a otros lo que tiene Uno que da a otros desde la abundancia que Dios le ha dado	Suplir las necesidades de otros a través del dar Creer a Dios por bendición para bendecir a otros Dar de las finanzas de forma sacrificial para suplir las necesidades de la iglesia
Presidir	Romanos 12:8 I Tesalonicenses 5:12 I Timoteo 3:4,5,12	Uno que preside sobre varias funciones de la iglesia Uno que guía a través de un buen ejemplo y servicio Uno que organiza, facilita y administra las actividades de la iglesia	Proteger o guardar al rebaño con el instinto de un líder Ser un apoyo ministerial a los ancianos de la iglesia local Organizar y llevar a cabo actividades y programas
Misericordia	Romanos 12:8 Mateo 5:7 y 6:2-4 Santiago 3:17	Uno que siente el dolor de otros Uno que ama y muestra compasión Uno que demuestra un favor sincero y lleno de gracia Uno que es motivado para animar y reconfortar	Ministrar a los enfermos, ancianos, heridos y necesitados Mostrar amabilidad y gentileza a los heridos Dar anónimamente para suplir las necesidades

Palabra de Sabiduría	Mateo 21:25 Mateo 22:21 Juan 8:17 I Corintios 12:8	Uno que recibe la revelación sobrenatural y la sabiduría de Dios para una situación El que está ungido por el Espíritu para dar consejo específico que satisface las necesidades de otros	Percibir y comunicar cómo los caminos de Dios se aplican a las situaciones específicas Funcionar y hablar con el manto sobrenatural de sabiduría y prudencia Recibir entendimiento del Señor acerca de la mejor forma de manejar una situación o problema
Palabra de Conocimiento	I Corintios 12:8 I Corintios 5:3,5 Hechos 5:3, 9:10, 8:23	Quien recibe de Dios los hechos sobrenaturales y la información que humanamente sería imposible saber	Hablar mediante revelación divina de los hechos específicos de una situación Hablar a otros del pensamiento de Dios a través de una situación específica Revelar a individuos o grupos sus necesidades o provisiones por revelación divina
Fe	I Corintios 12:9 Mateo 21:19	Quien cree en Dios hasta para lo imposible Quien tiene el don especial de fe para lo que Dios ha prometido hacer, una capacidad de Dios para ver las promesas de Dios cumplirse	Predicar la palabra de fe con resultados Recibir de Dios la fuerza sobrenatural para creerle para los milagros

Sanidades	I Corintios 12:9, 28, 30 Mateo 21:19	Uno que es usado por Dios como el conducto a través del cual Él imparte la sanidad al cuerpo físico cuando Él decide	Ser el instrumento a través del cual Dios brinda la sanidad Imponer las manos sobre otros para restaurarles la salud, por el poder del Espíritu Ser el instrumento por el cual el poder de Dios sane frecuentemente un tipo de enfermedad
Milagros	I Corintios 12:28 I Corintios 4:19, 20 II Timoteo 1:8 Romanos 1:16	El que realiza lo naturalmente imposible A quien se le ha dado el don con un ministerio de poder y liberación	Realizar lo sobrenatural a través del poder de Dios Hacer algo que no es normalmente posible, para la gloria de Dios
Discernimiento	I Corintios 12:10 Hechos 16:16-18	Quien reconoce qué espíritu (divino, maligno, o humano) causa una cierta manifestación o actividad	Juzgar acertadamente qué es del Espíritu de Dios y qué no lo es Tener un espíritu sensible que distinga entre la verdad y el error Conocer la fuente espiritual tras de algo o alguien

Lenguas	I Corintios 12:10, 14:5, 6, 18, 21-23, 27, 28, 29	Quien habla una lengua que no entiende Quien habla por el Espíritu en una lengua que previamente no había aprendido	Hablar una lengua sobrenatural que es interpretada por la misma o por otra persona en una reunión pública para la edificación de la iglesia Hablar una lengua que previamente no había sido aprendida por medio de educación formal, aun si es entendible para sus oyentes Hablar un lenguaje celestial como señal de haber recibido el bautismo en el Espíritu Santo para la edificación personal, no es lo mismo que el don de lenguas
Interpretación de Lenguas	I Corintios 12:30, 14:6, 14, 27, 28 Hechos 10:46	A quien es dado el don de entender e interpretar el significado de un mensaje en lenguas para la iglesia	Interpretar el significado de un mensaje dado por el don de lenguas en una congregación
Gobernación	I Corintios 12:28 Romanos 12:8 I Timoteo 5:17	Quien guía y dirige una actividad en la Iglesia o una iglesia local	Guiar algunos de los asuntos de la Iglesia Operar con el don de la administración

Ayuda	I Corintios 12:28	Quien da confianza y ayuda Quien aligera la carga de los líderes haciendo ciertas cosas prácticas para ellos	Ayudar a la iglesia en forma práctica Aliviar las necesidades diarias de la gente de la iglesia Ayudar a quienes sirven en la Palabra en algunas de sus responsabilidades rutinarias
Intercesión	Isaías 59:16 Romanos 8:26, 27, 34 y 11:12 I Timoteo 2:1	Quien pide o ruega por otra persona Quien se encuentra con otra persona para conversar, consultar o suplicar	Orar por otros con revelación divina de sus necesidades Llevar las necesidades de la iglesia ante el Señor con fervor y frecuencia especiales Tener una profunda vida de oración y ministerio para que Dios la use como una vía de comunicación para llevar ciertas necesidades ante Él.
Anciano	Hechos 11:30 y 14:23 I Timoteo 4:14 y 5:17-19	De edad avanzada Quien ha avanzado y madurado en la vida	Conducir y guiar el pueblo de Dios Pastorear el rebaño de Dios
Obispo/Supervisor	Hechos 1:20 Filipenses 1:1 I Timoteo 3:1-8 Tito 1:7 I Pedro 2:25	Quien supervisa o protege a los demás	Supervisar a la iglesia Guardar, proteger y ayudar a la iglesia

Diácono	Romanos 16:1 Hechos 6:1-6 I Timoteo 3:8,12	Quien sirve a los invitados bebidas y alimentos	Servir a otros en forma práctica Hacer labores prácticas en la iglesia Trabajar como ujier, servir la Santa Cena o ayudar a levantar la ofrenda en la iglesia local
Cantor	I Crónicas 15:16-27 II Crónicas 5:12,13; 9:11; 20:21 y 23:13 Efesios 5:19 Colosenses 3:16 Hebreos 2:12	Uno que apoya la adoración e intercesión a través de la música Quien hace melodías al Señor con su voz	Glorificar a Dios con un cántico Ser un miembro activo del coro de la iglesia Conducir el servicio de canto en la iglesia Inspirar a otros para cantar el cántico del Señor Cantar el Cántico del Señor con la unción del Espíritu Edificar la iglesia en canto como solista
Maestro de Canto	I Crónicas 15:22, 27 y 25:6	Quien instruye y conduce a otros en el uso de su ministerio de canto en el Señor	Enseñar a otros a cantar el Cántico del Señor Instruir a la congregación a cantar y a tocar instrumentos en armonía para el Señor Conducir un coro de la iglesia Ser un instructor de voces
Músico	I Crónicas 15:16 y 16:42 II Crónicas 5:13; 7:6; 23:13; 29:26; 29:27; 30:21 y 34:12 Salmo 150	Quien deslumbra desde lejos (en eminencia) Quien es superintendente de la música en los servicios de la iglesia	Tocar un instrumento con habilidad para el Señor Inspirar a otros a través de tocar o cantar para el Señor Edificar al pueblo de Dios a través de la música Ser un hábil miembro de la orquesta de la iglesia

Guardador de la Puerta	I Crónicas 9:17-26; 15:18, 23, 24; 16:38, 42 y 26:1 Salmo 84:10	El que espera en el vestíbulo	Saludar calurosamente a los visitantes que llegan a la iglesia Ayudar a la gente a encontrar sus asientos Servir a la congregación en otras formas prácticas similares
Sacerdote	I Pedro 2:5,9 Apocalipsis 1:6; 5:10 y 20:6 Hebreos 13:15,16	El cristiano que es nacido de nuevo en la iglesia de Jesucristo	Ofrecer sacrificios espirituales a Dios como cristiano Ofrecer sacrificios de dinero, comunión y servicios a Dios como cristiano

Capítulo 4

LA RESPUESTA DEL HOMBRE AL LLAMADO DE DIOS

El evento más emocionante de toda la vida para un joven o señorita es recibir el llamado de Dios para servirle. La bendición en el ministerio confirma el llamado y ayuda a establecer la confianza del líder en su llamado. Al enfrentar fracasos y críticas, cada líder genuino es llevado a recordar su llamado: "¿Habré oído a Dios correctamente? ¿Estoy donde debería estar? ¿Qué debo hacer para volver al llamado original de Dios para estar bajo Su mano de bendición?"

Cada creyente, hombre o mujer es llamado a su ministerio, sea de tipo congregacional o gubernamental. Y sea cual sea su ministerio, usted probablemente será llamado a actuar en un papel de liderazgo en algún momento. Puede ser en una obra de servicio permanente, o de forma más temporal. A pesar de ser menos dramático, su llamado a servir tendrá algunos de los elementos similares a los del llamado de Moisés, Gedeón, o Jeremías que estudiaremos posteriormente.

El Llamado a un Ministerio Gubernamental

Dios ha llamado a ciertos hombres para que gobiernen Su Cuerpo. En Efesios 4:11-12, Pablo señala que sólo algunos miembros del Cuerpo son llamados a una función gubernamental. Él escribe: "(Jesús) mismo constituyó a unos, apóstoles; a otros, profetas; a otros, evangelistas; a otros, pastores y maestros..." El principio de liderazgo marcado aquí es que sólo algunos de los miembros del Cuerpo han sido llamados a un ministerio gubernamental. Cada miembro del Cuerpo tiene un llamado, cada llamado es único, y asimismo cada uno tiene su perfecta recompensa y es satisfactorio para el cristiano que vive en la fe.

No sólo cada cristiano tiene un llamado singular, sino que también cada uno es llamado en una forma especial. Esto es especialmente verdadero en los líderes de Dios. La Biblia nos muestra una larga lista de líderes, llamados cada uno en un particular estilo. A pesar de que se repiten ciertos patrones, cada llamado ocurre bajo circunstancias particulares y sigue sus propias reglas. En la siguiente lista de hombres que sirvieron en variadas formas gubernamentales, notaremos la gran diversidad de los métodos divinos en el llamamiento.

Abraham fue llamado por Dios (a los 70 años) a través de la voz del Señor (Génesis 12:1-5).

Dios llamó a Aarón través de Moisés (Éxodo 3:13-17).

José fue llamado por Dios a través de una palabra del Señor en un sueño (Génesis 37:1-10).

Jacob fue llamado por Dios por la mano del Señor sobre él desde el tiempo de su nacimiento (Génesis 25:22-26).

Moisés fue llamado por Dios por medio de un ángel en la zarza ardiente (Éxodo 3:1-6).

Josué fue llamado por Dios por las palabras de Moisés (Éxodo 17:9-11).

A Samuel lo llamó Dios con una voz audible (I Samuel 3:1-10).

Saúl recibió su llamado de parte de Dios en la palabra del profeta Samuel (I Samuel 10:1, 2).

Asimismo, David recibió su llamado por palabra del profeta Samuel (I Samuel 16:11-14).

A Salomón lo llamó Dios a través de David su padre y en un sueño de parte de Dios (II Crónicas 1:1-2).

A Ezequiel lo llamó Dios a través de palabra del Señor (Ezequiel 1:1, 3).

También Jeremías fue llamado por palabra del Señor (Jeremías 1:1-10).

Los apóstoles Pedro, Andrés, Santiago y Juan recibieron su llamado al servicio por boca del Señor Jesucristo (Mateo 4:18-22).

Fue en una visitación de Jesucristo que Pablo recibió el llamado de Dios (Hechos 9:1-9).

A Timoteo lo escogió Dios a través de la formación que recibió de su familia y por la mano de Pablo (I Timoteo 1:2,18; II Timoteo 1:2, 5, 9 y 2:1).

Estos quince ejemplos nos muestran las maneras diferentes en que Dios llama a sus líderes para el ministerio gubernamental. Él llama a algunos con una experiencia de tipo "zarza ardiente". Otros, reciben una definitiva visita espiritual del Señor. Otros, tendrán un sueño, visión o palabra profética. Otros más, serán llamados por Dios a través de sus deseos internos que Él ha plantado en su corazón. Todos estos llamados son únicos pero reales para aquellos que los han recibido. Todos son válidos.

El hombre o la mujer de Dios no debe juzgar los medios que se usaron en el llamado de otros, tan sólo porque difieren del suyo. Más aun, las personas llamadas por Dios no deben sentir condenación si su llamado es distinto del de algún otro. También aplica esto con respecto a los llamados de Moisés, Gedeón y Jeremías que estaremos estudiando en este capítulo. Estos casos son patrones útiles para estudiar la respuesta humana al llamado de Dios, pero no son leyes para juzgar la validez del llamado.

Cada cristiano tiene un llamado de Dios que es singular y válido. Es irónico observar que algunos que no han sido verdaderamente llamados por Dios a un ministerio de gobierno, lo desean fanáticamente. Y aquellos que realmente han sido llamados, son los que más se resisten. Ahora veremos este hecho irónico del llamado al ministerio, en las vidas de tres grandes líderes gubernamentales de Dios: Moisés, Jeremías y Gedeón.

El Llamado de Moisés

Moisés es uno de los hombres más interesantes del Antiguo Testamento. Deuteronomio 34:10 menciona que *"Y nunca más se levantó profeta en Israel como Moisés, a quién haya conocido Jehová cara a cara"*. Moisés fue obviamente un hombre con una relación con el Señor única en su género.

El libro de Hebreos 11:23 nos dice: *"Por la fe Moisés, cuando nació, fue escondido por sus padres por tres meses, porque le vieron niño hermoso, y no temieron el decreto del rey"*. Moisés fue nacido por la fe. Sus padres tenían una fe viva en el Dios de sus antepasados. Tenemos la narración de su vida en Éxodo 2:1-10. Los versos posteriores a estos no nos dicen qué pasó durante los primeros años de la vida de Moisés. Pero con la ayuda de las Escrituras y la historia empezaremos a comprender una porción de lo ocurrido.

La Juventud de Moisés

Moisés fue adoptado y criado en la casa de la hija del faraón, lo cual significa que él vivió con la familia real. Hechos 7:22 nos indica que *"Y fue enseñado Moisés en toda la sabiduría de los egipcios;*

y era poderoso en sus palabras y obras". En base a este verso nos damos cuenta que Moisés tuvo toda la educación disponible del mundo conocido mientras vivió en la casa real del faraón. Cualquier tutor escolar o maestro universitario hubiera considerado un privilegio el formar al hijo de la hija del faraón.

Egipto era en ese momento uno de los países más progresistas y productivos del mundo conocido, con adelantos académicos muy superiores a los de cualquier otro país. Su vida económica y social estaba muy desarrollada. Hoy en día la arquitectura de las colosales pirámides de Egipto con su gran precisión matemática, siguen impresionando a los constructores más preparados del mundo. Este fue el ambiente en el que Moisés se desenvolvió desde su niñez.

Josefo, el antiguo historiador judío, nos narra un evento que sirve para darnos una visión clara del poder y habilidad de nuestro personaje. Josefo menciona que los ejércitos etíopes atacaron y estaban infligiendo una terrible derrota a Egipto. Moisés fue aparentemente nombrado para ir y salvar a Egipto del desastre. Se cuenta que Moisés llevó a los ejércitos egipcios a una gran victoria. De ser cierto esto último, este hecho nos hace vislumbrar al hombre que Esteban describió como *"poderoso en palabras y en obras"* (Hechos 7:22).

Al investigar la vida de Moisés en las Escrituras, resulta evidente que el Señor debe haberle hablado en algún momento de los primeros años de su vida. Hebreos 11:24-26 describe que *"Por la fe Moisés, hecho ya grande, rehusó llamarse hijo de la hija de Faraón, escogiendo antes ser maltratado con el pueblo de Dios, que gozar los deleites temporales del pecado".* Esta referencia muestra claramente que Moisés se encontró con una decisión muy difícil en la vida. Él escogió entre una vida de rey y una vida de campesino. Tenía que decidirse bien: por toda la riqueza, poder, influencia y gloria de Egipto, o por la esclavitud de Israel, su propio pueblo. ¿Debería identificarse con la realeza de Egipto, o con la servidumbre de sus compatriotas?

Hebreos 11:27 nos dice que *"Por la fe dejó a Egipto, no temiendo la ira del rey; porque se sostuvo, como viendo al Invisible".* Moisés tenía la edad de cuarenta años cuando hizo esta decisión que cambiaría su vida. Tal decisión cambió y retó su vida. Al salvar a un hebreo de un cruel castigo, mató al egipcio que lo estaba golpeando. Esto llevó a Moisés a un período de peregrinación personal de cuarenta años en el desierto. ¿Por qué usó Dios el desierto para preparar al líder de Su pueblo? Los caminos de Dios siempre son distintos, y en ocasiones opuestos a los caminos del hombre, especialmente en su trato con sus siervos.

El Proceso de Despojamiento

Una transición de las cortes del faraón al destierro en el desierto sería un cambio drástico para cualquiera de nosotros. Pero Dios tenía un propósito en el desarrollo de Moisés; estaba poniendo a

Moisés en un proceso divino de despojamiento. Moisés había estado por cuarenta años en la corte del faraón, aprendiendo todo acerca de la sabiduría, procedimientos, poder y herramientas de los hombres. En cierto sentido, poseía todos los grados académicos que Egipto podía ofrecerle. Pero el Señor de Israel no iba a usar esos métodos egipcios para librar a Su pueblo de sus cadenas. Dios iba a desnudar a Moisés de toda su sabiduría egipcia y amoldarlo para la obra que sólo podría lograr a través de la sabiduría de Dios.

Por cuarenta años Moisés estuvo segregado en el desierto, donde pastoreaba el rebaño de su suegro. Él ni siquiera podía decir que poseía sus propias ovejas, simplemente era el cuidador del rebaño de otra persona. Además de esto, la esposa de Moisés era solamente una mujer común del desierto. Ella distaba mucho de compararse con las nobles señoritas con las que Moisés pudo haberse casado en Egipto. Al ver esto, surge naturalmente la siguiente pregunta: ¿Cuál era el propósito de Dios en todo esto? Dios estaba despojando completamente al hombre que iba a usar grandemente.

La eficacia de todos los tratamientos de Dios es muy evidente al observar la forma en que más tarde Moisés responde al llamado divino. Como veremos, Moisés fue despojado del orgullo y la autoconfianza de los egipcios. Estas actitudes habrían hecho imposible que él cumpliera con todo aquello para lo cual Dios le había llamado. En la gran tarea que Moisés estaba a punto de enfrentar, él debería saber que la fuente de su fortaleza era Dios y no el hombre. Así como lo hizo con Moisés, Dios tiene un desierto para cada uno de sus siervos que Él quiere usar en una manera poderosa. El proceso de despojar es parte del plan de Dios para cada uno de los que responden a Su llamado. Un líder no debe atreverse a retar el proceso del llamado y preparación de Dios.

La Zarza Ardiente

En Éxodo 3:1-11 encontramos la lectura acerca del gran llamado de Moisés. Cuando fue llamado, él se encontraba en su retiro del desierto. Moisés se encontraba cuidando ovejas en el árido desierto como sería su obligación en cualquier otro día. Éxodo 3:2 señala *"Y se le apareció el ángel de Jehová en una llama de fuego en medio de una zarza, y él miró, y vio que la zarza ardía en fuego, y la zarza no se consumía"*.

El hecho de que la zarza no se consumía fue lo que fascinó a Moisés para ir a mirar qué sería esa cosa tan extraña. Éxodo 3:4 dice: *"Viendo Jehová que él iba a ver, lo llamó Dios de en medio de la zarza, y dijo: ¡Moisés, Moisés! Y él respondió: Heme aquí"*. Cuando Dios se reveló a Sí mismo ante Moisés desde la zarza ardiente, le dijo a Moisés que se acercara para que Él pudiera hablarle.

El Señor declaró a Moisés su plan para liberar a los hijos de Israel de su esclavitud en Egipto. Dios le dijo a Moisés cómo los israelitas estaban en gran desánimo, aflicción y lloro causado por sus capataces egipcios. Ya que Moisés había identificado el triste clamor de los hijos de Israel a causa de su aflicción, no se demoró en estar de acuerdo con el Señor, de que Israel necesitaba ayuda en gran manera. El acuerdo de Moisés con el Señor mostró la carga de Moisés por su pueblo.

El Fracaso de Moisés

Moisés había tratado en una ocasión anterior de liberar a su pueblo con su propio poder, pero había fallado (Éxodo 2:11-15). Ahora el Señor, en esencia, le estaba diciendo a Moisés: "En esta ocasión, voy a liberar al pueblo por mi propio poder y a mi manera". Siendo que Dios le estaba diciendo a Moisés que Él mismo iba a liberar a su pueblo, debe haberle conmocionado realmente, cuando Dios le dijo aparentemente lo opuesto: *"Ven, por tanto, ahora, y te enviaré a Faraón, para que saques de Egipto a mi pueblo, los hijos de Israel"* (Éxodo 3:10).

En forma similar, todo hombre o mujer de Dios experimenta ocasiones en que fracasa al intentar liberar a la Iglesia de sus cadenas, debido a que busca hacerlo a su manera o con sus propias fuerzas. Después de quebrantarlo, Dios lo levanta y le da la misma comisión de antes. Sólo que en la segunda ocasión, Dios trae libertad a la Iglesia por medio de su siervo, en el poder del Espíritu Santo. Al hacer esto, Dios humilla a su siervo de manera que sólo Él recibe toda la gloria en la poderosa liberación de su pueblo.

Moisés recibió un llamado directo del Dios de Abraham, Isaac y Jacob. Él no dudaba que su llamado proviniera del Altísimo, porque lo había escuchado con sus propios oídos. Pero ¿cómo respondió Moisés a su llamado? En la siguiente sección, observaremos las diferentes respuestas que dio Moisés ante el llamado de Dios para su vida. A través de la historia, hombres y mujeres de Dios han respondido al llamado del Señor en estas mismas formas.

La Respuesta de Indignidad

La primera respuesta de Moisés ante el llamado divino fue la de no sentirse digno. Está contenida en Éxodo 3:11, donde la Escritura dice: *"Entonces Moisés respondió a Dios: ¿Quién soy yo para que vaya a Faraón, y saque de Egipto a los hijos de Israel?"*

Moisés estaba diciendo que él no era digno de la gran tarea para la cual Dios le estaba llamando. El sentimiento de indignidad de Moisés consistía en sentirse inmerecedor, inútil, sin valor e inadecuado.

Este sentido de ser inadecuado era probablemente un verdadero contraste con la personalidad del Moisés de cuarenta años atrás, en la época en que Moisés era el comandante de los ejércitos de Faraón. En ese entonces fue un hombre poderoso en palabras y obras que se había criado en la casa real. Moisés probablemente nunca se sintió indigno al estar en la casa real. Todos los sirvientes de la casa real se arrodillaban ante él y esperaban sus órdenes como lo hacían con toda la familia real. Pero a pesar de toda esa herencia en la nobleza, el Señor había transformado a Moisés de tal forma que su respuesta fue: "Yo no soy digno de la obra del Señor".

En respuesta a las palabras de sentimiento de indignidad de Moisés, Dios respondió: *"Ve, porque yo estaré contigo"* (Éxodo 3:12). A pesar de que muchos que han sido llamados por Dios se sienten indignos del llamado, el apoyo y protección divinos les permitirán responder cabalmente al llamado de parte de Dios, así como sucedió con Moisés. La frase "Yo estaré contigo" en hebreo conlleva la idea de "Yo seré todo lo que necesites, cuando lo necesites".

La Respuesta de Temor al Rechazo

Esta fue la segunda respuesta de Moisés al llamado de Dios. Leamos Éxodo 3:13-16 que dice: *"He aquí que llego yo a los hijos de Israel, y les digo: El Dios de vuestros padres me ha enviado a vosotros. Si me preguntaren, ¿Cuál es su nombre? ¿Qué les responderé?"* Moisés tenía temor de que el pueblo de Israel le rechazara al no conocer específicamente el nombre de Dios, quien le había llamado a liberar la nación de Israel, debido a que Israel conocía los nombres específicos de los dioses egipcios. Moisés quería decirles que el único y verdadero Dios de Israel le había enviado.

Por si fuera poco, Moisés temía que la gente no respetara la autoridad con que estaría viniendo a ellos. Él tenía en su memoria la respuesta recibida en su primer intento de liberar a los hijos de Israel (Éxodo 2:12-15). Cuando él le dijo a un israelita que no estaba bien que peleara con su hermano igualmente israelita, éste le contestó: *"¿Quién te ha puesto a ti por príncipe y juez sobre nosotros?"* Este rechazo había dejado una huella duradera. Por eso, él le pedía a Dios que le diera las palabras para decir a la gente en esta ocasión.

La respuesta que Dios le dio se encuentra en Éxodo 3:14. *"Y respondió Dios a Moisés: YO SOY EL QUE SOY. Y dijo: Así les dirás a los hijos de Israel: YO SOY me envió a vosotros".* Dios envió a Moisés en el nombre del Señor (Jehová), el gran YO SOY. Al dar su nombre a Moisés, le estaba dando la clave para vencer el temor al rechazo. Moisés no sólo había recibido desprecio de los egipcios, sino también de su propia gente. Por lo tanto, él necesitaba una palabra fuerte que le infundiera ánimo para vencer su sentimiento de inferioridad. En esencia, el Señor le estaba diciendo a Moisés que si la gente le rechazaba, estaría rechazando a Dios mismo. En la confianza del nombre del Señor, Moisés cobraría confianza para ir adelante y rescatar al pueblo de Dios.

Un importante hecho teológico se ilustra aquí: Dios no permitirá que su nombre sea ridiculizado. Dios pondrá Su nombre en alto en cualquier ministro que Él haya escogido. Así como Moisés no avanzó en su propio nombre o fortaleza, todo hombre debe ir con tal mandato divino. Este es un principio bíblico aplicable a todos los que quieren trabajar en la obra del Señor. Debemos preguntarnos a nosotros mismos, "¿Estoy yendo en el nombre del Señor, o en mi propio nombre?" La presencia de una comisión divina hace toda la diferencia en la productividad espiritual de un ministerio. Los ministros autoenviados, autoinvestidos y creados por sí mismos, que no han sido comisionados por el Señor, de seguro van a fracasar. Sin embargo, la plena confianza en el llamado y el nombre de Dios, son claves en ayudar a un líder a vencer el temor al rechazo.

La Respuesta de Incredulidad

La tercera respuesta de Moisés ante el llamado del Señor fue la de incredulidad. Éxodo 4:1 dice: *"Entonces Moisés respondió diciendo: He aquí que ellos no me creerán, ni oirán mi voz, porque dirán: No te ha aparecido Jehová"*. Podemos notar cómo habían afectado a Moisés los años de su experiencia previa en la tierra de Egipto. La gente de Israel no le había escuchado cuarenta años atrás. ¿Por qué habrían de escucharle ahora? Esta incredulidad no era la voz familiar del poderoso Moisés que él antes fue en la tierra de Egipto. Él había sido muy poderoso en sus palabras y obras pero ahora estaba temeroso de que esta gente ni siquiera deseara escucharle.

En respuesta a ello, el Señor le dio tres señales a Moisés. La primera señal fue su vara que se convirtió en una serpiente. La segunda fue que su mano se volvió leprosa. La tercera fue la conversión de agua en sangre. En cada uno de estos milagros hay una lección espiritual que aprender. Ellos ilustran la conversión de lo natural en lo sobrenatural y lo normal en lo milagroso. Por medio de estas señales Dios le demostró a Moisés el poder con el cual él debería liberar a Israel: El poder de Su Espíritu. Zacarías 4:6 claramente proclama este principio del poder de Dios: *"No con ejército, ni con fuerza, sino con mi Espíritu ha dicho Jehová de los ejércitos"*.

El Señor le dijo a Moisés que mirara qué había en su mano. Moisés vio que tenía su vieja y familiar vara con la que había pastoreado diariamente al rebaño. El punto era que la provisión del Señor para Moisés estaba en su mano en el mismo momento en que él estaba cuestionando al Señor. Dios le dijo a Moisés que tirara la vara al suelo y se moviera hacia atrás. Moisés obedeció y la vara se convirtió en una serpiente. Moisés estaba aterrorizado al mirar la serpiente, pero el Señor le ordenó que la levantara. Moisés sabía por su trasfondo egipcio que la única manera de levantar una serpiente era agarrándola por la cabeza de manera que no le mordiera. Pero el Señor le ordenó que la levantara por la cola.

En el preciso instante que él estaba levantando la serpiente por la cola, en lugar de tomarla por la cabeza, él estaba aprendiendo la obediencia a los mandatos de Dios en contraste con la forma egipcia. Moisés estaba aprendiendo que no sería con el razonamiento o la lógica egipcia que iba a liberar a Israel. Si había de liberar totalmente a la nación, debería ser a la manera de la

Palabra de Dios y de Su Espíritu. El temor y la duda que Moisés demostró fueron contestados por Dios por medio de su milagrosa experiencia con la vara. Las otras dos señales, la lepra y la sangre, también le demostraron que las cosas más comunes en manos del hombre llegan a convertirse en oportunidades para el Señor, para demostrar Su poder cuando se someten bajo su mando. De una manera similar, Dios debe enseñar a cada uno de sus líderes que Su Espíritu es la clave para ministrar exitosamente.

La Respuesta de Falta de Elocuencia

La cuarta respuesta de Moisés al llamado del Señor fue que él era incapaz de hablar ante el público. En Éxodo 4:10 dice: *"Entonces dijo Moisés a Jehová: ¡Ay, Señor! Nunca he sido hombre de fácil palabra, ni antes, ni desde que tú hablas a tu siervo; porque soy tardo en el habla y torpe de lengua".* Esta incapacidad para hablar contrasta mucho con el Moisés de cuarenta años atrás que era un hombre "poderoso en palabras". Moisés había perdido toda confianza en sí mismo como orador.

Podemos lógicamente preguntarnos: "¿Dónde estaban las anteriores habilidades de Moisés? ¿No lo escogió el Señor por lo que él había aprendido en Egipto? ¿No quería el Señor usar todo su entrenamiento y habilidades egipcias?" Aparentemente no. Dios quería un hombre que pudiera obedecer Su Palabra y depender de Su Espíritu. Él quería un conducto a través del cual Él pudiera mostrar Su gloria, no la gloria de Moisés. La respuesta de Dios a los sentimientos de Moisés, de no ser elocuente fue fácil: "¿Quién hizo la boca del hombre?" Al hacer esta pregunta, el Señor le dijo a Moisés que Él le enseñaría lo que debía de decir. Nosotros podemos aplicar este principio a todos los líderes de Dios. El Señor dará a sus líderes todas las palabras para hablar y la capacidad para hablarlas, cuando hablen de su debilidad, para Su Gloria.

La Respuesta de Inferioridad

La quinta respuesta de Moisés al llamado de Dios era una actitud de inferioridad. Moisés creyó que el Señor se había equivocado en Su elección. En Éxodo 4:13 dice: *"Y él dijo: ¡Ay, Señor! envía, te ruego, por medio del que debes enviar".* La Versión Amplificada de la Biblia traduce el versículo de esta manera: *"Y él dijo: ¡Ay Señor!, te ruego, envía por medio de otro a quien Tu enviarás".* La actitud de Moisés fue de que desearía que cualquier otro tomara su lugar de liderazgo.

Esta es una forma de inferioridad, en la cual Moisés no estaba actuando como el orgulloso príncipe del Reino Egipcio que alguna vez había sido. Estaba actuando como un humilde pastor del desierto que había sido despojado de todo su orgullo y autoconfianza. Al fin, Dios dio como vocero de Moisés a su hermano Aarón, no procedente de Su sabiduría, sino simplemente para satisfacer el pedido reiterado de Moisés. Además, Aarón siempre fue un recordatorio para su hermano de que debía siempre depender de la ayuda y poder de Dios en su ministerio. De la misma manera, Dios revela a todos Sus líderes su propia incapacidad, para que dependan en todo de Dios. Dios también da a los líderes ministerios específicos para demostrarles que no pueden ser "llaneros solitarios", sino que deben depender de Él y de la ayuda de otros.

La Respuesta de Infructuosidad

La última respuesta de Moisés al llamado de Dios fue su acusación contra el Señor, ya que aparentemente no había frutos en lo que Él le había dicho que hiciera. En Éxodo 5:22, Moisés preguntó: *"Señor, ¿Por qué afliges a este pueblo? ¿Para qué me enviaste?"* Moisés había ido a Egipto como el Señor le había ordenado, y además había dicho las palabras que el Señor le había pedido decir. Lo que Moisés esperaba que pasara no pasaba, y se encontraba profundamente deprimido.

Además, a pesar de no haber ninguna muestra de progreso en la situación de la nación de Israel, las cosas empeoraron. Faraón no escuchó la palabra de Dios a través de Moisés y Aarón. Faraón hizo que los capataces golpearan a los hijos de Israel a causa de lo que Moisés había dicho. Moisés estaba disgustado por la aparente infructuosidad de su ministerio. Pero en este punto, el Señor estaba probando a Moisés para ver el tipo de reacción que tendría. El Señor tenía el control de la situación durante todo el tiempo en que las cosas "estaban empeorando". Moisés esperaba resultados más pronto de lo que el Señor se los daba. Moisés estaba aprendiendo la paciencia.

Los líderes deben aprender que todas las cosas funcionan de acuerdo al plan y al tiempo de Dios. Tal vez se sientan apremiados para que todo esté hecho, pero el Señor demanda paciencia a la espera de las cosas por venir, para obtener mayores frutos. Todo ministro tiene que aprender a restringir las ansias y la impaciencia con Dios, cuando los frutos de su ministerio tardan en llegar o llegan de formas inesperadas. Los líderes deben recordar, por sobre todo y en primer lugar, a Quién pertenecen sus ministerios.

El Llamado de Jeremías

Jeremías es uno de los profetas más interesantes del Antiguo Testamento. Su libro nos da más detalles de la vida de un profeta, su ministerio, mensajes, métodos y reacciones de la gente, que los que tenemos de cualquier otro profeta.

Jeremías vivió durante un tiempo de apostasía nacional y una época de discordias internacionales. Su ministerio profético para la nación de Judá continuó por cerca de cuarenta años, antes y durante la cautividad en Babilonia. Durante este tiempo, vio los reinados de los últimos cinco reyes de Judá que ocasionaron las horas más oscuras de la historia de la nación. La historia de estos últimos reyes (Josías, Joacaz, Joacim, Joaquín y Sedequías) se encuentran en el Segundo Libro de los Reyes.

En la época de Jeremías, todo se precipitaba al juicio final de Dios que resultó en una cautividad de setenta años en Babilonia. Con el devenir de los tiempos causando grandes reacciones emocionales en Jeremías, no hay duda de porqué fue llamado "el profeta llorón". Jeremías fue un hombre con una labor muy pesada. Tenía que hablar a su propio pueblo en una era de catástrofe nacional y espiritual. Debido al mensaje que Jeremías debía brindar a su pueblo, soportó muchas persecuciones intensas y sufrimientos.

Las Pruebas de Jeremías

Al ver las pruebas y persecuciones que Jeremías sufrió, queda explicado porqué necesitó un llamado fuerte y específico del Señor. Cualquier hombre de Dios que sufrió las cosas que soportó Jeremías necesitó un llamado divino y preponderante. Cada líder puede ganar profundidad de visión en la siguiente lista de algunas de las mayores pruebas en la vida de Jeremías.

No se le permitió casarse (16:1-2).
Jeremías vivió una vida de soledad, sin poder disfrutar de una familia o de la seguridad de alguien cercano que lo amara.

Fue golpeado y encerrado en cepos (20:1-3).
Esta fue la respuesta de la nación a su mensaje de juicio. Sin embargo, a través de todos los rechazos, Jeremías nunca prefirió liberarse del sufrimiento y rechazar el mensaje que Dios le había dado.

Fue aprisionado en un calabozo de lodo (38:1-6).
En esta cisterna, éste líder religioso del pueblo de Dios fue tratado peor que los asesinos o ladrones. Hay evidencia de que éste era un pozo casi seco y de que Jeremías se enfrentó a una muerte con agonía por sofocación lenta.

Fue llamado a un ministerio de oposición (1:18,19).
Jeremías no fue un ministro popular. La gente no se reunía para escucharle decir que eran perversos, apóstatas y conducidos a juicio en el exilio.

Públicamente se deshonró para describir el juicio de Israel (27:1-3).
Dios le dijo a Jeremías que se colocara correas y yugos alrededor del cuello. Tenía que hacerlo públicamente para mostrar el yugo que Babilonia ponía a Su pueblo por su desobediencia.

Predicaba basado en el Libro del Pacto (11:1-10 y 12:1-7).
El mensaje de Jeremías para Israel se basó en el Libro del Pacto (posiblemente Deuteronomio). Mientras Jeremías fue respetado durante el reino del buen rey Josías, este mensaje alcanzó fuerte hostilidad y propició aun que su propia familia conspirara para matarlo.

Fue rechazado por sacerdotes y profetas (26:1-24).

La vida de Jeremías fue preservada sólo por el Señor Jehová. Fue golpeado más de una vez y los sacerdotes y los profetas fueron implacables para castigarlo o aun ejecutarlo.

Estas son sólo unas cuantas de las pruebas y persecuciones de Jeremías durante el tiempo de su ministerio. Con este mayor entendimiento acerca de Jeremías, procedamos a la recepción misma de su llamado divino.

La Palabra del Señor

El llamado de Jeremías aparece en Jeremías 1:4-10. El Señor lo llamó mediante Su Espíritu antes de que él naciera y Dios le confirmó Su llamado por la Palabra del Señor que recibió cuando tenía diecisiete o dieciocho años (1:4). En cambio, Dios llamó a Moisés a través de la zarza ardiente y a Gedeón mediante un ángel. Las diferencias entre los llamados de Moisés y Jeremías indican el hecho de que Dios siempre tiene una forma única y especial de llamar a cada uno de Sus líderes y ministros. No todos los líderes de Dios pueden decir que recibieron su llamado a través de una zarza ardiente, un ángel, o la Palabra del Señor. Pero el punto aquí es que Dios escoge la forma en la cual un ministro es llamado.

Es importante notar que otros varios líderes bíblicos recibieron su llamado a través de la Palabra de Dios. Entre ellos:

> Ezequiel (Ezequiel 1:3 y 3:16).
>
> Oseas (Oseas 1:1).
>
> Joel (Joel 1:1).
>
> Jonás (Jonás 1:1 y 3:1).

Puede ser importante que los cinco hombres mencionados, que recibieron su llamado divino a través de la Palabra del Señor, fueron profetas. Esos líderes ministraron en el mismo territorio en que recibieron su llamado. Como profetas, estaban para ministrar la Palabra del Señor, habiendo recibido su llamado a través de la Palabra del Señor. Puede ser interesante notar cuántos de los ministerios específicos de los líderes de Dios, se relacionan directamente con la forma en que reciben su llamado divino.

Los Fundamentos del Ministerio de Jeremías

La designación de Jeremías por Jehová como profeta a las naciones (Jeremías 1:5) es un ejemplo del hecho de que los líderes de Dios han sido esencialmente preordenados para ocupar un lugar especial en el Reino de Dios. El hecho de que haya un plan especial y único para cada uno de los líderes de Dios, debería evitar la envidia de otros ministerios que difieren en su función debido a este plan. También debería emocionar a cada líder cristiano para buscar al Señor con todo su corazón, para que el Señor le revele su lugar especial para servir.

Jeremías fue santificado desde que se encontraba en el vientre de su madre para ser un profeta de Dios (Jeremías 1:5). Esto ilustra una verdad importante: todo lo que pasa a los líderes de la Iglesia, desde el momento de nacer, es directamente planeado por Dios o será usado definitivamente por Él para hacer que Sus siervos ocupen un lugar en Su voluntad divina.

Jeremías fue ordenado y apartado por Dios para ser profeta a las naciones (Jeremías 1:5). Esto debe alentar a todos los líderes a quienes Dios ha dado un llamado directo y específico, y pueden regocijarse en que fue Dios (y no algún ser humano) quien los llamó a su ministerio gubernamental.

La mano del Señor tocó la boca de Jeremías para darle las palabras divinas particulares que él iba a hablar (Jeremías 1:9). Esto debe fortalecer a todos los líderes cristianos para saber que pueden confiar en que el Señor les abra Su Palabra y les capacite para alimentar al pueblo de Dios.

Jeremías tenía las palabras del Señor para hablar al pueblo (Jeremías 1:9). Debe tomarse como una advertencia para todos los líderes cristianos de que sus ministerios deben basarse en la Palabra de Dios y no en la palabra del hombre. Antes de que hablen al pueblo de Dios, deben saber que han oído la palabra de Dios y que no están hablando cualquier otra cosa.

El Señor colocó a Jeremías sobre las naciones y los reinos (Jeremías 1:10). Esto debe hacer que los líderes de Dios recuerden que su promoción no viene del Este ni del Oeste, sino que proviene del Señor. Después de que ellos se humillen ante Dios, Él los exaltará a su debido tiempo.

Jeremías fue llamado "para arrancar y para destruir, para arruinar y para derribar" (Jeremías 1:10), lo cual debe alentar a todos los llamados por Dios ya que predicarán y enseñarán contra el pecado y lo incorrecto, y el Señor los capacitará para construir la justicia y la pureza en su lugar.

Dios advirtió a Jeremías que Israel pelearía contra él (1:17-19). Las palabras del Señor Jesús refuerzan a todos aquellos que son llamados como líderes en la Iglesia:

"Si el mundo os aborrece, sabed que a mí me ha aborrecido antes que a vosotros. Si fuérais del mundo, el mundo amaría lo suyo; pero porque no sois del mundo, antes yo os elegí del mundo, por eso el mundo os aborrece. Acordaos de la palabra que yo os he dicho: El siervo no es mayor que su señor. Si a mí me han perseguido, también a vosotros os perseguirán; si han guardado mi palabra, también guardarán la vuestra. Más todo esto harán por causa de mi nombre, porque no conocen al que me ha enviado". (Juan 15:18-21).

Jeremías tuvo tres grandes excusas cuando el Señor lo llamó a su oficio de profeta.

La Excusa de Falta de Elocuencia

La primera excusa de Jeremías al llamado de Dios hizo eco a una excusa de Moisés: *"Señor Jehová, he aquí, no sé hablar"* (Jeremías 1:6). Es interesante que un profeta como Jeremías, que ocupó la mayor parte de su ministerio en hablar la palabra del Señor, pudiera sentir una inferioridad en esta área de su capacidad para comunicarse. En cierta forma, por supuesto, estaba correcto. Ninguna cantidad de habilidades oratorias puede generar el verdadero impacto espiritual de las palabras de Dios.

Pero el Señor ya tenía una respuesta para Jeremías: *"A todo lo que te envíe irás tú, y dirás todo lo que te mande... He aquí he puesto mis palabras en tu boca"* (1:7b, 9b). A Jeremías no se le requirió que usara sus propias habilidades de oratoria para cumplir con los objetivos de Dios, sino simplemente hablar las palabras que Dios le daría. El Señor siempre pone Sus palabras en la boca de aquellos a quienes Él equipa para ministrar. Lo anterior se debe a que el Espíritu del Señor vendría a Jeremías para que cumpliera su llamado divino. Lo mismo es cierto para todos los voceros de Dios.

La Excusa de Juventud

La segunda excusa de Jeremías al llamado de Dios fue de que era joven. La juventud también fue excusa de Gedeón. Jeremías explicó: *"¡Ah! ¡ah, Señor Jehová! He aquí, no sé hablar, porque soy niño"* (1:6). Jeremías temía a las personas de más edad, experiencia o educación que él.

Para Dios, sin embargo, esos no eran los factores más importantes. El más importante era su disposición a obedecer la palabra del Señor. Dios respondió abruptamente a la queja de Jeremías con estas palabras: *"No digas 'soy un niño', porque a todo lo que te envíe irás tú"* (1:7). En esos casos, los hombres y mujeres de Dios sólo tienen que poner a un lado sus excusas acerca de la edad y obedecer la palabra de Dios para ellos.

La Excusa de Timidez y Temor al Rechazo

La última excusa de Jeremías al llamado de Dios era que tenía demasiado temor al rechazo que podría sentir, aun por la expresión en la cara de la gente. El Señor sabía lo que había en el corazón de Jeremías, así que le ordenó: *"No temas delante de ellos, porque contigo estoy para librarte... Y me dijo Jehová: He aquí he puesto mis palabras en tu boca"* (1:8-9).

Jeremías probablemente sabía instintivamente que encararía algunas situaciones muy difíciles. Sin embargo, todos los líderes de Dios pueden estar seguros de que Dios probablemente no revelará en una sola vez, Su plan total para un ministerio a la persona que está involucrada. Dios sabe que si su siervo viera algunas de las cosas que deberá afrontar, ciertamente se volvería con miedo. Todos los líderes de Dios pueden estar confiados de que Él les dará gracia abundante cuando enfrenten una situación de temor mientras ellos le buscan en oración. Lo que debe importar principalmente a los ministros es el temor a Dios y no el temor a los hombres. Como con Jeremías, y con todos Sus ministros, Dios les dice con certeza: *"No temas delante de ellos, porque estoy contigo"* (Jeremías 1:8).

El Llamado de Gedeón

Nuestro último ejemplo, de un líder gubernamental que respondió al llamado de Dios de una forma única, es Gedeón. Como Moisés, Gedeón respondió al llamado de Dios con seis excusas.

La historia del llamado de Gedeón se encuentra en el Libro de los Jueces. Este libro cubre la caída y apostasía de la nación de Israel desde que ellos habían llegado a la tierra de Canaán. El libro se sitúa desde la muerte del gran líder Josué. La principal lección teológica que podemos obtener del Libro de los Jueces es la posibilidad de perder nuestra herencia espiritual a través de la transigencia idólatra. Jueces ha sido llamado acertadamente el libro del fracaso, porque clara y repetidamente presenta el ciclo de Israel en desobediencia a Dios. Al menos seis veces en el libro el Señor colocó hombres y mujeres nuevos, llamados jueces o libertadores, para sacar a la nación de sus constantes esclavitudes autoinfligidas.

El Ángel del Señor

En el tiempo del llamado de Dios para Gedeón, los madianitas habían oprimido a Israel por siete años (Jueces 6:1). Para escapar del terror del enemigo, los israelitas habían estado ocultándose en las montañas, cuevas y lugares fortificados (Jueces 6:2). Ya que los israelitas plantaban sus propios cultivos y sus enemigos se robaban la cosecha (Jueces 6:3-5), estaban muy empobrecidos. En este estado, los israelitas clamaron al Señor (Jueces 6:7) y en respuesta, escucharon a un profeta del Señor que señalaba su desobediencia como causa de su triste condición (Jueces 6:8-10).

Inmediatamente después de esto, Dios llamó a Gedeón.

"Y vino el ángel de Jehová, y se sentó debajo de la encina que está en Ofra, la cual era de Joás abiezerita; y su hijo Gedeón estaba sacudiendo el trigo en el lagar, para esconderlo de los madianitas. Y el ángel del Señor se le apareció y le dijo: Jehová está contigo, varón esforzado y valiente" (Jueces 6:11,12)

Gedeón recibió su llamado de Dios a través de un ángel y no por medio de una zarza ardiente como lo recibió Moisés. El principio del liderazgo aquí es que aunque Dios usa varias formas diferentes de llamar a Sus líderes, todos son llamados personalmente por Él. Veamos ahora las respuestas de Gedeón al llamado de Dios a través del ángel.

La Excusa de las Circunstancias

La primera excusa de Gedeón llegó en forma de una pregunta relacionada con las circunstancias de Israel. Gedeón no estaba asustado por la aparición del ángel o por su declaración. Gedeón simplemente se preguntaba: *"Ah, Señor mío, si Jehová está con nosotros, ¿por qué nos ha sobrevenido todo esto?"* (Jueces 6:13).

Podemos suponer que Gedeón había escuchado al profeta declarar que la razón de la opresión de Israel, era su desobediencia a Dios. Probablemente, él sabía muy bien la razón por la que todas las circunstancias malas habían caído sobre Israel. Pero él no aceptaba el estado de cautividad sin una promesa de liberación total por parte del ángel, que representaba al Señor. De la misma forma, todos los líderes de Dios deben tomar esta actitud, "Si el Señor está con nosotros, ¿cómo podemos permitir que la opresión continúe?".

La Excusa de la Falta de Milagros

La segunda excusa de Gedeón fue la pregunta: *"¿Y dónde están todas sus maravillas, que nuestros padres nos han contado?"* (Jueces 6:13). Gedeón estaba preguntando acerca de los avivamientos espirituales previos que la nación había experimentado. Dónde, se preguntaba, estaba el famoso poder de Dios acerca del cual él había oído.

Gedeón no se interesaba sólo en historias del pasado. Quería que el mismo Dios que se había movido en el pasado, se moviera en su generación. Dios sabía que Gedeón deseaba fuertemente ver el mismo poder de Él contra esos madianitas, como el que había demostrado con Moisés y Josué en las jornadas en el desierto hacia Canaán. Por lo tanto, Dios envió un ángel a Gedeón para darle la oportunidad de ver la obra pasada de Dios en el presente. De la misma manera, Dios enviará visitaciones de Su Espíritu a aquellos que creen que Él se ha movido en las generaciones pasadas, pero que también desean que se mueva en el presente. Dios está buscando líderes que se levanten en fe y pregunten, "¿Dónde están todos los milagros de los cuales hablaron nuestros padres? Nosotros también los deseamos".

La Excusa de Incredulidad y Frustración

La tercera excusa de Gedeón fue una declaración de franca frustración. Gedeón dijo, *"Y ahora Jehová nos ha desamparado, y nos ha entregado en mano de los madianitas"* (Jueces 6:13). Gedeón estaba muy frustrado por la situación en la cual Israel había caído por sí mismo. Su clamor de incredulidad era que Dios había abandonado a Su pueblo.

Es importante que el Señor no respondió directamente al reclamo de frustración de Gedeón. Sino que, ya que Él sabía que Gedeón tenía el deseo de ver libre a Israel, únicamente le dijo, *"Ve con esta tu fuerza, y salvarás a Israel de la mano de los madianitas. ¿No te envío yo?"* (Jueces 6:14). De la misma manera, Dios reta a todos sus líderes a hacer a un lado sus sentimientos de incredulidad y frustración, y los lleva a vencer al enemigo porque Él mismo los ha enviado.

Es de notar la frase que dijo el ángel, "Ve con esta tu fuerza". ¿Cuál era esta fuerza de Gedeón? Él no podía soportar la opresión de los enemigos sobre Israel, lo cual era evidente en sus esfuerzos, al arriesgar su vida para rescatar algo del trigo cultivado. Una parte del corazón de Gedeón al menos ya se identificaba con la intención de Dios de liberar a Israel. Por eso, el llamado de Dios llegó en la forma de una liberación, una garantía de hacer lo que el hombre interior de Gedeón deseaba realizar: "¿No te envío yo?".

Aún así, Gedeón tenía sus dudas y temores. El ángel del Señor debería proveer más respuestas antes de que el llamado se completara.

La Excusa de Inferioridad

La cuarta excusa de Gedeón al llamado del Señor fue su propio sentido de inferioridad. Gedeón se lamentaba, *"Ah, señor mío, ¿con qué salvaré yo a Israel?"* (Jueces 6:15). Gedeón estaba diciendo, en esencia, "Señor, yo veo cómo está la situación, pero no soy el que va a remediarla".

Este sentimiento de no ser el hombre correcto para hacer el trabajo es muy común entre los líderes a quienes Dios escoge para ministerios gubernamentales. Los líderes de Dios pueden notar todos los problemas de la Iglesia y lo que el enemigo está haciendo a la cosecha de almas de Dios. Pero ellos no siempre piensan que el Señor los pueda usar. Así como Gedeón, muchos de los líderes de Dios esconden su potencial. Fue precisamente tal potencial espiritual lo que Dios vio en Gedeón y por lo que el ángel se dirigió a él, "Varón esforzado y valiente". Los líderes de Dios deben recordar que el Señor busca los trabajos potenciales que ve en los que están cubiertos con su Espíritu.

La Excusa de la Situación Familiar

La quinta excusa de Gedeón fue una depreciación de su situación familiar. Él exclamó, *"He aquí que mi familia es pobre en Manasés"* (Jueces 6:15). Aquí Gedeón exponía una actitud que subyace en la mayoría de los líderes cuando el Señor los ha llamado a un ministerio posicional. Muchos preguntan, "¿Y qué respecto a mi situación familiar? ¿Qué pasa con la familia de la cual provengo?". Esencialmente, Gedeón probablemente estaba pensando, "Ya que no hay ningún antecedente de liberadores en mi árbol familiar, ¿cómo puedo responder al llamado de Dios para liberar a Su pueblo?"

Gedeón era, por cierto, una persona promedio en Israel. No provenía de una familia rica con gran influencia política. Él sufrió la misma pobreza y problemas como cualquier gente de su alrededor. El hecho es que el Señor no llama a los hombres en base a su situación familiar, su pasado, su educación, o su bienestar. Él escoge a los que desea escoger según Su Propia Voluntad. Resumiendo, en I Corintios 1:26-27 dice: *"No sois muchos sabios según la carne, ni muchos poderosos, ni muchos nobles, sino que lo necio del mundo escogió Dios".*

La Excusa de la Juventud

La última excusa de Gedeón al llamado de Dios se relacionaba con su situación familiar no relevante. Gedeón continuó, *"... y yo el menor en la casa de mi padre"* (Jueces 6:15). No sólo era su bajo nivel económico, sino que también era el más joven de su familia.

Pero ni su situación financiera ni su juventud detuvieron el llamado del Señor para Gedeón. Dios le dijo claramente, *"Ciertamente yo estaré contigo, y derrotarás a los madianitas como a un solo hombre"* (Jueces 6:16). En la ocasión adecuada, *"el Espíritu de Jehová vino sobre Gedeón y éste toco el cuerno"* para la batalla (Jueces 6:34). Ya que había sido Dios quien llamó a Gedeón para liberar a Israel, Su Espíritu vino a Gedeón. A pesar de todas las excusas, Gedeón hizo lo que Dios le había llamado a hacer.

Su Llamado

Esté seguro que durante su vida como cristiano, Dios lo llamará.

Lo llamará a su ministerio, ya sea a uno congregacional, o a uno gubernamental. Y probablemente lo llamará a actuar en un papel de liderazgo alguna vez, ya sea para un gran proyecto o para uno a corto plazo.

¿Cómo responderá usted? No se sorprenda si casi se paraliza por los sentimientos de no ser apto. Después de todo, el liderazgo en la Iglesia es un cargo de la mayor importancia. Entre más cuide de las necesidades de la Iglesia, más intensamente reaccionará y responderá al llamado. Si usted cree que ha sido llamado o está siendo llamado a un liderazgo en la Iglesia, trabaje a través de la hoja "Evaluación del Llamado Ministerial" que se presenta a continuación, la cual le ayudará a entender el llamado de Dios y su propia respuesta a éste.

El ministerio que Dios da a cada creyente es uno de los mayores tesoros que Él pone en nuestras vidas como cristianos. El llamado a servir, y posiblemente a dirigir, cambiará su vida como nada lo ha hecho hasta ahora.

Evaluación del Llamado Ministerial

Si usted cree que Dios le ha llamado o le llama a un liderazgo en la Iglesia (ya sea temporal o permanente), trabaje con esta hoja, que incluye eventos, fechas, referencias escriturales específicas, nombres de personas y otros datos precisos. Usted estará construyendo un breve registro personal que le ayudará a entender el llamado de Dios en su vida, y su respuesta a éste. Para recibir guía y confirmación, dialogue sobre su llamado personal con su pastor.

Tipo de Ministerio (tomado de "Dones y Ministerios en la Iglesia del Nuevo Testamento" al final del capítulo tres):

Tipo de Llamado

❑ Deseo interior profundo

❑ Por la Mano del Señor – bendición sobre una actividad

❑ Profecía dada por otro

❑ Palabra del Señor

❑ Voz Audible

❑ Sueño

❑ Visión

❑ Otro (descríbalo)

_____

Circunstancias del Llamado

Estado personal: describa sus circunstancias espirituales, emocionales, intelectuales, físicas y financieras al ocurrir el Llamado:

_____

_____

Estado corporativo: describa el estado de aquellos a quienes está llamado a servir (espirituales, emocionales, intelectuales, sociales, físicas y financieras):

_____

_____

Su Respuesta al Llamado

Los deseos de su corazón:

_____

_____

Sus cualidades existentes:

_____

_____

Sus temores y limitaciones percibidas:

_____

_____

Los Tratos de Dios en el Llamado

Promesas Escriturales personales:

_____

_____

Provisión material y/o espiritual:

_____

_____

Otros tratos del Espíritu:

_____

_____

La Reacción de la Iglesia al Llamado

Confirmación por los líderes:

_____

_____

Asignación de responsabilidades ministeriales:

_____

_____

Rechazo, naturaleza y razones:

_____

_____

El Estado Actual Suyo En Su Llamado

❑ Recibiéndolo:

❑ Recibiendo confirmación:

❑ Preparándose para cumplirlo

❑ Iniciando el servicio:

❑ Sirviendo regularmente al Cuerpo local:

❑ Papel de Liderazgo temporal completado

❑ Indicación de cambios/nuevos llamados

Capítulo 5

LAS CUALIDADES DEL CORAZÓN DEL LÍDER

Hemos estudiado la naturaleza del liderazgo y el llamado al liderazgo. También discutimos la importancia vital del liderazgo en el Cuerpo de Cristo. Hemos encontrado pues, que en cierto punto de su servicio para la Iglesia, sea cual sea la naturaleza de su llamado ministerial, probablemente usted será llamado a actuar en un papel de líder.

¿Podrá usted cumplir? ¿Está listo para emprender una de las más grandes aventuras de su vida? En gran medida, todo dependerá de usted. Mientras Dios le ayuda para el crecimiento de su fe, su nivel de cooperación es el factor más importante que lo lleva a un corazón con cualidades. Él está buscando personas en las que pueda confiar, personas que compartan Su propio amor y dedicación por la Iglesia.

Este capítulo trata sobre las cualidades del corazón del líder que todos los cristianos deben tener: el corazón de un padre y el de un siervo. Si usted ha sido llamado a un ministerio gubernamental, estos son sus prerrequisitos y el fundamento para su desempeño en él. En un ministerio congregacional, estos son el "modus operandi" (la forma de actuar), la verdadera esencia de su servicio. Ellos son las cualidades del corazón que todos debemos tener para alcanzar la estatura plena como cristianos.

Definición de la Palabra "Corazón"

¿Qué quiere decir Dios cuando pide a sus ministros que le den sus corazones? Para el pensamiento occidental, la palabra "corazón" significa generalmente (además de lo que es el órgano vital), los sentimientos emocionales de las personas. Por ejemplo, cuando decimos que un hombre ama a una mujer "con todo su corazón", queremos decir "con intensos sentimientos".

Significado hebreo. Sin embargo, para el antiguo pensamiento hebreo, el significado de "corazón" comprendía no sólo las emociones de una persona, sino también su vida espiritual, mental y física. Los hebreos veían al hombre como un todo, y la palabra "corazón" se entendía en este contexto. La palabra hebrea para corazón es "labab", que en sentido general significa el centro, lo más íntimo o las partes ocultas de algo. La Biblia usa frases como "el corazón del mar" (Éxodo 15:8), "el corazón del cielo" (Deuteronomio 4:11), "el corazón de un árbol" (II Samuel 18:4) y "el corazón de la tierra" (Mateo 12:40).

En hebreo, por lo tanto, la palabra "corazón" viene a significar, por extensión, el lugar en donde residen todas las energías y el foco de la vida personal de un ser humano. El corazón puede ser el verdadero trono sobre el cual se asienta la vida misma. En relación con el ministerio, cuando el Señor pide a un hombre su corazón, quiere que esa persona ponga el centro de su ser en la obra de Dios.

Significado griego. En nuestra Biblia, una de las palabras griegas más comunes que se traduce como "corazón" es la palabra "kardia". En su significado general, "kardia" se refiere al centro y residencia de la vida física y espiritual. Lleva también la connotación de alma y mente. "Kardia" se usó a menudo para referirse a la mente como la fuente y residencia de los pensamientos, pasiones, deseos, apetitos, afectos, objetivos y esfuerzos humanos. El estudioso de griego H. W. Robinson cree que esta palabra (usada 250 veces en el Nuevo Testamento) se refiere a la personalidad, la vida interior y el carácter del individuo.

De esos estudios, podemos obtener la definición general de la palabra "corazón" como el centro del cuerpo, de la mente, de las emociones, de la personalidad, del carácter y del espíritu de una persona. Cuando el Señor pide a sus líderes que le den sus corazones, Él está pidiendo sus vidas enteras.

Importancia del Corazón

Hablando físicamente, el corazón es el órgano más importante del cuerpo. Sin él, varios procesos y funciones del cuerpo podrían cesar y la vida terminarse. Podemos obtener muchos paralelos entre el corazón físico y el corazón espiritual, demostrando que es de la mayor importancia en la vida espiritual y función de los líderes.

Paralelo:

El Corazón Físico	El Corazón Espiritual
El corazón físico se localiza aproximadamente en el centro del pecho del hombre.	El corazón espiritual (o el corazón del espíritu) debe estar localizado en el centro de los pensamientos, palabras, actos y ministerio de los líderes, motivando todas las cosas de su vida.
Los corazones físicos son aproximadamente del tamaño del puño de su dueño.	Los corazones de los líderes espirituales son sólo tan grandes como el trabajo que sus manos demuestran hacer.
La sangre de un corazón físico está compuesta de diversos nutrientes contenidos en los alimentos que consume su dueño.	La vida en el corazón del líder espiritual está compuesta de lo que él consume a través de su mente y experiencia. La vida más pura se obtiene "alimentándose" de la Palabra de Dios.
El sistema de bombeo de un corazón se basa en un método de recepción/expulsión. La sangre se recibe a través de una parte del corazón y se libera a través de otra parte.	El flujo de la vida espiritual del líder se basa en su propia recepción personal del amor de Dios y de Su perdón, y es entregado entonces a quienes lo rodean.
El corazón bombea la sangre de un extremo a otro del cuerpo, cuando funciona apropiadamente.	El corazón espiritual del líder hace circular la vida que da el Espíritu Santo a través del Cuerpo de Cristo, cuando funciona apropiadamente.
El corazón bombea la sangre a través del cuerpo, limpiando sus impurezas.	El corazón espiritual del líder conoce y ruega por el poder limpiador de la sangre de Jesucristo, para purificar el Cuerpo de Cristo.

El corazón saludable late automáticamente, sin el esfuerzo consciente de su dueño.

El corazón espiritual saludable de un líder muestra el amor, el gozo y la paz de Dios espontáneamente, sin ningún esfuerzo consciente o insincero.

El corazón es más propenso a ciertas formas de enfermedad o ataques, con una dieta rica en grasa y en un cuerpo con sobrepeso.

El corazón espiritual del líder es más propenso a enfermedad espiritual cuando él toma las ricas verdades de la Palabra de Dios sin practicarlas y sin hacer de ellas una parte activa de su vida y de la vida de otros.

El corazón es más propenso a enfermarse y a sufrir ataques cuando su dueño experimenta tensiones fuertes.

El corazón espiritual del líder es más propenso a enfermedad espiritual cuando él vive un estilo de vida con tensiones fuertes, por no confiar todo al cuidado de las manos del Señor.

El corazón es más propenso a enfermarse y a sufrir ataques cuando su dueño hereda defectos de sus padres al nacer.

El corazón espiritual del líder es más propenso a enfermedad espiritual mientras más problemas tenga por los cuales no se arrepintió verdaderamente al nacer de nuevo por el Espíritu.

Todos estos paralelos físicos demuestran claramente la importancia del corazón espiritual en la vida de los líderes de Dios.

Cuidando el Corazón

Bíblicamente hablando, un líder tiene al menos tres razones para guardar su corazón. La primera es que su corazón es la verdadera fuente de todas sus actitudes y acciones. Lo podemos ver en los siguientes versículos:

Proverbios 4:23

"Sobre toda cosa guardada, guarda tu corazón; Porque de él mana la vida" (Versión Reina Valera)

"Conserva tu corazón con toda diligencia porque de él provienen los asuntos de la vida" (Versión del Rey Santiago)

"Guarda tu corazón con toda vigilancia, porque de él fluyen los manantiales de la vida" (Versión Biblia Amplificada)

"Guarda tu corazón mejor que a cualquier tesoro, porque ésta es la fuente de toda vida" (Nueva Biblia Inglesa)

"Sobre todo, guarda tus afectos, porque ellos influyen en todas las cosas de tu vida" (Versión Biblia Viviente)

Filipenses 4:7

"Y la paz de Dios, que sobrepasa todo entendimiento, guardará vuestros corazones y vuestros pensamientos en Cristo Jesús. En esto pensad" (Versión Reina Valera)

"La paz de Dios que trasciende todo entendimiento vigilará y montará guardia sobre sus corazones y sus mentes" (Versión Biblia Amplificada)

En estos pasajes, se le exhorta al líder a guardar su corazón, como un soldado guarda las puertas de la ciudad. El líder debe vigilar sus afectos para prevenir la invasión de valores extraños. Él debe mantener el estado de alerta y la disciplina de un centinela que hace guardia en el campo o en el castillo, para proteger a su rey que está dentro.

La segunda razón por la que un líder debe guardar su corazón es porque es la fuente de todo lo que él ministra o habla. Podemos ver esto en Mateo 12:34b, 35:

"Porque de la abundancia del corazón habla la boca. El hombre bueno, del buen tesoro del corazón saca buenas cosas; y el hombre malo, del mal tesoro saca malas cosas" (Versión Reina Valera)

"De la plenitud, rebosamiento, o sobreabundancia del corazón, habla la boca. El hombre bueno, de su tesoro interior, saca cosas buenas, y el hombre malo, de su malo almacén interior, saca cosas malas" (Versión Biblia Amplificada)

Cada líder es el guardia a cargo del almacén de su propio corazón, que está lleno de buenos o malos tesoros. Es de este almacén del que el líder saca cosas buenas o malas para las cajas abiertas del pueblo del Señor. El Antiguo Testamento provee inmejorables ilustraciones de esto. En la historia de Israel, muchos almacenes de grano, vino, aceite o armas, estaban diseñados para el beneficio y protección del pueblo. Salomón y Ezequías estaban muy orgullosos de la riqueza de sus almacenes. (I Reyes 9:19, II Crónicas 32:28).

De la misma manera, todos los líderes deben preguntarse a sí mismos si están orgullosos del contenido de los almacenes de su corazón. De ellos, los líderes deben alimentar y proteger al pueblo del Señor. Salomón almacenó grano, vino, aceite y armas para la defensa de Israel. Hoy, el líder espiritual debe almacenar en su corazón la Palabra de Dios, el gozo del Señor, la unción del Espíritu y toda la armadura de Dios (Efesios 6:13-17).

La tercera razón por la que un líder debe guardar su corazón es para prevenir la contaminación de sí mismo o del pueblo de Dios. Usted puede verlo en las siguientes palabras de Jesús:

"Y llamando a sí a toda la multitud, les dijo: Oídme todos, y entended: Nada hay fuera del hombre que entre en él, que le pueda contaminar; pero lo que sale de él, eso es lo que contamina al hombre. Si alguno tiene oídos para oír, oiga. Cuando se alejó de la multitud y entró en casa, le preguntaron sus discípulos sobre la parábola. Él les dijo: ¿También vosotros estáis así sin entendimiento? ¿No entendéis que todo lo de fuera que entra en el hombre, no le puede contaminar, porque no entra en su corazón, sino en el vientre, y sale a la letrina? Esto decía, haciendo limpios todos los alimentos. Pero decía, que lo que del hombre sale, eso contamina al hombre. Porque de dentro, del corazón de los hombres, salen los malos pensamientos, los adulterios, las fornicaciones, los homicidios, los hurtos, las avaricias, las maldades, el engaño, la lascivia, la envidia, la maledicencia, la soberbia, la insensatez. Todas estas maldades de dentro salen, y contaminan al hombre" (Mr. 7:14-23)

El Señor Jesucristo dijo que el corazón desprotegido de un líder llega a ser fuente de una larga lista de cosas terribles: perversos y bajos pensamientos, inmoralidad sexual, asesinatos, robos, deseos de codicia, maldad peligrosa y destructiva, conducta indecente e inmoral, unos ojos que buscan el mal, una boca abusiva que calumnia y hace comentarios maliciosos, un corazón orgulloso que se levanta contra Dios y el hombre, y un amor temerario a la futilidad.

Es la tragedia de la Iglesia que en algunos períodos de su historia, esta lista de penurias ha llegado a ser la agenda de algunos de los más influyentes líderes. ¿En qué estaban equivocados? Los líderes y quienes les seguían dejaban sus corazones sin protección. A pesar de conducir el pueblo del Señor, esos líderes estaban como aquellos que se desvían del rebaño. Apacentándose en un placer y otro, ellos han perdido todos los caminos de la voluntad de Dios para la Iglesia.

Cualidades del Corazón

Así, podemos ver que las cualidades de los corazones de los líderes son muy importantes para Dios. Dios está continuamente probando (Deuteronomio 8:2), buscando (Jeremías 17:10) y ponderando (Proverbios 21:2) los corazones de sus líderes. Es una responsabilidad de los líderes mantener un corazón puro ante el Señor (Santiago 4:8).

¿En qué condiciones está su corazón? En gran parte, eso se determinará por su reacción hacia el Señor, hacia la gente y hacia lo que pasa alrededor de usted. Cuando usted ve una gran necesidad en la vida de alguien, ¿tiene un corazón bondadoso para ayudar? ¿O tiene un corazón endurecido que dice: "eso simplemente no puede arreglarse"? Cuando el Señor lo coloca frente a sus propios pecados, ¿tiene usted un corazón arrepentido? ¿O tiene un corazón hipócrita que dice: "Por favor, Señor, ahora no. Estoy en medio de algo importante, no lo podemos dejar para después?" Cuando usted oye un pasaje edificante de las Escrituras en un buen sermón, ¿tiene un corazón retenedor que hace planes para implementar lo correcto esa misma semana? ¿O tiene un doble corazón, que disfruta lo emocionante de descubrir una nueva idea, pero falla en continuarla con la acción?

La siguiente tabla de "Las Cualidades Espirituales del Corazón" contiene una lista de cualidades del corazón, con los versículos de la Biblia que describen los lados positivos y negativos de cada cualidad. Esta tabla es una excelente herramienta para evaluar las condiciones de su propio corazón. A través del Espíritu y la Palabra, Dios puede usarla para ayudarle a señalar y ajustar cualquier condición no saludable en su espíritu. Si usted es o desea ser un líder de la Iglesia, esto debe ser parte de su "curriculum espiritual". Además, cualquiera se beneficiará leyendo y orando a través de la lista. La lista de las cualidades espirituales positivas es un mensaje inspiracional destilado de la Palabra de Dios.

Las Cualidades Espirituales del Corazón

Positivas		Negativas	
Corazón compungido	Génesis 6:6	Corazón malvado	Génesis 6:5
Corazón dispuesto	Éxodo 25:2	Corazón endurecido	Éxodo 4:21
Corazón estimulado	Éxodo 35:21	Corazón engañado	Deuteronomio 11:16
Corazón sabio	Éxodo 35:35	Corazón insensible	Deuteronomio 29:4
Corazón cambiado	I Samuel 10:9	Corazón orgulloso	II Crónicas 32:26

Corazón perfecto	I Crónicas 12:38	Corazón ensoberbecido	Ester 7:5
Corazón conmovido	II Crónicas 34:27	Corazón hipócrita	Job 36:13
Corazón afligido	Nehemías 2:2-12	Corazón altivo	Deuteronomio 8:14
Corazón fiel	Nehemías 9:8	Corazón duro	Job 41:24
Corazón suavizado	Job 23:16	Corazón inicuo	Salmo 41:6
Corazón recto	Job 33:3	Corazón perverso	Salmo 58:2
Corazón meditador	Salmo 4:4	Corazón errante	Salmo 95:10
Corazón de cera	Salmo 22:14	Corazón vanidoso	Salmo 101:5
Corazón puro	Salmo 24:4	Corazón engrosado	Salmo 119:70
Corazón quebrantado	Salmo 34:18	Corazón desolado	Salmo 143:4
Corazón acongojado	Salmo 38:10	Corazón menospreciador	Proverbios 5:12
Corazón desfallecido	Salmo 40:12	Corazón engañoso	Proverbios 12:20
Corazón proclamador	Salmo 45:1	Corazón amargado	Proverbios 14:10
Corazón presto	Salmo 57:7	Corazón hastiado	Proverbios 14:14
Corazón viviente	Salmo 69:32	Corazón necio	Proverbios 15:7
Corazón seguro	Salmo 112:8	Corazón humano	Proverbios 15:11
Corazón prudente	Proverbios 2:2	Corazón abominable	Proverbios 26:25
Corazón guardador	Proverbios 4:4,21	Corazón dudoso	Santiago 1:8
Corazón apacible	Proverbios 14:30	Corazón herido	Salmo 109:22
Corazón alegre	Proverbios 17:22	Corazón malo	Mateo 15:19

Corazón nuevo	Ezequiel 18:31/36:26	Corazón rebelde	Jeremías 5:23
Corazón de carne	Ezequiel 11:19	Corazón arrogante	Isaías 9:9
Corazón intencionado	Daniel 1:8	Corazón falso	Jeremías 17:9
Corazón que medita	Lucas 2:19	Corazón fornicario	Ezequiel 6:9
Corazón perdonador	Mateo 18:35	Corazón duro	Ezequiel 11:19
Corazón irreprensible	I Tesalonicenses 3:13	Corazón inconstante	Ezequiel 16:30
Corazón sincero	Hebreos 10:22	Corazón despechado	Ezequiel 25:15
Corazón nutrido	Santiago 5:5	Corazón amargo	Ezequiel 27:31
Corazón purificado	I Pedro 1:22	Corazón salvaje	Daniel 4:16
Corazón asegurado	I Juan 3:19	Corazón dividido	Oseas 10:2
Corazón bueno	Lucas 8:15	Corazón engrosado	Mateo 13:15
Corazón ardiente	Lucas 24:32	Corazón embriagado	Proverbios 31:6
Corazón sencillo	Hechos 2:46	Corazón argumentador	Marcos 2:6-8
Corazón unificado	Hechos 4:32	Corazón contencioso	Santiago 3:14
Corazón abierto	Hechos 16:14	Corazón abandonado	Salmo 81:12
Corazón obediente	Romanos 6:17	Corazón turbado	Juan 14:1
Corazón circuncidado	Romanos 2:29	Corazón incircunciso	Hechos 7:51
Corazón creyente	Romanos 10:9,10	Corazón entenebrecido	Romanos 1:21
Corazón constante	I Corintios 7:37	Corazón impenitente	Romanos 2:5
Corazón engrandecido	I Corintios 6:11	Corazón angustiado	II Corintios 2:4

Corazón caritativo	II Corintios 8:16	Corazón cegado	Efesios 4:18
Corazón alabador	Efesios 5:19	Corazón vagabundo	Hebreos 3:10
Corazón afirmado	Hebreos 13:9	Corazón incrédulo	Hebreos 3:12
		Corazón condenador	I Juan 3:20
		Corazón abrumado	Salmo 61:2
		Corazón codicioso	II Pedro 2:14

El Líder y el Corazón de un Padre

Significado griego. *"Porque aunque tengáis diez mil ayos en Cristo, no tendréis muchos padres, pues en Cristo Jesús yo os engendré por medio del evangelio"* (I Corintios 4:15).

En el griego original la palabra para ayo significaba "un joven líder, tutor, guía, guardián o siervo cuyo oficio era llevar a los niños a la escuela". Entre los griegos y los romanos, en las altas clases de la sociedad, un ayo podía ser también un siervo o mayordomo de plena confianza a quien se le encargaba supervisar la vida y la moral de los hijos. A los niños no se les permitía poner un pie fuera de la casa sin su ayo, hasta que ellos alcanzaban la edad de la hombría. La palabra llevaba la idea de severidad, un ayo era un censor y un reforzador de la moral apropiada para los hombres jóvenes.

Este versículo paulino usa la palabra "ayo" para presentar un fuerte contraste. Pablo escribió a los cristianos corintios que ellos tenían muchos tutores o ayos (aquellos quienes libremente se ofrecían para enseñarles reglas rígidas y estrictas), pero no muchos padres. La palabra ayo denota una relación de instrucción maestro-alumno, mientras que la palabra padre denota una relación de amor padre-hijo. El libro de los Proverbios se escribió sobre este concepto de la relación padre-hijo. La sabiduría, el conocimiento y el entendimiento de la vida que tiene el padre son transmitidos al hijo en una amorosa relación de padre-hijo.

Significado hebreo. La voz, en muchos de los Proverbios, es la del padre que habla a su hijo. Esto ilustra la actitud de un corazón de padre:

"Oye, hijo mío, la instrucción de tu padre" (1:8)

"Hijo mío, si los pecadores te quisieren engañar, no consientas" (1:10)

"Hijo mío, no andes en caminos con ellos" (1:15)

"Hijo mío, si recibieres mis palabras" (2:1)

"Hijo mío, no te olvides de mi ley" (3:1)

"No menosprecies, hijo mío, el castigo de Jehová" (3:11)

"Hijo mío, no se aparten estas cosas de tus ojos; Guarda la ley y el consejo" (3:21)

"Hijo mío, está atento a mis palabras; Inclina tu oído a mis razones" (4:20)

"Guarda, hijo mío, el mandamiento de tu padre" (6:20)

La Iglesia Actual

Como en los días de Pablo y en los nuestros también, la Iglesia tiene diez mil ayos, pero no tiene tantos padres. La Iglesia tiene muchos alumnos y ministros profesionales, pero no tantos padres espirituales. Muchos alumnos y ministros actuales pueden dar sermones elocuentes e impresionantes que lleguen a tocar nuestras mentes y pensamientos. Pero, ¿dónde están los padres? Algunos colegios y seminarios religiosos actuales parecen producir profesores en masa. Pero, ¿quién está intentando producir padres espirituales?

¿Permitirá la Iglesia un liderazgo de oradores e instructores que para siempre le roben las bendiciones espirituales, que sólo los padres espirituales pueden darle? El mundo tiene los servicios de miles de escolares eruditos, pero la Iglesia sigue clamando por el ministerio verdadero de los padres espirituales. La Iglesia no necesita de más hombres-computadora con bancos de memoria de información bíblica seca para instruir a los ignorantes sobre los caminos del Señor. La Iglesia necesita hombres que tengan un corazón para el pueblo del Señor y compasión para los necesitados.

Una computadora presenta la información sin amor, sin piedad, sin entendimiento. Un líder mostrará tanto amor, piedad o entendimiento como lo muestra una computadora, si él no tiene el corazón de un padre. La Iglesia necesita más que sólo conocimiento bíblico o instrucción. Necesita el verdadero corazón y la vida de sus padres espirituales para impartirla. Sin embargo, la impartición de la vida espiritual no puede ser tomada de un libro de texto en un salón de clases. La vida espiritual sólo puede aprenderse en una íntima relación con Dios, con el pueblo de Dios y con el ejemplo espiritual de los verdaderos padres en la fe.

El Corazón de Padre de Jesús

Primero veamos las características de un corazón de padre en la vida del supremo ejemplo para todos los líderes, el Señor Jesucristo. Jesús fue la expresión plena del corazón del Padre celestial sobre la tierra. Sus formas, sus actos, todo manifestaba el corazón del Padre. Apropiadamente, Jesús dijo: *"Yo y el Padre, uno somos"* (Juan 10:30) y *"El que me ha visto a mí, ha visto al Padre, ¿cómo, pues, díces tú: Muéstranos el Padre? ...El Padre que mora en mí, Él hace las obras"* (Juan 14:9c,10c). La lista siguiente muestra algunas de las actitudes del corazón de padre del Señor Jesucristo, quien es el ejemplo para todos los líderes de Dios.

Compasión	*"Y al ver a las multitudes, tuvo compasión de ellas"* (Mateo 9:36).
Interés	Un fariseo le preguntó a uno de los discípulos de Cristo: *"¿Por qué come vuestro Maestro con los publicanos y los pecadores?"* y Jesús contesto: *"Los sanos no tiene necesidad de médico, sino los enfermos"* (Mateo 9:11, 12).
Disposición	*"Y he aquí que vino un leproso y se postró ante él, diciendo: Señor, si quieres, puedes limpiarme. Jesús extendió la mano y le tocó, diciéndo: Quiero, sé limpio. Y al instante su lepra desapareció"* (Mateo 8:2, 3).
Humildad	Jesús nos dio una nueva definición de humildad: *"Si no os volvéis y os hacéis como niños, no entraréis en el reino de los cielos"* (Mateo 18:3, ver también Filipenses 2:5-11).
Calidez	*"María ha escogido la buena parte"*, le dijo Jesús a Marta, explicándole el porqué María no había dejado su lugar de oyente a los pies de Jesús para trabajar en el servicio (Lucas 10:38-42, ver también Juan 12:1-8).

Perdón	Jesús también nos dio una nueva definición de perdón. En la cruz, dijo: *"Padre, perdónalos, porque no saben lo que hacen"* (Lucas 23:34). En la parábola del hijo pródigo: *"Mas era necesario hacer fiesta y regocijarnos, porque este tu hermano era muerto y ha revivido; se había perdido, y es hallado"* (Lucas 15:32). A una prostituta hallada en pecado, dijo: *"Ni yo te condeno; vete y no peques más"* (Juan 8:11).
Auto Sacrificio	Jesús nos enseñó cómo pagar el último precio: *"Pongo mi vida por las ovejas"* (Juan 10:15).
Servicio	Jesús también nos mostró que ningún servicio era poco importante o indigno: *"Pues si yo, el Señor y el Maestro, he lavado vuestros pies, vosotros también debéis lavaros los pies los unos a los otros"* (Juan 13:14).

La Amabilidad Paternal

En I Tesalonicenses 2:7, Pablo dice, *"Antes fuimos tiernos entre vosotros"*. En la Versión Biblia Amplificada este verso dice así: *"Antes nos hemos comportado amablemente cuando estuvimos entre vosotros, como la nodriza que cuida con ternura a sus propios hijos"*.

La palabra "amable" en el griego original significa ser afable, bueno o bondadoso. Los escritores griegos usaron frecuentemente esta palabra para caracterizar a una nana con su niño lloroso, o a un maestro con alumnos difíciles. Esta palabra describe a una madre nodriza.

La amabilidad es otra actitud que debe encontrarse en el corazón de padre. La amabilidad describe el amor, el toque paternal que todos los niños deben tener durante su crecimiento. Sin esta amabilidad, los hijos crecen desequilibrados. La Palabra de Dios requiere amabilidad de todos aquellos que van a tomar la responsabilidad de la casa del Señor. Sin ella, un líder fuerte dañará al pueblo de Dios.

La siguiente lista de Escrituras hace referencia a la amabilidad y exhorta a todos los líderes a permitir que el Señor desarrolle esta cualidad en su vida.

II Timoteo 2:24	Pablo dijo a su discípulo Timoteo: *"El siervo del Señor no debe ser contencioso, sino amable para con todos"*.
Tito 3:2	*"Que no sean pendencieros, sino amables"*.
Santiago 3:17	*"Pero la sabiduría que es de lo alto es primeramente pura, después pacífica, amable, benigna, llena de misericordia"*.

II Corintios 10:1   *"Yo Pablo os ruego por la mansedumbre y ternura de Cristo".*

Gálatas 5:22   *"El fruto del Espíritu es amor, gozo, paz, paciencia, benignidad, bondad, fe".*

Un padre espiritual en la casa del Señor debe desarrollar la amabilidad. Esta actitud del corazón permitirá al líder enseñar temas sensibles y difíciles en la Iglesia, sin herir u ofender espiritual o permanentemente al pueblo de Dios. La amabilidad hará que la gente escuche y responda a las más serias llamadas de atención que un líder sienta que deba hacer.

El Padre como Nodriza

I Tesalonicenses 2:7 dice: *"Antes fuimos tiernos entre vosotros, como la nodriza que cuida a sus propios hijos".* En el Nuevo Testamento griego, una "nodriza" cuida a los niños, para criarlos con la comida que ella elija. Esta palabra significa una madre que cría a sus hijos antes de destetarlos. Describe a la madre que toma los cuidados más atentos para sus pequeños.

En el contexto de esta Escritura, tenemos al apóstol Pablo hablando a una Iglesia a la que él había predicado el Evangelio. En el siguiente versículo (I Tesalonicenses 2:8), Pablo describe el afecto del corazón de un padre. Él dice, *"Tan grande es nuestro afecto por vosotros, que hubiéramos deseado entregaros no sólo el evangelio de Dios, sino también nuestras propias vidas, porque habéis llegado a sernos muy queridos".*

El apóstol Pablo impartió a los tesalonicenses no sólo el Evangelio, sino también su propia vida y energía. Lo que Pablo les dio a esos cristianos puede verse en los sentimientos que expresa una madre que cría a su propio bebé. Este es el verdadero retrato de un "padre criador", en el sentido masculino, que se puede aplicar no sólo al apóstol Pablo, sino también a todos los líderes.

En Hechos 13:18 podemos ver cómo el Señor crió al pueblo de Israel en los tiempos del Antiguo Testamento. Este versículo dice, *"Y por un tiempo como de cuarenta años los soportó en el desierto".* La versión Septuaginta dice así: *"Dios soportó, como un padre nodriza, al pueblo de Israel".* De la misma manera, en Deuteronomio 1:31 se establece *"Y en el desierto has visto que Jehová tu Dios te ha traído, como trae el hombre a su hijo".*

La palabra hebrea para "traer" significa construir, apoyar, criar (como un padre), atender o mantenerse firme o fiel en todos los aspectos. En Números 11:12 se habla de Moisés en este sentido de la palabra. Moisés fue un padre criador para los israelitas (ver también Isaías 40:11 y 49:23).

Aunque la nación de Israel cometió muchas ofensas contra el Señor, Dios fue paciente y cuidó de ellos. Fue un padre criador para el pueblo. Moisés fue también un padre para Israel. Este atributo, de ser como una nodriza, fue formándose en la vida de Moisés a través de todas las experiencias del pueblo de Israel. Moisés nunca quiso cambiar a Israel por un pueblo que fuera mejor, aun cuando el Señor se lo propuso. Moisés nunca pidió al Señor que los juzgara muy severamente. Él era un verdadero padre-nodriza. Todos los líderes deben de ser así también.

El Cariño Paternal

Pablo dice que trató a los cristianos tesalonicenses "como una nodriza quiere a sus niños". La palabra griega para "querer" significa ternura, querer con amor, cuidar y demostrar compasión. La versión Septuaginta usa esta palabra para describir a un pajarillo cuidando a sus polluelos extendiendo sus plumas sobre ellos en el nido para entibiarlos (ver Deuteronomio 22:6 y Mateo 23:37).

Un padre espiritual en la familia de Dios extenderá sus alas protectoras y amorosas sobre el pequeño o el débil, mientras ellos siguen en el nido, para cuidarlos de los ataques de los buitres. Esta es otra expresión del corazón de padre en el trabajo del liderazgo. (Para ejemplos ver I Tesalonicenses 2:8,11; Filipenses 2:22; I Timoteo 3:1 y Efesios 5:29). A veces pensamos que el liderazgo es manejar hábilmente a las personas como una carga aguda. Pero Dios piensa en el liderazgo como criar, cuidar, tener amabilidad, servir, enseñar y amar a los hijos.

El Ejemplo del Labrador

El cuidado y alimentación de una pequeña planta para que crezca y llegue a una madurez saludable, es otro bello ejemplo de las palabras amabilidad, crianza y cariño.

Las plantas pueden sufrir diferentes males durante sus vidas. Pueden tener enfermedades vegetales, daños por insectos, cambios bruscos de ambiente o daños por descuido. Algunas plantas necesitan más cuidado que otras. Algunas sufrirán mucho por el descuido, mientras que otras parecen crecer más con la falta de cuidados. Pero aun la planta más crecida y resistente, puede ser afectada drásticamente por el descuido o por los cambios ambientales.

La apariencia de una planta y su crecimiento indican su estado de salud. Las etapas tempranas de los padecimientos y enfermedades son muy sutiles. A menos que el jardinero conozca la planta por una estrecha relación, no notará el problema hasta que ocurran los síntomas devastadores. Las etapas de caída severa de hoja y el marchitamiento ya no son tiempos para que el jardinero examine rápidamente la planta para buscar las causas de la enfermedad. ¡Desafortunadamente, este tipo de ayuda de emergencia se encuentra muy a menudo en los viñedos de Dios!

Para prevenir que sus plantas lleguen al estado de emergencia, el jardinero debe conocer las necesidades de ellas en las etapas tempranas. Haciéndolo así, el jardinero salvará a sus plantas de la muerte (y quizás a otras de los alrededores). El jardinero debe usar medidas preventivas para asegurar la salud de su viñedo.

El aplicar la terapia equivocada a las plantas con problemas es desperdiciar mucho. Y si el supuesto remedio es demasiado fuerte, la planta quizá no sobrevivirá. Como un padre conocedor, el jardinero debe estar alerta para suplir las necesidades de sus plantas. Algunas necesitarán ser replantadas. Para otras, el replantarlas puede ser un fin seguro. Algunas necesitan más espacio para que sus raíces alcancen la madurez. Otras necesitarán ser podadas e incluso que se les ponga en una maceta más pequeña. Las necesidades varían y el aplicar reglas en jardinería simplemente no funciona.

Algunas plantas parecerán muy bonitas por fuera, pero bajo el suelo quizás sus raíces se han podrido y muerto. El regarlas mucho con agua, para nuestra sorpresa, pudo causarles eso. Un jardinero puede matar sus plantas también si las expone mucho a la luz del sol. Cada planta necesita cantidades diferentes de agua y luz. Para llenar las necesidades de cada planta de acuerdo a su naturaleza y crecimiento, se requiere un jardinero sabio y experimentado.

Todo lo que pueda decirse sobre los elementos naturales del cuidador de plantas, puede también decirse sobre el liderazgo de los hijos de Dios. Un líder cristiano con corazón de padre discernirá y ministrará para las diferentes necesidades y nivel de madurez del pueblo de Dios. Esta capacidad es el fruto de un corazón de padre amable, cariñoso y protector. La siguiente tabla del "Labrador Espiritual" ilustra las similitudes entre el jardinero y el liderazgo espiritual.

Principios del Labrador Espiritual

El jardinero sabio y experimentado da a las plantas:	El líder con corazón de padre da al pueblo de Dios:
La luz del sol	La luz de la Palabra de Dios
El agua	El agua del Espíritu de Dios

Cultivo	El entrenamiento para el ministerio
Poda	La disciplina de un padre espiritual
Medio adecuado	La atmósfera adecuada de la Iglesia en la presencia de Dios
Maceta nueva y tierra nueva	Un nuevo estilo de vida en Cristo
Tratamiento para enfermedades	Ayuda y consejería en los problemas
Detección a tiempo de enfermedades	Observación de cualquier problema en sus etapas tempranas
Espacio para su crecimiento	Espacio para crecer y realizar el ministerio

Aplicación Espiritual del Labrador

Un labrador espiritual que tiene un corazón de padre seguirá, por lo tanto, las siguientes prácticas para el cuidado del pueblo de Dios:

Proveer el alimento espiritual para el crecimiento balanceado del cristiano

Tener un trato amable con el pueblo del Señor

Discernir las necesidades de los hijos de Dios en cualquier etapa de su desarrollo

Ser amable y amoroso en sus relaciones con el pueblo del Señor

Atender consistentemente las necesidades espirituales, emocionales, físicas o mentales de los hijos de Dios

Crianza Paternal y Amonestación

En Efesios 6:4, se expresan efectivamente las actitudes paternales de la crianza y la amonestación:

"Y vosotros, padres, no provoquéis a ira a vuestros hijos, sino criadlos en disciplina y amonestación del Señor".

La Versión Biblia Amplificada transcribe así este versículo:

"Padres, no irritéis y provoquéis a vuestros hijos a ira - no los exasperéis a resentimiento - sino criadlos amorosamente en el entrenamiento, disciplina, consuelo y amonestación del Señor".

En este capítulo el apóstol Pablo estaba predicando acerca de la formación de una familia. Estaba dando los principios que un padre debe seguir para darlos a sus hijos. Las actitudes y principios que un padre natural necesita para criar a sus hijos naturales son aquellas que un padre espiritual necesita para criar a sus hijos espirituales. La casa del Señor necesita estas guías para criar a sus hijos de una forma equilibrada. Pablo usó dos palabras: "crianza" y "amonestación" para ilustrar este balance.

Un estudio de la palabra griega para "crianza" nos da un significado completamente diferente al que tenemos en el español actual. En el Nuevo Testamento griego, la palabra "crianza" significaba promover el desarrollo de un niño enseñándole, ayudándole y reforzándole durante las diferentes etapas de su crecimiento. Esto significaba dirigir o educar a un niño con entrenamiento, disciplina o corrección. La crianza era castigo, con la intención de moldear el carácter del niño. La palabra incluía la idea de entrenamiento y educación de los hijos, del cultivo de sus mentes y moral, corrigiendo y reprobando con palabras y actos.

Crianza. La palabra "crianza" se traduce en varias formas diferentes en la Biblia, con tres maneras básicas: instrucción, aprendizaje y castigo. (Ver II Timoteo 3:16; I Timoteo 1:20; II Timoteo 2:25; Hebreos 12:5; Hechos 7:22 y Apocalipsis 3:19).

Jesús ilustra la actitud de crianza en Sus enseñanzas. El Señor Jesús fue un hombre con amor verdadero y compasión para todo el pueblo. Esto no lo detuvo para hablar la verdad en una forma que algunas veces ofendió a muchas personas. Él reprendió no sólo a los líderes religiosos hipócritas de Israel, sino también a sus propios discípulos (por ejemplo, ver Mateo 15:12; Marcos 14:27 y Juan 6:60-62). En el Nuevo Testamento, el criar no significa la crianza amable hacia la madurez, sino la fuerte enseñanza que un niño necesita para madurar en el Señor.

En Efesios 6:4, Pablo no se enfocó en un amor de padre para con sus hijos, aunque eso no estaba ausente en sus versículos. Pablo se refería a la responsabilidad de un padre de enseñar a sus hijos. Pablo estaba dando una carga importante a los padres: si ellos deseaban criar a sus hijos correctamente, debían tener "el corazón en la mano" para enseñarles de una manera muy firme.

El ministerio de un padre espiritual incluye fuertes enseñanzas. Un verdadero padre espiritual corrige a sus hijos espirituales. Él debe moldear el carácter de ellos a través de la enseñanza que es dura y dolorosa a veces para los hijos, pero que es necesaria. La palabra "crianza" que Pablo usó en Efesios 6:4 no es la palabra tierna que mucha gente piensa. Actualmente, la Iglesia necesita padres espirituales que tengan el valor para criar hacia una total madurez, con disciplina, corrección y castigo.

Amonestación. La palabra traducida "amonestación" en Efesios 6:4 significaba llamar la atención sobre algo con una suave represión, advertencia y exhortación (como las del Señor). Literalmente significaba "poner en la mente". La palabra involucraba entrenamiento mediante refuerzo verbal, o si era necesario, con represión y protesta. La palabra griega traducida como amonestación o advertencia es "noutheto". La siguiente lista de Escrituras muestra las diferentes formas en las cuales se traduce esta palabra en el Nuevo Testamento:

Hechos 20:31   *"de noche y de día, no he cesado de amonestar con lágrimas a cada uno"*

Romanos 15:4   *"para nuestra enseñanza se escribieron"*

I Corintios 4:14   *"sino para amonestaros como a hijos amados"*

Colosenses 3:16   *"enseñándoos y exhortándoos unos a otros en toda sabiduría"*

I Tesalonicenses 5:12   *"y os presiden el el Señor, y os amonestan"*

"Amonestación" es una fuerte palabra disciplinaria que describe una actitud muy importante en un padre espiritual. Un padre espiritual debe poner en la mente de sus hijos las enseñanzas que sólo él sabe que ellos necesitan para alcanzar su desarrollo espiritual y un futuro saludable. Esto representa una exhortación constante y un fuerte refuerzo con rectitud para alcanzar esas metas.

Todos los padres espirituales en el Señor deben decidir amonestar. Los hijos de Dios necesitan una fuerte represión a veces para alcanzar la madurez. Muchos maestros hoy podrán preferir enseñar sólo lo que es placentero y harán que la gente vaya hacia atrás. Esto no es siempre lo que la gente necesita. Un padre espiritual debe discernir las necesidades precisas del pueblo de Dios. Él debe impartírselas mediante una fuerte exhortación y enseñanza.

Un Corazón de Padre Balanceado

Cada líder debe balancear las actitudes del corazón de padre espiritual que han sido presentadas en este capítulo. La crianza y la amonestación deben estar balanceadas con la amabilidad y el cariño. La crianza y la amonestación son palabras fuertes que describen el ministerio de un líder de corrección y disciplina para el pueblo de Dios. Se necesitan, pero son incompletas por sí mismas. El pueblo de Dios no responderá al líder que habla solamente reprendiendo y advirtiendo, que tiene su corazón endurecido con la unilateral búsqueda de la disciplina. Los líderes de Dios deben llorar con el pueblo. Deben sentir sus duros y pesados corazones para poder ministrar efectivamente. La amabilidad, el amor, la piedad y la ternura deben de ir juntamente con la disciplina.

La vida del apóstol Pablo demuestra todas esas actitudes. Su ministerio poderoso no estaba compuesto exclusivamente de reprensión, castigo y disciplina. También tenía un corazón de amabilidad, amor, piedad y compasión. Las columnas paralelas de abajo muestran este balance, comparando las actitudes paternales en el trabajo del ministerio. Como las dos caras de una moneda, cada una de las actitudes balanceadas en esta lista debe acompañar a las demás para formar un corazón paternal completo.

Actitudes del Corazón Paternal de Pablo

Criar y Amonestar	Amar y querer
Disciplina *"He decidido que el tal sea entregado a Satanás"* (I Corintios 5:1-8)	**Paternidad** *"En Cristo Jesús yo os engendré por medio del evangelio"* (I Corintios 4:15)
Reprensión *"No os alabo"* (I Corintios 11:17)	**Amor** *"Para que supieses cuán grande es el amor que os tengo"* (II Corintios 2:4)
Castigo *"Os contristé con la carta"* (II Corintios 7:8)	**Relación** *"Como a hijos hablo"* (II Corintios 6:11-13)
Corrección *"Si voy otra vez, no seré indulgente"* (II Corintios 13:1, 2)	**Amabilidad** *"Yo Pablo os ruego por la mansedumbre y ternura de Cristo"* (II Corintios 10:1)
Franqueza *"¡Oh gálatas insensatos! ¿quién os fascinó...?"* (Gálatas 3:1-3)	**Reconciliación** *"Restauradle con espíritu de mansedumbre... Sobrellevad los unos las cargas de los otros"* (Gálatas 6:1, 2)
Responsabilidad *"Pero quedar en la carne es más necesario por causa de vosotros"* (Filipenses 1:24)	**Compasión** *"Y aun ahora lo digo llorando"* (Filipenses 3:18)

La imagen de la balanza mostrada abajo enseña el balance de la disciplina y el amor que cada líder debe mantener en su ministerio. Si así lo desarrolla, estas dos fases importantes de la vida de un líder, mantendrán un crecimiento balanceado de la Iglesia.

Un Corazón de Padre Balanceado

1. Crianza	1. Amor
2. Amonestación	2. Amabilidad
3. Instrucción	3. Nutrición
4. Corrección	4. Perdón
5. Castigo	5. Paciencia
6. Autoridad	6. Cariño
7. Reprensión	7. Bondad
8. Advertencia	8. Alabanza
9. Verdad	9. Misericordia
10. Juicio	10. Justicia

El corazón de un padre espiritual normalmente aparece en la gente madura. Se requieren años y experiencia para desarrollar estas características. Una persona joven gana un corazón de padre solamente a través del cultivo temprano de ciertos estudios y principios en su vida.

En nuestros días, muchos grupos enfatizan la preparación académica y social de un líder. Sin embargo, la Biblia pone un énfasis mucho mayor en el carácter y la preparación de actitudes del líder. Es posible preparar el intelecto de una persona para el ministerio sin preparar su corazón. La persona que desea ayudar al pueblo de Dios a madurar espiritualmente, buscará la ayuda de Dios para desarrollar las actitudes del corazón de un padre espiritual.

El Líder y el Corazón de un Siervo

Un líder, podrá decir mucha gente, es una persona que dirige, administra, organiza, ejecuta decisiones, delega responsabilidades y planea para el futuro. A esta definición le falta una parte esencial del verdadero liderazgo: un líder es alguien que sirve. Un líder del pueblo de Dios debe tener las actitudes y las motivaciones internas así como el servicio externo de un siervo.

Significados Hebreos

En el Antiguo Testamento se traducen varias palabras hebreas como "siervo". Cada una de ellas presenta una cierta porción de la verdad respecto al corazón de un siervo.

"Ebed". Nuestra primera palabra para siervo, "ebed", significa generalmente un esclavo o un sirviente. Se usa en varias aplicaciones, las cuales definen muy bien el ministerio del liderazgo.

"Ebed" se aplica a una persona que está a la completa disposición de otra persona (Génesis 24:1-67). Un líder del pueblo de Dios debe estar a la completa disposición del Señor Jesucristo y de aquellos a quien es llamado a servir.

Una persona que trabaja para un amo se describe también como "ebed" (Deuteronomio 15:12-18). De la misma manera, un líder debe trabajar para su maestro el Señor Jesucristo. Todo su trabajo se ofrece como una labor para Cristo y para quienes está llamado a servir.

Esta palabra se aplica también a un esclavo que ha cedido todos sus derechos personales para servir a su amo (Deuteronomio 15:12-18). Un líder de la Iglesia debe dar todos sus derechos personales al Señor Jesucristo y aquellos a quienes está llamado a servir.

Un "ebed" también es un esclavo al servicio de un rey (I Reyes 1:9, 47). Un líder cristiano debe ser un esclavo en el amor del Señor Jesucristo, quien es el Rey por sobre todas las cosas terrenales.

Finalmente, esta palabra se aplica a una persona que sirve cuidando el santuario del templo (I Samuel 3:9). Un líder cristiano debe cuidar el verdadero templo de Dios, la Iglesia, con su adoracion hacia a Dios y su servicio para el pueblo de Dios. (Para estudios posteriores sobre "ebed", ver también Génesis 26:15,24 y 32:4,5; Números 12:7; Deuteronomio 7:8; Josué 1:1, 2,13,15 y 24:29; I Samuel 3:9,10 y 29:3; Isaías 20:3 y 49:3; Jeremías 33:22; Joel 2:29; Zacarías 1:6 y 3:8).

"Abad". Otra palabra hebrea para siervo, "abad", generalmente significa trabajar y (en todo sentido) servir. Esta palabra también tiene una variedad de aplicaciones que ayudan a definir el liderazgo en la Iglesia.

Una persona que labra el suelo es un "abad" (Génesis 2:5; 3:23). Un líder del pueblo de Dios debe trabajar labrando los corazones para que puedan recibir la semilla de la Palabra de Dios.

Esta palabra también se aplica a una persona que siembra o mantiene un huerto (Génesis 2:15). Un líder de la Iglesia debe sembrar y cuidar los viñedos de Dios, la Iglesia de Cristo Jesús.

El nombre "abad" se aplica a un sacerdote que sirve a la gente (Números 18:7, 23). Un líder cristiano debe dar su vida en sacrificio personal a aquellos a quienes Dios le llamó a servir.

(Para estudios posteriores sobre "abad", ver Éxodo 23:25; Deuteronomio 4:19, 28; Josué 22:5, 27; I Samuel 12:14, 20; Salmo 22:30 y 72:11; Joel 2:22, 23; Jeremías 34:14; Ezequiel 29:20 y 36:9; Malaquías 3:18).

"Sakiyr". Una tercera palabra hebrea para siervo es "sakiyr", que generalmente significa una persona que trabaja por paga diaria o anual. Esta palabra tiene una variedad de aplicaciones útiles para definir las condiciones del liderazgo de la Iglesia.

El "sakiyr", como siervo contratado, no puede comer la Pascua de la familia de su amo (Éxodo 12:3-45). Un líder de la Iglesia debe dejar esa actitud de "profesional pagado". Para comer el verdadero Cordero de la Pascua, Cristo Jesús, él debe, por fe, entrar en la relación de esclavo por amor hacia el Señor, más que como siervo contratado.

El sirviente contratado no era esclavo por amor (Levítico 25:39-42). Un líder cristiano debe llegar al punto de su vida donde deje la religión de legalismos que protege sus derechos. Él debe llegar a una relación con Dios a través de la fe en Cristo Jesús, donde se dé completamente a cambio de Cristo.

Un "sakiyr" no valía ni la mitad de lo que valía un esclavo por amor (Deuteronomio 15:18). Un líder debe considerar que su ministerio y sus actividades no motivadas por Dios no valen ni la mitad de lo que valen aquellas motivadas por una relación de amor.

Un "sakiyr" puede ser también un residente que es tomado para una casa como esclavo (Levítico 25:6). Un líder de la Iglesia debe reconocer que alguna vez era un vagabundo extraño ante Jesucristo quien lo adquirió con Su propia sangre y lo estableció en la casa de Dios. (Otras Escrituras que usan la palabra "sakiyr" son Éxodo 22:14,15; Levítico 19:13; 22:10 y 25:40, 50, 53).

"Sharath". Una cuarta palabra hebrea que se utiliza para siervo es "sharath", que usualmente significa una persona que realiza pequeños trabajos.

Un sacerdote que ministra o sirve en su oficio de oración es llamado un "sharath" (Éxodo 28:35-43). Un líder de la Iglesia debe desarrollar las labores que parecen pequeñas para cumplir su papel de sacerdote-siervo.

Esta palabra se aplica también a un sacerdote que ministra continuamente ante el arca del pacto (I Crónicas 16:37). Un líder tiene, continuamente, la responsabilidad de recibir el poder para servir, entrando en la presencia del Señor con alabanza y adoración.

Josué fue un "sharath" de Moisés (Éxodo 24:13, Números 11:28). Un líder del pueblo de Dios tiene autoridad solamente cuando está bajo la autoridad apropiada, sirviendo a aquellos que están sobre él con un corazón de siervo.

Significados Griegos

El Nuevo Testamento utiliza la palabra griega "doulos" para siervo, la cual nos da una buena ilustración del corazón de un siervo. Generalmente, "doulos" significa servidumbre, pero se aplica más comúnmente a un siervo que tiene la voluntad de servir a un amo por algunas obligaciones legales. Pablo el apóstol usó esta palabra para describirse a sí mismo en varias de sus epístolas:

Romanos 1:1	*"Pablo, siervo (doulos) de Jesucristo"*
Filipenses 1:1	*"Pablo, siervo (doulos) de Jesucristo"*
Tito 1:1	*"Pablo, siervo (doulos) de Dios"*

El Esclavo por Amor

El Antiguo Testamento nos da la base hebrea para este concepto en Deuteronomio 15:1-23. Cuando llega el tiempo en que un amo debe liberar a sus esclavos, después de seis años de servicios, de acuerdo al Pacto de Moisés, el esclavo tiene dos opciones: Puede aceptar su total libertad sin obligaciones hacia su amo, ó puede quedarse con él en su casa como un esclavo por amor. Si escoge quedarse, es más valioso para su amo que los esclavos que trabajan sólo para pagar una deuda o para cumplir alguna otra obligación legal. El siervo que llega a convertirse en esclavo por amor le dice a su amo: "Porque estoy bien como su esclavo, y porque le amo a usted y a su casa, yo le serviré para siempre, basándome en el profundo amor que siento por usted".

Pablo era este tipo de siervo del Señor Jesucristo. Él, como todo líder de la Iglesia, fue comprado con el precio de la sangre de Jesucristo. Consideró que nunca podría pagar su deuda trabajando con una mentalidad de "empleado". No deseó nada más, sino una relación donde su trabajo y servicio fueran motivados solamente por su voluntad y amor.

Los líderes más eficaces del reino de Dios son aquellos que sirven al Señor solamente por su deseo de amarlo. Estos líderes no sirven por dinero, reputación, posición, poder o ventaja, aun cuando sus servicios les ocupen muchas horas de presión y sacrificios. El líder con un corazón de siervo, que está seguro de su relación personal con el Señor y no tiene que probarse a sí mismo, es capaz de servir sinceramente sin deseos de ganancias personales o fama.

El Concepto de Servicio en el Nuevo Testamento

Varias palabras griegas en el Nuevo Testamento presentan el concepto de servicio. De entre ellas, la palabra castellana que se usa comúnmente es la de "diácono". Actualmente, una gran parte de la Iglesia en el mundo no entiende apropiadamente el concepto del Nuevo Testamento acerca del diaconado o servicio.

Ciertas gentes piensan erróneamente que el diaconado se limita a un pequeño grupo de personas en la iglesia local halladas dignas para recoger las ofrendas o servir la Santa Cena. Creen que es solamente la concesión de un título para el desarrollo de ciertas funciones religiosas simbólicas. Pero el verdadero significado del diaconado va mucho más lejos. La Iglesia Primitiva designó como diáconos solamente a aquellos hombres que manifestaron tener las cualidades de un diácono: una buena reputación, ser llenos del Espíritu y ser llenos de sabiduría (Hechos 6:3). Antes de reconocerlos como diáconos, ya tenían que estar trabajando en los requerimientos del oficio.

Primero, un siervo. Todo líder debe primero ser un diácono (siervo) en el verdadero sentido de la palabra. A base de servicio es capaz de dirigir. Los ministerios de Jesús y sus apóstoles se fundaron en un corazón de siervo "con conciencia del pueblo". Jesús dijo que Él vino a servir, no para ser servido (Marcos 10:45, Lucas 22:27). Él dijo a sus apóstoles que tenían la ambición de buscar una posición que: *"El que es el mayor de vosotros, sea vuestro siervo"* (Mateo 23:11). Para cada líder, Jesús es el ejemplo supremo del servicio.

Sin embargo, actualmente algunos líderes repiten las palabras egoístas de los discípulos de Jesús, quienes le dijeron: "Maestro, lo que queremos es que en tu reino nos sentemos, el uno a tu derecha y el otro a tu izquierda" (Mateo 20:20-28). Los discípulos egoístas deseaban una posición para ellos mismos, pero no hay lugar para tal actitud en ninguno de los líderes de Cristo.

Los líderes de Cristo deben desear servir, no ser servidos; desear dar y no tomar. Deben encontrar verdadera felicidad en el placer de Dios y la Iglesia. El egoísmo es contrario a la ley del esclavo por amor (Romanos 1:1, Deuteronomio 15:1-23). Es contrario a las leyes de la promoción en el reino de Dios (Mateo 23:12), del amor (I Corintios 13:4-6), de la vida eterna (Lucas 10:25-27), de la sabiduría (Proverbios 22:9), del Evangelio (Lucas 9:24-26) y de la humildad (Filipenses 2:3-5; I Corintios 10:24, 33).

El Diaconado. Veamos un poco de la palabra "diácono" (siervo) en el Nuevo Testamento.

La palabra diácono puede aplicarse de dos formas. La primera puede aplicarse a todos los cristianos que están llamados a servir a Cristo Jesús y a Su pueblo. Esto se ve en el amplio ministerio de los siervos basado en los casas. La segunda puede aplicarse a la designación oficial de ciertos diáconos como representantes de la iglesia local y colocados en ese oficio por el liderazgo local (Hechos 6:1-4). Esteban y Felipe fueron dos personas designadas como diáconos (Hechos 6:5-8, 40). Ambos tenían importantes ministerios, por lo cual debe quedar grabado en nosotros que el oficio de diácono nunca fue considerado por Dios como un oficio débil en la Iglesia del Nuevo Testamento.

Si usted es cristiano, tenga o no designación de diácono, su ministerio personal se beneficiará cuando usted estudie los principios del diaconado. Las cualidades del diaconado son una parte de las cualidades de todos los líderes cristianos. Y el ministerio del diaconado es el fundamento de todos los ministerios congregacionales.

La Iglesia Primitiva creía que una capacidad oficial para servir al pueblo de Dios era muy importante. La Iglesia determinó ciertas cualidades para los diáconos y sus esposas (I Timoteo 3:8-14) y designó a personas para ese oficio (Filipenses 1:1). Pablo exhortó a los diáconos a usar su oficio de la manera correcta, implicando que su oficio estaba investido con la autoridad suficiente como para crear la posibilidad de un uso impropio (I Timoteo 3:10,13). Pablo amonestó a los diáconos para que vivieran de acuerdo al título de su oficio, el de "siervo del pueblo de Dios".

Tres palabras claves en el Nuevo Testamento Griego desarrollan la idea de lo que es ser un ministro del pueblo de Dios.

> La palabra "diakoneo" (I Timoteo 3:10, 13) es un verbo que significa ser un asistente, un servidor. Se usa comúnmente para un puesto doméstico, como el trabajo del siervo de la casa.

> La palabra "diakonia" es un sustantivo, se refiere a la ayuda o servicio que un siervo u oficial rinde a alguien más.

> La palabra "diakonos" (Filipenses 1:1; I Timoteo 3:8, 12) significa alguien que hace los mandados, el que atiende a alguien, el que hace cualquier tarea pequeña.

Estas tres palabras describen los elementos fundamentales del diaconado: el acto de servir, el servicio mismo y el que sirve.

Los escritores del Nuevo Testamento tomaron la palabra griega "diácono" y la incluyeron en su vocabulario. Originalmente, esta palabra se refería al acto de atender las mesas (como los diáconos lo hacían en Hechos 6:1-4). Después, se amplió para incluir la idea de proveer o cuidar las necesidades de otra persona. Incluso más tarde, la palabra se usó para referirse al servicio o los actos de demostrar amor a alguien de una manera personal, como de un amigo a otro. Todos estos significados se pueden aplicar a cada cristiano en la casa de Dios.

Sin embargo, para los judíos la idea del servicio de tareas menores era aborrecible. Quiera el Señor liberarnos de tales actitudes y darnos un verdadero corazón de siervos.

El siguiente material sobre el diaconado es de una manera general, para ayudar al lector a estudiar este tema en mayor detalle.

"Diakoneo". Las siguientes Escrituras usan la palabra "diakoneo" y muestran ejemplos variados del "acto de servir" en la Iglesia Primitiva. Cada una de estas citas puede aplicarse, en principio, a los deberes de servicio requerido a cada cristiano en el Cuerpo de Cristo.

Mateo 4:11	*"He aquí, vinieron los ángeles y le servían"*
Mateo 8:15	*"Y ella se levantó, y les servía"*
Mateo 20:28	Jesús *"no vino para ser servido, sino para servir"*
Mateo 25:44	*"¿Cuándo te vimos... en la cárcel, y no te servimos?"*
Mateo 27:55	*"Muchas mujeres... habían seguido a Jesús... sirviéndole"*
Lucas 10:40	*"¿No te da cuidado que mi hermana me deje servir sola?"*
Lucas 12:37	*"A aquellos siervos... su Señor... vendrá a servirles"*
Lucas 22:26	*"El mayor entre vosotros como el más joven, y el que dirige, como el que sirve"*
Lucas 22:27	*"¿Cuál es mayor, el que se sienta a la mesa, o el que le sirve?"*
Lucas 22:27	*"Yo estoy entre vosotros como el que sirve"*
Juan 12:26	*"Si alguno me sirve, sígame"*
Hechos 6:2	*"No es justo que nosotros dejemos la palabra de Dios, para servir a las mesas"*
Romanos 15:25	*"Para ministrar a los santos"*

I Timoteo 3:10	*"Y entonces ejerzan el diaconado"*
I Timoteo 3:13	*"Porque los que ejerzan bien el diaconado"*
II Timoteo 1:18	*"Y cuánto nos ayudó en Éfeso"*
Filemón 1:13	*"Me sirviese en mis prisiones por el evangelio"*
Hebreos 6:10	*"Habiendo servido a los santos y sirviéndoles aún"*
I Pedro 1:12	*"Para nosotros, administraban las cosas"*
I Pedro 4:10	*"Cada uno... minístrelo a los otros"*
I Pedro 4:11	*"Si alguno ministra, que ministre conforme al poder que Dios da"*

Veamos algunos de estos versículos con más detalle. Después de ser sanada, la suegra de Pedro *"se levantó y servía"* a Jesús y sus discípulos (Mateo 8:15). Para el día del juicio, dijo Jesús: el servir a los necesitados puede considerarse como el servir a Cristo mismo. *"Señor, ¿cuándo te vimos hambriento, sediento, forastero, desnudo, enfermo, o en la cárcel, y no te servimos? ... De cierto os digo, que en cuanto no lo hicisteis a uno de estos más pequeños, tampoco a mí lo hicisteis"* (Mateo 25:44, 45).

"Mas ahora voy a Jerusalén para ministrar a los santos", dijo el apóstol Pablo (Romanos 15:25). Él sabía bien que eso lo podía llevar a la muerte. *"Cada uno según el don que ha recibido, minístrelo a los otros, como buenos administradores de la multiforme gracia de Dios. Si alguno ministra, ministre conforme al poder que Dios da"* dijo el apóstol Pedro (I Pedro 4:10,11b). El último versículo del apóstol Pedro establece claramente que todos los cristianos son llamados e investidos del poder para servir (ministrar).

"Diakonia". Las siguientes Escrituras usan la palabra "diakonia" (que junto con "diakoneo" se utiliza 70 veces en el Nuevo Testamento), demostrándonos "el servicio del ministerio".

Hechos 1:17	*"Y tenía parte en este ministerio"*
Hechos 1:25	*"Para que tome parte de este ministerio"*
Hechos 6:1	*"Eran desatendidas en la ministración diaria"*

Hechos 6:4	*"Y nosotros persistiremos en la oración y en el ministerio de la palabra"*
Hechos 11:29	*"Determinaron enviar socorro a los hermanos que habitaban en Judea"*
Romanos 12:7	*"Si es de servicio, en servir"*
Romanos 15:31	*"Que la ofrenda de mi servicio a los santos sea aceptada"*
I Corintios 12:5	*"Hay diversidad de ministerios"*
Efesios 4:12	*"Para la obra del ministerio"*
Colosenses 4:17	*"Cumplas el ministerio que recibiste en el Señor"*
I Timoteo 1:12	*"Me tuvo por fiel, poniéndome en el ministerio"*
II Timoteo 4:5, 11	*"Cumple tu ministerio,... porque me es útil para el ministerio"*
Hebreos 1:14	*"Espíritus ministradores, enviados para servicio"*
Apocalipsis 2:19	*"Conozco tus obras, amor, fe y servicio"*

Los versículos de arriba usan la forma de sustantivo para "servicio" o "ministerio" y establecen el oficio del diácono. En Hechos 1:24, 25, los apóstoles le piden a Dios, *"Muestra cuál de estos dos has escogido* (José o Matías), *para que tome la parte de este ministerio y apostolado, de que cayó Judas por transgresión"*. El apóstol Pablo amonesta a Arquipo a *"que cumplas el ministerio que recibiste en el Señor"* (Colosenses 4:17). Desde la prisión, Pablo pide a su discípulo Timoteo llevar a Marcos en su próxima visita *"porque me es útil para el ministerio"* (II Timoteo 4:11). En Apocalipsis, el mensaje a la iglesia en Tiatira era *"...Yo conozco tus obras, amor, fe y servicio"* (2:19).

"Diakonos". Como una descripción de quien sirve, la palabra griega "diakonos" aparece 30 veces en el Nuevo Testamento. Proviene de "diako" = hacer un mandado. Es traducida con tres palabras al español: ministro, siervo y diácono. Por su uso, parece que no sólo los que son designados oficialmente como diáconos sirven a otros, sino que todos los cristianos deben servir. La lista de los versículos donde aparece la palabra "diakonos", para estudios posteriores, es la siguiente:

SERVIDOR/MINISTRO		SIERVOS
Mateo 20:26	Galatas 2:17	Mateo 23:11
Marcos 10:43	Colosenses 1:7	Mateo 22:13
Romanos 13:4	Colosenses 1:23	Marcos 9:35
Romanos 15:8	Colosenses 4:8	Juan 2:5
I Corintios 3:5	I Timoteo 4:6	Juan 2:9
Efesios 3:7	I Corintios 11:23	Juan 12:26
Colosenses 1:25		Romanos 16:1
I Tesalonicenses 3:2		**DIÁCONOS**
II Corintios 3:6		Filipenses 1:1
II Corintios 6:4		I Timoteo 3:8
I Corintios 11:15		I Timoteo 3:12

Formas particulares del Ministerio. El servicio se acopla a otras palabras para describir una forma particular de ministerio.

El *"ministerio de la palabra"* (II Timoteo 4:5) nos recuerda a un sacerdote que sirve el pan de vida (Hechos 6:4).

También oímos del *"ministerio de la reconciliación"* en II Corintios 5:18.

El autoesfuerzo para mantener todos los requisitos de la ley es llamado *"el ministerio de muerte y condenación"*, pero la vida de fe es *"el ministerio del Espíritu y ministerio de justificación"* (II Corintios 3:7, 9).

Varios versículos utilizan "diakonos" para demostrar que las personas pueden ser siervos de Satanás (II Corintios 11:14-15). Dios quiere que seamos, por el contrario, siervos de Dios (II Corintios 6:3), de Cristo (I Timoteo 4:6), del evangelio (II Corintios 11:23), del nuevo pacto (II Corintios 3:6) y de la Iglesia (Colosenses 1:25). Dios desea que nosotros, como siervos, llevemos a cabo cualquier tarea que el Espíritu nos indique, ya sea que parezca de poca o de mucha importancia.

Siervos Ejemplares

Los líderes pueden algunas veces llegar a estar solos. Pueden llegar a pensar que son los únicos que están buscando cumplir el ministerio del servicio de Dios, de Cristo, del Evangelio, del Nuevo Pacto y de la Iglesia. Afortunadamente, eso está equivocado. El Nuevo Testamento presenta una lista inspiradora de individuos y grupos que fueron llamados a servir a Dios y a la Iglesia, en sus propias formas particulares.

1. Timoteo y Erasto (Hechos 19:22; diakonos I Timoteo 3:2 y 4:6).
2. El servicio de Onicéforo para Pablo en Éfeso (II Timoteo 1:16-18).
3. El servicio de los apóstoles para la Iglesia (II Corintios 3:3).
4. Los profetas del Antiguo Testamento para la Iglesia (I Pedro 1:10-12).
5. Pablo ministró las necesidades de los santos en Jerusalén (II Corintios 8:19; Romanos 15:31).
6. Ministerio de los santos en general (Efesios 4:11; Hebreos 6:10).
7. La familia de Esteban dedicada al servicio de los santos (I Corintios 16:15).
8. El ministerio de los ángeles (Hebreos 1:14, Marcos 1:13).
9. Arquipo (Colosenses 4:17).
10. Tíquico (Efesios 6:21, Colosenses 4:7, diakonos).
11. Epafras (Colosenses 1:7, diakonos).

El Señor Jesucristo nos provee el mejor ejemplo de servicio. En su ministerio terrenal entre los judíos, Él cambió totalmente las actitudes negativas de ellos hacia el servicio, llegando a ser un siervo en todos los sentidos. Él sirvió desde su nacimiento hasta su muerte. La Iglesia debe estar segura de no tropezar con el requisito de servir, sino que, al contrario, siga el ejemplo de su Maestro Siervo, Cristo Jesús. Exploremos las enseñanzas y la vida-ejemplo de Cristo, el siervo, en los siguientes versículos:

Lucas 12:37	El Señor recompensará a los hombres y mujeres que mantengan una vigilancia constante para buscar las oportunidades de servirle, sirviéndoles Él mismo: *"Se ceñirá, y hará que se sienten a la mesa, y vendrá a servirles"*.

Lucas 22:27	*"¿Cuál es mayor, el que se sienta a la mesa, o el que sirve? Mas yo estoy entre vosotros como el que sirve".*
Juan 13	En este capítulo, Jesús toma el lugar de un esclavo y lava los pies de sus discípulos.
Marcos 10:43	*"Pero no será así entre vosotros... el que quiera hacerse grande entre vosotros será vuestro servidor".*
Juan 12:26	*"Si alguno me sirve, sígame; y donde yo estuviere, allí también estará mi servidor. Si alguno me sirviere, mi Padre le honrará".*
Filipenses 2:8	*"Y estando en la condición de hombre, se humilló a sí mismo, haciéndose obediente hasta la muerte, y muerte de cruz".*

En todos estos versículos (con la excepción de Juan 13 donde el ejemplo de Jesús lo dice todo), se emplean algunas de las formas de la palabra "diakonos" para "siervo".

Conclusión

Si usted sinceramente desea conocer su llamado espiritual, obtenga las cualidades que harán de usted el candidato para recibirlo. Desarrolle el corazón de un padre y el corazón de un siervo. Descubrirá su llamado en la Iglesia en cuanto sirva con una actitud saludable.

Si ha recibido ya su llamado, continúe cultivando estas cualidades del corazón. Estas influirán directamente en su capacidad para crecer en su llamado y servir al Cuerpo de Cristo. Si quiere ver su ministerio establecido para la gloria de Dios y la edificación de la Iglesia, continúe cultivando esas cualidades. Su servicio depende de ellas.

Si es usted un líder con un ministerio gubernamental ya establecido, adhiérase tenazmente al corazón de padre y al corazón de siervo. Satanás quiere separarlo de ellos, con lo cual él podría derribar el trabajo de su vida y capturar al pueblo que usted ha liberado de su dominio.

En el siguiente capítulo "El Líder y el Corazón del Pastor", completaremos nuestro estudio de las cualidades del corazón del líder. Es importante que usted entienda estas cualidades fundamentales del corazón de un líder gubernamental. Como un ministerio de gobierno, este es el punto que distingue su función de todas los demás en el Cuerpo de Cristo. Como un ministerio congregacional, su entendimiento del corazón del pastor lo equipará para orar y apoyar a su pastor y a otros líderes.

Capítulo 6

EL LÍDER Y
EL CORAZÓN DE PASTOR

Cuando hayamos examinado el corazón de pastor a través de este capítulo, usted verá de una manera fresca a Jehová y al Señor Jesucristo. Esto se debe a que el corazón de pastor es el corazón de Cristo Jesús.

Se requiere una actitud de corazón de pastor en todos los ministerios de liderazgo, especialmente en los ministerios gubernamentales. No es menos deseable o menos valioso en un ministerio congregacional. ¿Cuál es la mejor forma para ser un cristiano "como Cristo", sino amar a la Iglesia como Cristo mismo la amó? Si usted quiere entender el liderazgo cristiano, si busca conocer a Cristo, usted deseará estudiar lo que dice la Biblia acerca del corazón de pastor.

"Pastor" como Título de Liderazgo

A los líderes de Dios se les dan varios títulos en el Antiguo y Nuevo Testamentos. Algunos son Obispo, Presbítero, Sacerdote, Predicador, Ministro y Pastor. Cada palabra tiene su historia y significado por sí misma. Pero el término "Pastor" tiene una particular importancia para Dios.

De manera interesante, la palabra "Pastor" ha tenido muy poco uso en toda la historia de la Iglesia. Tal infrecuencia en el uso de la palabra demuestra que muchos de los líderes de la Iglesia no han experimentado totalmente o no han practicado el verdadero pastorado. Estudiemos cada uno de los títulos mencionados arriba y veremos cómo carecen de la verdadera idea de Dios sobre el pastor-siervo.

"Obispo". La palabra "obispo" llega a la Iglesia proveniente del mundo de los gentiles. Se utiliza para designar a un líder que supervisa el rebaño de Dios. En los tiempos apostólicos, todas las iglesias locales tenían obispos. La palabra directamente evoca imágenes de autoridad y administración. Sin embargo, muchos líderes han abusado de este título para fines dictatoriales.

Aun en su forma original, "obispo" no describe completamente el significado que Dios da en la palabra "Pastor".

"Presbítero". La palabra "presbítero" llega a la Iglesia proveniente del judaísmo. Desde los tiempos de Moisés, los judíos tenían este tipo de líder. En el Nuevo Testamento se utilizan "obispo" y "presbítero" indistintamente, ya que la Iglesia Primitiva combinaba las culturas gentiles y judías. En la Iglesia Primitiva, los presbíteros (ancianos) eran fundamentalmente hombres de edad. La palabra "presbítero" se basa en la edad y la experiencia, la cual no representa la visión total del significado de "Pastor".

"Sacerdote". La palabra "sacerdote" tiene una larga historia en el judaísmo y en el paganismo. En el judaísmo, el sacerdote representaba al pueblo ante su Dios y a Dios ante su pueblo. Jesús y Sus discípulos usaron esta palabra muy poco en el Nuevo Testamento. El significado de "sacerdote" en el Nuevo Testamento aplicado a individuos, fue dado por Pedro. Pedro llamó a la Iglesia "real sacerdocio" (I Pedro 2:5, 9). Pero ya que el oficio del sacerdocio significa el trabajo de representar y mediar, pierde el elemento importante de guía que "pastor" contiene. El término "sacerdote" ha sido uno de los términos más mal usados cuando se aplica al liderazgo cristiano, produciendo esclavitud espiritual para mucha gente, algo muy lejos de la intención del pastor.

"Predicador". La palabra "predicador" tiene una gran tradición en la Iglesia que describe el aspecto de vocero público del pastor. El alto valor y significado que tiene este título ha conducido, desafortunadamente, a la falsa creencia de que el éxito como orador se iguala al éxito en el cuidado del rebaño. Pero ya que el concepto de "predicación" depende en mucho de una relación tipo púlpito/banca, se encuentra muy lejos del proceso pastoral.

"Ministro". La palabra "ministro" se ha aplicado a los líderes de la Iglesia (particularmente a los pastores), ya sea que ellos sean ordenados profesionalmente por el hombre o espiritualmente por Dios. Nuestras aplicaciones de la palabra a menudo no hacen ninguna distinción entre un verdadero siervo de Dios y un hombre que falsamente se coloca el mismo título. Aun si un hombre no tiene el llamado divino, aun si no tiene la voluntad o la capacidad de servir al pueblo de Dios, él puede ser ordenado y llamado "ministro" por el gobierno del Estado.

Una actitud desafortunada que surge del incorrecto uso eclesiástico del término "ministro", es que solamente el hombre llamado "ministro" es el siervo de Dios. Pero no es así, Dios llama a cada cristiano para una función ministerial particular. Esta confusión que se tiene sobre la definición del término "ministro" ha llevado a la idea de que solamente un ministro ordenado es competente para hacer el trabajo espiritual de la Iglesia. De esta forma, la palabra "ministro" ha dado una idea de profesionalismo que se opone al verdadero significado de "pastor".

"Pastor". Finalmente, tenemos el hermoso título descriptivo de "pastor". A través de su historia, la Iglesia probablemente ha usado menos este título de ministerio, debido a que representa la función ministerial que más ha faltado en ella. A veces, a la Iglesia le ha faltado obviamente la función ministerial del "pastor": el sincero, amable, íntimo y amoroso cuidado espiritual de un pastor para su rebaño. Por fortuna, Dios nuevamente está enfatizando este importante título del ministerio.

Todo el que quiera cumplir su área de responsabilidad en el reino de Dios debe tener las cualidades del corazón de un líder. Necesita el corazón de padre, para conducir al pueblo del Señor a la madurez. Necesita el corazón de un siervo, para sacrificar su tiempo y su vida para ministrar a todos los necesitados del pueblo de Dios. Ahora llegamos a la actitud del corazón de pastor. Todos los que se encuentran ocupados en la obra del Señor deben tener un corazón de pastor, no solamente los ministros de tiempo completo.

Periódicamente, la Iglesia atraviesa por períodos de gran necesidad de verdaderos pastores. Cuando el liderazgo de la Iglesia es inmaduro o está fallando, las ovejas son dispersadas, heridas y humilladas, así como lo fueron los hijos de Dios en diferentes épocas durante la historia de Israel.

Números 27:15-17	Cuando el liderazgo de Moisés en Israel estaba llegando a su fin, le pidió al Señor: *"Ponga Jehová,... un varón sobre la congregación... para que la congregación de Jehová no sea como ovejas sin pastor".*
I Reyes 22:17	Cuando el profeta Micaías profetizó una derrota militar a manos de Siria dijo: *"Yo vi a todo Israel esparcido por los montes, como ovejas que no tienen pastor".*
Ezequiel 34:5-10	*"Y andan errantes por falta de (un verdadero) pastor, y son presa de todas las fieras del campo, y se han dispersado... yo libraré mis ovejas de sus bocas, y no les serán más por comida".*
Zacarías 10:2	*"El pueblo vaga como ovejas, y sufre porque no tiene pastor".*
Zacarías 13:7	*"Hiere al pastor, y serán dispersadas las ovejas"*, una profecía de la muerte de Cristo.

Jehová como el Gran Pastor

El pastor es "una persona que cuida de las ovejas, una persona que protege el rebaño, un guía espiritual, amigo o compañero". Esto describe el trabajo natural de un pastor; proteger, guiar y alimentar el rebaño. Un pastor espiritual hace el mismo trabajo espiritual de proteger, guiar y alimentar al pueblo de Dios. El Señor es llamado un pastor de Su pueblo muchas veces a través de las Escrituras. Él es nuestro ejemplo, la fuente de la verdadera definición de lo que Él quiere que nosotros seamos y hagamos como pastores. Él es el Gran Pastor de nuestras almas:

Salmo 23:1	*"Jehová es mi pastor"*.
Salmo 80:1	*"Oh Pastor de Israel, escucha"*.
Ezequiel 34:1-12	*"Iré a buscar mis ovejas, y las reconoceré. Como reconoce su rebaño el pastor"*.
Isaias 40:11	*"Como pastor apacentará su rebaño"*.
Salmo 77:20	*"Condujiste a tu pueblo como ovejas"*.

Acciones del Gran Pastor

El Señor del Antiguo Testamento es el Gran Pastor para Su rebaño Israel, y más. Él también ilustra, a todos los pastores espirituales a través de todos los tiempos, las actitudes y las acciones apropiadas de un pastor del pueblo de Dios. La lista de abajo menciona algunas de las acciones que obtenemos del corazón de pastor del Señor en el Antiguo Testamento.

Buscó a la oveja extraviada	Ezequiel 34:11-16
Liberó a la oveja cautiva	Ezequiel 34:12
Reunió a las ovejas dispersas	Ezequiel 34:13
Alimentó a la oveja hambrienta	Isaías 40:11, Ezequiel 34:13
Hizo descansar a la oveja agotada	Salmo 23:1-3, Ezequiel 34:15
Curó a la oveja herida	Ezequiel 34:16
Fortaleció a la oveja débil	Ezequiel 34:16
Guió a la oveja sin dirección	Salmo 23:3
Cargó a la oveja lastimada	Isaías 40:11

Restauró el alma de la oveja cansada	Salmo 23:3
Reconfortó a la oveja agitada	Salmo 23:4
Preparó una mesa para la oveja asustada	Salmo 23:5
Ungió a la oveja necesitada	Salmo 23:5

Jesús como el Buen Pastor

En el Nuevo Testamento, encontramos la revelación de Dios en la carne, el Señor Jesucristo, como el Buen Pastor del rebaño. Jesús muestra todos los atributos del corazón de pastor de Dios. Como lo vemos en Su vida narrada en los Evangelios del Nuevo Testamento, nos damos cuenta del corazón de Jehová manifestado. Jesucristo fue el Buen Pastor de Sus ovejas en los Evangelios así como Jehová fue el Gran Pastor de Israel en el Antiguo Testamento. Las siguientes escrituras muestran a Jesús como el Buen Pastor del Nuevo Testamento:

Juan 10:11, 14	*"Yo soy el buen pastor".*
Hebreos 13:20	*"Jesucristo, el gran pastor de las ovejas".*
I Pedro 2:25	*"Hebéis vuelto al Pastor y Obispo de vuestras almas".*
I Pedro 5:4	*"Cuando parezca el Príncipe de los Pastores".*

Así como listamos las actitudes del corazón del Señor en el Antiguo Testamento, también mencionaremos las actitudes del corazón y las acciones de Jesucristo, el Pastor modelo en el Nuevo Testamento. La mayoría de estos ejemplos se derivan de Juan 10. Jesús:

Mateo 9:35, 36; Juan 10:15b	Cuida las ovejas.
Juan 10:3	Se relaciona con las ovejas.

Juan 10:1	Condena como ladrones a todos los que rechazaron la puerta del redil y entraron por otra vía.
Juan 10:8	Condena a todos los que llegaron antes de Él como ladrones.
Juan 10:1	Provee un redil para las ovejas.
Juan 10:3, 4	Conduce a las ovejas.
Juan 10:2	Entró por la puerta Él mismo.
Juan 10:3a	El portero abre la puerta para Él.
Juan 10:6	Provee visión espiritual a las ovejas.
Juan 10:3b, 27a	Hace su voz entendible para sus ovejas.
Juan 10:3c	Llama a sus ovejas por su nombre.
Juan 10:3d	Conduce a sus ovejas a los pastizales.
Juan 10:4a,b	Va al frente de sus propias ovejas y las lidera.
Juan 10:4c, 27c	Tiene a las ovejas siguiéndole a Él.
Juan 10:4d	Las ovejas reconocen Su voz.
Juan 10:7, 9a	Es la puerta de las ovejas.
Juan 10:9	Alimenta a las ovejas.
Juan 10:10b	Da vida a las ovejas, protegiéndolas.
Juan 10:10b, 11b, 15b, 15c, 17	Da su vida por las ovejas.
Juan 10:11a, 14a	Es el Buen Pastor de las ovejas.
Juan 10:12a, 13a	Es un verdadero pastor de sus ovejas, lo opuesto a un asalariado.

Juan 10:12c	Es el dueño de las ovejas y no un empleado.
Juan 10:12d	Ve cuando el lobo viene a destruir el rebaño.
Juan 10:12e, f	Se queda cerca de las ovejas cuando el lobo viene, a diferencia del asalariado cobarde.
Juan 10:14b, 27b	Conoce a sus propias ovejas.
Juan 10:14c	Es conocido por sus propias ovejas.
Juan 10:15b	Conoce al Padre.
Juan 10:15a	Es conocido por el Padre.
Juan 10:16a	Tiene otros rebaños en otros rediles.
Juan 10:16c	Reúne a las otras ovejas también.
Juan 10:16d	Es escuchado también por las otras ovejas.
Juan 10:16e	Es el único Pastor, propietario de todos los rebaños.
Juan 10:17c	Toma su vida nuevamente porque Él la dio.
Juan 10:18a, b, c	Entrega su vida libremente por su propia iniciativa.
Juan 10:18d	Tiene la autoridad para entregar su vida porque Dios mismo le ha comisionado hacerlo así.

El Señor Jesús nos mostró las actitudes y acciones de un verdadero pastor a través de todo Su ministerio. Él puso el ejemplo para todos los pastores de los rebaños de Dios. Jesús fue un hombre de compasión y amor. No se basó en una multitud de seguidores para medir su éxito en el pastorado. Al contrario, Él buscó las ovejas con necesidades e identificó esas necesidades. Él no estuvo satisfecho sino hasta que alivió las necesidades individuales de cada oveja.

Hoy en día, ¿cómo ven los pastores de la Iglesia al pueblo del Señor? ¿Nuestros pastores ven al pueblo de Dios como una multitud de ovejas, con hambre de alimentos ricos y entretenimiento? ¿O las ven como un pueblo quebrantado con gran necesidad de amor y compasión? Hoy, desafortunadamente, la mayoría de los líderes de la Iglesia no hacen el trabajo de un verdadero pastor. La Iglesia necesita, urgentemente, pastores espirituales para sanar a los afligidos y aliviar las heridas del lastimado. La Iglesia contemporánea tiene suficientes teólogos que gustan de escribir o verbalizar el conocimiento de Dios. Pero ella necesita pastores que tengan verdaderos ministerios espirituales para el pueblo de Dios.

Figuras Relacionales del Líder

En resumen, la Iglesia necesita líderes que tengan una íntima relación con Dios y que puedan brindar a otros esta misma comunión con el Señor. La Biblia pone varios ejemplos diferentes (descritos abajo) para demostrar esta necesidad de relación; ejemplos que pueden guiar a pastores espirituales en la relación con sus ovejas.

Relación Padre e Hijo. Este es un ejemplo de la relación de cariño y amor entre un padre y su hijo. En esta relación, el niño ama y respeta al padre y responde a su mano correctiva. Aquí vemos al pastor, como al padre, cuyo objetivo principal es que su niño, pueda sinceramente y sin temores amarle a él, a su madre, hermanos y hermanas, y a todos aquellos fuera de la familia. Los padres también buscan hacer madurar a sus hijos en todas las relaciones de la vida.

Relación Esposa y Esposo. Este es un ejemplo de la relación de amor de Cristo con su Iglesia, el enlace del matrimonio con todos sus significados sagrados. El esposo provee el hogar y sostiene a su esposa con amor. La esposa le recibe y responde con amor. Aquí vemos que el pastor debe tener la iniciativa de dar su amor a las ovejas y cómo debe proveerlas con un buen hogar espiritual.

Relación Cabeza y Cuerpo. Este es un ejemplo de una relación de gobierno y protección. Así como Cristo gobierna y protege a su Iglesia (la cual es su Cuerpo), así el pastor debe tomar su vara y su cayado en la mano, y gobernar y proteger el cuerpo de su iglesia local. En ambos ejemplos, la cabeza es la protectora del cuerpo. El cuerpo tiene múltiples miembros, pero la cabeza es singular. Así como el cuerpo tiene una sola cabeza, el pastor debe recordar que Cristo continúa en su papel como la única Cabeza del Cuerpo. El pastor a cargo toma su responsabilidad de liderazgo para servir y apoyar a la Cabeza, Cristo.

Relación Vid y Ramas. El Señor Jesús presenta este ejemplo de relación entre Él mismo y la Iglesia en Juan 15. En esos versículos, Él es la vid y Su pueblo son las ramas (los pámpanos). Toda la vida, fuente y poder de las ramas provienen de la vid. Hay tan íntima relación entre la vid y sus ramas que uno no puede distinguir dónde termina la vid y dónde inician las ramas. Jesús dijo que las ramas deben dar frutos o serán quitadas por el labrador. Si es necesario, el labrador tomará su filoso cuchillo y cortará las partes sin valor de las ramas. Así es con el pastor, quien debe desarrollar una relación tan íntima con sus ovejas que ellas le permitan purificar algunas áreas inadecuadas de sus vidas.

Relación Viñador y Viñedo. Este es el ejemplo de un viñedo meticulosamente cuidado por un viñador o agricultor. A veces, el viñedo está sobrecrecido y el viñador debe venir y limpiar todo el follaje sobrante. Además, él debe manejar hábilmente sus herramientas para cosechar los frutos del viñedo. Similarmente, los pastores de Dios deben ser lo suficientemente sensibles con sus ovejas para que puedan discernir los tiempos espirituales y las estaciones de sus vidas.

Relación Alfarero y Arcilla. Este es un ejemplo de la mano de Dios que forma Su vasija, la Iglesia. La mano del alfarero tiene un control completo de la arcilla. La arcilla no puede preguntarle al alfarero ¿qué estás haciendo? Esta es la forma en que Dios trata con Su pueblo. Así, el pastor debe ser capaz de relacionarse con sus ovejas para que pueda ayudar a formar el carácter de Cristo en sus vidas.

Relación Capitán y Ejército. Este ejemplo es de disciplina y autoridad. El ejército del Señor es un lugar de corrección y entrenamiento. El ejército debe realizar muchos ejercicios de entrenamiento para ser útil a su capitán en cualquier lugar. En este tiempo, la Iglesia está bajo la mano del Poderoso Hijo de David, el Capitán de su salvación, Cristo Jesús. De la misma manera, el pastor debe entrenar y disciplinar a sus ovejas para adecuarlas a sus tareas.

Relación Creador y Criatura. Dios es el Todopoderoso Creador ante cuyas Palabras los mundos fueron traídos a la existencia y ordenados. Por Su palabra, todo lo que está en los cielos y en la tierra fue formado. Este es un ejemplo del Dios poderoso reflejando su propia imagen y semejanza en Su creación. La relación aquí no es muy personal, porque el hombre se alejó por sí mismo de Dios a través de la desobediencia. Sin embargo, por la obediencia el hombre puede entrar nuevamente en relación con su Creador. Asimismo, el pastor debe ser el instrumento a través del cual Dios pueda crear nueva vida en Su pueblo.

Relación Pastor y Oveja. Este último ejemplo del pastor y la oveja es un ejemplo de cariño y belleza. El amor, la compasión, y la ternura son intercambiados. Esto se demuestra en el pastor que lleva a su pequeño cordero herido sobre sus hombros para salvarlo. Ya que este ejemplo también se demuestra en uno de los títulos de Dios (el Gran Pastor), significa un aspecto cariñoso del verdadero ministerio.

El Pastor-Vigilante

Los requisitos para un pastor natural se aplican directamente al pastor espiritual del pueblo de Dios. Los pastores naturales, como los vigilantes sobre el rebaño, construyen torres de observación para rastrear el terreno y advertir de los peligros a los rebaños. Súbitas inundaciones pueden barrer las colinas y destruir todo lo que encuentren a su paso. Los depredadores pueden atacar el rebaño; leones, osos, chacales y lobos pueden merodear y atacar a las ovejas perdidas o heridas. Esos depredadores, por cierto, son una amenaza para el pastor mismo. Los buitres y las águilas pueden precipitarse para herir a los jóvenes del rebaño y regresar después para matarlos. El pastor debe ser un vigilante que mire desde lo lejos, que esté constantemente alerta ante los peligros potenciales alrededor de él y su rebaño. Se requiere que el vigilante no sea un hombre perezoso o ciego.

Pablo exhortó a los ancianos efesios, en su mensaje de despedida, a vigilar su rebaño justo en esta manera (Hechos 20:28, 31). La carta de Pablo a los Corintios los exhorta a vigilar y estar firmes (I Corintios 16:13). Otros ejemplos del llamado a la vigilancia del pastor son:

> *"Velad, estad firmes en la fe"* (I Corintios 16:13)
>
> *"Perseverad en la oración, velando"* (Colosenses 4:2)
>
> *"No durmamos como los demás, sino velemos"* (I Tesalonicenses 5:6)
>
> *"Obedeced a vuestros pastores, y sujetaos a ellos; porque ellos velan por vuestras almas"* (Hebreos 13:17)

Un líder sobre el rebaño debe ser un vigilante atento. La Iglesia tiene muchos enemigos que podrían atacar la casa del Señor en estos últimos días. Los pastores perezosos dejan la Iglesia abierta al ataque. Y los falsos pastores le han infligido a la Iglesia algunas de sus peores heridas. No sólo roban al pueblo del Señor, sino que a menudo ofrecen una respuesta de equivocada sobreregulación procedente del gobierno. Los pastores verdaderos y vigilantes del Israel espiritual son la esperanza de la Iglesia para protegerla de la destrucción espiritual en estos tiempos peligrosos.

El Pastor-Protector

El papel de guardia, protector y defensor del rebaño, está íntimamente relacionado al papel de vigilante. Las ovejas se encuentran entre los animales más indefensos. No tienen armas naturales para atacar. Su dócil disposición las deja muy propensas a ser mordidas, pateadas o heridas. Son uno de los pocos animales que dependen completamente de su protector humano. El pastor es el principal (sino el único) guardia y protector del rebaño contra los peligros y los enemigos. A veces el pastor debe arriesgar su propia vida por la vida de las ovejas.

Las ovejas son también muy ignorantes acerca de la supervivencia individual en la intemperie. El pastor debe realizar una constante observación sobre las ovejas al descubierto, donde invariablemente encuentran problemas. En la intemperie, los pastores acostumbraban construir un redil con paredes que pudieran repeler a los depredadores más fuertes. Los pastores dormían en la puerta para dar completa seguridad al rebaño. Si un enemigo se acercaba, tendría que pasar sobre el pastor para llegar a su presa. Al enfrentar primero a los enemigos de las ovejas, el pastor estaba dispusto a dar su vida por ellas.

El Señor, el Gran Pastor de las ovejas, nos da Su estándar y ejemplo de cómo defender el rebaño. En Salmos 121:3 se nos asegura que *"Ni se dormirá el que te guarda"*. Otros versículos que dan el ejemplo del Señor para sus pastores, para ser verdaderos defensores del rebaño son:

Salmo 7:10	*"Mi escudo está en Dios"*.
Salmo 59:16	*"Has sido mi amparo y refugio"*.
Salmo 62:6	*"Es mi refugio, no resbalaré"*.
Zacarías 9:15	*"Jehová de los ejércitos los amparará"*.
Salmo 121:3	*"Ni se dormirá el que te guarda"*.
Salmo 12:7	*"Tú, Jehová, los guardarás"*.
Salmo 31:20	*"Los pondrás en un tabernáculo a cubierto"*.
Salmo 127:1	*"Si Jehová no guardare la ciudad..."*
Juan 17:11	*"Padre Santo, a los que me has dado, guárdalos en tu nombre"*.

El Señor Jesús es el Gran Pastor que alejará los problemas de su pueblo. De la misma forma, cada uno de sus líderes-pastores debe hacer todo lo posible para proteger a las ovejas de sus enemigos.

El Pastor-Guía

Un pastor debe desempeñar otro papel importante para su oveja: el de guía. Por decir algo, las ovejas no son viajeras independientes. No tienen sentido de la dirección. Se extravían del rebaño, vagan en círculos hasta que son asaltadas por sus enemigos. Cuando pastan, mantienen sus narices cerca del suelo, pero nunca miran de dónde están tomando su pastura.

Las condiciones en la intemperie no son nada amables hacia las ovejas. Los pastos buenos están a menudo en porciones o pequeñas hileras y son difíciles de encontrar. A veces hay poco pasto y está escondido en algunas áreas haciendo que el campo parezca árido o estéril. Sin un pastor, las ovejas vagarían hasta morir de hambre o sed. El pastor debe seleccionar atinadamente la distancia hasta los lugares de pastoreo para su rebaño, por medio de un conocimiento personal y de primera mano. Las vidas de sus ovejas dependen de su guía.

Las ovejas son animales sensibles que no resisten que las manejen con dureza. Deben ser conducidas amablemente y así lo hace el pastor. Algunas de ellas, débiles, enfermas o lastimadas morirían si el pastor las llevara muy rápido o muy lejos. La sabiduría del pastor puede salvar la vida de muchas de ellas. El patriarca Jacob nos ilustra esta verdad. En Génesis 33:9, 15 se nos habla de Jacob guiando a su rebaño cuando volvía a su país natal. Muestra muchas actitudes importantes como pastor de su rebaño:

TERNURA   *"Los niños son tiernos".*
Génesis 33:13

SENSIBILIDAD   *"Que tengo ovejas y vacas paridas".*
Génesis 33:13

AMABILIDAD   *"Y si las fatigan, en un día morirán todas las ovejas".*
Génesis 33:13

OBSERVACIÓN   *"Me iré poco a poco al paso del ganado".*
Génesis 33:14

PACIENCIA   *"Al paso del ganado que va delante de mí, y al paso de los niños".*
Génesis 33:14

Estos versículos de Génesis 33 nos muestran claramente el corazón de pastor. Jacob accedía a ir lentamente para salvar a los jóvenes y tiernos del rebaño. Él no los apuró, aun cuando tenía la fuerza para hacerlo y así obtener algunos beneficios. De la misma manera, la Iglesia del Señor Jesús tiene muchas ovejas jóvenes y tiernas. No pueden ser manejadas con dureza por hombres violentos. Deben ser guiadas amablemente por los verdaderos pastores.

Dios ha prometido ayudar a sus pastores para guiar al rebaño con efectividad. Él será su Gran Pastor, el Único cuyo ejemplo y guía pueden seguir sus pastores. La promesa para los pastores es:

Salmo 23:2	*"Junto a aguas de reposo me pastoreará".*
Salmo 77:20	*"Condujiste a tu pueblo como ovejas".*
Salmo 78:52	*"Hizo salir a su pueblo como ovejas, y los llevó por el desierto como un rebaño".*

El Pastor-Médico

El pastor debe ser también un médico para las ovejas. La palabra en español "médico" significa alguien que sana, ayuda y reconforta. En hebreo, el concepto define a alguien que sana con operaciones, curas, causa sanidad, repara y trae a la salud. En griego, el concepto significa reparar y liberar por curación.

Estas definiciones comprenden el significado del ministerio del pastor. El pastor espiritual está para sanar a los afligidos y enmendar sus heridas. Este es el verdadero trabajo de aquellos que tienen un corazón de pastor. Como las personas, las ovejas pueden sufrir una amplia variedad de males y enfermedades. Consecuentemente, necesitan pastores que sean competentes como médicos. El pastor espiritual debe tener discernimiento espiritual respecto a los problemas que pueda tener su rebaño. Él debe diagnosticar correctamente y tratar estas enfermedades o podrían ser fatales para las ovejas.

Jesús demostró Su preocupación por las ovejas heridas de Israel cuando visitó a "los publicanos y pecadores". A los fariseos que objetaron a esto, Él les replicó: *"Los sanos no tienen necesidad de médico, sino los enfermos"* (Mateo 9:12).

Muchas personas enfermas en la Iglesia actual necesitan un pastor-médico. Ellas sufren en varias formas (emocional, espiritual, mental y físicamente). Le corresponde a un verdadero médico espiritual sanar al rebaño de Dios y no a un académico sobreintelectualizado. La capacidad para cooperar con el Espíritu Santo en la sanidad de las almas, requiere experiencia en la escuela del Espíritu y un conocimiento de la aplicación práctica de la Palabra de Dios a la vida diaria.

Job rechazó a los que se decían médicos y que intentaron aliviar sus necesidades a través de entendimiento y conocimiento humanos. *"Sois todos vosotros médicos nulos",* les dijo Job (Job 13:4). Debemos preguntarnos nosotros mismos, "¿Cuántos pastores se encuentran en esta misma categoría?" Desafortunadamente, demasiados "ministros" son de poco valor para el rebaño de Dios, porque no pueden discernir las necesidades espirituales de las ovejas.

¿Qué valor práctico tiene un pastor, sin la habilidad de aliviar las necesidades prácticas de las ovejas heridas? Predicar bien no elimina la necesidad de tener pastores-médicos. Sin un entendimiento del objetivo principal del trabajo del pastor, el entendimiento de todos los brillantes maestros del pasado y el conocimiento de muchos idiomas no tienen valor alguno. Las ovejas necesitan pastores que puedan aliviar a los heridos y confortar a los afligidos. La necesidad actual es de pastores ungidos por Dios con habilidad y sabiduría como médicos espirituales, que puedan diagnosticar y tratar a las ovejas de Dios.

Como otras criaturas, las ovejas tienen accidentes imprevistos y desgracias. Pueden fracturarse las patas, cortarse, caer en hoyos, o herirse ellas mismas. En diferentes épocas del año, están propensas a diferentes enfermedades o condiciones. Los diferentes ambientes y los distintos pastos afectan a las ovejas en diferentes formas. La enfermedad puede afectar a una oveja aun si ella no hace nada mal. El pastor no siempre debe culpar a la oveja por su sufrimiento, debe guardar su actitud para ella y no endurecerse ante sus balidos de dolor.

Una sensibilidad hacia la oveja es un deber en el trabajo ministerial del pastor. Un pastor no debe golpear a una oveja por haber caído en un agujero, o castigarla por haberse herido en la maleza. Nuestro Pastor Jefe, el Señor Jesús, nunca mostró prisa para condenar a una oveja. Un verdadero pastor siente la herida de la oveja, sufre la herida de ella como si fuera propia. Un pastor acepta los problemas de las ovejas. Ellas pueden caer en hoyos. Pueden resfriarse y necesitan especial atención. Esta es la responsabilidad y la verdadera vida del pastor para aliviar sus necesidades. Si todas las ovejas estuvieran bien, debería haber poca necesidad del ministerio del pastor. Las ovejas que están enfermas necesitan un médico, no así las que se encuentran sanas.

Algunos pastores quieren un rebaño saludable y sin necesidades. Esto es virtualmente imposible. Por otro lado, el verdadero pastor siempre está buscando a las ovejas con necesidades. Él busca una pierna fracturada, un talón herido, una pata cortada, un mal hábito de alimentación. ¡El verdadero pastor encuentra su propia realización en atender las necesidades de las ovejas! El pastor espiritual siempre debe recordar que una oveja necesitada, que cojee por una pata herida o no come debido a una enfermedad, debe recibir más cuidado y atención. La Iglesia de Dios no es un negocio, con una "cuota de venta espiritual" para cada "cliente". El Cuerpo de Cristo es el rebaño del Gran Pastor. El pastor es llamado por Dios para sanar a los afligidos, no para condenar a aquellos que necesitan de su ayuda.

Enfermedades de las Ovejas

El pastor debe observar su rebaño, estar alerta ante los síntomas de enfermedades comunes. La siguiente lista de enfermedades de las ovejas puede también servir como una lista de advertencia para los pastores espirituales de Dios. Veremos como cada una de esas enfermedades es análoga a un mal espiritual o a algún problema que puede ocurrir en la Iglesia.

ENFERMEDAD NATURAL	LA APLICACIÓN ESPIRITUAL
Sobrealimentación (posiblemente pueda provenir de)	**Verdad Espiritual**
Un cambio repentino de los alimentos	Un cambio repentino en la enseñanza o alimento espiritual pude ser fatal en muchas personas; el cambio debe ser gradual y progresivo.
Un exceso de alimento de alta energía	El dar a la gente una rica y potente dieta continuamente es sobrealimentarla. Se necesita una variedad de enseñanza y predicación.
Tiempos irregulares de alimentación	El quitar los tiempos regulares de alimentación daña a las personas. Necesitan de tiempos constantes de alimentación para estar satisfechas de forma constante.
Incrementar la cantidad de alimento muy rápidamente	Incrementar la cantidad de ministerio, enseñanza o predicación en forma muy rápida daña a las personas. El pastor espiritual debe discernir el nivel de crecimiento de la gente y reconocer donde están.
Alimentar las ovejas de varios tamaños juntas	No todas las personas tienen las mismas necesidades espirituales. El rebaño tiene diferentes niveles de crecimiento y madurez. Cada nivel de personas requiere un ministerio especializado.
Enfermedad de Músculo Blanco (que puede provenir de)	**Verdad Espiritual**

Deficiencia de vitamina	Las personas deben mantenerse con una dieta correcta y nutritiva de la Palabra de Dios, exclusivamente.
Dieta no balanceada	Las personas deben tener una dieta balanceada de alimento práctico, devocional, inspiracional y de instrucción para un crecimiento adecuado.
Muerte de descendiente (resultado)	La reproducción espiritual de las personas se asfixiará si su dieta no es balanceada.
Enfermedad de Cordero Gemelo (puede provenir de)	**Verdad Espiritual**
Baja presión debida a tensión	Una presión indebida sobre la oveja puede causar nacimientos espirituales enfermos.
Las ovejas con tendencia a esta enfermedad pueden descubrirse cuando el pastor maneja con amabilidad al rebaño y ellas no muestran energía para ser llevadas.	Los miembros más productivos del rebaño necesitan más atención, incluyendo una doble porción de alimento y energía.
Tétano por Pasto (puede provenir de)	**Verdad Espiritual**
Bajo magnesio en la sangre, debido a pasto muy suculento	Se necesita una mezcla entre el alimento espiritual fresco y el seco, cuando la oveja se está alimentando de la Palabra
Insuficiente variedad de alimentos	Demasiada predicación y enseñanza del mismo tipo causará enfermedad en la gente.
Neumonía (puede provenir de)	**Verdad Espiritual**
Tensión excesiva sobre la oveja	El pastor no debe oprimir a su rebaño. No debe lastimar a los que tiene bajo su autoridad.
Pies en descomposición (puede provenir de)	**Verdad Espiritual**

Demasiado tiempo en pastos húmedos

Los períodos espirituales secos son necesarios, así como lo son los húmedos, al bañarse en el agua de la Palabra y seguir al Espíritu a diario.

Amenaza la movilidad de la oveja

Pasar excesivamente en el agua de la Palabra, sin balance, hará cojear a las personas.

Empacho (puede provenir de)

Alimentarse con pastura y legumbres jugosos causa disturbios en la digestión de la oveja.

Verdad Espiritual

Una enseñanza demasiado rica que no se puede poner en acción causa problemas en la vida de la gente y resultará en una muerte espiritual inmediata.

Parasitismo

Los parásitos se pegan en las partes externas o internas del cuerpo de la oveja

Verdad Espiritual

El pastor a veces debe inspeccionar a la gente en áreas escondidas que podrían ocasionar una muerte espiritual. Debe estar al tanto de los compromisos y relaciones externas que pueden minar la fuerza de la relación de la persona con Dios.

El resultado es un caminar no saludable de la oveja

Si este problema se va sin revisar, debilitará las vidas de las personas y su dedicación al Señor y a Su trabajo.

Envenenamiento por Plantas

Las plantas venenosas a menudo se encuentran escondidas entre las plantas nutritivas

Verdad Espiritual

El pastor debe examinar cuidadosamente todas las fuentes de las cuales las personas reciben su enseñanza y predicación.

Las ovejas, por lo general, no conocen la diferencia entre las plantas nutritivas y las venenosas

Las personas deben saber reconocer la diferencias entre las enseñanzas buenas y malas a través de las enseñanzas de su pastor.

Los Tipos de Ovejas

El pastor-médico debe saber que existen diferentes tipos de ovejas en su rebaño. Las ovejas diferentes están propensas a problemas diferentes. Veremos tres de esos tipos de "personalidades" que tienen aplicación a la verdad espiritual para el pastor espiritual.

La oveja solitaria. Esta oveja constantemente se aparta del rebaño, y no come con él. Es la solitaria del rebaño. El pastor no identificará a la que se aparta, a menos que la reconozca cada vez que se aleja. En analogía espiritual, esta oveja tiene algún problema interior real. Puede haber sufrido heridas emocionales profundas, que le causan una falta de confianza en las otras ovejas o en el pastor. La oveja solitaria puede sentir que las otras son muy maduras o muy inmaduras para ser sus compañeras. Estas tres actitudes no son saludables y necesitan la corrección y ayuda del pastor.

El miedo a exponerse es común en la oveja solitaria. La exposición de pecados, hábitos o penas del pasado, alejan a esta oveja de sus compañeras saludables. Algunas de estas ovejas solitarias, por otro lado, están únicamente buscando atención. Harán cualquier cosa, aun separarse, para ser atendidas y notadas por el pastor o por las otras ovejas. Tales buscadoras de atención necesitan ayuda inmediata, porque el evitar las compañías puede causar serios problemas.

La oveja ermitaña. Aunque similar a la oveja solitaria en algunos aspectos, la oveja ermitaña se aparta del rebaño por razones diferentes. La ermitaña se aleja del rebaño para evitar ser trasquilada por el pastor. Tiene una forma misteriosa de saber cuándo se acerca el momento del trasquilamiento. Hace cualquier cosa para evitar tal proceso.

El pastor debe observar continuamente a la oveja ermitaña para que no pueda esconderse. La lana sin cortar de la ermitaña eventualmente crecerá lo suficiente para cubrirle los ojos y cegarla. En esta condición, seguramente caerá en problemas serios. Los depredadores, las estacas y los pozos son sólo unos cuantos de los peligros que ella no podrá evitar. Su lana sin cortar llegará a ser tan pesada que la hará lenta y la hará caer tras el rebaño y será presa fácil de los depredadores. Cuando el rebaño se mueve buscando mejores pastos, la ermitaña es dejada atrás para no influir en las otras ovejas.

Dios quiere que todo Su pueblo lleve fruto. En la analogía de la oveja ermitaña, vemos a un cristiano que busca mantener todas las bendiciones y el fruto en su vida para su propio deleite. El dinero es un ejemplo. Pero el tiempo, los talentos, las relaciones y el servicio a la Iglesia son otras áreas en donde una oveja espiritual ermitaña necesita dar. La economía de Dios no es como la economía del mundo, donde las reglas de la escasez y el almacenaje de bienes es la respuesta natural. En Su economía, Su pueblo debe ser donador, y más les será dado. Aunque damos con la intención de bendecir a Dios y a otros, también es cierto que recibimos más cuando damos más.

La oveja errante. Esta se encuentra entre las más peligrosas de todas. Para la oveja errante, el pasto siempre es más verde en cualquier otro lado, así que siempre está buscando una manera de ir a otros rediles o pastos. Gasta todo su tiempo buscando escapar, y comúnmente, encuentra una apertura en la cerca, un hoyo en el piso o una puerta dejada abierta.

La oveja errante nunca se queda a disfrutar los pastos presentes, y crea descontentos entre las demás también. Ya que su mala influencia afecta especialmente a las jóvenes del rebaño, debe ser quitada de éste. En la Iglesia, el espíritu vagabundo debe ser quebrado y dominado para un propósito saludable. El pastor debe cumplir esto antes de que la oveja errante se destruya a sí misma y a muchas otras.

Esos tres tipos de ovejas son sólo ejemplos de los muchos problemas de personalidades que el pastor espiritual debe conocer. Debe discernir las necesidades y problemas en su rebaño y aprender a ministrarles con efectividad.

El Asalariado vs. El Pastor

Lo opuesto a un verdadero pastor es el asalariado. Inherente en su nombre está la esencia de su significado: "alguien que es contratado para trabajar a sueldo por día o por año". Técnicamente, la mayoría de la gente cae en esta categoría. A todos se les paga por trabajar un determinado período de tiempo. Para expresar la diferencia en términos cotidianos, la diferencia entre un trabajador a sueldo y un pastor es como la diferencia entre alguien que sólo tiene un trabajo (sin importar que tan importante sea la posicion) y alguien que tiene una carrera saludable.

La persona que solamente tiene un trabajo asigna un valor en pesos al mero pasar del tiempo. Aun puede engañar a su empleador en múltiples formas para incrementar sus "ganancias". La persona con una carrera saludable valoriza todas sus relaciones de trabajo, e intenta incrementar su productividad, para poder construir un mejor futuro.

Sin embargo, aun esa comparación falla en determinar el gran contraste que el Antiguo Testamento hace entre los conceptos de un asalariado y un pastor. El concepto del trabajador a sueldo es aplicado en el Antiguo Testamento a las siguientes áreas:

Trabajadores ordinarios (I Samuel 2:5; II Crónicas 24:12)

Soldados mercenarios (II Samuel 10:6; II Reyes 7:6; I Crónicas 19:6)

Orfebres (Isaías 46:6)

Bandas de hombres ociosos (Jueces 9:4)

Falsos sacerdotes (Jueces 18:4)

Balaam (Deuteronomio 23:4, Nehemías 13:2)

Consejeros hostiles (Esdras 4:5)

Falsos profetas (Nehemías 6:12)

Al contrastar el concepto general de un trabajador a sueldo con el de un pastor, podemos decir que el primero, como líder, recibe pago por su trabajo pero no tiene corazón para hacerlo. Un trabajador a sueldo es ambicioso de posición, poder, y apoyo financiero, pero no tiene un amor verdadero por el pueblo de Dios. Un trabajador a sueldo, ciertamente, no tiene un llamado de Dios o un corazón de pastor, la existencia misma de esta actitud en su vida es prueba de ello.

La siguiente es una lista de algunos de los contrastes escriturales obvios entre un trabajador a suelo y un pastor.

Asalariado vs. Pastor

Asalariado	Pastor
Trabaja sólo por dinero (Mateo 20:7)	Trabaja por amor
No tiene corazón para la gente	Tiene un corazón para la gente
Abandona cuando llegan los problemas (Jeremías 46:21)	Da su vida por las ovejas (Juan 10:11)
Es infiel hacia su señor	Sirve fielmente a su señor
Se alimenta a sí mismo y no da a las ovejas (Ezequiel 34:3)	Alimenta a las ovejas
Descuida a las ovejas	Cuida amorosamente a las ovejas
No muestra piedad (Ezequiel 34:4)	Está lleno de misericordia
Es tosco, cruel y dominante	Es amable, bondadoso y amoroso
Conduce a la gente rudamente	Conduce a la gente sabiamente
Dispersa a las ovejas	Une a las ovejas

No tiene voluntad para hacer sacrificios personales	Siempre tiene voluntad para hacer sacrificios personales
Es ambicioso de posición pero evita la responsabilidad	No busca posiciones y tiene un corazón de siervo
No tiene tiempo para sanar las heridas de las ovejas	Conforta a los afligidos y sana a los heridos
Domina a las ovejas	Conduce amorosamente al rebaño
No presta atención a las necesidades de las ovejas	Discierne las necesidades de las ovejas
No produce frutos en las ovejas	Hace que las ovejas sean fructíferas
Está ansioso por terminar la jornada	Es calmado y observador (especialmente en la noche)
No tiene parte en la herencia de su señor	Recibe el rebaño de Dios como su herencia
No hace inversiones personales en las ovejas	Invierte toda su vida en las ovejas al precio más caro que puede pagar
No tiene balance en la disciplina o es muy rudo al disciplinar, o no disciplina	Disciplina con la vara y el cayado de Dios en amor
Limita su trabajo a un período de tiempo (Isaías 16:14; 21:16)	Se entrega al trabajo a tiempo completo, porque es su llamado y su estilo de vida
Olvida a los perdidos y a los extraviados	Busca a los perdidos y extraviados
Es un trabajo de manos humanas (Salmo 135:15-18; 115:4-8)	Es un trabajo de las manos de Dios
Tiene una boca que no habla	Tiene una boca que habla cosas espirituales
Tiene ojos que no ven	Tiene ojos que disciernen cosas espirituales
Tiene oídos que no oyen	Tiene oídos que oyen cosas espirituales

Tiene nariz que no huele	Tiene nariz que capta cosas espirituales
Tiene manos que no tocan ni sienten	Tiene manos que tocan cosas espirituales
Produce su misma desazón, duda y naturaleza carnal en la gente	Produce su mismo sentimiento, conocimiento y naturaleza espiritual en la gente

Que todo pastor espiritual abandone la forma de ser de un asalariado y pastoree verdaderamente el rebaño de Dios.

Guarde Su Corazón

El corazón del pastor es lo más cercano al corazón de Dios para Su Iglesia. El líder cristiano debe hacer más que entenderlo, debe vivirlo. La gente en los ministerios congregacionales algunas veces trabajan con esta actitud. Es requerido de manera indispensable en todos los ministerios gubernamentales.

Para su gran desgracia, el liderazgo en la Iglesia tiende a seguir las corrientes de la sociedad. Durante una época de expansión económica, los pastores de Dios pueden adoptar una actitud de "dinero fácil, soluciones al minuto". Fallan al no construir una fuerza espiritual en sus iglesias, optando por una exhibición de nuevos edificios, manejo de miembros y otros desplegados externos de bendiciones.

Desafortunadamente, la condición del corazón de tales líderes puede erosionarse mucho posteriormente. Durante los años prósperos, el impulso por construir y acrecentar los reinos personales en la Iglesia avanza sin medida. En medio de todo esto, algunos de los más exitosos líderes de la Iglesia llegan a ser los más carnales. Fallan al no cuidar sus corazones. Sus pecados de la carne pueden hacer aun más grande el escándalo que cualquier otra cosa cometida por sus "iguales" de la sociedad en general.

Cuando tal corriente epidémica de pecados inicia sobre la Iglesia, no termina fácilmente. Otros líderes cristianos que también fallan al no cuidar sus corazones, viven un estilo de vida similar, y adoptan las formas del mundo que los rodea. No es el propósito de *La Hechura de un Líder* condenar a esas gentes. El propósito de este libro es dar a la Iglesia los recursos bíblicos que necesita para reconstruir un buen liderazgo que restaure la salud de la Iglesia.

Pero sería una gran falla si este libro no ayuda a poner el ejemplo de ellos como una prueba horrorizante de que nuestros líderes deben guardar sus corazones. Los líderes cristianos están en la línea principal de la guerra contra Satanás. Nunca deben olvidar que pueden pasar de una posición de victoriosos a la de vencidos en cosa de momentos. Y cuando eso pasa, a muchos en la Iglesia les pasará igual.

Usted puede ser uno de los líderes que sean levantados para reconstruir la Iglesia del siglo XX y del futuro. Aun como un ministro congregacional, usted puede ejercer una gran influencia duradera sobre los líderes de la Iglesia. Sus oraciones son la defensa diaria que salvaguarda a los líderes cristianos. Es muy probable que una falta de apoyo de oración haya sido un factor principal en la disolución de algunos de los más grandes ministerios gubernamentales.

¿Ha visto usted el derrumbe de un líder cristiano, y se ha dicho a sí mismo: "Yo me dí cuenta que esto iba a suceder. Había señ0ales de enfermedad espiritual por todos lados". No ponga a sus líderes sobre un pedestal, y luego los deje morir solos ahí. Ámelos, ore por ellos y corríjalos en privado, antes de que se desarrollen mayores problemas, de una forma que demuestre lo mucho que usted apoya sus ministerios.

Cuidemos todos nuestros corazones, y pidamos al Señor que desarrolle en nosotros Su propio corazón, el corazón de pastor.

Capítulo 7

CUALIDADES DEL CARÁCTER DEL LÍDER

"Si creas un acto, creas un hábito. Si creas un hábito, creas un carácter. Si creas un carácter, creas un destino" André Maurois

"Si tengo cuidado de mi carácter, mi reputación tendrá cuidado de sí misma" D. L. Moody

Lo que inicia en el corazón debe ser cuidadosamente cultivado para que llegue a fructificar en la acción. Las cualidades del corazón que hemos estudiado en los últimos tres capítulos deben ser perseguidas diligentemente para allanar el camino del desarrollo del carácter.

Este capítulo define las cualidades del carácter de un líder. Explicaremos las formas en que Dios trata con sus líderes para desarrollar sus caracteres y puedan así ser los vasos de honor para Su uso, y efectivos en sus ministerios. Mientras que los dones del Espíritu son otorgados gratuitamente, el desarrollo del carácter llega sólo con el tiempo, con un gran esfuerzo personal. Cada cristiano es un socio responsable con Dios en este proceso de toda la vida.

Este capítulo le ayudará a iniciar el proceso de crecimiento del carácter con valor eterno.

El Propósito de Dios para el Ser Humano

El Señor establece Su propósito para el ser humano muchas veces a través de la Palabra de Dios. Las siguientes escrituras describen los propósitos de Dios para la humanidad:

Génesis 1:26-28   *"Hagamos al hombre a nuestra imagen, conforme a nuestra seme-janza; y señoree..."*

Mateo 5:48   *"Sed, pues, vosotros perfectos, como vuestro Padre que está en los cielos es perfecto"*

| II Corintios 13:9 | *"Y aun oramos por vuestra perfección"* |
| II Corintios 13:9 | *"por quienes vuelvo a sufrir dolores de parto, hasta que Cristo sea formado en vosotros"* |

II Corintios 13:9   *"Y aun oramos por vuestra perfección"*

Gálatas 4:19   *"por quienes vuelvo a sufrir dolores de parto, hasta que Cristo sea formado en vosotros"*

Efesios 4:13   *"Hasta que todos lleguemos... a un varón perfecto"*

II Timoteo 3:17   *"A fin de que el hombre de Dios sea perfecto"*

II Pedro 1:3   *"Aquel que nos llamó por su gloria y excelencia"*

Dios desea hacer al hombre a la imagen de Su Hijo, el Señor Cristo Jesús, el Dios-Hombre, la Palabra hecha carne. Este propósito nunca ha cambiado. En el principio, Dios creó al hombre a Su imagen, y este sigue siendo Su deseo. La caída del hombre no cambió este plan ni el propósito de Dios.

Ya que el primer hombre, Adán, falló en mantener la imagen de Dios, Dios envió a Su Último Adán, el Señor Jesucristo, quien no fallaría. El Señor Jesús no falló en el plan de Dios, porque Él era el Hijo perfecto de Dios, la imagen expresa de Dios mismo. El Señor Jesús era el Hijo eternamente existente, de muchos hijos aún por ser creados. Estos hijos e hijas de Dios se desarrollarán para ser como el Hijo modelo. Hebreos 2:10 dice: *"porque convenía a aquel por cuya causa son todas las cosas, y por quien todas las cosas subsisten, que habiendo de llevar a muchos hijos a la gloria, perfeccionase por aflicciones al autor de la salvación de ellos"*.

"El carácter es una voluntad perfectamente educada" Novalis

El Propósito de Dios para la Iglesia

El propósito de Dios para la Iglesia es llevar a muchos hijos a la gloria. Para que la Iglesia alcance esta meta sus líderes deben liderar el camino. Los líderes de la Iglesia deben ser los primeros participantes del glorioso plan de Dios en la maduración de Sus hijos. Generalmente, Él debe desarrollar el carácter y la personalidad del Señor Jesús en los líderes de la Iglesia, antes de que Él pueda formarlo en la totalidad de Su pueblo.

Muchas iglesias han enfatizado el don y la fuerza de un líder, muy por encima del desarrollo de su carácter. Este desequilibrio ha causado muchos problemas en la Iglesia, incluyendo la caída de muchos líderes. Hoy, sin embargo, Dios está regresándonos a un balance entre don y carácter.

El Señor no se preocupa solamente de los dones y la unción del líder. También se preocupa profundamente de su carácter y su estilo de vida. Él desea un balance entre el don y el carácter en cada uno de Sus verdaderos líderes. El siguiente diagrama ilustra la verdad que se encuentra en este balance.

DON   CARÁCTER
DEPOSITADO   DESARROLLADO

"El peso falso es abominación a Jehová, mas la pesa cabal le agrada" (Proverbios 11:1)

La Definición de Carácter

Si debe haber un equilibrio entre don y carácter, ¿qué es el carácter? Las siguientes descripciones muestran los diferentes aspectos de una definición de la palabra "carácter".

El carácter es la base del ser moral.

El carácter es la vida interior del hombre. Éste refleja ya sea los rasgos de la naturaleza pecadora (siendo influenciado por el mundo) ó los rasgos de la naturaleza divina (siendo influenciado por la Palabra de Dios).

El carácter es la combinación de cualidades que distinguen a cualquier persona o clase de personas.

El carácter se demuestra en la acción de un individuo bajo presión.

El carácter, finalmente, es la suma total de todas las cualidades, positivas y negativas, en la vida de una persona, ejemplificado por sus pensamientos, valores, motivaciones, actitudes, sentimientos y acciones.

"Los talentos son mejor criados en la soledad. El carácter es mejor formado en las tormentosas olas del mundo" Johann von Goethe.

"El carácter es lo que puede hacerse sin éxito" Ralph Waldo Emerson.

Significados griegos. La palabra griega para carácter ofrece mejor compenetración. En la versión del Rey Santiago, la palabra griega "charakter" se traduce como "imagen". "Charakter", un sustantivo, se deriva de la palabra "charasso", que significa una muesca, indentación, afilamiento, rasguño o escritura sobre piedra, madera o metal. Esta palabra llegó a significar un grabador y sello para hacer monedas. De lo cual, llegó a significar el grabado hecho sobre la moneda, o una impresión realizada con la escritura. Esta palabra griega aparece en el Nuevo Testamento solamente en Hebreos 1:3. Aquí, el escritor dice que el carácter de Cristo es el carácter mismo de Dios, la imagen misma de la naturaleza de Dios, y el único en quien Dios grabó o imprimió Su ser. Consecuentemente, derivamos el significado de nuestra palabra en español "carácter" como una marca distintiva impresa, o formada, por una fuerza exterior (o interior) que actúa sobre un individuo.

Lo que no es el carácter

Para ayudar a definir el carácter, debemos también ver lo que no es.

1. El carácter no es solamente lo que alguien sería idealmente en el futuro. El carácter es lo que una persona es en el tiempo presente. Cuando la presión llega a la vida de esta persona, surge la persona real. Una persona puede actuar y pensar de una manera bajo las bendiciones de Dios, pero hacerlo de una forma muy distinta cuando los problemas llegan a su vida.

2. El carácter no es solamente cómo actúa una persona. También incluye los pensamientos interiores, los motivos y las actitudes. Los pensamientos, aunque ocultos, indican el carácter real de una persona. Los motivos, también, son las verdaderas expresiones del hombre interior. Para cambiar el carácter de una persona, uno debe ir más allá de la acción.

3. El carácter no aparece sin presión. Las presiones de la vida prueban lo que el Señor realmente ha realizado en el carácter de una persona. Cuando la tensión se coloca sobre el carácter de alguien, surge su verdadero carácter. Las irritaciones comunes de la vida diaria exponen las debilidades en la vida de cada persona. ¿Cómo responde usted a las desilusiones y las presiones de la vida diaria? El carácter se forma bajo esas presiones y circunstancias. Las cualidades que forman una parte verdadera del carácter de una persona son consistentes, ya sea que la tensión esté o no en su vida.

4. El carácter no es sólo lo que las otras personas ven en lo exterior. El carácter es lo que las otras personas no ven. La gente puede ver sólo el lado de la persona que ella quiere mostrar, pero Dios ve la persona real. Un individuo no puede esconder sus debilidades ante Dios. Los hombres pueden mirar lo externo, pero el Señor mira el corazón. El Señor ordena buenas obras a cada uno de nosotros, pero estas deben proceder de un carácter piadoso. Una persona puede realizar muchas labores religiosas externas, y seguir siendo impía. Las obras no son siempre una señal de un buen carácter.

5. El carácter no se limita a tener sabiduría para comentar sobre la conducta de los demás. Intelectualmente saber cómo actuar, pensar y sentir consistentemente con los principios de la Biblia, puede estar muy lejos de vivir en realidad en armonía con esos principios. Una

persona con un verdadero carácter no sólo dice verbalmente a otros qué hacer, sino que vive como un ejemplo valioso a seguir.

6. El carácter no se limita a las relaciones entre cristianos. Creer que no importa cómo actúa un cristiano hacia un no cristiano es engañarse. El carácter demuestra los principios piadosos en toda situación y hacia toda la gente. Por ejemplo, un trabajador cristiano debe tener el mismo respeto hacia su empleador, sea cristiano o no.

7. El carácter no se limita a la relación de la persona con su familia espiritual. También se demuestra en cómo trata a su familia natural. Un cristiano debe demostrar su fe y amor en la manera cómo trata a su familia inmediata. El carácter de una persona puede ser discernido por la forma en que él respeta y honra a sus padres. Un cristiano con una familia natural no creyente puede ganarla para Cristo teniendo un carácter amoroso y maduro hacia ellos.

El carácter es como un árbol, y la reputación como su sombra. La sombra es lo que pensamos de él, pero sólo el árbol mismo tiene la sustancia de la realidad.

La Necesidad de un Carácter

La Biblia advierte acerca de un ataque de maldad y perversidad en los últimos días del mundo. Este gran ataque solo incrementa nuestra necesidad de tener un carácter de Dios. Los estándares del mundo están llegando a ser, obviamente, más y más corruptos. Sin embargo, en medio de estos días de maldad, la Biblia también dice que el Señor levantará un pueblo con la justicia del Señor Jesucristo. Sus vidas testificarán acerca del poder del Espíritu Santo.

Aun cuando el carácter del mundo se vuelve más corrupto, el Señor está causando madurez en el carácter de la Iglesia. Más que nunca, los cristianos necesitan desarrollar su carácter para resistir ser conformados a los diferentes moldes de este mundo. Si la Iglesia debe alcanzar y retener la imagen del Señor Jesús, sus líderes deben liderar el camino. Necesitamos un carácter fuerte y piadoso para resistir los ataques del enemigo.

Muchas escrituras identifican el período de tiempo en el cual ahora vivimos como "los últimos días". De acuerdo a los apóstoles y los profetas, este tiempo de los últimos días se extiende desde la ascensión del Señor Jesús hasta Su segunda venida. El siguiente diagrama ilustra esto.

LA ASCENSIÓN
DE CRISTO

LA SEGUNDA
VENIDA DE CRISTO

LOS ÚLTIMOS DÍAS

En los últimos días, los hombres malvados se harán más y más perversos. El ocultismo seguirá creciendo y la moralidad de muchos ya está siendo sacudida. El sistema del mundo está retando, sacudiendo y cambiando los valores de mucha gente joven. El liderazgo de la Iglesia actual debe dar un mensaje claro a la Iglesia. Debe notar la necesidad de desarrollar un carácter piadoso, para ellos mismos así como para la Casa del Señor.

La siguiente lista de rasgos negativos del carácter, ahora en aumento en estos últimos días, se tomó de Isaías 2:1-4; Joel 2:28-30; Hechos 2:19-23; II Timoteo 3:1-4; I Timoteo 3:1-12 y 4:1-7. Ella provee una descripción del espíritu de nuestros tiempos, y cómo los rasgos se encuentran expresados en nuestra propia conducta, pensamientos y estilo de vida.

Rasgos Negativos del Carácter y Su Expresión

1. Tiempos peligrosos (días difíciles, duros de soportar y problemáticos): la Iglesia debe tener un temor saludable de los días perversos en que está viviendo.

2. Los hombres serán amadores de sí mismos: egocéntricos y con una voluntad seguidora del pecado.

3. Codicia (gusto por el dinero, amor por el dinero): tener un erróneo sistema de valores, querer algo que pertenece a otro.

4. Jactanciosos (hacer alarde, pretensiones vanas): jactarse de cosas falsas o impías con un orgullo impío de sí mismo.

5. Orgullo (envanecerse, estar encima de otros): tener una evaluación equivocada de uno mismo y de los demás; ser ciego a la verdad de nuestra bajeza.

6. Blasfemos (sin respeto hacia Dios o los hombres). No tener respeto al valor de alguna cosa, calumniar las cosas de Dios, la Iglesia y todos los valores positivos ordenados por Dios.

7. Desobedientes a los padres. Llegar a ser parte del espíritu de los días, o sea, la rebelión y la ilegalidad.

8. Desagradecidos (falta de gratitud). Tomar ventaja de otros de manera desagradecida.

9. Profanos, (carente de santidad, inmorales): Vivir sólo para la satisfacción de los propios deseos sensuales.

10. Sin afecto natural (perversión sexual, aborto, maltrato de niños, sin sentimientos): pervertir lo que es bueno y natural para provecho de uno mismo; homosexualidad, sodomía, lesbianismo, incesto.

11. Quebrantadores de convenios (no cumplir las promesas): no ser honestos con las promesas que se hacen, causar desconfianza en la palabra de uno.

12. Falsos acusadores (mentirosos, sobornadores): oprimir a otros con críticas no documentadas y no ciertas.

13. Incontinentes (sin autocontrol o restricciones morales): estar tan adentrado en el amor al pecado que uno peca por impulso, y no tiene control sobre la conducta moral de sí mismo.

14. Fieros (indómitos, salvajes): comportarse como una bestia apasionada e irracional hacia los demás.

15. Menospreciadores de los que son buenos: minimizar o tratar vergonzosamente las acciones justas de los demás.

16. Traidores: carecer de sentido de lealtad hacia las leyes verdaderas de la amistad.

17. Tozudos (ásperos, cabeza dura): Ser guiados por el propio deseo, ser de pensamientos cerrados, tener la mente entenebrecida.

18. Altaneros (orgullosos): estar ciegos a causa del orgullo intelectual, ser orgullosos del conocimiento que se posee.

19. Amadores de los placeres mas que de Dios (satisfacer los deseos pecaminosos de uno): tener una perspectiva errónea de la vida, un sistema de valores vencido por las influencias temporales.

20. Tener apariencia de piedad (religiosidad externa sin una vida cambiada): un estilo de vida hipócrita.

21. Burladores (ridiculizadores, mofadores): burlarse consistentemente de lo que es justo y santo.

22. Algunos se apartarán de la fe: apostatar y rechazar el plan de Dios para la vida de uno y la enseñanza básica de la Biblia.

23. Aceptar espíritus engañadores (que causan extravío y perdición): permitir ser engañados, invitar al diablo a que nos desvíe de la verdad.

24. Doctrinas de demonios (enseñanzas sacadas del abismo del infierno): el exigir abstinencia de ciertos alimentos o el celibato continuo, añadir reglas antibíblicas a la iglesia.

25. Hablar mentiras en hipocresía: enseñar falsas doctrinas y no ser un verdadero creyente.

26. Tener la conciencia cauterizada (sin sentido interior de lo bueno y lo malo): perder la sensibilidad a las advertencias del Espíritu Santo a través del pecado repetido.

Esta lista de características negativas de la personalidad provee al líder de un espejo para juzgar su propio carácter y el de los demás. Una sincera reflexión sobre la lista puede ser deprimente; usted debe recordar que el carácter es cultivado después que la persona viene a Jesús, y que el carácter no es un don que se nos otorgue gratuitamente por el Espíritu. No hay atajos --el desarrollo del carácter viene solamente al disciplinar la carne. Toma tiempo y dedicación. Cuando usted pueda ver su propia necesidad de desarrollo del carácter, ya ha logrado el comienzo de ese desarrollo. Un líder debe abrir cada área de su vida al cambio que venga del Señor, de manera que sea capaz cada vez más de ministrar el cambio a las demás personas.

"Disfrutar las cosas que debemos disfrutar, y odiar las cosas que debemos odiar, tiene el mayor valor en la excelencia del carácter" Aristóteles

Los Tratos de Dios en el Desarrollo del Carácter

Una lectura de II Pedro 1:1-11 en la Biblia Amplificada ayudará al lector a entender el proceso del desarrollo del carácter en la vida del cristiano. El siguiente diagrama bosqueja en forma general estos versos:

PROVISION DE LA NATURALEZA DIVINA A TRAVÉS DE CRISTO	PROCESO DE ADICIÓN A TRAVÉS DE LA OBEDIENCIA	PROPÓSITO DE PERFECCIONAR EL CARÁCTER A TRAVÉS DE LA DILIGENCIA

Amor Fraternal

Piedad

Paciencia

Templanza

Conocimiento

Virtud

Fe

Diligencia

NATURALEZA DIVINA RECIBIDA (II PEDRO 1:4, 9)	PROMESAS DIVINAS DADAS (II PEDRO 1:4) PODER DIVINO CONCEDIDO (II PEDRO 1:3)	NATURALEZA DIVINA MADURADA (II PEDRO 1:3)

II Pedro 1:8	*"Porque si estas cosas están entre vosotros, y abundan, no os dejarán estar ociosos ni sin fruto".*
II Pedro 1:9	*"Pero el que no tiene estas cosas tiene la vista muy corta; es ciego".*
II Pedro 1:10	*"Porque haciendo estas cosas, no caeréis jamás".*

La Responsabilidad del Creyente

El arrepentimiento del pecado y la fe en Jesucristo son la responsabilidad de cada creyente. La provisión de la naturaleza divina por medio del poder del Espíritu Santo pertenece a la soberanía divina del Señor. Cada creyente es responsable de aplicar esta provisión, y perseguir el cumplimiento de la meta de la provisión de Dios. Dios ha dado posicionalmente a los creyentes todas las cosas que pertenecen a la vida y a la piedad. Los creyentes tienen todo lo que les ayudará a desarrollar un carácter cristiano maduro al seguir al Señor. Pero si los cristianos no hacen las cosas necesarias para que se cumplan esas promesas, las Escrituras dicen que ellos perderán lo que podría haber sido suyo.

Tal desobediencia o mal entendimiento ha hecho a muchos cristianos y a muchos ministerios estériles e infructíferos en el cuerpo de Cristo en nuestros días. Muchos líderes están ciegos y no tienen una visión de Dios, porque no han obedecido la Palabra de Dios. El liderazgo, al igual que el Cuerpo de Cristo en general, deben desarrollar el carácter a través de las disciplinas internas del Espíritu Santo.

La "adición" de una serie de disciplinas mencionadas por Pedro describen el caminar cristiano y el crecimiento en Cristo. El poder para lograr esas disciplinas lo provee el Señor Jesucristo. Pero el proceso de lograrlas realmente está determinado por la actitud de cada cristiano en respuesta a los tratos de Dios en su vida. Dios quiere desarrollar el carácter del creyente. Cuando a un creyente le falta la disciplina para desarrollar su carácter, el Señor mismo le proveerá las experiencias y las circunstancias de aprendizaje para ayudarle. A este proceso de aprendizaje se le llama comúnmente los "tratos de Dios".

En II Timoteo 2:6, Pablo exhorta a Timoteo a ser el primer participante del fruto, dado que él era el labrador del mismo. Esta es una ilustración natural tomada del campesino que es el primero en probar de la cosecha. Esto tiene una aplicación espiritual en la obra del Señor. Si el Cuerpo de Cristo va a desarrollarse en carácter a través de los tratos de Dios, el líder debe ser "el primero en participar". Es decir, él debe ser el primero en permitir que Dios le cambie su carácter.

Fidelidad de los Tratos de Dios

Las siguientes escrituras arrojan luz sobre el desarrollo del carácter a través de los tratos de Dios:

Filipenses 1:6
"Estoy seguro y convencido de esto, que Aquel que comenzó la buena obra en vosotros,
la continuará hasta el día de Jesucristo nuestro Señor (en el momento de Su regreso)
desarrollando tal buena obra en vosotros y perfeccionándoos, y llevándoos a ser completos" (La
Biblia Amplificada)

Salmo 32:4-5
"Porque de día y de noche se agravó sobre mi tu mano".

Hebreos 10:32
"Pero traed a la memoria los días pasados, en los cuales, después de haber sido iluminados,
sostuvisteis gran combate de padecimientos".

Salmo 18:30
"En cuanto a Dios, perfecto es su camino, y acrisolada la palabra de Jehová".

Salmo 12:6
"Las palabras de Jehová son palabras limpias, como plata refinada en horno de tierra,
purificada siete veces".

Salmo 119:67
"Antes que fuera yo humillado, descarriado andaba; mas ahora, guardo tu palabra".

Hebreos 12:7
"Si soportáis la disciplina, Dios os trata como a hijos".

La mayoría, si no es que todos los líderes de Dios, experimentaron el verdadero desarrollo del carácter a través de los tratos de Dios. Abraham, Moisés, Elías, y aun el Señor Jesucristo, todos ellos experimentaron los profundos tratos de Dios.

Ahora miremos cuatro aspectos fundamentales de los tratos de Dios. Primero, veremos la necesidad de dichos tratos. Segundo, definiremos las palabras que describen el proceso. Tercero, descubriremos el propósito de esos tratos. Finalmente, veremos que respuestas de actitud debemos tener para guardar y fomentar los tratos de Dios en la formación del carácter.

La Necesidad de los Tratos de Dios

La naturaleza caída. Todos nosotros hemos nacido en iniquidad y formados en pecado. Todos tenemos una naturaleza caída con la que tenemos que lidiar a través de nuestra vida. La naturaleza caída del hombre no está en armonía con ninguna de las cosas del Señor. La Escritura se refiere frecuentemente a la naturaleza humana caída como "el viejo hombre", "la naturaleza pecaminosa", o "la carne". A veces, esta naturaleza degenerada del hombre causará que nos enfriemos en cuanto a las cosas de Dios. A veces, el cristiano se hace autocomplaciente e indiferente, aun cuando Dios ha puesto ante nosotros una meta gloriosa de perfección.

La madurez espiritual es la meta bíblica para todos los que estamos en Cristo Jesús. Pero en momentos de desánimo, la baja naturaleza humana nos arrastra lejos de esta meta. Otras veces, la carnalidad del hombre no desea que él desarrolle su carácter como la Escritura manda. Esta pereza no espiritual en la naturaleza humana es la primera razón por la que necesitamos los tratos del Señor. Todo cristiano necesita del tratos de Dios para ser motivado a la perfección espiritual (Hebreos 6:1-3).

Los pecados secretos. La segunda razón por la cual todo creyente necesita los tratos de Dios es una necesidad de revelar las áreas secretas de pecado en la vida, sea en hombres o en mujeres. Dios revela estas áreas secretas para ayudarnos a crecer. La Biblia nos dice que Él es el revelador de tales secretos. Tenemos ejemplos de ello:

Deuteronomio 29:29	"Las cosas secretas pertenecen a Jehová".
Daniel 2:22, 28	"El Dios que revela los secretos".
I Corintios 3:13	"Todas las cosas serán reveladas por el fuego".
Mateo 10:26-27	*"Así que, no los temáis; porque no hay nada encubierto, que no haya de ser manifestado; ni oculto, que no haya de saberse. Lo que os digo en tinieblas, decidlo en la luz; y lo que oís al oído, proclamadlo desde las azoteas".*

Dios debe revelar nuestros pecados secretos para evitar que estos destruyan a nuestras personas o nuestros ministerios. No es suficiente que Él mismo sepa de tales áreas; Él nos las revela porque es nuestra responsabilidad abandonarlas. Para hacer esto, el cristiano necesita grandemente de la gracia de Dios, porque la naturaleza humana sólo busca encubrir sus debilidades y faltas.

El deseo del hombre de esconder sus pecados, le pone continuamente en conflicto con la naturaleza de Dios. Nuestra situación es aún la misma como Adán y Eva, quienes se escondieron de Dios al darse cuenta que habían pecado contra Él (Génesis 3:8). Dios le ha dado a los creyentes el Espíritu Santo para revelarles sus áreas de necesidad espiritual.

El Espíritu Santo escudriña en el corazón de cada cristiano, para revelarle los pecados que debe abandonar. La palabra "revelar" significa quitar la cubierta. La palabra "encubrir" significa esconder algo cubriéndolo, velarlo a la vista, poner una cubierta sobre el asunto. Dios está tratando de quitar la cubierta del pecado de las personas, mientras que el hombre trata de mantener esa cubierta. La Biblia no sólo declara que Dios es el revelador de los secretos, sino también describe al hombre como el encubridor de tales faltas secretas:

.Salmo 19:12	*"líbrame de los (pecados) que me son ocultos"*.
Salmo 90:8	*"Pusiste nuestras maldades delante de ti, Nuestros yerros a la luz de tu rostro"*.
Salmo 51:6	*"He aquí, tú amas la verdad en lo íntimo, y en lo secreto me has hecho comprender sabiduría"*.
Salmo 32:3, 5	*"Mientras callé, se envejecieron mis huesos en mi gemir todo el día ... mi pecado te declaré, y no encubrí mi iniquidad"*.

Varios hombres en la Escritura ilustran el hecho del pecado secreto. El inicio de sus vidas, desafortunadamente, estuvo en gran contraste con su final. Empezaron bien, pero terminaron trágicamente. El hombre porta la imagen de Dios, los hombres puede comenzar bien. Pero si esconden pecados de los que no se arrepienten, ellos arruinarán sus vidas o sus ministerios. Especialmente, los líderes deben tomar en consideración esta verdad.

Los pecados ocultos han causado la caída de muchos líderes del Señor, al final de sus ministerios, o incluso en la cúspide misma de su servicio. La observación escritural, *"¡Cómo han caído los valientes!"* es un clamor siempre presente del Espíritu de Dios. En la narración de la lamentación de David por Jonatán y Saúl (II Samuel 1:17-27), tres veces David gime, *"¡Cómo han caído los valientes!"*. En esta lamentación, describe a "los valientes" en el principios de sus vidas y sus ministerios como:

Gloriosos	(V. 19)
Poderosos (valientes)	(V. 19)
Amados y queridos	(V. 23)
Más ligeros que las águilas	(V. 23)
Más fuertes que leones	(V. 23)
Capaces para vestir a otros en escarlata	(V. 24)
Capaces de adornar a otros con los ornamentos de Dios	(V. 24)

¡Cuantos hombres de Dios han empezado de esta manera! Muchos ministros del Señor han empezado sus ministerios hermosamente a los ojos de Dios y delante del pueblo de Dios. Muchos fueron poderosos y fuertes en el Señor. Desafortunadamente, y sin embargo, muchas de sus tremendas victorias, han terminado en ruina y vergüenza. ¿Por qué? Una de las razones principales, es porque nunca abandonaron sus pecados secretos cuando Dios los reveló en sus corazones. Si cada líder tan siquiera recordara el propósito de los tratos de Dios -evitar una caída desarraigando los pecados secretos- cada líder respondería inmediata y seriamente a la convicción interna del Espíritu Santo.

Estudiaremos ahora ciertos personajes bíblicos que empezaron bien, pero terminaron en tragedia. Esta lista mostrará sus buenos comienzos, sus nombres, sus pecados secretos, y sus trágicos finales.

LA TRAGEDIA DEL PECADO SECRETO

BUEN COMIENZO	PECADO SECRETO	FINAL TRÁGICO
1 Samuel 10	**SAÚL**	**1 Samuel 31**
1. Ungido rey	*(espíritu independiente)*	1. Perdió el reino
2. Fuerte, hombre de valor		2. Trató de matar a David
3. Un gran guerrero		3. Siguió la brujería
4. Líder excelente		4. Desleal a su propio hijo
5. Humilde de corazón		5. Se suicidó

1 Samuel 17

1. Ungido rey

2. Poderoso guerrero

3. Músico del Señor

4. Fiel y leal

5. Gran Líder

6. Edificó el tabernáculo de David

DAVID

(Lujuria)

2 Samuel 11, Salmos 32, 51

1. Desleal a sus hombres

2. Cometió adulterio

3. Cometió asesinato

4. Encubrió sus pecados

5. Trajo juicio a su familia

2 Crónicas 1:7-12

1. Ungido rey

2. Humilde, hombre de oración

3. Edificador del Templo

4. El reino más grande

5. El trono más importante

6. Lleno de sabiduría

7. Lleno de riquezas

8. Autor de 3,000 proverbios

9. Autor de 10,005 cánticos (incluido el cantar de los cantares)

SALOMÓN

(Orgullo, Avaricia, Valores Malos, autoconfianza)

1 Reyes 11, Eclesiastés 1

1. Apartó su corazón de Dios

2. Se convirtió en idólatra

3. Siguió filosofías vanas

4. Pecó ante los ojos del Señor

5. El reino le fue quitado

6. Quiso matar a Jeroboam

7. Escribió Eclesiastés, el libro sobre vanidades de la vida

Jueces 14-16

1. Dedicado a Dios

2. Gran guerrero

3. Excesivamente fuerte

4. Hombre de fe

5. Mató un león

6. Mató a 30 Filisteos

7. Mató a 10,000 soldados

8. Destruyó enormes bandas

9. Se llevó las puertas de Gaza

SANSÓN

(Lujuria, exceso de confianza en una mujer)

Jueces 16:20-27

1. Engañado por una mujer

2. Rapado, perdió su consagración a Dios

3. Le quemaron sus ojos

4. Encarcelado

5. Abandonado por el Señor

6. Fue burlado y ridiculizado

7. Amó una mujer extranjera

8. Nunca cumplió su potencial

9. Perdió su unción

Jueces 6-8

1. Escogido por Dios

2. Recibió una visitación de ángeles

3. Aborrecía los ídolos

4. Destruyó los ídolos

5. Gran libertador

6. Gran hombre de fe

GEDEÓN

(Poder y Ambición)

Jueces 8

1. Rechazado por Dios

2. Hizo un ídolo

3. Hizo pecar a Israel

4. Se volvió piedra de tropiezo

5. Su bien fue arruinado por su mal

Ezequiel 28; Isaías 14:12-20	LUCIFER (Ambición de Orgullo y Poder)	Apocalipsis 12:9 & 20:2, 3, 10
1. Lleno de hermosura		1. La serpiente
2. Perfecto		2. La fuente de todo pecado
3. El querubín ungido		3. El diablo, el espíritu de engaño
4. El que cubría el trono		4. Arrojado hasta el abismo
5. Líder de alabanza y músico celestial		5. Destructor de la Iglesia

Todos estos poderosos líderes de Dios comenzaron con el esplendor del éxito, pero acabaron con la tragedia de la derrota. Es importante notar que todos ellos empezaron con buenas cualidades en sus vidas y sus ministerios: humildad, sabiduría, fe, conocimiento, unción y un corazón de acuerdo al de Dios. Este hecho es una advertencia mayor para los líderes de la Iglesia actual. El comenzar con fuertes cualidades, sólo significa que debemos ser más sensibles y obedientes al Señor.

En I Corintios 9:23-27, Pablo habló del deportista que corre la carrera por un premio. En esos versículos Pablo dijo que él no quería ser como un hombre que después de haber predicado a muchos, viniera a ser desechado, abandonado y sin valor. Todos los líderes deben mantenerse alerta constantemente contra los pecados secretos que pueden destruir fácilmente sus vidas y sus ministerios.

Definición Escritural de los Tratos de Dios

La Biblia usa diversas palabras para referirse a los tratos de Dios en la vida de una persona. A continuación listaremos cinco palabras de las más comúnmente usadas, sus definiciones, y citas bíblicas en que se presentan.

1. Angustia (asaltar, tribulación, estar encerrado; Salmo 4:1,2 y 18:6; Isaías 25:4; I Corintios 7:26)

2. Aflicción (herir, tener pesadez, oprimir pesadamente, derretir)

   a. Aflicción de almas (Levítico 16:29-31 y 23:27)

b. Tierra de aflicción (Génesis 41:52)

c. Pan de aflicción (Deuteronomio 16:3; I Reyes 22:27)

d. Cuerdas de aflicción (Job 5:6 y 36:8)

e. Horno de aflicción (Isaías 48:10)

f. Día de aflicción (Jeremías 16:19)

3. Purgar (refinar, purificar, probar con fuego; Isaías 1:25; Salmo 51:7; Malaquías 3:8).

4. Presionar (oprimir, empujar, caer sobre algo, aplastar; Salmo 38:2, II Corintios 1:8).

5. Fuego (calor intenso)

a. Saca el aroma delicado (Levítico 1:7-17)

b. El fuego está en Sión (Isaías 31:9)

c. Para que el creyente camine a través de él (Isaías 43:2)

d. Para quemar la paja (Mateo 3:11-12)

e. Equiparado con la Palabra de Dios (Jeremías 23:29)

f. Quema las ataduras (Daniel 3:22-27)

g. Parte del bautismo del creyente (Mateo 3:11-12)

h. Revela las obras de los hombres (I Corintios 3:13)

i. Prueba nuestra fe (I Pedro 1:7; Apocalipsis 3:18)

j. Dios es fuego consumidor (Hebreos 12:29)

La aplicación espiritual de los principios contenidos en estas palabras puede ser observada en Israel, la iglesia en el desierto. También es aplicable a la vida cristiana. El tabernáculo de Israel, su mobiliario, el tabernáculo mismo, y sus sacrificios, todos demuestran estas verdades.

El incienso usado en el altar del incienso tenía que ser molido antes de poder usarse como una ofrenda ante el Señor. Así mismo, todo creyente (y en especial los ministros) deben experimentar el quebrantamiento de los tratos de Dios antes que sus vidas suelten al aroma grato delante de Dios.

El candelero de oro también ilustra la necesidad de los tratos de Dios. Este candelero estaba hecho de una sola pieza de oro batido que se tomaba del fuego purificador antes de ser usado como un recipiente de la luz en el tabernáculo. Dios tiene un horno también para nosotros.

Todas las tablas del santuario debían pasar por un proceso en el que eran peladas antes de ser usadas para el tabernáculo. Eran cortadas y esculpidas hasta recibir la forma adecuada para tomar parte en la Casa de Dios. Todos los cristianos y en particular los líderes se hallan en etapas de formación. Podemos estar confiados que Dios traerá una obra preciosa en el tiempo debido, si no desmayamos.

El Propósito de los Tratos de Dios

La imagen de Cristo. El primer propósito es transformarnos a la imagen del Señor Jesucristo. Este proceso se describe en II Corintios 3:18, *"Por tanto, nosotros todos, mirando a cara descubierta como en un espejo la gloria del Señor, somos transformados de gloria en gloria en la misma imagen, como por el Espíritu del Señor".*

La palabra "transformados" en este versículo proviene de la palabra griega "metamorphos" que denota un cambio completo de una forma a otra. Esta palabra es la raíz para nuestra palabra "metamorfosis", la cual usan los científicos para describir el proceso de transformación de la oruga en mariposa. Dicho proceso consume mucho tiempo y energía. La oruga cambia de una forma a otra completamente diferente. Los cristianos también estamos experimentando una metamorfosis. Los cristianos son gente con una naturaleza baja y pecadora. Pero cada día, el cristiano que sigue al Señor, es transformado más y más a la imagen de Jesucristo, quien es perfecto en cuerpo, alma y espíritu.

> *"La formación del carácter empieza en nuestra infancia, y continúa hasta la muerte".* Eleanor Roosevelt

Para purificar. El segundo de los propósitos de Dios es purgar y echar fuera toda escoria de nuestras vidas. La palabra "purgar" significa refinar, purificar, cambiar por medio del calor. El Señor hoy constantemente pone calor en Su gente, por medio de Sus tratos. Por todo el mundo tenemos mucha presión y calor sobre el pueblo de Dios. Él ha preparado todo este calor para purgar a su gente, como en la preparación de los metales preciosos. Toda suciedad y material extraño es traído a la superficie para desecharlo.

La palabra "escoria" se usa en la minería, es el desperdicio, el material de desecho, la parte inútil. Dios está removiendo todo material inútil de Su gente, y particularmente de sus siervos. Él desea desarrollar el carácter de todos Sus líderes (ejemplo de ello lo encontramos en: Proverbios 25:4; Isaías 1:22, 25; Ezequiel 22:18-19; Daniel 11:35; Mateo 3:12; II Timoteo 2:21 y Juan 15:2).

Para limpiar nuestras ropas espirituales. El tercer propósito de Dios en sus tratos es limpiar y lavar nuestras ropas espirituales. El antecedente de este propósito está en diferentes profecías acerca de Cristo. Malaquías 3:1-2 habla de dos mensajeros. El primero de ellos era Juan el Bautista *"He aquí, yo envío mi mensajero, el cual preparará camino delante de mí"* (Mateo 3:3) en forma correspondiente señala: *"Voz del que clama en el desierto: Preparad camino del Señor, enderezad sus sendas"* (Ver también Juan 1:19-28).

El segundo mensajero es el Señor Jesucristo mismo. Malaquías 3:1 anuncia proféticamente *"y vendrá súbitamente a su templo el Señor, a quién vosotros buscáis, y el ángel del pacto a quién deseáis vosotros. He aquí que viene, ha dicho Jehová de los ejércitos. ¿Y quién podrá soportar el tiempo de su venida? ... porque él es como fuego purificador, y como jabón de lavadores"*. El señor Jesús, el mensajero del Nuevo Pacto, vino súbitamente al templo judío. Desde ese momento, Él ha sido como fuego refinador y como jabón de lavadores para Su pueblo.

Cierto entendimiento del trasfondo cultural ayuda a interpretar el pasaje. El lavador era un oficio que tenían las personas que limpiaban todas las fibras de una pieza de material para que llegara a ser una hermosa prenda. El lavador llevaba la tela a cierta fuente de agua cercana, y la ponía sobre piedras planas. Entonces empezaba a golpearla con un garrote de lavador. Este garrote era enorme y tenía dientes de hierro para sacar a golpes la suciedad de la tela. Mientras golpeaba la materia prima, toda impureza y suciedad salía a la superficie, y el agua se las llevaba. Este proceso limpiaba el material, el cual estaba listo para que el artesano hiciera una linda prenda.

Frecuentemente se dice esta frase desde los púlpitos cristianos: "Dios no es un monstruo gigantesco que está sobre su trono con un garrote, esperando a que su pueblo cometa un error para azotarlos". En general, esto es correcto, porque una actitud tan brutal sería inconsistente con la naturaleza de Dios. Sin embargo, ¡Dios tiene un garrote que usa para sacar toda la suciedad de las vidas de los cristianos! Lo bueno de ello es que él sabe como "golpearnos" sin dañar la incorruptible semilla de la verdad que está dentro de nosotros. Dios no usa su garrote para hacer meramente una ostentacion de Su poder, sino para limpiar las ropas y las vidas espirituales de Sus hijos.

Para producir fruto. El cuarto propósito de los tratos de Dios es hacer que la vida de Su pueblo produzca fruto. En Juan 15, tenemos una alegoría dada por el Señor Jesucristo, el Maestro supremo. En su alegoría de la vid y los pámpanos (ramas), el labrador que cuida de la viña debe ocasionalmente usar sus tijeras. Él remueve las partes secas, sin fruto, para que no desperdicien la savia que corresponde a las ramas vivas. Las ramas infructíferas son removidas, mientras que las demás son podadas para que lleven más fruto. Dios va a podar, purgar, refinar y recortar las ramas que llevan fruto para incrementar su fructificación. El propósito de Dios siempre es positivo y redentor. Aquellos líderes a través de los cuales Dios desea producir el máximo fruto, tendrán que ser podados también al máximo.

Para preparar vasos útiles. El quinto propósito de los tratos de Dios es preparar vasijas para Su servicio. En II Timoteo 2:19, 20, Pablo señala que en una casa grande hay muchas vasijas.

Algunos de ellas hechas de oro o metales preciosos, mientras que otras son de barro. Algunas de estas vasijas están reservadas para un uso honorable, pero todas tienen un uso.

El hacer una vasija, involucra mucho trabajo en cada paso del proceso formativo, desde el amasar la arcilla hasta sacarla del horno. Por momentos, las manos del alfarero son toscas y firmes al manejar el artículo. Pero la rueda del alfarero, así como el horno y las manos del alfarero, todos ellos son partes vitales en la preparación de las vasijas. Esto también es verdadero en relación a la formación espiritual que Dios da a nuestras vidas. El propósito de toda esta obra es moldear una vasija para honra, adecuada para el uso del Señor (Jeremías 17:1-10).

Las vasijas que no fueron preparadas adecuadamente, sino que contenían algún defecto, se arrojan al campo del alfarero. En el campo del alfarero, usted puede hallar muchas vasijas que "podrían" haber tenido un gran uso. Su problema es que no fueron formadas adecuadamente sobre la rueda, o no respondieron bien ante el fuego. Alguna falla irreversible se les formó.

La Escritura parece indicar que Judas, el caído apóstol y traidor de Jesucristo, se ahorcó en el campo del alfarero (Mateo 27:1-10). En este campo, una corrupta y rechazada vasija de deshonra humana, fue encontrada junto con otras defectuosas vasijas de arcilla. Algo estaba faltando en la preparación de Judas como líder. El propósito de los tratos de Dios con Judas, así como con cualquier otro líder potencial, es poner al descubierto los defectos en la vasija, lo suficientemente pronto como para que puedan ser reformados y usados para un propósito específico. Es una medida de la gran sabiduría de Dios que Él encontró algún propósito de valor aun para Judas, aquella vasija de deshonra, aunque su final fuera la destrucción.

Para ensanchar nuestras vidas. El sexto propósito de Dios en sus tratos es engrandecer nuestras vidas. En Isaías 54:2 y Génesis 9:27 se describe el deseo de Dios de que Su pueblo se ensanche. Isaías proclama *"ensancha el sitio de tu tienda"* que figurativamente significa que Dios desea que Su liderazgo en preparación, aumente su capacidad para recibir más de Él. II Samuel 23:2, 7 nos dice que Él puede alargar los pasos de Sus líderes (es decir, su caminar). Isaías 60:4 dice que el corazón de una persona puede ser ensanchado (ver también el Salmo 119:32 y II Corintios 6:11,13 y 10:15). En sus tratos, el propósito de Dios es ensancharnos en muchas formas. Dios desea engrandecer nuestros ministerios y nuestras funciones en la Casa del Señor, así como también nuestro carácter. Para resumir todas estas áreas, podemos decir que Dios está ensanchando:

Nuestra habitación (capacidad) para Dios	(Isaías 54:2)
Nuestra visión	(I Crónicas 4:10; Proverbios 29:18)
Nuestros pasos	(I Samuel 22:37)
Nuestros corazones	(Isaías 60.5)

Nuestras fronteras	(Éxodo 34:24)
Nuestra confesión	(I Samuel 2:1)
Nuestras cámaras	(Ezequiel 41:7; Proverbios 24:3,4)
Nuestros ministerios	(II Corintios 6:11,13 y 10:15,16)

Para motivarnos a buscarle. El séptimo propósito de los tratos de Dios es provocarnos a buscar a Dios en oración y en la Palabra.

El Señor va a traer presiones y fuego sobre sus líderes en tiempos específicos para moverles a buscarle. Sus presiones no los alejan o los ponen en Su contra, sino hacia Él. Muchas veces, el líder en formación malinterpreta las duras circunstancias y las pruebas. Cuando Dios trata con ellos en esta forma, es para hacerles volver a Él como su única fortaleza. Un líder debe aprender a cómo encontrar a Dios en medio de las circunstancias problemáticas, para que a su vez pueda ayudar a otras personas a hacer lo mismo. Cada líder debe conocer por experiencia cómo responder a la persona que viene a él y le pide: "Guíame a la roca que está más alta que yo".

El profeta Oseas nos recuerda esta verdad en Oseas 5:15, donde escribe *"andaré y volveré a mi lugar, hasta que reconozcan su pecado y busquen mi rostro. En angustia me buscarán"*. Esta es una verdad que el Israel natural ilustra ante nosotros muchas veces. Por ejemplo, cuando Dios puso a Israel en las cautividades de Asiria y de Babilonia, ellos fueron rápidos en volverse a su Dios. Jonás es un ejemplo claro de volverse a Dios en momentos de problemas (Jonás 1:17 y 2:1 en adelante). En cualquier aflicción, presión o fuego, el líder debe aprender hacia donde mirar.

"El carácter es un hábito que perdura" Plutarco

Para producir vino espiritual. El octavo propósito de los tratos de Dios es producir más vino espiritual en nosotros. La Escritura nos presenta al vino como un tipo del Espíritu de regocijo y del Espíritu Santo (Mateo 9:17; Hechos 2:13-16 y Efesios 5:18). Un estudio del método hebreo de fabricación de vino nos ofrece ricas verdades en relación a los tratos de Dios. La cosecha era un tiempo gozoso para todos. Después de un largo período de labores y de esperar la cosecha, toda la familia recogería la cosecha.

Las mujeres y los niños colocaban las uvas sobre sus cabezas dentro de unos canastos. Ellos llevaban las uvas a un gran lagar de piedra donde los que molían las uvas esperaban descalzos. Los cosechadores iban y vaciaban sus canastos llenos en los lagares y los pisadores caminaban sobre las uvas maduras sacándoles el jugo. Al trabajar los pisadores, recargaban la mayor parte de su peso en una viga de madera que estaba unida a un poste en el centro del lagar. De esa manera no pisaban muy fuerte sobre las uvas. De lo contrario, aplastaría también las semillas contenidas en la uva, haciendo el vino amargo y adecuado sólo para los animales.

Podemos derivar aquí una bella enseñanza espiritual a partir de esta costumbre. Dios es el que pisa en el lagar y nosotros somos las uvas. Ya que Él quiere hacer que fluya el vino nuevo del Espíritu de nuestras vidas y de nuestros ministerios, Él tiene que aplastarnos. Este es un proceso duro y doloroso, pero Dios nunca destruirá nuestros espíritus (es decir las semillas de la uva) como para amargarnos. Una vida amargada (como el vino amargo), no es buena para nadie, y nadie la desearía. Dios no quiere líderes amargados. El líder debe dar la bienvenida al proceso de compresión, porque produce mucho fruto (en este contexto, observe las diferentes formas en las que Dios trata con Su pueblo en Isaías 28:23-29).

Para proveer nuevo enfoque y perspectiva. Como noveno y final punto, el propósito de los tratos de Dios es darnos un nuevo enfoque y una nueva perspectiva. Pablo asienta esta verdad en II Corintios 4:17: "*porque esta leve tribulación momentánea produce en nosotros un cada vez más excelente y eterno peso de gloria*". De todos nuestros problemas, dilemas y aflicciones, Él ahora crea algo en nosotros que es más eterno. No debemos centrarnos en el dilema del presente, sino en el fruto eterno que producirá en nosotros y en otras personas. Los dones nos son dados gratuitamente por Dios, pero el carácter se desarrolla con el correr del tiempo. El carácter es de un valor eterno, pues se va con nosotros a la eternidad (I Corintios 13:8-13). Lo que desarrollemos en nuestro carácter hoy, es mucho más importante que las aflicciones que debemos enfrentar en esta vida para producirlo.

Las Actitudes que dan Bienvenida a los Tratos de Dios

Nuestras actitudes son la raíz que nos hace abrazar los tratos de Dios o rechazarlos. La siguiente lista de actitudes dará al líder otro espejo para reflexión. El hombre de Dios debe mantener estas actitudes cuando esté pasando por la prueba o la aflicción:

Actitud de oración	(Santiago 5:13)
Actitud contrita	(I Pedro 5:19)
Actitud de alabanza	(Salmo 74:21)
Actitud de soportar y perseverar	(Mateo 10:22; I Corintios 10:13; I Tesalonicenses 1:4, 5; Hebreos 12:5-7; I Pedro 2:19)

Actitud gozosa   (Mateo 5:12; Romanos 5:3; II Corintios 7:4 y 12:10;
                                                 Hebreos 12:2; Santiago 1:2; I Pedro 4:13)

Resistencia. Miremos más de cerca la actitud de la resistencia. La resistencia por lo general significa sostenerse, o mantenerse estable frente a la adversidad. Las siguientes tres palabras griegas traducen el concepto:

> Avekomai - sostenerse uno contra, soportar el acto de cargar o sostener algo (I Tesalonicenses 1:1-5)

> Hupomeno - permanecer debajo, continuar, pasar por; el acto de continuar habitando en cierto lugar (Hebreos 12:5-7).

> Hupophero - llevar desde abajo, transportar, cargar sobre los hombros

El patriarca Jacob ilustra una actitud adecuada hacia los tratos de Dios. Dios se identificó a Sí mismo con tres hombres en particular, Él dijo en repetidas ocasiones *"Yo soy el Dios de Abraham, de Isaac y de Jacob"*. Como el *"Dios de Abraham"*, Él es el Dios que mantiene Sus pactos. Como el *"Dios de Isaac"*, es un Dios que hace milagros. Pero cuando se le llama el *"Dios de Jacob"*, el significado es menos claro. A pesar de ello, como *el Dios de Jacob*, se le puede considerar como el Dios del cambio. Pues Dios cambió el nombre y la naturaleza de Jacob ("engañador" y "suplantador") a Israel ("el principal"). Este título nos habla de Dios como aquel Dios que puede tomar a una persona con defectos de carácter mayores y transformarlo en una persona piadosa. Jacob nos da esperanza a todos nosotros.

La buena actitud que Dios desarrolló en Jacob está mejor explicada en Isaías 41:14-16 donde Dios dice *"gusano de Jacob"*. ¿Por qué llama Dios a Jacob gusano? Esto puede definir de manera efectiva la respuesta de Jacob a la mano quebrantadora de Dios sobre él en Peniel (Génesis 32). En concordancia con esas mismas líneas, el Salmista llama proféticamente gusano al Mesías en el Salmo 22:6 (ver también Job 17:14; 24:20 y 25:6).

En respuesta a la pesada mano de Dios sobre Él, Jesús tuvo la misma actitud que Jacob. Los dos fueron permisivos y sumisos a los tratos de Dios. Lo que podríamos llamar una actitud de gusano es lo opuesto a una "actitud de serpiente" que encontramos en Satanás mismo. Algunos líderes responden a Dios como gusanos, mientras que otros responden a sus presiones como serpientes. La pequeña tabla a continuación contrasta las dos actitudes.

Un gusano:	**Una serpiente:**
1. Se aplasta bajo el pie	1. Ataca cuando se le pisa
2. No tiene defensa	2. Se defiende con veneno
3. Se retuerce, pero rinde su vida	3. Pelea hasta la muerte

Examinemos cuidadosamente nuestras propias actitudes en respuesta a los tratos de Dios en nuestras vidas. ¿Reaccionamos ante Dios como gusanos, o como serpientes? Dios tiene que esperarnos muchas veces para desarrollar el carácter, cuando reaccionamos a sus tratos como una serpiente. ¡La lucha por el desarrollo del carácter, seguro que es tremenda! Pero las consecuencias son mucho mayores, si las metas de Dios para nosotros no se logran a causa de nuestra propia dureza de corazón.

Principales Áreas del Carácter

El líder cristiano de hoy debe desarrollar su carácter en estas ocho áreas primordiales de la vida para alcanzar las metas de Dios para él.

1. La vida espiritual	La relación del líder con el Señor se edifica sobre un carácter piadoso así como con una profundización en la Palabra de Dios y la oración.
2. La vida personal	Los hábitos, el estilo de vida y los patrones que el líder desarrolle, tendrán una gran influencia sobre el ministerio que él o ella han recibido del Señor.
3. La vida en el hogar	La vida personal del líder formará la base para su ministerio a la familia de Dios. El hombre de Dios debe tener en orden su propia casa. Esto se basa en el carácter, porque sin éste, nunca tendrá una vida hogareña exitosa.

4. La vida social	Las amistades del líder reflejan su carácter. El líder debe desarrollar su carácter para tener relaciones sociales exitosas. La lealtad y la aceptación son dos grandes factores que se requieren en la amistad. Si un hombre tiene carácter, tendrá los elementos necesarios para una vida social normal y buena.
5. La vida educacional	La educación por sí misma no es suficiente para construir un buen carácter, pero si el carácter se desarrolla a través de las disciplinas de la vida, la educación puede ser una fuerza poderosa en la vida de un líder. Un buen carácter capacita al líder para recibir una buena educación dentro y fuera de las aulas.
6. La vida ministerial	El carácter es la raíz misma de todo lo que hace un ministerio gubernamental. La función del ministerio es en sí misma, una manifestación del carácter del líder. Lo que él será proviene de lo que él hace en su ministerio. En I Timoteo 3 y Tito 1 hay una lista de las cualidades básicas del carácter para la vida ministerial del líder.
7. La vida marital	La vida marital del líder tendrá éxito sólo en cuanto él tenga un carácter desarrollado y maduro. De lo contrario, el hombre llevará sus deficiencias de carácter con él al hogar. La vida marital del líder será floreciente sólo si cultiva su carácter; de otra forma, nunca será capaz de satisfacer las necesidades de su esposa.
8. La vida financiera	Jesucristo mismo señaló que si un hombre no sabía como cuidar su dinero, Dios no le entregaría en sus manos las verdaderas riquezas espirituales del reino. La mayordomía, la sabiduría y los deseos verdaderos, los valores, la estima propia y la habilidad para dar del líder, todos ellos se demuestran por medio de cómo usa el dinero que tiene (aunque no necesariamente por cuánto dinero gana).

"El carácter, en las cosas grandes y en las pequeñas, significa llevar a cabo lo que te sientes capaz de hacer". Johann von Goethe

Reconocimiento del Carácter

¿Qué es un hombre de Dios? ¿Cómo saber si una persona es madura espiritualmente? Cuando Timoteo se quedó en Éfeso para apoyar al apóstol Pablo y ayudar a la iglesia a madurar, él tuvo ocasión de trabajar con hombres que deseaban ser líderes y maestros espirituales en la Iglesia. En I Timoteo 3:1, Pablo dijo que aquél que deseaba ministrar *"buena obra desea"*.

Inmediatamente después de esto, sin embargo, Pablo da una larga lista de cualidades requeridas. Obviamente Pablo deseaba que Timoteo seleccionase cierto tipo de hombres para ser líderes de la Iglesia. La enseñanza de Pablo a Timoteo y a Tito forma un perfil poderoso para probar el nivel de madurez espiritual de los cristianos.

Un hombre de Dios no "surge súbitamente". Va siendo cultivado por el Espíritu de Dios en un lento proceso. Timoteo en Éfeso y Tito en la Isla de Creta tenían que examinar a muchos que aspiraban al liderazgo. Las cartas que les envió Pablo les proveyeron con las pruebas de carácter para el liderazgo, las cuales son una vara para medir el desarrollo del carácter cristiano en general.

En I Timoteo 3:1-13 y Tito 1:5-9 hay muchos de los estándares de la madurez del carácter.

Irreprensibles (I Timoteo 3:2; Tito 1:7). Sin ninguna culpa, de una integridad incuestionable, irreprochable - "que no se le pueda incriminar", teniendo tal carácter que nadie puede con derecho acusar a la persona de algo impropio. La conducta de un anciano debe ser ejemplo para el rebaño, y debe estar libre de cualquier tentativa de escándalo y acusación. Por tanto, el anciano debe conducirse tan bien, que cualquier acusación sea considerada un absurdo y totalmente infundada.

Una persona más allá de todo reproche es:

> *"Uno que no puede ser llamado a cuentas, irreprobable o inacusable"* (II Timoteo 3:2 traducción de Thayer).
>
> *"Uno que no da base para acusación"* (3:2, La Biblia Amplificada)
>
> *"De reputación sin mancha"* (Tito 1:7 Trad. de Phillips)
>
> *"De incuestionable integridad e irreprochable"* (1:7, La Biblia Amplificada).

Marido de una sola mujer (I Timoteo 3:2; Tito 1:6). Esto no necesariamente significa que el anciano deba de ser casado (Pablo mismo no lo estaba), sino que debe ser marido de una sola mujer. Es decir:

> No un bígamo
>
> "esposo de una mujer" (Lenski).

Se habla aquí de un hombre que no tiene que ver con ninguna otra mujer. Debe ser un hombre que no puede ser acusado de promiscuidad sexual o laxitud. En diferentes épocas y en diferentes iglesias, "marido de una sola mujer" también ha tenido significados espirituales.

En la Iglesia Católica Romana, la única esposa del obispo es la Iglesia, a la cual debe permanecer fiel. Algunas iglesias europeas prohibían a los viudos que se habían casado por segunda vez llegar a servir como obispos. Los padres de la Iglesia primitiva permitían que un hombre ya casado, fuera ordenado, pero si era soltero al momento de ser ordenado, debía permanecer así toda su vida. Algunos líderes de la iglesia opinan que cualquier caso de divorcio, aun sucedido antes de la conversión, descalifica al hombre para tomar el oficio.

Ciertamente la moral y el ambiente social del tiempo de Pablo hacían realmente importante esta característica. Las prostitutas de los templos paganos regularmente eran usadas por muchos, sin que fuera un estigma social. Las mujeres "acompañantes" eran usadas por casados y solteros. Muchos hombres mantenían abiertamente a sus amantes.

Pero al exigir a los obispos ser "maridos de una sola mujer", Pablo les requería que estuvieran relacionados íntimamente a una sola mujer. Y Jesús mismo había puesto un estándar aun más elevado: el que mira a una mujer para codiciarla (con un deseo grande para una relación sexual física) es culpable de pecado. Note, sin embargo, que esta norma diferencia la tentación, con mucho menos involucramiento personal, del pecado de lujuria.

En el ambiente de los días del apóstol, un hombre felizmente casado manejaba mejor las tentaciones sexuales que aquel con un mal matrimonio. Pablo está entonces diciendo que el líder debe tener un matrimonio sólido, con una vida sexual saludable, y no debe exponerse deliberadamente a las tentaciones sexuales (como a las revistas pornográficas actuales). Un hombre nunca debe compartir sus luchas privadas con otra mujer, sino solamente con su esposa o con hombres de Dios maduros. Los hombres solteros nunca deben compartir sus luchas con mujeres solteras, ni tampoco algunas veces con otros hombres solteros.

Sobrio (I Timoteo 3:2; Tito 1:8). Esta cualidad del carácter denota el mantenerse uno mismo bajo control y disciplinado. Un anciano debe ser capaz de controlarse (gobernarse) a sí mismo en todos los aspectos:

"Auto-controlado sobre los apetitos y afectos" (Versión concordante literal)

"Un hombre que es discreto" (Tito 1:8, Versión Phillips)

Libre de extremos

Teniendo poder o control sobre una cosa (Robertson)

Algunos significados relacionados son dignos de comentarse ampliamente. La exhortación a la sobriedad (I Tesalonicenses 5:6, 8) es un llamado a la templanza. En II Timoteo 4:5, Pablo exhorta a Timoteo de esta forma: *"Pero tú sé sobrio en todo, soporta las aflicciones, haz obra de evangelista, cumple tu ministerio"*. Un hombre templado no pierde su balance físico, psicológico o espiritual. Es estable, firme, siempre pensando claramente, y no pierde la perspectiva estando bajo presión. No se ve atrapado por la falsa seguridad del día presente; tiene una perspectiva adecuada.

Prudente (I Timoteo 3:2). Es decir, ser sobrio, prudente, sensato, no dado a fantasías o irracionalismo emocional; que usa un juicio sobrio. Una persona prudente es:

Seguro en su mente y en sus juicios

"de mente justa" (I Timoteo 3:2, Phillips)

"disciplinada" (Tito 1.8, NVI)

Demasiadas modas religiosas, fantasías y caminos inestables se ofrecen a los líderes dc hoy. Los líderes con una mente segura, sana y firme en todas las áreas de la vida, no serán sacudidos tan fácilmente del camino de Dios.

El diccionario define "prudente" comúnmente incluyendo estos elementos: precaución, sabiduría práctica, cuidado de las consecuencias de las acciones, que prevé prudentemente el futuro al entender el presente.

En Proverbios, el hombre prudente "cubre la vergüenza", "considera todos sus caminos", "acepta la corrección" y "está deseoso de la enseñanza". Ver Proverbios 12:16, 23; 13:16; 14:8; 15:5; 16:21; 18:15; 19:14; 22:3 y 27:12.

Decoroso (I Timoteo 3:2). De buen comportamiento, teniendo un estilo de vida disciplinado, ordenado y respetable. Una persona respetable es:

Ordenada o moderada

No ligera o vana

Que tiene una compostura que no trae reproche sobre el ministerio o sobre el Señor.

La palabra griega que se traduce como "decoroso" debe entenderse en su sentido más amplio como denotando una cualidad del carácter, y va más allá de lo que es una persona amable, cortés y educada. Un hombre decoroso vive una vida ordenada. La forma verbal para decoroso es "kosmeo". Se utiliza para describir una casa bien ordenada (Mateo 12:44), un sepulcro blanqueado (Mateo 23:29) y lámparas bien arregladas o recortadas en su mecha (Mateo 25:7).

Pablo está diciendo en esta parte que el hombre decoroso tiene un estilo de vida que adorna las enseñanzas de la Biblia en su hablar, en su vestir, en su apariencia en el hogar, su oficina, o en la manera que hace sus negocios. Dios es un Dios de orden. Un hombre de Dios también, debe andar ordenada y apropiadamente.

(Otras citas escriturales: I Tesalonicenses 4:10-12; Colosenses 3:23, 24; I Timoteo 6:2; Colosenses 4:5, 6; I Pedro 2:12; Filipenses 1:27).

Hospedador (I Timoteo 3:2; Tito 1:6). Esto es muy simple; uno que "se alegra de recibir huéspedes" (extranjeros). Ser hospedador es algo más que llevar huéspedes a casa. Significa ser afectuosos y amables con ellos mientras permanecen en casa. Un anciano debe gozarse en llevar personas a casa y ser de ayuda a los extranjeros.

Afectuoso con los huéspedes, que goza de la compañía de los demás, especialmente creyentes (I Timoteo 3:2).

Amoroso y amigo de los creyentes, extranjeros y fuereños (Tito 1:6, La Biblia Amplificada)

"Cuando el extranjero morare con vosotros en vuestra tierra, no le oprimiréis, como a un natural de vosotros tendréis al extranjero que more entre vosotros, y lo amarás como a ti mismo" (Levítico 19:33, 34).

"El amor sea sin fingimiento... amaos los unos a los otros con amor fraternal" (Romanos 12:9,10).

"Permanezca el amor fraternal. No os olvidéis de la hospitalidad" (Hebreos 13:1,2).

"Hospedaos los unos a los otros sin murmuraciones" (I Pedro 4:9).

Apto para enseñar (I Timoteo 3:2). Es decir, un experto maestro. La palabra no sólo significa enseñar, sino hacerlo con maestría.

"Apto para enseñar o hábil para comunicarse" (I Timoteo 3:2).

Capaz de instruir, como resultado de haber sido enseñado.

Tito 1:9 implica el tener la habilidad de salir aprobado ante la crítica y los errores de los no creyentes, con el resultado de una apropiada comunicación de la verdad de la Palabra de Dios.

La palabra griega usada aquí es "didaktikos" que significa capaz de impartir la verdad. Puede ser traducida como "enseñable". Ser enseñable se refiere a una cualidad de la vida: ser humilde, sensible, deseoso de conocer la voluntad de Dios.

Los que son "didaktikos" no buscan discusiones o como agitarlas. Son sensibles a las personas, aun con las confundidas, obstinadas o amargadas. Cuando son atacados física o verbalmente, no responden con palabras cortantes o menosprecios. Tienen un estilo de vida con dominio propio.

Aquellos que son aptos para enseñar, también lo son para aprender. Estos aprenden más de la Palabra de Dios (II Timoteo 2:22). Creen progresivamente más en la Palabra (Tito 1:9). Y progresivamente viven más la Palabra (II Timoteo 2:24, 25).

No dado al vino (I Timoteo 3:3, Tito 1:7; Proverbios 20:1). Literalmente quiere decir, no permanecer junto al vino o no tardarse junto al vino.

"Uno que se sienta por largo rato ante su vino" (Robertson)

Uno que bebe bebidas alcohólicas repetidas veces y en grandes cantidades.

¿Se opone el apóstol a la bebida en lo absoluto? En este pasaje, él no habla de una abstinencia total. Usa la palabra "paoinos" que se refiere definitivamente a los excesos, es decir, habla de la forma de beber que ocasiona que uno pierda el control de los sentidos y caiga en una atadura. Pablo habla de embriagarse. Y las consecuencias de esto son en verdad terribles (Proverbios 23:29-34). Hay una ley más elevada que nos gobierna en este asunto: "no hagas nada que pueda hacer tropezar a tu hermano" (Romanos 14:21).

No soberbio (Tito 1:7). El anciano no debe estar dominado por el interés propio, la autosatisfacción, la terquedad o la arrogancia. Debe someterse a la autoridad apropiada, buscar agradar a Dios y a los demás, y no ser un "obstinado" en su caminos.

> *No un insubordinado*
>
> *No uno que se autosatisface o un arrogante* (Thayer)
>
> *No un terco* (Williams)
>
> *No arrogante o presuntuoso* (La biblia Amplificada)
>
> *No dado a la autogratificación* (Biblia Concordante Literal)
>
> *No centrado en sí mismo y que hace lo que quiere* (Beck)

Una persona soberbia es obstinada en seguir su propio camino, y nunca puede poner de lado sus deseos para servir a otro, y cuando finalmente lo hace, lo hace a regañadientes. ¡Este tipo de persona tiene como autoridad a sí mismo (I Pedro 2:2, 3,10, 14, 18)!

De seguro estos puntos no podrían describir a ninguno de nosotros que lee este libro. Pero para estar seguros, hágase usted mismo las siguientes preguntas:

¿Usualmente o siempre se hace lo que usted quiere?

¿Tiene dificultad para admitir sus errores?

¿Dirige su casa en forma autoritaria? "¡Haz esto porque yo lo digo!"

¿De niño, fue usted mimado excesivamente, y tuvo problemas de engreimiento o de ser el consentido?

Una persona con voluntad propia no es lo mismo que una con voluntad fuerte. La persona espiritualmente madura no dominará a las demás, aunque tenga una voluntad fuerte.

No iracundo (Tito 1:7). Que no se enoje rápidamente, no dado a la ira, o de temperamento prendido. El anciano no debe ser malhumorado, irascible, o irritable.

Que no sea fácilmente provocado o inflamado

"Que no sea de temperamento encendido" (Tito 1:7 La Biblia Amplificada)

Capaz de gobernar su propio espíritu (Kevin J. Conner)

La persona que no se enfurece rápido, no tiene "mal un fusible" o no "se sale de sus casillas". Nuestra guía para tratar con este problema es Efesios 4:26 *"Airáos, pero no pequéis"*. Algunos sentimientos de ira son inevitables en este mundo caído. Pero si nos damos prisa a liberarnos de ellos y los abandonamos, no podrán dañarnos. Dar paso a la ira daña el espíritu; el mantener la ira latente, el enojo que busca venganza, causa que el hombre pierda su perspectiva. Los que son "tardos para airarse" (Santiago 1:19, 20) encontrarán que es mucho más fácil cooperar con el mover del Espíritu Santo.

No pendenciero (I Timoteo 3:3; Tito 1:7). No golpeador, no violento, no combativo o pleitista. Una persona pendenciera está lista para el pleito y para una buena discusión –¡incluso quizás para algún agarrón de tipo teológico!

No busca pleitos

No dado a discusiones o peleas

Una persona pendenciera pierde el control de sus sentidos y se ve dominado por la ira. Siempre está listo para pelear, con una naturaleza combativa y belicosa. No siempre puede evitar verse involucrado en violencia física.

Consuélese en este hecho: Dios ha ayudado y usado a algunas personas con este problema de la ira. Moisés tiene una historia relacionada con la ira. El mató a un egipcio (Hecho 7:20-29). Tiró y rompió las tablas de la ley que Dios le había dado; golpeó airadamente la roca de la provisión en el desierto (Números 20:1-13). A pesar de todo esto, Dios usó a Moisés de una manera poderosa. Pedro también era de un carácter tosco en palabras y hechos; cortó la oreja del siervo del sumo sacerdote en la noche del arresto de Cristo (Juan 18:1-27).

No contencioso (I Timoteo 3:3). No contencioso ni bravucón. Esto nos habla de una persona que rechaza el conflicto, que no busca contienda, sino que es pacífica. Un anciano debe ser un hombre de paz.

"No puede ser resistido; invencible" (Versión de Thayer)

Apacible (I Timoteo 3:3)

Fácilmente corregido

La persona contenciosa somete a otras, pero en realidad es insegura y defensiva. Lucha contra los demás, tiene que competir y debatir con los demás. No es feliz a menos que esté como jefe, no quiere servir o estar bajo la autoridad. No desea doblegarse, ni ser flexible: "¡Es a mi manera o de ninguna otra manera! Tal gente es celosa y egoísta, motivada por el orgullo. Son aptos para contender, discutir, y aman las controversias, pleitos, conflictos, las luchas y las discordias.

En contraste, la cualidad del carácter apacible que hace a una persona un buen obispo, busca la paz. Su lema es *"en cuanto dependa de vosotros, estad en paz con todos los hombres"* (Romanos 12:16,18). Estas personas son corregidas fácilmente.

Amable (I Timoteo 3:2). Paciente, es decir, gentil, amable, considerado y aguantador. Una persona gentil:

> *Tiene una posición tierna*
>
> *Es amable o considerada* (Versión de Robertson)

En Filipenses 4:5 esta misma palabra es traducida como "moderación" y "paciencia", "razonablemente dulce". La palabra griega "epiekes" significa acceder y por extensión "ceder". Se usa en el contexto de no insistir en los propios derechos legales, que pueden llegar a convertirse en males morales cuando una persona toma ventaja o hace algo excesivo sobre alguien demasiado seguido.

Con un espíritu noble y generoso, una persona superior incluso cederá ante la menor. Gálatas 6:1 nos dice que restauremos a las personas con *"espíritu de mansedumbre"*.

No codicioso de ganancia deshonesta (I Timoteo 3:3). Esta persona no es ambiciosa del dinero. Básicamente una palabra en el griego, significa no adquirir dinero por medios deshonestos o no adquirir dinero deshonesto por ningún medio. Esta persona es:

> *No deseosa de dinero* (Biblia Concordante Literal)
>
> *No buscador de ganancia deshonesta* (I Timoteo 3:3 NVI)
>
> *Libre del amor al dinero* (Tito 1:7).

También, una persona así, no es codiciosa de otros bienes. No es un amante (deseoso) del dinero, no es avaro, o simplemente no es "ambicioso". Un líder debe ser libre del amor al dinero y de las cosas que este consigue. El ser insaciable de riquezas y dispuesto a obtenerlas (Timoteo 3:3 La Biblia Amplificada) por medios cuestionables, obviamente descalifica a alguien para el oficio de obispo. Hace imposible el crecimiento espiritual.

Que gobierne bien su casa (I Timoteo 3:4; Tito 1:6). Un anciano debe presidir y manejar los asuntos de su casa (los miembros de la familia, la economía, posesiones, etc;) en una forma excelente. Los aspectos del gobierno incluyen el concepto de un manejo dedicado (que se preocupa de). Esto requiere algo más que sólo estar al tanto de la dirección en general, sino que también requiere ayudar a conducir los asuntos de la familia. La palabra "bien" en el griego es un término fuerte, que significa bello o excelente, como algo que se opone a algo bonito o bueno.

"Que tenga a sus hijos en sujeción" es tener a los hijos bajo control (en obediencia y sumisión). El término *en sujeción* se puede aplicar al anciano o a sus hijos, o ambos. "Con toda honestidad" significa verdadera dignidad, respeto, reverencia y veneración.

"Hijos creyentes" quiere decir que son fieles a Dios, hijos que creen en Cristo Jesús como su Salvador (es decir, que son cristianos). Los hijos de los ancianos deben de ser cristianos.

> *Hijos en sujeción* (I Timoteo 3:4)

> *Controlando su propio hogar* (Biblia Concordante Literal)

Cuyos hijos estén bien formados, y sean creyentes, no propensos a ser acusados de moral o conducta disolutas, o ingobernables y desordenados (Tito 1:6 La Biblia Amplificada).

Este pasaje no nos habla de hijos pequeños. Los pequeños pasarán por fases de dificultad, pero si no hay una vida voluntariosa y disipada, el tiempo dirá qué tan bien los formaron sus padres. La "rebelión disoluta" puede hablar solamente de hijos que han alcanzado una edad en la que son responsables de sus actos. Una vida impropia y desenfrenada es una característica de la rebelión típica de los adolescentes y adultos jóvenes. En I Samuel 2:12, podemos ver que los dos hijos de Elí no calificaban para el sacerdocio a causa de la vida desenfrenada que los había hecho unos impíos ("*Hijos de Belial*" en algunas versiones, 2:17). Para amar verdaderamente a nuestros hijos y esposas, debemos disciplinarlos en amor (Efesios 5:25; I Pedro 3:7).

Una buena reputación con los de afuera de la Iglesia (I Timoteo 3:7). Este es el resultado de vivir un excelente testimonio hacia aquellos que no son parte de la iglesia (la comunidad no cristiana). Puede existir una reputación en el mundo de los negocios, relaciones con la comunidad y con la ley civil. Un anciano debe ser respetado "en el trabajo" al igual que en la Iglesia.

Un ejemplo de virtud cristiana en la comunidad en relación con la integridad, honestidad y pureza:

> *"A fin de que os conduzcáis honradamente para con los de afuera"* (I Tesalonicenses 4:12)

> *"Andad sabiamente para con los de afuera"* (Colosenses 4:5)

> *"No seáis tropiezo ni a judíos ni a gentiles"* (I Corintios 10:32)

> *"Manteniendo buena vuestra manera de vivir entre los gentiles"* (I Pedro 2:12)

Amante de lo bueno (Tito 1:8). A pesar de que la Versión del Rey Santiago "dice amante de los hombres buenos", la palabra griega es mucho más amplia. Significa "amante de lo bueno –de los buenos hombres, de las buenas actividades, de las cosas buenas, de los buenos pensamientos, etc. El deseo del anciano debe orientarse a las cosas buenas de Dios y no a las cosas malas, cuestionables o menos importantes.

"Uno que ama las cosas buenas y a la gente buena" (Tito 1:8 La Biblia Amplificada).

"Uno que ama lo que es bueno" (Tito 1:8 Nueva Versión Internacional).

Un promotor de la virtud.

Esta mentalidad está descrita con detalles en Filipenses 4:8 que lista muchas cosas buenas en las que debe permanecer el creyente *"todo lo que es verdadero, ...honesto, ...justo, ...puro, ...amable, ...de buen nombre, ...si hay virtud alguna, ...si algo digno de alabanza".*

Justo (Tito 1:8). Esto es, recto, equitativo y correcto. Esto va más allá de permanecer bien delante de Dios, sino que también se relaciona con hacer lo justo y recto en nuestros tratos con otra gente. Es la conducta que aprueba el juez divino. El hombre justo es:

Equitativo en su carácter

Justo en sus decisiones (Tito 1:8)

Recto en el juicio

Correcto y de mente limpia

El hombre justo puede hacer decisiones maduras y juicios justos. Dios bendijo a Salomón excesivamente porque en lugar de pedir riquezas, él hizo esta oración: "*Señor, dame un corazón entendido*". Otros ejemplos de hombres justos son: José (Mateo 1:19); Cornelio (Hechos 10:22); Juan el Bautista (Marcos 6:20).

Devoto (Tito 1:8). La persona devota persigue la santidad, agrada a Dios y se aparta para Su servicio. Lo opuesto a esta cualidad es la carnalidad y la mundanalidad.

Naturaleza y carácter esenciales en relación con Dios (Kevin J. Conner)

Benigno (Biblia Concordante Literal)

Un hombre devoto y recto religiosamente

Un hombre devoto practica la justicia, activa y consistentemente. Mantiene sus obligaciones morales y religiosas.

No un neófito (I Tim. 3:6). Es decir, que no sea un cristiano recién convertido.

No un nuevo convertido (I Timoteo 3:6) Biblia Amplificada

Uno que ha sido plantado recientemente (Robertson)

Los esperanzadores principiantes que tienen cualidades para el ministerio todavía tienen falta de madurez en la fe que se necesita. Esto no se refiere a jóvenes en edad, sino a su madurez espiritual.

Tal líder puede ser fácilmente "envanecido" que en el griego significa envolverse de humo o "subírsele los humos", con el orgullo cubriéndole como una niebla espesa. En esta posición nebulosa, el diablo puede hacerle tropezar fácilmente.

En Los Estados Unidos, la Iglesia eleva rápidamente al liderazgo espiritual a las estrellas de cine, televisión, y a los "máximos pecadores" recién convertidos, casi inmediatamente después de su conversión. Esto viola el mandato bíblico de I Timoteo 3:6. Algunos de estos líderes "crecidos en el invernadero" sobreviven a este error, otros quedan arruinados de por vida, y otros nunca parecen encontrar un papel balanceado en el ministerio.

Retenedor de la palabra de verdad (Tito 1:9). Un anciano debe tener un agarre firme y una posición fuerte en la Palabra de Dios tal como se le enseñó. Él debe conocer las Escrituras y la enseñanza adecuada (sana doctrina) que ha recibido. Ver también II Timoteo 2:2. El retener la palabra fiel involucra:

No estar dispuestos nunca a transigir en cuanto a la verdad (Kevin J. Conner)

Una profunda convicción de la infalibilidad y autoridad de las Escrituras

Ser personas sin doblez (I Timoteo 3:8). Esto incluye:

No ser cambiante o hablar dos cosas, sino ser sincero en lo que usted dice (I Timoteo 3:8)

No estar entre dos personas, diciéndole algo a una persona, y después decirle algo completamente opuesto a la otra.

Para Autoevaluación

La siguiente lista de preguntas le darán al pastor o líder potencial, un medio para evaluar su propio desarrollo del carácter. ¿Qué es lo que busca Dios en mi liderazgo actualmente? ¿Qué cualidades específicas debo tener para ser un líder balanceado? ¿Soy un hombre espiritual? Mientras usted reflexiona honestamente sobre su propio carácter a través de las siguientes preguntas, usted será capaz de evaluar el desarrollo de su propio carácter como líder.

¿Permanezco en una comunión cercana con el Espíritu Santo?

¿Acepto la Biblia como la Palabra de Dios?

¿Amo al pueblo de Dios?

¿Me identifico con el pueblo de Dios en una iglesia local específica?

¿Me someto voluntariamente a la autoridad?

¿Amo al pecador y al pródigo?

¿Adoro verdaderamente a Dios con todo mi corazón?

¿Tengo una fuerte vida de oración?

¿Tengo una actitud madura hacia las situaciones de presión?

¿Permito que otra persona termine el trabajo que yo empecé sin sentir ninguna amargura hacia esa persona?

¿Escucho y recibo las críticas?

¿Acepto que otra persona sea asignada a un trabajo para el cual yo estoy mejor calificado(a)?

¿Me burlo secretamente en autojustificación, cuando alguien comete un error?

¿Permito que otras personas den su opinión, o siempre quiero argumentar a favor de mi punto de vista?

¿Tengo paz interior en los tiempos de agitación?

¿Perdono a alguien cuando deliberadamente me ignora?

¿Puedo controlar mi ira?

¿Evito ciertos placeres en el presente, para lograr metas a largo plazo?

¿Termino los proyectos que empiezo?

¿Pongo a los otros antes que a mí?

¿Enfrento los contratiempos desagradables sin amargarme?

¿Admito fácilmente mis equivocaciones?

¿Sostengo mis promesas y cumplo mis compromisos?

¿Puedo refrenar mi lengua cuando esto es lo mejor?

¿Puedo aceptar y vivir en paz con las cosas que no puedo cambiar?

Para Evaluar a sus Colaboradores

La siguiente lista identifica algunas de las más importantes cualidades del carácter que un pastor debe buscar cuando escoge a sus colaboradores:

Integridad	Guarda los secretos
Comparte el mismo espíritu y mismas cargas	Un espíritu de sacrificio
Fidelidad	No requiere salario de la iglesia
Compromiso con la iglesia	Exitoso en un trabajo secular
Actitudes correctas	Vida consistente con los principios bíblicos
Corazón de pastor	No es adicto a los dioses de este mundo
Estabilidad	Buenos hábitos
Una habilidad para congeniar con la gente	Hacedor de la Palabra
Ama y disfruta a las personas	Ama la Casa de Dios
No es dominante	Recibe la corrección y los cambios
Tiene gracia	Apoyador, no competidor con los demás
No hace acepción de personas	Espíritu sumiso
Corazón de siervo	Corazón humilde
No es un entrometido	Naturaleza abierta, transparente y honesta

Que cada líder, hombre o mujer, luche para desarrollar estas cualidades y actitudes en su propia vida. Quiera Dios que cada líder le permita moldearlo a la imagen de Su amado hijo Jesucristo.

Si esa es su oración personal, usted está listo para moverse hacia la siguiente etapa en nuestro estudio sobre el liderazgo: El Capítulo Ocho "La Preparación del Líder". El desarrollo del carácter cristiano tiene su expresión más demandante en la preparación de los líderes de Dios.

Capítulo 8

LA PREPARACIÓN DEL LÍDER

Cada líder cristiano a quien Dios vaya a usar en cualquier capacidad obligadamente debe ser preparado en forma previa para funcionar en tal capacidad. La preparación adecuada es la única seguridad de que un líder se desempeñe efectivamente delante de Dios. Muchos líderes desean en gran manera desempeñarse efectivamente, pero hay muy pocos que desean pagar el precio de ser hechos hábiles para la tarea. Dios preparó muy de cerca a cada líder de la Biblia antes que éste empezara a hacer su labor en plenitud para el Señor. Algunos experimentaron una preparación más larga que otros. Cada uno fue entrenado de manera diferente. Dios mismo tiene una educación de tipo artesanal diseñada para cada uno de Sus líderes dependiendo del trabajo para el cual le ha llamado, sea hombre o mujer.

La acción de preparar es dejar algo listo para un propósito especial, hacer adecuado, ajustar, adaptar, entrenar, equipar, o amueblar. La idea griega de la preparación enfatizaba el hecho de alistar algo para funcionar apropiadamente. Los siguientes sinónimos extendidos nos ayudarán a apreciar el significado del verbo "preparar":

proveer apropiadamente para

prever los problemas

predisponer para cierta reacción

ensayar antes del tiempo

entrenar para una tarea específica

educar con un conocimiento especial

establecer los fundamentos de

cultivar para una reproducción fructífera

madurar el carácter de

armar o ajustar con las armas necesarias para la guerra

La gran importancia de la preparación ha sido grabada indeleblemente en las mismas fibras esenciales de tres áreas: La naturaleza, las artesanías y la Escritura.

La Ley de la Preparación en la Naturaleza

La preparación está impresa en el mundo de la naturaleza en varias formas: Primeramente, a causa de su instinto los animales preparan su comida para el tiempo de invierno por su disciplina de almacenar durante las estaciones de cosecha. Si Dios ha dado a los animales un instinto de preparación, cuanto más debería al hombre sentir lo mismo para el ministerio del Espíritu.

En segundo término, la tierra es preparada por la naturaleza y por el agricultor para que produzca fruto. Las lluvias, la nieve y el sol ayudan a preparar la tierra para la primavera. La naturaleza está continuamente preparándose a sí misma para el siguiente ciclo de vida y reproducción.

Por último, las piedras son preparadas por la naturaleza en los ríos, siendo continuamente golpeadas y rodadas hasta que están muy lisas. La naturaleza tiene una hermosa manera de preparar las piedras para el uso humano. En I Samuel 17:35-50, David, el joven pastor se enfrentó a la humanamente imposible tarea de matar al gigante Goliat. En tanto que se acercaba a Goliat, él se detuvo en un arroyo y escogió cuidadosamente cinco piedras lisas, una de las cuales se alojaría en la frente del gigante. David, meramente usó una piedra que la naturaleza había preparado.

La Ley de la Preparación en la Artesanía

Las profesiones y artesanías de alta experiencia nos proveen un excelente ejemplo de la necesidad de preparación. Todas las ocupaciones técnicas en la sociedad requieren de cierto nivel de entrenamiento técnico. Un mecánico debe estar adiestrado en como captar las relaciones de un complicado diagrama . Debe entender como los componentes químicos, mecánicos, eléctricos y electrónicos operan juntos. La mayoría de las profesiones requieren de años de educación, entrenamiento y constantes actualizaciones.

En los Estados Unidos, los médicos generales deben pasar cuando menos 8 años de estudio en entrenamiento universitario. ¿Quién desearía consultar a un doctor sin preparación médica?

El obtener una gran habilidad en una artesanía, negocio o profesión requiere pasar años como aprendiz, práctica, entrenamiento en el trabajo y consulta con los expertos. ¿Cuánto más necesitamos de épocas y años de preparación, para el ministerio espiritual al Señor, en la escuela del Espíritu Santo y la Palabra de Dios?

El principio de la preparación en la artesanía tiene también una ilustración bíblica. A través de la Escritura, la analogía del barro y el alfarero se usa repetidamente (Romanos 9:20, 21; Isaías 45:9 y 64:8; Efesios 2:10 y Jeremías 18:1-4; II Timoteo 2:2, 21). El barro y el alfarero por su parte deben recibir mucha preparación para poder producir bellas obras de alfarería. La siguiente es una lista parcial de la preparación del barro. Este debe ser:

1. Excavado de la tierra, golpeado y separado

2. Humedecido y empapado en agua

3. Golpeado y amasado cuidadosamente por las manos del alfarero

4. Inspeccionado por si tiene burbujas de aire

5. Perfectamente centrado en la rueda para darle forma

6. Estirado y aplastado para moldearlo

7. Colocado en repisas para secarse y endurecerse

8. Pasar por el fuego calcinante hasta desarrollar cualidades cerámicas

Tal y como el alfarero sigue estos pasos para preparar un precioso recipiente, Dios sigue pasos comparables al preparar a cada uno de sus ministros.

La Ley de la Preparación en la Escritura

Dios ha demostrado también el principio de la preparación en Su palabra. La Escritura describe las cosas que deben ser preparadas para cumplir su propósito específico. La siguiente lista, con cada punto siendo un estudio en sí mismo, contiene muchos principios que Dios sigue al alistar a sus siervos para un servicio efectivo.

La preparación de una habitación para el Señor (Éxodo 15:2; Salmo 107:36).

La preparación de las ofrendas para el tabernáculo de Moisés (Números 15:3-12 y 23:1, 2).

La preparación del pueblo para cruzar el Jordán (Josué 1:11).

La preparación del corazón del hombre para buscar a Dios (I Samuel 7:3; Salmo 10:17).

La preparación de los materiales para el templo de Salomón (II Crónicas 2:9 y I Crónicas 22:3-14).

La preparación de las hormigas para el invierno (Proverbios 30:25).

La preparación del camino al Mesías (Isaías 40:3; 62:10; Mateo 3:1-3 y 11:10).

La preparación de los levitas (II Crónicas 35:10-20).

La preparación del caballo para la batalla (Proverbios 31:21).

La preparación de un vaso de honra (II Timoteo 2:20, 21).

La preparación de cuerpo del Mesías en lo natural (Hebreos 10:5).

La preparación de la novia de Cristo (Apocalipsis 19:7 y 21:2).

En todos estos ejemplos de la Escritura, podemos ver la importancia de la ley de la preparación. Es obvio que Dios es un Dios de preparación. Todo lo que Dios va a usar debe pasar a través de el proceso preparativo de Dios.

La Iglesia necesita grandemente líderes espirituales preparados y entrenados. No necesita principalmente "graduados"; sin embargo, necesita a aquellos que han sido entrenados y preparados por el Señor. La Iglesia necesita aquellos que han sido afilados y fogueados para ser formados como líderes piadosos.

La Etapa de Preparación

El siguiente diagrama ilustra el transcurso de la vida del líder, y muestra donde la preparación de él o ella se acomoda al proceso. Pablo escribió en I Timoteo 3:10 "(los futuros líderes) *sean puestos a prueba* (evaluados, investigados)".

La Salvación del Líder	El Llamado del Líder	La Preparación del Líder	La Función del Líder
Ministerio plantado como una semilla	Ministerio nacido como un retoño	Ministerio probado como una planta	Ministerio madurado como un árbol que lleva fruto

Cada líder puede hallarse a sí mismo en algún punto de este diagrama. Desde su renacer espiritual hasta su muerte física, él está madurando en el Señor. Debe notarse claramente que este diagrama debe comenzar con la salvación, nadie puede aspirar a ser un líder espiritual sin ella. Sin la salvación, no se puede ser capaz de guiar al pueblo de Dios. Al dejar de lado la experiencia de la salvación, algunos líderes han tenido que admitir que nunca han podido madurar al grado de identificar o cumplir su llamado específico en el Señor. Algunos, identifican su llamado pero fracasan al prepararse para sus ministerios. Mientras que otros, reciben su llamado y proceden a su periodo de preparación, pero fallan en el proceso. Desafortunadamente muchos ministros mueren en el desierto en algún punto del camino de su desarrollo.

Isaías 49:1-3.

El profeta Isaías da un hermoso cuadro de la preparación en Isaías 49:1-3. El profeta enuncia una palabra que se aplica a él mismo, al Mesías, y a todos los siervos del Señor. En su profecía particular, Isaías habla de una flecha dando en el blanco. Hay cinco aspectos de la preparación en esos versículos.

1. *"Jehová me llamó desde el vientre"*

Había un sentido de destino en las palabras de Isaías, una vez que el llamado de Dios fue evidente desde el vientre de su madre. Antes de su nacimiento, se había determinado ya el propósito de este niño. Este tipo de llamado fue cumplido en Isaías y en el Señor Jesucristo. Se cumple en todos los siervos de Dios. Todos los líderes de Dios tienen un destino divinamente ordenado.

El Señor Jesús fue llamado desde el vientre con un propósito específico para Su vida (Isaías 7:14; 9:16 y 11:13). El creyente también ha sido llamado desde el vientre de su madre y ha sido destinado para una tarea particular en su vida (Efesios 1:4-5 y 5:25; Romanos 8:28, 29; Efesios 3:1-10).

Cada siervo de Dios debe tener la determinación confiada de que ha oído el verdadero llamado del Señor que ha existido desde la eternidad.

2. *"Y puso mi boca como espada aguda"*

Este punto en particular habla del ministerio de la Palabra de un siervo del Señor. La palabra de Dios se describe como una espada en Efesios 6:17. Es una espada que separa el alma y la carne y discierne la verdaderas intenciones del corazón (Hebreos 4:12). No debemos sin embargo usar esa espada para lastimar al pueblo de Dios. El Señor debe hacer la boca del líder como una espada afilada, pero una espada que no trae muerte a la Iglesia mientras el predicador habla.

El apóstol Juan en la Isla de Patmos vio al Señor Jesús en una visión (Apocalipsis 1:10-18). En esta visión Juan vio al Señor con una espada de dos filos saliendo de su boca. Aun cuando la Palabra de Dios que procede de labios del Señor Jesús era una espada afilada, Él no usó esta Palabra durante Su ministerio terrenal para destruir a la gente, sino para redención. Como Jesús, cada líder debe aprender a usar la Palabra para edificación y no para destrucción (Efesios 6:17; Proverbios 6:2 y 18:21; Mateo 10:34; Apocalipsis 2:12 y 19:13-15; Isaías 51:16 y Romanos 3:10-14).

3. *"Me cubrió con la sombra de su mano"*

Esto habla de cubrir al siervo de Dios durante el tiempo de su preparación. En su entrenamiento, el siervo de Dios está escondido de los ojos del mundo y ocasionalmente de los ojos de la Iglesia. Moisés el gran libertador, estuvo escondido por cuarenta años en su aislamiento en el desierto antes de sacar al pueblo procedente de Egipto. Durante este tiempo el Señor preparó un corazón de pastor en Moisés para guiar a Israel.

El Salmo 91 habla de esconderse bajo la sombra de las alas del Altísimo. Todos los líderes del Señor deben aprender a permanecer bajo la sombra del Todopoderoso, en el lugar secreto de la preparación, sin un espíritu de impaciencia o de desconfianza. Jesús, el Hijo modelo, habitó bajo la sombra del Altísimo por un período de treinta años hasta Su revelación en el río Jordán. Él no se entregó a Su poderoso ministerio, a la nación, y finalmente a todo el mundo, sino hasta después de su trigésimo año de "ocultamiento". Moisés, David, Eliseo, Jesús, Pablo, y muchos más experimentaron este período de cubrimiento.

Este principio sigue aplicándose a la preparación del líder actual. Muchos líderes están yendo a través de este ocultamiento ahora mismo. Algunos se desaniman, mientras que otros sacan ventaja del mismo. Lo que Dios obra en el líder en este período, Él lo revelará en el tiempo cuando el líder salga del proceso. Cada siervo de Dios debe aprender bien durante este tiempo. Es un período importante de preparacion para su futuro.

"En la sombra de su mano" podría hablar también del ministerio quíntuple referido en Efesios 4:11,12, bajo el cual los líderes se desarrollan. Todos los líderes deben venir bajo la mano del Señor a través de estos ministerios gubernamentales para ser entrenados adecuadamente. Estos ministerios son dados al Cuerpo de Cristo para ayudar en la preparación de sus líderes potenciales. Ellos proveen cobertura, protección, y preparación. El líder no debe frustrarse cuando se halle a sí mismo escondido por Dios, por una temporada, bajo Sus tratos a través de Sus ministerios ungidos.

4. *"y me puso por saeta bruñida"*

Aquí el profeta pinta la imagen de una flecha. Establece que la vara de la flecha debe ser pulida antes de ser usada. La vara de la flecha es uno de los componentes más importantes de ésta, si está curveada o desalineada en cualquier forma, no dará en el blanco; una vara torcida hace la flecha inútil. La filosa punta de la flecha será de poco valor si una vara mal formada le hace errar el blanco.

Por otra parte, una flecha tendrá poca utilidad si golpea en el blanco con una punta sin filo, incapaz de penetrar. La punta y la vara son de igual importancia. La vara puede hablar del carácter del siervo del Señor, mientras que la punta habla de su ministerio. El carácter y el ministerio de un siervo de Dios deben ser preparados adecuadamente.

La palabra "bruñir"" significa pulir, examinar, purgar para abrillantar. Isaías escribió que Dios le había puesto por saeta bruñida. Escribió también que Dios lo había pulido como una flecha. La vara debe pasar por un proceso de recorte, lijamiento y pulimiento para jugar su papel de producir una flecha que dará en el blanco.

En los tiempos de Isaías, preparar una flecha era algo lleno de detalles. La madera de acacia, fuerte pero rugosa, curveada y nudosa, debía ser cuidadosamente enderezada y lijada. Antes que nada, se le quitaban las hojas a la pieza de madera escogida. Después, la pieza desnuda se estiraba en un marco usando clavijas muy juntas que la enderezaban lentamente. Después, la flecha era untada con aceite para suavizarla antes del lijamiento final. Después del lijamiento, la vara estaba lista para recibir su punta.

Todos estos pasos en la preparación de una flecha natural, indican muchas verdades espirituales en el proceso de preparar un líder. En esa misma forma el Señor llevará a cada líder a través de un proceso de despojamiento antes de usarle para dar en el blanco para el cual fue preparado. Todo líder debe experimentar la preparación del carácter (enderezamiento de la saeta) y la preparación ministerial (afilamiento de la punta). Este es un proceso muy doloroso y largo en ocasiones. Pero cada líder puede animarse a sí mismo en el entendimiento de que entre más planes tiene Dios de usar una flecha, más llena de demandas será su preparación.

5. *"Me guardó en su aljaba."*

La aljaba viene a dar reposo y disfrute de una larga espera hasta el tiempo escogido de ir hacia adelante. La "experiencia en la aljaba" es muy dura para la mayoría de los líderes, porque sienten que ya han experimentado totalmente todos los pasos progresivos de preparación para ser enviados. Esto es especialmente duro para aquellos que han enfrentado exitosamente amargas experiencias. Ellos han respondido correctamente a su llamado, a su mensaje, a su preparación, a su ocultamiento bajo la mano de Dios y a su pulimiento. Pero ahora ellos dicen: ¿Por qué este período de espera?

Este es un tiempo en que el líder aprende la paciencia. Debido a esta importante lección, la aljaba no es un lugar de preparación inferior a la piedra de lijar. La importancia principal de la experiencia de la aljaba no es lo externo sino lo interno. Esta es siempre la prueba más dura del Señor para cualquier líder. Cada uno debe entender que Dios tiene un tiempo perfecto cuando, como una flecha, él es disparado hacia adelante para dar en el blanco que Dios ha ordenado para él.

Pablo dice en la epístola a los Gálatas que el Señor Jesús fue disparado "en el cumplimiento del tiempo" (4:4). Jesús vino a la tierra en el momento perfecto de la historia. Esta flecha había estado esperando cuando menos cuatro mil años para ser enviada. Pero Jesús que era el cordero inmolado desde antes de la fundación del mundo, esperó pacientemente el momento en el que sería revelado en el tiempo y el espacio humanos.

Moisés estaba destinado a ser el gran líder de Israel, pero había un momento perfecto para lanzar tal flecha que sólo Dios conocía. Cuando Moisés mató al egipcio, no era el momento perfecto para ser revelado a Israel como el gran líder espiritual. Moisés debía de estar en la aljaba por otros cuarenta años.

David había sido destinado como rey sobre Israel. Él fue ungido cuando tenía unos diecisiete años, pero no recibió el trono hasta cumplir los treinta. David debía esperar en la aljaba durante trece años. Varias veces David puedo matar a Saúl para ganar acceso al trono por medios naturales, pero el Señor le dio la gracia de saber que Él le abriría paso al trono a Su propia manera. David escogió esperar el tiempo de Dios y no el de los hombres.

Para cada uno de sus líderes Dios tiene una temporada especial de ocultamiento en la aljaba, y de revelarse a un tiempo sólo señalado por Él. Las tentaciones y las presiones, le vendrán a cada siervo, de adentro y de afuera, urgiéndole a adelantarse al calendario de Dios. El líder potencial debe ser perfectamente cuidadoso para no forzar el perfecto tiempo del Señor. No hay una edad fija para la iniciación del servicio del líder. No hay un patrón detallado ya establecido a seguir, para todos los líderes que entran en el ministerio. El tiempo y la manera de la iniciación es diferente para cada uno. Es por ello que ningún líder debería compararse a sí mismo con otro, sino esperar pacientemente en el tiempo de Dios, porque sólo Él es el perfecto y certero tirador.

CONCLUSIÓN

En el siguiente capítulo, haremos un análisis profundo de la preparación de dos grandes líderes de Israel, Josué y Samuel. Ambos dirigieron en los tiempos de transición más importantes en Israel, Josué durante la época de entrada a la tierra prometida, Samuel durante la transición de una federación de tribus hacia un reino. Ambos ilustrarán que la preparación es un proceso de toda la vida, aunque algunos períodos de la vida son más inttensos que otros. Los dos son un reto y un ánimo para el líder potencial.

¡Si usted cree que nunca logrará llenar los requerimientos para cumplir su ministerio, anímese, porque sus temores están bien fundados! Aun para ambos de estos grandes hombres, la preparación nunca se terminó. Usted puede sentirse aliviado al saber que no necesita llegar a la madurez completa en un instante, o en un corto tiempo.

Si cree que está cerca de estar preparado para ser líder, o que de hecho, está plenamente preparado, necesita ser desafiado por las vidas de Josué y de Samuel. Ellos nunca estuvieron totalmente completos, sino siempre creciendo hacia sus ministerios. Así será para cada uno de los líderes de Dios. ¿De qué otra forma podría ser para la más demandante e importante labor del universo?

Capítulo 9

LA PREPARACIÓN EN EL CURSO DE LA VIDA DE JOSUÉ Y SAMUEL

La Biblia nos da una valiosa cantidad de información acerca de como Josué y Samuel fueron preparados para cumplir sus trascendentes ministerios en Israel. En ambos casos, la preparación no se limitó a sus primeros años de adultos a los cuales se refiere el diagrama del capítulo anterior como "La Preparación del Líder". De hecho, la preparación no está limitada a un sólo período de la vida del líder, aunque es a menudo más intensa durante un período. La preparación es un proceso de toda la vida, en el cual la mayoría de los líderes pasan por varios ciclos mayores y numerosos ciclos menores. Estos ciclos siguen importantes eventos en el cumplimiento de la comisión total del líder.

La Preparación de Josué

Ya sea que usted sea un líder potencial en preparación o un líder establecido, encontrará en la vida de Josué un importante e inspirador estudio acerca de la preparación que Dios da. Mientras seguimos su vida a través de los libros de Éxodo, Números, Deuteronomio y Josué, notaremos que Dios preparó a Josué para que fuera:

UN GUERRERO (Éxodo 17:9-11)

Josué probablemente nació durante la cautividad en Egipto. Nunca fue entrenado en las artes militares de la guerra. Cuando vemos por primera vez a Josué como líder, sin embargo, lo es como guerrero contra los amalecitas. Josué, siendo un hombre de gran valor, fue escogido para dirigir a los ejércitos de Israel en la batalla. Josué ya había manifestado las cualidades de un buen líder para convertirse en general.

Todos lo líderes potenciales deben comenzar como buenos guerreros espirituales. Cada uno debe tener una causa y una visión en su corazón para derrotar al enemigo y dar la victoria al Señor (Juan 18:36; I Corintios 9:25-26; I Timoteo 6:12; II Timoteo 4:7). Un líder puede progresar en el ministerio sólo a partir de un inicio como soldado.

UN PORTADOR DE LA PALABRA (Éxodo 17:14; Hechos 9:10-22)

Josué recibió una palabra profética del Señor inmediatamente después de la batalla, relacionada con su ministerio de toda la vida para con Israel. Moisés debía repetir esta palabra a los oídos de Josué. ¿Qué le debía repetir? Le debería recordar la victoria de la batalla, la forma en que Dios había respondido a la oración y como él había combatido por Israel. Josué estaba destinado a ser el líder militar de Israel, porque había recibido la palabra del Señor.

Todos los líderes en formación deben recibir una palabra personal definitiva de parte del Señor. Cada uno necesita conocer con seguridad quién es Dios, qué puede hacer Él y que en verdad le ha llamado para el ministerio. El líder debe mantener esta palabra personal del Señor en su corazón.

UN SIERVO (Éxodo 24:13 y 33:11)

Josué era conocido en Israel como "el siervo de Moisés", su título oficial. No le llamaban "el siervo de Jehová" sino hasta en el libro de Josué, después de que Israel entrara a Canaán. La palabra "ministrar" empleada en el Antiguo Testamento en relación a Josué, significaba atender como un adorador, contribuir, servir a otro, atender a otros. La palabra siervo en Éxodo 24:13 *"Moisés y su siervo Josué"*, sería el equivalente a la palabra "diaconía" o diácono. Josué estaba dispuesto a servir a Moisés y a ser conocido como el diácono de Moisés. El principio de liderazgo que se encuentra en la vida de Josué para el líder, es que éste debe ser fiel a los demás como un siervo. Después podrá desarrollar su pleno potencial en su servicio directo a Dios.

En Josué 5:14, Josué responde al ángel que se le aparece *"¿Qué dice mi Señor a su siervo?"* Aquí la palabra "siervo" tiene un significado en hebreo completamente diferente al mencionado anteriormente. Se relaciona con un "esclavo por amor o siervo-esclavo". Esto nos muestra que Josué se convirtió en un siervo de Jehová por amor, sólo después de haber sido el siervo de Moisés.

Josué es un ejemplo tremendo para todos los líderes en el área de preparación. Todos los líderes necesitan aprender a servir a otros primero, y deben ser conocidos como ministros (siervos) en su iglesia local.

UN FIEL COLABORADOR (Éxodo 32:17)

Cuando Dios llamó a Moisés para el encuentro en el monte Sinaí, Moisés llevó consigo a Josué. Sin embargo, este permaneció a la mitad del camino, mientras que Moisés subía a la cumbre. Moisés subió hasta la cima, para hallarse rodeado de la gloria y presencia divinas. Por cuarenta días, él recibió la revelación de las leyes y mandamientos del Señor, en una comunicación cara a cara con Dios.

Pero Josué estaba a la mitad del camino en la montaña, sin la nube, sin la voz, sin la presencia de Dios y sin Moisés. Su experiencia en la montaña, sin duda, no fue tan gloriosa como la de Moisés. Josué probablemente pudo haber visto la nube o haber oído algo, pero no lo experimentó por sí mismo. El esperar a Moisés impacientó a la gente y se hicieron un becerro de oro. Aarón, el hermano de Moisés, debería haberlos detenido, sabiendo que Dios había prohibido la adoración a los ídolos. Por el contrario, Aarón, fue el supervisor de aquellos que estaban fabricando el becerro. A pesar que de que no estaba con la gente, Josué pudo probablemente escucharlos. Podía haberse unido a la gente en su pecado. Sin duda, él empezó a aburrirse en su experiencia y su atención vagabundeaba. Pero Josué se mantuvo fiel a Moisés y a Dios. Él permaneció cuarenta días esperando fielmente mientras la gente era infiel —esta es la marca de un verdadero buen líder (ver también Génesis 16:15, 16 y I Samuel 8:5-7).

UN AMANTE DE LA CASA DE DIOS Y DE SU PRESENCIA (Éxodo 33:11)

Moisés se encontró con Dios muchas veces en la puerta del tabernáculo. Ahí Dios le hablaba y guiaba con Su presencia. Josué iba con Moisés al tabernáculo. Durante este período, Josué nunca quería dejar el tabernáculo incluso cuando Moisés ya había terminado, así que Josué permanecía ahí. Él amaba la presencia del Señor, amaba la casa del Señor.

Esta caracteristica de Josué siendo un líder joven es de la mayor importancia. ¡Es posible que un líder se enamore de su don o ministerio y nunca se enamore de la presencia del Senor! Moisés debió haber impresionado profundamente a Josué, cuando le dijo a Dios, *"Si tu presencia no ha de ir conmigo, no nos saques de aquí"* (Éqxodo 33:15). Josué aprendió de Moisés la importancia de la presencia del Señor.

Las siguientes citas de la Escritura sobre la presencia del Señor amplificarán la importancia de esto a todo líder:

Génesis 4:16   *"Salió, pues, Caín de la presencia de Jehová"*

Éxodo 33:14   *"Mi presencia irá contigo"*

Salmo 16:11   *"En tu presencia hay plenitud de gozo"*

Salmo 31:20   *"En lo secreto de tu presencia los esconderás"*

Salmo 51:11   *"No me eches de tu presencia"*

I Corintios 1:29   *"A fin de que nadie se jacte en su presencia"*

II Corintios 3:17,18   *"Y donde está el Espíritu del Señor, ahí hay libertad"*

Los líderes necesitan enamorarse de la presencia del Señor, como lo hizo Josué. No deben ser como Caín que se apartó de la presencia de Jehová. ¿Cuantos líderes hoy no aman Su presencia? Que todo líder diga con el salmista: *"¡No me eches de tu presencia!"*

UN HOMBRE DE CELO (Números 11:28, 29)

La presencia del Señor había descendido en el campamento de Israel en una forma maravillosa. Era tan fuerte Su presencia que dos jóvenes bajaron corriendo al campamento y empezaron a profetizar. Josué se preocupó de ello y corrió a avisar a Moisés para que se lo prohibiera. El celo de Josué en ese instante, sin embargo, sobrepasó a su conocimiento de Dios. Por eso Moisés le contestó *"ojalá, todo el pueblo de Jehová fuese profeta y que Jehová pusiera su espíritu sobre ellos"*.

El celo de los ministerios jóvenes (recuerde nuestro uso de esta palabra en referencia a la gente que ministra) debe ser balanceado con un conocimiento más maduro de Dios y Su mover. En Juan 18:10 podemos ver el celo de Pedro al cortarle una oreja al soldado. Si bien Jesús mansamente puso la oreja en su lugar nuevamente, también dijo a Pedro que depusiera su espada. Pedro tenía celo, pero carecía de conocimiento.

En Lucas 9:51-56, Juan y Jacobo deseaban que cayera fuego del cielo y que destruyera a la ciudad que rechazó a Jesús. Pero Jesús les contestó humildemente: *"vosotros no sabéis de que espíritu sois"*. ¡Ellos no entendían que Jesús había venido a salvar a los hombres, no a ofrecerlos como holocaustos! El celo sin conocimiento es peligroso.

En Marcos 10:35-45 Juan y Jacobo deseaban sentarse a la derecha y a la izquierda del trono de Jesús. Él no les podía dar lo que le pedían, pero sí podía darles el ministerio al que estaban destinados: el ministerio de siervos sufrientes. Su deseo de posición era un celo sin verdadero conocimiento de la fuente o el significado de tal posición.

En Hechos tenemos a los hijos de Esceva, quién probablemente fue un sumo sacerdote judío o un hombre empleando tal título para propagar sus propias artes mágicas. Ellos encontraron un hombre con demonios, y en su celo buscaron echarlos fuera. Pero por el contrario, fueron los demonios los que los echaron fuera a ellos, reaccionando violentamente. ¿Por qué? Porque ellos tenían celo, pero sin conocer a Jesucristo como su Señor.

Los líderes jóvenes, por lo general tienen una buena dosis de celo, pero con falta de sabiduría y de conocimiento. Sin embargo, esta no es una característica totalmente negativa. Dios quiere celo en sus líderes, pero el celo debe ser balanceado con el conocimiento y sabiduría de un ministerio más maduro y experimentado.

UN HOMBRE DE CARÁCTER CAMBIADO (Números 13:16)

Las Escrituras marcan una relación cercana entre el cambio de un nombre y el cambio del carácter de una persona. Note esto en los siguientes personajes.

El nombre de Abram ("padre") cambió a Abraham ("padre de una multitud"). Dios cambió el nombre de Abram después de confirmar con él Su pacto de que su descendencia sería como la arena del mar y como las estrellas, sin número.

Saraí ("persona cabeza dura y dominante") se convirtió en Sara ("princesa, noble") al confiar ella en que Dios iba a obrar Su perfecta voluntad a través de su esposo Abraham. En este punto, ella se convirtió en un ejemplo de fe para todas las mujeres.

Jacob ("suplantador") se convirtió en Israel ("Príncipe teniendo poder con Dios"). El cambio de nombre tuvo lugar al mismo tiempo que fue cambiado el carácter de Jacob.

El nombre original de Josué, Oseas ("libertador, ayudador") se convirtió en Josué ("Dios ayuda, Jehová salva"). Dios le cambió su nombre para enseñarle que sería un general victorioso solamente por medio de la fortaleza y la ayuda de Dios.

RECHAZADO POR SUS HERMANOS (Números 4:6-12)

En cualquier contienda, tres contra tres millones no es algo deseable. Aquí, en Números 14, Josué, Caleb y Moisés se enfrentaban al resto del pueblo de Israel. Los de Israel querían apedrear a Josué y a Caleb, para que rechazaran su buena visión y su buen reporte que traían de Canaán. Aquí, es la misma gente que Josué había guiado en la batalla contra el enemigo, la que ahora busca su muerte. Su propia gente estaba rechazando su liderazgo y sus habilidades. Este rechazo no era de parte de Amalec o algún otro pueblo pagano incircunciso, provenía de los mismos hermanos de Josué. Todo Israel se le oponía.

Muchos líderes en la Biblia han experimentado el rechazo de sus hermanos. La tabla siguiente mostrará sus nombres, sus períodos de rechazo en el desierto y sus destinos. Cada líder del pueblo de Dios puede cobrar ánimo, en que aun cuando venga el rechazo, Dios lo va a usar en Su plan.

SUS MINISTERIOS RECHAZADOS		SUS MINISTERIOS CUMPLIDOS
RECHAZOS, EXPERIENCIAS EN EL DESIERTO, PRISIONES		

Pablo...14 años de oscuridad...Apóstol

José...13 años de prisión..El trono

Moisés...40 años en el desierto.......................................Libertador

Josué...40 años en el desierto..Capitán

Jesús...3.5 años de rechazo...Rey

SUMISO A LA IMPOSICIÓN DE MANOS (Deuteronomio 34:9; Números 27:18; I Timoteo 4:14)

Dios le dijo a Moisés que impusiera las manos a Josué, pues Moisés tenía el Espíritu de Dios en él. Al hacer esto, Moisés estaba identificando a Josué como el líder en Israel y también le estaba impartiendo el espíritu de sabiduría.

De esta misma forma, los lideres de la Iglesia de hoy, deben someterse a sí mismos a Dios y al presbiterio para la imposición de manos. Este acto identifica el ministerio de la persona y le imparte dones espirituales, que deberán ser avivados continuamente y usados para el Señor. Si un líder tiene verdaderamente un ministerio, no debe temer el recibir la imposición de manos del presbiterio, porque Dios siempre confirma a Sus verdaderos ministerios. La imposición de manos ayuda a preparar mejor al líder para la batalla espiritual porque le da palabras proféticas certeras en las cuales puede sostenerse y confiar en Dios.

PRESENTADO ANTE EL SACERDOCIO (Números 27:19a)

Después de recibir la imposición de las manos de Moisés, Josué fue presentado ante el sacerdote Eleazar. Esto habla de la necesidad que tienen los líderes de hoy de que otros ministerios reconozcan su posición. Cuando Moisés comisionó a Josué, fue frente a Eleazar. Josué tomó su cargo de parte de Moisés en una forma por demás responsable, como si estuviera bajo una autoridad y ministerio mayores. Él valoró también (en un plano horizontal) el reconocimiento de su ministerio por parte de sus compañeros en ministerios de similar importancia.

Similarmente, todos los líderes de la Iglesia deben estar lo suficientemente seguros de sus ministerios como para someterse a otros líderes de la Iglesia. Si un líder no puede someterse a otros líderes, no estará debidamente preparado para someterse a Dios en el futuro.

PRESENTADO ANTE LA CONGREGACIÓN (Números 27:19b)

Josué había recibido su comisión de parte de un alto ministerio, reconocido por un ministerio equivalente delante de la congregación plena de Israel. Este proceso desarrolló en Josué la habilidad de relacionarse con otras personas en un tipo de relación horizontal así como vertical.

Como con Josué, todos los líderes de Dios deben pasar por una experiencia de "pecera", en la cual el todo de sus vidas sea abierto y expuesto ante la gente de su iglesia. Tal tipo de proceso de comisionamiento hace del tomar la autoridad por un líder, un asunto extremadamente serio. Hace también un llamado a una vida santa, ejemplar y transparente de parte del líder. Esta es una parte vital del entrenamiento del líder, porque todo líder debe entender que es a tal congregación a la que ministrará.

RECIBIENDO UNA COMISIÓN (Números 27:19)

Josué no tenía un espíritu orgulloso o independiente en cuanto a su ministerio. Él esperó hasta recibir una comisión formal de parte de Moisés ante el sacerdocio y el pueblo.

Esto no quiere decir que un líder no puede predicar el evangelio sin poseer documentos de ordenación. Simplemente significa que todos los líderes de Dios deben reconocer que recibirán responsabilidades específicas por parte de aquellos que están sobre ellos en el Señor. La palabra comisión, en este contexto significa un encargo, una responsabilidad o encomienda. Pablo usó un lenguaje similar al dirigirse a su fiel siervo Timoteo (I Timoteo 1:18; 5:21 y 6:13, 17). Todos los líderes deben estar dispuestos a recibir un encargo especial, dado a ellos por el Señor a través de aquellos que están sobre ellos en autoridad espiritual.

SOPORTANDO RESPONSABILIDAD GRADUALMENTE (Números 27:20)

Dios le dijo a Moisés que pusiera cierta autoridad en Josué, de tal forma que la congregación le obedeciera. Dios no le dijo a Moisés que pusiera toda su autoridad sobre Josué en un instante. Él fue recibiendo autoridad y responsabilidad gradualmente, en tanto que se le iba dando.

Demasiados líderes buscan toda la autoridad inmediatamente, pero esto es muy imprudente. La recepción de la autoridad viene de un reconocimiento y obediencia apropiados a la autoridad. El verbo "obedecer" literalmente significa "oír por debajo". Dios tenía autoridad sobre Moisés y Moisés debía obedecer lo que Dios le mandara. Similarmente, Josué estaba bajo la autoridad de Moisés.

De esta misma forma, los líderes modernos deben aprender a tomar su autoridad de manera gradual, según se la vayan dando los que tienen autoridad sobre ellos en el Señor. Deben aprender a no demandar mucho demasiado pronto, pues esto puede guiarlos hacia su propio envanecimiento y destrucción.

OBTENIENDO DIRECCIÓN A TRAVÉS DE LA PALABRA DEL SEÑOR (Números 27:21)

Recibir autoridad de parte de Moisés ante la congregación no liberó a Josué de la necesidad de buscar la dirección divina. Moisés le dijo a este joven líder que debería ir ante el sacerdote Eleazar para recibir la dirección del Señor por medio del Urim y Tumim, como cualquier otro miembro de la congregación.

Este proceso de recibir dirección de Eleazar era una prefiguración de la dirección directa actual por la Deidad. El Urim ("luces") es comparable a Dios el Padre, el Tumim ("perfecciones") es comparable al Espíritu Santo, y la dirección de Eleazar similar al obrar de Jesucristo. El Nuevo Testamento nos dice que el Padre es "*el Padre de las luces*" (Santiago 1:17), que el Espíritu Santo trae a la Iglesia a las perfecciones de la verdad (Juan 14-16), y finalmente, que Jesucristo es el sumo sacerdote definitivo sobre la casa de Dios (Hebreos 1:5). Así, todo líder debe continuamente darse cuenta que no importa cuánta autoridad o responsabilidad posea, debe seguir buscando la guía y dirección del Señor, al igual que todo el resto de la congregación.

EL PRIMERO EN OBEDECER EL MANDATO DEL SEÑOR (Números 27:15-23; II Timoteo 2:6)

Moisés declaró que Eleazar y la congregación deberían entrar y salir a la palabra de Josué, en tanto él recibía dirección de Dios. Josué no estuvo de repente dirigiendo a la gente arbitrariamente a salir y entrar. Josué como un pastor o labrador tenía que haber practicado aquello que le estaba ahora pidiendo a la congregación que hiciese (Números 27:17).

Así como Josué había servido ya activamente en la congregación, todo líder debe asegurarse que él está haciendo primero lo que le está pidiendo a la gente hacer.

UN EJEMPLO PARA LA CONGREGACIÓN (Números 32:12; I Timoteo 4:12)

Dios le dijo a Israel que nadie mayor de veinte años de edad entraría para ver la tierra prometida excepto José y Caleb. ¿Por qué? Porque a excepción de estos dos líderes jóvenes, todo Israel se había negado a tener fe para entrar en la tierra. Dios declaró que "Josué y Caleb habían seguido al Señor plenamente". En esto, y en animar a Israel a poseer la tierra de Abraham, ellos fueron ejemplos excelentes de ser verdaderos creyentes.

Josué se mantuvo como un hombre de fe y confianza en la promesa de Dios para que la nación heredara la tierra prometida. Así que todo líder de Dios debe preguntarse a sí mismo: ¿Soy un ejemplo de fe y confianza en Dios que otros pueden seguir?

CONSULTAR CON LOS ANCIANOS (Números 32:28)

Josué estaba entre la asamblea de los ancianos cuando Moisés habló con las tribus de Rubén, Gad y la media tribu de Manasés acerca de tomar posesión de Canaán. Moisés dio órdenes en lo concerniente a estas tribus, a Eleazar el sacerdote, a las cabezas de las casas paternales y también a Josué.

De la misma forma, mientras más sigue el líder al Señor, más debe encontrarse invitado y comisionado a consultar con los ancianos. Aun más, invertir tiempo con los ancianos beneficiará grandemente al líder cristiano. La Biblia dice, *"el que anda con sabios, sabio será; mas el que se junta con necios será quebrantado"* (Proverbios 13:20). Aun los líderes de edad avanzada necesitan el consejo de otros.

CAUSAR QUE OTROS POSEAN SU HERENCIA (Deuteronomio 1:38; Josué 21:43-46; 11:23 y 18:10; Efesios 1)

Moisés le dijo a Israel que Dios le había comunicado que Josué entraría a la tierra prometida y haría que Israel la heredara. En el cumplimiento de este hecho, la Biblia afirma *"Tomó, pues, Josué toda la tierra, conforme a todo lo que Jehová había dicho a Moisés; y la entregó Josué a los israelitas por herencia conforme a su distribución según sus tribus; y la tierra descansó de la guerra"* (Josué 11:23).

Similarmente, todo líder debe causar que los cristianos posean su herencia espiritual en Jesucristo. Un líder debe estar tan interesado en ayudar a los demás a obtener su tierra prometida espiritual así como está él interesado en tomar la suya.

RECIBIENDO ÁNIMO DE PARTE DE OTROS (Deuteronomio 3:21-28)

Josué recibió ánimo espiritual de Moisés quien le prometió que Dios le daría la victoria al reclamar la tierra prometida. Muchos líderes, sin embargo, son demasiado orgullosos o demasiado llenos de autoconmiseración para recibir abiertamente el apoyo y el consuelo de otros. Todo buen líder se da cuenta que debido a que es humano, él necesita tiempos de levantamiento espiritual y de edificación.

El verbo "animar" significa agarrar, apoderarse, ser fuerte, reparar y fortificar. Similarmente, "fortalecer" significa estar alerta física y mentalmente, y estar con una mentalidad que perdura.

Todo líder necesita estas influencias en su propia vida espiritual una y otra vez. Como con Josué, el líder necesita admitir que frecuentemente necesita las palabras de Moisés *"No los temáis; porque Jehová vuestro Dios, Él es el que pelea por vosotros"* (3:22).

RECIBIENDO REVELACIÓN PROGRESIVA SOBRE SU MINISTERIO (Éxodo 17:14; Números 27:17; Deuteronomio 31:7 y 34:8; Josué 1:1-9)

Dios no reveló a Josué la dimensión total de su ministerio de un solo golpe. Se lo reveló gradualmente. Vimos primero a Josué como un guerrero, después como un líder, después como aquel que hizo a Israel poseyera su herencia, y finalmente, como el pastor en jefe de la nación entera. Dios no le reveló a Josué la amplitud total de su ministerio, porque podría haber destruido su vida y su ministerio al tratar él de "ayudar" a Dios a cumplirlo.

Así, todo líder debe aceptar la revelación progresiva de su ministerio.

LLENO DEL ESPÍRITU DE SABIDURÍA (Deuteronomio 34:9; Efesios 1)

Un espíritu de sabiduría estaba sobre Josué porque Moisés le había impuesto sus manos para impartírselo, pero también porque había observado a Moisés muy cuidadosamente, y había aprendido mucho de él. Todo líder debe aprender que todos los días (y no sólo los días de clase) son una rica oportunidad para ganar sabiduría a través de observar a la gente, la vida y los líderes. La nación obedeció sus mandatos porque vieron en él la sabiduría impartida y la aprendida. La Biblia nos dice: *"La sabiduría es justificada por sus hijos"* (Mateo 11:19).

Similarmente, todo líder tendrá seguidores dispuestos si busca al Señor para alcanzar verdadera sabiduría, y observa los eventos y la gente alrededor de él para ganar sabiduría.

UN HOMBRE CON UNA RELACIÓN DE PACTO CON DIOS (Josué 1:1-9)

Cuando Dios ordenó a Josué levantarse y cruzar el río Jordan se refirió a Su nombre del pacto. Él dijo: *"a la tierra que YO les doy a los hijos de Israel"* (Josué 1:2). Josué no podría vencer en la tierra sin su relación y sus promesas del pacto del Señor. Dios le prometió *"Yo os he entregado, como lo había dicho a Moisés, todo lugar que pisare la planta de vuestro pie"* (1:3). Dios le reconfirmó a Josué Su relación de pacto con las palabras: *"como estuve con Moisés, estaré contigo; no te dejaré, ni te desampararé"* (1:5). El Dios de Abraham, de Isaac, de Jacob y de Moisés, se estaba ahora convirtiendo en el Dios de Josué.

Similarmente, todo líder debe tener una cercana relación de pacto con Dios a través de Jesucristo y el Nuevo Pacto. A través de ello, el líder recibirá promesas especiales y revelaciones de la voluntad de Dios. Pero todo comienza con el líder siendo un hombre de pacto, el Nuevo Pacto en Su sangre.

APRENDIENDO DE LAS MALAS EXPERIENCIAS (Josué 2)

En Números 13-14, Moisés envía a doce espías a explorar la tierra de Canaán. Cuando regresaron sólo Josué y Caleb dieron un reporte optimista acerca de la tierra. Recordando lo que le había pasado a Moisés, Josué en esta ocasión sólo envió a dos espías en lugar de doce. Él no quería repetir la mala experiencia que tuvo Moisés, de tener la mayoría de un grupo de espías regresando con un reporte malo de la tierra. De la mala experiencia de Moisés, él aprendió al enviar sólo dos hombres.

Similarmente, todos los líderes de Dios debemos aprender de nuestros propios errores y de los demás, y especialmente de los que están sobre nosotros en el Señor. ¿Porqué debería un líder joven repetir los errores de uno de edad mayor? La siguiente frase lo resume bien: "La experiencia es costosa, la sabiduría es mucho más barata".

FUNCIONANDO CON ORGANIZACIÓN Y PRINCIPIOS (Josué 3)

Cuando los hijos de Israel estuvieron listos para cruzar el río Jordán hacia la tierra prometida, Josué utilizó la organización y los principios. Su habilidad organizacional se evidencia en los arreglos físicos para atravesar el río. Primeramente, le dijo a los sacerdotes que pasaran el río antes que el pueblo, con el arca del pacto sobre sus hombros (v. 6). Entonces, él hizo que la gente siguiera el arca cuando la vieron ante ellos, (vs. 2, 3), y dejó una distancia de dos mil codos entre el arca y la gente, de modo que la nación entera pudiera saber por dónde ir (v. 4).

Josué siguió ciertos principios al obedecer la voz de Dios, quien le dijo que ordenara a los sacerdotes permanecer en el río en el momento de cruzar (vs. 7, 8, 13). Así Josué se mostró como un líder que sabía cómo obedecer la palabra de Dios y Sus principios.

Similarmente, todo líder debe combinar los principios organizacionales y espirituales en su vida. Algunos líderes pueden organizar y administrar, pero no saben oír y obedecer la voz de Dios. Otros saben oír y obedecer la voz divina, pero son un fracaso para la administración. El deseo de Dios es un balance de ambos aspectos en las vidas de Sus líderes.

RECIBIENDO PROMOCIÓN (Josué 3:7; I Timoteo 3:16)

Dios le dijo a Josué, justamente antes de que la nación cruzara el Jordán: *"Desde este día empezaré a engrandecerte delante de los ojos de todo Israel, para que entiendan que como estuve con*

Moisés, así estaré contigo" (3:7). Aquí estaba Dios empezando a exaltar a Josué delante de toda la nación de Israel como su mandatario principal. Muchas veces cuando Dios empieza a hacer esto con las personas, estas se vuelven orgullosas y caen. Pero Josué habia permitido que Dios lo humillara para no volverse altanero. En ocasiones, Dios no promoverá a la gente en el ministerio porque sabe que tienen un alto nivel de orgullo. Todo líder debe aprender de esto para mantener su corazón humilde ante el Señor.

UN PREGONERO DE LA VICTORIA (Josué 3:9-11)

Josué dijo a los hijos de Israel *"En esto conoceréis que el Dios viviente está en medio de vosotros, y que él echará de delante de vosotros al cananeo, al heteo, al heveo, al fereseo, al gergeseo, al amorreo y al jebuseo. He aquí el arca del pacto del Señor de toda la tierra pasará delante de vosotros en medio del Jordán"*. Aquí Josué enlistó las siete naciones que Dios les iba a ayudar a derrotar en la tierra de Canaán. Note cómo predicó la victoria en una forma muy positiva. Declaró que el Señor era un Dios viviente para Israel. Aseguró su confianza en el Señor como Aquel que les daría estas victorias, afirmando que Su presencia en el arca lo garantizaría.

Todo líder de éxito necesita tener una visión fresca y viviente de la Iglesia como un ejército victorioso —no como un ejército vencido. Para seguir los pasos de Josué, el líder de Dios debe imprimir al pueblo de Dios un mensaje positivo de fe en Dios, de confianza en Su palabra y de identificación con Su Iglesia.

MANEJANDO LA PRUEBA DE LA BENDICIÓN (Josué 5:10-12)

Hasta la primera celebración de la Pascua, Israel había subsistido solo de maná y codornices. Para ellos el maná era el "pan de la prueba," un medio por el cual Dios mantuvo a la nación dependiente y en obediencia a su Palabra. Pero ahora en Gilgal, dos días después de haber celebrado la Pascua, dejó de aparecer el "pan de la prueba", y ellos empezarían a comer directamente del fruto de la tierra (v. 12). Esta era la prueba de la bendición de parte del Señor; porque la tierra misma supliría ahora sus necesidades, en lugar del "rocío de la mañana." ¿Sería Israel capaz de amar al Señor, aún cuando eran bendecidos con el fruto de Canaán (dado por El)?

El hombre de Dios debe estar prevenido cuando las pruebas del Espíritu parecen estar terminando y las bendiciones empiezan a fluir. Los tiempos de bendición son grandes tiempos de tentación de abandonar al Señor, pues parece que no necesitamos más al Señor. La verdad es exactamente lo contrario. Josué como caudillo, fue capaz de administrar las bendiciones. Pero, nunca podremos apreciar cuanto necesitó Josué la siguiente experiencia con el Señor para seguir confiando en Su Dios.

RECIBIENDO LA VISITACIÓN DEL SEÑOR (Josué 5:13-15)

Cerca de Jericó Josué recibió una visita de Jehová de los Ejércitos. Esto fue en realidad una aparición teofánica del Señor Jesucristo, el Príncipe del ejército de Jehová. La visitación del Señor a Moisés en la zarza ardiente precedió la liberación de Israel de las cadenas egipcias. Cuando Josué vió que su visitación era del Señor el le confesó como su Señor personal, se postró le adoró y se quitó el calzado de sus pies a causa de la revelación de la santidad de Dios.

Igual que él deberíamos estar preparados como líderes para recibir la visitación del Señor Jesús por medio de Su Espíritu. Esto requiere de una actitud de presteza a hacer a Jesús pleno Señor de nuestra vida, a humillarnos ante el, adorarle y permitir que el entendimiento de Su Santidad sacuda nuestra vida de todo sucio impedimento. Tales visitaciones tienen el propósito de purificarnos y hacernos vasos de honra para la obra de Dios.

OBEDECIENDO INSTRUCCIONES MAS ALLÁ DEL ENTENDIMIENTO HUMANO (Josué 6:1-20)

Josué tenía una sencilla confianza en el Señor. Cuando Él le dijo que vencería a Jericó rodeándola siete veces, con siete sacerdotes tocando siete cuernos de carnero delante del arca, el lo creyó. ¡Seguro que parecía una manera extraña de derrotar Jericó y a su rey! A pesar de ello Josué no se confió en su entendimiento de como hacer la guerra (que por cierto ya era considerable). Él obedeció a Dios, quién hizo caer a tierra las murallas de Jericó.

Es prioritario que el líder cristiano aprenda como obedecer la voz del Señor en su corazón, aun cuando en ocasiones vaya contra su propio entendimiento. Dios está comprometido a mantener a Sus siervos dependientes de Él y de Sus recursos. Si podemos recordar esto y vivir por ello, nos ahorraremos mucho desperdicio de tiempo y destruiremos multitud de fortalezas enemigas para el Señor.

CONFORTADO Y FORTALECIDO PARA TRATAR CON EL PECADO (Josué 6:17-27; 7:1-26)

Durante la victoria sobre Jericó, un israelita llamado Acán, desobedeció el mandato de Dios, tomando del "anatema" objetos religiosos prohibidos señalados para destrucción. La ira de Dios se encendió contra toda la nación. Israel vivió una triste derrota en su operación contra Hai. Ante la derrota de su nación, Josué rasgó sus ropas y se postró delante del arca del pacto en su desánimo. El Señor, en respuesta simplemente le preguntó, ¿Porqué te postras así sobre tu rostro? En lugar de ello debía levantarse e investigar en el campamento quién había pecado contra el mandato del Señor.

La lección que recibimos, es no olvidar que muchas veces hay una respuesta simple para el problema del pecado destructivo de la Iglesia. Si nos damos cuenta que nuestra gente no puede ganar mas batallas espirituales en sus vidas, debemos volver a la Palabra de Dios y pedir al Espíritu que nos revele que principios de Dios han sido violados.

USADO EN EL ÁREA EN QUE ERA EXPERTO (Josué 8:18)

Dios hizo una petición similar a Josué y a Moisés: que extendieran lo que tenían en sus manos. Moisés tenía una vara pastoril, Josué una lanza. Al extender la lanza Josué estaba dando señal a la otra parte de su ejército para la emboscada. Más allá de esto, Dios estaba pidiendo a Josué que usara su entrenamiento militar en Su servicio. Dios le decía que usara su trasfondo, su conocimiento, su habilidad y lo que tuviera a su disposición para el Reino de Dios y Sus propósitos.

En esta forma es que Dios habla hoy a sus líderes para disponer a su servicio, todo su conocimiento del pasado, entrenamiento, habilidades y experiencia. Muchas veces el líder se desanima pensando que no tiene nada que ofrecer al Señor. Pero Dios toma lo que tenga el líder, no importa lo pequeño que sea y lo utiliza. Como Jesús hizo con los cinco panes y los dos pescados, Dios los bendecirá, los partirá y multiplicará para alimentar a otros. Dios multiplica todo aquello que se le presenta sinceramente.

RECORDANDO AL SEÑOR EN TIEMPO DE BENDICIÓN (Josué 8:26-35)

Josué no se olvidó del Señor durante los tiempos de bendición, después de la gran victoria sobre Hai, se acordó de construir un altar al Señor, para darle toda la gloria de la victoria. El levantó un altar en el monte Ebal ("maldición") porque él acababa de maldecir al enemigo. El altar concordaba con la Ley de Moisés *un altar de piedras enteras, sobre las cuales nadie alzó hierro*" (vs. 31, Deuteronomio 27:5).

Josué puso también algunas de las tribus sobre el Monte Ebal (maldición) y sobre el Monte Gerizim (bendición) de acuerdo al mandamiento de Moisés (Deuteronomio 27:11-13,11:29). Las siguientes tribus estaban en el Monte Gerizim, representando las ofrendas de paz en el monte de la bendición:

Simeón (gente que ha sido escuchada)

Leví (unido)

Judá (alabanza)

Isacar (recompensa)

José: Efraín (doblemente fiel) y Manasés (olvido)

Benjamin (hijo de la mano derecha)

Para representar las ofrendas quemadas de Israel al Señor, se estacionaron las siguientes tribus en el monte de la maldición.

Rubén (he aquí, un hijo)

Gad (uno de la tropa)

Aser (dicha)

Zabulón (habitación)

Dan (juez)

Neftalí (contienda)

Este hecho nos lleva a considerar que el líder en la casa de Dios debe recordar al Señor durante los momentos de bendición, recitar a su pueblo las bendiciones y las maldiciones prometidas en el pacto de Dios. Dado que la naturaleza humana está siempre tentada a volverse auto suficiente y a vivir livianamente cuando al ser bendecida, los tiempos de bendición requieren recordar muy especialmente la Palabra de Dios. (Bien haría el líder en revisar el trasfondo y el significado del nombre de cada tribu y ver porqué se encuentra en el monte de la bendición o en el de la maldición).

CAYENDO EN EL PECADO DE AUTO-CONFIANZA (Josué 9:1-27; 14 y 15).

Después de las victorias sobre Jericó y sobre Hai, recibió la visita de hombres de Gabaón. Llegaron disfrazados como si fueran extranjeros de tierras lejanas (siendo que eran nativos de esa tierra) temerosos de ser destruidos por los israelitas. Cuando se presentó este asunto Josué "no consultó al Señor" y por ello formó una alianza con ellos. Es muy común que con el resplandor de sus victorias se confiara en que podía discernir la verdad sin buscar la profunda percepción del Señor.

La auto-confianza es una tentación para todos los siervos que han experimentado el éxito ministerial en el Señor. Hay dos claves para resolver el problema de la auto-confianza: disminuir la importancia de los logros pasados y dar toda la gloria a Dios por las victorias.

EJERCITANDO FE CON AUTORIDAD (Josué 10:1-14)

Adonisedec, el rey de Jerusalén, planeó un ataque contra los gabaonitas después de saber que habían hecho alianza con el destructor de Jericó y de Hai. Josué sin embargo ayudó a los gabaonitas a ganar esta guerra, porque el Señor combatía de su lado. Mientras el enemigo huía, Josué ordenó al sol y a la luna que no se movieran hasta que Israel se hubiese vengado de sus enemigos y así sucedió. El tenía fe y autoridad para ordenar que sucediesen milagros, a pesar de su desobediencia reciente hacia el Señor (9:15).

Este hecho nos indica que debemos edificar la Palabra de Dios en nuestras vidas de tal forma que hablemos con fe y autoridad, sin volvernos excesivamente desanimados por los errores. Si obedecemos al Señor, podemos creer que hará poderosos milagros a través de nosotros para liberar a los cautivos del pecado y la incredulidad.

REUNIENDO A ISRAEL EN UN LUGAR DE VISITACIÓN (Josué 24:1-14, Génesis 12:6-8 y 18-20)

Estando en sus años de vejez, Josué reunió a todas las tribus en Siquem con todos sus líderes, jefes y principales. Aquí el reseñó lo que Dios había hecho por Israel y los invitó a hacer pacto de que servirían al Señor. Es probable que escogió tener este evento en Siquem, porque era un lugar donde Abraham y Jacob recibieron visitaciones espirituales.

Es, pues, importante que los hombres de Dios no se olviden de las verdades bíblicas del pasado. Es crucial que recuerden su necesidad de un refrescante encuentro personal con Dios, aun si esto ocurre yendo a tierras del pasado repetidamente visitadas. Cada generación debe tener su propia "experiencia en Siquem".

USANDO LA HISTORIA Y LA PROFECÍA PARA AMONESTAR A ISRAEL (Josué 24:1-28)

Es Siquem Josué les recordó lo que el señor había hecho, y les exhortó a servir únicamente al Señor. Echó mano de don profético: *"Y dijo Josué a todo el pueblo: Así dice Jehová, Dios de Israel"* (v. 2). Usó también su conocimiento de la historia de la salvación. Hizo referencia al libro de Éxodo (vs. 5-7), al libro de Números (vs. 8-10), y también a su propia historia al lado de Israel. En esa forma el edificó y exhortó a la gente a seguir en pos del Señor en el presente, con todos sus corazones.

Como líder, usted debe combinar su conocimiento de la historia bíblica, con su don de enseñanza, predicación o profecía para ayudar a la Iglesia de hoy a apartarse de los ídolos y a seguir en el conocimiento del Señor. Es necesario usar el Antiguo y Nuevo Testamentos para edificar al pueblo de Dios (I Corintios 10:11).

RECORDANDO UNA VIDA DE MINISTERIO EXITOSO (Josué 24:29-31)

Josué murió y fue reunido a sus padres a la edad de ciento diez años. La Biblia registra tan memorable acontecimiento acerca su vida y ministerio: "*Y sirvió Israel a Jehová todo el tiempo de Josué, y todo el tiempo de los ancianos que sobrevivieron a Josué*" (v. 31).

Cada líder del Reino de Dios debería desear profundamente un testimonio como este, en el momento de ser llevado ante la presencia del Señor. Tener la obediencia de la gente hacia el Señor bajo el liderazgo de uno, y que continúe tal obediencia hasta el final de la propia generación nuestra, es un maravilloso testigo del ministerio de un siervo. ¡Que esto pueda decirse de todos y cada uno de nosotros!

La Preparación de Samuel

Samuel guió a Israel a través de la transición que fue segunda en importancia en seguida solamente de la entrada a la tierra prometida. Samuel se convirtió en el padre y pastor espiritual de Israel durante su transición de federación de tribus a un reino unido. Él fue un juez y un profeta. Sufrió con Israel en los tiempos de pecado y de derrota y nunca vivió para ver el pleno florecimiento de Israel bajo el mando de David. Samuel vivió fielmente en todos sus tratos con Israel, siendo así un vaso de honra que Dios pudo usar para completar una gran obra con Su pueblo. La preparación a lo largo de su vida da una ilustración de que entre más importante sea el ministerio de Dios para usted, más exigente será su preparación.

EL MILAGROSO NACIMIENTO DE SAMUEL

Antes de examinar la preparación en el transcurso de la vida de Samuel, debemos dirigir la mirada a Ana la madre de Samuel. I Samuel 1:1 - 2:10 nos presenta la sección principal en la cual Ana aparece como una mujer imposibilitada para tener hijos. La siguiente lista nos muestra la profundidad de las penalidades que Ana experimentó antes de dar a luz a Samuel, su hijo primogénito. Ana:

Era estéril porque Dios había cerrado su vientre (I Samuel 2:4,5).

Tenía una adversaria provocadora (v. 6)

Era irritada (v. 7).

Lloraba (v. 7).

No comía (v. 7).

Era afligida en su corazón (v. 8).

Tenía amargura en su alma (v. 10).

Experimentaba aflicción (v 11).

Tenía espíritu atribulado (v. 15).

Se acongojaba (v. 16).

Para una hebrea el no tener hijos era lo peor que le podía suceder. Sentía que la maldición y el juicio de Dios habían caído sobre ella. En el caso de Ana, el Señor había cerrado su matriz (v. 5), no para juzgarla, sino para manifestar su portentoso poder en el nacimiento de Samuel.

Samuel nació de toda aquella penalidad y aflicción en la vida de su madre. Nació de la dureza, oración y dolor en el alma. Tan es así, que una vez nacido, Ana declaró, *"Yo pues lo dedico también a Jehová; todos los días que viva, será de Jehová"* (v. 11). A causa de que Samuel había nacido de Dios, a Dios se lo devolvía.

Ana, tomada en cierta forma, puede representarnos la condición del líder, antes de que Dios haga la manifestación de su ministerio. Samuel es el ministerio que finalmente es traído a la luz. Exactamente como Samuel, el ministerio de Ana o el don para Dios fue nacido después de mucha aflicción espiritual, así son los ministerios de muchos líderes cristianos. Para liberar el poder de Dios y que obre en la vida de un líder y para que Dios sea plenamente glorificado, mechas veces es necesario que el líder pase a través de debilidades humanas, oraciones y penas. Esto es para prevenir que el líder se glorifique a si mismo al ver el éxito de su ministerio y para ayudarle a dar toda la gloria a Dios. La oración de Ana nos ilustra su forma de gloriarse en Dios y no en ella misma. Note cuantas veces le da a Dios toda la gloria a Dios por el nacimiento de Samuel y nunca a si misma:

"Mi corazón se regocija en Jehová;

Mi poder se exalta en Jehová...

Por cuanto me alegré en tu salvación,

No hay santo como Jehová

Y no hay refugio como el Dios nuestro...

Jehová empobrece y el enriquece;

Abate y enaltece

Él levanta del polvo al pobre,

Y del muladar exalta al menesteroso...”
(I Samuel 2:1-10, versículos seleccionados)

Al hacer que surjan ministerios de entre la adversidad, Dios recibe toda la gloria en Si mismo. El causa también que todo líder cuyo ministerio ha nacido en esta forma, que continúe dependiendo de El para seguir adelante. Ojalá todo líder, hombre o mujer le permitiese a Dios el sacar un Samuel de su sufrimiento y dolores (Proverbios 24:10; Isaías 30:20).

Samuel, desempeñó un papel especial en la historia de Israel. Fue el último de sus jueces y el primero de sus profetas. Para indicar que Samuel era un niño especial, Dios hizo que el naciera en forma milagrosa (I Samuel 1:20). Después de tan especial gestación, Samuel fue consagrado a Dios para que fuera un nazareo santo (1:11). El jovencito fue separado para el servicio de Dios. A pesar de verse rodeado por un liderazgo religioso corrompido (capítulos 1 y 2) y por la corruptora influencia de las fornicaciones de Ofni y Finees (2:14-17). En lugar de envolverse en todo esto Samuel fue un sacerdote honesto desde su juventud (2:11-18). A causa de ser un hombre recto, el tuvo un crecimiento balanceado en su ministerio, al relacionarse con Dios y con los hombres a la vez (2:26).

Dios hizo que el ministerio de Samuel apareciera en el momento correcto para la situación del momento (3:3). Samuel no perdió su corazón de siervo (3:21), a pesar de que su ministerio tenía que ver con recibir la palabra del Señor (3:21) y la revelación de parte de Dios (3:3,4). Este ministerio se veía confirmado obviamente por Dios (3:19-21). Tenemos ante nosotros un hombre que no solo era un sacerdote (7:3-12), sino también un intercesor (12:6-25), y más aún un profeta escogido de Dios que llegó a ungir a Saúl y a David como reyes.

El nacimiento de Samuel se puede comparar con el milagroso nacimiento espiritual del líder en el reino de Dios por la fe en Jesucristo. En efecto cada aspecto del carácter previo de Samuel en el bosquejo anterior puede ser aplicado en cada líder eclesiástico en mayor o menor grado. Las características de la preparación en la vida de Samuel, las aplicaremos ahora en la preparación de líder de la Iglesia de esta época. En las siguientes secciones veremos la aplicación espiritual de la preparación de Samuel:

COMO NAZAREO (I Samuel 1:11)

Ana en su oración al Señor le dijo que si El le daba un hijo, ella se lo dedicaría para el servicio de Dios. Ella dijo: *“yo lo dedicaré a Jehová todos los días de su vida, y no pasará navaja sobre su cabeza”*.

En esta afirmación, ella estaba declarando que su hijo estaría bajo el voto de un nazareo (Números 6). Como nazareo Samuel debería separase para el Señor y separarse del pecado.

Bajo el voto del abstinencia debería evitar el intoxicante licor. Samuel estaba obligado a permanecer lejos de todo aquello que enturbiara sus sentidos y provocara la pérdida de su percepción de las cosas y eventos alrededor de él (proverbios 20:1 y 23:20, 29-31 y 31:4). Como el, todo hombre de Dios debe abstenerse de todas las cosas intoxicantes de este mundo, "los deseos de la carne, los deseos de los ojos y el orgullo de la vida". En esta forma debe mantener sus sentidos espirituales ejercitados y alertas para discernir (percibir) el bien y el mal.

Como nazareo, Samuel debería practicar el negarse a sí mismo. Debería mantener el dominio propio sobre su espíritu, mente y cuerpo. El líder de la Iglesia desea esto en nuestros días, pues el control de uno mismo es el fruto del Espíritu Santo (Gálatas 4:22, 23). Todo líder debe recordar lo que el Señor Jesús dijo acerca de la negación de uno mismo: "si alguno viene a mí, y no aborrece a su padre, y madre, y mujer, e hijos, y hermanos, y hermanas, y aún también su propia vida, no puede ser mi discípulo. (Lucas 14:25-27). Para seguir a Jesús debemos negarnos a nosotros mismos.

El apóstol Pablo habló acerca de este punto con las siguientes palabras: "*El amor no es egoísta, no busca lo suyo*" (I Corintios 13:5). En relación a su discípulo Timoteo, Pablo afirmó: "*pues a ninguno tengo del mismo ánimo, y que tan sinceramente se interese por vosotros, porque todos buscan lo suyo propio, no lo que es de Cristo Jesús*". (Filipenses 2:20-22; véase también los capítulos 2 y 4; Colosenses 3:1). Cada líder debe negarse a sus deseos personales si desea servir al Señor y a Su pueblo.

Siendo un nazareo, Samuel nunca debía permitir que la navaja pasara por su cabeza. Tenía una larga cabellera, que significaba su dedicación total de su vida y mente ante Dios (Números 6:5). Los nazareos buscaban someterse al control de Dios, de manera que no se cortaban el pelo de sus cabezas, una vez que la cabeza representa la autoridad de Dios sobre ellos. Siguiendo su ejemplo debemos someter nuestra mente totalmente a Dios, sabiendo que el tener la mente sometida a Él, es una condición para traer también el cuerpo bajo el dominio divino (Romanos 12:1).

En relación con la Iglesia, cada líder debe someterse a la Cabeza del Cuerpo, Jesucristo. Jesús es la cabeza de la Iglesia (Colosenses 1:18; Efesios 1:22,23 y 4:5; I Corintios 11:3). todos los planes, decisiones, ministerios, actividades y pensamientos de un líder deben ser dirigidos por el Señor.

Samuel debería evitar el contacto con cuerpos muertos, dando a entender con ello una vida absolutamente pura delante de Jehová. Como él, todo siervo de Dios en la Iglesia, debe evitar todo contacto con cosa alguna del sistema del mundo que esta manchado por la muerte. Esto requiere que el líder sea un hombre de carácter y valor, al mismo tiempo que es un hombre de habilidades. Las siguientes escrituras exhortan a los líderes a llevar vidas de santidad:

Mateo 5:48 *"Sed, pues, vosotros perfectos, como vuestro Padre que está en los cielos es perfecto"*.

Efesios 1:4 *"Para que fuésemos santos y sin mancha delante de él"*.

I Timoteo 2:8 *"Levantando manos santas al Señor"*.

(Ver también Salmos 18:26; 22:3 y 22:4; Lucas 23:4; Hebreos 7:26; I Pedro 1:26; Tito 1:15 y Apocalipsis 3:15).

Un líder solo puede cumplir espiritualmente el voto de nazareo como Samuel, por la operación del Señor Jesucristo a través del Espíritu Santo. Antes de que Jesús estableciera el reino de los cielos en la tierra, el Espíritu capacitó a otros dos hombres para que cumplieran con ese voto, Sansón (Jueces 13:5) y Juan el Bautista (1:15). Estos dos nazareos señalaban al Señor Jesús.

Jesús vino "de Nazaret" (Mt 2:23) y por eso fue llamado "nazareno". Él cumplió el santo requerimiento de un nazareno de manera espiritual (Hebreos 7:11). En este sentido, Cristo es el cumplimiento espiritual de los votos del nazareo. Al ser originario de Nazaret ("una rama, brote o renuevo" ver también Isaías 11:1), Jesús viene a ser el renuevo insignificante de donde surgiría el gran árbol de la fe de todo el mundo. Al ser llamado nazareno ("persona despreciada" ver Isaías 11:1 y 53:1-3; Mateo 2:23; Hechos 22:8), Jesús se convierte en aquel despreciado y desechado que fue odiado y crucificado por los pecados del mundo. Al ser el cumplimiento personal de los requerimientos santos del voto de nazareno (separado, consagrado, dedicado, según una raíz lingüística que significa "coronado"), Jesús fue capaz de cumplir espiritualmente este voto en el camino a la cruz.

El nazareo cría que su cabello era la corona de Dios sobre él; y Jesús era coronado de "gloria y virtud" a través de su vida interior de rectitud, El nazareno no podía tocar los cuerpos muertos, pues se volvería inmundo. Pero Jesús los podía tocar, sanar a los enfermos y resucitar a los muertos (Marcos 5:41; Lucas 7:14; Juan 11:14), porque el era la razón de esta prohibición, el llamado a la santidad. Solo Jesús pudo tocar un cuerpo muerto y permanecer sin contaminación. Además de lo anterior, los nazarenos no debían beber vino. Jesús fue acusado de ser glotón y bebedor de vino, amigo de pecadores (Lucas 7:34) porque Él cumplía el propósito espiritual de esta ley de los nazareos. Es a través de la persona y la obra de Jesucristo que cada líder puede cumplir el verdadero sentido espiritual de la ley del nazareno.

AL CUMPLIR CON EL SIGNIFICADO DE SU NOMBRE

El nombre de Samuel significa "escuchado por Dios", en contraste con el de Elí que significa "orgulloso" o "encumbrarse." Por extensión, el nombre de Samuel significa también, escuchar inteligentemente y oír con atención y obediencia. La raíz de este nombre es la palabra hebrea usada para fortaleza y poder. El significado del nombre de Samuel se cumplió al escuchar Dios la oración que Ana hacía por un hijo. Se cumplió también cuando Samuel escuchó la voz de Dios Y Dios escuchó la voz de Samuel. Cada líder necesita oír la voz de Dios en su hombre interior y para obedecer el significado de su propio nombre espiritual, que Dios le ha dado para retar el propio desarrollo de su carácter.

AL TENER UN NACIMIENTO MILAGROSO (I Samuel 1:19)

El hombre que analizamos tuvo un nacimiento milagroso, ya que el Señor por varios años había cerrado la matriz de su madre Ana. Samuel fue la milagrosa respuesta de Dios para las profundas oraciones de Ana. Además de Samuel, Sansón, Juan el Bautista y Jesús tuvieron nacimientos sobrenaturales. De la misma forma cada líder de la Iglesia debe experimentar el nuevo nacimiento por la fe en Jesucristo antes de poder iniciar algo en la edificación del reino de Dios.

AL VOLVERSE A DIOS DESDE SU JUVENTUD (I Samuel 2:22)

Samuel ministraba delante de Jehová siendo un chiquillo en desarrollo y mostraba respeto y sumisión a Elí, quién estaba como su superior, a pesar de que Elí era corrupto. Dios espera que sus servidores se acerquen a El en edades tempranas, y que respeten la posición de sus líderes, a pesar de que ellos no estén totalmente entregados siguiendo al Señor.

NO ENCONTRANDO OBSTÁCULOS EN EL PECADO A SU ALREDEDOR (I Samuel 2:12-17)

Además del corrupto liderazgo de Elí, Samuel se encontraba rodeado por los pecados de sus hijos Ofni y Finees. Estos eran descritos como impíos hijos de Belial (el diablo, v. 12) Samuel persistió en su sumisión a Elí, a pesar de su pobre comportamiento como Padre, con una casa corrupta, que no disciplinaba correctamente a sus hijos (2:22-25). La fidelidad y estabilidad estaba realmente en evidencia la vida de Samuel (2:18).

Cada ministro se encontrará con pecado en su ambiente, el cual el debe resistir, para crecer rectamente delante del Señor. El líder debe evitar el conductismo y toda otra visión fatalista del mundo que diga que lo único necesario es un cambio de ambiente para cambiar sus pensamientos y su comportamiento. Cada líder debe asumir su propia responsabilidad por su propia vida.

A pesar de que Adán y Eva estaban habitando en lo máximo, el ambiente del bello jardín, ellos pecaron contra Dios (Génesis 3). A pesar de que David dormía en habitaciones palaciegas y tenía todas las cosas para su satisfacción, el descendió a la cama del adulterio. Nadie puede culpar al mal ambiente, al liderazgo deficiente o al pecado circundante, por hacer fracasar su crecimiento espiritual. Crecer delante de Dios es cuestión de nuestra decisión y responsabilidad personal. Más aún, las malas influencias, cuando son resistidas, pueden convertirse en un catalizador dinámico para la búsqueda del Señor y para el desarrollo de un carácter piadoso.

COMO SACERDOTE (I Samuel 2:18)

A pesar de que Samuel no era de ascendencia sacerdotal, el ministraba al Señor como si fuera un levita, en el oficio de sacerdote y ceñido con el ropaje sacerdotal, el efod de lino. En tanto que el continuó ministrando al Señor, el continuó creciendo. Su ministerio hacia el Señor, en efecto, era su medio de crecimiento en Cristo.

Como hizo Samuel, todo líder debe aceptar su responsabilidad como sacerdotes de un Nuevo Testamento (Hebreos 13:15). Aparte de su relación espiritual con Dios, cada uno debe crecer en su ministerio.

AL CRECER EN BALANCE

El crecimiento de Samuel hacia el liderazgo era balanceado. El creció en relación con Dios y también en relación con la gente. Lucas 2:40,52 describe este proceso de crecimiento balanceado en la persona de Cristo mismo: *"Y el niño crecía, y se fortalecía, y se llenaba de sabiduría y la gracia de Dios era sobre el... Y Jesús crecía en sabiduría y en estatura, y en gracia para con Dios y los hombres"*.

Usted debe desarrollarse en relación con Dios y con los hombres. No puede desviarse hacia un extremo. Debe recordar que después de que Jesús pasaba varias horas de oración en la montaña, siempre bajaba al valle a satisfacer las necesidades de la gente. Al crecer ante Dios y ante las personas, usted se fortalecerá en sabiduría espiritual y en su ministerio práctico.

AL EMPEZAR A MINISTRAR EN EL TIEMPO JUSTO (I Samuel 3:1, 3)

Antes de la manifestación plena del ministerio de Samuel, Israel vivía en la desesperación espiritual. Su liderazgo era ciego y sordo espiritualmente, y la falta de visión espiritual en aquellos días se representa por las siguientes palabras: *"antes de que la lámpara de Jehová fuese apagada"*. Justamente antes de que se extinguiese la lámpara en el templo, Dios llamó a Samuel al ministerio. Su ministerio se presentó en el tiempo justo para ayudar a un desesperado Israel. Es importante notar que Dios llamó a Samuel mientras dormía. Samuel estaba en completo descanso, y sin ninguna contienda cuando Dios llamó a Samuel para su obra.

Todo siervo debe entender que Dios conoce exactamente donde se encuentra, exactamente como conocía a Samuel. Dios no fracasará al llamar a un líder en el momento justo para guiar a Su gente. Samuel respondió a Dios con un espíritu abierto y dispuesto, diciendo: "*Héme aquí, Señor*". A pesar de que no había reconocido por completo la voz de Dios (3:7), Dios continuó llamándolo. En efecto, ¡Dios tuvo que llamarlo en cuatro ocasiones antes de que Samuel entendiese que no era Elí quien le llamaba!

De manera similar, todos los líderes deben aprender a esperar que Dios libere su ministerio en el momento apropiado. Ellos aprenderán gradualmente a oir la voz del Espíritu cuando Él llame.

AL CONTINUAR EN UN MINISTERIO LOCAL RUTINARIO AUN DESPUÉS DE UNA PODEROSA PALABRA PROFÉTICA (I Samuel 3:11-15)

Después de que Samuel entendió que era Dios el que lo llamaba, el Señor le dio una tremenda palabra profética acerca de la destrucción de la casa de Elí. Aún en ello, Samuel simplemente se volvió a dormir y se levantó en la mañana para abrir las puertas de la casa del Señor. Él continuó con sus responsabilidades cotidianas, a pesar de que Dios había puesto una poderosa encomienda sobre su vida. No se comportó presuntuosamente por haber recibido esa palabra de Dios. Esperó pacientemente que Dios la hiciera pasar. Samuel el ungido de Dios, esperó que Elí falleciera exactamente como lo hizo David, el futuro rey de Israel, al esperar que Saúl muriera. Ni Samuel ni David fueron causa de la muerte de sus líderes. Cada uno esperó el momento correcto de Dios.

Esto nos enseña que cada líder debe esperar que Dios le abra la puerta de su ministerio a pesar de que hayan recibido una fuerte promesa o palabra profética de parte de Dios. Aún si Dios le ha llamado a reemplazar a un líder corrupto que este sobre él, el líder cristiano debe esperar en el momento señalado por el reloj de Dios. De lo contrario, uno puede hacer abortar las intenciones últimas y originales de Dios. Ojalá cada líder pueda recordar que en el tiempo de Dios "la dádiva del hombre le ensancha el camino y le lleva delante de los grandes" (Proverbios 18:16).

COMO UN MINISTRO CONFIRMADO POR DIOS (I Samuel 3:19-21)

Samuel tuvo un ministerio victorioso porque Dios estaba con él para confirmarlo. Él confirmó el ministerio profético de Samuel al no permitir que ninguna de las palabras que le había inspirado errase (literalmente "dejar caer a tierra") esto demostró a todo Israel que Samuel era un verdadero profeta del Señor. La ley de Moisés declaraba que un profeta era verdadero si sus profecías relacionadas con el Señor se cumplían. También el Señor le dio confirmación al aparecérsele nuevamente en

Silo con una palabra. Por causa de que Jehová hizo posar su mano sobre este joven profeta en un lugar que había sido caracterizado por el pecado y fornicación, éste recibió de nuevo la visitación favorable del Señor.

Como dirigentes espirituales debemos darnos cuenta que si tenemos un verdadero ministerio de parte de Dios, será confirmado por Dios y reconocido por la gente. Hay demasiados líderes auto-nombrados que hoy día se encuentran corriendo sin confirmación divina o humana de sus ministerios. Por su propio bien, el bien de la iglesia, por el de Dios, estos esfuerzos no ungidos e infructíferos deben ser parados.

AL TENER UN MINISTERIO DE LA PALABRA (I Samuel 3:21)

A través de la palabra de Jehová que vino a él, Samuel recibió revelación, un desvelamiento, descubrimiento o aparición de Dios. En hebreo, la palabra que significa "palabra" en este caso es "dabar", que significa el tema de que se habla. Esta palabra es comparable al la palabra griega rhema, que también denota a aquello de lo que se habla. Rhema puede ser contrastada con la palabra griega "logos", debido a que ésta última se refiere al pensamiento razonado que da cuerpo a un concepto o a una idea. "Logos" se refiere más a la palabra escrita en general. "Rhema" se refiere más a una porción específica de la palabra, dada para el uso único y personal del lector u oyente. La siguiente lista proporciona referencias en las cuales la palabra "rhema" se traduce como "palabra":

Juan 3:34	*"Porque el que Dios envió, las palabras de Dios habla".*
Efesios 6:17	*"La espada del Espíritu, que es la palabra de Dios".*
Hechos 2:14	*"Entonces Pedro les habló diciendo... oíd mis palabras".*
Romanos 10:8	*"Cerca de ti está la palabra,... esta es la palabra de fe".*
Romanos 10:17	*"La fe es por el oír, y el oír por la palabra de Dios".*
Judas 17	*"Tened memoria de las palabras que antes fueron dichas por los apóstoles..."*

El punto a considerar aquí es que Samuel tenía un ministerio de la palabra -- él recibió palabras habladas, vivientes, avivadas y espirituales y pensamientos de Dios. Dicho en otra forma, él oía la voz de Dios hablándole directamente a él, en su hombre interior.

En un segundo sentido, Samuel tenía un ministerio de la palabra porque el declaraba la ley escrita de Jehová, con autoridad por sobre la imaginaciones de los hombres. Él era un hombre de Dios que creía, predicaba y practicaba, la ley de la palabra de Dios (ver también Deuteronomio 8:3; Salmo 33:4, 6; 56:4,10 y 138:2; Juan 1:1; Hebreos 4:12; I Pedro 1:25; I Juan 5:7; Apocalipsis 19:13).

Como Josué, cada líder debe desarrollar un ministerio en la palabra. Debe ser capaz de recibir una palabra específica y avivada por el Señor. El debe basar toda su enseñanza y predicación en la Santa Biblia. De esta forma, Dios bendecirá su ministerio y lo hará fructífero para Su pueblo.

AL INTERCEDER COMO SACERDOTE POR ISRAEL (I Samuel 7:1-14)

La presencia de Dios en el arca del Pacto había abandonado a Israel, y el arca había sido capturada por los filisteos a causa de la idolatría de Israel. Samuel reconoció la situación. Por ello, el exhortó a Israel diciéndoles que si ellos se olvidaban de los ídolos y volvían con todo su corazón al Señor, entonces el derrotaría a los filisteos en su lugar. Viendo a Israel dar una respuesta positiva, Samuel intercedió por Israel y sacrificó un ofrenda quemada por sus pecados. Dios oyó la oración de Samuel y envió un estruendo que llevó a la confusión y derrota de las tropas de los filisteos. A través de la intercesión de Samuel, el victorioso pueblo de Israel levantó una nueva piedra de división entre Mizpa (torre de vigía) y Sen, y llamó a la piedra Eben-ezer (piedra de ayuda).

En forma similar, el hombre de Dios debe sentir la carga por los pecados de la iglesia y doblar sus rodillas en oración intercesora buscando la mano de la misericordia de Dios. Todo líder debe estar convencido de la intercesión verdadera y guiada por el Espíritu para lograr la victoria de la Iglesia sobre sus enemigos.

AL JUZGAR A ISRAEL Y PRESENTAR SACRIFICIO (I Samuel 7:15-17)

Samuel era consistente y fiel en su caminar con Dios y s ministerio como profeta y juez. "*Y juzgó Samuel a Israel todo el tiempo que vivió*" (v. 15). Después que Samuel completaba su circuito juzgando en Betel Gilgal y mizpa el volvía a su hogar en Ramá. En Ramá es donde llegaría a edificar un altar a Jehová, manteniendo así su relación con Dios.

Como Samuel, todo líder de Dios debe permanecer fiel por siempre al llamado que ha recibido del Señor. Más aún debe continuar alimentando al pueblo que Dios le ha encargado ya sea en su pueblo o en otro lugar. además de suplir las necesidades del pueblo, debe mantener una cercana relación con Dios.

AL SOPORTAR PACIENTEMENTE LA REBELIÓN DE ISRAEL (I Samuel 8:6-11)

Viendo que los pecadores hijos de Samuel no podrían sucederle como jueces de la nación, los ancianos de Israel le pidieron que les pusiera un rey que los gobernara. El Señor le dijo a Samuel que hiciera como lo pedían los ancianos, a pesar que estarían directamente rechazando a Dios como su rey. En consecuencia, Samuel señaló a Saúl como el primer rey en Israel, pero lo ungió utilizando un recipiente hecho por manos humanas, en lugar de un cuerno de carnero. Al hacer esto, Samuel señalaba que la fuente del nombramiento de Saúl como rey era humano, no divino. Durante todo este periodo, Samuel mostró una gran paciencia hacia su pueblo Israel.

A la manera de Samuel, se nos requiere que en la Iglesia tengamos paciencia y gentileza con nuestra gente, aún cuando se hayan extraviado de la perfecta voluntad de Dios. Debemos entender que también nosotros en algunas ocasiones nos hemos apartado de la voluntad de Dios. Debemos tener compasión cuando nuestra gente hace lo mismo. No es que esto condene el comportamiento pecaminoso de cualquiera, sino simplemente es para que sepamos que actitud hay que tomar cuando nuestro pueblo peca contra el Señor. La Iglesia es gente, y la gente comete errores. con una actitud paciente pero firme, podemos restaurarles nuevAmaente ante Dios y aún prevenir que caigan de nuevo.

AL MANTENER UNA BUENA REPUTACIÓN DURANTE TODO SU MINISTERIO (I Samuel 12:1-5)

En este capítulo, vemos a Samuel resumiendo el curso de todos sus años en el ministerio. Era obvio para todos que el era un hombre de carácter intachable. Nadie podía decir que Samuel le había robado a otro hombre un buey o un asno, que había defraudado a alguien, o tomado sobornos para cubrir su visión espiritual. Su carácter estaba por encima del reproche.

Todo líder cristiano debe ser un hombre de buena reputación, para los que están en la Iglesia y para los de afuera (vea también I Timoteo 3:1-7 y Tito 1:6-9). A todos les debe preocupar si están libres de culpa de robo, fraude, opresión y sobornos --todos los pecados que van más allá de lo financiero a lo espiritual también. Que el líder cuando llegue al fin de su ministerio pueda mirar atrás y decir con Samuel *"yo he andado delante de vosotros desde mi juventud hasta este día"* (v. 2).

AL AMONESTAR VERDADERAMENTE AL PUEBLO (I Samuel 12:6-25)

Samuel amonestó en verdad al pueblo al recordarles sus caminos, por los cuales habían traído el juicio de Dios sobre ellos mismos. Sin embargo, el hizo esto en una forma misericordiosa. Cuando la gente le pidió que orase por ellos, contestó misericordiosamente, *"No temáis,... pues Jehová no desamparará a su pueblo por su grande nombre; porque Jehová ha querido haceros pueblo suyo"* (v. 20,22). Él no solo estaba lleno de entendimiento y misericordia, sino que era un líder que enseñaba y oraba por su gente (v. 23).

Usted debe tener también un corazón misericordioso para con su rebaño. No debe escaparse de la realidad de enfrentar a la gente con sus problemas diciendo, "Sólo voy a orar por ello." No piense tampoco que su ministerio de predicación y enseñanza llenará todas las necesidades de la gente y que sus oraciones no son necesarias. Un buen líder hará las dos cosas: enseñar a su gente y orar por ella. Se dará cuenta que ellos necesitan instrucción de la palabra de Dios y que también necesitan de la gracia de Dios para ser hacedores de lo que oyen.

AL HABLAR VALEROSAMENTE LA PALABRA DE DIOS EN AMOR (I Samuel 13-15)

Samuel era un hombre que estaba por la verdad y por la palabra de Dios. Cuando el pueblo desobedeció la ley de Dios, se indignó justamente. En estos capítulos, Samuel tiene la franqueza para profetizar la destrucción de Samuel. También lo encontramos reprendiendo al rey por usurpar el oficio sacerdotal al negarse a seguir esperando la llegada de Samuel y ofrecer presumptuosamente el sacrificio a Dios por su cuenta. Pero a pesar de que Samuel vió el juicio de Dios sobre Saúl, reconoció que la palabra de Dios debería seguir siendo obedecida. Por ello en otra ocasión, el terminó la tarea que le correspondía a Saúl, y mató el mismo a Agag el rey amalecita capturado (15:32, 33).

Al igual que él, todo siervo de Dios debe tener el denuedo del Espíritu Santo para poner en alto los requerimientos de la palabra de Dios no importa quien se le oponga. También debe darse cuenta que la obra de Dios es más importante que el obrero que Él utiliza para llevarla a cabo.

Por tanto deberá asegurarse de hacer todo lo que sea necesario hacer, aún si otros lo dejaron incompleto. Todos los enemigos de Dios deben ser destruidos.

AL APRENDER EL DOMINIO DE DIOS SOBRE LOS EVENTOS (I Samuel 16:1)

Jehová Dios tuvo que reprender a Samuel por su largo y profundo llanto a causa de la muerte de Saúl. Samuel debía aprender a aceptar realistamente las decisiones y juicios de Dios. Era necesario que él aprendiera que Dios tiene una plenitud del aceite de la unción para los líderes que el desee equipar y usar. Dios tenía el deseo de ungir y usar a David como rey de Israel.

La lección que encontramos aquí, es que debemos aprender a aceptar los juicios finales de Dios como justos y buenos sin permitir que sus emociones personales los dominen. Es necesario que muchos de nosotros aprendamos que los propósitos de Dios no pueden ser frustrados totalmente ni por la muerte de algunos de Sus servidores. Dios siempre tiene mas hombres a los que puede preparar y mas aceite para ungirlos.

AL APRENDER EL VERDADERO DISCERNIMIENTO ESPIRITUAL (I Samuel 16:7-13)

En esta etapa, Samuel estaba verdaderamente avanzado en años. Al mirar a los hijos de Isaí, él pensó que Eliab, el primogénito, seguramente era el siguiente ungido rey de Israel. Pero estaba equivocado, Dios tenía que decirle a Samuel que no juzgara por la apariencia externa de la estatura física, sino que juzgara el corazón. Samuel tenía que aprender a juzgar espiritualmente, no carnalmente. Es cuando miró el corazón y oyó la voz de Dios confirmando Su decisión por David, que el profeta ungió al más joven de todos los hijos de Isaí como el futuro rey de Israel.

No importa cuantos años un líder haya caminado con Dios, el debe seguir aprendiendo el discernimiento espiritual en todas sus decisiones. El líder depende de la revelación y unción de Dios durante toda su vida. Un líder se verá rodeado de gente que se basa en lo externo para tomar sus decisiones. Él debe aprender como juzgar por lo interior, y por el Espíritu Santo. Entre mas profundice en la Palabra de Dios y en la oración, más grande será su habilidad para juzgar rectamente.

La Preparación de Dios Para Su Vida

Si Dios le ha llamado al ministerio, Él ya ha empezado a prepararle. No importa si el le llama a un ministerio gubernamental o congregacional, él ya ha empezado a prepararle para su obra. Algunas veces sin embargo puede ser muy difícil notarlo.

¿Tiene usted un gran deseo de ayudar al cuerpo de Cristo a experimentar la victoria en área de debilidad o de derrota? Esto puede ser evidencia del llamado y preparación de Dios.

¿Ha tratado de servir al Cuerpo de Cristo, pero ha tenido un aparente fracaso? solo Dios puede determinar lo que es un "fracaso," y aun si usted verdaderamente ha fracasado, eso no significa que usted esté descalificado para el llamado de Dios. La preparación es un proceso de toda la vida, y Él puede colocarlo en un papel de liderazgo sin importar la edad de usted.

¿Está usted llamado a ser un líder? Esta cuestión debe resolverse antes de que usted trate de determinar su nivel de preparación. Los principios de este capítulo y del siguiente pueden ayudarle a mirar en su propia vida, hacer un inventario de la preparación de Dios y buscar mas refinaciones en tanto que se convierte en un líder de Dios.

Capítulo 10

PRINCIPIOS DE LA PREPARACIÓN: ELISEO, DAVID, TIMOTEO

En el capítulo anterior pudimos examinar la preparación para el liderazgo por la que pasaron Samuel y Josué durante toda la vida. En el presente capítulo nos enfocaremos en los principios de preparación para el liderazgo que están obrando en las vidas de Eliseo, David y Timoteo.

Estos hombres son excelentes ejemplos para nosotros, de la preparación para el liderazgo en nuestros días. Podemos admirarlos y recibir ánimo al ver la obra de Dios en sus vidas. El mismo Dios que obró poderosamente a través de ellos vive y está listo para realizar similares efectos en nuestras propias vidas. Así como los líderes que se presentan en este capítulo, debemos ponernos bajo la mano moldeadora de Dios y someternos a Él y a Sus principios de preparación.

La Preparación de Eliseo

Eliseo, un profeta del siglo noveno antes de Cristo quien vivió en el reino norteño de Israel, fue el discípulo y sucesor del profeta Elías. Veamos algunos de los principios de la preparación de Eliseo, cuyo ministerio incluyó muchos milagros notables que mostraban tanto el poder como la misericordia de Dios.

Dios llevó a Eliseo a través del entrenamiento para el desarrollo de las pruebas que Él acostumbra aplicar a la mayoría de sus siervos. Eliseo experimentó la operación de varios principios de la preparación para el liderazgo. Esto sucedió entre el momento en el que tocó por primera vez el manto profético de Elías (I Reyes 19:19,20) y el tiempo en el que realmente recibió el manto de Elías junto con una doble porción de su espíritu (II Reyes 2:13). Así como otros hombres de Dios, Eliseo debía experimentar un tiempo de espera el cual le demandaba mucha perseverancia. Este periodo de paciencia puede representarse en un diagrama como el siguiente:

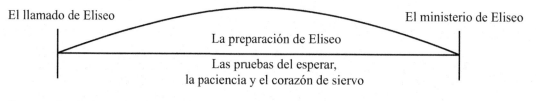

El llamado de Eliseo   El ministerio de Eliseo

La preparación de Eliseo

Las pruebas del esperar,
la paciencia y el corazón de siervo

El manto de Elías le
toca, pero no lo recibe
completamente
(I Reyes 19:19,20)

Recibe el manto de Elías y una
doble porción completamente
(II Reyes 2:13)

Entre el momento del llamado de Eliseo y el de su ministerio podemos observar muchos principios para el desarrollo del líder. Vamos a examinar los eventos en la vida de Eliseo y los principios espirituales involucrados en ellos en dos columnas paralelas.

EL LLAMADO DE ELISEO	**PRINCIPIO DE LIDERAZGO**
1. El nombre de Eliseo significa *"Dios es salvación"* (I Reyes 19:16).	1. El ministerio de un líder debe estar basado en una experiencia espiritual de salvación con Jesús, en la cual el pueda decir sinceramente: ¡Jesucristo es mi salvación!
2. Eliseo fue hijo de Safat (*"un juez"*) de Abel-mehola (*"pradera danzante"*) (I Reyes 19:16).	2. El ministerio de un líder debe estar caracterizado por el balance de juicio adecuado y el gozo.
3. Eliseo fue ungido por Dios para ser el profeta en lugar de Elías (I Reyes 19:16).	3. Un líder debe conocer el lugar y el ministerio específico al que Dios le llama, antes de que pueda estar preparado para tal ministerio.
4. Eliseo iba a ser usado para destruir a espada a todo el que escapara de la espada de Jehú (I Reyes 19:17).	4. Un líder espiritual debe ser capaz de acabar con sus enemigos espirituales con la espada de la Palabra de Dios antes de entrar a sus ministerio formal y posicional.

5. Elías encontró a Eliseo arando el campo junto con otros once trabajadores, cada uno con una yunta de bueyes, lo cual muestra que él procedía probablemente de una familia adinerada (II Reyes 19:19).

6. Eliseo tocó el manto de Elías antes de entrar al ministerio espiritual en plenitud y operar en lo que este significaba.

LA PREPARACIÓN DE ELISEO

7. Elías dejó caer su manto (una prenda que se usa en la parte superior, externa) sobre Eliseo, significando esto que él recibiría la personalidad y derechos de un profeta (el manto de pelo de animal era componente oficial de las vestiduras de un profeta; vea Rut 3:9, II Reyes 1:8 y Zacarías 13:4).

8. Una vez llamado por Elías, Eliseo hizo una petición de lo más normal: "Te ruego que me dejes besar a mi padre y a mi madre y luego te seguiré" (I Reyes 19:20).

9. La respuesta de Elías a la petición de Eliseo parece tener el significado de: "Hazlo, acaso he hecho algo que te detenga" (I Reyes 19:20).

5. Un líder debe tener un corazón de siervo y no evitar labores menores, siguiendo las órdenes de otros y sacrificar sus riquezas para responder al llamado de Dios para el ministerio.

6. Un líder debe esperar pacientemente el momento perfecto de Dios para la plena manifestación de su ministerio, aún si él ha experimentado algo de lo que Dios hará en el futuro.

PRINCIPIO DE LIDERAZGO

7. Un líder debe tomar sobre sí mismo el manto o yugo de Jesús lo que significa que él será confirmado en Su personalidad y entonces será capaz de funcionar con algunos de sus derechos divinamente otorgados.

8. A pesar de haber sido llamado como ministro, un líder debe mantener un especial respeto a los padres que Dios le ha dado. Muchas veces, en la manera en que el joven líder trate a sus padres, tratará a la gente. Pero a pesar de todas las cosas un líder debe seguir el llamado de Dios.

9. Aún cuando el Espíritu Santo eventualmente traiga personas a un líder para que las entrene, éste nunca debe impedir a aquellos que han sido llamados al ministerio que cumplan el mandato de Dios: *"Honrarás a tu padre y a tu madre."*

10. Eliseo regresó, mató algunos bueyes y los quemó con su arado como combustible e hizo una fiesta de consagración, todo ello para demostrar a su familia y amigos su renuncia a su antiguo estilo de vida para seguir su nuevo llamado con Elías. (I Reyes 19:21; vea también I Samuel 6:15; II Samuel 24: 22, 23).

10. Un líder debe dar a conocer a su familia y amigos, en forma obvia y práctica, que está sacrificando su antiguo estilo de vida, para convertirse en un esclavo de Jesús. Si un hombre tiene temor de dar testimonio abierto a favor del Señor, antes de ser formalmente *"empleado"* por la iglesia, después seguramente, no podrá ser un gran ganador de almas.

11. Después de su comida de consagración, Eliseo se levantó y se convirtió en un siervo más de Elías (I Reyes 18:43,44). Después Eliseo tuvo su propio siervo (II Reyes 2:1).

11. Un líder nunca debe sentirse demasiado orgulloso como para ser un auxiliar común más dentro de la iglesia local. Si él puede cumplir humildemente este papel, eventualmente recibirá la ayuda de otros en su propio ministerio.

12. Como un buen estudiante, Eliseo fue a Gilgal con su maestro Elías, cuando llegó el momento del arrebatamiento de Elías (II Reyes 2:1).

12. Un líder debe ser un buen estudiante de diferentes maestros en el ministerio. Debe poseer un espíritu enseñable y estar comprometido con aquellos que están sobre él.

13. Eliseo siguió persistentemente a su amo Elías de lugar en lugar hasta que vio a Elías ser quitado de él, a pesar de los intentos de Elías para convencerlo que lo dejara. Note la frase clave que caracteriza la identificación de Eliseo con Elías: *"fueron pues ambos"*, *"pasaron ambos"* (II Reyes 2:6,7,8,11). Un interesante estudio de los nombres de los lugares donde sucedieron estas interacciones: Gilgal, significa *"rodante"*, Bethel es la *"Casa de Dios"*, Jericó, es *"el lugar de la fragancia"* y el Jordán significa *"ir bajo."*

13. Un líder debe mostrar a sus maestros que es persistente para aprender más de Dios y Su Palabra, y que está dispuesto a tomar su manto de liderazgo dado por el Señor.

14. Elías le dijo a Eliseo que podía pedirle lo que quisiera, antes de que fuera arrebatado. (II Reyes 2:9).

14. Un líder debe entender que si es humilde y obediente a Dios, el Señor purificará su corazón, de manera que pueda dar una respuesta confiable a la pregunta *"¿Qué te gustaría que Yo hiciera para ti, ahora?"*.

15. Eliseo pidió una doble porción del Espíritu de Elías (II Reyes 2:9). De una manera similar a como un hijo primogénito de una familia israelita recibía una doble parte de la herencia de su padre.

15. Un líder debe comprender que si pide con humildad, puede recibir grandes cosas de parte de Dios para su ministerio y para su generación.

16. Elías le dijo que el recibir una doble porción de su espíritu era algo muy difícil, pero si lograba verle en el momento de ser llevado, lo obtendría (II Reyes 2:10).

16. Un líder cristiano debe darse cuenta que en ocasiones al pedir cosas al Señor, requerirá condiciones espirituales de obediencia, revelación, o visión espiritual.

17. Cuando Elías fue arrebatado, Eliseo rasgó sus ropas y gritó, *"Padre mio, padre mio, carro de Israel y su gente de a caballo"* (II Reyes 2:12). En ese momento, Eliseo estaba diciendo que la presencia de la fortaleza espiritual de Elías era más importante para la defensa de Israel que todos los carros de guerra del país. Posteriormente, la misma expresión fue utilizada por el rey de Israel para describir a Eliseo (II Reyes 13:14). (Notemos como Eliseo, al referirse a Elías como su padre, estaba siguiendo la tradición de Padre-hijo/Maestro-estudiante que se observa en el libro de Proverbios.)

Todas estas experiencias ayudaron a Eliseo a prepararse para su ministerio de doble porción, el cual estudiaremos en el capítulo 17, titulado *La Función del Liderazgo: Eliseo el Profeta.*

Que cada líder permita que Dios use toda experiencia a través de la cual va a pasar, para prepararle para su futura labor.

La Preparación de David

David, el menor de los hijos de Isaí de la tribu de Judá, fue el segundo rey de Israel y una de las personalidades más importantes del Antiguo Testamento. La Biblia menciona a David más de mil doscientas veces y el Señor Jesús fue llamado ocasionalmente *"el Hijo de David."* David es considerado como uno de los más grandes reyes que haya reinado sobre Israel. El significado de su nombre nos habla de su íntima relación con Dios: *"el amado"*.

La vida de David puede dividirse en tres etapas principales: David como pastor, David como fugitivo y David como rey. En los primeros años de la vida de David cuando pastoreaba el rebaño de su padre, él estaba sometido a un tiempo de preparación. En los siguientes 13 ó 14 años, David fue rechazado y era un fugitivo de la mano del rey Saúl. En sus últimos años, David entró a un tiempo de exaltación, reinando sobre Israel durante unos de los años más gloriosos de la nación.

Estas tres etapas de la vida de David constituyen un estudio de gran importancia para cada líder cristiano. Muchos, si no la mayoría de los servidores de Dios experimentan etapas similares en sus vidas y ministerios. Cada uno de estas etapas ofrecen al líder muchos principios espirituales de gran valor de los cuales puede aprender muchas cosas acerca de los tratos de Dios en su vida. Las experiencias de David son proféticas y constituyen tipos de los diferentes encuentros que todos los líderes de Dios van a experimentar. Todos los líderes deben aplicar diligentemente los principios de esta sección a sus propias vidas. Nada es más deshonroso para el reino de Dios que la amargura oculta en el corazón del líder que cree que Dios ha hecho un uso equivocado o abuso de él, debido a su falta de entendimiento de los tratos de Dios a través de tiempos de rechazo.

Podemos representar la vida de David, de acuerdo a las escrituras como sigue:

La Etapa de Preparación	La Etapa de Rechazo	La Etapa de Exaltación
I Samuel 16:13 I Samuel 20:42	I Samuel 21 II Samuel 1	II Samuel 2 I Reyes 1
David como Pastor de ovejas	David como Fugitivo	David como Rey

Principios Espirituales del Liderazgo

Delinearemos a continuación los principales puntos de cada sección de la vida de David y entonces deduciremos algunos principios a partir de ellos. El lector astuto notará que cada uno de los siguientes puntos se aplica en cierta forma a la vida de cada líder cristiano.

LAS ETAPAS DE LA VIDA DE DAVID

La Preparación

- La primera unción de David, entre sus hermanos, siendo él un pastor (I Samuel 16:13).

- Un experto músico tocando el arpa (v. 18).

- Un hombre poderoso y valiente (v. 18).

- Fue considerado como un hombre de guerra por otras personas (v. 18).

- Muestra cualidades de carácter de sabiduría y prudencia (v.18).

- Era un joven de buena apariencia (v. 18).

- Tenía el favor del Señor en todas las cosas que hacía porque le amaba con todo su corazón (v. 18).

- Se convierte en el siervo (o paje de armas) del Rey Saúl (v.21,22).

- Halla favor ante los ojos de Saúl (v. 21, 22).

- Se convierte en el músico de la corte de Saúl (v. 23).

- Sirve como pastor al mismo tiempo (17:20).

- Comprueba que es responsable, valeroso y lo testifica matando un león y un oso (vers. 34,35).

- Muestra la cualidad de humildad al reconocer sus limitaciones personales (vers. 38,39).

- Demuestra que ha aprendido de sus experiencias pasadas, porque él usó lo que ya había aprendido a hacer (v. 40).

- Manifiesta su respeto por Dios y por Su gente, y su confianza en el nombre del Señor al matar a Goliat (vers. 45-51).

- Da evidencia de poder desarrollar relaciones espirituales profundas con la gente (con Jonatán 18:1-3,19,20).

- Exhibe habilidad para entrar en una relación, de pacto y comprometida con otros, en su pacto con Jonatán (vs. 1-3,19,20).

- Se comporta tan sabiamente que es puesto al mando sobre todos los hombres de guerra (v. 5).

- Gana reputación entre la gente por sus poderosas victorias, superiores aún a las de aquel a quien sirve (vers.6-9).

- Sobrevive a la fiera ira de aquel que está en autoridad sobre él, Saúl, aún al punto de casi ser clavado por su lanza (vers. 6-9,11).

- David huye para salvar su vida ya que Saúl sigue amenazandole (19:1,2).

- David huye de Saúl, hacia donde se encuentra el profeta Samuel, quien le había ungido previamente con aceite de su cuerno (v. 18).

- Es forzado a dejar a Jonatán y empezar su vida como fugitivo (20:41,42).

El Rechazo

- Se dirige hacia Nod (*"andar errante"*), come de los panes de la proposición y toma la espada de Goliat, el trofeo de sus victorias anteriores (I Samuel 21).

- Se dirige hacia Gat (*"el lagar"*) donde finge locura para poder escapar (v. 13).

- Llega a la cueva de Adulam (*"testimonio a ellos"*) donde se le unen todos los endeudados, amargados y desanimados (22:1-4).

- Va a Moab (*"de padre: ¿cuál padre?"*) donde un profeta le dice que abandone el lugar (v. 5).

- Viaja al desierto de Judá (*"alabanza"* o *"el será alabado"*) donde escribe el salmo 63 (v. 5).

- Va a Keila (*"que sea ignorado el desfallecido"*) donde hiere a un filisteo (*"revolcándose"*) y consulta al Señor con el efod con la ayuda del sacerdote Abiatar (*"Padre de la abundancia o Padre de un remanente"*).

- Viaja por el desierto de Zif (*"fundir"*) donde Jonatán (*"Jehová es dador"*) viene para fortalecerle y juntos renuevan su pacto (v. 16).

- Llega al desierto de Maón (*"habitación"*) donde Saúl casi lo mata (vs. 24-26).

- Va al desierto de En-gadi (*"fuente del muchacho o cabra"*) donde David corta una parte del manto de Saúl (*"solicitado"*); el cual arrepentido, se va a su casa (24:1).

- Hace una travesía al desierto de Parán (*"embellecimiento de ellos"*), Samuel (*"su nombre es de Dios"*) muere y David toma esposas: Abigail (*"madre de gozo"*) y Ahinoam (*"hermana de simpatía"*) (25:1).

- David vuelve al desierto de Zif (*"fundir"*) donde Abisai (padre del don) busca matar a Saúl pero, en vez de ello, David se lleva la lanza y vasija de agua del rey. Saúl se arrepiente nuevamente y se va a casa. (26:1).

- Regresa a Gat (*"el lagar"*) donde se desanima en gran manera a pesar de que Saúl no le persigue más (27:1-7).

- Recibe la ciudad de Siclag (*"envuelto en aflicción"*) como posesión, de parte de los filisteos (*"revolcándose"*) con quienes permanece por dieciséis meses, durante los cuales lanza incursiones contra los gesuritas (*"contempladores orgullosos"*), contra los gezritas (*"los cortadores"*) y los amalecitas (*"la gente de los lamedores"*) (vs. 27:3-12).

- Saúl por su parte, visita a la adivina de Endor (*"fuente de la estancia"*) y conjura el espíritu de Samuel (*"su nombre es de Dios"*) de entre los muertos (28:8).

- No se le permite a David hacer guerra junto con los filisteos (*"revolcándose"*) y por lo tanto regresa a Siclag (*"envuelto en aflicción"*) (29:1-11).

- David persigue a los amalecitas (*"la gente de los lamedores"*) quienes saquearon Siclag (*"envuelto en aflicción"*) y se desanima mucho porque la gente desea apedrearlo, pero él se anima en el Señor y consulta al Señor con el efod por medio del profeta Abiatar (*"padre de abundancia o padre de un remanente"*) (30 :1).

- Saúl y sus hijos son muertos (31:6).

- David ordena la muerte del amalecita (*"pueblo de los lamedores"*) quien aparentemente hirió a Saúl para rematarlo y entonces llora la muerte de Saúl con un cántico de luto (II Samuel 1:1-12).

La Exaltación

- Es ungido por segunda vez como rey sobre Judá (II Samuel 2:1-4).

- La casa de David se fortalece y la de Saúl se debilita (3:1; I Crónicas 3:1- 3).

- Engendra seis hijos en Hebrón (*"comunión"*): Amnón (*"fiel"*), Quileab (*"sostén del padre"*), Absalón (*"padre"*), Adonías (*"adorador del Señor"*), Sefatías (*"juez de Jehová"*), e Itream (*"excelencia de pueblo"*) (3:2-5).

- A la edad de 30 años es ungido por tercera vez como rey sobre todo Israel después de siete años y medio (5:1) y reina durante 33 años.

- Toma Sion como su propia ciudad (5:7) (ciudad de David).

- Hace volver el arca a Sion y establece el tabernáculo de David (6:2).

- Recibe el pacto davídico de parte de Dios (7:1).

- Comete adulterio con Betsabé, manda matar a su esposo Urías, y recibe la reprensión de Dios a través del profeta Natán (11:2-12:14) y escribe los salmos 51 y 25.

- Huye de Jerusalén por la rebelión de su hijo Absalón (15:14).

- David muere y en su lugar reina su hijo Salomón (I Reyes 2:12).

Principios Espiritualess en la vida de David

Muchos principios espirituales y cualidades de carácter para los líderes cristianos se hacen aparentes a través de los hechos básicos de la preparación, rechazo y exaltación de David. Alguno de los de mayor relevancia son los siguientes:

- David aplicó su experiencia del pasado de matar al león y al oso a su problema del presente de enfrentar a Goliat (I Samuel 17:34-46). Asimismo cada líder debe aprender cómo aplicar lo que ha aprendido de sus experiencias ante los retos y dilemas del presente.

- David no confió en la armadura de Saúl para obtener la victoria sobre Goliat (vers.38,39). Los líderes no debemos confiar en la habilidad de la carne o de un sistema religioso, sino en el poder del Espíritu Santo para las victorias en la vida.

- David usó un arma que había usado eficazmente en el pasado, para matar a Goliat, (su honda y cinco piedras redondas, v. 40). Así, cada líder debe confiar que Dios use el entrenamiento que le ha dado previamente en su ministerio. Al hacer esto, debe reconocer las limitaciones de su don y de su ministerio.

- David fue contra Goliat en el nombre del Señor (v. 45). Asimismo todo líder debe invocar el nombre de Cristo Jesús contra el poder del diablo.

- David declaró su confianza de que vencería a Goliat (v. 46). También el líder cristiano debe hacer una confesión positiva de que obtendrá totalmente la victoria espiritual, a través de la obra consumada de Jesucristo.

- David dobló la cantidad requerida de 100 prepucios de filisteos para poder casarse con la princesa Mical (presenta 200 según los versículos 18:25-27). También el líder cristiano debe esforzarse por hacer más de lo que el Señor requiere de él.

- David permaneció fiel al mandato de dirigir el ejército de Saúl, a pesar de que Saúl quería matarlo (19:1,2,8,10). De la misma manera todo líder cristiano debería permanecer fiel al llamado y ministerio que Dios le ha dado a pesar de las pruebas y tribulaciones que se le presentan.

- David mantuvo compañía con gente piadosa como Samuel (v. 18). También nosotros debemos relacionarnos de manera constante con cristianos piadosos y buenos líderes espirituales en el cuerpo de Cristo

- David permaneció con Jehová su Dios en medio de sus relaciones (por ejemplo, con Jonatán, 20:42). Es obligatorio que cada líder mantenga a Jesús como el centro de todas sus amistades y asociaciones, reconociendo que el diablo busca causar contaminación y compromisos en su vida al mantenerle en compañía de los necios.

- David no hizo acepción de personas en aquellos que les permitió ser parte de su ejército en la cueva de Adulam (22:2). Lo mismo debe hacer cada líder cristiano, tratando a cada persona por igual delante de Dios, no favoreciendo al rico o al educado por sobre los pobres o mal preparados.

- David honró a sus padres al solicitar al rey de Moab que les hospedara confortablemente en su palacio, mientras el buscaba a Dios en Adulam (v. 3). Igualmente, los que tenemos una posición de liderazgo debemos honrar y pensar en las necesidades de nuestros padres, no importa nuestra edad o las otras responsabilidades.

- David cobró ánimo en el Señor cuando sus seguidores querían matarlo (30:6). Nosotros también debemos siempre obtener nuestra fortaleza y gozo directamente del Señor. De otra forma nos desanimaremos cuando nuestra fuente de gozo y fuerza que no sea el Señor nos sea quitada. (Esto es aplicable aun cuando el ministerio de un líder y sus funciones le sean quitadas temporalmente. ¿De dónde obtiene el ministro su fuerza y su alegría, de su ministerio o de Jesús?)

Cualidades Pladosas en la vida de David

Estas cualidades del carácter de David hicieron posible que él se sostuviera durante la preparación, que sobreviviera la persecución y que floreciera durante la exaltación. También pueden hacer lo mismo para los líderes cristianos de hoy en día. Ellas son:

Pureza (I Samuel 16:7)

Fidelidad (vs. 16, 17:26 y 30:11-25)

Responsabilidad (17:20)

Humildad (16:11 y 17:38-39)

Servicio (16:11d)

Prudencia (16:18e)

Habilidad (16:18)

Disciplina (16:18d,e)

Fortaleza (16:18c)

Denuedo (17:32)

Amor (18:1)

Compromiso (18:2,3)

Gracia (18:3,4)

Sabiduría (18:514,15,30)

Respeto (18:11 y 22:3,4 y 24:1-6)

Diligencia (18:25-27)

Compasión (22:1,2)

Honestidad (30:23,24)

David fue un hombre piadoso apasionado, que amaba aferradamente al Señor, y le buscaba con intensidad. Algunos de los eventos y pecados en su vida no son dignos de alabar. Sin embargo, la Biblia presenta a David como uno de los más grandes ejemplos para todos los creyentes, al llamarle *un hombre conforme al corazón de Dios.* ¡Oh, que todos los líderes siguiéramos su ejemplo! Y que todos los líderes nos convirtiésemos en ejemplos para el pueblo de Dios al buscar al Señor con tal intensidad.

La Preparación de Timoteo

La vida de Timoteo fue de especial importancia porque él fue parte del equipo de ministerio de Pablo y tuvo relación personal con el mismo apóstol.

Timoteo poseía una herencia piadosa. Su madre fue una judía cristiana, su padre un griego que no era creyente (Hechos 16:1)

Guiado por su madre Eunice y su abuela Loida (II Timoteo 1:5) creció en su herencia espiritual y su conocimiento de las Escrituras desde la época de su juventud (3:15).

No es sorprendente que una madre creyente le diera a su hijo un nombre con dos significados positivos. Primero, en cuanto a su relación con Dios, Timoteo quiere decir *"uno que honra y adora Dios"*. Y segundo, en cuanto a la relación de Dios con él, significa *"honrado y valorado por Dios"*. Más aún, Timoteo era un hombre que vivía para dar significado a su nombre, tanto él amaba a

Dios como era amado por Él. De manera similar, cada líder debería conocer el significado cultural y espiritual de su propio nombre y ver cómo se aplica a lo que Dios quiere hacer en él y a través de él y de su ministerio.

A pesar de que su padre era un griego no creyente, Timoteo continuó su crecimiento en el Señor Jesús. Las posibles influencias dañinas que su padre pudo haber tenido (adoración de los ídolos, inmoralidad, intelectualismo) habrían ejercido poca influencia en el crecimiento de Timoteo en el temor del Señor que su madre le enseñó. Es posible que el padre griego de Timoteo haya tenido un papel preponderante en evitarle la circuncisión cuando era un niño. Y además, Timoteo fue criado en la típicamente pagana ciudad de Listra (Hechos 16:1). Ninguna de estas razones impidieron que él fuera llamado y usado por Dios. Cada líder debe resistirse a su trasfondo familiar o cualquier otro factor ambiental que pudiera obstaculizar su servicio al Señor, así como lo hicieron Timoteo y Samuel.

La Relación de Timoteo con el Apóstol Pablo

Esta relación estrecha y especial se describe con cierto detalle en dos cartas del Nuevo Testamento. Timoteo gozaba de una buena reputación siendo aún niño y era un erudito en las Escrituras (I Timoteo 3:15). Siendo ya mayor él tenía *"buen testimonio"* entre los hermanos (Hechos 16:2).

Una Reputación Piadosa

Para Pablo, su reputación piadosa era una cualidad importante de su carácter. Es posible que Pablo deseara tener específicamente a un hombre de buena reputación entre los cristianos y los dirigentes cristianos para que le pudiera acompañar en sus viajes apostólicos (Hechos 16:3-5, 18:5, 19:32 y 20:4). Este principio es aplicable a todo líder cristiano de hoy: Todo hombre de Dios debe ser capaz de confiar en su *"buena reputación"* entre los cristianos y los líderes cristianos.

Como Padre e Hijo

Pablo consideraba a Timoteo como su propio y querido hijo en la fe. Por ello estos dos hombres compartían una profunda relación y compromiso con el Señor, entre ellos y hacia sus ministerios. La Escritura da varias referencias acerca de cómo Pablo escogió a Timoteo para el ministerio del evangelio (Hechos 16:3, y 17:14,15 y 18:15 y 20:4; I Corintios 4:17, I Timoteo 1:2, II Timoteo 1:2)

Una de las experiencias más ricas en la vida y en el ministerio es una relación espiritual compartida con los hermanos. Tiempos de compartir sabiduría, oración, percepción y experiencias enriquecen grandemente la vida del líder en el ministerio. Tales amistades deberían ser apreciadas grandemente por cada líder cristiano. El líder cristiano nunca debería volverse tan ocupado como para olvidarse de sus amigos cercanos.

Ordenación de Timoteo a través de Pablo

Pablo no ordenó a Timoteo para el ministerio por causa de su profunda unidad espiritual con él, sino por el llamado de Dios sobre Timoteo (I Timoteo 4:14; II Timoteo 1:6,7). ¿Cómo fue ordenado?, no lo sabemos. Solamente sabemos que Pablo le impuso las manos y le impartió parte de su propio done espiritual (I Timoteo 4:14).

Está de más decir que el ministerio y la unción de Timoteo no provinieron exclusivamente de las manos del apóstol Pablo, sino de Dios. Tampoco su rito de ordenación le dio todo su ministerio espiritual. La unción y habilidad provinieron de Dios, Pablo solamente las confirmó. Debe haber este mismo patrón en la vida de cada varón y mujer llamados por Dios y ordenados para su servicio.

Los Sufrimientos Compartidos por Pablo y Timoteo

Junto con la gran bendición y confirmación apostólicas, Timoteo recibió también la persecución y rechazo que recibían los apóstoles. Pablo reconoció que Timoteo había compartido las persecuciones que su padre en la fe había recibido. Por ello le dio el crédito apropiado, juntamente con las exhortaciones necesarias:

"Pero tu has seguido mi doctrina, conducta, propósito, fe, longanimidad, amor, paciencia, persecuciones, padecimientos, como los que me sobrevinieron en Antioquía, en Iconio, Listra, persecuciones que he sufrido y de todas ellas me ha librado el Señor. Y también todos los que quieren vivir piadosamente en Cristo Jesús padecerán persecución; más los malos hombres y los engañadores irán de mal en peor, engañando y siendo engañados. Pero tú persiste en lo que has aprendido y te persuadiste, sabiendo de quién has aprendido." (II Timoteo 3:10-14).

La siguiente narración de la persecución de Pablo y Silas, y su rescate por medio de una visitación divina podría representar el tipo de persecución que también Timoteo sufrió al lado de Pablo:

"Y atravesando Frigia y la provincia de Galacia, les fue prohibido por el Espíritu Santo hablar la palabra en Asia; y cuando llegaron a Misia, intentaron ir a Bitinia pero el Espíritu se los prohibió, pero el Espíritu no se lo permitió. Y pasando junto a Misia, descendieron a Troas. Y se le mostró a Pablo una visión de Noche: un varón macedonio estaba en pie, rogándole y diciendo: Pasa a Macedonia y ayúdanos. Cuando vio la visión, en seguida procuramos partir para Macedonia,

dando por cierto que Dios nos llamaba para que les anunciásemos el evangelio.... Aconteció que mientras íbamos a la oración, nos salió al encuentro una muchacha que tenía Espíritu de adivinación, la cual daba gran ganancia a sus amos adivinando. Está siguiendo a Pablo y a nosotros, daba voces diciendo: estos son siervos del Dios Altísimo, quienes os anuncian el camino de salvación. Y esto lo hacía por muchos días; más desagradando a Pablo, este se volvió y dijo al espíritu: Te mando en el nombre de Jesucristo que salgas de ella. Y salió en aquella misma hora. Pero viendo sus amos que había salido la esperanza de su ganancia, prendieron a Pablo y a Silas, y los trajeron al foro, ante las autoridades; y presentándolos, dijeron: Estos hombres siendo judíos alborotan nuestra ciudad , y enseñan costumbres que no nos es lícito recibir ni hacer, pues somos romanos. Y se agolpó el pueblo contra ellos; y los magistrados, rasgándoles las ropas, ordenaron azotarles con varas, Después de haberles azotado mucho, los echaron en la cárcel, mandando al carcelero que los guardase con seguridad..." (Hechos 16:6-10,16-23; ver también I Corintios 16:10; II Corintios 1:1,19).

Dado que Timoteo probablemente experimentaba situaciones similares, podemos entender porqué Pablo le diría: *"Por tanto, no te avergüences de dar testimonio de nuestro Señor, ni de mi, preso suyo, sino participa de las aflicciones por el evangelio según el poder de Dios"* (II Timoteo 1:8)

Responsabilidades de Timoteo en el Ministerio

Podemos entender también porqué Pablo le tuvo que dar un mandato directo del Señor acerca de su llamado específico en Dios (I Timoteo 1:3,10 y 5:7,16,17 y 6:13,17). A este hombre *"algo"* tímido (II Timoteo 1:7), Pablo le dio una exhortación general acerca de sus deberes para con Jesucristo. Asimismo Pablo le delineó una enseñanza específica en varias áreas: la sana doctrina, (I Timoteo 1), la adoración pública (capítulo 2), los oficios en la Iglesia (capítulo 3), los falsos maestros (capítulo 4), la congregación de la Iglesia (capítulo 5) y sobre el ministro mismo en el capítulo 6. Cada una de estas secciones contiene material valioso para que el ministro del evangelio lo estudie al desempeñar su tarea.

El Carácter de Timoteo

Pablo escogió a Timoteo por su carácter también. El apóstol entendía que se necesitaba un carácter firme para poder vencer la presión de muchos juicios, persecuciones y tentaciones que vienen contra el ministerio apostólico en equipo. El apóstol sabía que dones y habilidades no podían asegurar por sí mismos un éxito duradero en el ministerio.

Timoteo demostró muchas cualidades de carácter que cada líder debería tratar de desarrollar. Algunas de éstas cualidades del corazón son:

Un espíritu enseñable

Pablo le dijo a Timoteo, *"persiste tu en las cosas que has aprendido"* (II Timoteo 3:14). Timoteo tenía un corazón enseñable que le permitía recibir la verdad e instrucción.

Un espíritu afín

Pablo dijo a los cristianos filipenses, *"pues a ninguno tengo del mismo ánimo"* (Filipenses 2:20a). Timoteo tenía un mismo espíritu y propósito con Pablo. Debido a esta unidad de corazón e intención en el evangelio, Pablo tenía confianza en Timoteo para que ayudara a los filipenses

Un espíritu sincero

Pablo también les dijo a los filipenses que Timoteo estaba genuinamente interesado en su bienestar (Filipenses 2:20b). No había fingimiento ni doblez en la vida de Timoteo. Él se preocupaba sincera y verdaderamente por el pueblo de Dios; no buscaba aprovecharse de ellos.

Un espíritu que se preocupa por los demás

Pablo le dijo a la iglesia de Filipos que Timoteo tendría cuidado de su bienestar (Filipenses 2:20b). Timoteo realmente se preocupaba por el pueblo de Dios. Tenía compasión y entendimiento verdaderos de sus necesidades.

Un espíritu de siervo

Pablo tenía confianza en enviar a este joven a la iglesia filipense porque él no buscaba satisfacer egoístamente sus propios intereses, sino los intereses de Jesucristo (Filipenses 2:21,22). Él conocía los valores y prioridades de Dios en la vida, y quería impartírselos al pueblo de Dios.

Un espíritu fiel

Timoteo servía fielmente con Pablo en el avance del evangelio (Filipenses 2:22). Era fiel y leal al evangelio así como a Pablo. Precisamente por esa fidelidad, el apóstol supo que podía depender de él en sus encargos.

Un espíritu probado

Timoteo no había pasado una vida de ministerio fácil. Había enfrentado pruebas, juicios, tentaciones y persecuciones. De modo que Pablo podía decir *"pero ya conocéis los méritos de él ...en el evangelio"* (Filipenses 2:22). Dios había examinado y probado el corazón de Timoteo de manera que era un hombre en quien el apóstol Pablo podía confiar (véase también I Corintios 4:17 y Tesalonicenses 3:2).

Un espíritu sumiso

Timoteo tenía una actitud de sumisión y obediencia hacia al Señor y hacia el apóstol. Pablo podía decir que él *"como un hijo a padre ha servido conmigo en el evangelio"* (Filipenses 2:22c). Esta relación padre-hijo, no solamente nos habla de una relación maestro-alumno, sino también de disponibilidad, lealtad, humildad y sumisión para obedecer y servir a un ministro de más edad (véase Hechos 16:1-3).

Pablo podía confiar en Timoteo en el ministerio, por estas cualidades que se evidenciaban en la vida de Timoteo. De igual manera, cada líder debería permitir que Dios cambie su corazón y espíritu al grado de ser también ejemplo de estas cualidades. Animo a los líderes a desarrollar aún otras cualidades más de Timoteo presentadas en II Timoteo 2, en las cuales Timoteo es descrito en forma figurada como: hijo, maestro, soldado, atleta, agricultor, obrero, vasija, hombre, buscador y siervo.

El Ministerio de Timoteo

Timoteo no sólo nos da una imagen de cualidades piadosas. Estaba involucrado activamente en el trabajo y servicio del Señor. Dios desarrolló su carácter antes de que él estuviera ministrando activamente, pero también lo desarrolló mientras estaba ocupado constructivamente en la labor de Cristo y de la Iglesia. ¿En qué tipo de labores estaba involucrado Timoteo? Timoteo estaba trabajando para el Señor en las siguientes áreas:

> Estableciendo iglesias (I Tesalonicenses 3:2)
>
> Confortando las iglesias (I Tesalonicenses 3:2)
>
> Enseñando doctrina (I Timoteo 1:3)
>
> Exhortando a los cristianos (I Timoteo 4:13)

Notemos que Timoteo estaba plenamente involucrado en ministrar a las iglesias locales. Él entendía que entre más ayudara a edificar la Iglesia de Cristo, ella saldría al mundo para ganar más almas para el reino de Dios. Esto no quiere decir que este joven apóstol no estuviera ministrando el evangelio a las almas perdidas, sino que sirve para mencionar que Timoteo utilizaba mucho de su tiempo para ministrar al pueblo de Dios directamente. Las exhortaciones de Timoteo se centraban muy probablemente alrededor de las doctrinas cristianas que tan fielmente Pablo se ocupaba en amonestarle que mantuviera y enseñara.

Para aplicar esto a nuestros días, cada líder debe preguntarse a sí mismo qué tan bien está él fundamentando al pueblo de Dios en las sanas doctrinas cristianas de la Palabra de Dios. El establecer a la gente en la Palabra a través de la sana enseñanza bíblica por parte de los líderes cristianos es lo que la Iglesia debe hacer si es que ella va a salir de su lugar para alcanzar al mundo para Cristo.

El Buen Ejemplo de Pablo para Timoteo

Pablo dio un buen ejemplo de ministerio cristiano a Timoteo. Esto ilustra la responsabilidad de cada ministro maduro de ofrecer un estilo de vida ejemplar para los hombres de Dios más jóvenes. Pablo le habló a Timoteo acerca de su vida ilustrativa en las siguientes palabras que se encuentran en II Timoteo 3:10,11a,

"Pero tu hijo mío, has seguido paso a paso mi enseñanza y mi manera de vivir, mi resolución, mi fe, paciencia y espíritu de amor y firmeza bajo las persecuciones y sufrimientos" (versión La Nueva Biblia Inglesa).

"Pero tu has sido un fiel seguidor mío en lo que respecta a todo: en doctrina, en tu vida entera y esfuerzo, en fe, en paciencia, en amor, en constancia en persecuciones y sufrimientos" (Traducción de Greber).

Pablo no le mandó a Timoteo que anduviera en un camino que él no hubiera transitado antes.

Observemos un poco más de cerca algunas de las palabras clave de los versículos citados previamente. Cuando Pablo le dijo a Timoteo que él había *"conocido"* de los caminos de los apóstoles, le quería decir dos cosas. Primeramente que Timoteo había sido capaz de aprobarlos a través de la observación y que Timoteo había podido deleitarse en ellos a través de la experiencia personal. También los ministros mayores deberían tener patrones en su vida que los ministros más jóvenes puedan ver en forma transparente, y desear imitar en su vida por sí mismos.

El deseo de los ministros jóvenes de seguir al ejemplo de sus mentores se aplica al tipo de instrucción cristiana o información que ellos enseñan. Ella afecta su forma de comportarse, cómo soportan paciente y amablemente las presiones del rechazo y la contradicción. También es aplicable a otras tres áreas principales de la vida: propósito, fe y amor.

Pablo declaró que Timoteo había visto y experimentado su *"propósito"*. Con esto daba a entender que Timoteo había visto la obvia y definitiva propuesta de Pablo y su intención en su servicio al evangelio de Cristo. El propósito de Pablo en su ministerio no contenía nada que fuera secreto, confuso o falto de sinceridad. Él sabía quién era y hacia dónde se dirigía. No dudaba en compartir sus intenciones con Timoteo.

Asimismo Pablo declaró que Timoteo había observado y experimentado su *"fe"*. Se refería a su firme persuasión y continua convicción en Cristo Jesús como su Señor y su Salvador tal y como era visible en sus actos y en su vida. La persuasión de Pablo acerca de Jesús no aminoró con los años. Su convicción creció en fuerza al transcurrir su vida. Debido a que Timoteo y otros más podían ver tal fe en las palabras y acciones del apóstol, éste podía pedirles que le siguieran así como él seguía a Cristo.

Finalmente Pablo expresó que el joven hombre de Dios había podido ver su *"amor"*. Se refería a su profundo afecto y benevolencia por Cristo y por la Iglesia. La palabra usada aquí es *"ágape"*, la misma clase de amor divino y sacrificial que Cristo mismo había demostrado en la cruz a favor de la Iglesia.

Al imitar las intenciones obvias de la vida de Pablo, su firme convicción y su amor sacrificial, cada líder seguramente prosperará en servicio espiritual al Señor.

Las Exhortaciones de Pablo a Timoteo

Pablo exhortaba a Timoteo sobre la base firme de su propia conducta cristiana. De lo contrario, si esas cualidades no existieran en su vida, habría sido muy poco el ánimo que Timoteo tendría para buscarlas. Un hombre de Dios tiene influencia en el reino solamente en la medida que su vida refleja sus enseñanzas.

Fueron nueve las principales áreas en las que Pablo exhortaba a Timoteo: Guerra espiritual, conciencia, conducta, piedad, edad, ejemplo, dones, disciplina y fidelidad. Analicemos estas amonestaciones más de cerca.

Guerra espiritual. Pablo le dijo, *"para que conforme a las profecías que se hicieron antes en cuanto a ti, milites por ellas la buena milicia"* (I Timoteo 1:18) y *"Pelea la buena batalla de la fe"* (6:12). Cada líder, hombre o mujer, debe entender que su ministerio incluye servicio militar, expedición, campaña, y estar de guardia para el servicio del Señor Jesús. Él es el comandante y todos los cristianos, Sus soldados. Sin embargo las armas de esta guerra no son carnales sino espirituales (II Corintios 10:4).

Todo líder debe estar preparado para la prueba que seguirá a una palabra de parte de Dios, sea que ésta venga por imposición de manos, profecía o por otro medio. Dios puede permitir que nos sucedan varias pruebas entre nuestra recepción de una palabra y su cumplimiento. En estas pruebas, uno puede progresar por la fe y la perseverancia o retroceder a causa de la incredulidad y la desesperación. Pablo deseaba que Timoteo combatiera esta batalla de fe de tal forma que ganara cada batalla y se adelantara en Cristo.

Conciencia. Pablo exhortó a Timoteo a que mantuviera la fe con una buena conciencia (I Timoteo 1:19). No es suficiente tener la convicción firme o fe en cuanto a las promesas de Dios. Debemos tener una conciencia limpia hacia Dios y hacia los hombres. Es necesario vivir una vida de arrepentimiento de todo pecado para mantener la conciencia limpia respecto a Dios. También, la conciencia del líder debe estar libre de todo odio, ira, celos, amargura y rencor hacia los demás, reconociendo sus actitudes equivocadas y pidiendo perdón.

La conciencia de uno es como un juez interior que aplica la ley de Dios a cada situación de la vida. Pablo dijo a Timoteo que se mantuviera firmemente cimentado sobre una conciencia limpia. Le advirtió acerca de otros que habían permitido que el *"timón de su conciencia"* fuera arrastrado por el viento. Y que posteriormente habrían naufragado espiritualmente (I Timoteo 6:21; II Timoteo 2:18 y 3:8).

Conducta. Pablo exhortó a su discípulo, así como a otros cristianos, a aprender como conducirse personalmente en la casa de Dios (I Timoteo 3:15). Algunas personas no creen que deba observar algún tipo de comportamiento ordenado dentro de la iglesia local. Creen que cualquiera puede hacer lo que sienta hacer durante la reunión, *"como el Espíritu le guíe"*. Cierto comportamiento que se dice *"guiado por el Espíritu"* no siempre es totalmente de Dios. Mientras que algunas iglesias deben dar mucha mayor libertad al Espíritu Santo en sus cultos, para todas es imperativo hacer las cosas *"decentemente y con orden"* (I Corintios 14:40). Nuestro comportamiento en y alrededor de la iglesia afecta grandemente nuestra influencia a favor de Cristo en el mundo. Cada líder debe comportarse sabiamente en la casa del Señor.

Piedad. Pablo dijo a Timoteo, *"desecha las fábulas profanas y de viejas. Ejercítate para la piedad; porque el ejercicio corporal para poco es provechoso, pero la piedad para todo aprovecha, pues tiene promesa de esta vida presente y de la venidera"* (I Timoteo 4:7,8). El uso que Pablo hace de la palabra *"ejercítate"* (disciplínate) contiene el significado de la práctica vigorosa y de un hombre desnudo para los juegos olímpicos. La idea es poner la vida de uno mismo libre de todo obstáculo que impida alcanzar su pleno potencial espiritual en Dios. Todo líder debe remover de su vida todas las cosas que obstaculicen su crecimiento en la piedad y santidad. Al hacer esto debe estar listo para recibir bendiciones de Dios no solo en la vida por venir sino también en esta vida.

Edad. El apóstol le escribió también: *"Nadie tenga en poco tu juventud (edad)"* (I Timoteo 4:12). Pablo sabía que algunas personas iban a oponerse, menospreciar y despreciar la vida y ministerio del Señor en Timoteo debido a que era solamente un joven.

Cada joven enfrenta el problema del rechazo por causa de su edad. En lugar de amargarse o enojarse de ello, el hombre de Dios debe prestar mayor atención al desarrollo de cualidades en su vida. Con ello pondrá su vida y sus palabras por encima de los reproches. Es por ello que Pablo concluye *"sino sé ejemplo de los creyentes en palabra, conducta, amor, espíritu, fe y pureza."*

Ejemplo. Pablo le dio a Timoteo la alternativa a enojarse y resentirse por la falta de aceptación a causa de juventud. Le dijo que fuese ejemplo, un sello, figura, estátua, estilo, modelo, imagen y patrón, de y para el creyente cristiano en cada aspecto de su vida. Jesús mismo es descrito como un ejemplo para todo creyente (I Pedro 2:21). Al seguir a Cristo, la vida de cada líder debe conformarse más y más a la del Maestro. Haciendo esto, el pueblo de Dios puede seguir el buen ejemplo de Jesús a través de la vida de su líder.

La idea griega de ser *"un ejemplo"* para algo, se ilustra en las siguientes formas:

Como un dedo humano al hacer impresión en cera suave superficial.

Como un estilógrafo (objeto puntiagudo para escritura) al hacer ciertas marcas sobre un cuero.

Como un pupilo copia las líneas escritas por su maestro en cera o en cuero.

Como una huella trasera queda en la tierra en la misma posición como en la delantera al irse recorriendo.

El líder cristiano debe ser capaz de poder decir *"síganme, como yo sigo a Cristo"*. Que nuestras palabras, actitudes, acciones y motivos prediquen un sermón viviente!

Dones. Como Pablo normalmente hacía con Timoteo, él balanceaba la enseñanza sobre el carácter con la enseñanza sobre los dones. Pablo le dijo: *"No descuides el don que hay en ti, que te fue dado mediante profecía con la imposición de manos del presbiterio."* (I Timoteo 4:14). Pablo no quería que su discípulo descuidara los dones espirituales, o que los tomara a la ligera. Otra exhortación que le hizo fue: Por lo cual te aconsejo que avives el fuego del don de Dios que está en ti por la imposición de mis manos (II Timoteo 1:6). Pablo quería que Timoteo no sólo fuera un hombre de Dios con buen carácter, sino que también pudiera operar libremente en sus dones espirituales. Cualquiera que fuera el don o dones de la vida de Timoteo, el apóstol quería que los mantuviera avivados, para que ardiera más y más brillantemente.

Asimismo el líder en el reino de Dios debe encontrar cuáles dones le ha dado Dios. Debe aprender a mantenerlos en operación continuamente a través de la oración, la palabra, la adoración, el testimonio, el ayuno y otros principios de la vida cristiana. La Iglesia necesita carácter piadoso, pero también necesita sus dones para crecer y funcionar continuamente.

Disciplina. Pablo hizo esta exhortación a su discípulo: *"Mas tu oh, Hombre de Dios huye de estas cosas (p. ej. el amor al dinero) y sigue la justicia, la piedad, la fe, el amor, la mansedumbre."* (I Timoteo 6:11). Pablo le indicó a Timoteo que se alejara de ciertas cosas y que buscara otras. Cada líder debe darse cuenta que su vida ministerial consistirá completamente en alejarse de la injusticia y seguir la justicia. Debe llevar una vida disciplinada. Debe usar al máximo su tiempo, su dinero y energías para extender el reino. Debe evitar y escaparse de las cosas que podrían obstaculizar su vida espiritual y su ministerio y seguir a Jesús en obediencia y perseverancia. El hombre de Dios va a tener logros en el reino espiritual de Dios, solamente a través de una vida disciplinada de oración, de la Palabra y la obediencia a ésta.

Fidelidad. Como punto final, Pablo exhortó a Timoteo acerca de la fidelidad. Le dijo: *"Oh Timoteo, guarda lo que se te ha encomendado, evitando las profanas pláticas sobre cosas vanas y los argumentos de la falsamente llamada ciencia."* (I Timoteo 6:20). El apóstol quería que el joven Timoteo guardara estas verdades y principios que habían sido literalmente *"puestos en sus manos"* (como en una caja fuerte para valores).

Todo líder debe guardar las verdades que Dios le ha encargado a él y a su congregación. Debe proteger estos valores con su tiempo y su cuidado, para que no se pierdan. El ladrón (el diablo) viene a *"robar, matar y destruir"* las verdades en la vida del pueblo de Dios. Pero el pastor-líder alerta ve que viene el lobo y previene el robo o la destrucción. Como líder que es Usted, debe desarrollar un corazón de mayordomía y fidelidad hacia Jesús y la Iglesia para *"guardar lo que se le ha encomendado."*

Su Preparación como Líder

Tome un momento para evaluar su propia preparación como líder. Recuerde, nuevamente, que no necesariamente debe ser llamado a un ministerio posicional o gubernamental para se un líder de Dios. Puede que usted ejerza el liderazgo en una capacidad principal, temporal o en forma más limitada. De hecho esto hará más fácil el evaluar su preparación en dicho ministerio ya definido.

Responda a esta serie de preguntas, las cuales podrían hacer surgir otras cuestiones y asuntos para su propio desarrollo.

LLAMADO

Es valioso revisar la *"Evaluación del Llamado Ministerial"* al final del capítulo cuatro.

Enfóquese en el área de la confirmación de su llamado ¿Ha sido confirmado su llamado por los líderes de la Iglesia, plenamente? Estas personas han visto su crecimiento y su llamado y pueden confirmar la evidencia externa de su llamamiento.

ESTUDIOS

La mayoría de los líderes que son verdaderamente llamados no pueden esperar a que comiencen las clases; empiezan a estudiar por su cuenta. ¿Qué ha hecho en cuanto a estudiar la Palabra de Dios, como preparación para su servicio? ¿Bajo qué autoridad y dirección está estudiando?

RELACIONES

Gran parte de los líderes son lanzados a sus ministerios a través de relaciones importantes con otros líderes. ¿Tiene un maestro o líder que sea un ejemplo a seguir? ¿Qué tan fiel es como discípulo? ¿Ha empezado a desarrollar sólidas relaciones con cristianos más jóvenes, de manera que les ayude a crecer?

APRENDIZAJE PRÁCTICO

¿Qué ha aprendido hoy? ¿Puede ver un aprendizaje diario hacia su funcionamiento en el ministerio? (sea que ocurra en la escuela o través de duros golpes.) ¿Qué está haciendo para construir sus éxitos y evitar otra vez sus errores? ¿Qué puede aprender acerca de ello al observar a otra gente?

SERVICIO

¿Ha empezado a operar en su llamado único? La ordenación o la asignación de responsabilidades confirma que ya está funcionando en su ministerio. ¿Qué está haciendo para ministrar a las necesidades de la Iglesia, ya sea que tenga o no un título formal de ministro?

PROMOCIÓN

¿Ha alcanzado su llamado y su preparación el punto de que sea promovido en la Iglesia? ¿En algún punto se ha hecho menos apto para la promoción por medio del orgullo, o de otras actitudes dañinas? ¿o del pecado? ¿Cómo ha respondido a la promoción? ¿Ha mantenido al Señor y su ministerio en el centro a través de este proceso?

Capítulo 11

LAS PRUEBAS DE LA PREPARACIÓN DEL MINISTERIO

Si usted verdaderamente desea servir al Señor, en cualquier capacidad que Él le asigne, este capítulo le será de gran confortamiento. Le asegurará para que entienda algunas de las pruebas de Dios que yacen bajo usted. Le animará el saber que Él usa estas pruebas para edificarlo y hacerle crecer, no para derribarlo. Usted puede ser confortado grandemente, en el compañerismo espiritual de otros grandes siervos de Dios acerca de los cuales leerá en estas páginas. Para usted como cristiano, ellos son hermanos mayores, líderes de ejemplo y los más verdaderos *"mentores"* que podría llegar conocer.

Usted conoció a partir de los primeros capítulos que Dios tiene una preparación única y especial para cada uno de sus siervos. La prueba de tal preparación es el paso final, por lo general sucede a la mitad del ministerio más activo. ¿Porqué tiene que ser usted probado? ¿Será que Dios no sabe si usted está listo para ministrar? Por supuesto que Él lo sabe. Pero usted necesita saberlo también. El mismo acto de la prueba es en sí mismo la preparación final y puede llevarle a una relación más profunda con Dios como nada más podría hacerlo.

A pesar de que Dios prueba más rigurosamente a Sus ministros gubernamentales, Él usa las pruebas mencionadas en este capítulo para todo Su pueblo. Cualquiera que desee servir a Dios crecerá a través de estas pruebas. *"Y estos sean sometidos a prueba primero"* (examinados, investigados) I Timoteo 3:10, de la Biblia Ampliada

La Biblia claramente enseña que Dios prueba a cada ministerio que Él usa en Su reino. Cuando decimos que Dios prueba un ministerio, queremos decir que Dios:

Usa cualesquier medio que conoce para determinar la presencia, calidad o genuinidad de Su llamado en la vida de alguien.

Evalúa y examina las verdaderas actitudes internas y los motivos de aquellos a quienes Él llama, para mostrar si son puros o no lo son.

Pone a aquellos que Él ha llamado en situaciones difíciles, que los refinarán espiritualmente (como la palabra latina *"testu"* de la cual proviene la palabra *"test"* [prueba, examen], que significa ser puesto adentro de una olla de barro tapada).

Ejemplos Bíblicos de Pruebas Específicas

La Biblia está llena de ejemplos de cómo Dios prueba a sus líderes. De la frecuencia de tales casos, Dios se manifiesta como un Dios probador. Hebreos 12:29 afirma: *"Porque nuestro Dios es fuego consumidor."* Como un fuego consumidor y probador, Dios pone a prueba las actitudes y motivos de cada persona que Él usa. No es simplemente poner sus debilidades al descubierto, sino hacer que ellos se vuelvan al Señor en busca de ayuda. Dios prueba sus vasos en posición de liderazgo, conociendo sus debilidades más profundas, para que éstas puedan ser sanadas.

Dios va a probar a Su líder para purificarlo. Dios usará solamente líderes puros, cuya motivación sea la gloria de Dios y la salvación de las almas. A través de las tribulaciones y a pesar de las circunstancias, Dios remueve las actitudes impuras de amargura, egoísmo y ambición del corazón del líder y las sustituye por motivos de amor.

El producir hombres y mujeres de Dios fieles es el propósito primordial de las pruebas de Dios. Hombres y mujeres que pueden permanecer creyendo y confiando en el Dios viviente durante los problemas y dificultades, desarrollará verdadera fidelidad a Dios y a su Palabra.

Otro propósito en las pruebas de Dios es alejar a aquellos que no han sido verdaderamente llamados por Él. Solamente aquellos que han sido ungidos y llamados por Dios pueden sostenerse ante las presiones de cumplir con un ministerio gubernamental. Dios pone a sus líderes en situaciones desesperantes. Aquellos que no sienten un verdadero llamado del Espíritu se desertan del proceso de la preparación. Esto es a veces lo mejor para ellos y para la Iglesia. El pueblo de Dios puede seguir solamente a aquellos pastores que han sido divinamente designados para su tarea.

Dios prueba también a sus líderes para equiparlos con el entendimiento espiritual que necesitan para ayudar a Su pueblo. Todos los cristianos experimentan una variedad de pruebas y tribulaciones. Sólo el líder que las ha vencido exitosamente puede ayudar a la gente.

Las diferentes pruebas de Dios pueden manifestarse a través de toda la vida del líder. Para enfatizar su papel en la preparación, estudiaremos las diferentes pruebas del ministerio en un periodo especial de preparación:

SALVACIÓN	LLAMADO	PREPARACIÓN	MADUREZ
LA SEMILLA DE UN MINISTERIO	NACIMIENTO DE UN MINISTERIO	PRUEBAS DE UN MINISTERIO	CUMPLIMIENTO DEL MINISTERIO

El tiempo de preparación es el tiempo de las pruebas del ministerio ordenadas por Dios. Para la preparación única y singular para sus variados ministerios. Dios los hace pasar por diversas pruebas. En este capítulo nos ocuparemos de catorce de ellos:

1. La prueba del tiempo

2. La prueba de la palabra

3. La prueba del carácter

4. La prueba de la motivación

5. La prueba del servicio

6. La prueba del desierto

7. La prueba del malentendido

8. La prueba de la paciencia

9. La prueba de la frustración

10. La prueba del desánimo

11. La prueba de la batalla

12. La prueba del deseo propio

13. La prueba de la visión

14. La prueba del uso

15. La prueba de la promoción (Capítulo 12)

Estas pruebas escriturales a que los líderes de Dios son sometidos contienen ciertas similitudes. Hemos establecido quince para clarificar las experiencias en los valles profundos que cada líder del reino debe enfrentar. Ahora, echemos un vistazo de cada prueba, con una definición general, su propósito y una ilustración Bíblica.

LA PRUEBA DEL TIEMPO

Definición. En la prueba del tiempo, según todas las apariencias externas, parece que Dios no está cumpliendo su palabra dada al líder en el pasado. El tiempo pone a prueba la paciencia del líder, forzándole a creer que Dios va a cumplir su llamado y ministerio en el tiempo de Él y a Su manera.

Propósito. Esta prueba da la oportunidad de crecer en la fe al siervo de Dios. Cada líder tiene cierta medida de confianza y seguridad en Dios. Ya que cada uno debe guiar a la gente a confiar en Dios para cada detalle de la vida, sin embargo, el líder debe poseer más fe con la cual fortalecer a sus congregantes.

La prueba del tiempo purifica los motivos y actitudes del líder. Durante la tardanza el líder puede ver como sus motivos impuros, orgullosos y egoístas pueden obscurecer sus deseos delante del Señor. Dios quiere de sus líderes motivos y actitudes transparentes.

En la prueba del tiempo, Dios se muestra a sí mismo como un Dios fiel y obrador de milagros hacia cada uno de los que ha llamado para servir en Su reino. Si bien es cierto que el líder debe cooperar en el plan divino, Dios se deleita en usar las debilidades humanas para que por medio de éstas, Él reciba toda la gloria (I Corintios 1:26-31). Durante el tiempo de esta prueba, cuando los planes del hombre no hacen más que fracasar, Dios prepara un milagro que le dé toda la gloria a Él. Al hacer ese milagro Dios demuestra Su fidelidad a sus líderes.

Ilustración Bíblica: Abraham (Génesis 12-18). La vida del patriarca Abraham nos muestra la forma en que opera la prueba del tiempo. Abraham tenía 75 años cuando le fue ordenado por Dios que saliera de Harán para ir a Canaán (Génesis 12:1-9). Dios le dio la promesa de que poseería toda la tierra desde el sur del Éufrates. Siendo un hombre sin hijos, Abraham pensaba nombrar como su heredero a Eliezer, su sirviente que había nacido en su casa. Pero Dios le había prometido un hijo de su propia sangre como heredero (15:4). Abraham no había sido capaz de esperar a través de la prueba del tiempo de Dios. A la edad de 86 años, el tuvo a su hijo Ismael con su concubina Agar (16:1-4). Fue hasta que Abraham cumplió los 100 años que Dios trajo el cumplimiento de su promesa en Isaac, el hijo de Abraham (17:1 y 18:10). Abraham tuvo que esperar 25 años antes de recibir la promesa divina de un hijo natural como heredero suyo.

Muchos líderes de la actualidad se quejan de los cinco o siete años que tienen que esperar antes de ver cumplida la voluntad de Dios. Juntamente con Abraham dicen. *"¡Ojalá Ismael viva delante de ti!"* (Génesis 17:18). En lugar de hacer esto deberían someterse a la prueba del tiempo de Dios y permitir que con paciencia y perseverancia obre fe y pureza en sus vidas.

LA PRUEBA DE LA PALABRA

Definición. En la prueba de la palabra, el líder se enfrenta con circunstancias que parecen nulificar la palabra viviente o escrita de Dios. La pregunta, "¿Como será posible que la voluntad de Dios (que yo ya conozco) llegue a ser una realidad en mi vida?" es el clamor del líder durante este periodo. Muchos creen que porque ya han sido llenos del Espíritu o porque ya han sido llamados, nunca van a experimentar obscuridad o confusión mientras no caigan en pecado.

Pero la prueba de la palabra no es accidental. De hecho, Dios permite situaciones contrarias voluntariamente en la vida y el ministerio de sus siervos. Ningún líder está exento de estos tiempos de prueba y confusión. Experimentar la prueba de la palabra no quiere decir que Dios se ha olvidado o contradicho Su promesa, sino que Él desea cumplir con ciertos propósitos totalmente desconocidos para el ministro en ese momento. Si el líder la enfrenta con paciencia, obediencia y confianza, muy probablemente se verá a sí mismo regocijándose en la sabiduría de Dios y listo para la planeación y uso de estas experiencias aparentemente antagónicas.

Propósito. Dios usa la prueba de la palabra para hacer que el líder rechace sus propios recursos y dependa solamente en la fortaleza de Dios para que la Palabra de Dios se cumpla. Esta es una tarea difícil para el líder, especialmente para el hombre que tiene fortalezas y habilidades. Un líder talentoso fácilmente puede confiar más en sí mismo que en Dios.

La prueba de la palabra extiende también el alcance del reino de los cielos. Puede ser que un hombre planee alcanzar a cierto número de personas con el evangelio. Pero a través de la prueba de la palabra, descubrirá con ánimo que Dios alcanzó a más personas después de que Su Palabra se convirtió en algo más que una promesa sin probar. La prueba de la palabra da al servidor de Dios posterior testimonio del poder y la fidelidad de Dios para compartirlo con más gente.

Ilustración Bíblica: José (Génesis 37-45). El undécimo hijo de Jacob era José, el primero con su esposa Raquel (Génesis 30:24) y el favorito de Jacob (37:3). A la edad de 17 años José recibió una palabra del Señor en la forma de dos sueños. En el primero, las espigas de su familia se inclinaban hacia su espiga en el campo. En el otro sueño, el sol, la luna y once estrellas se inclinaban a él. Dado que estos sueños representaban su eventual reinado sobre sus padres y hermanos, se convirtió en objeto de celos. Sus hermanos lo vendieron a una caravana ismaelita que provenía de Galaad, en camino a Egipto (37:25-28). Estando ya en Egipto fue vendido a Potifar, un funcionario del Faraón (37:29-36).

José fue acusado falsamente de intentar seducir a la esposa de su amo, y como consecuencia, fue enviado a prisión. En ese lugar, una de sus últimas esperanzas de tener una palabra a su favor delante del rey se perdió en el momento de que el copero del rey no se acordó de recomendar la libertad de José ante el rey después de su propia liberación de la cárcel (40:23).

Por medio de todas esas circunstancias contradictorias, la palabra de Dios para José fue probada. ¿Como podría gobernar sobre sus familiares siendo un esclavo egipcio? ¿Como podría dar órdenes desde su celda?

El salmista describe muy exactamente lo que le había pasado a José y su promesa de parte de Dios. *"(Dios) envió un varón delante de ellos, a José que fue vendido por siervo. Afligieron sus pies con grillos, en hierro fue puesta su persona, hasta la hora que llegó su palabra, el dicho de Jehová le probó (le refinó)"* Salmo 105:17-19.

José esperó aproximadamente catorce años para ver el cumplimiento de la palabra de Dios para él. Con gran paciencia esperó en la prisión hasta que Dios le sacó por mandato del rey (Salmo 105:20,21). Durante la experiencia de José con la Prueba de la Palabra, Dios desarrolló el carácter, sabiduría y humildad en su vida.

Todos los líderes deberían ver la instrucción del Señor, durante la prueba de la palabra en sus vidas y ministerios.

LA PRUEBA DEL CARÁCTER

Definición. En la Prueba del Carácter, el líder es rodeado por la impiedad, que busca empujarlo en su dirección. El líder puede ser tentado a pecar en los deseos de la carne, el deseo de los ojos o en el orgullo de la vida. Con el propósito de desarrollar líderes con fuertes características piadosas —amor, gozo, paz, paciencia, dominio propio, fidelidad— Dios los pone en situaciones duras para que aprenda a sostenerse fuertemente en Él.

Propósito. La Prueba del Carácter le muestra al líder las áreas débiles en su propia personalidad. Cuando Dios presenta al ministro una situación que requiere mucha paciencia, se da cuenta que debe pedir más de la gracia de Dios. Por lo general, un área de necesidad sobresale, en la cual debe permitir a Dios obrar. Cada líder tiene defectos de carácter escondidos, los cuales no ha advertido en lo absoluto, hasta que es confrontado con una situación específica que demanda una solución piadosa. Dios usa la prueba del carácter para sacar a la luz su verdadera persona a cada líder.

La Prueba del Carácter también motiva al líder a levantarse valerosamente contra las potestades de las tinieblas que le rodean. Hay demasiados líderes tímidos en cuanto a proclamar la verdad. Demasiados están esperando ser atacados desde afuera, antes de tomar la iniciativa de proclamar el evangelio. Hay también demasiados que necesitan ser confrontados con el maligno de manera que se levanten valientemente a favor del nombre de Jesús y Su justicia.

Ilustración Bíblica: Samuel (I Samuel 2-3). Samuel era el hijo de un religioso efrainita, Elcana, y su esposa Ana. A Samuel se le reconoce como uno de los últimos grandes jueces y el primero de los profetas (Hechos 13:20 y 3:24). Samuel, sin embargo, nació en un ambiente corrupto.

Elí, el sumo sacerdote, había envejecido y espiritualmente se había hecho necio, y la luz del tabernáculo casi se había extinguido (I Samuel 2:27-36 y 3:1-3). Elí era un sumo sacerdote corrupto que no disciplinaba a sus hijos Ofni y Finees, quienes cometían fornicación con mujeres en la misma puerta del tabernáculo de reunión. Debido a esta situación moralmente corrupta, Dios destruyó la sucesión de Elí e introdujo a Samuel como el líder de Israel para los asuntos espirituales y seculares.

A pesar de no ser más que un jovencito en medio de un sacerdocio corrupto, Samuel adoraba a Dios y se mantenía puro de pecado. La historia de Samuel demuestra que el ambiente no tiene porqué corromper a los líderes cristianos. Samuel se mantuvo puro en medio de la inmoralidad y el pecado. Pasó por la Prueba del Carácter y se le encontró justo.

LA PRUEBA DE LA MOTIVACIÓN

Definición. Este es un *"examen"* celestial en el cual Dios le hace ver al líder que fuerzas externas e internas ejercen influencias en la toma de sus decisiones. Dios va a arreglar situaciones para revelarle al líder sus verdaderas intenciones, pensamientos, valores y prioridades internas que le llevan a decidir o actuar en cierta forma.

Un líder no siempre sabrá porqué hace algo. Lo que parece motivarle al verlo externamente, puede ser un grito lejano desde sus motivaciones interiores reales.

Propósito. Dios lo usa para descubrir sus aspiraciones, purificándolas, convirtiéndolas en deseos para la gloria de Dios, la salvación de las almas y la edificación de la Iglesia. Es posible que un líder sirva a Dios motivado por lo que pueda obtener de Él, en vez de lo que él puede dar a Dios o a Su pueblo. Una persona posiblemente use sus dones para glorificarse a sí mismo en lugar de glorificar a Dios. Dios hace pasar a sus líderes a través de Pruebas de Motivación para exponer las motivaciones torcidas, para reemplazarlas con motivos de Su Espíritu, y amor verdadero que proviene de un corazón puro.

Ilustración Bíblica: Balaam (Números 22-44). La Historia de Balaam el profeta muestra la Prueba de la Motivación operando. Balac, hijo de Zipor y el rey de Moab habían visto como Israel vencía a todos sus enemigos en la tierra. Él temía que destruyera su nación de la misma forma. Por tanto, ofreció pagarle para que maldijera a los israelitas y así poner fin a sus victorias (22:7). Balaam respondió a Balac que Dios le dijo que no fuera con los ancianos de Moab para maldecir a Israel.

Balac intentó de nuevo, enviando un grupo más numeroso y de embajadores más distinguidos para persuadir a Balaam de otra forma (22:15). En esta ocasión, el Señor ordenó a Balaam que fuera con los ancianos de Moab y Madián, pero que hablara solamente las palabras que Él le diera (22:20). Fue, pues, Balaam a Balac, pero cada vez que consultó al Señor, Él le hizo que bendijera a Israel.

¡Está de más decir que esto enojó grandemente a los madianitas y moabitas! A través de todo esto, Dios estaba probando la motivación de Balaam. ¿Se vendería o permanecería fiel al Señor? Dios permitió a Balac probar la motivación del profeta continuamente, y cada vez el monto del soborno aumentaba (22:7,15,17). Desafortunadamente parece que la motivación de Balaam no permaneció pura, a pesar de que él trató de permanecer fiel hablando sólo la Palabra del Señor (23:12,26). El profeta fracasó en la Prueba de la Motivación enviada de parte del Señor (II Pedro 2:15; Judas 11; Apocalipsis 2:14), quien permitió que fuera tentado con mucho dinero para ver si le desobedecería y maldeciría al pueblo de Dios.

LA PRUEBA DEL SERVICIO

Definición. En la Prueba del Servicio, se le pide al hombre que haga trabajos humildes que parecen por debajo de su gran llamado en Dios. Ningún trabajo menor es demasiado bajo para el verdadero siervo de Dios. Pero especialmente antes (o durante) su periodo en el que se dedica plenamente a la oración o al ministerio de la Palabra en lugar de dedicarse a *"servir en las mesas"* (Ver Hechos 6:10) es cuando Dios prueba al líder para ver si está dispuesto a realizar servicios pequeños.

Propósito. La Prueba del Servicio revela si la motivación de un ministerio es solamente estar en preeminencia ante la vista del público y recibir loor, o si verdaderamente desea ayudar y servir. Aquellos que están en posición de autoridad sobre los que ministran verán qué tan bien pasa la prueba. (Recuerde que en este libro, utilizamos la palabra *"ministro"* o *"ministerio"* para referirnos a una persona que sirve.) Dios puede instruir a las autoridades sobre algún ministro acerca de usar esta prueba y así discernir el compromiso de esta persona con el servicio. ¿Piensa este joven que trapear el piso de la iglesia está por debajo de su ministerio? ¿Cree esta joven que es inferior a su llamado el cantar en el coro en vez de cantar como solista? Estas preguntas son muy reveladoras.

Esta prueba también revela a los que han sido llamados a ministerios gubernamentales, qué se siente trabajar en diferentes tareas de la iglesia local. ¿Cuántos pastores pueden apreciar el esfuerzo que los ujieres de la iglesia ponen de su parte, a menos que lo experimenten en algunas ocasiones por sí mismos? ¿Cómo espera una persona poder comunicarse con adultos, a menos que se relacione primero con los grupos en edad estudiantil? Cada líder necesita experiencia personal en diferentes trabajos de la iglesia, de manera que pueda entender mejor y comunicarse mejor con la gente de esas posiciones, cuando el sea, por ejemplo, pastor de la iglesia.

Ilustración Bíblica: Eliseo (I Reyes 19). Eliseo es el ejemplo marcado de la Prueba del Servicio. Cuando Elías encontró a Eliseo, quien debía convertirse en su heredero en el ministerio profético, se encontraba arando en el campo con doce yuntas de bueyes delante de él. Esto probablemente significa que Eliseo se encontraba arando con otros once hombres, cada uno guiando un arado y una pareja de bueyes. Esta podría parecer una posición humillante —seguir tras de otras once yuntas de bueyes no produce una dulce fragancia, limpieza, o aire fresco. El polvo del campo era, sin duda, espeso en ese ambiente. ¿Acaso era un lugar apropiado para un futuro profeta de Israel, que iba a realizar más milagros que su predecesor?

I Reyes 19:21 afirma que después que Eliseo quemó su equipo de cultivo *"se levantó y fue tras Elías y lo servía."* Eliseo se convirtió en el siervo de Elías, a pesar de que iba a sucederlo. En II Reyes 3:11 dice que *"Aquí está Eliseo, hijo de Safat que servía a Elías"* (echaba agua sobre las manos de Elías al lavarse las manos) confirmando que su ministerio importante había empezado con sus tareas *"menores"*. El servicio no termina al iniciar el ministerio. Sólo quiere decir que un líder va a servir a un número mayor de gente a una capacidad mayor.

LA PRUEBA DEL DESIERTO

Definición. En la Prueba del Desierto, Dios, directa o indirectamente guía al líder (o futuro líder) a un lugar seco y desolado literal o espiritualmente. Cuando no se ve ningún fruto surgir de su vida o su ministerio es que está pasando por esta prueba. En tales momentos el líder se pregunta si realmente recibió un llamado de Dios para su vida, pues parece no haber un involucramiento real en la verdadera obra viviente del Reino de Dios. Ocasionalmente, el líder se queda sin nadie con quién comunicarse aparte de Dios mismo.

Propósitos. La Prueba del Desierto aumenta la apreciación que tiene el hombre de Dios por las cosas buenas que Dios ha puesto ya en su vida.

Esta prueba también le muestra al líder cómo discernir si sólo es el Señor que sostiene su vida espiritual o si él se basa en su vida ministerial para sostener su relación con Dios. ¿Desmerece la oración, la palabra o la evangelización de un líder solamente porque no es un obrero a *"tiempo completo"* sostenido por la iglesia? Si es así, puede que sean sus actividades las que sostengan su caminar con Dios en lugar de ser su propia relación personal con Él que lo sostenga.

Dios usa la Prueba del Desierto para despojar al líder de toda la sabiduría y caminos mundanos y para enseñarle los caminos de Su Espíritu. Cada líder debe aprender que los caminos de Dios son diferentes a los suyos. A veces, la mejor manera de aprenderlo es a través de las experiencias secas y solitarias en el desierto.

A veces estas experiencias mueven al líder a cultivar su vida de oración y de la Palabra. Muchos líderes necesitan de los lugares desérticos para agotar las reservas de energía puramente nerviosa que ellos obtienen de su servicio al Señor. Dios no desea que sus líderes se luchen por Él en su temerosa energía nerviosa sino que caminen en Él en apacible quietud espiritual.

La Prueba del Desierto motiva al líder a buscar al Señor en una vida de oración y de la Palabra más consistente, para encontrar la fuente de fortaleza genuina y más fructífera: Dios mismo.

Ilustración Bíblica: Moisés (Éxodo 2,3). Moisés sobresale como el ejemplo más apropiado de la Prueba del Desierto. Aprendió que su asesinato del egipcio (que estaba golpeando a un israelita, Éxodo 2:11) era conocido en el palacio y por el Faraón. Moisés huyó, cruzó la frontera y entró en Madián para salvarse. Estando ahí se casó con Séfora, la hija del pastor-sacerdote madianita Jetro y ella le dio dos hijos.

Hechos 7:29,30 menciona que pasaron cuarenta años antes que el ángel del Señor llamara a Moisés a liberar al pueblo de Dios, Israel, de la esclavitud egipcia (Éxodo 3:1 en adelante). ¿Por qué este gran hombre de Dios estuvo cuarenta años en el desierto pastoreando ovejas, antes que Dios le llamara a su gran ministerio de libertador y dador de la Ley? Una creencia: Dios tardó cuarenta años para despojar a Moisés de sus enseñanzas egipcias y prepararle para su obra (Hechos 7:22). Sólo entonces pudo Moisés entender verdaderamente los caminos de Dios, el único medio por el cual Dios podía guiar a su pueblo escogido fuera de la tierra de esclavitud.

Es muy improbable que Moisés aprendiera a oír la voz de Dios o a usar la vara de Dios para hacer milagros cuando estaba en Egipto. Lo más probable es que mientras vivía en Egipto aprendiera sobre escritos jeroglíficos y sagrados, la labor de copiar textos, escritura de cartas, arquería y otras artes *"civilizadas"*. Pero seguramente no aprendió mucho acerca de los caminos del Espíritu de Dios. En sus cuarenta años en el desierto Moisés aprendió lo que necesitaba saber para guiar al pueblo de Dios fuera de Egipto.

Hoy día, algunos líderes se quejan de los pocos años que Dios utiliza como un tiempo en el desierto para enseñarles valiosas verdades espirituales. Ojalá todo líder considerara cada experiencia de desierto espiritual como una clase en la escuela del Espíritu de Dios, de la cual podría sacar mucho beneficio espiritual.

LA PRUEBA DEL MALENTENDIDO

Definición. La Prueba del Malentendido aparece cuando aquellos que oyen a un líder no reciben (o rechazan) el correcto significado que él está tratando de comunicar. La gente puede malinterpretar o cometer equivocaciones acerca del verdadero significado de sus acciones, palabras, actitudes y motivos.

Propósito. La Prueba del Malentendido hace que el líder busque nuevas formas de transmitir sus sentimientos. También le hace examinar sus actitudes y motivaciones básicas en comunicación. Muchas veces la gente malentiende lo que una persona está tratando decir, justamente porque el comunicador tiene una actitud que es muy dura, áspera o llena de enojo cuando lo está diciendo.

Cuando un líder descubre contradicciones mayores, se ve motivado a confiar totalmente en Dios y no en sus habilidades como comunicador. En el Nuevo Testamento, Dios fue el que abrió los corazones de diferentes personas para recibir el mensaje del evangelio. El líder debe confiar en el ministerio del Espíritu Santo de avivar la palabra que Él está comunicando. El deseo de Dios es que cada líder confíe en que Su Palabra, a través del Espíritu Santo, completará la tarea de la edificación de Su Reino.

La Prueba del Malentendido es especialmente humillante para los líderes porque tiene relación con aquellos que son muy cercanos al líder y muy queridos por parte del líder.

Para ser libre mental, emocional y espiritualmente, un líder debe dar lugar en su corazón para algo de malos entendidos. Cualquiera que predica la Palabra de Dios será malinterpretado en alguna ocasión u otra. La clave para que cada líder es mantener su corazón libre de enojo o resentimiento y permitir al Señor Jesús que cambie la situación en algo bueno. A través de la oración y confianza en Dios cada líder aprenderá muchas lecciones de sabiduría de sus tiempos de malentendidos.

Ilustración Bíblica: El Señor Jesucristo. Un término bíblico para malentendido es la palabra "contradicción". Hebreos 12:3 dice *"Considerad a aquel que sufrió tal contradicción (hostilidad) de pecadores contra sí mismo para que vuestro ánimo no se canse hasta desmayar."* Jesús es el principal ejemplo de la Prueba de Malentendido intencionado y sin intención. Él sufrió no sólo de parte de los judíos en general, sino también especialmente de los jefes religiosos judíos y aún de Sus seguidores más cercanos.

Cuando Jesús dijo *"el que come mi carne y bebe mi sangre"* (Juan 6:56,60), algunos de sus discípulos cercanos entendieron equivocadamente y lo abandonaron. Ser olvidado por los extraños es una cosa, pero el rechazo de los propios discípulos es otra. Y la mayor parte de la propia gente de Jesús, los judíos lo rechazaron porque no entendieron correctamente cómo Jesús cumplió la profecía Bíblica.

LA PRUEBA DE LA PACIENCIA

Definición. La prueba de la paciencia se presenta cuando las expectativas que tiene el líder en Dios no se cumplen *"de acuerdo al horario establecido."* La paciencia es uno de los frutos del Espíritu Santo (Gálatas 5:22). Esta palabra viene de una raíz latina que significa *"sufrir."* En la Prueba de la Paciencia, Dios reta al líder a esperar pacientemente o a enfrentar cierta tribulación, sin quejarse. Para crecer en paciencia se debe soportar dolor y problemas sin perder el dominio propio o incomodar a otros. Al reflejar esta cualidad, un líder tolera pacientemente el retraso, no dejándose provocar por el mismo.

Propósito. Para pasar la Prueba de la Paciencia, el líder debe haber cedido ya sus derechos a Jesucristo, de manera que es capaz de que Él cumpla sus expectativas según Su propio calendario y como bendiciones no merecidas. Cada líder tiene ciertas expectativas, aparte de las de su vida y de su ministerio. Sin intentar *"jugar a ser Dios"* en su propia vida o en la de otros, un líder humilde cederá a Dios aun algunas metas muy buenas y apropiadas. Él sabe que Dios usará un tiempo prolongado en el cumplimiento para lograr lo que Él desea. El líder debe ceder sus derechos al Señor constantemente. Él le motivará a hacerlo usando las exigencias y reclamaciones de otras personas en la Prueba de la Paciencia.

Ilustración Bíblica: Noé (Génesis 5-7). Así como a otros de los primeros patriarcas, a Noé le fueron dados muchos años de vida. Tenía la edad de 500 años cuando su esposa tuvo su primer hijo (Génesis 5:36). Y tenía 600 años cuando vino el diluvio (7:11). Noé tenía 489 años cuando Dios le informó de su plan de destruir la tierra con agua (Génesis 6:3; I Pedro 3:20). Durante aproximadamente 120 años el predicó sobre arrepentimiento a su generación pero sin resultados. Dios permitió un periodo de 120 años de gracia en el que Noé construyó un arca para su familia y para los animales (6:13-22) mientras predicó a su generación acerca del juicio venidero.

Durante el largo transcurso de los 120 años de predicar, Noé no vio a nadie arrepentirse de sus pecados y volverse a Dios pidiendo misericordia. Ciento veinte años es mucho tiempo. Cualquier predicador podría desanimarse fácilmente al continuar predicando tanto tiempo sin resultados. Esta duración requirió de mucha paciencia de parte de Noé. Él siguió predicando y predicando, pero sin que nadie se convirtiera. Sólo por el hecho de que Dios le dio a Noé paciencia y gracia divina, pudo aguantar esta prueba. Al final de su Prueba de la Paciencia, sólo él y su familia se encontraban seguros adentro del arca que habían construido. Los burladores perecieron en las aguas del diluvio afuera. La paciencia de Noé fue de gran beneficio para Noé y su familia después de todo. La paciencia será también de gran beneficio para cada líder que pacientemente deja los resultados y los detalles de su ministerio en las capaces manos del Señor.

LA PRUEBA DE LA FRUSTRACIÓN

Definición. Un líder está siendo sometido a la Prueba de la Frustración cuando él siente que no puede lograr las metas de su vida y ministerio. Es probable que la gente o las circunstancias causen que no pueda lograr sus metas y deseos, conscientes o inconscientes. El ministro experimenta estos sentimientos especialmente al no encontrar razones racionales o lógicas por las cuales sus esfuerzos son vencidos, frustrados y confundidos.

Propósito. La Prueba de la Frustración impulsa al líder a reexaminar sus prioridades espirituales. ¿Le está dedicando suficiente tiempo a la oración y a la Palabra? ¿Está dando atención adecuada a su relación con su esposa y con su familia?

Dios muchas veces va a traer frustración a la vida y ministerio de un líder cuando sus prioridades necesiten de un reajuste.

La frustración provoca que el líder ponga más fervor a su batalla espiritual primordial contra la oposición al sencillo evangelio de Jesucristo. Al tener sus otras metas y actividades fuera de balance, el ministro puede encontrar que ha descuidado la esencial predicación de las Buenas Nuevas a los perdidos. Al reajustar tales prioridades espirituales, se verá libre de la Prueba de la Frustración.

Ilustración Bíblica: Pablo (II Corintios 11) Un definitivo sentir de frustración se revela a través de estas palabras del apóstol Pablo:

"Lo que hablo, no lo hablo según el Señor, sino como en locura, con esta confianza de gloriarme. Puesto que muchos se glorían según la carne, también yo me gloriaré; porque de buena gana toleráis a los necios, siendo vosotros cuerdos. Pues toleráis si alguno os esclaviza, si alguno os devora, si alguno toma lo vuestro, si alguno se enaltece, si alguno os da de bofetadas. Para vergüenza mía lo digo para eso fuimos demasiado débiles. Pero en lo que otro tenga osadía, (hablo con locura), yo también tengo osadía. ¿Son hebreos? Yo también. ¿Son israelitas? Yo también ¿Son descendientes de Abraham? También yo. ¿Son ministros de Cristo? (Como si estuviera loco hablo). Yo más; en trabajos, más abundante; en azotes sin número; en cárceles más; en peligro de muerte muchas veces. De los judíos cinco veces he recibido cuarenta azotes menos uno. Tres veces he sido azotado con varas; una vez apedreado; tres veces he padecido naufragio; una noche y un día he estado como náufrago en alta mar; en caminos muchas veces; en peligros de ríos, peligros de ladrones, peligros de los de mi nación, peligros de los gentiles, peligros en la ciudad, peligros en el desierto, peligros entre falsos hermanos; en trabajo y en fatiga, en muchos desvelos, en muchos ayunos, en frío y en desnudez; y además de otras cosas, lo que sobre mí se agolpa, la preocupación por todas las iglesias. ¿Quién enferma y yo no enfermo? ¿A quién se le hace tropezar y yo no me indigno? Si es necesario gloriarse, me gloriaré en lo que es de mi debilidad. El Dios y Padre de nuestro Señor Jesucristo, quien es bendito por los siglos, sabe que no miento.

En Damasco, el gobernador de la provincia del rey Aretas guardaba la ciudad de los damascenos para prenderme; y fui descolgado del muro en un canasto por una ventana, y escapé de sus manos. Ciertamente no conviene gloriarme; pero vendré a las visiones y a las revelaciones del Señor..." (II Corintios 11:17-12:1)

Podemos palpar la frustración de Pablo, especialmente en los versículos 28 y 29 donde dice: *"y además de otras cosas, lo que sobre mí se agolpa, la preocupación por todas las iglesias. ¿Quién enferma y yo no enfermo? ¿A quién se le hace tropezar y yo no me indigno?"* Pablo era humano, como cada líder lo es, y él tenía sus momentos de desánimo y frustración también. Sin embargo, su respuesta a la frustración era una sencilla confianza en el poder del Espíritu sobre lo natural. En medio de la frustración, él declaró por fe:

"...que estamos atribulados en todo, mas no angustiados; en apuros, mas no desesperados; perseguidos, mas no desamparados; derribados, pero no destruidos; llevando en el cuerpo siempre por todas partes la muerte de Jesús, para que también la vida de Jesús se manifieste en nuestros cuerpos. Porque nosotros que vivimos, siempre estamos entregados a muerte por causa de Jesús, para que también la vida de Jesús se manifieste en nuestra carne mortal. De manera que la muerte actúa en nosotros, y en vosotros la vida. Pero teniendo el mismo espíritu de fe, conforme a lo que está escrito: Creí, por lo cual hablé, nosotros también creemos, por lo cual también hablamos, sabiendo que el que resucitó al Señor Jesús, a nosotros también nos resucitará con Jesús, y nos presentará juntamente con vosotros. Porque todas estas cosas padecemos por amor a vosotros, para que abundando la gracia por medio de muchos, la acción de gracias sobreabunde para gloria de Dios. Por tanto, no desmayamos; antes aunque este nuestro hombre exterior se va desgastando, el interior no obstante se renueva de día en día. Porque esta leve tribulación momentánea produce en nosotros un cada vez más excelente y eterno peso de gloria; no mirando nosotros las cosas que se ven, sino las que no se ven; pues las cosas que se ven son temporales, pero las que no se ven son eternas." (II Corintios 4:8-18)

LA PRUEBA DEL DESÁNIMO

Definición. Se nota que un líder está pasando por la Prueba del Desánimo cuando permite que las circunstancias lo desanimen y lo priven de su buen ánimo en el Señor. Un líder desanimado se siente incapaz de lograr aquello que creía que era la voluntad de Dios. Durante tales momentos el ministro puede perder su confianza y esperanza en el Señor, en Su provisión, en Sus promesas y en Su llamado.

Propósito. El desánimo causa que el líder se acerque a Dios en oración, especialmente por medio de los Salmos. Los Salmos expresan la mayoría de las diferentes condiciones del corazón que la gente enfrenta a través de la vida. El estado de ánimo de los Salmos varía desde el gozo por la destrucción de los enemigos hasta la penalidad y las profundidades de la desesperación y el desaliento. Durante la Prueba del Desánimo, el líder debe tratar de encontrar el salmo (o salmos) que mejor exprese el sentimiento de su alma, y entonces orar a través de el con sinceridad a Dios.

Las fases de desánimo con tensiones y pruebas no son malas. Pero la actitud que uno toma ante aquellas circunstancias pueden llegar a ser mala, si uno persiste en sentimientos de autolástima o sentimientos de desánimo. Usted debe aprender a través de estos casos que su gozo proviene de deleitarse en el Señor, no de deleitarse solamente en las circunstancias felices o en las respuestas positivas de la gente. No existe el líder que pueda sostener su ministerio sin aprender a tomar su gozo y paz totales, directamente de Dios mismo.

La Prueba del Desánimo también revela las actitudes erróneas que están escondidas en el líder. Muchos pueden regocijarse en el Señor en tanto que las cosas marchen de acuerdo a sus expectativas, pero ¿cuántos se permiten quejarse y murmurar al ver que las cosas inesperadamente toman otro rumbo? Durante el desánimo, el Señor permite que el líder descubra sus actitudes malas, por las cuales debe de suplicar perdón a Dios. Le iría mucho mejor al líder si Dios nunca le revelara sus actitudes erróneas, que si él llegara a saber de ellas pero siguiera sin arrepentirse de las mismas. El principio espiritual aquí mostrado es: nosotros somos responsables por aquello que Dios nos ha mostrado que hagamos y el no obedecer nos enjuicia y nos condena.

Ilustración Bíblica: Elías (I Reyes 19). Elías se desalentó en gran manera cuando vio que Israel se había alejado del señor, y que la reina Jezabel planeaba matarlo (19:2,3). En su desánimo, Elías huyó de Jezabel. Dejó a su siervo en Beer-seba, viajó durante una jornada hacia el desierto y se sentó bajo un enebro y le pidió a Dios que le quitara la vida (vs. 4).

La respuesta de Dios incluyó esta afirmación: *"Yo haré que queden en Israel siete mil que no han doblado su rodilla ante Baal."* (ver también Romanos 11:4) Y Dios preguntó a Elías *"¿Qué haces aquí, Elías?"* (versículos 9,13) cuando el profeta se quejaba de que él era el único que tenía el celo por Jehová de los ejércitos (versículos 10,14). Muchas veces el desánimo viene al líder cuando siente que es el único que está trabajando totalmente para el Señor. Esto puede ser aliviado, sin embargo al desarrollar una iglesia con base en los patrones de los dones y ministerios de Dios en el Nuevo Testamento. La congregación puede tener una pluralidad en el liderazgo de ancianos, y a los miembros de la congregación se les puede enseñar cómo encontrar y como funcionar en sus dones espirituales y ministerios asignados por Dios.

Es valioso notar que Dios habló a Elías durante su momento de desánimo y aplicarlo para el líder de hoy. (Estudie todo I Reyes 19 para entender el contexto de los siguientes comentarios).

En respuesta al desánimo de Elías, el Señor dijo al profeta:

Para aplicar este principio a la Iglesia, los líderes de hoy:

A ELÍAS

A EL LÍDER

"Levántate, come y bebe" (vs. 5,6)

En el desánimo, la energía del líder disminuye. puede sentirse acostado y dormido exactamente como Elías. El líder obtiene nueva fortaleza al levantarse y comer de la torta de la Palabra de Dios y al beber del Espíritu de Dios. Sostenerse y confesar la Palabra de Dios le hace a usted capaz de vencer al desánimo.

"Levántate, come y bebe porque largo camino te resta" (vs. 7,8).

Durante el desánimo, Dios quiere que los líderes se retiren y que le busquen en oración. Uno se motiva a orar cuando ve que en sí mismo no tiene la fuerza para cumplir el propósito de Dios, pero que en el Señor sí puede (en tanto que come de la Palabra y bebe del Espíritu).

"¿Qué haces aquí Elías?" (v. 9)

En tiempos de desánimo, el líder se inclina a parar y *"hospedarse"* en la montaña donde pueda oír la voz de Dios. Todo líder debe aprender a presionar hacia el Señor en esos momentos, hasta recibir una palabra clara del Señor.

"Sal fuera y ponte en el monte delante de Jehová. Y he aquí Jehová que pasaba" (v. 11)

Durante esta prueba, el Señor reta a sus líderes a sostenerse cara a cara ante Él. Como líderes no debemos tratar de escondernos de Dios, pues Él ya lo sabe.

"¿Qué haces aquí (en la puerta de la cueva), Elías?" (v. 13)

Durante esta crisis aún sabiendo que Dios hablará con voz suave, el líder sigue estando tentado a esconderse de Dios. Pero no se debería hacer esto en momentos de desánimo. Al contrario, debe buscar al Señor para recibir su palabra en cuanto a la siguiente acción para tomar, y entonces realizarla.

"Vé, vuélvete, por tu camino, por el desierto de Damasco; y llegarás, y ungirás a Hazael rey de Siria. A Jehú... lo ungirás por rey, sobre Israel; y a Eliseo... ungirás para que sea profeta en tu lugar." (vs. 15,16)

Cuando Dios le habla al líder sincero y abierto quien está desanimado, le dará encargos específicos. Estas actividades le ayudan al líder a que se olvide de sus problemas y vuelva a hacer la voluntad del Señor y a obedecer su Palabra en la vida diaria.

LA PRUEBA DE LA BATALLA

Definición. La Prueba de la Batalla se hace notar cuando un líder enfrenta oposición espiritual violenta a su progreso en el Espíritu o a su labor en la obra del Reino de Dios. A pesar de que esto sucede en la dimensión espiritual, puede encontrar expresiones naturales en conflictos con la gente, falta de respuesta a su ministerio y en luchas de diferentes tipos (incluyendo el sentir una tentación intolerable de pecar.)

Algunas personas creen que los líderes ungidos no pueden ser tentados como las demás personas. ¡Recientes fracasos en el liderazgo nos muestran que esto no es verdad! La Biblia nos muestra que aún Jesús *"fue tentado en todo, según nuestra semejanza, pero sin pecado"* (Hebreos 4:15). El llamado de Dios no remueve de nosotros la susceptibilidad a la tentación. El líder debe hacer un esfuerzo para *"caminar en el Espíritu y no satisfacer los deseos de la carne"* (Gálatas 5:16).

Propósito. La guerra espiritual impulsa al líder a fortalecerse en el Espíritu. En el ámbito de lo espiritual sucede como en el natural que un músculo se hace fuerte sólo a través del ejercicio y la resistencia. Hebreos 5:14 usa la palabra *"ejercicio"* cuando afirma que el alimento sólido es sólo para los maduros, *"los que por el uso tienen los sentidos ejercitados en el discernimiento del bien y del mal."*

Algunos líderes no son maduros porque no entrenan o no ejercitan sus sentidos espirituales lo suficiente. A través de la guerra espiritual, el líder aprende cómo usar eficazmente sus armas espirituales de la Palabra, la oración, la alabanza y el nombre del Señor Jesucristo.

Ilustración Bíblica: Timoteo (I y II Timoteo). Timoteo fue exhortado por el apóstol Pablo a que diera todo lo que fuera necesario para poder vencer en sus pruebas de guerra espiritual. Debido a su juventud, la nacionalidad griega de su padre y las herejías de sus días, Timoteo era un blanco natural para un ataque espiritual. Las siguientes referencias en la Escritura nos muestran esta batalla espiritual:

"Este mandamiento, hijo Timoteo, te encargo, para que conforme a las profecías que se hicieron antes en cuanto a ti, milites por ellas la buena milicia." (I Timoteo 1:18)

"He peleado la buena batalla." (II Timoteo 4:7).

"Pelea la buena batalla de la fe; echa mano de la vida eterna, a la cual así mismo fuiste llamado." (I Timoteo 6:12)

"Tú, pues, sufre penalidades como buen soldado de Jesucristo. Ninguno que milita se enreda en los negocios de la vida, a fin de agradar a aquel que lo llamó por soldado." (II Timoteo 2:3,4).

Como Timoteo, cada líder debe pelear la buena batalla de la fe. Al igual que la vida cristiana, el ministerio es una batalla hasta el último respiro. Jesucristo ha ganado la batalla para su pueblo a través de su muerte y resurrección, pero su victoria debe ser aún remarcada en la plena experiencia de la Iglesia y el mundo.

La batalla espiritual de un pastor o maestro es predicar la Palabra de Dios tan poderosamente que los enemigos espirituales de Dios en las tinieblas sean derrotados y los hombres se conviertan a Jesucristo. La batalla consiste también en que el líder se aferre fuertemente de su fe en Jesús hasta el final. Satanás intenta acabar con la proclamación del evangelio y con el crecimiento de la Iglesia, usando toda arma que tiene. Pero por más que intente vencer, la victoria pertenece a todos los líderes cristianos que usan las armas espirituales que Dios les ha dado para vencer en esta guerra.

Recuerde por favor que nuestra batalla no puede ser ganada por medios naturales, carnales o mundanos, ni con armas no espirituales. A través de la historia, cuando la Iglesia se ha confiado de la violencia humana o de los medios no escriturales de extender el reino, las metas primordiales de salvar las almas y de fortalecer a la Iglesia se han perdido. Solamente cuando los líderes de la Iglesia de este momento usen efectivamente sus armas espirituales podrán ganar en las pruebas de guerra espiritual.

LA PRUEBA DEL DESEO PROPIO

Definición. Cuando un líder se da cuenta que Dios le está pidiendo que haga algo que se opone a sus propios planes y deseos, es entonces que empieza la Prueba del Deseo Propio. Dios debe quebrantar el deseo propio y la ambición personal de todo aquel que Él usa, para poder confiarle todo lo que Él requiere en su Reino. Él nos pide que sacrifiquemos las cosas que son buenas y apropiadas. Dios ocasionalmente va a pedirle a su siervo que haga algo sin darle una razón lógica para hacerlo. Al no explicar siempre sus deseos a sus líderes, Dios desarrolla la fe y la obediencia como de un niño en sus corazones. Este tipo de fe sencilla es siempre agradable al Señor. Dios les va a pedir que sacrifiquen a El aún lo que es la voluntad de Dios. En el caso de Abraham, Dios le pidió que sacrificara a Isaac su hijo, la simiente prometida (Génesis 22:1).

En todo esto, los deseos del hombre, los pensamientos, los sentimientos y los planes son puestos en sujeción a la voluntad de Dios. Esta constante sumisión a la voluntad del Señor, es lo que significa el cristianismo verdadero. Dios no necesariamente desea sacrificios dolorosos de parte de sus líderes. Pero cuando habla de algo contrario al deseo humano, tal hombre debe responder rápidamente a la palabra.

Propósito. La Prueba del Deseo Propio sujeta el deseo humano a la Palabra de Dios (Ya sea a la escrita o a la avivada por Él). Al hacer esto, Dios nos ayuda a cumplir la amonestación escritural, *"el que se gloría, glóriese en el Señor (y no en el hombre)."* (I Corintios 1:31). Por eso es que Dios usa lo necio y menospreciado, lo inesperado y lo odioso de este mundo para su reino, para que Él pueda recibir toda la gloria y el crédito de lo que se haga (I Corintios 1:26-31). La naturaleza pecadora del hombre busca satisfacer sus deseos terrenales contraponiéndose a los deseos espirituales de Dios. Es por ello que Dios debe crucificar los deseos del líder en el momento, de tal forma que Él pueda lograr su propio deseo a su manera. Isaías lo predijo muy apropiadamente:

"Buscad a Jehová mientras puede ser hallado, llamadle en tanto que está cercano. Deje el impío su camino, y el hombre inicuo sus pensamientos, y vuélvase a Jehová, el cual tendrá de él misericordia, y al Dios nuestro el cual será amplio en perdonar. Porque mis pensamientos no son vuestros pensamientos ni vuestros caminos mis caminos dijo Jehová. Como son más altos los cielos que la tierra, así son mis caminos más altos que vuestros caminos y mis pensamientos que vuestros pensamientos." (Isaías 55:6-9).

Ilustración Bíblica: El Señor Jesús (Mateo 26). El famoso pasaje de la sumisión final de Jesús a la voluntad del Padre celestial antes de ir a la cruz demuestra esta sumisión de su propio deseo personal:

"Entonces llegó Jesús con ellos a un lugar que se llama Getsemaní, y dijo a sus discípulos: Sentaos aquí, entre tanto que voy allí y oro. Y tomando a Pedro, y a los dos hijos de Zebedeo, comenzó a entristecerse y a angustiarse en gran manera. Entonces Jesús les dijo: Mi alma está muy triste, hasta la muerte; quedaos aquí, y velad conmigo. Yendo un poco adelante, se postró sobre su rostro, orando y diciendo: Padre mío, si es posible, pase de mí esta copa; pero no sea como yo quiero, sino como tú. Vino luego a sus discípulos, y los halló durmiendo, y dijo a Pedro: ¿Así que no habéis podido velar conmigo una hora? Velad y orad, para que no entréis en tentación; el espíritu a la verdad está dispuesto, pero la carne es débil. Otra vez fue, y oró por segunda vez, diciendo: Padre mío, si no puede pasar de mí esta copa sin que yo la beba, hágase tu voluntad. Vino otra vez y los halló durmiendo, porque los ojos de ellos estaban cargados de sueño. Y dejándolos, se fue de nuevo, y oró por tercera vez, diciendo las mismas palabras. Entonces vino a sus discípulos y les dijo: Dormid ya, y descansad. He aquí ha llegado la hora, y el Hijo del Hombre es entregado en manos de pecadores. Levantaos, vamos; ved, se acerca el que me entrega. Arresto de Jesús Mr. Lc. Jn. Mientras todavía hablaba, vino Judas, uno de los doce, y con él mucha gente con espadas y palos, de parte de los principales sacerdotes y de los ancianos del pueblo. Y el que le entregaba les había dado señal, diciendo: Al que yo besare, ése es; prendedle." Mt. 26:36-48. (Mateo 26:36-48).

Notamos en esta parte que, en su ser humano, Jesús no quería sufrir la experiencia de la cruz. Su naturaleza divina deseaba la cruz en tanto que era la voluntad del Padre que le había enviado, pero no sucedía lo mismo con Su naturaleza humana. Cada líder en el reino de Dios debe poner sobre el altar sus planes y deseos para cumplir el deseo de Dios, aun como lo hizo Jesús. Sólo en cuanto nosotros rindamos nuestras propias ambiciones carnales y terrenales podrá Dios usarnos como una vasija para Su gloria.

LA PRUEBA DE LA VISIÓN

Definición. La Prueba de la Visión sucede cuando la gente y las circunstancias contrarias asedian la percepción espiritual del líder acerca de los propósitos de Dios. La visión física y natural no es suficiente para un líder del pueblo de Dios. Él debe tener ojos espirituales de fe para ver la voluntad de Dios y su deseo para la gente. La Prueba de la Visión espiritual presenta las siguientes cuestiones *"¿Puedes ver las necesidades espirituales del pueblo de Dios y su respuesta?"* y *"¿Puedes resistir la oposición y la adversidad, y sostener tenazmente la visión que Dios te ha dado como dirigente?"*

Propósito. La Prueba de la Visión muestra al líder qué tan superficial es realmente su percepción espiritual. Cada líder tiene cierta medida de profundidad hacia Dios y su pueblo, de otra forma no podría servir al Señor en una capacidad de ministerio. Todos los líderes son tentados a pensar que su presente educación, su percepción, conocimiento y sabiduría son totalmente suficientes para atacar los retos que se presentan en la vida de la Iglesia. *"Después de todo"*, dicen muchos, *"no fui ya suficientemente entrenado en el instituto bíblico para este ministerio?"* La respuesta llana es: ¡NO! Ningún líder recibe un entrenamiento completo para el ministerio en un seminario o en una escuela bíblica. Dios desea que sus líderes dependan constantemente de Él y de Su Espíritu, y no solamente en sus habilidades, su entrenamiento pasado o experiencia. En este punto, desafortunadamente es donde muchos que han sido llamados al ministerio fallan. Cuando empiezan a ver qué es lo que realmente se necesita para caminar por fe y ministrar por el poder del Espíritu Santo, ¡ellos no pueden humillarse tanto!

Muchos de sus amigos les han dicho: *"¡Oh, tú vas a ser un gran ministro. Tú realmente eres capaz de hacer mucho por Dios porque tienes grandes talentos y habilidades!"* Los libros de texto de su escuela les han dicho: *"Ahora, esta es la forma de conducir un culto; y esta es la manera de predicar un sermón; y esta es la manera de salvar almas, y esta es la manera de hacer crecer la iglesia."* Pero cuando aquellos que son llamados por Dios se gradúan de su educación formal y se alejan de sus amigos, todo cambia. ¡Y encuentran que el verdadero éxito espiritual depende de criterios diferentes a los que sus amigos o de los que los libros de texto les mostraron! ¿Qué se puede hacer entonces? Pueden desistir o clamar desesperadamente a Dios. Sólo esto último da resultado.

La Prueba de la Visión también asegura que la gloria del éxito la recibirá Dios. Una visión del Señor puede parecer morir una vez, o aún dos veces, de manera que su cumplimiento final le da mucha más gloria que una marcha al éxito sin interrupciones. Dios recibe mucha gloria cuando una visión llega a cumplirse de manera sobrenatural y a la manera de Dios.

Ilustración Bíblica: Nehemías (Nehemías 1,2,4). La narración de la Prueba de la Visión de Nehemías y su cumplimiento contiene dos elementos preponderantes. Primeramente, Nehemías tenía ojos espirituales de fe para ver las necesidades y las respuestas del pueblo de Dios en Jerusalén después de la cautividad babilónica. Nehemías describe la escena así:

"Palabras de Nehemías hijo de Hacalías. Aconteció en el mes de Quisleu, en el año veinte, estando yo en Susa, capital del reino, que vino Hanani, uno de mis hermanos, con algunos varones de Judá, y les pregunté por los judíos que habían escapado, que habían quedado de la cautividad, y por Jerusalén. Y me dijeron: El remanente, los que quedaron de la cautividad, allí en la provincia, están en gran mal y afrenta, y el muro de Jerusalén derribado, y sus puertas quemadas a fuego."

"Cuando oí estas palabras me senté y lloré, e hice duelo por algunos días, y ayuné y oré delante del Dios de los cielos. Y dije: Te ruego, oh Jehová, Dios de los cielos, fuerte, grande y temible, que guarda el pacto y la misericordia a los que le aman y guardan sus mandamientos; esté ahora

atento tu oído y abiertos tus ojos para oír la oración de tu siervo, que hago ahora delante de ti día y noche, por los hijos de Israel tus siervos; y confieso los pecados de los hijos de Israel que hemos cometido contra ti; sí, yo y la casa de mi padre hemos pecado. En extremo nos hemos corrompido contra ti, y no hemos guardado los mandamientos, estatutos y preceptos que diste a Moisés tu siervo. Acuérdate ahora de la palabra que diste a Moisés tu siervo, diciendo: Si vosotros pecareis, yo os dispersaré por los pueblos; pero si os volviereis a mí, y guardareis mis mandamientos, y los pusiereis por obra, aunque vuestra dispersión fuere hasta el extremo de los cielos, de allí os recogeré, y os traeré al lugar que escogí para hacer habitar allí mi nombre. Ellos, pues, son tus siervos y tu pueblo, los cuales redimiste con tu gran poder, y con tu mano poderosa. Te ruego, oh Jehová, esté ahora atento tu oído a la oración de tu siervo, y a la oración de tus siervos, quienes desean reverenciar tu nombre; concede ahora buen éxito a tu siervo, y dale gracia delante de aquel varón. Porque yo servía de copero al rey.”

“Sucedió en el mes de Nisán, en el año veinte del rey Artajerjes, que estando ya el vino delante de él, tomé el vino y lo serví al rey. Y como yo no había estado antes triste en su presencia, me dijo el rey: ¿Por qué está triste tu rostro? pues no estás enfermo. No es esto sino quebranto de corazón. Entonces temí en gran manera. Y dije al rey: Para siempre viva el rey. ¿Cómo no estará triste mi rostro, cuando la ciudad, casa de los sepulcros de mis padres, está desierta, y sus puertas consumidas por el fuego? Me dijo el rey: ¿Qué cosa pides? Entonces oré al Dios de los cielos, y dije al rey: Si le place al rey, y tu siervo ha hallado gracia delante de ti, envíame a Judá, a la ciudad de los sepulcros de mis padres, y la reedificaré. Entonces el rey me dijo (y la reina estaba sentada junto a él): ¿Cuánto durará tu viaje, y cuándo volverás? Y agradó al rey enviarme, después que yo le señalé tiempo.” (Nehemías 1:1-2:6)

Nehemías sabía que los judíos no podrían servir al Señor, sin la reedificación de su ciudad, sus muros y su templo. Él deseaba que Dios le usara para restaurar los medios que su pueblo usaría para adorar a Dios. Él reconoció espiritualmente que su pueblo había pecado contra la ley de Dios (Nehemías 1:7-9) y habían traído el juicio de Dios sobre ellos. Ésta debería ser la visión espiritual de todo líder verdadero. Ver en qué es lo que la Iglesia ha pecado contra Dios, y ayudarla a ganar nuevamente la bendición de Dios a través del arrepentimiento, fe y la obediencia a Su Palabra

Por otra parte, el compromiso de Nehemías a su visión espiritual dada por el Señor no se doblegaba ante las circunstancias adversas. Note lo que hizo este líder en el tiempo de oposición:

“Edificamos, pues, el muro, y toda la muralla fue terminada hasta la mitad de su altura, porque el pueblo tuvo ánimo para trabajar. Pero aconteció que oyendo Sanbalat y Tobías, y los árabes, los amonitas y los de Asdod, que los muros de Jerusalén eran reparados, porque ya los portillos comenzaban a ser cerrados, se encolerizaron mucho; y conspiraron todos a una para

venir a atacar a Jerusalén y hacerle daño. Entonces oramos a nuestro Dios, y por causa de ellos pusimos guarda contra ellos de día y de noche. Y dijo Judá: Las fuerzas de los acarreadores se han debilitado, y el escombro es mucho, y no podemos edificar el muro" (Nehemías 4:6-10)

Nehemías no permitió que los enemigos de Judá le desanimaran acerca de su visión. En vez de ello, se entregó a la oración. Como él hizo, nosotros no debemos permitir nunca que las personas o circunstancias negativas nos hagan perder la visión que Dios nos ha dado para la Iglesia.

LA PRUEBA DEL USO

Definición. Podemos decir que una persona está bajo esta prueba cuando no puede encontrar la necesidad, demanda, oportunidad o invitación, los resultados o la ocasión esperada para ejercitar su ministerio. *"Estar en la banca"* es una frase que describe esta situación.

Propósitos. Dios puede poner a sus líderes *"en la banca"* temporalmente por varias razones.

En primer lugar, es posible que Dios desee demostrarle al líder que él está dependiendo excesivamente de su servicio o actividad actual para sentirse satisfecho espiritualmente, o gozoso más que en el Señor mismo. Sacarlo de su actividad puede estimularle a desarrollar sus oraciones personales y vida de la Palabra más de lo que su éxito en el ministerio lograría.

Es posible también que Dios desee humillar al líder. Un líder que es grandemente usado por Dios puede volverse orgulloso y autosuficiente. Puede ser que necesite perder todo o parte de su ministerio público o activo para ver que su propia fortaleza o habilidad no son la causa verdadera de sus logros en el reino. Dios se inclina más a usar las debilidades humanas que sus fortalezas para obtener la gloria. Es simplemente la naturaleza humana dar el crédito al hombre de ser fuente de sus propias habilidades, especialmente las más obvias.

La Prueba del Uso también da a Dios la oportunidad de purificar los motivos de Sus siervos. ¿Qué es lo que hace que el líder actúe o hable como lo hace? ¿Porqué hace las cosas que hace? Muchas veces la motivación de un líder puede transformarse de una de servicio puro a otra relacionada con le edificación de un reino personal. El nombre de Jesús, Salvador de las almas y Edificador de la Iglesia, puede llegar a ocupar un lugar postrero para iluminar el ministerio y la reputación del ministro. Dios debe poner este tipo de líderes *"en la banca"* para purificar sus motivos; de otra forma este líder llevará a muchos a la destrucción espiritual consigo.

La Prueba del Uso puede ayudar a profundizar el mensaje del hombre de Dios. Muchos ministros viven basados en sus mensajes y sermones del pasado, sin proveer de frescas palabras y experiencias de parte de Dios. Algunos líderes están tan ocupados que no tienen o no toman el tiempo para profundizar en sus mensajes. Pero el rebaño de Dios no puede ser alimentado toda la vida con el mismo tipo de pastos de los sermones sin enflacar y quedar con hambre de algo más. Dios debe poner a un ministro fuera de una función pública por un tiempo para que se motive a profundizar su entendimiento de la Palabra de Dios. Después de que el mensaje del líder se profundiza, él puede regresar para ofrecer al rebaño una dieta mucho más nutritiva.

Ilustración Bíblica: Juan el Bautista (Mateo 3; Marcos 1; Lucas 1,3; Juan 1). Juan les nació a Zacarías y a Elizabet (7 a. C. aproximadamente). Creció y fue llamado al ministerio profético en el desierto de Judea (Lucas 1:80 y 3:2). Él fue precursor del Mesías, y el último y más grande de la línea profética antes que el Reino de Dios fuera proclamado. Para ser un hombre altamente ensalzado por Cristo, él mantuvo una actitud muy humilde. Sin embargo, tuvo un periodo de ministerio muy breve.

Su actitud humilde es demostrada por las palabras que dijo a Cristo, cuando el Mesías vino a él para ser bautizado: *"Yo necesito ser bautizado por ti, ¿y tú vienes a mí?"* (Mateo 3:14). Su actitud de pequeñez también aparece cuando predica acerca de Cristo, *"Viene tras mí el que es más poderoso que yo, a quien no soy digno de desatar encorvado la correa de su calzado"* (Marcos 1:7). Juan reconoció que a pesar de que él poseía un importante lugar en la economía de Dios, éste consistía en guiar a los hombres hacia Jesús, aún sus propios discípulos (Juan 1:35-37). Cada líder en la Iglesia debe saber que el propósito completo de su servicio es llevar a los hombres a conocer y a servir al Salvador.

Juan estaba dispuesto también a aceptar un periodo más largo de preparación que el del periodo de su ministerio. Lucas 1:80 dice: *"Y el niño (Juan) crecía y se fortalecía en espíritu; y estuvo en lugares desiertos hasta el día de su manifestación a Israel."* Este tiempo de preparación en el desierto fue probablemente mucho más largo que la duración de su ministerio activo. Esto es una parte definitiva de la Prueba del Uso. Algunas veces el servicio del líder es tan único en su género o duración que Dios extiende su preparación por razones conocidas sólo por Él mismo.

¿Cuántos líderes se quejarían si ellos tuvieran que esperar treinta años de preparación para un ministerio de tres años y medio como lo hizo nuestro Señor? ¡La mayoría de los líderes tienen una mentalidad tan enfocada al ministerio que creen que sería mejor invertir tres años y medio en preparación y treinta años en el ministerio! Cada líder debe aceptar, sin embargo, el tiempo pleno de Dios para su preparación para el ministerio. La duración de la preparación varía para cada líder. Esto depende del llamado de Dios en su vida, su cooperación con los tratos de Dios y la extensión futura de su ministerio. Debemos confiar de todo corazón que Dios va a cumplir todos los detalles de nuestro ministerio, incluyendo el tiempo.

Juan el Bautista, también, estaba dispuesto a ser usado por Dios sólo en la duración que Dios soberanamente había planeado. Juan condenó al tetrarca Herodes por sus pecados, entre ellos su matrimonio con Herodías, la esposa de su hermano. Por eso Herodes lo mandó a prisión y lo decapitó. ¡Qué muerte tan carente de gloria para uno de los grandes profetas escatológicos de todos los tiempos!-- un corto ministerio terminado en decapitación. Juan estaba totalmente sometido a la voluntad de Dios y Su Prueba del Uso. Él no se quejó en la prisión de que lo *"habían puesto en la banca"*, sino que estaba sometido al reloj de Dios para el final de su ministerio.

Asimismo ningún siervo de Dios debería *"aferrarse"* demasiado a su ministerio y su don. Él o ella debe permitir a Dios que se lo remueva en cualquier momento sin quejarse, dudar o refunfuñar. Ojalá todo líder se sometiera en todos los aspectos de su ministerio a Dios, especialmente en el tiempo y el uso, a través de todas sus etapas, especialmente en su determinación de tiempos y su uso a través de todas las etapas. Quiera el Señor que todos los líderes mantengan sus corazones tan humildes y tan dependientes de Él de manera que Él apruebe su paciencia total y que confíe en Dios aún a través de la Prueba del Uso.

Conclusión

Las pruebas de ministerio descritas en este capítulo pueden venir especialmente durante las etapas tempranas de ministerio del líder. Pero también pueden presentarse en cualquier momento, como lo vimos en las vidas de los personajes bíblicos usados como ilustración. Los ministros gubernamentales se enfrentan a lo que puede ser el fuego refinador *"más caliente"*. Sin embargo, Dios hace pasar a todos los cristianos por estas pruebas para refinar su fe, ya que la imaginación de Dios no tiene límites, así son sus caminos en los cuales lleva a sus hijos a la madurez. Este capítulo ha desarrollado sólo los tipos de prueba más comunes que aparecen en la Escritura.

Para algunos, la última prueba de esta serie es la más dura. En el siguiente capítulo titulado *"La Prueba del Ascenso,"* nos presenta claramente lo que Dios usa para llevar un ministerio a su máximo potencial. Dado que Dios usará esta prueba sabia y amorosamente, Usted puede recibirla de la misma forma que recibe a Dios mismo -- con los brazos abiertos.

Capítulo 12

LA PRUEBA DEL ASCENSO

Si Usted desea crecer como cristiano, si anhela un ministerio efectivo, si busca extender el reino de Dios, Usted desea pasar por la prueba del ascenso o promoción.

En nuestra era, es muy fuerte el temor al fracaso. A menos que una persona camine en el Espíritu, puede sabotear inconscientemente el éxito de su caminar cristiano o de su ministerio. Muy profundamente, en su hombre interior, posiblemente esa persona crea que no merece ser ascendido, o simplemente temer que el éxito trae consigo un nivel de fe y de práctica que no puede sostener mucho tiempo. Posiblemente tema al fracaso tan excesivamente que se avoca a tratar de evitarlo, más que buscar el éxito en su servicio a Dios y a Su Iglesia.

Anímense amados. Dios usa las cosas pequeñas de este mundo para confundir a las grandes y a lo necio para confundir a lo sabio. Él conoce su Sus propósitos al crearle a Usted y le hizo en armonía con sus propósitos. *"Porque somos hechura suya, creados en Cristo Jesús para buenas obras, las cuales Dios preparó de antemano para que anduviésemos en ellas"* (Efesios 2:10).

Dios tiene planes de usarle, dele la bienvenida, désela también a sus planes, reciba sus pruebas, porque ellas son *"la voluntad de Dios aceptable y perfecta."* (Romanos 12:2).

Hemos dedicado un capítulo especial a la prueba del ascenso por varias razones. Primeramente, todas las demás pruebas afectan ésta. En segundo lugar, es una de las pruebas más difíciles de pasar, especialmente en Iglesias grandes con múltiples oportunidades ministeriales. En tercer lugar, esta prueba es una de las más frecuentes causas de frustración para los ministros jóvenes. Y finalmente, este tema es grandemente malentendido en la Iglesia. Por tanto, al estudiar esta prueba, desarrollaremos una sana base bíblica. Aplicaremos también a esta prueba los principios ya aplicados a las pruebas anteriores previamente estudiados.

Definición

Cuando un líder se encuentra a sí mismo sin adelanto en el ministerio en la Iglesia, de acuerdo a sus expectativas, el esta en medio de la Prueba del Ascenso. Aparece la tentación a enojarse o a amargarse ante la falta de crecimiento, preferencia, avance o influencia que es evidente en su vida y ministerio. Esta prueba puede venir a la vida del líder en cualquier punto de su ministerio. Entre más desarrollado sea su don o ministerio, sin embargo, más difícil es de soportar.

El Instituto de Conflictos Juveniles Básicos ha señalado que una de las verdaderas pruebas de madurez espiritual es el lapso de tiempo que una persona puede esperar entre el logro de un ministerio y el ser reconocido por el. La mayoría de las personas esperan ser promovidas en el mismo instante que toman la función de un don o ministerio. El reloj de Dios para la promoción, no siempre está relacionado con el tiempo del hombre. De hecho casi nunca es así.

Propósitos

La mayoría de las razones que han sido dadas para otras pruebas pueden aplicarse aquí. Algunas de estas son: el desarrollo de la humildad, la purificación de los motivos, para profundizar nuestro mensaje, para la mayor gloria de Dios, para probar las actitudes interiores, para someter nuestros deseos a la voluntad de Dios. A pesar de que esas son razones legítimas y frecuentes hay una que se sostiene ante todas las demás. El ascenso no proviene de los hombres, sino de Dios, y éste viene de acuerdo a nuestro divino y particular llamado. Los versículos que resumen de manera más adecuada el tema del ascenso bíblico son los que encontramos en el Salmo 75:

> *"Dije a los insensatos: no os infatuéis; Y a los impíos, no os enorgullescáis; No hagáis alarde de vuestro poder; No habléis con la cervíz erguida. Porque ni de oriente ni de occidente, Ni del desierto viene el enaltecimiento. Más Dios es el juez; A este humilla, y a aquel enaltece." (Salmo 75:4-7)*

La Parábola del Ascenso

Jueces capítulo 9 contiene una parábola que fácilmente podría ser llamada: *"la Parábola del ascenso."* porque contiene la palabras *"ser grande"* tres veces (vs. 9,11,13). Esta parábola se encuentra en medio de un levantamiento político que incluyó una terrible matanza. Los hombres de Siquem habían aceptado como su rey por un corto tiempo a Abimelec, el hijo de Jerobaal (Gedeón) que había tenido con su concubina siquemita (Jueces 8:31). Al reclutar hombres de la parentela de su madre, los siquemitas, Abimelec ganó la batalla de la familia contra los setenta hijos de Gedeón para gobernar sobre la tribu de Manasés. La gente de Siquem, siendo principalmente canaanitas, felizmente aceptaron a Abimelec porque tenía más lazos sanguineos con ellos que con los otros hijos de Gedeón.

Con el apoyo de los siquemitas, Abimelec vino a la casa de su padre en Ofra y mató a sus setenta medios hermanos sobre una misma piedra. Sólo Jotám, el más joven de ellos escapó de sus manos. Jotám, desde la seguridad del Monte Gerizim gritó está incisiva parábola del ascenso. El la usó para traer división entre Abimelec y sus seguidores, y entonces huyó de la escena. A través de una serie de circunstancias la división apareció, y Abimelec fue finalmente asesinado. Tomemos especial nota de esta parábola en su contexto. Y en ello podremos ver ciertos principios que iluminan las labores del liderazgo:

"Entonces se juntaron todos los de Siquem con toda la casa de Milo, y fueron y eligieron a Abimelec por rey, cerca de la llanura del pilar que estaba en Siquem. Cuando se lo dijeron a Jotam, fue y se puso en la cumbre del monte de Gerizim, y alzando su voz clamó y les dijo: Oídme varones de Siquem, y así os oiga Dios. Fueron una vez los árboles a elegir rey sobre sí, y dijeron al olivo: Reina sobre nosotros. Mas el olivo respondió: ¿He de dejar mi aceite, con el cual en mi se honra a Dios y a los hombres, para ir a ser grande sobre los árboles?

Dijeron luego los árboles a la vid: Pues ven tú, reina sobre nosotros. Y la vid les respondió: ¿He de dejar mi mosto, que alegra a Dios y a los hombres, para ir a ser grande sobre los árboles?

Dijeron entonces todos los árboles a la zarza: anda tú, reina sobre nosotros. Y la zarza respondió a los árboles: Si en verdad me elegís por rey sobre vosotros, venid, abrigaos bajo de mi sombra; y si no, salga fuego de la zarza y devore a los cedros del Líbano.

Ahora, pues, si con verdad y con integridad habéis procedido hacer rey a Abimelec, y si habéis actuado bien con Jerobaal y con su casa, y si le habéis pagado conforme a la obra de sus manos

(porque mi padre peleó por vosotros y expuso su vida para libraros de Madián, y vosotros os habéis levantado hoy contra la casa de mi padre y habéis matado a sus hijos, setenta varones; y habéis puesto por rey sobre los de Siquem a Abimelec, hijo de su criada, por cuanto es vuestro hermano),

si con verdad y con integridad habéis procedido hoy con Jerobaal y con su casa, que gocéis de Abimelec y el goce de vosotros. Y si no salga fuego de Abimelec, que consuma a los de Siquem y a los de Milo, y fuego salga de los de la casa de Siquem y de la casa de Milo, que consuma a Abimelec. Y escapó Jotám y huyó y se fue a Beer, y allí se estuvo por miedo de Abimelec su hermano.

Después que Abimelec hubo dominado sobre Israel tres años, envió Dios un mal espíritu entre Abimelec y los hombres de Siquem, y los de Siquem se levantaron contra Abimelec; para que la violencia hecha a los setenta hijos de Jerobaal, y la sangre de ellos, recayera sobre Abimelec su hermano que los mató, y sobre los hombres de Siquem que fortalecieron las manos de él para matar a sus hermanos.

Después Abimelec se fué a Tebes, y puso a sitio a Tebes, y la tomó. En medio de aquella ciudad habia una torre fortificada, a la cual se retiraron todos los hombres y las mujeres, y todos los señores de la ciudad; y cerrando tras sí las puertas, se subieron al techo de la torre. Y vino Abimelec a la torre, y combatiéndola, llegó hasta la puerta de la torre para prenderle fuego. Mas una mujer dejó caer un pedazo de rueda de molino sobre la cabeza de Abimelec, y le rompió el cráneo. Entonces llamó apresuradamente a su escudero, y le dijo: Saca tu espada y mátame, para que no se diga de mi: Una mujer lo mató.

Y su escudero le atravesó y murió. Y cuando los israelitas vieron muerto a Abimelec, se fueron cada uno a su casa. Así pagó Dios a Abimelec el mal que hizo contra su padre, matando a sus setenta hermanos. Y todo el mal de los hombres de Siquem lo hizo Dios volver sobre sus cabezas, y vino sobre ellos la maldición de Jotam hijo de Jerobaal. (Jueces 9:6-24 y 50-57)

Cumplimiento histórico. Históricamente hablando, la profecía de Jotám llegó a cumplirse. Ya que los hombres de Siquem no habían tenido respeto por la casa de Gedeón, Gaal hijo de Ebed uno de los hombres de Siquem se volvió contra Abimelec (vs. 23-29). La rebelión de Gaal hijo de Ebed fracasó. Pero Abimelec fue muerto a manos de su paje de armas, para que no se le recordara como el que una mujer había matado cuando trataba de poner fuego a la ciudad fortificada de Tebes.

Enseñanza espiritual. La *"Parábola del ascenso"* demuestra también a través de la naturaleza el principio que todo líder debe conocer su lugar adecuado de ministerio, ¡y permanecer en él! La parábola de Jotám describe como tres árboles, excepto uno sabían el lugar que Dios les había dado en la naturaleza, y estuvieron de acuerdo en seguir en él. El olivo, la higuera y la vid mostraron la aceptación de su lugar en la naturaleza al decir:

"¿He de dejar, mi aceite, con el cual se honra a Dios y a los hombres, para ir a ser grande sobre los árboles?" (el olivo, v. 9).

"¿He de dejar mi dulzura y mi buen fruto, para ir a ser grande sobre los árboles?" (la higuera, v. 11).

"¿He de dejar mi mosto, que alegra a Dios y a los hombres, para ir y ser grande sobre los árboles?" (la vid, v. 13).

La zarza sin embargo, expresó el deseo de ir más allá del ambiente que Dios le había dado en la naturaleza. Esta buscaba ser ascendida por sobre todos los árboles, y trastornar el orden natural de todas las cosas a su alrededor.

"Si en verdad me elegís por rey, venid, abrigaos bajo de mi sombra; y si no, salga fuego de la zarza y devore a los cedros del Líbano" (v. 15).

Después de oír tan atrevidas declaraciones, surgen algunas preguntas lógicas. ¿Realmente, que tipo de sombra puede ofrecer una zarza? ¿Y como pretende una zarza cobijar o reemplazar la majestuosidad o antigüedad de los cedros del Líbano? ¡Qué absurdo!

Aplicación. Al aplicar esta parábola al liderazgo y a la promoción, encontramos que cada líder debe adoptar la actitud de aceptación de su ministerio que expresaron el olivo, la higuera y la vid. Ellos aceptaron de Dios su estatus presente y futuro en la naturaleza. Así debe hacer todo líder con el lugar en el ministerio que Dios le ha dado (y que de tiempo en tiempo le da) en su viña. Muchas contiendas, celos y sentimientos heridos podrían ser evitados si los líderes de Dios simplemente encontraran sus ministerios y permanecieran dentro de sus límites.

Un trágico ejemplo de la historia reciente ilustra esto. William Branham, poseedor de un ministerio profético en los años 50's, deseó funcionar más allá de los ministerios de profecía, palabra de ciencia, revelación y sanidad que obviamente Dios le había dado. Él buscaba ser un maestro de la Biblia también. Fue en este punto, de acuerdo con el maestro bíblico viajero internacional, Ern Baxter que el orgullo de Branham dejó fuera del camino su ministerio. Branham tenía un ministerio profético, pero el final de su vida y ministerio fue trágico. Muchos han especulado que si William Branham hubiera podido permanecer dentro de los límites de su ministerio profético, hubiera prosperado. Su ejemplo enseña a los líderes una lección obvia: cada líder debe estar satisfecho con ser solamente aquello para lo cual Dios ha planeado que sea.

El Cuerno: Símbolo del Ascenso en la Escritura

Un estudio de la palabra "cuerno" en la Escritura, nos demuestra el principio de que todo ascenso proviene solamente de Dios. En la tipología bíblica, los cuernos tienen los siguientes valores y usos:

Como vasos para el aceite de la unción en la unción ceremonial de los que reciben un oficio (I Samuel 16:1,13; I Reyes 1:39)

Como trompetas musicales (Josué 6:5)

Como un lugar de refugio (Levítico 4:7; I Reyes 1:50 y 2:28)

Como una ilustración del poder, en las profecías de Daniel, Zacarías y Juan (Zacarías 1:18; Daniel 7 y 8; Apocalipsis 13:1,11).

Como un símbolo de los malvados (Salmo 75:4)

Como símbolo de los justos (Salmo 75:10)

Como un ejemplo simbólico del ministerio de un siervo del Señor (I Samuel 2:1, 10)

En el mundo natural, el cuerno es la defensa y fortaleza del animal. En relación al siervo del Señor, el cuerno representa la unción del líder, su poder, su fortaleza, su hablar, su fructificación y ministerio.

Observemos la exaltación del cuerno (o ministerio) de cuatro personajes de la Escritura: Ana, David, el justo, Cristo. En estos cuatro ejemplos vemos cómo Dios exaltó soberanamente los cuernos de unos, y exaltó los de otros.

Ana había sido estéril por años y sentía amargura de alma porque no tenía hijos. Ella vio en su condición que su cuerno (vida) no había sido exaltado por Dios. Sólo después que Dios le dio a Samuel por Hijo, fue que ella sintió que su cuerno había sido exaltado. Ella se regocijó grandemente en la victoria de Dios, no sólo en su esterilidad física, sino sobre Elí, el corrupto sumo sacerdote (I Samuel 2:1 en adelante).

"Y Ana oró y dijo: mi corazón se regocija en Jehová, mi poder se exalta en Jehová; Mi boca se ensanchó sobre mis enemigos, por cuanto me alegré en tu salvación. No hay santo como Jehová; porque no hay nadie fuera de ti. y no hay refugio como el Dios nuestro. No multipliquéis las palabras de grandeza y altanería; Cesen las palabras arrogantes de vuestra boca; porque el Dios de todo saber es Jehová, Y a el toca pesar las acciones. Los arcos de los fuertes fueron quebrados y los débiles se ciñeron de poder. Los saciados se alquilaron por pan, Y los hambrientos dejaron de tener hambre; Hasta la estéril ha dado a luz siete, y la que tenía muchos hijos languidece. Jehová mata y el da vida; El hace descender al Seol y hace subir. Jehová empobrece y el enriquece; Abate y enaltece. El levanta del polvo al pobre, Y del muladar exalta al menesteroso, Para hacerle sentar con príncipes y heredar un sitio de honor: porque de Jehová son las columnas de la tierra, Y el afirmó sobre ellas el mundo. Más los impíos perecen en tinieblas; Porque nadie será fuerte en su propia fuerza. Delante de Jehová serán quebrantados sus adversarios, y sobre ellos tronará desde los cielos; Jehová juzgará los confines de la tierra y exaltará el poderío (cuerno) de su ungido..." (I Samuel 2:1-10)

Note como Ana se refirió a su cuerno siendo exaltado (vs. 1,10). Ella lo aplicó en dos formas, para su propia vida y para el ministerio de su hijo. El propósito de Dios era exaltar el cuerno de su hijo por encima de Elí, a causa de los pecados de los hijos de Elí que le habían corrompido delante del Señor. Dios escogió el cuerno de Samuel, para exaltarlo por encima del cuerno de Elí.

La Exaltación del Justo

La siguiente tabla nos muestra, como las exclamaciones de Ana a causa del poder de Dios tienen contrastantes aplicaciones en relación con Elí y Samuel. En donde la Escritura no usa un contraste de paralelismo poético, el autor a añadido partes no citadas en la biblia, para ayudar el entendimiento del lector:

ELÍ	SAMUEL
Mi corazón se ha hecho torpe y engrosado de maldad	*"Mi corazón se regocija en Jehová"*
Mi cuerno se ha abatido a causa de mis pecados	*"Mi poder (cuerno) se exalta en el Jehová"*
Me he vuelto enemigo de Dios a causa de mis pecados, a pesar de ser un sacerdote	*"Mi boca se ensanchó sobre mis enemigos"*
No puedo regocijarme ya en el Señor	*"Por cuanto me alegré en tu salvación"*
Toda santidad me ha abandonado	*"No hay santo como Jehová"*
No puedo escapar del juicio de Dios a pesar de mi posición religiosa	*"Porque no hay ninguno fuera de ti"*
Me he resbalado de Jehová, mi roca a causa de mis pecados	*"Y no hay refugio (roca) como el Dios nuestro"*
"no multipliquéis palabras de grandeza y altanería"	Jehová exalta al manso y al humilde
"Cesen las palabras arrogantes de vuestra boca"	Yo solo confesaré que la gloria pertenece a Jehová

"porque el Dios de todo saber es Jehová,"

El Señor conoce los pecados de todo hombre y los perdonara cuando le sean confesados

"Y a el toca pesar las acciones."

Dios evaluará toda acción de sus líderes

"Los arcos de los fuertes fueron quebrados"

"los débiles se ciñeron de poder."

"Los saciados se alquilaron por pan,"

"los hambrientos dejaron de tener hambre"

"Y la que tenía muchos hijos languidece"

"Hasta la estéril ha dado a luz siete,"

"Jehová mata"

"y el da vida;"

"El hace descender al Seol"

"Y hace subir."

"Jehová empobrece"

"y el enriquece;"

"El derriba"

"y enaltece."

El rebaja a los que se creen ricos

"el levanta del polvo al pobre,"

El pone al rico en cenizas de duelo

"Y del muladar exalta al menesteroso,"

Para hacerles saber que no son más que hombres

"Para hacerle sentar con príncipes"

Y Hacerles heredar un lugar de deshonra

"y heredar un sitio de honor."

Porque el sabe como remover a cualquiera de su oficio

"porque de Jehová son las columnas de la tierra,"

La balanza de la vida de los hombres está en sus manos

"Y el afirmó sobre ellas el mundo."

"Más los impíos perecen en tinieblas;"

El sostiene los pies de sus santos

"Porque nadie será fuerte en su propia fuerza"

Porque sólo por la voluntad de Dios y una vida justa prevalecerá el hombre

"Delante de Jehová serán quebrantados sus adversarios"

Aquellos que cooperen con Jehová serán bendecidos

"y sobre ellos tronará desde los cielos;"

El hará que todo obre para bien en sus vidas

"Jehová juzgará los confines de la tierra"

El Señor juzgará aun a sus líderes escogidos

El dará debilidad al rey que se designe a sí mismo	*"Dará poder a su rey"*
El derribará a los que han perdido la unción a causa de sus pecados	*"y exaltará el poderío (cuerno) de su ungido..."* (vea también Isaías 54:1-17).

Cada líder debe entender que como Elí, él puede traer el juicio de Dios sobre su vida por causa del pecado. No importa la posición espiritual o religiosa que tenga dentro de la iglesia, él debe obedecer todas las leyes éticas y morales de Dios.

Sólo Dios Puede Ascender a los Rectos

Debemos recordar también que el profeta Samuel no se exaltó a sí mismo a la posición de Juez y Profeta de Israel. Al leer las columnas que siguen, evalúe la aplicación de los principios a su propia vida y a su ministerio.

SAMUEL	EL LÍDER CRISTIANO DE HOY
Samuel fue escogido por Dios antes de su nacimiento.	¿Percibo un llamado y destino divinos y verdaderos sobre mi vida?
Samuel fue dedicado para ministrar en el templo por sus padres.	¿Puedo darme cuenta que mi llamado divino puede tener mucho que ver con la forma en que mis padres u otras personas oraron por mi antes de nacer, o cuando era un niño?
Samuel ministraba delante de Jehová desde niño	Estoy dispuesto a creer que Dios ha ordenado mi vida de tal manera que Él desea y puede (Si yo se lo pido) usar todas las cosas de mis años juveniles para Su gloria, en mi ministerio.?
Samuel ministraba a Jehová bajo el liderazgo de Elí	¿Estoy luchando por mi mismo para lograr una mejor posición, o me someto, como al Señor, cuando aquellos que están sobre mi en el Señor toman una decisión con la que no estoy de acuerdo

Samuel estaba durmiendo cuando Dios le llamó por primera vez por Su Espíritu.	¿Estoy tan descansado y contento en mi ministerio actual, que Dios podría llamarme, como sacándome del sueño, para la próxima acción que Él desea que yo haga?
Samuel se convirtió en un servidor en el templo y tenía la responsabilidad de abrir y cerrar las puertas del templo	¿Estoy dispuesto a hacer trabajos domésticos en la casa del Señor, no importa que yo crea que Él me ha llamado a un servicio mucho mayor en mi vida
Samuel no trató de exaltarse a sí mismo al proclamar abiertamente a todo mundo la profecía que había recibido acerca de su futura exaltación	¿Le digo a todo el mundo ¡qué grande llamado tengo de Dios para mi vida,! o espero a que el Señor lo cumpla en Su tiempo y a Su manera?

Según los puntos señalados arriba, encontramos que Samuel no hizo nada para exaltar su propio ministerio. Ojalá así fuese con todos los líderes de Dios. Si alguno tiene el llamado de Dios en su vida, puede estar seguro que Dios le exaltará en su momento.

Los Líderes Señalados por Dios

Podemos ver también el principio de Dios exaltando a un ministro en la vida de David. Saúl está en directo contraste con el rey de Israel ungido verdaderamente por el Espíritu. Saúl no fue un gobernante puesto por Dios; en su lugar, la autoridad del reinado de Saúl provenía de la gente misma, la siguiente lista breve contrasta al líder que fue ordenado por los hombres, Saúl, con el líder que fue ordenado por Dios, David.

SAÚL	DAVID
Saúl fue ungido con un instrumento hecho a mano, un tazón o frasco (I Samuel 10:1), indicando una unción humana.	David fue ungido por medio de lo que siempre ha sido considerado un instrumento divino, un cuerno (I Samuel 16:3), indicando una unción divina.
Saúl fue aprobado por el voto popular de la gente.	David fue escogido por la dirección del Espíritu de Dios (Salmo 89:17-24).

Saúl se volvió orgulloso y fue derribado por Dios.	David permaneció humilde y fue exaltado por Dios (Salmo 92:10 y 132:17,18).

Dios Sólo Exalta a los que Son Llamados

Como hemos mencionado previamente en este libro, la iglesia tiene demasiados líderes impuestos por el hombre en nuestros días. algunos de ellos son escogidos simplemente porque han terminado sus estudios en un entrenamiento de seminario. Tal vez sean atractivos como hombres de negocios, o porque quieren dar sus vidas a la profesión de *"ser un ministro."* Este tipo de personas fracasan en el ministerio si no tienen un llamado de Dios sobre sus vidas. Es Dios quien llama y exalta a los líderes, los hombres no.

Muchos pastores denominacionales dicen que el crecimiento de algunas iglesias carismáticas le ponen demasiado énfasis en líderes con una personalidad atractiva. Esto tiende a ser verdad en algunos de los casos, pero esta crítica sigue errónea. Un hombre debe tener un llamado divino, habilidad carismática para predicar y enseñar, antes que tenga éxito en el ministerio.

Aquellos que han escogido el ministerio, por razones lógicas, o puramente altruistas, podrían de la misma forma renunciar hoy. Porque ellos y sus Iglesias van a estar mejor con dicha renuncia, si solo buscan ayudar a la gente, o hacer de este un mundo mejor, satisfacer a sus padres o llevar nuevas psicologías a la gente. Sólo Dios puede llamar a una persona al ministerio. Y si Dios ha llamado a dicha persona al ministerio, será reconocido el don de esa persona y ella no tendrá que luchar o pelear para ganar notoriedad.

Los principios de Dios en la exaltación de un ministerio, son evidentes en la exaltación de los cuernos de los justos (Salmo 75:4,5,10). Dios promete exaltar el cuerno del justo, pero por el contrario el abatirá el cuerno del impío. Dios promete exaltar aquellos que hacen su voluntad y guardan sus mandamientos. En contraste con el justo, los malvados no los guardan. Los malvados son descritos como necios ante el Señor. Las palabras *"necio,"* o *"insensato"* significan:

Brillar como una luz o estrella que intentaría brillar más fuerte que las otras

Hacer su propio show

Pararse y dar un grito agudo o ruido estentóreo

El necio siempre trata de ser el centro de la atracción, para hacer su nombre notable. Esta nunca debe ser la actitud de un hombre o mujer de Dios.

El Requisito de la Justicia

Podemos encontrar fuertes contrastes entre el necio o impío y el justo, en la manera que Dios trata sus cuernos. (es decir, sus vidas y sus fortalezas).

LA CAÍDA DEL IMPÍO	LA EXALTACIÓN DEL JUSTO
No levantan su cuerno.	Dios levanta el cuerno del justo.
No levantan su cuerno en alto.	Dios exalta al justo a las alturas.
La exaltación no viene del norte, sur, este u oeste, sino del Señor.	Dios promueve a los justos en tanto estos le busquen.
Dios abate a los impíos.	Dios exalta a los justos (Salmo 112:19 y 148:14).

La lista anterior nos ilustra la verdad de que cada líder debe buscar el reino de Dios y su justicia (Y Su carácter), y todas las cosas buenas (incluido el ministerio) le serán añadidas (Mateo 6:33). El hombre de Dios no necesita declarar sus habilidades a otra gente. Los demás las verán claramente por si mismos. El líder no debe buscar posiciones excepto una de humildad delante de su Dios. Tampoco esta llamado el hombre de Dios a tratar de ungirse a sí mismo, o a hablar cuando Dios si no le ha dado una palabra. ¡Todos debemos darnos cuenta que el mundo no esta ansiosamente esperando la manifestación de *nuestro gran ministerio!* Todo ministro de Dios debe tener en mente que esta excelente definición de contentamiento, *"no busca un ministerio, sino el fruto de una vida disciplinada"* (Instituto de Conflictos Juveniles Básicos).

Un líder verdadero nunca teme que Dios le haya olvidado. El puede estar seguro que a medida que el se dedique al desarrollo de su carácter, Dios expandirá su ministerio.

Samuel se dio a sí mismo a ser un siervo en el templo, teniendo la justicia ministrando a Dios en oración y en el servicio del templo, y sirviendo a todos aquellos que estaban por encima de él en el Señor. Fue Dios el que le hizo cambiar al ministerio de profeta para el pueblo.

David se dio a sí mismo para servir al rey Saúl, buscando el corazón de Dios en oración y alabanza y en verdadera tristeza por todos sus pecados. Fue Dios quien le hizo un profeta, sacerdote y rey sobre Israel.

Eliseo se entregó al servicio de Elías, el gran profeta que se rindió enteramente para seguir a Jehová y que vivió una vida justa. Dios le dio el ministerio a Eliseo como el profeta de la doble-porción.

Como ellos, usted puede desarrollar el corazón de siervo, una vida de justicia y un espíritu quebrantado ante el Señor; y entonces confíe que el Señor va a cumplir el ministerio que Él le ha llamado.

Jesús - La Exaltación Máxima

De todo nuestro estudio acerca de la exaltación de los cuernos. Jesús es nuestro ejemplo por excelencia de como Dios exalta al que se humilla a sí mismo y pasa por el camino de la muerte. Pablo escribió acerca de Él:

"Haya, pues, en vosotros este sentir que hubo también en Cristo Jesús, el cual siendo en forma de Dios, no estimo el ser igual a Dios como cosa a que aferrarse, sino que se despojó a sí mismo, tomando forma de siervo, hecho semejante a los hombres; y estando en la condición de hombre, se humilló a sí mismo, haciéndose obediente hasta la muerte, y muerte de cruz. Por lo cual Dios también le exaltó hasta lo sumo y le dio un nombre que es sobre todo nombre, para que en el nombre de Jesús se doble toda rodilla y los que están en los cielos, y en la tierra, y debajo de la tierra; y toda lengua confiese que Jesucristo es el Señor, para Gloria de Dios Padre. Por tanto, amados míos, como siempre habéis obedecido, no como en mi presencia solamente, sino mucho más, ahora en mi ausencia, ocupaos en vuestra salvación con temor y temblor, porque Dios es el que en vosotros produce así el querer como el hacer, por su buena voluntad. Haced todo sin murmuraciones y contienda, para que seáis irreprensibles y sencillos, hijos de Dios sin mancha en medio de una generación maligna y perversa, en medio de la cual resplandecéis como luminares en el mundo; asidos de la palabra de vida, para que en el día de Cristo yo pueda gloriarme de que no he corrido en vano ni en vano he trabajado..." Filpenses 2:5-16

Jesucristo se humilló a sí mismo, por tanto Dios le exaltó. El se despojó a sí mismo de toda ejercitación de su eterna calidad de hijo y poder independiente del padre mientras estuvo en la tierra, por tanto Dios le dio un nombre sobre todos los demás nombres. Él se deshizo de toda reputación, por ello Dios le dio una reputación eterna. La exaltación de Cristo vino a través de la humillación, de su muerte, de su corazón de siervo su perfecta impecabilidad (Él no pecó nunca), y por la voluntad y en el tiempo del Padre. Así debe ser con todo líder señalado por Dios en el reino. En tanto que un líder. A medida que este se humille a si mismo, sin motivos ulteriores de reconocimiento, Dios le exaltará a su tiempo.

En contraste exacto con Jesús, Satanás trató de exaltarse a sí mismo y de hacer su propia voluntad. El diablo declaró su propia voluntad en las siguientes palabras.

"(Yo) subiré al cielo"

"(Yo) en lo alto junto a las estrellas de Dios levantaré mi trono"

"y en el monte del testimonio me sentaré, a los lados del norte"

"sobre las alturas subiré"

"y seré semejante al Altísimo."

(Isaías 14:13,14).

Tenemos aquí cinco veces en que Satanás dice *"Yo haré tal y tal cosa."* La voluntad o deseos propios son la raíz de todo pecado. Es el hombre diciendo o haciendo exactamente lo que él quiere, sin ningún pensamiento acerca de la voluntad de Dios. La voluntad propia y el pecado, la razón por la que Jesús debía morir en la cruz, como era el deseo de Dios, para traer la orgullosa e independiente naturaleza del hombre nuevamente a Dios. El diagrama que sigue contrasta el camino de la auto-exaltación del Diablo (al igual que el hombre) y la manera de Dios.

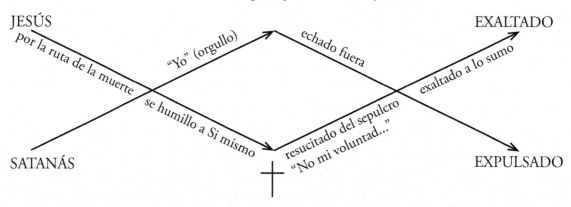

"No se haga mi voluntad sino la tuya" (Mateo 26:39, ver también 19:30).

"Y nos levantó un poderoso salvador en la casa de David su siervo" (un cuerno de salvación) (Lucas 1:69).

Dios exalta al ministro en su tiempo correcto. Quiera Dios que todos sus líderes con confianza y contentamiento en Él esperen pacientemente a que se haga Su voluntad en sus vidas y ministerios.

Conclusión

Al llegar a este punto, hemos estudiado el liderazgo cristiano en una perspectiva que puede ser considerada *"de afuera hacia adentro."* Hemos considerado el liderazgo en y más amplio contexto en el cuerpo de Cristo. Hemos estudiado el llamado, los requerimientos, la preparación, y las pruebas del liderazgo. En pocas palabras, hemos estudiado el liderazgo, en la misma manera en que uno mira las diversas facetas de una importante decisión.

Podemos hacer la analogía con nuestra sociedad de consumo, de una importante decisión de compra:

Una vez que la decisión ha sido hecha, la perspectiva cambia. Una persona no estudia bien al comprar un objeto. Ahora quiere saber como funciona, como sacarle el mayor provecho. Así pasa con el liderazgo de la Iglesia. Una vez que una persona lo ha *"comprado"* con sus oraciones, su servicio, su guerra y sus lágrimas, ella quiere saber como usarlo para completar la meta de Dios --para edificar el reino de Dios.

En los capítulos siguientes buscaremos establecer un fundamento para explicar como funciona el liderazgo. Sin embargo, no lo tomaremos prestado de las disciplinas seculares. Examinaremos la enseñanza de la Biblia acerca de la *"Ley de la reproducción en el liderazgo"* en el capítulo trece. Y en los siguientes capítulos estudiaremos las disciplinas del Espíritu, como son presentadas en los Salmos.

Como ya hemos dicho frecuentemente a través de este libro, lo repetimos ahora: estos principios se aplican a su propia vida, no importa que don o ministerio le haya dado Dios. Pasemos a estudiar el liderazgo, desde la perspectiva de un líder.

Capítulo 13

LA LEY DE LA REPRODUCCIÓN
EN EL LIDERAZGO

La ley de la reproducción se puede definir de manera sencilla: en la naturaleza y entre los hombres, cada especie reproduce su propia especie. Los árboles producen árboles, las plantas de flores reproducen plantas de flores y no al revés: los árboles no producen plantas de flores y tampoco las plantas de flores producen árboles. Dios ha puesto un orden en el cual las plantas propagan lo que ellas mismas son. Las siguientes citas demuestran este punto en relación con las plantas, así como con los animales y en la creación del hombre por Dios.

Génesis   1:11   *"Después dijo Dios: produzca la tierra hierba verde, hierba que dé semilla; árbol de fruto que dé fruto según su género, que su semilla esté en el, sobre la tierra. Y fue así."*

1:21   *"Y creó Dios los grandes monstruos marinos, y todo ser viviente que se mueve, que las aguas produjeron según su género, y toda ave alada según su especie, y vió Dios que era bueno."*

1:24   *"Luego dijo Dios: produzca la tierra seres vivientes según su genero, bestias y serpientes y animales de la tierra según su especie. Y fue así."*

1:25   *"E hizo Dios animales de la tierra según su género, y ganado según su género, y todo animal que se arrastra sobre la tierra según su especie. Y vio Dios que era bueno."*

1:26   *"Entonces dijo Dios: Hagamos al hombre a nuestra imagen, conforme a nuestra semejanza; y señoree en los peces del mar, en las aves de los cielos, en las bestias, en toda la tierra"*

1:27   *"Y creó Dios al hombre a su imagen, a imagen de Dios lo creó, varón y hembra los creó."*

1:28   *"Y los bendijo Dios, y les dijo: fructificad y multiplicaos; llenad la tierra, y sojuzgadla, y señorear en los peces del mar, en las aves de los cielos, y en todas las bestias que se mueven sobre la tierra."*

Aquí vemos que cada especie reproduce su propia especie. Esta ley de la reproducción es demasiado obvia, pero merece una consideración detallada en cuanto al liderazgo. Cada líder debe darse cuenta que el va a reproducirse a sí mismo en aquellos que están bajo su autoridad. Debe recordar que se van a reproducir no solo sus puntos fuertes, sino también sus debilidades en la gente a la que él ministra. Este hecho no es para que estemos exageradamente tensos. Pero debe causar que los líderes examinen sus propias vidas muy cuidadosamente.

Para ilustrar la ley de la reproducción en los seres humanos, echemos un vistazo a dos líneas genealógicas en la Biblia. Los descendientes de Caín representan un ejemplo negativo, y los descendientes de Set, representan el positivo.

Caín, el primogénito de Adán y de Eva, asesinó a Abel su hermano menor. Dios puso una maldición sobre Caín, y su descendencia siempre reprodujo lo de su misma especie. El siguiente diagrama traza en breve la historia a través del significado de los nombres de los descendientes de Caín y de Set. Es una ilustración impactante de que todo ser produce algo similar, en lo espiritual, así como los hombres se reproducen según su propia especie.

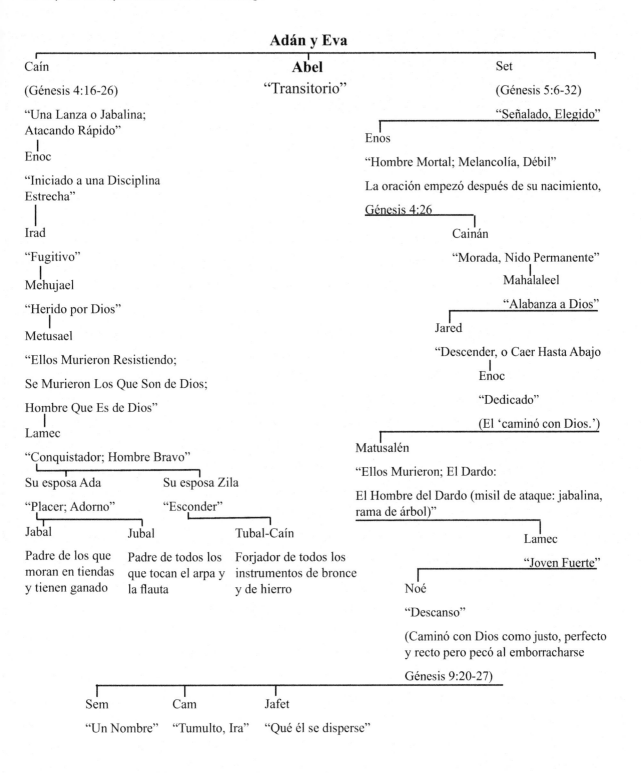

Adán y Eva

Caín   **Abel**   Set

(Génesis 4:16-26)   "Transitorio"   (Génesis 5:6-32)

"Una Lanza o Jabalina;   "Señalado, Elegido"
Atacando Rápido"
                                                            Enos

Enoc   "Hombre Mortal; Melancolía, Débil"

"Iniciado a una Disciplina   La oración empezó después de su nacimiento,
Estrecha"
                                                            Génesis 4:26

Irad   Cainán

"Fugitivo"   "Morada, Nido Permanente"

Mehujael   Mahalaleel

"Herido por Dios"   "Alabanza a Dios"

Metusael   Jared

"Ellos Murieron Resistiendo;   "Descender, o Caer Hasta Abajo

Se Murieron Los Que Son de Dios;   Enoc

Hombre Que Es de Dios"   "Dedicado"

Lamec   (El 'caminó con Dios.')

"Conquistador; Hombre Bravo"   Matusalén

Su esposa Ada   Su esposa Zila   "Ellos Murieron; El Dardo:

"Placer; Adorno"   "Esconder"   El Hombre del Dardo (misil de ataque: jabalina,
                                                   rama de árbol)"

Jabal   Jubal   Tubal-Caín   Lamec

Padre de los que Padre de todos los Forjador de todos los   "Joven Fuerte"
moran en tiendas que tocan el arpa y instrumentos de bronce
y tienen ganado   la flauta   y de hierro   Noé

                                                   "Descanso"

                                                   (Caminó con Dios como justo, perfecto
                                                   y recto pero pecó al emborracharse

                                                   Génesis 9:20-27)

Sem   Cam   Jafet

"Un Nombre" "Tumulto, Ira" "Qué él se disperse"

Como podemos ver en la mayor parte, Caín reprodujo una línea cuyos nombres tenían significados negativos, mientras que Set produjo una simiente que tenía significados positivos en sus nombres.

A esto sólo vemos excepciones ocasionales: Metusael *"Hombre que es de Dios"* en el lado de Set. Pero en la mayoría de las ocasiones encontramos a cada nombre reproduciéndose según su especie.

En el Nuevo Testamento, Judas (El hermano del Señor) trae a colación el tema de la ley de la reproducción al mencionar a ciertos apóstatas de la siguiente manera: *"Hay de ellos que se han extraviado por el camino de Caín"* (Judas 11). Judas está diciendo aquí que, al igual que Caín fue un asesino y un errante que intentó ofrecer sacrificios inferiores a Dios, así muchos apóstatas de la fe han seguido su mal ejemplo espiritual.

El siguiente diagrama ilustra como los apóstatas descritos en Judas 11-16,19 siguieron el camino y el espíritu de Caín.

CAÍN (Génesis 4)	LOS APÓSTATAS (Judas)
Caín escondió su ira contra su hermano Abel hasta el día en que le hirió (v.8).	Estos *"son manchas en nuestros ágapes"* (v.12).
Caín no temió matar a su hermano Abel. (v.8).	*"Que comiendo impúdicamente con vosotros"* (v.12).
Caín se preocupó sólo por si mismo; no podía soportar que Dios se complaciese más en su hermano que en él. (v.4,5,9,).	*"Se apacientan a sí mismos"* (v.12).
Como el hermano mayor de Abel Caín prometió darle buen ejemplo , pero no lo hizo.	Son *"nubes sin agua"*(v.12).
Caín fue llevado por los vientos de su propia ira. (v.6,7).	Son *"llevadas de acá por allá por los vientos."* (v.12).
Caín fue doblemente muerto,ofreció el sacrificio equivocado a Dios y mató a su hermano (v.3,8).	Son *"dos veces muertos"*
Caín se desarraigó de su lugar y se volvió un ser errante (v.12)	Y son desarraigados (v. 12).

La ira y rabia de Caín le hizo una *"brava onda de mar"* (v. 5).

Así mismo son *"fieras ondas de mar"* (v. 13)

Caín se volvió vergonzosamente enojado y celoso, esto es obvio en el asesinato a su hermano (v.8)

Ellos *"espuman su propia vergüenza"* (v.13).

Caín fue maldito por Dios y recibió una marca (versos 11,15).

Ellos tienen reservada la *"oscuridad de las tinieblas"* eternamente (v. 13).

Caín rechazó el sacrificio de sangre de su hermano, en una forma impía (vs. 3,4).

"Todas sus obras impías que han hecho impíamente" (v.15).

Caín refunfuñó del castigo que Dios le impuso, -Grande es mi castigo para ser soportado-.

"Estos son murmuradores" (v. 16).

Caín culpó la ofrenda de Abel de ser más aceptable a ojos de Dios que la suya (v. 4,5,).

Son *"querellosos"* (v. 16).

Caín siguió su propia concupisencia al declarar *"Acaso soy el guarda de mi hermano?"*.

Estos *"andan según sus propios deseos"* (v. 16).

Caín respondió arrogante No sé: (dónde está mi hermano) ¿Acaso soy guarda de mi hermano? (v. 9).

Son gente *"cuya boca habla cosas infladas"* (v. 16).

Caín bien pudo haberse engañado pensando que Dios aceptaría su sacrificio incruento así como El había aceptado el sacrificio sangriento de Abel

"Adulando a las personas para sacar provecho" (v. 16).

Cain dividió a su familia al matar a su hermano y al declarar que no sabía donde estaba su hermano; Su acto de homicida también lo separo del fruto de la tierra (v.12)

"Estos son los que causan división" (v.19)

Cain tenía un pensamiento mundano en relación a su sacrificio y a su hermano

"los sensuales" (v.19)

Cain estuvo totalmente apartado del espiritu en sacrificio y en la muerte de su hermano.

"Que no tienen al Espíritu" (v.19).

David - El Guerrero que Reprodujo Otros Guerreros

La Biblia nos enseña que David era un hombre de guerra mucho antes de llegar a ser el Rey de Israel. Cuando Israel fue confrontado por un gigante filisteo llamado Goliat, el joven guerrero clamó *"¿Cómo éste incircunciso filisteo, se atreve a retar a los escuadrones del Dios Viviente?".* No desmaye nuestro corazón, pues éste tu siervo irá y combatirá a éste filisteo.(Samuel 17:26,32). El rey Saúl cuestionó la posibilidad de que David pudiera matar al gigante. David respondió que previamente el ya había matado a un león y a un oso. (V.34).Habiendo ganado la confianza de Saúl de que sí podía matar al gigante, fue y lo hizo (v.50,51).

Ningún otro soldado en las fuerzas armadas de Israel tenía el valor de enfrentarse al gigante. ¿Por qué? Probablemente porque Saúl no había infundido a sus hombres dicho valor. El mismo era demasiado cobarde para salir y derrotar al gigante. El rey simplemente se limitó a ofrecer al que matara a Goliat llenarlo de riquezas, el casarlo con su hija y librarlo de impuestos y de servicios públicos (1 Sam. 17:25). Saúl no trató de vencer al gigante por su cuenta. Vemos aquí la Ley de la reproducción en su lado negativo: Saúl no podía producir fortaleza en su ejército porque a él mismo le faltaba.

Por otra parte, David reprodujo otros matadores de gigantes como él mismo fue un mata gigantes. La siguiente parte de la Escritura lo demuestra:

"Despues de ésto aconteció que se levantó guerra en Gezer contra los filisteos; y Sibecai husatiuta mató a Sipai, de los descendientes de los gigantes ; y fueron humillados. Volvió a levantarse guerra contra los filisteos; y Elhanán hijo de Jair mató a Lahmi, hermano de Goliat geteo, el asta de cuya lanza era como un rodillo de telar. Y volvió a haber guerra en Gat, donde había un hombre de gran estatura, el cual tenía seis dedos en pies y manos, veinticuatro por todos; y era descendiente de los gigantes. Este hombre injurió a Israel, pero lo mató Jonatán, hijo de Simea hermano de David. Estos eran descendientes de los gigantes en Gat, los cuales cayeron por mano de David y de sus siervos. (I Crónicas 20:4-8)"

Podemos ver pues que habiendo David matado a gigantes y a los enemigos de Israel, el produjo siervos que podían hacer lo mismo. En contraste con David, vemos al rey Saúl, el no pudo producir grandes soldados pues el mismo no fue un valeroso comandante o combatiente.

Otro ejemplo de como David reprodujo grandes soldados lo podemos encontrar en I Samuel 22:1,2 y II Samuel 23:8-23. Cuando David escapó de la cueva de Adulam él se convirtió en capitán de aproximadamente 400 hombres amargados, endeudados o descontentos (I Samuel 22:1,2). Sin duda, para producir un poderoso ejército; David tenía que invertir tiempo en entrenar a éstos hombres con problemas (II Samuel 23:8-23). Esta última referencia recuenta las victorias de ocho de esos hombres de David.

Adino, quien mató a 800 hombres en una batalla (v.8).

Eleazar, quien luchó contra los filisteos hasta que su mano se le pegó a la espada (v.9 y 10).

Sama, quien defendió un campo de lentejas del enemigo (v.11-12).

Tres poderosos hombres de los 30 principales, quienes rompieron contra las líneas de los filisteos y obtuvieron agua para David (v. 13-17).

Abisaí, quien mató 300 enemigos (v. 18,19).

Benaía, quien mató a los dos hijos de Ariel de Moab; a un león en el fondo de un pozo en un día nevado; y a un impresionante egipcio -¡usando la propia espada de su enemigo!- (v.20-23).

Siendo David mismo un valiente guerrero, él tomó a los débiles y cobardes hombres llenos de problemas y los transformó en grandes soldados. David se reprodujo a sí mismo en ellos.

La Reproducción de Ministerios de Jesucristo

Jesucristo también demuestra la ley de la reproducción. Solamente por que él era Apóstol, Profeta, Evangelista, Pastor y Maestro del Cuerpo, él es capaz de reproducir éstos ministerios en la Iglesia (Efesios 4:11,12). Recuerde, sin embargo que Cristo tiene la plenitud en todas las cosas, y el cuerpo, solamente una medida. Jesucristo quien tuvo los dones y el fruto del Espíritu Santo en plenitud, puede reproducir eso mismo en su pueblo (Gálatas 5:22).

Todos los creyentes nacidos de nuevo tenemos *"la semilla de la palabra de Dios"* dentro de nosotros (I Pedro 1:23). Entonces, todos tenemos el potencial de convertirnos en algo similar a la fuente de tal semilla, Jesús mismo. Consecuentemente, el Señor Jesús se presenta como un ejemplo a todo líder para cuidar lo que tiene en su corazón, porque, esto reproducirá en otros.

La Reproducción de Pablo en Timoteo

El ministerio de Pablo nos da un ejemplo positivo de la ley de la reproducción. Pablo escribió a Timoteo *"Lo que has oído de mí ante muchos testigos, esto encarga a hombres fieles que sean idóneos para enseñar también a otros"* (II Timoteo 2:2). Pablo deseaba reproducir su vida y doctrina en Timoteo, de tal forma que este joven discípulo pudiese reproducir lo mismo en otros.

Pablo sabía que su vida concordaba con las enseñanzas de Jesucristo, y él podía decir a Timoteo y a otros *"Sed imitadores de mí como yo de Jesucristo"* Pablo deseaba profundamente reproducir la vida de Cristo. El exclamaba: *"Hijitos mios, por quienes vuelvo a sufrir dolores de parto, hasta que Cristo sea formado en vosotros"* (Gálatas 4:19). El apóstol deseaba reproducir no sólo su doctrina, sino también su estilo de vida. El quería que los hombres vivieran y pensaran como Jesucristo, además de saber que su salvador era Dios.

Al igual que él, cada líder debe ordenar su vida de manera que pueda reproducir la vida de Cristo Jesús en otros.

Los colaboradores del líder deben tener la misma mente del líder. Deben tener acuerdo en sus metas y objetivos básicos. Además los líderes deben demostrar madurez, habilidad para hacer su trabajo y fidelidad hacia aquellos a los cuales Dios ha llamado a servir . Esto se expresará por sí mismo en lealtad al desarrollar pequeñas responsabilidades, al trabajar gozosamente con otros y en una forma de vida justa.

El ejemplo de la reproducción de Pablo en Timoteo, y a través de él a otros hombres fieles, se demuestra en el siguiente diagrama:

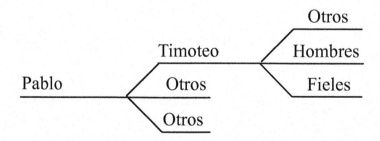

Palabra de Balance

A pesar de que Dios desea que los líderes reproduzcan lo bueno de sus vidas en otros, Él no ha pensado que todos sean como pequeños robots o simples piezas en serie. ¡No todos los ministros de Dios o la gente es exactamente igual! Dios usa sus principios universales creativamente, en y a través de las diferentes responsabilidades de sus hijos.

Cada líder debe recordar que por sí mismo es insuficiente para poder reproducir toda la madurez y el ministerio que el cuerpo de Cristo necesita. El traer el cuerpo de Cristo a la completa madurez, requiere de los 5 ministerios (Apóstol, Pastor, Profeta, Maestro, Evangelista). No hay líder que pueda proveer el beneficio de estos 5 ministerios y dones para la gente que tiene a su cuidado.

La perfección requiere la plena aceptación y operación de los diversos y únicos ministerios quintuples sobre la Iglesia. Dios no va a usar la uniformidad hecha por el hombre, ni el ministro que todo lo puede él solo, para cumplir su propósito eterno en Su Pueblo. ¡Oh, que cada líder pudiera reconocer la variedad de flores en el jardín de Dios!

Reproducción: del Padre, a través del Hijo, a los líderes

Un siervo se convierte en algo similar a su maestro. Un adorador viene a reflejar el objeto de su adoración. Un hijo reproduce la imagen de su padre. Todos estos conceptos ilustran la ley de la reproducción. En la siguiente tabla; veremos, como toda cualidad empieza con el Padre, se expresa por el Hijo y entonces es reproducida por el liderazgo cristiano. Al mirar al Hijo, quien es la *misma imagen del Dios invisible* nosotros nos revestiremos de la imagen del padre.

DEL PADRE	A TRAVÉS DEL HIJO	A LOS DEL LIDERAZGO
"Mi Padre aún trabaja" (Juan 5:17-19).	*"Yo también trabajo"* (Juan 5:17; 9:4 y 10:25-28).	Los líderes deben hacer la obra del ministerio (Hechos 6:4 Efesios 4:12; I Timoteo 3:1)
El padre juzga (Juan 8:16).	*"Yo juzgo"* (Juan 8:16).	Los líderes deben juzgar (I Corintios 6:1-6)
"Dios es luz" (1 Juan :5).	*"Yo soy la luz del mundo"* (Juan 8:12 y 12:46).	Los líderes son luz y deben caminar en la luz (Mateo 5:14; I Juan 1:7).
El padre enseña (Juan 8:28).	El Hijo enseña (Juan 8:28; Hechos 1:1).	Los líderes son maestros (Hechos 5:42; I Timoteo 3:" y 4:11).
El Padre dio a Su Hijo (Juan 3:16).	El Hijo da su vida (Juan 10:11).	Los líderes deben poner sus vidas por las ovejas (I Juan 3:16).

DEL PADRE	A TRAVÉS DEL HIJO	A LOS DEL LIDERAZGO
El Padre muestra su amor enviando a Su único Hijo.	El Hijo nos ama dando su vida en rescate.	Los líderes debe amar a través de dar sus vidas por las ovejas.
El Padre es Perfecto.	El Hijo es perfecto.	El líder tiene la obligación de ser perfecto y poner el ejemplo.(II Corintios 3:18; Colosenses 3:10; Mateo 5:48).
El Padre es un médico *"El sana (cura, venda) a la quebrantada de corazón"* (Salmo 147:3,4).	El Hijo es un médico *"me ha enviado a sanar a los quebrantados de corazón"* (Isaias 61:1,2; Lucas 4:18-23,27).	Los líderes deben ser doctores (como el bálsamo de Galaad) para que Dios no les diga nunca *"Sois todos vosotros médicos nulos"* (Job 13:4).
El Padre es la imagen, El creador, El Eterno en la Eternidad.	El Hijo manifiesta la imagen del Nuevo Hombre en la carne con: - Perfecta misericordia - Perfecta amabilidad - Perfecta humildad - Perfecta mansedumbre - Perfecta paciencia	El liderazgo debe revestirse de la imagen del Nuevo Hombre y de la Nueva Imagen del Creador con: -Entrañable misericordia -Amabilidad -Humildad -Mansedumbre -Paciencia -Amor -Lazos de perfección.
El Padre busca a aquel que le place (Juan 4:22-24).	El hijo complace al Padre por su perfecta obediencia (Juan 8:26,28).	Los líderes pueden agradar al hijo al obedecerle y alimentar el rebaño (Juan 21:15-17).
Dios el Padre es Espíritu (Juan 4:22-24).	*"El Espíritu de Jehová Señor está sobre mí"* (Isaias 61:1-3; Lucas 4:18;Mateo 3:16,17).	El espíritu de Dios está sobre sus líderes (I Corintios 4:37; II Corintios 1:21).
El Padre es la fuente de la unción.	Me ungió Jehová (Isaias 61:1-3; Lucas 4:18, 4:27 y 10:38).	Los líderes deben estar ungidos para predicar el evangelio a los mansos (Gálatas 1:16-16).

DEL PADRE	A TRAVÉS DEL HIJO	A LOS DEL LIDERAZGO
El Padre es la fuente de la libertad.	Jesús vino a predicar" *"libertad a los oprimidos"* (Isaías 61:1-3; Lucas 4:18).	Los líderes deben llevar el mensaje de libertad a los cautivos (Gálatas 5:1).
El Padre es la fuente del poder.	Jesús estaba dispuesto a *"abrir las prisiones a los encadenados; Y para libertar a los oprimidos"* (Isaías 61:1-3; Lucas 4:18).	El liderazgo debe saber como obtener las llaves de la prisión, y conocer a los que están encadenados para ponerlos en libertad (Los afligidos de Sion en lo espiritual). (Mateo 16:19).
Dios es el Padre de toda consolación(II Corintios 1:1-5).	Jesús tenía como propósito *"confortar a los afligidos de Sion"* (Isaías 61:1-3; Lucas 4:18).	El liderazgo debe reconocer a las ovejas que lloran en Sion (la Casa de Dios) y tener la mira en confortarles(I Corintios 1:1-5).
Dios el Padre se goza en satisfacer las necesidades.	Jesús satisface las necesidades de la gente (Isaías 61:1-3 Lucas 4:18).	El liderazgo debe satisfacer las necesidades espirituales de la gente.
El Padre es la fuente de la belleza.	Jesús vino a dar "gloria a los afligidos en lugar de cenizas.	Es tarea de los líderes el restaurar, ajustar, remendar las vidas dañadas. También deben dar belleza en lugar de cenizas de las vidas desperdiciadas.
El Padre es la fuente de todo gozo.	El, Señor Jesús es el óleo de gozo para todos los que lloraban (Isaías 61:1-3; Lucas 4:18).	El liderazgo debe enseñar a la gente a regocijarse en el Espíritu.
El Padre es la fuente de la Alabanza.	Jesús vino haciendo el bien; sanando toda enfermedad y dolencia. Quitándoles los ropajes de aflicción y dándoles manto de alabanza en lugar de espíritu de pesadez. (Isaías 61:1-3; Lucas 4:18).	El liderazgo también debe remover las ropas de, pesadez, de aflicción, de penalidad y de enfermedad a las ovejas y proveerles de mantos de alabanza y de regocijo en Jesucristo.

Capítulo 14

MINISTERIOS GUERREROS DEL LÍDER

Como concluimos en el capítulo anterior, la meta de Dios en el liderazgo Cristiano es reproducir Su vida y la vida de Su Hijo. La reproducción espiritual produce una medida de la imagen de Dios en el hombre.

La Iglesia se equivoca cuando sigue un patrón de liderazgo como el de las comunidades corporativas, militares, académicas u otras de tipo secular. A pesar de que estas comunidades han desarrollado disciplinas que ocasionalmente son útiles, ellas no pueden proveer un adecuado fundamento para el liderazgo de la Iglesia. Nuestra comunidad es el Cuerpo único de Cristo, la única sociedad establecida divinamente en la tierra. Nuestro ejemplo no es otro que Dios Mismo, y nuestra fuente de conocimiento de Dios es la Biblia.

El libro de los Salmos es un estudio muy útil en la definición de las cualidades de Dios, las cuales El desea reproducir en Sus líderes. Los salmos, cuya redacción refleja el estar llena de una intensa relación con Dios, nos proveen una gran riqueza de entendimiento profundo acerca de Su personalidad. Encontramos numerosas tipologías de Dios en los Salmos que nos proveen un patrón sobre el cual edificar la disciplina cristiana del liderazgo.

En los siguientes tres capítulos estudiaremos nueve tipologías de Dios y su reproducción en el liderazgo Cristiano:

Dios el Protector   Dios el Restaurador
Dios el Defensor   Dios la Autoridad
Dios el Libertador   Dios el Guía
Dios el Consolador   Dios el labrador
Dios el Limpiador

Por conveniencia dividiremos estas nueve tipologías en tres grupos. Estudiaremos acerca de Dios el Protector, Dios el Defensor y Dios el Libertador en este capítulo, bajo el principio de *"Ministerios guerreros del Líder."*

Vivimos en un mundo en que la guerra espiritual es la norma. En este capítulo estudiaremos los elementos en la imagen de Dios que nos enseñan como ministrar al pueblo de Dios en el conflicto espiritual. Quiera Dios que cada líder sea un estudioso de esta información, y que su petición sea que el Altísimo reproduzca Su propia imagen en su vida. Estas funciones no son *materias de créditos extra,* son los requisitos para guiar a Su Pueblo.

Dios el Protector

El líder como un refugio

"Jehová será un refugio para el oprimido" Salmo 9:9

La Biblia claramente describe a Dios como un refugio y escondedero para aquellos que confían en El (Salmo 46:1; 7:11; 48:3; 62:7; 71:7; 91:2,9; 94:22 y 142:4,5). Entendemos que Dios quiere reproducir esos elementos de su personalidad en sus ministros:

Elevadas montañas y lugares inaccesibles (que resguarden de peligros y ataques espirituales)

Refugios

Lugares de protección

Retiros a los cuales puedan huir los que estén en necesidad (Hebreos 6:18)

Para funcionar como un *"refugio en el tiempo de aflicción"* (Jeremías 16:19), el líder debe ser conocido y accesible a la persona acongojada. Un líder no puede esperar que otros corran a su búsqueda para obtener auxilio espiritual a menos que le conozcan a él, así como su ministerio. El líder está obligado a ser accesible para proveer ayuda a los necesitados. No debe vivir muy lejos de la gente. Debe habitar en medio de ellos, para que puedan venir fácilmente a él en los tiempos de necesidad.

La palabra en latín que traducimos como *"refugio"* significa una persona, lugar o cosa hacia la cual una persona escapa en busca de ayuda, seguridad, rescate, socorro y reposo del desánimo y la aflicción. Donde sea que el pueblo de Dios se sienta oprimido o afligido por los enemigos de Dios, este debe ser capaz de ir hacia los líderes en busca de ayuda, para obtener nueva fortaleza, para la batallas a que se enfrenta.

El siervo de Dios debe entender que como *"refugio"* para la gente, el debe tratar con muchos problemas, opresiones y pecados humanos. Estos problemas requieren liberación espiritual. Si un líder cristiano no puede enfrentar los problemas de la gente, debe clamar a Dios por ayuda. Las Escrituras se refieren frecuentemente a Dios como un refugio para aquellos que tienen necesidades bien definidas en sus vidas (Salmos 9:9 y 14:6; Isaías 25:4 y 28:15-17).

En al Antiguo Testamento, las ciudades de refugio para los asesinos involuntarios eran fácilmente accesibles en ambos lados del Jordán (Números 35:6-32; Deuteronomio 33:27; Job 20:2,3 y 21:13-13-38; I Crónicas 6:57-67). De la misma forma, el líder de Dios debe estar siempre disponible a su pueblo, y listo para liberarlo de sus pecados.

El líder como roca

"Se tú mi roca de fortaleza" Salmo 31:2

La palabra hebrea que significa *"roca"* tiene la connotación de un peñasco elevado y escarpado (probablemente donde los hábiles pies de un carnero podrían encontrar protección contra sus enemigos; ver Isaías 33:16). Al delinear la pintura de tan inaccesible lugar, debemos incluir la descripción del salmista acerca de Dios la Roca. Dios es una fundación inmovible y todosuficiente, para la vida pasada, presente y futura de una persona (Isaías 26:4). La biblia presenta claramente a Dios como una Roca fuerte para su pueblo (Salmo 18:2,31; 27:5; 31:2 61:2 y 78:16). La Biblia profetizó que el Señor Jesús sería *"...como sombra de gran peñasco en tierra calurosa."* (Isaías 32:2). Dios el Padre, al igual que Dios el hijo son descritos como rocas de refugio y salvación para el pueblo de Dios. Las características del hecho de ser una roca se aplican a los líderes cristianos en las siguientes maneras:

- Así como una roca es hecha por Dios (y no por los hombres) a través de medios naturales, así es de que el hombre es llamado y preparado por Dios mismo para su ministerio, y nunca por el llamado o preparación humanos. Como hemos afirmado previamente, una ceremonia humana de ordenación no necesariamente indica la recepción de una comisión divina de parte de Dios. Puede darse el caso de que un hombre sea ordenado oficialmente y no tenga un llamado de parte de Dios sobre su vida.

- Así como la roca es estable y firme, así debe ser también el carácter, la personalidad y la habilidad de decisión del líder. El debe ser una fuente de estabilidad para su gente, en el sentido de proveer dirección espiritual por medio de la sabiduría y el ejemplo personal.

- A la manera que una roca brinda cobertura contra el calor y la lluvia, el líder debe ser una fuente confiable de protección ante los problemas espirituales.

- La roca natural puede usarse como base para la construccción de un edificio, el líder debe ser capaz de cimentar a la gente sobre cimientos escriturales, firmes en Cristo.

- Como la gente ocasionalmente utilizaba cavidades en las rocas como casas en épocas antiguas, así el líder debe traer gente ante Jesucristo, quién es la Roca de los siglos, y establecerlos en Su casa, la Iglesia del Dios vivo.

- Una roca es resistente, permanente. El líder debe ser un guía tan fiel para el pueblo de Dios que ellos puedan depender siempre de él para darles ayuda en las cosas de Dios.

- Las formaciones rocosas proveen el agua más pura y deliciosa de la naturaleza. La vida del siervo debe producir el agua viva del Espíritu Santo (ver Juan 7:38,39).

- La piedra y las formaciones montañosas producen ricas minas de oro y plata. El que sirve a Dios debe ser un almacén de la preciosa Palabra de Dios (Job 28:1-3).

- Una roca enorme le da sombra y frescura al peregrino cansado. Nosotros debemos dar descanso por medio de Jesús a los cristianos agotados en su peregrinaje al cielo.

- Una roca muchas veces se forma lentamente, en lo secreto, bajo mucha presión y en la oscuridad. Comparativamente el ministerio de un hombre muchas veces será producido paso a paso, lejos de la vista de la gente, en tiempos de negrura espiritual y muchas presiones espirituales.

El líder como refugio y habitación fuerte.

"Porqué tu has sido mi refugio" Salmo 61:3

"Sé para mí una roca de refugio... y mi fortaleza." Salmo 71:3

Es muy importante que el líder sea una habitación espiritual para su gente. El pastor debe conocer muy bien al Señor y Su Palabra, para proveer a su gente refugio espiritual en el cual ellos puedan habitar en paz y seguridad. Ser una habitación para los hijos de Dios nos habla de un líder que provee un lugar de compromiso, relación y comunicación para los santos.

La palabra hebrea relacionada con *"habitación"* puede describir al líder, en términos espirituales, como:

Casa de descanso, belleza y satisfacción

Asiento de confort

Residencia para vivir

Retiro para refrescarse

Cabaña del pastor para seguridad

Silla de juicio para equidad

Muro de defensa

Establecimiento para permanecer

Todas estas descripciones se aplican a los líderes en su papel de proveer un habitación para el pueblo de Dios.

La Biblia habla de Dios como teniendo una habitación (Éxodo 15:2; II Crónicas 6:2 y 29:6; Job 5:3; Isaías 27:10; 34:13; Hechos 1:20; y Judas 6). Los enemigos del pueblo de Dios quieren entrampar a los cristianos en sus casas de maldad (orgullo, envidia, odio, codicia; véase Apocalipsis 18:2; Génesis 49:5; Salmo 74:20). El líder debe proveer a su pueblo las siguientes cualidades, las cuales la Biblia describe como un tipo de habitación en la cual Dios habita:

Santidad (Salmo 68.5)

Fortaleza (71:3)

Justicia (89:14)

Paz (Isaías 32:18)

Quietud (Salmo 33:20)

Espiritualidad (Salmo 33:14; Efesios 2:22)

Cuando el líder posea tales cualidades proveerá una habitación espiritual.

El Líder como una Cobertura

"Jehová, Señor... tu pusiste a cubierto mi cabeza en el día de la batalla" Salmo 140:7.

En el día de hoy, la Iglesia necesita urgentemente un liderazgo que le proporcione cobertura para su protección. Los líderes deben guardar de esta forma a la Iglesia del espíritu de engaño que galopa rampante por todo el mundo (Mateo 24:4-26; Marcos 13:32). Mucha gente está siendo arrastrada al error y la mentira porque carecen de un liderazgo suficiente valiente para dirigirlos por el recto camino de Dios. Pablo mismo da varias advertencias a la Iglesia acerca de no ser engañada (II Tesalonicenses 2:3; Efesios 5:6,7; Gálatas 6:7 y I Corintios 15:33). Aún los escogidos pueden llegar a caer en el engaño.

A través de la Biblia, Dios documenta la necesidad de cobertura espiritual. La biblia ilustra la cobertura espiritual en las siguientes formas:

El tabernáculo de Moisés tenía cubierta para proteger el mobiliario de los vientos y tormentas de la seca vida desértica (Éxodo 26:7,14 y 35:11,12 y 39:34; Números 4:11 y 9:15,16).

El arca del pacto estaba cubierta con el trono de misericordia y dos querubines de oro (Éxodo 225:8 y 37:9).

Las cosas santas del tabernáculo se cubrían para protegerlas de la contaminación (Números 4:20)

El altar de bronce tenía una cubierta (Números 16:38,39).

Los vasos sagrados del tabernáculo se cubrían (Números 19:15).

Los sacerdotes que ministraban se cubrían con vestiduras (Éxodo 28:42).

Los justos se cubren con el manto de justicia (Isaías 61:10), con la mano de Dios (Salmo 51:16; Éxodo 33:22), con las plumas (Salmo 91:4) y la fortaleza de Dios (Salmo 140:7).

La casa natural y espiritual deben protegerse con la adecuada estructura de autoridad (Efesios 5:21-25; I Corintios 11:3).

La Iglesia debe ser cubierta por el Señor Jesús y por Sus ministros (Efesios 4:11-13; Hebreos 13:7,17). Ver también acerca de las dos mujeres en I Corintios 11:10 y Génesis 3:1-15; también el Salmo 91:1-4,9-11 y Mateo 1:10. Las casas en la pascua en Éxodo 12:2-30 y las ciudades de refugio en Números 35:11-28.

Partiendo de estos ejemplos escriturales podemos notar el deseo de Dios de proteger a su pueblo santo por medio de los líderes que El ha puesto sobre ellos. Dios señala líderes a la gente, no para dominarlos cruelmente, sino para darles una amorosa protección contra los múltiples engaños en el mundo de hoy. Estos engaños se desarrollan a partir de varias raíces de malas actitudes. Algunas de estas actitudes subyacentes son:

Orgullo (subirse los humos) Proverbios 6:17; 8:13; 11:2 y 15:25.

Necedad (despreciar los juicios sensatos de la sabiduría) Proverbios 1:22;14:16 ;12:15 y 23:9.

Inestabilidad (rechazar la corrección y el cambio) Proverbios 14:15.

Individualismo (Confiar en uno mismo más que en Dios) Proverbios 3:5 y 28:26.

Intelectualismo (pensar que la mera acumulación de conocimientos es ir por el camino de verdad)

Génesis 3:6,24; Isaías 47:10; Romanos 1:22; II Timoteo 3:7 Colosenses 2:8.

Imposibilidad de cambio (tener un corazón duro hacia Dios y su palabra) Éxodo 7:15-22; Deuteronomio 2:30; Proverbios 28:14;Juan 12:40; Hebreos 3:13.

Rebeldía (Insistir constantemente en ir por su propio camino) I Samuel 15:23; Salmos 66:7 y 68:6; Jeremías 5:23.

Inmoralidad (deleitarse en los deseos carnales) II Samuel 11:1-17; Romanos 1:18-32.

Debido a estas actitudes y otras similares, los ministros de Dios deben convertirse en mejores guías del pueblo. Si alguna de estas actitudes aún persiste en el corazón de un cristiano, tal creyente pronto se verá arrastrado lejos de la fe en Jesucristo. Para poder ayudar a la gente en cuanto a los engaños, el pastor debe de:

Guardar su propio corazón y el corazón de su pueblo de todas las malas actitudes.

Permanecer en sumisión a otros santos hombres de Dios.

Mantener su posición al cubrir su propio hogar.

Mantener su relación de primer amor con Jesús por medio de una intensa vida devocional.

Enseñar a su gente a mantener su compromiso hacia sus familias y la Iglesia.

El líder como un guarda

"Pon guarda a mi boca, oh Jehová" (Salmo 141:3).

Cada líder es un tipo de un guarda espiritual. Ser un guardián del rebaño de Dios es una de las responsabilidades más imponentes del líder, a causa de la manera en que Dios mira a su ministerio. Dios dijo a Ezequiel, el profeta:

"Hijo de hombre, habla a los hijos de tu pueblo, y diles: Cuando trajere yo espada sobre la tierra, y el pueblo de la tierra tomare un hombre de su territorio y lo pusiese por atalaya, y él viere venir la espada sobre la tierra, y tocare trompeta y avisare al pueblo, cualquiera que oyere el sonido de la trompeta y no se apercibiere, y viniendo la espada lo hiriere, su sangre será sobre su cabeza. El sonido de la trompeta oyó, y no se apercibió; su sangre será sobre él; mas el que se apercibiere librará su vida. Pero si el atalaya viere venir la espada y no tocare la trompeta, y el pueblo no se apercibiere, y viniendo la espada, hiriere de él alguno, éste fue tomado por causa de su pecado, pero demandaré su sangre de mano del atalaya. A ti, pues, hijo de hombre, te he puesto por atalaya a la casa de Israel, y oirás la palabra de mi boca, y los amonestarás de mi parte. Cuando yo dijere al impío: Impío, de cierto morirás; si tu no hablares para que se guarde el impío de su camino, el impío morirá por su pecado, pero su sangre yo la demandaré de su mano. Y si tú avisares al impío de su camino para que se aparte de él, y él no se apartare de su camino, él morirá por su pecado, pero tu librastе tu vida. Tú pues, hijo de hombre, dí a la casa de Israel..." (Ezequiel 33:2-10).

En este texto vemos la suma de las solemnes responsabilidades sobre los hombros del atalaya. Debe clamar contra los pecados que observe; de otra manera Dios lo tendrá por culpable de sangre. Entre mayor sea lo que Dios le ha revelado a alguien o entre más de la viña del Señor esté bajo su responsabilidad, más debe él hablar.

La palabra hebrea *"guarda"* o *"atalaya"* significa inclinarse hacia adelante; escudriñar en la distancia; observar; esperar; hacer vallado con espinas; guardar, proteger; atender a.

Uno de los aspectos más grandes del servicio del atalaya que surge de aquí, es el de observar en la distancia lo que se avecina (el futuro). Debe entender hacia donde dirigen a la gente creyente sus actitudes actuales. A través de los años de experiencia, el guarda puede discernir las buenas o malas consecuencias de ciertas acciones. El sabe, basado en su propio caminar con Dios, que la persona segará aquello que ha sembrado (Gálatas 6:7). Dios le requiere que advierta a la gente acerca de Sus juicios sobre el pecado en sus vidas.

Dios habla también del ministerio del guarda en el Nuevo Testamento. *"Obedeced a aquellos que tienen autoridad sobre vosotros, porque ellos cuidan vuestras almas (porque ellos están constantemente cuidando vuestras almas y guiando vuestro bienestar espiritual)"* (Hebreos 13:17 Biblia amplificada, ver también Lucas 12:37 y Efesios 6:18). Es decir, que los líderes bajo el Nuevo Pacto son constantemente retados a vigilar el bienestar espiritual de los santos en Cristo Jesús.

Dado que este ministerio siempre ha sido importante para Dios, el resto de esta sección, daremos ciertas aplicaciones del ministerio de atalaya al ministerio del líder neotestamentario. Usted puede hacer un estudio posterior como el Espíritu le guíe a desarrollar cada uno de estos importantes puntos.

Las características del Atalaya de Dios

Así como el vigilante del Antiguo Testamento necesitaba de una buena vista y percepción (II Samuel 18:24), el líder del Nuevo Testamento debe tener visión espiritual y percepción para entender las consecuencias futuras de las actitudes y acciones suyas y las del pueblo, delante de Dios.

Los vigías del Antiguo Pacto debían de ser fieles a Dios y al hombre, para comunicar claramente desde el muro de la ciudad aquello que veían venir (II Daniel 18:24-27; Isaías 21:12). El líder neotestamentario debe ser fiel en desempeñar su ministerio de cuidar aquellos que le han sido confiados.

El atalaya del Pacto Antiguo era un mensajero del rey. (II Reyes 9:17-20). El líder del Nuevo Pacto debe ser un mensajero del Rey que está sobre todos los Reyes, el Señor Jesucristo.

El vigía del A. T. necesitaba llevar una buena relación con el Rey de la ciudad en que servía (Salmo 127:1). Asimismo el líder en el Nuevo Pacto debe mantener una relación vigorosa con Jesucristo, Rey de la Iglesia y de la ciudad del Dios vivo (Hebreos 12:22).

En tiempos del Antiguo Testamento era puesto en su lugar de servicio por Dios mismo (Isaías 21:6). En el día de hoy, éste debe ser puesto en el ministerio por el llamado del Señor, y no por un sistema humano.

El vigía en el Antiguo Pacto debía alarmar a la población con el sonido de una trompeta (Ezequiel 33:3; Jeremías 6:17; Joel 2:1). Ahora los líderes cristianos deben enseñar y predicar la Palabra de Dios con poder de lo alto.

El guarda veterotestamentario aceptaba el juicio de Dios si fallaba en advertir la venida del conflicto (Ezequiel 33:6,7). Dios le pedirá cuentas al líder actual si no advierte a la Iglesia acerca del peligro espiritual que se avecine.

El guarda tenía la obligación de comunicar exactamente el mensaje que había recibido del Jehová (Ezequiel 33:7,8). El líder bajo el presente pacto debe comunicar claramente la Palabra específica de Dios dada a él, sin añadir ni quitar de su contenido.

El atalaya profeta del Antiguo Testamento debía comunicar a la gente la Palabra de Jehová (Ezequiel 33:9). El líder neotestamentario tiene el deber de saber comunicarse al nivel de la gente, de manera que entiendan la Palabra de Dios.

El guarda en el A.T. levantaba la voz con otros guardas en cánticos, mostrando un espíritu de unidad y regocijo (Isaías 52:8). El líder del Nuevo Testamento debe buscar la unidad espiritual con otros guías del cuerpo de Cristo, al unirse con ellos en cantos y alabanzas al Señor.

El centinela del Antiguo Pacto debía mirar ojo a ojo a sus compañeros en el día de visitación. La aplicación ahora, consiste en fluir en cooperación con otros colegas en el día de la visitación espiritual.

Los líderes del Antiguo Testamento deberían estar libres de defectos de carácter. Como ellos, los ministros neotestamentarios deben limpiarse de estas deficiencias:

Ceguera (como perros que no pueden ver)

Ignorancia (como perros que no entienden)

Incapacidad de hablar (Como mudos perros que no ladran)

Pereza (como perros soñolientos)

Codicia (como perros que no se sacian de su porción)

Incapacidad de percibir (como perros no entrenables por sus amos)

Egoístas (como perros que buscan su propio provecho)

Vista corta (cual perros que no ven el camino)

El deber del guarda espiritual era hacer mención del nombre del Señor todo el día y la noche, no estar quietos (Salmos 63:6; 90:3 119:148 y 130:6; Isaías 62:6). En el Nuevo Pacto, nosotros debemos clamar constantemente en el nombre del Señor pidiendo información, fortaleza, y sabiduría en nuestro ministerio.

Era tarea del atalaya proclamar la palabra profética a la gente durante un tiempo de visitación (Jeremías 31:6; Miqueas 7:4). Nuestra tarea hoy, es sentir la presencia del Señor, y el manto profético, en las visitaciones actuales.

El guarda del pacto antiguo esperaba en el Señor y vigilaba para El; especialmente durante los tiempos de juicio (Lamentaciones 4:17). El líder neotestamentario debe esperar en Jesucristo, su Señor y estar alerta a sus demostraciones de misericordia y verdad durante su tiempo de juicio y de visitación.

El guarda en el Antiguo Testamento desempeñaba su servicio específico de vigilar la posible aparición del enemigo (Nehemías 7:3 y 12:9). En el Nuevo Pacto su papel es conocer su llamado específico y ser fiel a él.

En el Antiguo Testamento había guardias que protegían la casa del Señor, igual a un soldado que guarda la casa del rey en el día de la batalla (II Reyes 11:4- 8; II Crónicas 23:6-8). En el Nuevo Testamento el servidor de Dios debe ser capaz y estar dispuesto a responder al clamor del pueblo de Dios en cualquier momento del día o de la noche.

El vigía veterotestamentario estaba en la mano del Señor para indicar a la gente sus necesidades más que sus deseos (una represión más que un cumplido; Jeremías 31:28). El líder actual debe cumplir su doble tarea de edificar y corregir al pueblo de Dios.

El atalaya de la antigüedad continuamente (Marcos 13:33) velaba y oraba. Así mismo el guía de la Iglesia debe orar y velar continuamente en el día de hoy.

El apóstol Pablo amonestaba a la Iglesia a velar y permanecer firmes en la fe y a ser fuertes (I Corintios 16:3). Nuestra tarea es hacer lo mismo.

Pablo exhortaba a la Iglesia primitiva a perseverar en oración, velando en ella con acción de gracias (Colosenses 4:2). Como líderes de la Iglesia debemos mantener corazones agradecidos y gozosos ante el Rey.

Otra exhortación paulina para la Iglesia primitiva era velar con una actitud seria y no dormirse (I Tesalonicenses 5:6). Usted debe enfrentar con sobriedad la responsabilidad espiritual como atalaya del pueblo de Dios, entendiendo que los destinos eternos de las almas están en sus manos.

Dios el Defensor

El líder como una adarga y escudo

"Más tu oh Jehová, eres escudo alrededor de mi..." Salmo 3:3a

"Escudo es a todos los que en él esperan..." Salmo 18:30

Multitud de escrituras se refieren a Dios como un escudo (Salmos 3:3; 5:12; 18:35; 28:7; 33:20; 47:9; 59:11; 84:11; 91:4;115:9-11; 119:114 y 144:2). Veamos como los líderes de Dios pueden convertirse en escudos para el pueblo de Dios.

El escudo es una de las más antiguas formas de defensa. En tiempos lejanos, estaban hechos de resistente cuero de cocodrilo, en forma oval o rectangular. Servían para proteger a los soldados contra las lanzas, espadas, piedras o flechas del enemigo.

La Biblia afirma claramente que Dios es escudo para algunas personas. Dios protege aquellos que le obedecen, pero no a los que desobedecen Su voz. Por tanto, Dios es descrito como un escudo para Abraham (Génesis 15:1), a la nación de Israel (Deuteronomio 33:228,29; Salmo 115:9,10) para David (II Samuel 22:3). Dios no era escudo para el desobediente rey Saúl (II Samuel 1:21) Para especificar posteriormente esta verdad, la Biblia señala a aquellos a los cuales Dios es escudo.

A los que le sirven (Salmo 33:20).

A los que le reverencian (115:11).

A los que caminan en su verdad (91:4).

A los ungidos con su Espíritu (84:9).

A los que confían en El (Proverbios 30:5).

A los que portan el escudo de la fe (Efesios 6:16).

Cuando todas estas cosas operan en la vida de un líder, Dios lo escudará. Más aún, estas cualidades se manifiestan en la vida de una persona, y en una forma balanceada hacia sus líderes también, sus líderes pueden ser verdaderos escudos para ellos. Justamente como Dios protege sólo a los sumisos y obedientes, humildes y partícipes del pacto, sin embargo el líder sólo puede ser un verdadero escudo a aquellos que ejercitan estas cualidades. El Señor y sus líderes desean proteger a todo el pueblo de las trampas de Satanás. Pero la gente debe permitirles ser sus protectores, para que puedan operar como verdaderos escudos espirituales.

El ministro es un escudo espiritual a aquellos que se someten a él por medio de la enseñanza y consejo. En los días de Cristo, los pastores de los rebaños en ocasiones eran literalmente las puertas de los rediles, porque se acostaban a dormir en la entrada de los rediles. Esto es una verdad también para los pastores espirituales de hoy. Literalmente pondrán de lado en ocasiones sus propios intereses de la vida en favor de los intereses espirituales de las ovejas.

La adarga se asemeja muy cercanamente al escudo en sus funciones de defensa. La adarga era un escudo ligero y redondo, usualmente se portaba en la mano o colgado en el puño del soldado o del arquero. El soldado no sólo llevaba un escudo grande, sino también uno pequeño (ver I Samuel 17:7). La adarga era el mejor medio de defensa contra los dardos encendidos, piedras o quemantes antorchas que caían de las murallas de una ciudad sitiada. La adarga usualmente se fabricaba madera forrada de piel que se untaba de aceite para evitar que se secara y se resquebrajara.

Al señor se le describe como una adarga para aquellos que en El confían (II Samuel 22:3,31; Salmo 18:2; 30:25 y 91: 4; Proverbios 2:7 y Jeremías 46:3). El salmista David entendía la importancia de tener un pequeño y movible escudo a su lado. El pasó varias semanas dentro y fuera de las ciudades y de las cavernas, eludiendo la mano de Saúl o a su ejército que buscaban matarlo. David debía estar listo para defenderse instantáneamente contra sus enemigos que pudieran aparecérsele, ya fueran enviados por Saúl o por su ejército. En medio de estas experiencias David encontró a Jehová como su verdadera adarga de protección. El Señor era siempre con él, tan rápido como el salmista pudiera invocar la ayuda en Su nombre.

Como David, los siervos de Dios deben ser adargas para el pueblo, que confía en que ellos sean su ayuda de emergencia en el tiempo de necesidad.

Como verdadera puerta (escudo o adarga) para el rebaño de Dios, el líder cristiano debe demostrar las siguientes cualidades de carácter:

Estabilidad en Dios	Amor	Fortaleza
Fundamentado espiritualmente	Celo	Lealtad
Confiabilidad	Disponibilidad	Flexibilidad
Perseverancia	Dedicación	

El líder como fortaleza y torre alta

"Jehová... castillo mío,... la fuerza de mi salvación y mi alto refugio" Salmo 18:2

El líder debe ser también una fortaleza y torre elevada para el pueblo de Dios. Estas dos figuras se encuentran enlazadas; la fortaleza de una ciudad tenía una torre alta en cada esquina, y algunos viñedos antiguos (Isaías 5:2; Mateo 21:33), tenían torres en el centro de una fortaleza. La definición más amplia del hebreo de la palabra *"fortaleza"* es: una red para capturar, firmeza, una fortificación, un castillo, una ciudad fortificada, una defensa. Como una fortaleza para el pueblo del Rey, el líder provee de seguridad y protección contra los ataques del enemigo (ver II Samuel 22:2; Salmo 18:2; 31:3; 71:3,91:2; y 144:2; Isaías 17:3; 25:12 y 34:13; Jeremías 6:27; 10:17 y 16:19; Amos 5:9; Miqueas 7:12 y Oseas 10.14).

El servidor de Dios debe ser también una torre fuerte para el rebaño de Dios. *"Torre fuerte es el nombre de Jehová; a él correrá el justo, y será levantado"* (Proverbios 18:10). En el mundo de lo natural, la torre elevada muchas veces protegía la muralla exterior de la ciudad. Se usaba como un lugar de donde se podían arrojar flechas y piedras sobre el enemigo. En el campo, se levantaban las torres para proteger los rebaños, manadas, y aún los caminos (II Reyes 17:9; II Crónicas 26:10 y 17:4). El hombre de Dios debe llenar todas estas necesidades al hacer lo siguiente:

Defender al pueblo de Dios al estar vigilando si viene el adversario, el diablo.

Arrojar la Palabra, El Espíritu; el Nombre y las oraciones en el Espíritu sobre el Diablo para detenerlo.

Proteger los rebaños de Dios --su pueblo-- contra las tácticas del enemigo para dividirlos.

Salvaguardar todas las carreteras espirituales de Dios (incluyendo la *"calzada de Santidad"*) de forma que el pueblo de Dios ande sin obstáculos hacia la ciudad Celestial.

Hacer guardia contra los intentos satánicos de robar la viña de Dios (su pueblo), del fruto de la vid (el fruto del Espíritu Santo --amor, gozo y paz) en sus vidas.

El líder como el defensor activo

"porque Jehová es nuestro escudo" (Salmo 89:18)

La Biblia declara que Dios es el defensor de Su pueblo (Job 22:25; Salmo 7:10; 59:9, 16, 17; 62:2; 89:18; 94:22 y Zacarías 9:15). Dios ofrece a sus hijos seguridad en la proclamación de Su nombre sobre Su posesión de toda la creación (Salmo 20:1). Si Dios defiende a su Pueblo, lo mismo deben hacer sus líderes.

Para defender al pueblo de Dios, el líder debe alinear sus actitudes con el sentido bíblico de lo que es *"defensa"* y *"defensor"*. El líder tiene que:

Ser una sombra o cobertura para el pueblo de Dios, protegiéndolo de los crueles rayos del sol.

Ser como un pájaro que se cierne sobre sus nidos.

Ser como una cerca protectora de una porción del jardín del Señor.

Ser una fortaleza de protección contra el ataque.

Ser un escudo a la gente, librándole de los dardos de fuego del enemigo.

Ser un dosel o cámara en la cual el pueblo pueda hallar seguridad y descanso.

Ser como un gobernador que castiga al malvado, pero que recompensa al justo.

Dar cuentas honestas ante Dios de si mismo y del pueblo.

Hacer una petición (legal) de los derechos de su pueblo ante Dios y ante los hombres.

Ser un pacificador, que aclare las dificultades a la gente.

¿Como es que un líder se convierte en una buena defensa para su gente? La Biblia muestra que verdaderamente Dios desea que el líder sea tal defensa. En el Antiguo Testamento, los jueces y en el Nuevo Testamento el Apóstol Pablo y Sus líderes son defensores de la fe y de los fieles (Jueces 10:11; II Reyes 19:34 y 20:6; II Samuel 23:12 y Filipenses 1:7,17).

Primeramente, el líder debe ser un hombre de sabiduría: Aplicando sabiamente los principios del reino, el líder debe defender a su gente en contra del adversario. Debe conocer las tácticas del enemigo (Eclesiastés 7:12).

En segundo lugar, debe mantener su propia familia en órden y unidad. Al hacer esto, debe montar una defensa más fuerte de las familias de la Iglesia contra los ataques del diablo (II Crónicas 11:5; Salmo 31:2).

Tercero, el líder debe pasar dolores para mantener un fuerte compromiso con la casa del Señor. La casa de Jehová debe ser una segura defensa contra el adversario.

En cuarto lugar, es necesario que el ministro permanezca en la presencia del Dios. La presencia o gloria de Dios es una defensa para el pueblo, así como lo fue para Israel en el desierto (Isaías 4:5).

Como quinto paso, el servidor debe darse cuenta que cada vez que se prepara en bien del pueblo de Dios, el lo está defendiendo ver Nahum 2:5.

Y finalmente, el líder cristiano defenderá correctamente al pueblo de Dios si recuerda que debe defender a la gente que Dios mismo ha defendido a través de la historia: al pobre y al huérfano (I Samuel 31:5, Salmos 5:9-11 y 82:3). Ojalá cada líder pudiera sentir su deber de ayudar, proteger y defender a aquellos que son pobres espiritualmente y sin conocimiento personal de su Padre Celestial. Si el hace esto, los guiará a Jesucristo, quién es el más grande defensor que la Iglesia haya tenido.

Dios el Libertador

El líder como libertador

"Tu eres mi ayuda y mi libertador" Salmo 70:5

Un libertador hace que otros se escapen de un problema o de la cautividad de la muerte. Cuando Israel salió de Egipto, Dios les liberó al hacer que el Mar Rojo se abriera a su paso y al cerrarlo sobre sus perseguidores egipcios. Cuando la nación entró a Canaán, Dios les liberó al hacerles capaces de vencer ejércitos y ciudades más grandes y más fuertes que ellos mismos. Dios obró como un libertador para Su pueblo, El se movía en el área de lo milagroso.

De esa manera, cada líder debe confiar que Dios le hará un poderoso libertador del pueblo de Dios. No todos tenemos el don de milagros, fe o sanidades. Pero cada uno de nosotros podemos creer que Dios responderá a nuestras oraciones en favor de la liberación del Pueblo de Dios de las trampas del pecado.

Después de la guerra con los filisteos y la derrota de Goliat, David declaró *"Jehová roca mía y castillo mío, mi libertador. Dios mío, fortaleza mía, en el confiaré; mi escudo, y la fuerza de mi salvación, mi alto refugio."* Salmo 18:2. En respuesta a esa liberación David escribió también:

"Invocará a Jehová quién es digno de ser alabado.

Y seré salvo de mis enemigos.

Ligaduras del Seol me rodearon.

Y torrentes de desesperación me atemorizaron.

Ligaduras del Seol me rodearon,

me tendieron lazos de muerte.

En mi angustia invoqué a Jehová.

Y clamé a mi Dios

El oyó mi voz desde su santo templo

Y mi clamor llegó delante de él, a sus oídos"   *Salmo 18:4-6*

Dios libertó a David de sus problemas fuertes, aún de las trampas de la misma muerte. De la misma forma, cada líder debe tener fe en que Dios le capacitará para libertar al pueblo de Dios de las trampas de incredulidad, depresión, falta de propósito, falta de fruto y de todo pecado. Esto sucede por el poder del Espíritu Santo y la Palabra de Dios. Una de las claves en esta guerra es el líder mismo, que ha experimentado la liberación de Dios. Esto le dará la confianza y la habilidad para poner en libertad a otros en el nombre del Señor Jesucristo.

El líder que desata y redime al prisionero

"Oh, Jehová... Tu has roto todas mis prisiones" Salmo 116:16

Un ministro cristiano es uno de los principales instrumentos de Dios para la liberación del prisionero espiritual. El líder debe estar equipado con las llaves del reino de Dios para abrir las puertas de las prisiones de la gente a través del poder del Espíritu Santo.

La Escritura presenta a José y a Sansón como ilustración de como la gente puede ser atada en algún área de su vida. José estaba prisionero debido al tratamiento de Dios en su vida (Génesis 39:20-23 y 40:3-5). En contraste, Sansón estaba tras las rejas por desobedecer la palabra de Dios. (Jueces 16:21-25).

Usted debe discernir porque es que una persona está en prisión. ¿Está Dios tratando con él, o está Dios intentando cambiar un área de su vida? o ¿está en prisión a causa de su desobediencia a Dios? Ud debe aconsejar en estas situaciones de una manera muy diferente. En el momento final Dios libertó a José y lo exaltó en Egipto, pero la continua desobediencia de Sansón vino a ser su propia destrucción. En el caso de José, Dios actuó como el libertador escritural que suelta al prisionero (ver Salmos 79:11; 102:20; 146:7 y II Reyes 25:27-29).

Cuando nos referimos a un líder de Dios y el poner en libertad a un prisionero, nos referimos a una liberación espiritual de una cautividad espiritual. Esto se puede aplicar a muy diferentes dimensiones, pero nos estamos refiriendo aquí al clamor de David en el Salmo 142:1-7.

"Con mi voz clamaré a Jehová; con mi voz pediré a Jehová misericordia. Delante de él expondré mi queja: delante de él manifestaré mi angustia. Cuando mi espíritu se angustiaba dentro de mí, tu conociste mi senda. En el camino que andaba me escondieron lazo. Mira a mi diestra y observa, pues no hay quien me quiera conocer; no tengo refugio, ni hay quien cuide mi vida. Clamé a ti, oh Jehová; Dije: tu eres mi esperanza, Y mi porción en la tierra de los vivientes. Escucha mi clamor, porque estoy muy afligido. Líbrame de los que me persiguen porque son más fuertes que yo. Saca mi alma de la cárcel, para que alabe tu nombre; Me rodearán los justos, Porque me serás propicio."

En este pasaje, el significado de ser prisionero en el alma de uno mismo tiene una expresión más fuerte progresivamente. Algunas veces estar prisionero significa estar sin amigos. Otras veces significa persecución por causa del evangelio. Puede ser que el alma está abrumada. En cada uno de sus propios casos, David conocía que Dios le iba a liberar de su experiencia en la prisión.

Todo líder está para libertar a los que están atrapados en la prisión del orgullo, de ira, incredulidad, brujería y engaño que tiene el diablo. Debe estar listo para traer a los prisioneros libres al reino de Dios, donde los presos pueden llegar a ser esclavos de amor del Señor Jesús (véase Efesios 3:1 y 4:1).

La redención se relaciona en forma directa con el poner a los cautivos en libertad. La redención tiene varios significados, pero su idea central es la de soltar o liberar del mal por el pago de un precio. En los tiempos bíblicos, los esclavos y los prisioneros eran redimidos o rescatados por el pago de una suma. En el pensamiento bíblico de la redención tiene también los siguientes elementos:

Recuperar, comprar de nuevo o adquirir un bien raíz que había sido vendido.

Pagar lo que se debía o había prometido como voto a Dios.

Desprenderse por medio de rendición; recuperar o rescatar de las manos del enemigo.

Para el líder cristiano todo esto tiene cumplimiento en Jesucristo. A través de la muerte y resurrección, los hombres son redimidos de vuelta a Dios, en el pleno sentido de la palabra. Booz, un pariente-redentor del Antiguo Testamento, estaba deseoso y en posibilidad de redimir a Rut, una moabita. De la misma forma, Jesucristo se hizo hombre para poder redimir a Su Iglesia y recuperarla para Dios. La Biblia claramente describe a Dios como el redentor de los hombres (vea el Salmo 19:14, 107:2 y Job 19:25). Esta descripción se ajusta también al líder. Cada líder ayuda a redimir gente para Dios al presentarles las afirmaciones de Cristo a ellos.

Pero, de que cosas van a liberar los líderes por el poder del Espíritu al pueblo de Dios? La respuesta es que los debe liberar de muchas de las mismas cosas que Dios los ha liberado a ellos. Algunas de estas son:

De todas sus angustias (Salmo 25:22)

Del engaño (Salmo 72:14)

De toda iniquidad (Tito 2:14)

De la casa de esclavitud (Deuteronomio 7:8)

De toda adversidad (angustia) (II Samuel 4:9)

De todo desánimo (I Reyes 1:29)

De sus enemigos (Salmo 136:24)

De casa de servidumbre (Miqueas 6:4)

De la maldición de la ley (Gálatas 3:13)

De la destrucción física y espiritual (Salmo 103:4)

Cada uno de estos diez puntos en los que se necesita liberación tiene su aplicación en las vidas de los miembros del pueblo de Dios. A través de Jesucristo, las almas y las vidas de la gente necesitan ser redimidas (Salmo 48:8,15; 69:18; Lamentaciones 3:58). Dios va a exigir cuentas a sus líderes acerca de los destinos eternos y temporales de mucha gente, a causa de que algunas veces, Dios pone dentro de sus líderes el poder ayudar a redimir un alma o una vida de la destrucción.

En la redención de las almas el líder debe:

Compartir el poder redentor de Jesucristo con los demás, enfatizando la misericordia de Dios (Salmo 26:11 y 44:26).

Tomar la iniciativa no esperando que ellos vengan a él o a una reunión de la Iglesia, porque Dios redimió a Israel con brazo extendido (Éxodo 6:6).

Poner especial atención a aquellos que son parte de la familia de Dios, en cuanto a la necesidad de experimentar dimensiones más profundas de la redención divina, incluyendo aún las formas prácticas (ver Levítico 25:25-49).

Tener plena confianza en el poder y capacidad de Dios para redimir a alguien. Dios es increíblemente capaz de redimir plenamente a una persona que desea la redención en verdad (Deuteronomio 9:26).

Rechazar todas las desviaciones de las incorruptibles verdades espirituales del poder redentor de Dios; rechazar el enfoque en lo cambiante y lo temporal (I Pedro 1:18).

Recordar que toda persona necesita ser redimida, y que es igualmente preciosa y de valía a los ojos de Dios (Salmo 49:8).

Al aplicar estos avisos a su vida, Usted estará equipado(a) para colaborar con el Maestro en desatar y redimir a los presos espirituales de sus cárceles de pecado.

El líder que abre los ojos de los ciegos

"Jehová abre los ojos a los ciegos" (Salmo 146:8)

Cuando consideramos que un líder puede ser una influencia de Dios en la vida de una persona para abrir los ojos de los ciegos, no nos referimos solo a la habilidad del Señor Jesucristo para obrar a través de él y sanar los ojos físicos de cegueras naturales (Isaías 43:8). La sanidad física ocurre y debe ocurrir. Pero en este caso nos estamos refiriendo primeramente a la sanidad de la ceguera espiritual (Mateo 4:16). El diablo ha *"cegado las mentes"* de los incrédulos de este mundo (II Corintios 3:14 y 4:4; I Juan 2:11). Por lo tanto, es parte de la guerra espiritual del líder el abrir corazones y mentes enceguecidos.

Las Escrituras nos presentan como algo obvio el que el Padre y el Hijo abran los ojos de los ciegos naturales y espirituales (Salmo 146:8; Mateo 11:5; Lucas 4:18). el primer paso de la sanidad espiritual tiene lugar cuando los ojos de una persona son abiertos para que pueda ver a Jesús como Señor y Salvador en una experiencia de nuevo nacimiento espiritual (Juan 3:1-16). En este caso se cumplen las palabras de Job: *"fuí ojos para el ciego"* (Job 19:25).

Jesucristo ungió los ojos naturales del hombre ciego de manera que él pudo físicamente ver (Juan 9:6). El unge también los ojos espirituales de las personas con el Espíritu Santo cuando le reciben por fe como Señor. Nunca más el cristiano que ha nacido de nuevo andará tropezando como ciego en la oscuridad (Vea Sofonías 1:17 y I Tesalonicenses 5:1-11). Dios ha prometido que *"los ojos de los ciegos se abrirán"* (Isaías 35:5), y el líder puede confiar en estas palabras.

Es una tragedia que el mismísimo pueblo de Dios que acostumbra cura a los ciegos espirituales padezca de ceguera espiritual. Esto sucedió en los días del profeta Isaías (Isaías 56:10). Así como en los días de Cristo, (Mateo 15:14; 23:16,24; Lucas 6:39) y de Pablo, (Romanos 2:19). En todos estos casos eran los líderes espirituales los que espiritualmente estaban ciegos.

Hay muchas cosas que causan ceguera espiritual en los líderes, pero hay tres de ellas que es menester recordar.

Defectos en el carácter. Estos pueden resultar en una incapacidad del líder para andar en la luz (II Pedro 1:5-11). Un líder se hará ciego espiritualmente y corto de vista al carecer de las cualidades de diligencia, fe, excelencia moral, conocimiento, autocontrol, perseverancia, piedad, amabilidad fraternal y amor. Los fariseos ciertamente, no manifestaban las cualidades de carácter de amor fraternal en sus actitudes de orgullo y autojustificación, hacia los individuos comunes de los tiempos de Jesús. El siervo debe darle una bienvenida amigable a cualquier trato de Dios que ayude a que crezcan esas cualidades de carácter en su vida.

Soborno espiritual. Los líderes cristianos pueden volverse ciegos espirituales, también, cuando la gente se asocia muy de cerca a los segmentos educacionales, económicos o políticos del sistema del mundo. El problema toma la forma de un tipo especial de soborno. Deuteronomio 16:19 profundamente declara que aún un sabio puede ser cegado por el soborno: *"el soborno ciega los ojos del sabio."*

La palabra *"soborno"* proviene de una palabra del francés medieval que significa: *"el pan que se da al limosnero."* La idea en esta expresión es que un pordiosero hambriento haría o que fuera por la persona que le de un pedazo de pan. Hoy día, un soborno se entiende como un dinero o favor otorgado o prometido a una persona en posición de confianza para prevenir su juicio o corromper su conducta. El soborno es un dinero o favor que sirve para inducir o influenciar a otra persona en cierta dirección. A través de la historia de la Iglesia, sus líderes han sido sobornados en varias formas y por diversos medios. Por ejemplo:

Financieramente: Cuando el diablo ofrece ganancias económicas por el uso de sus dones espirituales y sus ministerios.

Educacionalmente: Si el estado ofrece fondos para apoyar a la Iglesia, pero en cambio exige cierto contenido de la enseñanza, cierto maestro o ciertos requisitos de inscripción.

Políticamente: Como cuando el estado ofrece apoyo para las instalaciones de la Iglesia, a cambio de poder ordenar ciertos hombres en el ministerio y usar los edificios de la Iglesia para cualquier cosa que desee.

Espiritualmente: Cuando el diablo ofrece a los líderes una vida de poder, de orgullo y de posición en su reino, tentándolos para alejarlos del servicio hacia el pueblo de Dios.

Moralmente: Cuando la codicia de la carne les ofrecen placeres momentáneos en lugar de dominio propio y fidelidad a sus esposas y a sus familias.

Eclesiásticamente: Cuando la mesa directiva de diáconos del líder le ofrecen una posición y salario más elevados si el líder niega su experiencia de bautismo en el Espíritu Santo con el hablar en lenguas.

El líder nunca debe comprometer la Palabra de Dios con ningún soborno, sea este tan escandaloso como el dinero o tan sutil como la aprobación humana.

Pecado personal. La tercera causa de la ceguera espiritual es un estilo de vida injusto. El pecado y la inmoralidad siempre arrastran a uno a la ceguera espiritual. En cuanto a este punto, note los siguientes principios escriturales:

Un líder continúa viendo la luz al permanecer en contacto con la luz de Dios (Salmo 36:9).

Un líder debe pedir a Dios Su luz y Su verdad (Salmo 43:3).

Un líder debe vivir una vida recta, de una forma que sea capaz de recibir la luz de Dios (Salmo 97:1; Proverbios 4:18).

Todos debemos recordar que en el principio Dios separó la luz de las tinieblas (Génesis 1:3-5). Este es un principio natural y un ciclo de la naturaleza, pero es también un recordatorio que aquellos *"que son del día"* son su gente y deben permanecer alejados de las tinieblas de este mundo (I Tesalonicenses 5:1-11).

Ojalá todo servidor de Dios pudiera darse cuenta que debe evitar también todos los grados de ceguera espiritual que puede sufrir el pueblo. Algunos engaños son más profundos y más negros que otros. Pero cualesquiera que sean las tinieblas, él debe brillar. El Señor Jehová dirigió a los hijos de Israel con una columna de fuego en la noche y con lámparas constantes en su candelero de oro (Éxodo 35:14; Números 8:2). En forma similar usted debe continuar *"caminando en la luz del Señor"* (Isaías 2:5). Al dar un buen ejemplo a sus feligreses, Ud. puede regocijarse de corazón al ver la luz espiritual crecer en los ojos de su gente (Proverbios 15:20).

Conclusión

Josué guió primeramente a los hijos de Israel en el cargo de general de guerra. Como él, el líder cristiano de este día debe tomar sus propias responsabilidades para dirigir a la Iglesia en la guerra contra el enemigo. Debe buscar la reproducción de la propia imagen de Dios en su personalidad, para funcionar como protector, defensor y libertador de el pueblo de Dios. Y el acepta este papel porque Dios ha ordenado este mundo caído, y aún el enemigo mismo como herramientas para preparar a la Novia de Cristo.

El líder cristiano es un hombre de guerra. En esta función, el allana el camino para los ministerios que estudiaremos en el capítulo quince. *"Los Ministerios de Restauración del Líder."*

Capítulo 15

MINISTERIOS DE RESTAURACIÓN DEL LÍDER

En estos ministerios, el líder busca a Dios para reproducir Su personalidad como consolador, purificador, y restaurador en la propia vida del líder cristiano. En estas funciones el líder venda las heridas del pueblo de Dios. El los prepara para recibir su llamado y a convertise en saludables y funcionales miembros del Cuerpo de Cristo.

Dios el Consolador

El Líder como Confortador

"Tu vara y tu cayado me infundirán aliento" Salmo 23:4

El líder del rebaño de Dios debe permanecer dentro de los límites del ministerio que Dios le ha encomendado. No debe dominar la fe de la gente, sino *"ayudar a que su gozo sea cumplido"* en el Señor, así como lo hacía el apóstol Pablo.

Confortar tiene el significado de brillar, compartir la fe, animar, dar vitalidad, revivir, refrescar, consolar y apoyar a otra persona. Cada siervo atesora tiempos del confortamiento de Dios en su propia vida. El debe por tanto estar motivado para confortar a la gente bajo su cuidado. El debe animar a la gente a avivar su fe en Cristo Jesús, iluminando su rostro con el gozo del Espíritu Santo y fortaleciéndolos en el Señor.

Pero ¿Cómo el líder va a confortar al pueblo de Dios? Debe recordar y usar los principios de la Palabra que confortan a la gente. El consuelo viene a los hijos de Dios en las siguientes vías:

La vara y el cayado de Dios (Su Palabra y Su Espíritu para disciplina) Salmo 23:4

La Palabra de Dios (consuelo en la aflicción) Salmo 119:50; Romanos 15:4.

La misericordia y ternura de Dios (que alivia a la gente del temor de acusación ante Él) Salmo 119:76.

La presencia de Dios (mantenida en la vida de la congregación a través del arrepentimiento, oración y adoración) Isaías 51:3 y 61:2; II Corintios 1:3.

El Santo Espíritu de Dios (en oración a través del creyente lleno del Espíritu usando las lenguas celestiales) Juan 14:16,18,26 y 15:26; Hechos 9:31.

El recordatorio de las consolaciones de Dios en el pasado (las cuales nos ayudan a identificarcon las necesidades de otros) II Corintios 1:4.

El amor de Dios (que conforta y sana) Filipenses 2:1.

Amigos cristianos (que constantemente deben confortarse y apoyarse el uno al otro en compañerismo fraternal) I Tesalonicenses 4:18 y 5:11.

El líder debe usar todos estos medios escriturales para confortar a su puebo.La gente siempre está buscando consoladores. Sin embargo, como le pasó a David, no siempre es posible encontrarlos (Salmo 69:20).

Una persona puede ser un buen o mal confortador, dependiendo de como use la sabiduría, el amor y la Palabra de Dios cuando trata de ayudar a otros. Job se quejaba de sus amigos que intentaban ayudarle: *"consoladores molestos (sin misericordia) sois todos vosotros"* (Job 16:2). Dios quiere que todos sus líderes sean buenos consoladores, y que sea gente capaz de mirar profundamente en el corazón mismo de los problemas de la gente. Es necedad querer relacionar automáticamente los graves problemas o circunstancias con el pecado, como la hacían los *"amigos"* de Job.

Algunas veces la persona se encuentra en tristezas y aflicciones y necesita simplemente ser confortado por el Espíritu Santo a través de cierto canal que esté dispuesto (Salmo 71:21). Dios ordena a sus pastores a confortar a Su pueblo con su Palabra (Isaías 40:1), sea que sientan heacerlo o no. Los líderes deben darse cuenta que ellos necesitan consuelo también (Salmo 69:20, Lamentaciones 1:21). Si ellos no lo dan a otros, también van encontrarse sin alguien que les ayude reciprocamente.

En tanto líderes hagan un esfuerzo especial por fortalecer la fe de las personas, sus corazones y especialmente a los de ánimo decaído, ellos encontrarán el consuelo personal de parte de Dios. (Ver I Tesalonicenses 3:2 y 5:14; II Tesalonicences 2:217)

El líder bondadoso

Una de las cualidades del carácter de Jesús que hará a un líder una persona respetada y atractiva, es Su gracia y Su bondad. Proverbios 19:22 afirma: *"Contentamiento es a los hombres hacer misericordia."* Un líder puede estar lleno de poder y de verdad pero si no tiene *"la ley de clemencia"* (Proverbios 31:26) en su boca, su ministerio no va a ser muy efectivo. La Biblia relaciona la bondad y el amor con la justicia y la verdad (II Samuel 2:6; Salmo 116:5 y 141:5; Génesis 24:49 y 47:49; Josué 2:14). Si no están entrelazadas aparecerá la lisonja. Sin embargo el que un líder sea honesto, no quiere decir que se deba olvidar de la amabilidad y la gracia; nunca debe hacer ésto.

La gracia y misercordia están estrechamente relacionadas, y son características de Dios (II Reyes 13:23; Amós 5:15; Jonás 4:2), aún desde la eternidad (Isaías 54:8). Dios es clemente y misericordioso con el hombre. El ha dado a los hombres su favor inmerecido y su bondad a través de Jesucristo (Efesios 2:7). Sin sentimientos de condescendencia a causa de Su superioridad sobre los seres humanos.

De igual manera, Dios reta a cada líder a dar su vida por los inmerecedores y aún por los desagradecidos (Lucas 6:35). Al poner en práctica esto, el líder estará viviendo la misma manera en que Dios le ha bendecido a él. Tal como Dios ha prometido que su misericordia nunca se apartaría (Isaías 54:10; Éxodo 33:19), la misericordia del líder nuca debería de apartarse de la gente que Dios le ha dado. Dios nos ha recibido por su gracia (Oseas 14:2) en su familia, por la sangre de Jesús. Asimismo, el líder debe hacer que su gente no solo entienda la gracia de Dios sino que la experimenten verdaderamente y la prueben en sus vidas diarias (I Pedro 2:3).

En el Nuevo Testamento, la palabra *"bondad"* tiene la connotación de excelencia moral en el carácter y en el comportamiento. La misericordia y la compasión, dos de los atributos morales de Dios, pueden ser comparados con la bondad. La Biblia demuestra su similaridad de forma clara (Éxodo 34:6; II Crónicas 30:9; Nehemias 9:17; Salmo 86:16; 103:8; 111:4; 112:4; 145:8). Entre más permita el líder que Dios desarrolle la bondad en su vida, el más entenderá que la misericoria y la compasión son parte de este proceso. El Nuevo Testamento presenta al amor y la misericordia entrelazadas:

"El amor todo lo sufre, es misericordioso" (I Corintios 13:4).

Vestíos... de entrañable misericordia, de benignidad, de humildad, de mansedumbre, de paciencia (Colosenses 3:12)

Pero cuando se manifestó la bondad de Dios nuestro Salvador y su amor para con los hombres, nos salvó...(Tito 3:4,5a).

"A la piedad, afecto fraternal, al afecto fraternal, amor" (II Pedro 1:7).

La máxima expresión de la misericordia y la bondad en la vida del líder es su amor para con aquellos que es difícil amar. ¡Oh, que cada líder pueda creer que Dios le dará un corazón compasivo y de bondad en su ministerio! Cada líder debe creer en que Dios hará posibles las relaciones estrechas con los miembros de la familia de Dios. Nuestro ejemplo son las palabras de José a su hermano menor Benjamín: *"Dios tenga misericordia de ti hijo mío"* (Génesis 43:29-30). Hay una gran profundidad y sentimiento en estas palabras de José para su jóven hermano, particularmente notable cuando leemos el contexto completo del conflicto de la familia.

El líder no debe permitir que los diferentes conflictos en su Iglesia se conviertan en una fuente de división entre sus miembros. En lugar de ello, él debe proveer de oportunidades para crecer cerca de aquellos que Dios le ha dado como carga espiritual. Puede parecer en ocasiones que Dios se ha olvidado de mostrar su gracia hacia un líder, a la luz de los múltiples conflictos que enfrenta (ver Salmo77:9), pero si un líder le pide a Dios que extienda su misericordia y bondad en cierta situación, Él responderá (Éxodo 22:27).

Más aún, el servidor de Dios debe recordar que Dios es *"lento para la ira"* (Joel 2:13). Debemos seguir su ejemplo y controlar el temperamento. Lo ideal sería que el líder creciera en cuanto a los tratos de Dios de manera que no encontrara nada dentro de sí que responda en ira, cualquiera que sea la provocación, salvo la indignación justa por el pecado (vea Hebreos 1:8,9).

Dios continuará haciendo que cada líder experimente su bondad en la vida cotidiana (Salmos 31:21 y 117:2), para darle descanso espiritual (Salmo 119:76). Él continuará exhortando a cada líder, asi como a todos los cristianos (Romanos 12:10; Efesios 4:32) para que sean misericordiosos con todos los demás. El líder debe ser ejemplo de misericordia a seguir por los demás. Si el líder mantiene en mente las siguientes claves para ser lleno de gracia y misericordia será bendecido en diferentes formas por el Señor:

Con misericordia, el líder retiene, pero si es sin misericordia, pierde el derecho a tal honor (Proverbios 11:16).

Entre más aplique el líder espiritual la sabiduría de Dios, el Espíritu Santo dará mayor gracia a sus palabras (Eclesiastés 10:12).

Así como Dios da Su Palabra a Su pueblo por gracia, el líder debe darse cuenta que el pueblo quiere lo mismo en su ministerio también (Salmo 119:29).

Entre más habite Ud en la gracia bondadosa de Dios, aún si fuera desde el tiempo de su juventud, debe Ud ser igualmente lleno de amor hacia aquellos que ministra (Jeremías 2:2).

Estos es importante para un hombre de Dios que ministra por medio de la bondad del Espíritu Santo, así como para el que ministra por el poder del Espíritu Santo (II Corintios 6:6)

El Líder y la paciencia

"Más tu Señor,... lento para la ira" Salmo 86:15

La Biblia describe claramente la paciencia y el aguante de Dios (I Timoteo 1:16; I Pedro 3:2; II Pedro 3:9,15; Santiago 5:7; Apocalipsis 1:9). Como consecuencia, todo siervo o servidora, debe buscar que estas cualidades de carácter se reproduzcan en su vida. *"Aguante"* viene de la ilustración de una persona jadeante y alargando su cara en un esfuerzo para soportar el dolor. La paciencia es:

Llevar dolores y pruebas calmadamente y sin quejarse.

Manifestar ecuanimidad ante la provocación o la tensión.

Permanecer firme a pesar de la oposición, dificultad o adversidad.

El líder debe de ser paciente en las tres formas arriba mencionadas, al esperar en Cristo (I Tesalonicences 1:3; II Tesalonicenses 3:5). Debe ser paciente también en relación a las circunstancias difíciles o gente provocadora (vea Romanos 9:22 y considere la actitud de Dios). Algunos líderes pueden vencer las circunstancias difíciles muy fácilmente, pero tienen problemas al tratar con gente difícil. Otros parecen tener un entendimiento *"como incluido de fabrica"* hacia la gente problemática pero se llenan de rabia si sienten que alguna situación se vuelve contra ellos. Todos sabemos nuestros puntos fuertes y débiles, y todos tenemos necesidad de mas paciencia (Hebreos 10:36).

Además de estar en conexión con la misericordia y la amabilidad (Éxodo 34:6 y II Corintios 6:6), la paciencia se relaciona también con:

Misericordia (Números 14.18)

Bondad (Romanos 2:4; Gálatas 5.22)

Aguante (Romanos 2:4; Efesios 4:2)

Amor (Gálatas 5:22; II Timoteo 3:10; Tito 3:2)

Gozo (Gálatas 5:22; Colosenses 1:11)

Paz (Gálatas 5:22)

Mansedumbre (Gálatas 5:22, Colosenses 3:12)

Templanza (Gálatas 5:22)

Fidelidad (Gálatas 5:22)

Dominio propio (Gálatas 5:22)

Humildad (Gálatas 5:22)

Consolación (Romanos 15:5)

Para poder ser verdaderamente pacientes en el interior de su espíritu (Eclesiastés 7:8), en todas las situaciones, el que sirve a Dios debe tener al Espíritu Santo desarrollando las cualidades arriba mencionadas en su vida. No es suficiente exhortar con la doctrina, es necesario exhortar con paciencia también (II Timoteo 4:2).

La paciencia no es algo opcional para el hombre o la mujer de Dios. Esta cualidad es un requisito para el ministerio del anciano (I Timoteo 3:3; II Corintios 6:4 y 12:12). Punto clave para la paciencia del líder es la habilidad para deshacerse de todas sus expectativas y esperar a que el plan y la voluntad de Dios sucedan. (ver los salmos 37:7 y 40:1). Sólo con paciencia y fe en Dios trabajando junto podrá el líder heredar las promesas y bendiciones de Dios (I Tesalonicenses 1:4, Hebreos 6:12; Tito 2:2). Hebreos describe el proceso con toda claridad así: *"Corramos con paciencia la carrera que nos es propuesta."*

En tanto que el líder corre la carrera de su propia vida y ministerio, el crecerá en lo relacionado a la paciencia necesaria del Señor mientras que su fe es probada (Santiago 1:3). Dios deja que la paciencia haga su obra perfeccionadora en el corazón y ministerio del líder (Santiago 1:4). A pesar de que algún pastor se empiece a sentir *"cansado de hacer el bien"* Pablo le exhorta a continuar (Romanos 2:7). Debe continuar haciéndolo no sólo hacia algunas personas, sino a todas (I Tesalonicenses 5:14). A través de la paciencia, el líder no sólo fundamentará su corazón firmemente en el Señor (Santiago 5:8), sino que tendrá la capacidad de afirmar los corazones de otras personas también. En tanto que el vive y ministra con paciencia (como Job lo hizo; Ver también Santiago 5:11 y Romanos 5:14) el se encontrará siendo cada vez mas agradable a Dios (I Pedro 2:20).

Finalmente, el líder que no solamente experimenta la paciencia de Dios (Salmo 86:15), sino que también muestra esa misma paciencia a los demás, encontrará en su vida y servicio los siguientes resultados:

Dará mayor fruto espiritual para Dios (Lucas 8:15).

Ganará su alma y la de los demás (Lucas 21:12).

Incrementará su experiencia espiritual y su carácter probado (Romanos 5:3,4).

Quiera Dios que todo líder asegure su herencia espiritual al desarrollar la cualidad de la paciencia.

El Líder como uno que escucha

"Con mi voz clamé a Jehová, y el me respondió desde su monte santo" Salmo 3:4.

Sólo debido a que Dios es un buen oidor, el líder cristiano puede recibir el reto en esta clave vital para la comunicación y el ministerio. El salmista sabía que Dios es un atento escucha, pues el declara varias veces, *"clamé a Jehová y escuchó mi oración"* (Ver los Salmos 4:1-3; 10:17; 13:3; 17:16; 28:2; 54:2; 55:2,7,19).

El líder debe escuchar a la gente de la misma manera que desea que Dios le escuche a él. Debe ser un ejemplo de lo buen escuchador que es Dios en realidad. Y más aún, debe dar ejemplo para los demás en la forma que él pone atención a la voz de Dios. Debe aprender a desarrollar un oído atento, para poder ministrar con eficacia y sensibilidad. Santiago 1:9 nos llama a ser *"prontos para oir, tardos para hablar."*

Usted debe darle gran prioridad al desarrollo de un oído atento. Aproximadamente un 45 por ciento de la comunicación de un pastor de cada día se emplea en escuchar (el balance a grandes rasgos es como sigue: 30 por ciento en hablar, 26 por ciento en leer; 9 por ciento en escribir). Del total de su día, el 80 por ciento se invierte en alguna forma de comunicación. Las mejoras en la comunicación pueden incrementar dramáticamente su efectividad general.

El escuchar significa hacer un esfuerzo consciente, atender de cerca, tener cuidado de lo que alguien esté tratando de comunicar. Escuchar es el intento de dar significado a los símbolos orales. Es la recepción, evaluación y comprensión de sonidos. Para escuchar verdaderamente, uno debe decodificar exacta y seriamente el mensaje codificado por el que habla. El verdadero centro del significado de la palabra oir o escuchar se expresa en la palabra hebrea correspondiente. Ésta significa escuchar inteligentemente, oir correctamente, poner cuidadosa y diligente atención al posible mensaje escondido. Escuchar era algo verdaderamente importante para la nación de Israel, dado que hablar y escuchar era la forma principal en que Dios se comunicaba con la nación y con sus dirigentes.

Eclesiastés 1:8 afirma *"El oído no se sacia (o se satisface) de oir."* Algunas cosas son dignas de oirse y otras no, por eso Jesús dijo: *"Mirad lo que oís"* Marcos 4:24. pero también dijo: *"Mirad pues como oís."* Lucas 8:18. Los líderes cristianos deben filtrar lo que oyen por medio del contenido correcto y un método correcto. El contenido correcto para el líder es la Palabra de Dios. Romanos 10:17 dice que: *"la fe es por el oír, y el oír, por la palabra de Dios."* Esto causa que el pueblo y sus dirigentes sean oidores de la palabra de Dios.

Pero hay un método que el líder cristiano debe usar para oír bien. Los líderes cristianos pueden volverse tardos para oír (Hebreos 5:11) y llegar a oír sólo con los oídos naturales, sin usar los espirituales (Mateo 13:13). En breve, el líder debe enseñarse a sí mismo, así como a su gente, la clave para escuchar y comprender a Dios: un corazón puro. Es a través del corazón puro del cristiano y su espíritu que éste escucha a Dios. (Malaquías 3:16; Mateo 7:24-26; Lucas 6:474-49). Oh, que cada líder pueda mantener su corazón y su espíritu puro delante del Señor de manera que pueda ser un ejemplo al pueblo, de alguien que escucha a Dios.

Existen, algunos pasos prácticos más específicos que le ayudarán a ser un mejor oidor. Para clarificar qué es lo que funciona --y lo que no funciona-- hemos desarrollado las características de ambos casos en columnas opuestas:

UN OIDOR MEDIOCRE	UN BUEN OIDOR
Se desintoniza de temas que le parecen aburridos sin interés.	Busca información que le dará luz adicional acerca de como ayudar a una persona.
Juzga al que habla por su apariencia exterior o por sus maneras.	Juzga por el contenido de lo que se está diciendo, más que al hablante o su manera o métodos.
Se sobreestimula por alguno de los pensamientos del hablante que no se puede concentrar en el resto lo que va a compartir.	Retiene sus reacciones emocionales hasta que comprende toda la idea de aquello que se le está diciendo.
Usa solo un estilo para tomar apuntes no importa quién sea el orador.	Permanece flexible en su forma de tomar notas, adaptándose a cada predicador.
Gasta poca o nada de energía o concentración en el que está compartiendo.	Emplea mucha energía para atender al comunicador y se esfuerza en escuchar
Evita nuevos retos y no aprecia las áreas desconocidas que relata el hablante.	Minimiza e ignora las posibles distracciones al máximo.
Opera con una mente cerrada; permite que las palabras emocionales interfieran con una cuidadosa evaluación de la situación.	Escucha todo el material en su variedad, e intenta ver la importancia en todas partes del mismo.

El líder como alimentador

Jehová *"da pan a los hambrientos"* Salmo 146:7

Antes de cualquier derramamamiento del Espíritu Santo, generalmente hay una gran hambre espiritual de más experiencia y conocimiento del Señor. El mover del Espíritu Santo durante el *"movimiento de Jesús"* en los sesentas y setentas, fue precedido por varios años de ayuno, oración y hambre de Dios. Esta hambre espiritual continúa también a través de las visitaciones divinas. Los creyentes se veían más deseosos de la ungida Palabra de Dios impartida por ministerios de la enseñanza durante el movimiento de Jesús, la cual escaseaba durante los inicios del movimiento.

Esta misma hambre continúa el día de hoy. Cualquier líder observador podrá fácilmente percibir el hambre y sed de recibir más de la verdad en el pueblo cristiano. Esto es verdadero, a pesar de la facilidad de criticar y despreciar a los líderes cristianos que han caído, los no creyentes también están deseosos del Señor. Nuestra época es una época de hambre espiritual. Y todos debemos estar agradecidos al Señor porque Él ha prometido saciar a los hambrientos con su buen alimento espiritual (Salmo 146:7; ver también Génesis 2:9).

Cada líder puede tener la confianza de que Dios desea alimentar a aquellos que tienen hambre y sed de Él. También puede confiar que Dios le ayudará a alimentar las multitudes, y tal como Jesús multiplicó los cinco panes y los dos peces que le presentó un niñito (Mateo 14:17), así el Espíritu Santo usará y aumentará lo que como hombre de Dios tiene actualmente, para nutrir al pueblo.

Muchos cristianos evangélicos se están perdiendo hoy en día, el *"manjar"* más importante que dijo Jesucristo -- el hacer la voluntad de Dios. Jesús identificó la comida más importante y deliciosa en su vida cuando declaró *"mi comida es que haga la voluntad del que me envió y que acabe Su obra"* (Juan 4:34). El habló en el contexto de demostrar la superioridad del agua espiritual, que es El mismo, sobre el agua espiritual del pozo de Jacob (Juan 4:1-40). Jesús dijo posteriormente, *"el que a mí viene, nunca tendrá hambre"* (Juan 6:35). Job demostró tener entendimiento similar cuando dijo: *"del mandamiento de tus labios nunca me separé; Guardé las palabras de tu boca más que mi comida"* (Job 23:12)

En consecuencia, la primera prioridad del líder espiritual es ministrar el alimento espiritual al pueblo de Dios y así edificar la casa espiritual (véase en Hechos 6:1-6 acerca del balance entre el alimento natural y el espiritual). Dios está levantando muchos ministerios de enseñanza en el día de hoy, porque su pueblo lo necesita grandemente. Dios siempre se mueve hacia la satisfacción de las necesidades. Note que Dios siempre tiene un lugar especial para aquellos que reconocen su necesidad de Él.

"Bienaventurados (felices) los que tienen hambre y sed de justicia, porque ellos serán saciados" (Mateo 5:6).

"Porque sacia al alma menesterosa, y llena de bien el alma hambrienta" (Salmo 107:9).

"Allí (junto a los manantiales) establece a los hambrientos (Salmo 107:36).

Dios siempre tiene un especial deseo de satisfacer las necesidades de los sedientos y menesterosos espirituales. Eran predominantemente las clases comúnes e iletradas las que recibían alegremente a Jesús como su Mesías. Este principio ha comprobado su veracidad a través de la historia de la Iglesia, en relación a la revelación de la verdad de Dios. Demasiadas veces, los orgullosos, los intelectuales, los críticos rechazan lo que Dios está haciendo. Ellos piensan que no tienen necesidad espiritual. Pero Dios critica fuertemente este tipo de actitudes de autosuficiencia propias de los fariseos, los saduceos, los sacerdotes, los escribas y los maestros de la ley, así como de sus contrapartes contemporáneas (ver Apocalipsis 3:17).

Dios responde a la gente y a sus siervos que son sedientos y hambrientos espiritualmente porque aprecian lo que Dios les puede dar. Otros, que creen ser suficientes en sí mismos para suplir sus propias necesidades, no le dan gracias a Él por todo o lo hacen con una actitud orgullosa diciendo a sí mismos *"Yo sé que en realidad lo hice por mi mismo."* Proverbios 27:7 describe esto plenamente: *"El hombre saciado desprecia el panal de miel; pero al hambriento, todo lo amargo es dulce."* Un líder humilde y hambriento puede apreciar aún las cosas amargas que Dios trae a su vida porque ve el bien espiritual en ellas.

La gente se encuentra con hambre porque ha comido del árbol de la ciencia del bien y el mal y ha quedado verdaderamente insatisfecha (ver Génesis 3:6). Cuando Adán y Eva comieron del árbol prohibido, se dieron cuenta que estaban desnudos habiendo perdido la *Shekiná*- el resplandor de la gloria de Dios que probablmente había estado vistiendo sus vidas inocentes hasta ese momento.

Cuando la gente de hoy come del árbol del conocimiento, del bien y del mal, o simplemente del árbol del conocimiento, se va de ahí vacía espiritualmente. Este árbol no tiene sus raíces en el Espíritu Santo. El hambre espiritual de la gente se verá satisfecha sólo cuando coman y beban de la Palabra de Dios y del Arbol de la Vida, el cual es el Señor Jesucristo mismo. Y solamente los líderes de la Iglesia pueden enseñarles a hacer esto. Jesús es el Arbol de la vida que satisface el hambre mental, emocional y espiritual en cada persona.

El líder es responsable de guiar a la gente al Arbol de la Vida. En tanto que hace eso, verá la declaración de Isaías cumplida en su ministerio: *"si saciares el alma menesterosa y al afligido, en las tinieblas nacerá tu luz..."* (Isaías 58:10). Para aquellos líderes que creen que Dios quiere darles una mayor influencia en Su reino, esta verdad es clave. Entre tanto que el líder pruebe que puede satisfacer al alma sedienta, Dios le hará crecer en su ministerio. Dios no da crecimiento al ministerio de una persona para inflar su orgullo o darle gloria. Lo hace para satisfacer las necesidades de un mayor número de personas. Usted puede esperar una mayor demanda de su ministerio entre más pueda satisfacer adecuadamente las necesidades espirituales de la gente. El líder no debe buscar mas influencia o una mayor posición. Debe anhelar poder satisfacer las necesidades espirtuales de aquellos que Dios le ha dado.

Finalmente, cada líder debe mantener en su mente los siguientes principios acerca de la alimentación espiritual del pueblo de Dios:

> El líder debe pasar mucho tiempo en oración, meditación y estudio, para poder alimentar espiritualmente a la gente.

> Debe aprovechar plenamente toda oportunidad que se le presente para crecer en entendimiento espiritual (aún como José que atesoró el trigo en graneros durante tiempos de abundancia; (ver también Proverbios 6:8).

> Es necesario aprender a discernir el nivel espiritual de sus oyentes, para alimentar a los bebes con leche, con carne a los maduros (Hebreos 5:11-6:2) con pan al consumidor y con semilla al sembrador (Isaías 55:10,11). El líder debe recordar que alimentar con un enorme bistec a un bebé es una propuesta riesgosa.

> El líder cristiano debe estar completamente dispuesto a dar todo lo que el tiene para alimentar a los demás, sabiendo que este es el propósito de Dios para él (vea Eclesiastés 11:1).

> El líder debe dar su alimento espiritual a aquellos que admitan su hambre y su necesidad espiritual, no a los pretenciosos o auto satisfechos.

> Es necesario alimentar a la gente con una actitud mansa, humilde, sincera y de espíritu educable, más que con actitudes de orgullo y dominio; demostrando siempre la verdad de la palabra de Dios por medio del ejemplo.

El líder como hermoseador de los mansos

"El hermoseará a los mansos con su salvación" Salmo 149:4.

Aquellos que han crecido hasta llegar a ser verdaderamente mansos tienen un lugar especial en la Biblia. La mansedumbre es fuerza bajo control, paciencia, amabilidad, sumisión y no ser inclinados a la ira ni al resentimiento. El Señor mismo promete hermosear a esta clase de personas (Salmo 149b). Dios dice que El va a adornar, a enjoyar, a embellecer y a añadir más belleza a aquellos que son mansos. Pedro nos dice que Dios aprecia al espíritu manso y apacible (I Pedro 3:4).

El mismo Señor Jesús era un hombre de mansedumbre (Mateo 11:29), y los cristianos somos exhortados a venir a la casa de Jehová a contemplar Su hermosura (Salmo 27:4). En tanto observemos la hermosura de la manseumbre de Dios, el nos embellecerá más aún con la misma cualidad (ver el Salmo 19:2; 50:2 e Isaías 60:13). Así es como el profeta Sofonías exhortó al pueblo de Dios *"buscad mansedumbre"*, (Sofonías 3:2; vea también Efesios 4:2; Colosenses 3:12; I Timoteo 6:11; II Timoteo 2:25; Tito 3:2; Santiago 1:21 y 3:13; I Pedro 3:15). Pablo, como ejemplo de líder, demostró la importancia de un espíritu manso al ministrar a la Iglesia en Corintia que tenía varios problemas carismáticos (I Corintios 4:21; II Corintios 10:1).

Para poder ayudar a que el pueblo de Dios crezca en cuanto a la mansedumbre, es necesario hacer lo siguiente:

> Reconocer el valor de la mansedumbre en la gente.

> Compartir la actitud de Dios hacia los mansos.

> Hermosear a la gente bajo su cuidado en cosas espirituales, para desarrollar y recompensar la mansedumbre en sus vidas.

> Discernir entre la belleza natural y la espiritual; y enfatizar la espiritual por encima de la natural.

De esta manera el hombre de Dios *"hermoseará a los mansos"* en el Señor.

Finalmente, debemos notar los múltiples resultados positivos que vienen de desarrollar un manso espíritu ante Dios. La siguiente lista describe algunas de estas bendiciones. Los mansos:

> Comerán y serán satisfechos (Salmo 22:26)

> Recibirán guianza en sus juicios y decisiones (25:9).

> Serán enseñados en los caminos de Jehová (25:9).

> Heredarán la tierra (37:11).

> Serán salvos (76:9).

> Serán levantados (147:6).

> Aumentará su gozo (Isaías 29:19).

> Le serán predicadas las buenas noticias de la Palabra de Dios (Salmo 61:1).

> Serán bendecidos y felices en Jesucristo (Mateo 5:5).

> Serán capaces de restaurar a los hermanos caídos (Gálatas 6:1).

Dios ha prometido especiales bendiciones y gran fruto a los mansos. Un líder se puede perder de varias bendiciones espirituales si no intenta *"hermosear a los mansos"* en su ministerio.

Dios el Limpiador

El líder como refinador y probador

"Porque tu nos probaste, oh Dios; Nos ensayaste como se afina la plata" Salmo 66:10

Uno de los aspectos menos comprendidos del liderazgo es el que se refiere a probar los corazones de los hombres. Un probador de los corazones de las personas es usado por Dios para observar sus verdaderas motivaciones y actitudes. Una palabra similar *"refinar,"* significa purificar, filtrar el fundido, probar por fuego, purgar el oro y la plata, separar de la escoria, y examinar. Dios prueba la fe de Su gente a través de permitir que la adversidad llegue a sus vidas.

Dios llama a su líderzgo a probar a la gente en diversas formas. Cada líder fue posiblemente probado por un tiempo antes de servir como diácono (I Timoteo 3:10), o como anciano, y entonces pudo saber lo que es ser probado delante de Dios. Muchas veces el Antiguo Testamento muestra como los líderes jóvenes eran enviados a entrar y a salir delante de la congregación para probarse a sí mismos y a sus ministerios delante de la congregación. El que sirve a Dios no debe temer que Dios lo quiera usar para probar a las personas. Dios mismo prueba a los hombres (Exodo 20:20; Malaquías 3:1-3; Zacarías 13:9; Isaías 48:10). Pablo exhorta a la Iglesia que pruebe todas las cosas (I Tesalonicenses 5:21) incluídos a los hombres.

Dios mismo envía varios tipos de exámenes a las vidas de sus hijos a partir de las cuales el líder puede aprender varios principios básicos para probar a los ministerios más jóvenes. La Iglesia necesita que los ministros de mayor edad prueben a los más jóvenes. Hoy día se ven tantos ministerios jóvenes fracasando por el orgullo, porque no pasaron por un tiempo de formación de humildad, antes de recibir autoridad y responsabilidad en la casa del Señor.

Los ministerios más jóvenes son rápidamente promovidos a posiciones de autoridad debido a la gran necesidad que tiene la Iglesia de liderazgo. Pero esto no justifica la pérdida del ministerio de un jóven, a través del orgullo o la inmoralidad, debido a que fue ascendido rápidamente a la posición temporal de pastor. Los ministros más maduros deben permitir que Dios desarrolle dentro de ellos un corazón de padre, para que puedan estar deseosos de probar los ministerios de los más jóvenes antes de entrar en acción. Dios prueba a su gente por medio de enviarles a experiencias en el seco desierto (Deuteronomio 8:2). Un ministro maduro puede aprovechar la prueba del desierto espiritual de falta de fruto para probar a un siervo jóven. Esto le ayuda a averiguar si el jóven es auténtico en su sometimiento humilde a Dios.

Otra prueba es la carencia de dinero y posesiones. Una de los aspectos a calificar en un anciano es su falta de codicia monetaria (I Timoteo 3:3). El líder puede decir si un jóven ministro tiene o no un deseo anormal por el dinero, viendo como reacciona en las épocas en que se le priva de recursos económicos. ¿Es el dinero el centro alrededor del cual gira su vida cuando no está predicando pública u oficialmente el evangelio desde el púlpito? ¿Quiere siempre dinero por todo lo que él hace? ¿Es capaz de confiar en el Señor, como el que va a proveer para sus necesidades financieras? Dios envió la prueba de las carencias a Israel en el desierto cuando les había separado de las cebollas, ajos, pepinos y comidas que ellos podían obtener en Egipto y les dió maná en su lugar. Israel no pasó esta prueba. Dios le cumplió al pueblo el deseo de comer carne hasta hartarse. En la misma forma, puede dar a los ministros más jóvenes dinero y posesiones, hasta la satisfacción de sus necesidades pero con la inclinación de sus almas.

Dios probó a Israel con la falta de agua en el desierto. La Escritura se refiere a este evento en el campamento en Refidim, como a las aguas de la prueba en Masa y Meriba (Deuteronomio 33:8 y Salmo 81:7). El nombre Masa significa *"probar"* o *"examinar"*. El nombre Meriba por su parte significa *"rencilla"* o *"disención."* Fué en Refidím que a Israel se le terminó el agua y se quejó con Moisés de la posibilidad que tenían de morir en el desierto. Aquí Moisés desobedeció a Dios al enojarse con la gente y golpear dos veces a la roca con su vara para sacar el agua, en vez de hablar simplemente a la roca como Dios le había mandado.

De una manera similar, los líderes más maduros pueden probar a los más jóvenes al observar qué hacen en tiempos de sequedad espiritual o de falta de unción. Los líderes novatos que decaen durante estos tiempos demuestran que estaban dependiendo mucho del cumplimiento y sentido de sus actividades de ministerio más que de el Señor mismo.

Un ministro nuevo que tiene este problema puede ser un super espiritual hombre de Dios cuando está frente al púlpito, pero un fiasco espiritual en su casa o en la calle. Los ministros de edad pueden probar a los jóvenes en esta área. Por supuesto que el principal motivo de esta prueba no consiste en tramposamente *"caerle a alguien en el error."* Más que nada, es permitirle a Dios usar las cincunstancias para revelar las debilidades del candidato, de manera que pueda ser sanado. La prueba puede llevar a la exposición, pero ésta debe llevar siempre a la purificación y sanidad. Esta es la responsabilidad del ministro maduro.

El probar y examinar no es nada nuevo para los líderes del Nuevo Testamento. El apóstol Pablo exhortó a los hermanos acerca del probar. El dijo:

"No hablo como el que manda, sino para poner a prueba, por medio de la diligencia de otro, también la sinceridad del amor vuestro" (II Corintios 8:8).

"Examinaos a vosotros mismos si estáis en la fe; probaos a vosotros mismos" (II Corintios 13:5).

"Así, que cada uno someta a prueba su propia obra" (Gálatas 6:4).

El ejemplo apostólico de Pablo es digno de seguirse. Cada líder debe aprender a probar los corazones de los hombres en amor. Si se hace correctamente, esta evaluación espiritual puede salvar al líder jóven de muchos dolores en su corazón en el trayecto (vea también los Salmos 17:3; 26:2 y 105:9), y librará a grandes porciones del pueblo de las repercusiones de sus fallas.

El líder como un lavador

"Lávame y seré más blanco que la nieve" Salmo 51:7.

Una de las más bellas ilustraciones de la relación entre Cristo y la Iglesia es la de el esposo y la esposa. Como el marido, Cristo *"lava"* a su Iglesia *"en el lavamiento del agua por la Palabra"* (Efesios 5:26-27). En forma similar, cada sievo debe considerarse a sí mismo como un lavador de la Iglesia; el que tomo el jabón de la Palabra de Dios y limpia la suciedad de las ropas de ella.

La idea del agua y el lavamiento no se limita a la aplicación de la Palabra de Dios a la vida del cristiano. Se observa también el los asuntos enlistados en las siguientes líneas, los cuales deben ser enseñados en el ministerio *"lavador"* del hombre de Dios:

El Espíritu de Dios y la inocencia (Salmo 26:6).

Santificación del Espíritu Santo (I Corintios 6:11).

Tener una conciencia limpia delante de Dios (Hebreos 10:22).

El poder salvador de Cristo Jesús que limpia y aleja todo pecado (Tito 3:5; Apocalipsis 1:5).

La función de un líder en el lavamiento del cuerpo de Cristo, obviamente está relacionado con la limpieza de la contaminación del pecado. No hay necesidad de lavar a alguien que ya está limpio. David dijo: *"lávame más y más (cuidadosamente) de mi maldad"* Salmo 51:2. David deseaba que todos y cada uno de los pecados de su vida le fueran limpiados por Dios. Esta actitud de limpieza completa y total no sólo debe ser la actitud del pastor hacia su propia vida, sino también hacia las vidas de sus fieles.

El salmista confiadamente declaró *"lávame y seré mas blanco que la nieve"* (Salmo 51:7). El hombre de Dios debe tener fe y confianza en la sangre del Señor Jesucristo. Debe realmente creer que lo que Dios ha limpiado, nadie debe llamarlo inmundo. Todo el legalismo e hipocresía de los fariseos queda fuera (I Juan 1:9). Por ejemplo, cuando la mujer vino a ungir los pies de Jesús, ella literalmente lavó sus pies con lo que probablemente eran lágrimas de arrepentimiento (Lucas 7:44). Esta es una preciosa figura de la Iglesia, la cual debería humillarse más seguido a los pies de Jesucristo y derramar verdaderas lagrimas de arrepentimiento para que su diario caminar no traiga reproche al Cuerpo de Cristo.

Más aún en el Antiguo Testamento los sacerdotes debían tener sus pies, sus manos y su cuerpo lavados con agua (Exodo 29:4,17 y 30:18,19 y 40:12) mientras ministraban bajo las leyes del antiguo pacto. ¡Cuanto más todos los sacerdotes del Nuevo Testamento deben tener sus pensamientos, actitudes deseos y acciones lavados por el Espíritu Santo mientras ministran bajo la escencia real de la verdad espiritual!

Sin embargo, aún en el Antiguo Testamento la idea de la limpieza total interior no está ausente. El profeta David la vivió varios años antes de la venida de Jesúcristo (Salmo 51). Pero su máxima realidad no llegó sino hasta el tiempo de la muerte y resurrección de Jesús. Desde entonces los hombres han sido capaces de entrar a la misma presencia de Dios a través del velo (El cuerpo quebrantado de Cristo y su sangre derramada; ver Hebreos 10:20).

En el Antiguo Testamento, los sacrificios debían ser lavados (Levítico 1:9,13 y 6:27), aún las partes interiores de los animales a veces debían ser lavadas (Levítico 9:14). ¿Cuánto más deben lavar los líderes neotestamentarios los corazones, mentes, espíritus y consciencias interiores de su gente ante el Señor? asi como ellos se ofrecen a sí mismos como *"sacrificios vivos"* ante Él (Romanos 12:1,2).

Dios el Restaurador

El líder como un demostrador de misericordia

Jehová *"hace misericordia a su ungido"* Salmo 18:50

La Iglesia sufre dolores por la falta de misericordia hoy en día. Al igual que los intelectuales fariseos de la época de Cristo, que tenían sus mentes llenas de la escritura, muchos líderes de este tiempo se han olvidado que la misericordia de corazón es uno de los asuntos de *"mayor peso en la Ley"* (Mateo 23:23)

La Biblia claramente llama a Dios la fuente y *"el Padre de misericordias"* (II Corintios 1:3 vea también Éxodo 34:6; Números 14:18; Nehemias 9:17,31; Joel 2:13; Salmo 57:10 y Efesios 2:4). Dios envía su misericordia al hombre (Salmo 57:3), porque su misericordia es para siempre (I Crónicas 16:34,41; Hebreos 2:17). Una de las formas principales en que Dios manda su misericordia a la tierra es a través de Sus servidores. El deposita Su misericordia en el interior de ellos, de manera que la puedan entregar a otros.

La misericordia abarca una gama de significados amplia. Ella incluye las ideas de deseo o celo hacia una persona en un sentido correcto, mostrando amor, bondad, gracia y favor, a aquellos que están en dificultad; amándoles o consolándoles con ternura; mirándoles con emoción, ternura y compasión; ayudando a los decaídos; sentir compasión al ver la aflicción de otros; tener los recursos adecuados para suplir la necesidad de alguien. Todos estos significados se pueden aplicar al líder que vendrá a ser una fuente de misericordia a los demás.

La Biblia explica que la misericordia de Dios es tierna (Salmo 25:6; 77:9; 79:8 y 103:4). Por tanto ésta debe estar presente en su forma de comunicar el evangelio de Cristo a los demás. Las misericordias de Dios eran tan llenas de gracia y dulces para con David que lo movieron a escribir una canción acerca de ellas (Salmo 89:1). Nadie escribe una canción acerca de algo o alguien que no es querido o precioso a su corazón.

Por otra parte, David también sabía que su pecado debía ser expiado por el rociamiento de la sangre sacrificial sobre el trono de misericordia de el arca del pacto (Éxodod 25:17-22; Levítico 16:6-15). Por ello David sabía que la misericordia sin verdad era incompleta (Salmo 25:10; 57:3; 85:10 y 89:14; vea también Proverbios 3:3 y 16:6). Misericordia y verdad deben ir juntas, porque la misericordia sin la verdad llevará a un vida relajada y la verdad sin misericordia generará amargura, legalismo y dureza de corazón. Dios quiere mantener el corazón y el esspíritu del hombre suave y dócil a través de la misericordia y la verdad.

Para que un líder pueda mostrar misericordia adecuadamente debe:

Ser un recipiente de la misericordia de Dios.

Conocer personalmente la misericordia (II Corintios 4:1).

Mostrar misericordia, pero sin dejar a un lado la verdad (Salmo 225:10).

Ser misericordioso para poder recibir misericordia del Señor Jesús (Mateo 5:7; II Samuel 22:26; Salmo 18:25).

Mostrar misericordia, haciéndolo siempre con alegría y sin quejarse (Proverbios 15:13 y 17:22; Romanos 12:8).

Regocijarse en la misericordia mas que en el juicio (Santiago 2:13) y no ser como Jonás que se enfureció cuando los ninivitas se arrepintieron.

Ser misericordioso para dar ejemplo del misericordioso corazón de Dios (Lucas 6:36).

Sanar las almas de los oprimidos y afligidos por medio de la misericordia (Salmo 41:4).

Discernir la diferencia entre la lástima natural (que no ayuda) y la misericordia espiritual.

El líder como perdonador

"Porque tú, Señor, eres bueno y perdonador" Salmo 86:5

Una calve para el éxito ministerial es la habilidad para perdonar a los demás sus ofensas dirigidas a él o hacia otros (esspecialmente hacia sus seres queridos). Los hombres de Dios deben recordar que son pecadores al igual que cualquiera de los demás y que necesitan recibir continuamente el perdón de Dios (Salmo 32:1-6; Santiago 5:15). Si aprenden a confesar sus faltas diariamente, podrán ministrar con libertad y consciencia limpia. De lo contrario, algo en su interior atará su ministerio. Cada líder debe experimentar *"Pero en ti hay perdón, para que seas reverenciado"* (Salmo 130:4; ver también Salmo 25:18; 85:2; 86:5; 103:3; Éxodo 34:7; Números 14:18; Daniel 9:9; I Juan 1:9).

¿Cual es el significado real de la palabra *"perdón"*? La palabra hebrea correspondiente a *"perdonar"* significa disculpar, ser misericordioso, ser propicio, mostrarse gentil, provocar ligereza o levantar, soportar (ver Génesis 7:17, acerca de lo que las aguas hicieron al arca). Todos esos significados se ven incluídos cuando usted perdona al que le ha ofendido.

La definición en griego del verbo *"perdonar"* es hacer algo placentero o agradable a alguien; hacer un favor a otro; gratificar; mostrar gracia, amabilidad o benevolencia; disculpar; enviar algo que está cercano; poner en libertad; librar. Cuando un líder verdaderamente perdona a alguien, el perdona sus transgresiones y es amable hacia él en toda manera. Su demostración de sincera bondad exterior prueba que internamente ha perdonado al que le ofendió.

Perdonar es un asunto del corazón, y afecta los sentimientos de uno hacia los demás. Cada líder cristiano debe pedir al Señor que le de un espíritu perdonador, el cual es una actitud diaria del corazón para perdonar cada ofensa aún antes de que sea cometida. Esta actitud es a la que la Biblia se refiere cuando habla de ser *pronto para perdonar* (Salmo 86:5). Sin embargo, tal actitud del espíritu, es posible, solo si el siervo de Dios tiene un espíritu quebrantado por la confesión personal y el arrepentimiento del pecado. Si no es así, nunca será capaz de perdonar a otros sin que la otra persona demuestre externamente que se ha arrepentido de sus ofensas contra el líder mencionado.

Sin embargo, entendemos comunmente el perdonar como el dejar de sentir rencor contra otro, o abandonar las ganas de castigar; cesar de demandar una penalización. En el momento que sea que el líder perdone plenamente a otra persona, la amargura y el resentimiento se van. No le queda más el deseo de ver al ofensor castigado o sufriendo dolor. Solamente desea que el ofensor sea sanado, perdonado y restaurado. El Instituto de Conflictos Juveniles Básicos define el perdón como *"Sanar a otros, por medio del uso de sus ofensas como el medio para expresarles el amor de Cristo por ellos."* Un líder maduro mira cada deuda como una oportunidad de demostrar el amor que Cristo desea que él muestre a la gente.

Las ofensas proveen una excusa para desquitarse o una salida para la ira. La palabra griega que significa perdón, denota también pensamientos de dejar ir, cancelar, reunir, descargar, poner en libertad, soltar voluntariamente a una persona sobre la cual uno tiene control legal o real (ver Levítico 25:27 y Deuteronomio 15:1- 9 habla acerca de cancelar deudas legales en el año del jubileo). Al perdonar a una persona, el líder le libera de todas las deudas emocionales, espirituales y mentales que la mente carnal desearía que le fueran pagadas.

Otro punto importante acerca del ministro y el perdón, es que la forma en que responda en cuanto a perdonar a otros, afectará la manera en que Dios le responda a él. Mateo 6:12-15 incluye una frase muy importante acerca de ello *"Y perdónanos nuestras deudas, como también nosotros perdonamos a nuestros deudores"* (Lucas 6:37). Si el que sirve a Dios no puede perdonar a otros, sus deudas, entonces, Dios tampoco lo perdonará a él. Si un líder en esta condición cree que está libre de pecado o de la posibilidad de endeudarse (a causa de las ofensas de otros) esta en un triste error.

Cuando el líder no perdona a su ofensor, se hallará en prisiones de amargura, culpa, odio, depresión, desconfianza, crítica e insensibilidad, todo lo cual puede apagar su efectividad espiritual. ¿Qué líder estaría contento de que su vida y ministerio se vieran atados en una prisión espiritual? Perdonemos pues de corazón (Mateo 18:15-35; Efesios 4:32; colosenses 3:13). Cualquier hombre de Dios que no puede perdonar libremente de corazón, no ha logrado comprender la enorme deuda de pecado de la cual Jesús le ha liberado (Lucas 4:18).

José, el hijo de Jacob, no solo había sido rechazado por sus hermanos, sino que también había sido vendido como esclavo en Egipto. Este hombre de Dios había sido seriamente dañado. Pero, a causa de su espíritu perdonador, fue capaz de cuidar, confortar, y hablar amablemente a sus hermanos cuando ellos vinieron a Egipto (Génesis 37-50). Siendo pues José un hombre de espíritu quebrantado ante Dios, el no juzgó o tomo venganza contra sus hermanos (Génesis 50:19), sino que tuvo una actitud y una perspectiva correctas hacia sus ofensores (Génesis 50:17-21).

Todo líder necesita el espíritu de José, para poder perdonar con libertad, desde su corazón a aquellos hermanos en Cristo que les ofenden.

El líder como proveedor de fortaleza

"Te amo, oh Jehova, fortaleza mía" Salmo 18:1

Las presiones extremas que hallamos en el acelerado ritmo del mundo de nuestros días están oprimiendo y dañando a la gente, dentro y fuera de la Iglesia. Enfrentamos presiones políticas, ambientales, económicas, domésticas, mentales y espirituales en la vida de cada uno (Proverbios 24:10). A causa de esas diferentes presiones necesitamos la fortaleza de Dios (Salmos 8:2, 18:2; 27:8 y 37:39) y la fortaleza de los líderes. La Iglesia tiene una desesperada necesidad de líderes fundamentados y responsables. En especial, tiene necesidad de líderes que sean fuertes en las áreas espiritual, doméstica, emocional y moral. Hemos visto demasiados malos ejemplos de hombres con *"poderosos ministerios"* moralmente hundidos por estar vacíos espiritualmente.

Dios no quiere que su gente desmaye en el campo de batalla (Efesios 3:13). Pero sin un liderazgo sólido, el pueblo de Dios desfallecerá y caerá. Cuando un cristiano desmaya, se descorazona, se desanima o pierde totalmente su objetivo en la batalla. La palabra *desmayar* es usada en Isaías 40:25-31, para indicar que alguien está fatigado o agotado. En estos versículos vemos que aunque los hombres se sientan desmayar, cansados y totalmente desanimados, el Señor está disponible como la eterna fuente de vida espiritual para su pueblo:

"¿A que pues, me haréis semejante o me compararréis? dice el Santo. Levantad en alto vuestros ojos, y mirad quién creó estas cosas; el saca y cuenta su ejército; a todas llama por sus nombres; ninguna faltará; tal es la grandeza de su fuerza, y el poder de su dominio ¿Por qué dices oh Jacob y hablas tú Israel: Mi camino está escondido de Jehová y de mi Dios pasó mi jucio? ¿No has sabido, no has oído que el Dios eterno es Jehová, el cual creó los confines de la tierra? No desfallece ni se fatiga con cansancio, y Su entendimiento no hay quien lo alcance. El da esfuerzo al cansado, y multiplica las fuerzas al que no tiene ningunas. Los muchachos se fatigan y caen; pero los que esperan a Jehová, tendran nuevas fuerzas; levantarán alas como las águilas; correrán y no se cansarán; caminarán y no se fatigarán."

Cuando decimos que Dios y sus líderes son la fortaleza de la gente, queremos decir que ellos representan la habilidad, el poderío, la energía, la sustancia, la fuerza, la seguridad, el refugio, la victoria, la riqueza, abundancia y dominio, y causa para su firme establecimiento en las verdades espirituales. La Biblia dice: *"hiere al pastor, y las ovejas serán dispersadas"*

Cada cristiano y cada líder necesita desesperadamente la fortaleza de los otros miembros del Cuerpo de Cristo. Sin embargo, desafortunadamente muchos líderes sienten que no necesitan de la fortaleza de otros consiervos, dejan solos a los cristianos. Por esta razón caen muchos de estos líderes excesivamente confiados. I Corintios 10:12 dice: *"el que piensa estar firme mire que no caiga."* Demasiados pastores hay que les gusta ser el único y el *"mero mero"* en sus Iglesias y tener la orgullosa actitud de poder sostenerse solos. Este espíritu de independencia es exactamente lo que hace posible su destrucción.

Si usted tiene esa misma actitud, recuerde que aún David, el rey y profeta de Israel, en muchas ocasiones sintió que no tenía ya ningua fuerza en él (II Samuel 21:15; Salmo 22:14 y 31:10; 71:9 y 88:4). Este es un sentimiento natural que debería indicar al líder no solo su necesidad de Dios, sino también su necesidad de los otros cristianos. Sin percatarse de su propia necesidad de apoyo de parte de los demás,nunca será capaz de proveer fortaleza a los que la necesitan de él, porque no entenderá sus sentimientos.

El líder debe realizar un firme acto de su voluntad para ser fuerte en el Señor, y para el pueblo de Dios. Pero para ser un fuerte pastor del pueblo de Dios debe entender que su propia alma (emociones, voluntad y mente), debe ser renovada en la fortaleza del Señor. El salmo 138:3 confiadamente declara: *"Me fortaleciste con vigor en mi alma".* Y el salmo 71:16 afirma: *"Vendré a los hechos poderosos del Señor".* Cada líder debe poder proclamar que *"Jehová levante a los caídos"* (Salmo 145:14) cuando experimente el poder del Espíritu inivistiendo su propia vida. Al sostenerse en tales promesas de Dios, los dirigentes de la Iglesia se convertirán en fuentes de fortaleza para sus fieles. Aún cuando la gente tropieza y tiene momentos duros, no necesitan fracasar totalmente. El salmo 37:23-24 dice: *"cuando el hombre cayere, no quedará postrado, porque Jehová sostiene su mano."*

Es posible que algunos hombres de Dios, hayan tenido tiempos exitosos en los que no se vieron con ninguna debilidad en sus muy ocupadas agendas. Tiempos así, son verdaderas bendiciones de Dios. En ocasiones, entre más hace una persona en la voluntad Dios, más ungido se encuentra para hacer trabajos para Dios. La Iglesia de Éfeso sabía lo que era esforzarse para el Señor sin cansarse; por ello es que Él le habló diciendo:

"Yo conozco tus obras, y tu arduo trabajo y paciencia; y que no puedes soportar a los malos, y has probado a los que se dicen ser apóstoles y no lo son, y los has hallado mentirosos; y has sufrido y has tenido paciencia por amor de mi nombre y no has desmayado." Apocalipsis 2:2,3

Es cierto pues, que uno de los secretos más grandes para guiar poderosamente al rebaño de Dios es permitirle a Él usar nuestras debilidades para Su gloria. Un área débil es parte de la personalidad o habilidad de una persona, que necesita ser mejorada. Es asimismo, un área que Dios usa, una vez que es una área humilde en la vida del líder. Dios no puede usar un área fuerte del hombre o un área que es una fuente de orgullo. El salmista dijo: *"irán de poder en poder"* (Salmo 84:7). Esto quiere decir, en principio, que el líder va de una revelación de sus debilidades humanas a otra, solo para encontrarse en cada punto con la fortaleza de parte de Dios. De esta forma se cumple la Escritura que dice: *"y los débiles se ciñeron de poder"* (I Samuel 2:4).

El principio de que Dios no se complace en las áreas fuertes de la vida de una persona se puede resumir en las palabras del salmo 147:10, *"(Jehová) no se deleita en la fuerza del caballo."* La Escritura usa muchas veces la figura del caballo como un símbolo de la fuerza humana. Dios no se deleita en la fuerza del hombre porque esta no le da la gloria a Él. Mientras que *"la gloria de los jóvenes es su fuerza,"* (Proverbios 20:29a), la gloria de los mas ancianos y más maduros hombres de Dios esta en sus debilidades y fragilidad.

Note lo que dice el apóstol acerca de sus propias debilidades y fortalezas: *"bástate mi gracia; porque mi poder se perfecciona en la debilidad"* y *"pero cuantas cosas eran para mí ganancia, las he estimado como pérdida por amor a Cristo"* (Filipenses 3:7). Pablo conocía el secreto de cómo obtener el poder y la operación de Dios, así como su fortaleza. No era simplemente obtener una buena imagen propia a través de *"clases de automejora."* Era exponer voluntaria y verbalmente todas las áreas débiles de su vida a la gracia del Señor Jesucristo.

Existen varias claves en la Escritura que pueden ayudar al líder cristiano a ser la fuerza real para su gente. Él debe:

Ser lleno de una fe perseverante

Mantener nuestros ojos en los buenos resultados del producto final de los planes de Dios nos ayudará a ver que es lo que Dios está tratando de completar con las vidas de Su pueblo. Gálatas 6:9 dice: *"a su tiempo segaremos si no desmayamos."* A través de enseñar a su gente a tener una fe inmovible, el líder les proporciona fortaleza.

Mirar y buscar la bondad de Dios

El líder necesita hacer que su gente mire las cosas positivas de la voluntad de Dios y no las apariencias negativas. Esta actitud no es *"el poder del pensamiento positivo."* Es una profunda fe de que Dios va a mostrar a la persona un bien espiritual de algo que parece no tener nada bueno. David entendió tal necesidad de una fe positiva al declarar *"Hubiera yo desmayado, si no creyese que veré la bondad de Jehová en la tierra de los vivientes"* (Salmo 27:13).

Manténgase a sí mismo sin contaminación del mundo.

Génesis 25:29,30 nos dice que cuando Esaú volvió del campo, estaba agotado. Sabemos que posteriormente vendió su derecho de primogenitura para satisfacer el deseo de la carne. La historia se puede aplicar al líder espiritual que puede desmayar espiritualmente si se ve envuelto en los pecados de este mundo, por ello es que Jesús dijo: *"el campo es el mundo"* (Mateo 13:38). En cualquier momento que el líder se deje envolver por los deseos del mundo, él les permite que guerreen contra su alma (I Pedro 2:11). No hay líder que pueda seguir ministrando adecuadamente a su gente si debe estar en luchas constantes en su alma contra los deseos del sistema del mundo. El debe evitar que se le escape más energía emocional, la cual necesita para ministrar. Por tanto, el líder debe experimentar el arrepentimiento total y liberación en cada área de su vida personal.

Ore constantemente

Los cristianos pierden su fortaleza espiritual cuando no oran, y muchos de ellos no saben como conversar con Dios. Esta es la razón por la que el líder no solo debe orar por si mismo y por la gente, sino también enseñarles como orar. Lucas 8:1 afirma, *"les refirió Jesús también una parábola sobre la necesidad de orar siempre, y no desmayar."* Al aprender como orar (y como obtener resultados) la gente del líder nunca desmayará en la batalla.

Reciba la misericordia de Dios

Pablo dijo: *"Por lo cual, teniendo nosotros este ministerio según la misericordia que hemos recibido, no desmayemos. Antes bien renunciemos a lo oculto y vergonzoso, no andemos con astucia, ni adulterando la palabra de Dios"* (II Corintios 4:1,2a). Es muy importante que el líder enseñe a su gente a recibir continuamente la misericordia de Dios en sus vidas. Sus feligreses deben entender el proceso de confesión de pecado, el arrepentimiento total y la fe en el poder limpiador de Dios. De esta manera estarán preparados para mantener su estabilidad espiritual en tiempos de crisis.

Considere los sufrimientos de Cristo

Como pastor de la grey usted debe recordar continuamente a su gente que las contradicciones o sufrimientos del presente no son nada en comparación con los de Cristo. En Hebreos 12:3 leemos *"Considerad a aquel que sufrió tal contradicción de pecadores contra sí mismo, para que vuestro ánimo no se canse hasta demayar."* Entre más recuerde usted a su gente los intensos sufrimientos del Salvador, más mantendrán ellos sus fuerzas espirituales en los tiempos de prueba.

Permita la renovación diaria en su hombre interior

La vitalidad espiritual del cristiano viene de la actividad del Espíritu Santo es su ser más interno, es decir su espíritu. Cuando su espíritu experimenta el toque del Espíritu de Dios, se genera nueva vida dentro de él. Este poder rejuvencedor no depende necesariamente de la fortaleza física o de la salud externa. Pablo reconoció este concepto al escribir *"Por tanto no desmayamos, antes aunque este nuestro hombre expterior se va desgastando, el interior no obstante, se renueva de día en día"* (II corintios 4:16). Mientras enseñe el líder a su gente a confiar en las renovación día con día de su hombre interior a través de la oración y la Palabra, más cerecerá su vigor espiritual y mostrarán una fortaleza real.

El líder como vendador de las heridas y sanador de roturas

"Te amo, oh Jehová, fortaleza mía" Salmo 18:1

"Hiciste temblar la tierra, la has hendido, sana sus roturas, porque titubea" Salmo 60:2

El Salmo 147:1-3 contiene estas bellas palabras acerca de la naturaleza de Dios: *"A los desterrados de Israel recogerá. El sana a los quebrantados de corazón. Y venda sus heridas."* (Ver también Jeremías 30:17 y Job 24:12). Isaías 30:26 dice también *"el día que vendare Jehová la herida de su pueblo y curare la llaga que él causó."* Dado que la naturaleza de Dios incluye el deseo de vendar y sanar las herídas, ya sea de individuos o grandes naciones, este aspecto de Su carácter debe ser incluído en el carácter de los hombres de Dios. El líder debe ser un sanador de las heridas del pueblo de Dios.

Pero ¿qué son esas *"heridas"* y *"roturas"* en las vidas de la gente? Son aquellas áreas de la mente, espíritu y emociones de la persona que han sido quebrantadas por las enormes presiones. Aquellos sentimientos que han sido embestidos, lanceados, traspasados o martillados (Proverbios 18:8 y 26:22). Las heridas son áreas de la vida de la persona en las que se siente golpeada, muy sensible o grandemente adolorida.

En esos sentimientos, ha habido profundas penetraciones de sufrimiento (posiblemente debido a amargas decepciones) resultando en un quebrantamiento de la personalidad y emociones del hombre (Job 16:12-14). Estas heridas y lesiones pueden provenir de personas, lugares, situaciones o cosas. Pero todas causan profundas penas al espíritu humano.

Más aún, la Biblia habla acerca de personas siendo quebrantadas. David dijo *"he venido a ser como vaso quebrado"* (Salmo 31:12 y 34:18; 51:17 y 147:3; Proverbios 15:13 y 17;22; Oseas 5:11). Al describirse como un vaso quebrado, podemos estar seguros que David tenía tantos golpes y heridas, que necesitaba que Dios le sanara. En verdad que Dios fue Su sanador. David era hombre de Dios y profeta. Entendió al menos parcialmente, el significado espiritual de las palabras que un día Cristo hablaría acerca de la fuente de la sanidad, *"Este es mi cuerpo que por vosotros es partido"* (II Corintios 11:24). Dios ha sido y sigue siendo el sanador de las heridas y desgarres de la gente, y esta es la fuente a la cual el líder debe dirigir al pueblo de Dios.

Las heridas y golpes tienen diferentes causas. En algunas veces puede ser el Señor mismo. David declaró *"porque persiguieron al que tu heriste y cuentan del dolor de los que tu llagaste."* (Salmo 69:26; 64:7; Deuteronomio 32:29; Job 5:18; Oseas 6:1). Usualmente esto es dirigido por Dios a los malvados y a aquellos que constantemente se rebelan contra Su palabra.

Las palabras (o rumores) de un chismoso también causan heridas (Proverbios 18:8; 26:22 y 18:14). ¡Cuantas veces acude la gente a sus pastores a causa de heridas causadas por chismes! El líder debe enseñar en contra de los rumores y mostrar a la gente como las palabras falsas pueden herir a la gente (Ver Job 6:24 y 8:2; 19:2; Salmo 12:6; 19:14; 55:21; Proverbios 15:1,26 y 16:24; Eclesiastés 12:11).

Un amigo fiel puede causar heridas, pero esas heridas o (reprensiones) son para el beneficio de su amigo. Que cada líder sea un fiel amigo que cause buenas heridas que lleven a su pueblo a la sanidad. Dios también hace esto para hacernos volver a Él cuando nuestros espíritus y sentimientos se desvían (Isaías 28:28; 42:3 y 53:5)

La libertad de una persona puede causar también heridas en las conciencias débiles de los otros hermanos (I Corintios 8:12). Cada pastor debe enseñar al pueblo a que siempre traten de evitar ofender las conciencias de los demás hermanos en Cristo. Pablo dijo que si el comer carne hacía que un hermano tropezara, él nunca volvería a comer carne (I Corintios 8:13). Este es el tipo de sensibilidad que deben tener los líderes hacia los que son débiles en el rebaño, porque deben ser ejemplo de piedad.

Los líderes necesitan vendar los golpes y heridas del pueblo. Para poder hacerlo, necesitan entender el proceso. Vendar es cubrir sobre o alrededor (como una banda o turbante), para juntar las partes o sanar una herida. Actuar como actúa el médico que restaura un miembro del cuerpo, envolver con vendas, y colocar las partes juntas. El Señor Jesús vino *"a vendar a los quebrantados de corazón"* (Isaías 61:1; 30:26; Job 5:18; 28:11; Ezequiel 34:4,16; Oseas 6:1; Lucas 10:34). Asimismo éste es el ministerio de todo siervo de Dios al traer a todo hombre o mujer ante la cruz de Jesucristo, quien fue el herido y quebrantado.

Para ser efectivos en vendar las heridas de la gente debemos:

Ser sanados nosotros mismos, y libres de un espíritu herido.

Tener a la gente en el corazón.

Recordar nuestra miserable condición antes de ser sanados de nuestros propios golpes, para no volvernos impacientes y llenos de ira contra el pueblo.

Tener un gran corazón que se identifica con el herido y quebrantado.

Discernir las áreas de las vidas de las personas que necesitan ser sanadas: espíritu, mente o cuerpo (Lucas 10:34; I Corintios 12:28-30).

El líder como sanador del quebrantado de corazón

"El sana a los quebrantados de corazón" Salmo 147:3

El quebrantamiento de corazón es un profundo estado de aflicción de la mente, de las emociones o del espíritu de una persona. Este estado puede ser producto de los tratos de Dios (que eventualmente causan sanidad) o por las circunstancias negativas de la vida (las cuales producen malos resultados si no tenemos la gracia de Dios).

El significado hebreo de la palabra *"quebrantado"* lleva consigo la idea de deshacer (literal o figurativamente) y puede ser de perder la salud, romperse, hacer pedazos o desmenuzarse. La palabra puede significar también aplastar, destruir, herir o extinguirse la vida de uno o sus sentimientos. Una persona quebrantada es oprimida por la pena y/o la desesperación. El Salmo 109:16 afirma *"(el impío) persiguió al hombre afligido y menesteroso, al qubrantado de corazón para darle muerte"*

Tristemente muchos cristianos y no cristianos hoy en día tienen quebrantados sus corazones, emociones, sus pensamientos o sus vidas. Sucede por causa de respuestas erróneas a las tragedias; colapsos mentales; crisis familiares; críticas; el rechazo o el no entregar completamente nuestras vidas a Dios. Hay muchas vidas en desorden. El Salmo 69:30 dice *"el escarnio (desgracia o penalidad) ha quebrantado mi corazón."* Ya que el pecado trae desgracia, pena y culpabilidad destructiva a la vida de la gente, eventualmente producirán estado de quebrantamiento de corazón.

Proverbios 15:13 señala *"por el dolor de corazón, el espíritu se abate."* Demasiadas personas estan en las profundidades del sufrimiento porque no han hecho a Jesús el amo de cada área de sus vidas. Este sufrimiento está trayendo a muchos al quebrantamiento. Uno de los más graves problemas del corazón herido, es que también puede traer problemas de salud. En Proverbios 17:22 dice: *"el espíritu triste seca los huesos."* Sin la ayuda sanadora de Jesús, el ser humano está expuesto a muchos problemas espirituales y de la salud.

El estado de quebrantamiento tiene su lado positivo. El corazón de Jeremías el profeta estaba abatido por el efecto de los falsos profetas de su tiempo sobre el pueblo de Dios (Jeremías 23:9).

Esto tuvo resultados positivos, al incluir una pena piadosa a causa del pecado y un deseo del derramamiento de la gracia divina. Este tipo de corazón quebrantado tiene ciertas ventajas positivas.

Primeramente porque la presencia de Dios está cerca del que tiene el corazón quebrantado en esta forma. El Salmo 34:18 lo remarca:

En segundo lugar la persona que tiene una razón piadosa puede ofrecer a Dios un sacrificio verdadero y espiritual. El Salmo 51:17 describe tal sacrificio: *"los sacrificios de Dios son el espíritu quebrantado, Al corazón contrito y humillado no menospreciarás tu, oh Dios."*

De esta forma, hay una abundante provisión de la gracia sanadora y de misericordia disponibles para aquellos que sienten un profundo dolor por los pecados de otros (así como Dios siente en su corazón por el pecado). Pero aquellos que tienen corazones quebrantados por causa de su propio egoísmo y por su falta de confianza en Jesús, solamente hay aflicción sobre aflicción. Para aquellos que se sienten abrumados más allá de lo posible, Dios les promete *"Yo sanaré a los quebrantados y vendaré sus heridas"* (Salmo 147:3). Aquellos que en verdad necesitan una sanidad mental, espiritual o emocional en sus vidas reciben la promesa de Dios de salud a través de Su hijo.

Esta situación crea una gran responsabilidad para los líderes de Dios. Los hombres de Dios deben ser quienes guíen a la gente hacia el poder sanador de Dios. En el pasado cuando los líderes del pueblo de Dios no lo hacían recibían un estricto llamado de atención (Ezequiel 34:4). Este es el mismo juicio sobre cada líder de Dios que no ayuda a sanar al quebrantado. Dios, el Gran Pastor, ha prometido vendar a la oveja perniquebrada (Ezequiel 34:16). Dado que el mismo Espíritu Santo que estaba en Jesucristo para sanar y vendar al herido (Isaías 61:1; Lucas 4:18) está ahora sobre sus líderes, ellos deben ministrar de esta manera a los necesitados.

La siguiente lista hace el contraste entre un corazón quebrantado saludable y uno enfermizo:

LO NEGATIVO	LO POSITIVO
Cuando el pecado quebranta al corazón el resultado es:	Cuando Dios quebranta el corazón el resultado es:
Golpes	Restauración
Aflicción	Gozo
Aplastamiento	Humildad

LO NEGATIVO	LO POSITIVO
Desmenuzamiento	Amabilidad
Destrucción	Protección
Heridas	Mansedumbre
Apagamiento	Un espíritu contrito
Inhabilitación	Consuelo
Quebranto	Edificación
Golpes	Fortificación
Subyugamiento	Sumisión
Despedazamiento	Construcción
Debilitamiento	Fuerza
Odio	Amor
Desánimo	Estímulo
Reducción	Crecimiento

Cada líder debe recordar que fue después que se quebró el vaso de alabastro que surgió el dulce aroma de nardo que llenó la habitación (Mateo 26:7; Marcos 14:3; Lucas 7:37,38). Fué después que el pan fue partido que pudo alimentar a las multitudes (Mateo 14:19; 15:36 y 26:26). Al guiar a la gente a través del quebrantamiento, cada líder debe notar que el ser quebrantados por Dios conduce a la vida, pero el ser quebrantados por el pecado produce solamente muerte. Qué cada líder pueda llevar a las personas a través del estado de quebrantamiento al sanador amor y perdón de Jesucristo.

Capítulo 16

MINISTERIOS DE CRECIMIENTO DEL LÍDER

En nuestro estudio de la personalidad de Dios tal como se reproduce en las vidas de sus líderes, entraremos ahora en un área que es muy apreciada en el corazón de los líderes cristianos: el ministerio que apoya el crecimiento. Es el ejercicio de estos ministerios a través del movimiento y el poder de Espíritu Santo, que libera a la Iglesia para llegar a su pleno potencial de fructificación.

El salmista conocía y entendía íntimamente a Dios como su Autoridad, su Guía y su Labrador. Dios exaltó a David desde una posición de pastor de ovejas a Pastor de Su Pueblo. Durante el reinado de David, Israel fue establecido como una de las grandes potencias del mundo, un reino grande y próspero que mostró una medida de la gloria de Dios. Como con otras áreas de la función del ministerio, basaremos nuestros estudios sobre los ministerios de crecimiento en la personalidad de Dios como se describe en los Salmos.

Antes de proceder a nuestro estudio, debemos anteponer una breve nota acerca de la personalidad de Dios en Sus líderes. Mientras que el líder del pueblo de Dios no necesita y no puede "ser Dios" para su gente, él es responsable de perseguir ardientemente la meta de obtener el carácter de Dios en su propia vida. El líder cristiano es uno de los recursos más importantes del creyente para mantener su relación personal con Dios. Dios el Padre envió a su hijo en forma de carne (como ser humano), porque sólo de esta forma Él podía verdaderamente alcanzarnos. En grado menor, el líder cristiano opera en una capacidad similar, con una medida de la plenitud del Espíritu.

Dios la Autoridad

El Líder Como Rey

"Salva oh Jehová; que el rey nos oiga en el día que lo invoquemos" Salmo 20:8

En cierta forma dudamos de incluir siquiera esta sección en nuestro estudio, porque la función del líder como "rey", ha sido mal entendida y se ha abusado de ella en el pasado. En muchas iglesias, el pastor se ha estado convirtiendo virtualmente en un rey de manera completamente inescritural. Esta sección no es para animar a los líderes a volverse en un fiero y dominante trasquilador de las ovejas. Incluimos esta sección en este estudio a fin de proporcionar un balance entre la dirección delicada y la protección espiritual.

Los salmos describen a Dios como un rey, reinando sobre el cielo, sobre la tierra y sobre Su pueblo (Salmo 47:2 y 93:1; 96:10; 97:1; 99:1). En igual forma el líder es responsable de ejercer gobierno espiritual en Cristo sobre las potestades y principados de maldad en el reino espiritual.

Dios el rey demuestra los atributos de santidad (Salmo 2:6), de sabiduría (Salmo 2:10), de humildad (Salmo 5:2). Cada líder debe mostrar las mismas cualidades en el ejercicio de su manto de autoridad y responsabilidad. En el hebreo, la palabra rey significa reinar, ascender al trono, iniciarse hacia la realeza. Por implicación significa también tomar consejo. De esta manera cualquier líder debe ejercer su ministerio gubernamental con la gente con gentileza, sabiduría y humildad. Escuchar continuamente el consejo de Dios y la sabiduría espiritual de aquellos que Él envía es una forma importante de ejercitar el verdadero "reinado" espiritual.

El Líder Como Juez

"Porque Dios es el juez" Salmo 50:6

Muchas escrituras declaran que Dios, Jesucristo y la Iglesia son jueces. (Dios: Salmo 7:8; 9:8; 10:18 y 26:1; Proverbios 31:9; Isaías 1:17. Jesús: Juan 5:30; 7:24 8:15,16; Hechos 7:31; II Timoteo 4:8. La Iglesia I corintios 6:3).

Un juez castiga o ajusticia al que ha sido acusado de algún delito. Dios es el juez de todos los hombres a través de su hijo, Jesucristo, debido a los delitos del hombre de pecar contra los mandamientos de Dios. La Iglesia eventualmente juzgará a los ángeles, porque a ella se le ha imputado la justicia de Dios a través de Jesucristo.

Antes de tal día del juicio final, sin embargo, Dios usa a sus líderes para vindicar a su pueblo y predicar arrepentimiento a los malvados. Dios ha encomendado a sus líderes el evangelio de Jesucristo, a través del cual los hombres pueden ser librados de su sentencia de muerte.

Dios ha dado a la Iglesia también una promesa por medio de Isaías quien declaró: *"Restauraré tus jueces como al principio"* (Isaías 1:26). En su promesa, la Iglesia puede confiar que Dios levantará líderes en este día que puedan ejecutar juicio tal como lo hacían los líderes en la Iglesia primitiva. Líderes, ustedes pueden tener confianza de que Dios obrará interiormente las características positivas de un juez bíblico, al cual nos referiremos ahora. Las Escrituras de las líneas siguientes describen a un Juez Verdadero y a un Juez Falso en sus contrastes en las áreas de función y personalidad. Cada líder debe permitir a Dios desarrollar en él los atributos positivos de un juez verdadero en su propia vida y ministerio, y a abandonar los atributos negativos de un juez falso.

EL JUEZ VERDADERO

Escogido: Los jueces verdaderos son puestos por Dios y la gente. *"Jueces y oficiales pondrás en todas tus ciudades; y ellos te enseñarán la sentencia del juicio."* (Deuteronomio 16:18).

Responsable: Los jueces verdaderos deben ser designados sobre ciertas áreas de responsabilidad. *"Jueces y oficiales pondrás (de tus tribus)"* (Deuteronomio 16:18, ver también II Crónicas 19:5).

Recto: Los jueces verdaderos juzgarán con justo y verdadero juicio. *""Jueces y oficiales pondrás en todas tus ciudades que Jehová tu Dios te dará en tus tribus, los cuales juzgarán al pueblo con justo juicio."* (Deuteronomio 16:18).

Sensato: Los jueces de verdad no deben pervertir sus juicios. *"Jueces y oficiales pondrás... no tuerzas el derecho"* (Deuteronomio 16:19).

Imparcial: Los jueces no deben ser parciales en sus decisiones: *"Pondrás jueces y oficiales... no hagas acepción de personas"* (Deuteronomio 16:19).

EL JUEZ FALSO

No es escogido: Los jueces falsos gobiernan por su propio poder. *"Cosa fea y espantosa es hecha en la tierra... y los sacerdotes dirigían por manos de ellos"* (Jeremías 5:30,31b)

Irresponsable: Los falsos jueces serán tan irresponsables que la gente se extraviará. *"Así ha dicho Jehová acerca de los profetas que hacen errar a mi pueblo"* (Miqueas 3:5).

Injusto: Los falsos jueces no son rectos. *"Oíd ahora, príncipes de Judá, y jueves de la casa de Israel, ¿No concierne acuerdo a vosotros saber lo que es justo? Vosotros aborrecéis lo bueno y amáis lo malo."* Miqueas 3:1,2).

Insensato: Un juez falso no será sensato. *"Cosa fea y espantosa es hecha en la tierra: los profetas profetizaron mentira"* (Jeremías 5:30,31).

Parcial: El juez falso pone los sobornos financieros y emocionales por encima del Señor: *"Pero no anduvieron los hijos (de Samuel) en los caminos de su padre, antes se volvieron tras la avaricia, y dejándose sobornar, pervirtieron el derecho"* (I Samuel 8:3).

Honesto: Los jueces verdaderos no deben corromperse por causa de regalos de dinero. *"Pondrás jueces y oficiales ... ni tomes soborno; porque el soborno ciega los ojos de los sabios, y pervierte las palabras de los justos"* (Deuteronomio 16:19).

Justo: Sólo deben seguir el discernimiento apropiado. *"La justicia, la justicia seguirás, para que vivas y heredes la tierra que Jehová tu Dios te da"* (Deuteronomio 16:20).

Decidido: El juez debe presentarse con decisiones ante las controversias de la Iglesia. *"Si hubiere pleito entre algunos, y acudieren al tribunal para que los jueces los juzguen, éstos absolverán al justo, y condenarán al culpable."* (Deuteronomio 25:1).

Leal: Todo juez verdadero debe pararse al lado de la persona que tenga la razón. *"Si hubiere pleito entre algunos, y si acudieren al tribunal para que los jueces los juzguen, esto absolverán al justo y condenarán al culpable"* (Deuteronomios 25:1).

Valiente: El juez que se aprecie de verdadero no debe defender al que está en error. *"Si hubiere pleito entre algunos, y acudieren al tribunal para que los jueces los juzguen, ..., y condenarán al culpable"* (Deuteronomio 25:1)

Deshonesto: Los jueces falsos buscarán ganancias del abuso de los dones y ministerios de otros. *"Sus jefes juzgan por cohecho, y sus sacerdotes enseñan por precio, y sus profetas adivinan por dinero"* (Miqueas 3:11).

Injusto: Los jueces falsos serán injustos. *"Oíd ahora, príncipes de Jacob y cabezas de la casa de Israel: ¿No conciernes a vosotros saber lo que es justo? ... que edificáis a Sion con sangre, y a Jerusalén con injusticias"* (Miqueas 3:1,10).

Indeciso: Los que son jueces falsos vacilarán acerca de lo que han oído de la Palabra de Dios, más que apegarse a ella. *"Entonces dijo Dios a Balaam: no vayas con ellos, ni maldigas al pueblo, porque bendito es... Y Balaam respondió y dijo a los siervos de Balak... Os ruego ahora que reposéis aquí esta noche para que yo sepa que me vuelve a decir Jehová"* (Números 22:12,18,19).

Desleal: Los jueces falsos se aprovecharán del pueblo de Dios. *"Dije: Oíd ahora, príncipes de Jacob, y jefes de la casa de Israel ... que les quitáis* (del pueblo) *su piel y su carne de sobre los huesos; que coméis asimismo la carne de mi pueblo, y les desolláis su piel de sobre ellos..."* (Miqueas 3:1-3).

Temeroso: Los jueces falsos temerán el desacuerdo de la gente y le dirán lo que les agrade a aquellos que satisfagan sus ambiciones económicas o políticas. *"Sus jefes juzgan por cohecho..."* (Miqueas 3:11).

Objetivo: Es obligación del juez penalizar al culpable de acuerdo a la Palabra de Dios. *"Y si el delincuente mereciere ser azotado, entonces el juez le hará echar en tierra, y le hará azotar en su presencia; según su delito será el número de azotes."* (Deuteronomio 25:2).

Limpio: El juez verdadero no debe exagerar el castigo contra la parte culpable. *"Se podrá dar cuarenta azotes, no más; no sea que, si lo hirieren con muchos azotes más que éstos, se sienta tu hermano evilecido delante de tus ojos."* (Deuteronomio 25:3).

Entendido: Un juez de verdad debe tener un corazón que oye los clamores de la gente. *"Da, pues, a tu siervo corazón entendido para juzgar a tu pueblo."* (I Reyes 3:9).

Tiene discernimiento: El juez debe entender la diferencia entre el bien y el mal. *"Da, pues, a tu siervo corazón entendido para juzgar a tu pueblo, y para discernir entre lo bueno y lo malo; porque ¿quién podrá gobernar este tu pueblo tan grande?"* (I Reyes 3:9).

Subjetivo: Un juez falso no es capaz de tomar decisiones correctas conforme a la Palabra de Dios. *"Oíd esto, jefes de la casa de Judá ... que pervertís todo el derecho"* (Miqueas 3:9).

Impío: Los jueces falsos serán egoístas e injustos con el pueblo de Dios. *"Así hará el rey que reine sobre vosotros; tomará vuestros hijos, y los pondrá en sus carros... Los pondrá asimismo para que aren sus campos y sieguen sus mieses y que hagan sus armas de guerra... Tomará también a vuestras hijas para que sean perfumadoras, cocineras y amasadoras... Tomará lo mejor de vuestras tierras, de vuestras viñas y de vuestros olivares, y los dará a sus siervos."* (I Samuel 8:11-14).

De entendimiento erróneo: Los jueces falsos no entienden lo que Dios está haciendo porque no tienen comunicación divina. *"Por tanto, de la profecía se os hará noche, y oscuridad del adivinar; y sobre los profetas se pondrá el sol, y el día se entenebrecerá sobre ellos. Y serán avergonzados los profetas, y se confundirán los adivinos; y ellos todos cerrarán sus labios, porque no hay respuesta de Dios."* (Miqueas 3:6-7).

Sin discernimiento: Los jueces falsos siguen al enemigo, y no disciernen lo recto de lo erróneo. *"... Claman: Paz, cuando tienen algo que comer, y al que no les da de comer, proclaman guerra contra él:"* (Miqueas 3:5).

Humilde: Los jueces verdaderos deben reconocer su falta de habilidad para juzgar a la gente con su propia sabiduría. *"Da, pues, a tu siervo corazón entendido para juzgar a tu pueblo, y para discernir entre lo bueno y lo malo; porque ¿quién podrá gobernar este tu pueblo tan grande?"* (I Reyes 3:9).

Sabio: Un juez verdadero anhela que Dios le dé sabiduría para poder ser ejemplo al pueblo de Dios. *"Dame ahora sabiduría y ciencia, para presentarme delante de este pueblo; porque ¿quién podrá gobernar a este tu pueblo tan grande?"* (II Crónicas 1:10).

Conocedor: Los jueces de verdad anhelan que Dios les dé conocimiento de manera que puedan ser un buen ejemplo para el rebaño. *"Dame sabiduría y ciencia, para presentarme delante de este pueblo."* (II Crónicas 1:10).

Vigilante: Los jueces verdaderos tendrán cuidado de sus ministerios. *"Y dijo a los jueces (el rey Josafat): Mirad lo que hacéis."* (II Crónicas 19:6).

Orgulloso: Los jueces falsos se enorgullecerán al obtener una reputación. *"E hizo en Jerusalén máquinas inventadas por ingenieros, para que estuviesen en las torres y en los baluartes, para arrojar saetas y grandes piedras. Y su fama se extendió lejos, porque fue ayudado maravillosamente, hasta hacerse poderoso. Mas cuando ya era fuerte su corazón se enalteció para su ruina; porque se rebeló contra Jehová su Dios, entrando en el templo de Jehová para quemar incienso en el altar del incienso."* (2 Crónicas 26:15-16).

Necio: Los jueces orgullosos se vuelven necios porque no confían en el Señor. *"No se alabe el sabio en su sabiduría, ni en su valentía se alabe el valiente, ni el rico se alabe en sus riquezas. Mas alábese en esto el que se hubiere de alabar: en entenderme y conocerme..."* (Jeremías 9:23-24).

Sin conocimiento: Los jueces no conocen el camino del Señor, porque Dios les dará tinieblas. *"Por tanto de la profecía se os hará noche y oscuridad del adivinar."* (Miqueas 3:6).

Descuidado: Los jueces falsos no serán observadores de las falsedades en que puede caer la gente. *"Cosa fea y espantosa es hecha en la tierra: los profetas profetizaron mentira y los sacerdotes dirigían las manos de ellos, y mi pueblo así lo quiso."* (Jeremías 5:30,31).

Prevenido: Los jueces verdaderos serán conscientes de las tremendas responsabilidades para con el Señor. *"Y dijo a los jueces* (el rey Josafat)*: Mirad lo que hacéis; porque no juzgáis en lugar de hombre, sino en lugar de Jehová, el cual está con vosotros cuando juzgáis."* (II Crónicas 19:6).

Reverente: Un juez auténtico tendrá un respeto reverencial profundo hacia el Señor, mucho mayor que a cualquier otra cosa en su vida. *"Sea, pues, con vosotros el temor de Jehová; mirad lo que hacéis, porque con Jehová nuestro Dios no hay injusticia, ni acepción de personas, ni admisión de cohecho."* (II Crónicas 19:7).

Circunspecto: Un juez verdadero desea ser buen testigo del Señor en toda ocasión. *"Mirad lo que hacéis, porque con Jehová nuestro Dios no hay ni injusticia."* (II Crónicas 19:7).

Fiel: Es necesario que el juez sea fiel. *"Y les mandó diciendo: Procederéis asimismo con temor de Jehová, con verdad, y con corazón íntegro..."* (II Crónicas 19:9).

De corazón sincero: Los jueces auténticos deben tener corazones sinceros en su obra. *"Y dijo a los jueces: Mirad lo que hacéis; porque no juzgáis en lugar de hombre, sino en lugar de Jehová, el cual está entre vosotros cuando juzgáis."* (II Crónicas 19:6)

Desprevenido: Los jueces falsos se olvidan de cuidar el estado del pueblo de Dios. *"Pero si el atalaya viere venir la espada y no tocare la trompeta, y el pueblo no se apercibiere, y viniendo la espada, hiriere de el a alguno... pero demandaré su sangre de mano del atalaya."* (Jeremías 33:6).

Violento: Los jueces falsos no respetarán ni al Señor ni a nadie más, sino que vivirán de manera violenta. *"Oíd ahora esto, jefes de la casa de Jacob, ... que edificáis a Sion con sangre, y a Jerusalén con injusticia."* (Miqueas 3:9-10).

Presuntuoso: Este tipo de juez vivirá en pecado y presumirá de que Dios todavía está con él. *"Sus jueces juzgan por cohecho y sus sacerdotes enseñan por precio."* (Miqueas 3:9,10).

Infiel: Los jueces malos serán infieles al pueblo de Dios robándole sus fuerzas. *"Oíd príncipes de Jacob, y jefes de la casa de Israel ... que coméis la carne de mi pueblo ... y les quebrantáis los huesos y los rompéis como para el caldero y como para la olla."* (Miqueas 3:1,3).

Tiene celo sin entendimiento: Los jueces falsos pueden mostrar celo, pero no de acuerdo a ciencia. *"Porque yo les doy testimonio de que tienen celo de Dios, pero no conforme a ciencia. Porque ignorando la justicia de Dios, y procurando establecer la suya propia, no se han sujetado a la justicia de Dios."* (Romanos 10:2,3).

Amonestador: El juez de verdad dará advertencias al pueblo. *"En cualquier causa que viniere a vosotros de vuestros hermanos ... les amonestaréis que no pequen contra Jehová, para que no venga ira sobre vosotros y sobre vuestros hermanos. Haciendo así, no pecaréis."* (II Crónicas 19:10).

Sumiso: Los jueces verdaderos se someten a otros, espiritual y políticamente. *"Y he aquí, el sacerdote amarías será el que os presida en todo asunto de Jehová: Y Zebadías... en todos los negocios del rey."* (II Crónicas 19:11)

Respetado: Los jueces verdaderos serán respetados. *"...también los levitas serán oficiales en presencia de vosotros."* (II Crónicas 19:11).

Resuelto: Los que son jueces de verdad serán resueltos. *"Esforzáos, pues, para hacerlo, y Jehová estará con el bueno."* (II Crónicas 19:11).

Apático: Los jueces falsos son demasiado perezosos para advertir a la gente acerca de sus pecados. *"Cuando yo dijere al impío: Impío, de cierto morirás; si tú no hablares para que se guarde el impío de su camino, el impío morirá por su pecado, pero su sangre yo la demandaré de tu mano."* (Ezequiel 33:8).

Insumiso: El juez falso no se somete y no camina en los caminos de sus padres espirituales. *"Pero no anduvieron los hijos (de Samuel) por los caminos de su padre."* (I Samuel 8:3).

Inmerecedor de respeto: Los jueces falsos no se ganan el respeto de la gente porque Dios no les respeta a causa de sus pecados. *"Entonces (jueces) clamaréis a Jehová y no os responderá; antes esconderá de vosotros su rostro en aquel tiempo por cuanto hicisteis malvadas obras."* (Miqueas 3:4).

Apóstata: Los jueces falsos no se apegarán al Señor diligentemente, sino que caerán alejándose y provocarán que otros hagan lo mismo. *"Porque los gobernadores de este pueblo son engañadores y sus gobernados se pierden-"* (Isaías 9:16).

El Líder como Padre de los Huérfanos

"Como el padre se compadece de los hijos, se compadece Jehová de los que le temen" (Salmo 103:3)

No es extraño que las leyes de Israel incluyeran estatutos para proteger y guiar a los huérfanos y a las viudas (Éxodo 22:22; Deuteronomio 10:18; 14:29; 16:11-14 y 27:19). El salmista comprendía también el corazón protector de Dios hacia el huérfano y a la viuda (Salmo 82:3; 94:6; 109:9 y 146:9). *"A ti se acoge el desvalido; Tú eres el amparo del huérfano"* afirma el Salmo 10:14,18.

Otras porciones de las Escrituras relacionadas con este tema, dan la idea de Dios obrando a favor de la viuda y del huérfano (Isaías 22:21), defendiéndoles, dándoles alivio, libertándoles, visitándoles, guiándoles (Jeremías 3:4) y haciéndoles justicia (Salmo 68:5). Es obvio que Dios se preocupa por el huérfano y por la viuda porque quiere que todos tengan una vida feliz y segura en Él. Dado que Dios ha ordenado esto a través de la institución de la familia, Él toma cuidado especial para proteger a las personas cuando las estructura familiar se desintegra.

Si Dios se preocupa de esta manera por los huérfanos y por las viudas, así también debe hacerlo el guía espiritual con los huérfanos y viudas espirituales del mundo actual. Aunque el apóstol Santiago dijo que visitar al huérfano y a la viuda naturales en sus aflicciones era la *"religión pura y sin mácula"* (Santiago 1:27), Dios se preocupa mucho más acerca de los necesitados espiritualmente.

Dios quiere que sus líderes tengan un corazón para aquellos que todavía no son Sus hijos a través de la fe en Cristo Jesús. Debemos sentir la carga por aquellos que están lejos de la familia de Dios. A falta de otro, tienen a Satanás como padre de ellos (Juan 8:44). El líder debe tener un corazón para las almas perdidas, para que conozcan a Dios no sólo como su Creador, sino también como su Padre celestial.

Los líderes de Dios deben entrar a otro aspecto al ministrar a los destituidos espiritualmente. Esta es una carga por los nacidos de nuevo por la fe en Jesús, pero que no han sido colocados en familias de Iglesias locales donde puedan ser protegidos y alimentados. Estos son viudas y huérfanos espirituales que no tienen padres espirituales terrenales que les ayuden a crecer en su nueva fe en Cristo. Puede ser que tengan a Dios como su Padre espiritual, pero no otros padres en la familia de Dios. Es necesario darse cuenta que justamente como hacen los padres naturales al guiar y proteger en los asuntos de la casa, los ancianos y diáconos guían la casa de Dios como padres espirituales. Que el Señor obre en el corazón de cada líder formando un corazón de padre para los huérfanos.

El Líder como Maestro

"Quien adiestra mis manos para la batalla" Salmo 18:34

El líder es comúnmente considerado como un maestro para la gente. No es sorprendente que Dios haya puesto maestros en su cuerpo, porque Dios mismo se ha involucrado íntimamente en enseñar sus caminos y verdades (Salmo 45:4) a sus líderes (Salmo 105:22) y a su pueblo. Dios desea grandemente enseñar a su pueblo acerca de su persona y de Su reino presente (Salmo 32:8).

El pueblo de Dios ocasionalmente tiene problemas para obedecer lo que el enseña. Pero si los cristianos viven justa y humildemente, vendrá a ser su experiencia lo que dice el Proverbio 9:9: *"Enseña al justo y aumentará su saber."* Un justo incrementará su saber al alinear su vida eterna con la Palabra de Dios en la manera que es instruido. Cuando la gente no responde a la enseñanza de Dios, es normalmente porque no ha respondido a la última verdad que Dios le ha mostrado para obedecer. La gente ahoga su crecimiento espiritual cuando no responde a la enseñanza del Señor. Pero el justo oirá y crecerá, porque pone en práctica lo que oye.

La Iglesia puede regocijarse de que Dios ha estado cumpliendo proféticamente Isaías 30:20 *"con todo, tus maestros nunca más te serán quitados, sino que tus ojos verán a tus maestros."* Esta escritura tiene una medida de cumplimiento en relación con la enseñanza del Israel natural en la ley por sus maestros, después de su retorno de la cautividad babilónica. También se aplica espiritualmente a la Iglesia, la cual tiene una necesidad de maestros que conozcan la Palabra y también al Señor. A través del énfasis en sanidades, milagros y evangelismo masivo en la Iglesia, Dios ha estado restaurando el ministerio de la enseñanza. Dios está enfatizando hoy la importancia de la enseñanza y un liderazgo ungido. Su pueblo está aprendiendo ahora cómo vivir prácticamente la vida cristiana en sus casas y vecindades. El testimonio cristiano no sólo se está dando a través de los medios masivos sino también en formas locales y personales por parte de los creyentes.

Así como Dios enseña, también debe el líder instruir a su gente con un espíritu humilde, amable, obediente y amoroso. ¿Cuales son los principios de enseñanza que capacitarán al líder para enseñar a su gente con sabiduría?

He aquí algunas formas y claves que le ayudarán:

Enseñe a la gente solamente lo que estén listos para entender, recibir y poner en acción.

Use ilustraciones naturales para mostrarles las verdades espirituales (Romanos 1:20).

Enséñeles cómo meditar y estudiar la Palabra de Dios por ellos mismos, de manera que los individuos y las familias puedan ser alimentados durante la semana con la Palabra.

Use la repetición para que puedan guardar las verdades en su memoria.

Déles aplicaciones prácticas que les ayuden a poner la palabra en acción en sus propias vidas.

Enséñeles cómo enseñar a otros.

Enseñe a los maestros como enseñar a la gente de la edad que les corresponde.

Enseñe a los nuevos convertidos los fundamentos del cristianismo y a las familias, los principios de la vida familiar.

Enséñeles cómo integrarse en la casa del Señor de acuerdo a su edad y don de parte del Señor.

Enséñeles cómo ganar las almas para Cristo y cómo guiar a la gente a recibir el bautismo del Espíritu Santo.

Enséñeles con el ejemplo, haciendo primero lo que quiere que ellos hagan.

En un nivel teológico, note las siguientes cosas que Dios enseña a su gente. Asimismo estas son las cosas que el líder es responsable de enseñar a su gente. Dios enseña:

Sus caminos (no sólo sus verdades o sus hechos) Salmo 25:4 y 27:4.

Su verdad (lo único que libertará a los cautivos) Salmo 25:5.

Sumisión (cómo obedecerle verdaderamente) Salmo 25:8

Mansedumbre (los mansos son humildes y tienen hambre de su Palabra) Salmo 35:9.

El temor de Jehová (a través del cual los hombres se apartan del mal) Salmo 34:11.

Las prioridades espirituales (que ayudan a la gente a "contar sus días" para un uso sabio del tiempo) Salmo 90:12

Sus estatutos (para que la gente conozca con claridad sus límites específicos) Salmo 119:12.

Sus juicios (para que la gente no piense que la gracia es una licencia para pecar) Salmo 119:66.

Su conocimiento (el cual desea que sea balanceado con el carácter en la vida de las personas) Salmo 119:66.

Su voluntad (siempre acorde con su palabra) Salmo 143:10.

La guerra espiritual (con la armadura espiritual de Efesios 6:10-20 y no con armas carnales) Salmo 18:34 y 144:1.

Todos estos principios y claves ayudarán al líder a enseñar a la gente sobre cuyas vidas Dios le ha puesto a cargo.

El Líder como Disciplinador

"Pero al malo dijo Dios: ¿Qué tienes tú que hablar de mis leyes, Y que tomar mi pacto en tu boca? Pues tú aborreces la corrección, Y echas a tu espalda mis palabras." (Salmo 50:16,17).

A muchos líderes no les agrada corregir o disciplinar a su gente. Esto no es sólo antibíblico, pues da a Satanás la oportunidad de arruinar la vida espiritual de muchas personas de la familia de Dios. Satanás ama una casa indisciplinada (sea natural o espiritual). En tal ambiente, él puede fácilmente causar liviandad y una forma de vida comprometedora que se propaga a todos los miembros de la familia. En contraste, Dios ama la disciplina y la corrección. El Salmo 39:11 afirma acerca de Dios, *"con castigos por el pecado corriges al hombre."* Siendo que Dios no duda en disciplinar y corregir (ver el Salmo 118:18), tampoco el líder piadoso debería dudarlo.

Los líderes tienen miedo a disciplinar a sus miembros por varias razones. Algunas de esas razones son:

Si él tiene hijos indisciplinados en su casa, posiblemente sienta que no podrá disciplinar a otros.

Puede tener pecados no confesados en su vida.

Tal vez no conoce suficientemente la Palabra para identificar las áreas que necesitan corrección.

Puede ser que tenga el deseo de agradar a los hombres más que a Dios, debido a motivaciones impuras en su corazón.

Su esposa le corrige constantemente en el hogar, y no quiere parecerse a ella.

Tal vez no tiene el llamado a ser pastor o guarda del rebaño.

Tal vez esté leyendo y creyendo filosofías mundanas acerca de la disciplina, en lugar de hacer a la Palabra su norma de conducta.

Puede sentir que no tiene el completo respeto y cooperación de su gente cuando intenta disciplinarlos.

Se siente inseguro de su posición y/o autoridad.

Es posible que piense que la disciplina piadosa relativamente no tiene importancia en la iglesia, que los propósitos principales son las sanidades, milagros o el evangelismo.

Tal vez él mismo nunca fue disciplinado por nadie (aun por el Señor mismo).

Posiblemente tenga el temor - erróneamente - de que perderá su buena reputación o a sus buenos amigos si él corrige a alguien.

O puede que tenga las manos atadas por el cuerpo de diáconos de su iglesia local, o por alguna autoridad denominacional externa.

Sea cual fuere la excusa del líder, Dios claramente desea que aplique una disciplina piadosa a aquellos que Él le ha confiado. Es su responsabilidad espiritual ante Dios el "velar por las almas" (Hebreos 13:17), sabiendo que ocasionalmente, ello requerirá de la disciplina. Los niños se sienten más felices y más seguros cuando conocen los límites que sus padres les han establecido. En la misma forma, los hijos de Dios necesitan esa sensación de límites de parte de sus padres espirituales. Tales límites deben ser siempre escriturales, porque la Palabra es el cayado con que el pastor corrige a las ovejas de Dios (II Timoteo 3:16). Cuando esto es hecho en amor (Porverbios 3:12; Apocalipsis

3:19), la disciplina siempre llevará a la persona a un beneficio espiritual, y finalmente a la felicidad (Job 5:17).

A pesar de que el castigo no es agradable a la carne, sí es placentero al espíritu. Y es la vida espiritual de la persona la que es más importante para Dios. El líder debe recordar que Dios ocasionalmente sacrifica elementos de la vida natural y externa de las personas, de manera que su espíritu sea disciplinado y maduro (I Corintios 5:5). La Biblia exhorta a los creyentes que no se cansen de la corrección de Dios (Proverbios 3:11; Job 5:17; Hebreos 12:5-11). También exhorta a los líderes que no se olviden de disciplinar a sus propios hijos, sino a que vean sus familias naturales como en ejemplo (Proverbios 23:13). Las palabras no siempre son suficientes paras corregir a alguien; en ocasiones se requieren de otras acciones (Proverbios29:19).

Corregir a una persona es mostrarle en lo que está equivocado, reprobar, reprender, castigar, instruir o amonestar. Muchos pastores se consideran a sí mismos "maestros" pero no pueden entender que ese oficio requiere que ellos den advertencias y disciplina. Para ser verdaderos maestros, los líderes deben dar buen ejemplo a la grey, y deben corregir amorosamente al rebaño cuando sea necesario.

La relación de un líder con el miembro de su familia espiritual es similar a la del Señor con su pueblo o la de un padre a su hijo. En Deuteronomio 8:5 dice: *"Como castiga el hombre a su hijo, así Jehová Dios te castiga."* Cuando un líder es castigado por Dios mismo, él sabe el valor de esa corrección. Sabe que los tratos de Dios no le matarán físicamente (II Corintio 6:9). Ese líder sabe que Dios quiere corregir el alma y espíritu del hombre, no su ser exterior (Salmo 69:10). Un líder que ha sido corregido por Dios sabe que ningún castigo parece bueno en el momento de recibirlo, pero que después, edificará la piadosa integridad y el carácter en su vida y su ministerio.

El hombre de Dios corrige a su gente amorosa y suavemente con la Palabra de Dios para el propio bien de ellos. Él sabe que debe ministrar la palabra de Dios mientras aún hay esperanza de que aprendan y cambien (Proverbios 19:18). Sabe que debe mostrarles los caminos correctos de Dios sin enojo (Salmo 6:1; y 38:1). Hay demasiados padres que corrigen a sus hijos con ira. El líder sabio sabe que con amor, gentileza, y firmeza, su pueblo crecerá al ser corregido.

Dios el Guía

El Líder como Guía

"Porque este Dios es Dios nuestro eternamente y para siempre; El nos guiará aun más allá de la muerte." Salmo 48:14.

La mayoría de los cristianos creen que Dios guía a su gente. Pero muchos de ellos no creen que Dios use a sus líderes, que están caminando con Él, para hacerlo. Algunos cristianos han adoptado la rebelión y la independencia de nuestra sociedad, no recibiendo órdenes de nadie ¡y a veces ni siquiera de Dios!

La Iglesia de hoy necesita desesperadamente de verdaderos guías espirituales, pero no de dictadores. En muchos casos, líderes ciegos están guiando a gente ciega y ambos están cayendo en el hoyo (Mateo 23:16,24). Esta sección intentará motivar a los líderes a estar disponibles ante Dios de tal forma que Él pueda guiar a su pueblo a través de sus vidas y ministerios. El líder debe entender que Dios reserva un severo juicio para aquellos que guían al pueblo en la dirección equivocada (vea el caso de Jeroboam en I Reyes 16:2,19,26).

Dios ha prometido guiar a los que lo siguen, desde el tiempo de su juventud (Jeremías 3:4) hasta el tiempo de sus muertes (Salmo 48:14). El problema se presenta cuando los cristianos que están alejándose del Señor siguen esperando que Él los guíe. Dios no guiará directamente a aquel cristiano, iglesia o líder que está violando deliberadamente Su palabra. El único lugar al que Dios guiará a aquellos que están caminando fuera de Sus caminos, es a uno de arrepentimiento y cambio.

Dios va a guiar directamente a alguien sólo después que se somete personal y totalmente al señorío de Cristo Jesús. La meta del liderazgo cristiano no es la de decir a los cristianos que es lo que deben hacer ni a donde deben ir. La meta del cristiano así como la del líder es ponerse a sí mismos en el mismo centro de la voluntad de Dios por medio de la completa obediencia la palabra de Dios. Desde ahí, Dios puede guiarlos a los dos.

En cualquier momento en que nos alejamos de Dios y de Su palabra, sabemos que no estamos siguiendo al Espíritu Santo. Una vez que el cristiano o el líder se sitúa en el centro de la perfecta voluntad de Dios al obedecer lo que sabe que Dios le está diciendo desde Su palabra, entonces él puede reclamar la promesa, *"Jehová te pastoreará (guiará) siempre"* (Isaías 58:11).

Dios guía a su pueblo y sus líderes por medio de su Espíritu Santo a través de Su Palabra. Dios hace esto porque desea grandemente que su gente entre en su verdad espiritual. Él desea también guardar la reputación de Su nombre como la Cabeza de la Iglesia (ver el salmo 31:3). Dios guía a su pueblo de manera que nadie pueda decir, "¿Donde está el Dios de Israel?" Miqueas el profeta reiteró el hecho de que el pueblo de Dios dependía de su Dios para que les guiara cuando escribió *"no creáis en amigo, ni confiéis en príncipe"* (Miqueas 7:5).

Dios, al usar a sus líderes para guiar y dirigir a su gente, tiene varias cosas en mente. Algunas de ellas se expresan en los significados de la palabra hebrea utilizada para denominar dirección:

Un líder debe considerarse a sí mismo como la cabeza espiritual (por abajo de Cristo, por supuesto) de su familia o tribu espiritual. Él les une y les guía en su caminar cristiano.

El líder no debe pensar sobre su ministerio de dirección sólo como la precedencia o el gobierno sobre la gente, sino también el compañerismo y la confianza mutua.

El hombre de Dios debe guiar a Su gente sólo en la senda recta del Señor, Su Palabra y Sus caminos.

El líder debe dar el correcto y piadoso consejo a su pueblo, como parte esencial de su dirección, en lugar de enviarlos a tratamientos con un psiquiatra secular.

El líder solamente puede guiar y dirigir si es suave y gentil con la gente que Dios le ha dado.

Debe basar toda su dirección a la gente sobre el Espíritu de Dios y Su Palabra.

Al hacer todas estas cosas, el líder debe vivir para darle significado a la palabra "guía".

Al guiar al pueblo de Dios, el líder cristiano debe entender que el propósito de Dios es doble: primero, hacer que su gente penetre en toda la verdad (Juan 16:13), y en segundo lugar, que desarrolle el carácter de Cristo en su interior (Lucas 1:79). El líder no debe poner un sobre énfasis en alguno de estos aspectos. La verdad y el carácter no deben reñirse, sino que deben ser balanceados por el líder en tanto que aplica los principios bíblicos a su gente.

¿Como debe guiar el líder a la gente que Dios le ha encomendado? La siguiente es una lista de algunas funciones de la dar dirección:

Observar de cerca al rebaño para conocer las necesidades y problemas (Salmo 32:8).

Ver al Espíritu Santo como el Consejero definitivo o final (Salmo 32:2).

Compartir principios del crecimiento cristiano y de la fortaleza espiritual con la gente (Éxodo 15:13), de manera que puedan pelear la batalla de la fe por sí mismos.

Narrar cómo Dios le ha ayudado en ciertas áreas de su propia vida.

Preguntarle a Dios qué principios espirituales de su palabra puede Él estar tratando de enseñar a alguien a través de ciertos tratos por los que está pasando.

Demostrar los principios cristianos apropiados a través de sus palabras y acciones, como Dios hizo al guiar a Israel por medio de la pericia de sus manos y palabras (vea el Salmo 78:72).

Dios el Labrador

El Líder como Lluvia y Rocío para el Pueblo de Dios

"Descenderá como la lluvia sobre la hierba cortada; como el rocío que destila sobre la tierra" Salmo 72:6

A través de toda la Biblia, Dios es considerado como la fuente de lluvia para Su pueblo (Génesis 2:5, 7:4, 8:2; I Samuel 12:17). Es Dios quien controla la lluvia para Sus propios propósitos (Apocalipsis 11:36). Jeremías hábilmente pregunta *"¿Hay entre los ídolos de las naciones quien haga llover? ¿No eres tú Jehová nuestro Dios? En ti pues esperamos, pues tú hiciste todas las cosas"* (Jeremías 14:22).

El profeta Amós describió la soberanía de Dios en relación con la lluvia en las siguientes palabras, *"También os detuve la lluvia tres meses antes de la siega; e hice llover sobre una ciudad, y sobre otra ciudad no hice llover; sobre una parte llovió, y la parte sobre la cual no llovió, se secó."* (Amós 4:7). Israel tenía que aprender a confiar en Dios en cuanto a la lluvia, más que en los sistemas de irrigación de Egipto o los métodos de otras naciones.

La tierra de Palestina es muy rocosa y seca en la mayoría de lugares. La gente de Israel almacenar el agua que llovía en recipientes de barro y en cisternas. Al vivir en una tierra tan seca, Israel tenía que aprender a confiar en que Dios enviara la lluvia. Esta condición de necesidad les hacía muy dependientes de Dios a través de la fe y la obediencia. Deuteronomio 11:11 describe la tierra como una persona, tan sedienta que "bebe" las aguas de la lluvia que cae del cielo.

En forma similar, el mundo de hoy está en una horrible necesidad de lluvia espiritual de parte de Dios. Pero uno de los medios a través de los cuales la gente recibe crecimiento y provisión de lluvia espiritual es a través de los líderes llamados por Dios (Hebreos 6:7; Éxodo 16:4). Dios declaró que Él vendría a su gente *"como la lluvia"* (Oseas 6:3). Dios desea usar a sus líderes para traer frescura espiritual a su gente. Hoy día, hay una gran hambruna espiritual en la tierra por la falta de gente que esté entrando en el derramamiento de Su Espíritu Santo. Es por ello que Dios necesita que los líderes entiendan los principios que hacen que se derrame la lluvia sobre Su gente. Este entendimiento será comunicado a la gente de Dios a través de aquellos que han sido escogidos para ser sus líderes.

Aunque lluvias de diferentes tipos algunas veces significaban juicio en la Escritura (Éxodo 9:18; Salmo 11:6), estas ha sido asociadas con bendición (Ezequiel 34:26), con felicidad (Hechos 14:17), con misericordia (Mateo5:45), con justicia (Oseas 10:12), con la paciencia (Job 29:23) y con la expectación y doctrina (Deuteronomio 32:2). Todos estos son importantes principios que cada líder debe enseñar para poder recibir la lluvia de Dios.

Probablemente uno de los más importantes aspectos de la enseñanza sobre la provisión de lluvia es el quebrantamiento de la tierra seca de los corazones de la gente, por medio de la oración y el arrepentimiento de sus pecados (Jeremías 4:3; Oseas 10:12). Dios hace descender Su lluvia sobre la hierba cortada (Salmo 72:6), aquellos corazones que se rebajan y humillan ante Él. Hay ciertas razones especiales para la lluvia, aun en el ámbito espiritual (Levítico 26:4; Salmo 147:8; Jeremías 3:3), como las ocasiones especiales de la visitación de Espíritu Santo. Pero en todo momento, Dios pondrá Su Espíritu Santo sobre aquellos que le buscan de todo su corazón.

El hombre de Dios debe ser como la lluvia refrescante para su pueblo en su predicación, enseñanza y consejería. Debe aprender los principios que hacen que la lluvia descienda sobre la iglesia. Entonces él hará posible que su gente experimente, tanto en su vida corporativa como individual, al Señor Jesucristo mismo como la lluvia del cielo.

El Líder como Plantador de la Viña y su Labrador

"Sus manos formaron la tierra seca" Salmo 95:5.

Ser líder es más que sembrar semillas. Es también ser un plantador de viñedos. El líder debe ser un granjero espiritual, que provee agua refrescante, suelo fértil y un ojo que observa sus cosechas y sus vidas. Él debe estar alerta a los vientos orientales, las langostas, los gusanos, los ladrones, los pájaros y fuegos que pueden destruir los campos del Señor (Isaías 61:3). Como un plantador de viñas, el líder debe preocuparse con lo que pasa con la semilla después de ser sembrada. El líder debe estar vigilante sobre cada planta que Dios ha plantado. Él debe cuidarla desde el principio como un brote de una pequeña planta de fe en Cristo, y encontrar un terreno seguro donde debe continuar creciendo y llevar mucho fruto.

Hay un momento, eventualmente, para arrancar lo que ha sido plantado (Eclesiastés 3:2). Pero cada planta en la viña de Dios requiere tiempo para que sus raíces se entierren profundamente en el suelo y se fortalezcan. Desafortunadamente, muchas veces después de que Dios ha plantado, los líderes de la viña no la atienden para que produzca fruto saludable. Jesús aplica esta analogía a la nación judía en Mateo 21:33.

Al parecer, la Escritura enfatiza el lado espiritual en cuanto a plantar la viña. Como un labrador del pueblo de Dios, el líder debe:

Prevenir que su gente se mezcle con las ramas de las viñas de otros dioses (Isaías 17:10).

Convencer a su gente que con la misma seguridad que tenemos que Dios ha plantado los cielos y la tierra, así mismo ha escogido a Su Iglesia para hacer que el universo conozca del Señor Jesucristo (Isaías 51:16).

Enseñar a su gente a seguir el ejemplo del Señor Jesús para crecer delante del Señor como un tierno renuevo (Isaías 53:2).

Poner en claro a su gente que por el hecho de haber tenido un buen comienzo en el Señor, no les está garantizado un buen final, a menos que sigan obedeciendo a Dios. (Ver el ejemplo del fracaso de Israel en Jeremías 2:21 y Ezequiel 17:1-24).

Darse cuenta que Dios desea establecer a Su Iglesia para siempre.

Darse cuenta que cada árbol (persona) que no ha sido plantada por el Señor será desarraigada (Mateo 15:13). Por tanto, debe asegurarse que todos sus miembros han afirmado su salvación en Cristo.

Enseñar a su gente que el consejo de los impíos los apartará de la meditación día y noche en la Ley de Jehová, la cual los hará ser plantados firmemente como árboles de justicia, junto a los ríos del Espíritu de Dios (Salmo 1:1-3).

Tener cuidado de todas la plantas de la casa del Señor (Salmo 92:11-13).

Entender que por el bautismo en agua, todas las plantas del Señor son "plantadas en su semejanza" (Romanos 6:5) y debe animarles a edificar sobre este fundamento.

Es verdad que el líder debe sembrar la semilla de la Palabra de Dios. Debe también cuidar lo que le sucede a la semilla después de que echa raíces en el corazón de una persona. Quiera Dios que cada líder aprenda a ser un mejor labrador de la viña del Señor. (Otras escrituras que presentan al líder como labrador son: II Crónicas 26:10; Jeremías 31:24; Joel 1:11 Juan 15:1, II Timoteo 2:6; Santiago 5:7).

El Líder como Sembrador en el Campo

"Siembran campos, y plantan campos, y rinden abundante fruto" (Salmo 107:37).

Dios es representado como un sembrador en las Escrituras. Él sembró la nación de Israel en la tierra de Palestina para bendición (Oseas 2:23). Él sembró las naciones de la tierra para maldición (Zacarías 10:9). De la misma forma, es por medio del líder que Jesús siembra la semilla de Su Palabra (Lucas 8:11). Sin embargo, una de las más fuertes amonestaciones de la Ley de Moisés era que Israel no debía de sembrar sus campos con más de un tipo de semilla. De lo contrario, obtendría una mezcla de grano en su cosecha (Deuteronomio 22:9, Jeremías 31:24; ver también Proverbios 11:30 y 12:12).

El líder cristiano debe tomar este principio de corazón. Debe darse cuenta que producirá fruto puro y espiritual ante Dios sólo si él siembra exclusivamente la Palabra de Dios en las almas y corazones de sus oyentes. De otra manera puede producir una mezcla de lo piadoso con lo impío en el reino. Dios reta a cada líder a confiar sólo en Su Espíritu y en Su Palabra (Isaías 30:23) para producir fruto en el Reino (Eclesiastés 11:6 y Mateo 6:26). Otras semillas están prohibidas. De esta manera, no será glorificada la carne ni se permitirá compromiso alguno con lo mundano en los corazones del pueblo de Dios.

El líder debe recordar los siguientes principios en la siembra de la Palabra de Dios:

La desobediencia a la voluntad de Dios en la vida del líder será algo tan inútil como sembrar la semilla en la lluvia (Levítico 26:16; Miqueas 6:15).

Aun cuando el líder siembre la semilla con muchas lágrimas, debe tener confianza de que Dios hará que él coseche el fruto de esa semilla lleno de gozo (Salmo 126:5).

Si un líder mira a los rostros exteriores de la gente o a las circunstancias externas de alguna situación, y no al Señor, probablemente no sembrará la semilla (Eclesiastés 11:4).

Un líder avisado no sembrará la semilla entre espinas (Jeremías 4:3; Mateo 13:22).

El líder debe sembrar con el propósito de producir una cosecha de justicia en la vida de las personas (Oseas 10:12; Proverbios 11:18).

El líder debe darse cuenta que algunos ministros en la Palabra preparan la semilla para los sembradores (Isaías 55:10; II Corintios 9:10).

El líder debe entender que la Iglesia es la porción cultivada por Dios del campo del mundo (Mateo 13:38; Juan 4:35; I Corintios 3:9).

También debe saber que muchas veces la semilla que se siembra parece morirse antes de dar fruto (I Corintios 15.36,37).

Es importante evitar el sembrar problemas (Job 4:8), discordia (Proverbios 6:14), contienda (Proverbios 16:28) o iniquidad (Proverbios 22:8).

Es necesario recordar que cosecharemos lo que sembramos. Si sembramos escasamente, asimismo segaremos escasamente (Proverbios 1:31; Gálatas 6:6,7).

Debemos notar que los ministerios de sembrar y cosechar son iguales delante de Dios, y deben regocijarse juntos en el Señor (I Corintios 3:6-8; Juan 4:35,36).

El líder debe producir en su ministerio el fruto de santidad (Levítico 19:24); el diezmo del fruto (Levítico 27:30); fortaleza en la edad avanzada (Salmo 92:24); el fruto de buenas obras (Salmo 104:3; Proverbios 31:31; Jeremías 17:10; Colosenses 1:10), del Espíritu Santo (Gálatas

5:22); bondad (Efesios 5:9), fruto de labios agradecidos (Hebreos 13:15); de justicia (Proverbios 12:12); buenas obras (Proverbios 12:15); buenos pensamientos (Jeremías 6:19); humildad (Isaías 10.12 en contraste); y de crecimiento espiritual en Jesucristo (Jeremías 12:12).

Todos estos principios ayudarán al líder a sembrar la Palabra de Dios de manera más efectiva en los corazones de la gente hambrienta y abierta. Si el líder siembra, pero el enemigo dispersa el fruto de lo mismo (Job 31:8), puede darse cuenta que Dios está juzgando su ministerio por alguna razón. Sin embargo, si el líder sigue los principios fundamentales de sembrar y cosechar, él verá una cosecha de justicia y fe surgida de las semillas por él sembradas.

Capítulo 17

LA FUNCIÓN DEL LIDERAZGO

Nuestro estudio sobre el liderazgo ha alcanzado la etapa de las "nueces y sus crujidos." En esta capítulo exploraremos las funciones del liderazgo, el desempeño real del ministerio del pueblo de Dios. Examinaremos la vida de tres ministros ungidos: Eliseo, el profeta; Nehemías, el director de la reconstrucción de los muros de Jerusalén en la post cautividad babilónica y el apóstol Pablo, un ejemplo de líder de la Iglesia del Nuevo Testamento.

La Función del Liderazgo: Eliseo el Profeta

La vida y ministerio de Eliseo, después de recibir el manto de Elías, demostraron varios principios de la función del ministerio. En la columna de la izquierda líneas abajo, presentamos el progreso en la vida ministerial de Eliseo. En la columna de la derecha se anotan los principios subyacentes en el ministerio de Eliseo, en su aplicación al ministro cristiano de hoy.

MINISTERIO DE ELISEO	APLICACIÓN AL LIDERAZGO
Heredar el manto	*Entrar al ministerio*
Después de que Elías fue trasladado al cielo, Eliseo tomó el manto de profeta (II Reyes 2:13).	Sólo en tanto que Dios prepara el camino para el ministerio del líder, en su momento adecuado, éste producirá fruto en el reino de Dios.
Después de recibir el manto profético, Eliseo se volvió y golpeó el río Jordán, entonces pasó sobre el, igual que lo había hecho Elías (II Reyes 2:13,14).Esta repetición del milagro de Elías confirmó ante los demás la sucesión de Eliseo en el oficio de Elías.	El líder debe confiar que Dios va a proveer todas las confirmaciones externas para su ministerio.

Después del primer milagro de Eliseo en el Jordán, los hijos de los profetas le reconocieron abiertamente que el espíritu de Elías estaba sobre él (II Reyes 2:15) y aún se le arrodillaron.

"El don del hombre le abre camino": el ministerio de un líder debe ser reconocido y respetado por otros líderes cristianos.

Los hijos de los profetas buscaban a Elías por si acaso el Espíritu le hubiera dejado en un monte o valle. Eliseo sin embargo les desanimó a seguirlo haciendo (II reyes 2:16), porque sabía lo que Dios había hecho con Elías.

Un hombre de Dios nunca debe permitir que la presión de sus consiervos cristianos, aun en el caso que le tengan mucho respeto, para hacerle dudar del conocimiento o la fidelidad de Dios.

A pesar de todo, los hijos de los profetas insistieron en buscar a Elías, pero no lo encontraron , exactamente como lo había dicho Eliseo antes (II reyes 2:17,18).

Todo líder sabe que la gente algunas veces va a insistir en volver a los viejos maneras de hacer las cosas, sin aceptar el consejo del nuevo liderazgo que Dios ha levantado. En tales casos, el nuevo ministro, debe permanecer dando su consejo espiritual, y si es de Dios, esperar a que pase lo que él ha declarado

Eliseo hizo su siguiente milagro al poner sal en las aguas amargas y traerles sanidad así (II Reyes 2:19-22).

Solo en tanto que Dios usa a sus líderes para colocar a los cristianos (la sal de la tierra) en puntos estratégicos, es que el mundo va a ser sanado de su ceguera y amargura espirituales.

El comportamiento de Eliseo en el siguiente grupo de eventos demuestra un gran sentido del honor. Su comportamiento asertivo puede sorprender a algunas personas. ¿Es esta la manera en que se comporta un humilde hombre de Dios? La respuesta es si, Dado el gran sentido de dignidad de Eliseo, muestra su gran respeto por la mano y propósitos de Dios para su vida. En igual forma, el líder cristiano de hoy necesita poseer las características y de una personalidad verdaderamente humilde, que tiene un gran respeto sobre todas las cosas a Dios y sus propósitos.

La Honra de un Profeta	Funcionando en el Oficio del Ministerio
A causa de que los jóvenes se habían burlado de el,como si fuera un hombre despreciable, Eliseo los maldijo con un oso (II Reyes 2:23,24). Aun en India de hoy día, llamar a alguien "calvo" generalmente implica desprecio, no solamente calvicie.	Dios exige respeto para sus ministros y puede juzgar a aquellos que maldicen a Sus líderes por El llamados.
A Josafat, rey de Judá (873-849 a.C.) se le habló acerca de Eliseo el profeta "quien echaba agua a Elías al lavarse la manos." Dado que no se utilizaban cubiertos, un siervo hacía las labores menores de lavar las manos de su amo con agua (II Reyes 3:1-11).	El líder debe tener un corazón de siervo, deseoso de hacer aun los trabajos de servicio para sus maestros y para otros.
Cuando Josafat buscó palabra de Jehová a través de Eliseo, el profeta pidió un músico que tocara para él. El espíritu de Dios vino sobre él y profetizó su tercer milagro, de llenar los estanques del valle con agua, lo cual se cumplió (II Reyes 3:11-20)	Podremos tener una plena liberación del Espíritu en nuestra vida u ministerio solo en tanto que funcionemos en alabanza y adoración ante el Señor.
Eliseo siguió el ejemplo de su amo. El preguntó a la viuda endeudada "¿que te haré yo?" exactamente como Elías le había preguntado a él justo antes de ser traspuesto al cielo. (II Reyes 4:1-11).	El líder debe aprender a observar las abundantes cualidades positivas de su amo para poder emularle.
Eliseo colaboró con la divina soberanía de Dios al llenar con aceite las vasijas que la viuda consiguió prestadas para que ella tuviera aceite abundantemente (2 Reyes 4:1-7).	El líder debe enseñar a su gente como combinar los recursos de Dios con los suyos propios para alcanzar una vida de fructificación y unción espiritual.

El respeto de Eliseo por la soberanía de Dios estaba balanceado con su respeto por la posición y las necesidades de la gente a su alrededor. Esto se refleja en su comportamiento discreto, que sirve de modelo para varias características de la personalidad del líder cristiano de esta época.

La Discreción del profeta	Comportamiento Apropiado del Ministro
Eliseo recibió pan, una cama, una mesa, una silla y una lámpara de una mujer sunamita de alta posición. (II reyes 4:8-11).	El líder debe recibir humildemente dones y provisión del Señor a través de los demás.
Eliseo intentó recompensar la generosidad de la mujer sunamita, ";Qué puedo hacer por tí?"le preguntó, y le declaró que tendría un hijo en la misma fecha del siguiente año (II Reyes 4:12-17).	El líder debe aprender a devolver regalos y su agradecimiento a los que le han bendecido.
Eliseo habló indirectamente a la mujer sunamita por medio de Giezi, porque no era apropiado o acostumbrado que una mujer visitara a un hombre en su habitación privada (II Reyes 4:12-14).	El líder debe ejercitar la adecuada discreción y etiqueta en todo tiempo.
Eliseo no le preguntó a la mujer sunamita porque no había ido a él en la época que la gente visitaba a los hombres santos en peregrinación. (Pues aún su marido le dijo: ";Para que vas a verle hoy? No es nueva luna ni día de reposo"). II Reyes 4:23-26).	El líder nunca debe volverse un fariseo que pone las cosas en mayor importancia que la gente.
Eliseo no dejo que Giezi diera los tradicionales saludos, largos y elaborados de su época a todos aquellos que se encontrase en el camino al ir a ayudar a la mujer en su necesidad (II Reyes 4:29).	Es necesario aprender que las necesidades de la gente es de mayor importancia que la tradición o las costumbres.
Al acercarse la Sunamita, Eliseo admitió que el Señor no le había revelado su necesidad a él (II Reyes 4:27,39,31-35).	El líder debe ser lo suficientemente humilde para admitir cuando Dios le habla acerca de algo y cuando no lo hace así. Nunca debe uno dejar que la autoconfianza le lleve a presumir de tener la mente de Dios. Siempre debe orar para percibir los pensamientos de Dios en cada situación, y esperar la revelación.

Eliseo actuó en forma normal y tradicional al requerimiento de la emergencia al pedir a Giezi que pusiera su cayado en la cara del hijo de la sunamita que había muerto antes de que él recibiera el designio de Dios de manera más específica a través de la oración (II reyes 4:29,31-35).

En Gilgal, Eliseo puso algo de harina en la olla de comida de los hijos de los profetas que habían contaminado con calabazas silvestres traídas del campo (II Reyes 4:38-41). Como era de costumbre, los discipulos de Eliseo estaban sentados ante el, en una relacion de estudiante a maestro, probablemente repitiendo sus palabras.

Eliseo le dijo a un hombre del Baalsalisa ("Señor de la tercera parte") que distribuyera la comida que el había traído a Eliseo, y que los dejaría satisfechos.(II Reyes 4:42-44;15:32- 38).

En las emergencias, el líder debe hacer lo que Dios le ha enseñado en experiencias del pasado y su sabiduría. Pero nunca debe confiarse solo en ello. Debe volverse a Dios en fresca oración tan pronto como sea posible. Confiarse de la tradición, sin recibir el pensamiento del Espíritu Santo y sin ver resultados positivos, llevará solamente a una muerte continua.

Es necesario que quien sirve a Dios sea hábil en el manejo de la Palabra de Dios para traer sanidad al alimento espiritual que el sirve a sus ministros más jóvenes, cuando podría ser contaminado por alguno de ellos con mezclas de lo mundano.

El líder debe aprender a usar y a dar lo que tiene en el presente para satisfacer las necesidades de la gente, y entonces creer que Dios lo va a multiplicar por la fe para satisfacer las necesidades de todos. (Ver Mateo 14:16-21).

Al crecer el ministerio de Eliseo hacia la madurez, el se vió involucrado en obras de servicio que afectaron a la nación de Israel entera. Esto requería de gran discernimiento en su propia personalidad y de la habilidad de escuchar cuidadosamente a las instrucciones de Dios con respecto a Su voluntad. Al hacer esto, el sirve de modelo en esta característica de la discreción para todos aquellos líderes que deseen convertirse en vasos preparados para todo en los usos del Señor.

El Discernimiento del Profeta

Eliseo mantenía su dignidad y respeto espirituales, aun cuando Naamán el capitán del ejército sirio, vino con fanfarrias militares para que el le sanara. El profeta mantuvo su dignidad al negarse a salir al encuentro de Naamán, en lugar de ir, envió mensajeros a él (II Reyes 5: 9,10).

Funcionando con Discernimiento

El líder debe siempre mantener su dignidad y respeto como siervo del Dios altísimo, aun cuando la gente de prestigio político o académico ostenten sus posiciones delante de el, con motivos de beneficio personal.

Eliseo no aceptó los regalos de Naamán, a pesar de que este capitán sirio declaró haber creído en el Dios de Israel (II Reyes 5:15,16,26).

Eliseo juzgó los motivos de Naamán como algo puro, en lugar de juzgarlo por las apariencias externas cuando el le pidió llevarse algo de tierra del suelo de Israel. A pesar de que Naamán tenía que acompañar a su amo al templo pagano, aunque el mismo no rindiera adoración, sino que ofrecería sacrificios en su porción de suelo de Israel (II Reyes 5:17-19).

Eliseo le dijo al leproso Naamán que se sumergiera en el río Jordán siete veces, y el sería sanado. De la reacción de Naamán a tal petición humillante, podemos asumir que el profeta estaba retando sensitivamente su orgullo. Además, Eliseo no usó el mismo método aquí como el que uso al sanar al hijo de la mujer sunamita (II Reyes 5:1-19).

Eliseo demostró gran discernimiento espiritual y sensibilidad a los motivos de su siervo Giezi quien corrió tras Naamán para pedirle regalos por su sanidad que le había hecho el profeta. Giezi fue herido con la lepra de Naamán en castigo a su espíritu codicioso (II Reyes 5:20-27) y por la calumnia a la reputación de Eliseo al darle a Naamán la impresión que el profeta había cambiado de parecer los regalos de Naamán.

El líder no debe nunca ser tentado con un soborno, El debe discernir siempre los motivos detrás de los regalos: ¿Tendrá este regalo motivos egoístas? Todo líder debe recordar que no conviene a nadie "ser cegado" por las dádivas. Todo hombre de Dios tiene el deber de guardar su corazón de la codicia de las cosas materiales, y debe siempre poner su propósito espiritual en el ministerio en primer sitio.

No debemos juzgar solo por lo exterior. Debemos discernir siempre la actitud básica y los motivos del individuo. Jesús condenó a los fariseos por juzgar lo externo, y Pablo exhortó a los cristianos a no juzgar a sus hermanos ásperamente por cosas sin mucha importancia.

Un líder tiene que buscar el próposito específico de Dios para cada situación, de acuerdo a las actitudes especifícas del corazón de la persona. Dios tiene principios generales, pero también trata con su pueblo en una forma individual, de acuerdo a su problema particular, motivos o necesidades.

Es necesario que los ministros pidan a Dios discernimiento espiritual en relación con todo lo que atañe a su gente. Lo que aparece en el exterior no siempre es lo que es. Más aun el líder nunca debe responder con un espíritu defensivo cuando aun uno de sus colaboradores mas cercanos calumnia su reputación en alguna manera. En vez de ello debe permitir que sea Dios quien le vindique.

En tanto que Eliseo progresaba en el ministerio, se convirtió en un hombre a quien Dios pudo confiarle hacer milagros en su vida. El mostró las cualidades de carácter de fidelidad, --el era un hombre en quien Dios podía confiar. Algunos de los más deliciosos milagros de su carrera de servicio a Dios que estudiaremos a continuación. Si el líder cristiano desea ver a Dios obrando milagros que edifiquen el reino de los cielos, él debe cultivar las mismas características de fidelidad.

Los milagros del profeta

A través del poder sobrenatural de Dios, Eliseo ayudó a uno de los hijos de los profetas a encontrar el hacha que se había hundido en el agua. Después de que la cabeza del hacha fue recuperada, el dijo al hombre "tómalo (el hierro)."
En este punto, Eliseo demostró un balance entre la soberanía divina y la responsabilidad humana (II Reyes 6:1- 7).

Por revelación divina, Eliseo le dijo al rey de Israel que estaba combatiendo con el rey de Siria exactamente por donde atacaría el enemigo en la siguiente ocasión (II Reyes 6:8-13).

Eliseo tenía percepción espiritual para ver los ejércitos celestiales de Dios le rodeaban en tanto que el enemigo se aproximaba. El oró que Giezi también pudiese ver las victoriosas huestes celestiales (II Reyes 6:14-19).

Funcionando en lo milagroso

El líder debe siempre estar dispuesto a ayudar a alguien que se está entrenando para el ministerio. Sin embargo, el verdadero líder no hace constantemente él mismo todo el trabajo. Eventualmente da más responsabilidades a aquellos que está entrenando. Enseña a los ministerio jóvenes cómo encontrar su potencial ministerial perdido o no desarrollado tanto a través de la soberanía divina como la responsabilidad humana.

El líder debe confiar que Dios le dará percepción espiritual para reconocer los problemas espirituales de la gente antes de que estos hagan erupción como catástrofes mayores.

El líder debe tener la suficiente visión espiritual para notar que el poder de Jesucristo es mayor que cualquier dificultad u obstáculo. El líder debe tener la compasión para orar por los demás de manera que ellos también puedan tener un entendimiento espiritual de la posición victoriosa de la Iglesia en Dios.

Eliseo guió a los cegados ejércitos sirios a Samaria, la capital de Israel. Estando ahí le dijo a l rey que no los matara a pesar de que eran enemigos. Históricamente los reyes de israel tenían una reputación de ser misericordiosos con los cautivos (a pesar de algunas excepciones). Eliseo probablemente deseaba que ellos continuaran con esa reputación (II Reyes 6:20-23). Como consecuencia, el enemigo no invadió otra vez a Israel.

Un líder debe ejemplificar el balance espiritual entre la verdad y la misericordia. Debe darse cuenta de que la intención principal de Dios en disciplinar a alguien es para restaurarle a salud. Al mostrar misericordia con su verdad, un líder hallará que el enemigo no podrá volver a invadir. (vs. 23)

Eliseo recibió una palabra de conocimiento por parte de Dios acerca de un asesino que buscaría matarle (II Reyes 6:23-33).

Un líder puede creer a Dios por la revelación el Espíritu acerca de las clases de ataques que el enemigo podría traer contra él y su ministerio, para estar preparado para vencerlos.

Tal como el honor de Eliseo estaba balanceado con su discreción, su habilidad para moverse en el milagroso poder de Dios estaba balanceada por su preocupación por las necesidades y problemas de la gente. Si el hombre o la mujer de Dios no tienen cuidado por las necesidades de las personas, tampoco podrán dirigir efectivamente a mucha gente. En su amabilidad, Eliseo es un modelo de cualidades del carácter que constituye el verdadero liderazgo piadoso.

La Bondad del Profeta

Eliseo envió a la mujer sunamita y a su familia a Filistea durante los siete años de hambre que Dios le había mostrado que vendría sobre la tierra. Más aún, al regresar ella a Israel después de la hambruna, el rey le restauró todo lo que ella tenía antes de emigrar (II Reyes 8:1-6).

Satisfaciendo las Necesidades Prácticas

El líder debe interesarse en los aspectos prácticos de las vidas de las personas, así como de los aspectos espirituales.

Eliseo confió en que Dios bendeciría a la sunamita cuando el se vio impedido para hacerlo. Dios hizo esto al arreglarlo de tal modo que Giezi relatara las cosas buenas del ministerio de Eliseo al rey exactamente en el mismo momento en que la mujer sunamita solicitaba que se le regresase su tierra (II Reyes 4:13 y 8:1-6).

El hombre de Dios debe confiar que el Señor va a bendecir a aquellos que el se ve incapacitado para hacerlo. Muchas veces el líder va a sentir "el peso del mundo" sobre sus hombros. esto es muy difícil para que una persona pueda soportarlo. Cada líder debe ayudar y bendecir a tanta gente como el Señor le traiga, pero dejar el resto a la soberanía de Dios y a otros ministerios.

Eliseo lloró por la terrible crueldad que Hazael de Siria infligiría a Israel. A pesar de que este futuro le fue dado por revelación, el no fue cautivado tanto por el proceso que se hiciera olvidarse de la tristeza que vendría sobre Israel (II Reyes 8:7-15)

El ministro debe guardarse de verse arrastrado tan fuertemente por el mover de Dios que llegue a olvidarse del gozo o las penas de la gente que será afectada por cierta situación. Es importante mantener los ojos en el Señor y en la gente, no simplemente en los dones o procesos espirituales.

Nehemías: Un Líder en Acción

En el año de 530 a.C., después de setenta años del cautiverio babilónico, Persia venció a Babilonia. El rey de Persia de ese entonces animó a los judíos a salir de Babilonia y volver a Jerusalén para reconstruir su templo. Esdras resgistra la reconstrucción del templo en los capítulos 1 al 6, y los capítulos del 7 al 10 narran la restauración de la adoración sesenta años después. Los eventos del libro de Esther sucedieron entre Esdras 1-6 y Esdras 7-10.

Durante el primer retorno de los judíos a Jerusalén en 537 a.C., Zorobabel llevó consigo a 50,000 judíos a la santa ciudad y colocó los fundamentos del templo (Esdras 3). Debido a que los judíos se habían desanimado después de edificar los cimientos, Dios envió a los profetas Hageo y Zacarías dieciséis años después para animarlos a continuar su obra. Sesenta años después de que Zorobabel llevara a su grupo de 50,000 a Jerusalén, Esdras, el escriba-sacerdote empezó a instruir la gente en la ley de Jehová. Fue después de otros treinta años que Nehemías llegó a Jerusalén para ayudar a reconstruir los muros de la ciudad (Nehemías 1-6) y reinstruir a la gente (Nehemías 7-13).

El libro de Nehemías, por tanto es llamado el libro de "la reconstrucción de la casa " y de "la reinstrucción del pueblo." En forma similar el libro de Esdras es llamado el libro de la restauración.

Ambos libros son libros proféticos del día de la restauración que estamos viviendo ahora. Dios está restaurando, reedificando y reinstruyendo a Su pueblo. Notemos ahora en el libro de Nehemías algunos de los principios espirituales asociados con la edificación de la casa del Señor.

La carga del ministerio por la reedificación de la Iglesia

Los ministros deben tener una carga por levantar los muros caídos de la Iglesia. En Nehemías 1:3,4, vemos un orden específico en el cual Nehemías (que representa a los ministros) respondió al hecho de las murallas destruidas y las puertas quemadas de la ciudad, a causa de la carga que él tenía de reconstruirlas.

Primeramente, se sentó (vs. 4). El sentarse puede representar la buena reacción de los ministros hacia los problemas de la Iglesia. Donde quiera que un líder se apercibe de un problema en su Iglesia local, no debe lanzar rápidamente un nuevo programa eclesiástico. Debe evitar las reacciones nerviosas y sentarse a orar, pensar y estudiar la Palabra de Dios. Debe buscar al Señor a través de la Palabra, para obtener respuesta a los problemas.

Lo siguiente que hizo Nehemías fue llorar por el problema (vs. 4). La triste condición de Jerusalén y del pueblo de Dios movió en tal forma a este hombre en su interior que él expresó su condición externamente. Los líderes necesitan sentir las necesidades del cuerpo de Cristo. Ellos deben presentar sus almas delante del Señor en una manera emocional y sentida en el corazón. Las oraciones nacidas del corazón son las únicas que Dios escucha.

David era un hombre "de acuerdo al corazón de Dios" porque él tomaba su relación con el padre celestial como un serio pacto que involucraba sus emociones. David clamó, *"el celo de tu casa me consume... lloré afligiendo mi alma"* (Salmo 69:9,10). Algunas veces Dios permite que caigamos en una cautividad o ataduras de cierto tipo antes que nosotros clamemos a Él con lágrimas y súplicas. Dios llevó a Judá al exilio babilónico por esta causa. *"Junto a los ríos de Babilonia, allí nos sentábamos y aun llorábamos acordándonos de Sión"* (Salmo 137:1) esta fue la respuesta de Judá.

Jesús lloró también ante el Señor sobre la ciudad de Jerusalén (Lucas 19:41- 44). En forma similar cada líder de la Iglesia debe vaciar su corazón y llorar con lágrimas. No es una falta de espiritualidad llorar. De hecho, la Iglesia avanzaría mucho más si los dirigentes de ella lo hiciesen.

Después de llorar, Nehemías hizo duelo (vs. 4). La palabra hacer duelo significa lamentarse, cortar, o golpear. Tiene relación también con el dolido que golpea su pecho en lamentación y sufrimiento por la muerte de algún amado. El duelo de Nehemías puede hablarnos de la necesidad que cada líder tiene de una actitud de profundo arrepentimiento en cuanto a la casa del Señor. Los líderes deben llorar y lamentarse de la débil condición del pueblo de Dios actual. Debe involucrarse tanto como si fueran uno con la gente en esto; deben pasar por *"el tiempo de llorar"* (Eclesiastés 3:4) como si fuera el pecado suyo. Las siguientes escrituras ilustran la importancia de lamentarse delante del Señor.

"Atiende a la voz de mi clamor... clamo en mi oración y me conmuevo" (Salmo 55:1,2).

"Los sacerdotes ministros de Jehová están de duelo" (a causa de la triste condición del templo) (Joel 1:9).

"Bienaventurados los que lloran, porque ellos recibirán consolación" (Mateo 5:4).

"Lamentad y llorad, vuestra risa se convierta en llanto y vuestro gozo en tristeza". (Santiago 4:9)

Todo hombre de Dios debe ser tan capaz de identificarse con el pueblo que pueda llorar por sus pecados y su pobreza espiritual.

Lo siguiente que hizo Nehemías fue ayunar (vs. 4). Se negó el alimento para humillarse a sí mismo y así buscar a Jehová. Como él hizo, debemos ayunar y buscar a Dios. Las siguientes citas bíblicas nos muestran que el ayuno es un principio bíblico a obedecer:

David ayuno y lloró (II Samuel 12:16-17)

";No es más bien el ayuno que yo escogí... desatar... soltar... dejar ir libres,... y que rompáis todo yugo?" (Isaías 58:6).

"Proclamad ayuno, convocad a asamblea" (Joel 1:14)

Jesús ayuno por cuarenta días (Mateo 4:2).

"Cuando ayunéis, no seáis como los hipócritas" (Mateo 6:16- 18).

Los apóstoles oraron y ayunaron (Hechos 13:2,3).

Después de que Nehemías ayunó, y aun durante su ayuno, este líder oraba. Un tiempo de problemas en la Iglesia local es siempre un tiempo de buscar a Dios. Durante las dificultades, los líderes no deben apresurarse a culpar unos a otros, sino ser rápidos para orar. Cuando las paredes están rotas o las puertas quemadas, no es tiempo de buscar la dirección de nosotros mismos o aun de otros. Es el momento de buscar la dirección del Señor.

La oración verdadera no depende de su volumen, postura, duración o formalidad. Es simplemente una actitud del corazón expresada a Dios en fe. Cada líder necesita aprender cómo presentar sus pensamientos y sentimientos más profundos delante del Señor, como David lo hacía en los salmos.

La oración también debe convertirse en un hábito. Varias escrituras nos dicen como los hombres de Dios buscaban a Dios muy temprano, de mañana (Salmo 57:8; 63:1; 108:2 y Proverbios 8:17). Un buen hábito para los ministros y para la gente: ore al menos treinta minutos antes de cada culto. Esto da oportunidad de purificación espiritual en el corazón antes de entrar en la presencia de Dios.

Finalmente, Dios puede responder nuestras oraciones de cuatro formas: "sí," "no," "espera," o "házlo por ti mismo." Cuando los líderes oran, deben estar conscientes de esas cuatro posibles respuestas de Dios. Si Jesús, el Hijo de Dios debía orar tanto, ¡cuanto más necesitan hacerlo los pastores auxiliares!

El Ministerio Debe Identificarse con el Problema a Tratar

En Nehemías 1:6-11, Nehemías admite, *"Y confieso los pecados que hemos cometido contra ti; si yo y la casa de mi padre hemos pecado contra ti."* Nehemías se identificó a sí mismo con el problema, hasta el punto de confesar su pecado juntamente con el del pueblo. Él no dijo, "Tu pueblo se debe arrepentir porque ha pecado." Los que sirven a Dios no deben echarle la culpa a la gente por todos los pecados que hay en la iglesia. Ellos deben compartir también la responsabilidad y admitir sus pecados y errores. Si hay confusión en la iglesia, muchas veces es por culpa del ministro. La enseñanza del líder sin la demostración hace su ministerio inefectivo. Todos los pastores deben tomar su parte de la responsabilidad en las necesidades que prevalecen en la casa del Señor.

La razón principal de las necesidades de la iglesia es una carencia de enseñanza y práctica en tales áreas de necesidad. Cualquier necesidad representa una falta de enseñanza y obediencia en esa área. El líder debe preguntarse, *"¿Qué área de enseñanza bíblica me está faltando que podría satisfacer tal necesidad?"* El líder no debe esperar a que su gente entre en ciertas áreas de la verdad sin recibir primero la adecuada enseñanza escritural de tal verdad. La fe y la obediencia para entrar en las diversas áreas de la verdad brotan de escuchar su enseñanza respectiva de la Palabra de Dios. La enseñanza precede al caminar. Isaías escribió, *"Él nos enseñará sus caminos, y caminaremos por sus sendas"* (Isaías 2:3; Miqueas 4:2).

El ministerio de enseñanza es muy importante en la vida del líder. La siguiente lista de escrituras nos muestra la importancia de enseñar y caminar en la Palabra.

Muéstrales el camino por donde deben andar y lo que deben hacer. (Éxodo 18:20).

"Porque Esdras había preparado su corazón para inquirir le ley de Jehová, y para cumplirla, y para enseñar en Israel sus estatutos y decretos" (Esdras 7:10).

Enseñándoles el buen camino en que anden. (I Reyes 8:36).

Y les enseñarás el buen camino para que anden en él. (II Crónicas 6:26,27).

"Vino Jesús y les habló diciendo, toda potestad me es dada en el cielo y en la tierra, por tanto, id y haced discípulos a todas las naciones, enseñándoles que guarden todas las cosas que os he mandado, y he aquí yo estoy con vosotros todos los días hasta el fin del mundo" (Mateo 28:18-20).

La enseñanza es la necesidad más importante en el ministerio de cada ministro gubernamental de Dios. Si un hombre de Dios no ha sido especialmente dotado en el área de la enseñanza, él puede aprender a enseñar o traer maestros que puedan instruir a la gente. Es un dicho conocido que "si el estudiante no está aprendiendo es que el maestro no está enseñando."

Algunos líderes fallan en asumir la responsabilidad de enseñar. Ellos dicen, "Si los santos solamente entendieran esto, tendríamos una buena Iglesia." El líder debe entender que aquellos miembros de su congregación a quienes él llama "rebeldes" probablemente dejarían la Iglesia al empezar la enseñanza buena y específica. El pastor no debe preocuparse de la gente que cae en esta categoría. En lugar de ello, debe preocuparse de la verdadera oveja hambrienta que desea la verdadera leche y carne de la Palabra. La mayoría de las personas en el pueblo de Dios son sinceras y abiertas a la enseñanza cuando ésta es presentada apropiadamente.

El Ministerio Debe Iniciar la Solución de Problemas

Nehemías 2:11-16 muestra que Nehemías inició el proceso de solución de problemas:

"Llegué, pues, a Jerusalén, y después de estar allí tres días, me levanté de noche, yo y unos pocos varones conmigo, y no declaré a hombre alguno lo que Dios había puesto en mi corazón que hiciese en Jerusalén; ni había cabalgadura conmigo, excepto la única en que yo cabalgaba. Y salí de noche por la puerta del Valle hacia la fuente del Dragón y a la puerta del Muladar; y observé los muros de Jerusalén que estaban derribados, y sus puertas que estaban consumidas por el fuego. Pasé luego a la puerta de la Fuente, y al estanque del Rey; pero no había lugar por donde pasase la cabalgadura en que iba. Y subí de noche por el torrente y observé el muro, y di la vuelta y entré por la puerta del Valle, y me volví. Y no

sabían los oficiales a dónde yo había ido, ni qué había hecho; ni hasta entonces lo había declarado yo a los judíos y sacerdotes, ni a los nobles y oficiales, ni a los demás que hacían la obra."

En este punto, fue Nehemías quien tomó la iniciativa de estudiar los problemas de Jerusalén. Hay muchos líderes que tienen miedo de observar y enfrentar los problemas de sus propias congregaciones. Pero Nehemías nos muestra un buen ejemplo a seguir.

Nehemías no le dijo a toda la nación lo que él iba a hacer en Jerusalén. Como él, tampoco el pastor debe decirle a toda la congregación todos sus planes, ni tampoco todos los problemas de la Iglesia. En su lugar, debe primero llevar todos sus planes y problemas delante del Señor, a los ancianos y a los diáconos.

Cada líder debe preguntarle a Dios, "¿Qué áreas de nuestra iglesia necesitan atención y reparación? ¿Cuales son los muladares (lugares para depositar desperdicios)? ¿Dónde hay puertas derribadas?" Estas cuestiones algunas veces serán contestada por el Señor en las formas más humillantes. Por ejemplo, Dios podría preguntarle a un pastor, "¿Está limpio tu edificio de la Iglesia? ¿Tiene un olor desagradable?"

Ejemplos de otras preguntas que el pastor puede usar para evaluar el estado de salud de su Iglesia:

¿Entran en la adoración los jóvenes durante el culto? ¿Qué cantidad de gente joven tenemos?

¿Tiene la gente de los diferentes niveles de edad suficientes tiempos de compañerismo?

¿Hay músicos en la Iglesia?

¿Tenemos maestros para todos los niveles de edad?

¿Sale la gente de nuestras reuniones como entró (sean estas dominicales o de media semana)?

¿Quienes son los consejeros en la Iglesia? ¿Están adecuadamente preparados?

¿Que tipo de programa de seguimiento tenemos para ayudar a los nuevos convertidos?

¿Recibe la gente una alimentación espiritual variada desde el púlpito?

¿Cómo ministramos a los solteros en la congregación?

Cada líder debe tratar de enfrentar los problemas en sus etapas tempranas, antes de que crezcan o se agudicen. El pastor debe estar constantemente cuidando a las ovejas y ver qué áreas necesitan ayuda y sanidad.

Veamos otras tres ilustraciones para enfatizar este punto. El líder debe ser como un trabajador de cantera que excava para encontrar las piedra vivas, les da forma cuadrada, y las acomoda en la casa del Señor. El líder debe ser como el agricultor que cosecha el trigo, lo muele y lo hornea en deliciosa forma de pan. El líder es como un leñador que corta árboles, los pasa por la sierra para hacer tablas y las clava en el edificio.

Aun cuando el trabajo del cantero es sucio y peligroso y el acomodo presenta retos, él lo hace. A pesar de que la cosecha del agricultor toma su propio tiempo, la molienda necesita un toque suave, y el horneado cierta experiencia, lo sigue haciendo. Y aun cuando el corte del leñador requiere de planificación de cuáles árboles cortar, un ojo cuidadoso con la sierra y una mano firme para clavar las tablas, sin embargo él completa la tarea porque ve la meta delante de él.

De la misma forma, el líder debe enfrentar las partes pesadas de su propia tarea si es que desea ver las piedras del templo de Dios, el trigo del pan de Dios, o las tablas de la casa de Dios acomodados en su lugar. Cada líder debe aprender a mirar los problemas de la iglesia de frente y buscar una solución de parte de Dios.

El Ministerio Restaura la Casa de Dios en Cierto Orden

En Nehemías 3, tenemos una ilustración de las verdades espirituales en la ciudad de Dios, a través del orden de la restauración de las puertas de Jerusalén. Veamos como se puede aplicar este orden a la Iglesia.

La Puerta de las Ovejas (v. 1): Ministerio al Pueblo de Dios. Esta fue la primera puerta que fue reconstruida en los tiempos de Nehemías. La puerta de las ovejas nos habla de la necesidad de ministrar primeramente al pueblo de Dios, sus ovejas, en la iglesia (Salmo 100:3). Las ovejas necesitan que se les alimenten, no que se les evangelice. El meramente predicar arrepentimiento, salvación y liberación a las ovejas no las alimentará. El pastor, obispo o ministro debe alimentar a las ovejas. Si un líder no puede alimentar a sus ovejas, está fracasando en el requisito principal de su ministerio.

Otro requerimiento importante es la compasión, la cual Jesús tuvo con la gente de su día y que eran *"como ovejas que no tenían pastor"* (Mateo 9:36-38). Jesús tuvo compasión de las ovejas y así debe sentirla todo siervo de Dios.

El rebaño se apacienta mejor cuando sabe que el pastor está cerca para alimentarlos. Esto los hace sentirse a las ovejas suficientemente seguras (Juan 10:2,3) como para recostarse. La palabra gobernar significa realmente alimentar. Se ha dicho que "gobernar es la dirección compasiva por medio del ejemplo primero, y luego por medio de instrucción de la Escritura." El Nuevo Testamento exhorta a todo líder a alimentar al rebaño de Dios (I Timoteo 5:17; I Pedro 5:2; Hechos 20:28).

Pastorear es cubrir las necesidades de la oveja. El pastor no debe estar ocupado solo en sí mismo. Dios le exhorta a apacentar, no a cortar la lana. Pero si un pastor tiene como primera preocupación su propia persona, esto se manifestará en dos formas. Demostrará un amor por el dinero (pastorear sólo para obtener apoyo económico), o por una ambición de poder (ejerciendo influencia en las vidas de la gente en tal forma que no podría hacer en el mundo secular). Para prevenir tales motivaciones al formar parte del ministerio, no se debería dar el cuidado del rebaño de Dios a ningún líder por presión, por fuerza, ni por razones circunstanciales. Dios debe ser el único que sitúe a un hombre en el ministerio del pastoreo (I Corintios 9:17; Juan 10:12,13).

Las ovejas necesitan muchas cosas de su pastor. Necesitan de protección contra los ataques de animales salvajes y de las influencias insanas de las ovejas vagabundas. Como ovejas, la gente debe ser protegida de los falsos ministros.

Las ovejas necesitan también de un toque personal de su pastor. Juan 10:3,4 dice que el buen pastor *"llama a sus ovejas por nombre"*. El ministerio pastoral es mucho más que sólo predicar o enseñar la Palabra. El pastor puede predicar o enseñar con gran celo o unción, pero a menos que se relacione con las ovejas, él no tendrá un ministerio efectivo.

El pastor debe ser un consejero. Debe invertir tiempo con personas como lo hizo Jesús. No es anormal que la oveja espere que su pastor le ayude a crecer espiritualmente.

Sin embargo, los pastores tienen diferentes actitudes hacia las ovejas inmaduras. La siguiente lista de preguntas permitirá al pastor o líder a evaluar su corazón en esa área:

¿Pienso que mi gente es el tipo de ovejas que no puede captar o aprender la verdad?

¿Estoy culpando, golpeando o regañando a las ovejas en áreas de inmadurez que yo mismo tengo en mi vida?

¿Puedo entender que la inmadurez es algo normal en los bebés en Cristo?

¿Puedo entender y aceptar que debo primero predicar para obtener algunos resultados, exactamente como la semilla se reproduce según su especie (Génesis 1:11)?

¿Tengo una firme confianza en que Dios cuidará Su Palabra y la hará cumplirse (Marcos 16:20)?

¿Creo realmente que las ovejas no quieren ser comidas por los lobos?

¿Puedo notar que hay varias ovejas enfermas que necesitan cuidados que les regresen su salud?

La Puerta del Pescado (v. 3): Ministerio Hacia los no Salvos. La siguiente puerta en ser restaurada fue la del pescado, después de ser restaurada la puerta de las ovejas. El principio que se obtiene de aquí es que solamente después de que los miembros del pueblo de Dios son personas maduras y fuertes, se pueden traer almas al reino de Dios de manera adecuada. Jesús dijo a sus discípulos que ellos serían "*pescadores de hombres*" (Mateo 4:19). Para usar la analogía previa de la puerta de las ovejas, podemos decir que las ovejas de Dios pueden procrear corderitos saludables, sólo si ellas están saludables y bien atendidas. El pastor no puede procrear ovejas. ¡Él solamente atiende y da dirección a las ovejas para que el rebaño pueda reproducirse en forma natural! Las ovejas sanas siempre van a producir ovejas sanas, al igual que una familia saludable va a tener niños sanos.

Uno de los cinco ministerios de Efesios 4:11,12 es el del evangelista. En el versículo 12 dice que estos ministerios tienen como función, "*equipar a los santos para la obra del ministerio.*" El ministerio de evangelista no es sólo salir y tratar de ganar el mundo para Cristo por su propia cuenta. ¡Este ministerio incluye también la función de equipar a los santos de tal forma que salgan a buscar a los perdidos para Cristo! La puerta de las ovejas debe ser restaurada antes de la puerta del pescado. Las ovejas deben estar primeramente saludables antes de reproducir ovejitas sanas.

La Puerta Vieja (v. 6): Restauración de las Doctrinas Fundamentales. La próxima puerta para ser restaurada fue la puerta antigua. La puerta antigua nos habla de los principios fundamentales con que la Iglesia se encuentra en Hebreos 6:1-3 y Hechos 2:41,42. Estos principios fundamentales son las verdades antiguas, en la forma que fueron depositadas por Jesús y por los apóstoles en la iglesia primitiva, los cuales no cambian nunca de generación en generación. Después de que las almas (la puerta del pescado) son traídas al reino, deben ser establecidas en un fundamento cristiano (la puerta vieja). Proverbios 22:28 dice, "*No traspases los linderos antiguos que pusieron tus padres*" (ver también Proverbios 23:10). En forma similar, la Iglesia no debe remover las viejas verdades que los padres o fundadores de la Iglesia establecieron.

Las nuevas verdades nunca deben contradecir a las verdades antiguas. De hecho, para mantener su balance, la Iglesia debe sostener las verdades antiguas mientras recibe nuevas verdades. Tales "nuevas" verdades no son nuevas en la Biblia, pero son "nuevas" en la experiencia y entendimiento de la Iglesia en una aparente paradoja, Mateo 13:52 dice, "*Por eso todo escriba docto en el reino de los cielos es como un padre de familia, que saca de su tesoro cosas nuevas y cosas viejas.*" Un escriba del reino enseña tanto las verdades nuevas como las verdades viejas de las escrituras.

La Puerta del Valle (v. 13): El Ministerio de Compasión. La siguiente puerta que es menester restaurar es la puerta del valle. Podríamos decir que la puerta del valle nos habla de satisfacer las necesidades de los demás. El significado del nombre de Hanún, uno de los edificadores que ayudó a reconstruir esta puerta, ilustra muy significativamente esto. Hanún significa apoyar o inclinarse en bondad hacia otras personas." Esto nos habla de un ministerio de misericordia y compasión al construir la puerta del valle. Después de que la gente está firmemente sustentada en los primeros principios de la vida cristiana (la puerta vieja), ellos deben empezar a alcanzar a otros que tienen necesidades. Gálatas 6:1 dice, *"Si alguno fuere sorprendido en alguna falta, vosotros que sois espirituales restauradle con espíritu de mansedumbre."*

Restaurar a un hermano caído o ministrar a una necesidad espiritual debe ser hecho por alguien que ha experimentado la gracia del Señor en esa área. Un bebé no puede ayudar a una persona mayor a caminar. Tampoco un cristiano inmaduro puede ayudar a otro hijo de Dios en un área en la que él es todavía es inmaduro.

La gente pasa por diferentes tipos de valles. Algunos son espirituales, mentales o emocionales. Otros son maritales, caseros o financieros. Uno de los valles a través de los cuales pasan los cristianos es el valle de muerte (muerte al hombre viejo y carnal), pero aun ahí Dios le conforta.

Otro valle es el valle de la decisión (Joel 3:14). En este punto, la gente necesita romper con la doblez en su mentalidad, que sólo causa frustración, inseguridad y depresión. Ellos deben decidir de todo corazón seguir a Jesús en cada área de sus vidas.

No importa que tipo de experiencia de valle esté experimentando la persona, debe mirar en fe hacia el Señor y encontrar que su valle de problemas se convierte en valle de manantiales y fuentes (Deuteronomio 8:7 y 11:11; Isaías 41:18; Salmo 104:10). Jesús dijo,*"Mas el que bebiere del agua que yo le daré, no tendrá sed jamás, sino que el agua que yo le daré será en él una fuente de agua que salte para vida eterna"* (Juan 4:14).

La restauración de la puerta del valle es la restauración de aquellos ministerios quienes Dios va a utilizar para proveer una salida para aquellos que están necesitados. Finalmente, ¡es a través del ministerio en el que los valles de necesidad son llenados, y las montañas de orgullo son aplanadas que harán que la gloria de Jesús sea vista en el mundo en el Camino del Rey (Isaías 40:4,5)!

La Puerta del Muladar (v. 14): El Ministerio de Limpieza. La siguiente puerta restaurada fue la del muladar. El propósito de esta puerta era proveer a los habitantes de la ciudad un medio de desechar sus desperdicios y basura.

Esta puerta puede hablarnos acerca del ministerio de purga y refinación del Espíritu Santo (que está sucediendo al presente en la Iglesia). El Espíritu Santo está purificando la Iglesia del pecado y de la corrupción. A pesar de que esto lleva algunas veces a tristes exposiciones del pecado, aún el de los líderes, la Iglesia puede darle la bienvenida a este ministerio. La Iglesia debe reedificar esta puerta y permitir los ministerios de limpieza del Espíritu Santo (la predicación de la Palabra y el ministerio de consejería) para que tomen dominio en medio de ella.

La Puerta de la Fuente (v. 15): El Ministerio Refrescante. La siguiente entrada que se restauró fue la Puerta de la Fuente. Esto nos habla del ministerio del Espíritu Santo en la restauración y refrigerio espiritual. Después de que la gente ha pasado a través de la puerta del muladar tirando toda la basura de sus vidas, deben pasar por una puerta especial donde la Palabra de Dios y el Espíritu puedan cambiarles. Más específicamente, cuando una persona abandona un mal hábito, debe revestirse de un hábito espiritual nuevo que tome este lugar de su vida.

Las siguientes escrituras nos ilustran que Dios desea el fluir de Su Espíritu en la vida de cada creyente:

"De su interior correrán ríos de agua viva. Esto dijo del Espíritu..." (Juan 7:37,39).

"Para que vengan de la presencia del Señor tiempos de refrigerio" (Hechos 3:19-21).

"Después me mostró un río limpio de agua de vida, resplandeciente como el cristal que salía del trono de Dios y del Cordero" (Apocalipsis 22:1,2).

"Pedid a Jehová lluvia en la estación tardía..." (Zacarías 10:1)

"... y vendrá a nosotros como la lluvia, como la lluvia tardía y temprana a la tierra" (Oseas 6:3).

Dado que ahora es el tiempo de la lluvia tardía, la Iglesia debe estar pidiendo esa lluvia y por la completa restauración de la puerta de la fuente.

Sin embargo, para obtener tal lluvia y restauración, no debemos usar métodos humanos. Debemos seguir los principios divinos y dejar que venga la lluvia. Jehová Dios había dicho que Canaán no recibiría lluvia como Egipto, el cual era irrigado por sistemas hechos por el hombre, lo cual representa los métodos humanos. El Señor prometió que la tierra de Canaán bebería la lluvia del cielo.

Sin embargo, Dios va a dar de su Espíritu a su gente sólo bajo ciertas condiciones. Esto depende de la cantidad de alabanzas y oraciones que le elevan. Job 36:27,28 ilustra este principio al decirnos que las nubes derraman lluvia de acuerdo a la cantidad de vapores que ascienden al cielo. Tal como los vapores naturales se forman por los cambios en la temperatura de un extremo a otro, así la Iglesia debe ofrecer alabanzas a Dios aun cuando se encuentre bajo presiones y temperaturas extremas de los tratos de Dios. Dios pone presión en la Iglesia para hacer que ella ore y alabe. Las lluvias de bendición descienden en la medida que los vapores de la alabanza ascienden.

La Puerta del Agua (v. 26): El Ministerio de la Palabra de Dios. La puerta del agua fue restaurada a continuación de la puerta de la fuente. Esta puerta puede relacionarse con la restauración del agua de la Palabra. Efesios 5:26 afirma que el Señor limpiará a la Iglesia por "*el lavamiento del agua de la Palabra.*" En Números 8:7 se hace referencia al "*agua de la purificación*" para la limpieza del sacerdocio levítico antiguo testamentario. Efesios 5:26 podría aplicarse a la purificación del sacerdocio neotestamentario. Al igual que el agua limpia en el reino de lo natural, la Palabra de Dios lo hace en el área de lo sobrenatural.

Después de que la gente pasa por la puerta de la fuente del Espíritu Santo, deben experimentar la puerta del agua de la Palabra de Dios. La Palabra da dirección y parámetros del mover del Espíritu. La Palabra y el Espíritu siempre deben ir juntos (al igual que el agua va junto a la roca, vea Números 31:23 y 33:9; Deuteronomio 8:15 y I Corintios 10:9).

La Puerta del Caballo (v. 28): Liberando las Cargas de la Carne. La puerta del caballo fue la siguiente en el proceso de la restauración. Esta puerta contiene dos verdades relacionadas. La primera es la verdad de la restauración de los que llevan las cargas en la Casa del Señor. Los caballos soportan cargas pesadas, demasiado pesadas para que las lleve un hombre. En la misma forma, Dios está reedificando ministerios que puedan escuchar, mostrar empatía y aconsejar a aquellos que tienen graves problemas y necesidades en sus vidas.

En segundo lugar, la puerta del Caballo nos habla de la restauración de la santidad, y la muerte a la vida egoísta que el Espíritu Santo está obrando en el día de hoy. En las escrituras, el caballo representa ocasionalmente a la naturaleza carnal y la voluntariosa fortaleza humana (Éxodo 15:1,21, Salmo 147:10, Jeremías 51:21). Al caminar la Iglesia a través de la puerta del caballo, debe dejar a un lado su vida del yo e ir conformándose a la imagen de Jesús. Debe de abandonar sus fuerzas humanas y tomar la fuerza espiritual de Dios.

La Puerta del Oriente (v. 29): La Perfección de la Novia de Cristo. La siguiente puerta a considerar es la puerta oriental. Esto nos puede hablar de la restauración final de la Iglesia y el regreso de Jesucristo a la tierra por su esposa hecha perfecta. Los tres magos vinieron del oriente a adorar al pequeño Cristo (Mateo 2:1,2,9). En Mateo 24:17 dice: "*Porque como el relámpago que sale del oriente y se muestra hasta el occidente, así será también la venida del Hijo del Hombre*" (ver también Apocalipsis 7:2 y 16:12).

En tanto la Iglesia permita que Dios reconstruya todas estas puertas, en su sentido espiritual, se asegura que Cristo pueda regresar por una "*Iglesia gloriosa, sin mancha ni arruga*" (Efesios 5:29).

Establecimiento de la Responsabilidad Personal en la Iglesia

Una vez que Nehemías hubo establecido un orden en la reedificación de los muros caídos de Jerusalén, él equipó a la gente para ese proyecto. El grupo de ministerio debe enseñar a la gente acerca de sus responsabilidades en la iglesia. Tal como Moisés dio el manto de su responsabilidad a aquellos que estaban bajo su mandato, así debe aprender el líder cristiano cómo distribuir responsabilidades a los diferentes miembros de su congregación. Nehemías 4 nos muestra tres áreas en las que el líder debe equipar a su gente: Herramientas para el trabajo, armas para la guerra y un oído para el Espíritu.

Herramientas para el Trabajo. Usted debe asegurarse de que cada uno de sus miembros esté equipado con una herramienta para poder trabajar. Nehemías 4:17 dice que *"los que edificaban el muro, los que acarreaban, y los que cargaban, con una mano trabajaban en la obra..."* Cada uno de los que construían el muro o llevaban la carga tenía cierta herramienta con la que trabajaba en los muros. Cada uno tenía una herramienta diferente para poder cumplir con su tarea. En la Iglesia, los líderes son los responsables de ayudar a todos los miembros a encontrar su herramienta espiritual (un don o ministerio).

La siguiente lista muestra los diferentes aspectos de las herramientas espirituales en la Iglesia actual:

Oficios espirituales: apóstol, profeta, evangelista, pastor o maestro. Son los cinco ministerios gobernantes que Jesús mismo dio a la Iglesia para su edificación (Efesios 4:11,12).

Dones espirituales: el Espíritu Santo otorga uno o más de sus nueve dones a los diferentes miembros del Cuerpo de manera que puedan ser usados para su edificación (I Corintios 12:1-10).

Ministerio espirituales: Dios da a varios de sus miembros variados dominios de servicio que se necesitan para edificar el Cuerpo de Cristo (Romanos 12:6-8; I Corintios 12:28-30).

Cada líder debe reconocer, equipar y auspiciar a cada uno de sus miembros en los oficios espirituales, dones o ministerios que el Espíritu Santo les ha impartido. Al tener a cada ciudadano de la Ciudad de Dios edificando el muro con una herramienta específica y afilada, los muros serán restaurados.

Armas para la Guerra. A continuación, cada líder debe ver que cada uno de sus miembros esté equipado con el armamento espiritual. Nehemías 4:16-18 declara,

"Desde aquel día la mitad de mis siervos trabajaba en la obra y la mitad tenía lanzas, escudos, arcos y corazas; y detrás de ellos, estaban todos los jefes de la casa de Judá, los que edificaban el muro, los que acarreaban, y los que cargaban, con una mano trabajaban en la obra, y en la otra tenían la espada. Porque los que edificaban, cada uno tenía su espada ceñida a sus lomos, y así edificaban."

Los hombres de Nehemías portaban una gran variedad de armas: lanzas, escudos, arcos, corazas y espadas. No era suficiente que los trabajadores en el muro tuvieran tan sólo una herramienta. Tampoco es suficiente que cada cristiano en la Iglesia posea solamente un don espiritual o un ministerio. Cada cristiano debe saber cómo usar las armas espirituales para la batalla espiritual ofensiva o defensiva. Cada líder es responsable de enseñar a su congregación cómo guerrear.

La naturaleza de la guerra del cristiano es de naturaleza espiritual, no carnal. Las armas del cristiano son espirituales. Pablo afirma lo siguiente:

"Pues aunque andamos en la carne, no militamos según la carne; Porque las armas de nuestra milicia no son carnales, sino poderosas en Dios para la destrucción de fortalezas, derribando argumentos y toda altivez que se levanta contra el conocimiento de Dios, y llevando cautivo todo pensamiento a la obediencia a Cristo" (II Corintios 10:3-5).

En otra de sus epístolas, Pablo enumera la armadura y armamento del cristiano. Él declara:

"Por lo demás, hermanos míos, fortaleceos en el Señor, y en el poder de su fuerza. Vestíos de toda la armadura de Dios, para que podáis estar firmes contra las asechanzas del diablo. Porque no tenemos lucha contra sangre y carne, sino contra principados, contra potestades, contra los gobernadores de las tinieblas de este siglo, contra huestes espirituales de maldad en las regiones celestes. Por tanto, tomad toda la armadura de Dios, para que podáis resistir en el día malo, y habiendo acabado todo, estar firmes. Estad, pues, firmes, ceñidos vuestros lomos con la verdad, y vestidos con la coraza de justicia, y calzados los pies con el apresto del evangelio de la paz. Sobre todo, tomad el escudo de la fe, con que podáis apagar todos los dardos de fuego del maligno. Y tomad el yelmo de la salvación, y la espada del Espíritu, que es la palabra de Dios; orando en todo tiempo con toda oración y súplica en el Espíritu, y velando en ello con toda perseverancia y súplica por todos los santos;" (Efesios 6:10-18).

Hay armas que el cristiano tiene obligación de aprender a usar para combatir al enemigo: la verdad, la justicia, el evangelio, la fe, el compañerismo, la salvación la palabra y la oración.

Es necesario que el cristiano aprenda a usar también el arma de la alabanza. Isaías 40:31 nos dice, *"Pero los que esperan en Jehová tendrán nuevas fuerzas; levantarán alas como las águilas; correrán y no se cansarán; caminarán y no se fatigarán."* El Señor promete a los creyentes en estos versículos que si ellos esperan en Él (le rinden servicio, en hebreo), Él renovará sus fuerzas. Cada guerrero necesita fuerzas para vencer en la batalla. ¿Pero de dónde vienen éstas? En el tabernáculo de David en el Antiguo Testamento, era el servicio de los sacerdotes el alabar y adorar a Dios. Así como su servicio de alabar a Dios les daba fuerza, así también todo cristiano recibe fuerza al alabar y adorar a Dios el día de hoy.

A través de la Biblia, la alabanza es asociada con fortaleza y victoria. La siguiente lista nos da algunos ejemplos:

ALABANZA	FORTALEZA
El hombre haciendo lo posible.	Dios haciendo lo imposible.
"De la boca de los niños y de los que maman has perfeccionado la alabanza." (Mateo 21:16).	*"De la boca de los niños y de los que maman fundaste la fortaleza por causa del enemigo"* (Salmo 8:2).
El nombre de Judá significa "alabanza" en hebreo.	*"Tu mano* (de Judá) *en la cerviz de tus enemigos"* (Génesis 49:8).
Los hombres de Judá dieron un gran grito. (II Crónicas 13:15)	Dios hirió a Jeroboam (el enemigo) (II Crónicas 13:15).
Israel empezó a cantar y alabar a Dios. (II Crónicas 20:20-22).	Dios puso emboscadas contra los hijos de Amón. (II Crónicas 20:20-22).
Pablo y Silas cantaban alabanzas a media noche. (Hechos 16:25).	Dios envió un terremoto que abrió las rejas de la prisión. (Hechos 16:26).
Los hijos de Israel marcharon, gritaron y sonaron las trompetas alrededor de Jericó. (Josué 6:12-17,10).	Dios hizo que las murallas de Jericó se derrumbaran. (Josué 6:20).

Oído Atento al Espíritu. Como punto final, cada siervo de Dios debe equipar a los miembros de su congregación con un oído espiritual para escuchar la voz del Espíritu de Dios. Nehemías habló a su gente con estas palabras: *"En el lugar donde oyereis el sonido de la trompeta, reuníos allí con nosotros; nuestro Dios peleará por nosotros"* (Nehemías 4:20). Nehemías exhortó a Judá a reunirse en el lugar del muro que tuviera mayores problemas al defenderse contra el enemigo, cada vez que sonara la trompeta. Cada hombre debía tener un oído atento aun en medio de la batalla, para escuchar el sonido de la trompeta.

Como ellos, todos los cristianos necesitan oídos atentos para oír lo que el Espíritu Santo dice a la Iglesia. Los cristianos pueden verse demasiado ocupados en la defensa de la ciudad que pierdan su habilidad para oír la voz de Dios. La voz de Dios había sonado al Israel natural a través de diferentes trompetas por muchos años (Números 10:1-10; Proverbios 20:12 y 25:2; Salmo 40:6; Levítico

25:9). Cada sonido de las diferentes trompetas significaba algo diferente al pueblos de Dios. El Nuevo Testamento enfatiza también la importancia de que la Iglesia tenga oídos espirituales que escuchen la voz de Dios. La siguiente lista de Escrituras nos habla de tal importancia.

"Mirad, pues, cómo oís" (Lucas 8:18).

"Mis ovejas conocen (oyen, siguen) *mi voz, y yo las conozco y me siguen"* (Juan 10:27).

"Nadie conoció las cosas de Dios sino el Espíritu de Dios, porque se han de discernir espiritualmente" (I Corintios 2:11-14).

"Y si la trompeta diere un sonido incierto ¿quién se preparará para la batalla?" (I Corintios 14:7,8).

"Porque vendrá tiempo cuando no sufrirán la sana doctrina, sino que se amontonarán maestros de acuerdo a sus propias concupiscencias" (II Timoteo 4:3).

"Yo estaba en el Espíritu en el día del Señor, y oí detrás de mí una gran voz como de trompeta" (Apocalipsis 1:10).

"El que tiene oído, oiga lo que el Espíritu dice a las Iglesias" (Apocalipsis 2:7)

Cada líder de la Iglesia es responsable de entrenar a su gente para escuchar lo que el Espíritu está diciendo a la Iglesia en este día.

Con una herramienta, un arma, y este oído, todo cristiano será capaz de desempeñar su parte para edificar la Ciudad de Dios, la Iglesia, conforme al plan de Dios.

El Apóstol Pablo: Un Líder Modelo para la Iglesia del Nuevo Testamento

Una de las más ricas epístolas de Pablo en relación a los principios del ministerio y liderazgo es su segunda carta a la iglesia de Corinto. Escrita aproximadamente en el año 58 o 60 d. C. durante el tercer viaje misionero de Pablo, esta epístola fue escrita probablemente desde una ciudad de Macedonia. Macedonia es una bella porción de tierra en las planicies del golfo de Tesalónica, que era famosa por sus productos de madera y metales preciosos.

La actitud de Pablo al escribir esta carta se puede expresar con la frase de que "fue escrita con una pluma bañada en lágrimas." II Corintios es una apasionada autodefensa de un espíritu herido escrita a algunos de sus propios hijos espirituales que estaban siendo desagradecidos y errados. En consecuencia, esta carta es la más emocional y personal de todos los escritos paulinos. Uno puede ver algunas de los más profundas emociones de Pablo, expresadas por medio de las palabras claves en esta carta: don, pena, gloria, evangelio, ministerio, sufrimiento, aflicción, carne, y comodidad.

Algo único de esta epístola son los siguientes hechos históricos acerca de Pablo: su escape de Damasco en un canasto (11:32,33); su arrebatamiento al tercer cielo (12:1-4); su aguijón en la carne (12:7); y algunos de sus diferentes sufrimientos (11:23-27).

En una ojeada a I y II Corintios podemos ver un contraste único en entre ellas. La siguiente tabla muestra los diversos contrastes entre ambas cartas del apóstol:

Primera a Los Corintios	Segunda a Los Corintios
Muy objetiva en su contenido y carácter	Muy subjetiva en su contenido y su carácter
De enfoque muy práctico	Muy personal en su enfoque
Da perspectivas en relación al carácter y ministerio de una iglesia primitiva	Da nuevas perspectiva acerca del carácter y ministerio del apóstol Pablo
Da instrucción eclesiástica deliberadamente	Da mas instrucción más personal sobre la vida y la experiencia
Trata con los problemas de una iglesia local	Trata con los problemas de un ministerio individual
Disciplina como un padre	Disciplina como apóstol
Demuestra principios de la iglesia	Demuestra principios del ministerio

Esta segunda epístola trata también con ciertos problemas a los que Pablo hace especial referencia. Específicamente, son los siguientes:

Acusaciones contra su ministerio (1:13-17 y 10:9-11)

Restauración después de la disciplina (2:6-11)

Ingratitud (4:8-13; 6:1-10 y 11:-9)

Yugos desiguales (6:13-18)

Impureza (7:1-10 y 11:1-3)

Falta de sinceridad (8:1-10)

Comparación del uno al otro (10:12,13)

Engaño (11:1-4)

Ministerios disfrazados (11:13-16)

Personas dadas a gloriarse según la carne (11:18)

Discusiones, envidia e ira (12:20)

Contiendas y murmuración (12:20)

Falta de arrepentimiento (12:21)

Personas réprobas (13:5)

Necesidad de recibir corrección apostólica (13:6-12)

Cada uno de estos quince problemas es un estudio en sí mismo. Nuestra meta en este punto, sin embargo, es encontrar el hilo de la verdad que pasa a través de todos ellos: el rechazo de los corintios a Pablo como un apóstol de Jesucristo y un líder modelo (uno que es copiado por otros). Es muy obvio a través de esta carta que Pablo está defendiendo su autoridad apostólica y su ministerio contra falsas acusaciones y falsos ministros (1:6,12,17,23; y 2:4,17 y 3:6,12 y 4:1,3,5,8 y 5:14,21).

Los corintios habían expresado su desconfianza acerca de Pablo como apóstol y un ejemplo de líder en varias formas. Lo acusaban de ligereza y de indecisión, de haberse propuesto visitarlos y después cambiar de opinión (1:10-19). Le acusaban de orgullo y enseñorearse (1:24). También sugerían que era engañosamente astuto en su conducta (12:16). Y por ello negaban su autoridad apostólica (12:11,12). Finalmente, algunos de los propios hijos espirituales de Pablo decían que su propia apariencia externa era débil y su predicación despreciable (10:1-10).

Para decirlo de forma suave, esta iglesia había entristecido al apóstol en su espíritu. A pesar de que las señales de un apóstol se habían dado entre los cristianos corintios, ellos no aceptaban la autoridad apostólica de Pablo como un ejemplo a seguir por todos los líderes en el Cuerpo de Cristo. Sin embargo, Pablo había sido ordenado por Dios mismo para ser un apóstol del Señor Jesucristo (Romanos 1:1; I Corintios 1:1; II Corintios 1:1; Gálatas 1:11,24, Efesios 1:1; Colosenses 1:1). Es comprensible Satanás va a desear retar tal hecho, en un intento de proteger sus variados reinos de tinieblas espirituales. Los siguientes hechos demuestran que Pablo era y es un patrón a imitar en cuanto a liderazgo:

"Pero gracias a Dios, que aunque erais esclavos del pecado, habéis obedecido de corazón a aquella forma de doctrina a la cual fuisteis entregados (por mí)*"* (Romanos 6:17).

"Por tanto os ruego que me imitéis (a Pablo)*"* (I Corintios 5:16).

"Sed imitadores de mí (sigan mi ejemplo), *así como yo de Cristo"* (I Corintios 11:1).

"Rogué a Tito, y envié con él al hermano. ¿Os engañó acaso Tito? ¿No hemos procedido con el mismo espíritu y en las mismas pisadas (patrón)*?"* (II Corintios 12:18).

"Hermanos, sed imitadores de mí, y mirad los que así se conducen según el ejemplo que tenéis en nosotros" (Filipenses 3:17).

"Porque vosotros mismos sabéis de qué manera debéis imitarnos; pues nosotros no anduvimos desordenadamente entre vosotros," (II Tesalonicenses 3:7).

Estas escrituras nos indican claramente que Pablo es un líder modelo para imitar y seguir para todos los cristianos, y especialmente para todos los líderes. Cada líder debe amalgamar los principios de liderazgo de las vidas de los hombres de la Biblia, particularmente los de Jesucristo y de Pablo, en su preparación para las posiciones de responsabilidad en el reino de Dios.

Principios del liderazgo de Pablo

La parte final de esta sección es una lista los muchos y diferentes principios de liderazgo que se encuentran en II Corintios. Toca al lector discernir si se acerca a la medida de Pablo, el líder modelo. Le animamos a ampliar cada uno de estos puntos para su propio entendimiento y ministerio. Por la dirección de estos principios de liderazgo, los líderes deberán:

1. Servir en el lugar en que Dios les ha llamado (II Corintios 1:1; Gálatas 1:1; Hechos 13:2).
2. Confortar a los que están en problemas con el mismo consuelo que han recibido del Señor (II Corintios 1:4-6).
3. Ser dependientes de la oración (1:11).
4. Ser personas íntegras en sus tratos con el mundo y con la Iglesia (1.12, Hechos 6.3; I Timoteo 3:7).
5. Interesarse de corazón en los demás (1:13-23 y 7:12).

6. Ser ungidos por el Espíritu (1:21,22).

7. No buscar el dominio sobre los demás creyentes (1:24; Lucas 22:24-27).

8. Obrar en el principio de perdón de tal forma que Satanás no pueda tener lugar entre el pueblo del Señor (2:10,11).

9. Ser triunfantes en Cristo (2:14).

10. 1Ser un aroma dulce (buena fragancia) para el Señor (2:15).

11. Encontrar la suficiencia en Dios (3:5).

12. Recordar que ellos son hechos ministros competentes sólo por Dios mismo (3:6).

13. Usar una predicación clara (abierta, denodada, con confianza, abierta, libre, directa).

14. Experimentar personalmente el cambio de gloria en gloria (3:18).

15. Mostrar la gloria de Dios (4:1,2) haciendo las siguientes cosas:
Renunciar a lo oculto;
No adulterar la Palabra de Dios;
Manifestar la verdad en su vida;
Encomendarse a sí mismos a la conciencia de cada hombre a la vista de Dios.

16. Ministrar la Palabra por el poder de Dios y no en sus fuerzas humanas (4:7; I Cor.2:1-5).

17. Darse cuenta de que llevan la gloria en vasos terrenales (humanos) (4:7).

18. Encontrar la aflicción pero no ser derrotados por ella (4:8).

19. Estar angustiados pero no desesperados (4:8).

20. Enfrentar la persecución pero nunca sentirse abandonados (4:8).

21. Verse derribados pero no destruidos por el desánimo (4:9; II Timoteo 2:3,4; Salmo 116:10)

22. Estar determinados a cumplir con su carga delante del Señor (4:1,10).

23. Hacer que los hombres se relacionen con Cristo, y no con los líderes mismos (4:5).

24. Tener una visión de las cosas de Dios (5:7-9).

25. Tener una motivación aceptable delante del Señor (5:9).

26. Recordar que como líderes serán juzgados por sus acciones ahora y en el juicio en el futuro (5:10).

27. Vivir su vida de manera que los cristianos se vean animados (5:11-13).

28. Ser motivados por el amor de Dios para ofrecer su vida por las ovejas (5:14).

29. Ver al pueblo de Dios a la manera que lo ve Dios (5:16,17).

30. Tener el ministerio de la reconciliación (5:18).

31. Ser representantes del Señor en una forma obvia (5:20).

32. No causar ningún tropiezo, de manera que su ministerio no se vea corrompido o culpado (6:1-3).

33. Probar sus ministerio (6:4,5) al demostrar paciencia en medio de las grandes pruebas:
    aflicciones
    necesidades
    desánimos
    golpes
    prisiones
    tumultos
    trabajos
    desvelos y
    ayunos

34. Probar sus ministerios (6:6-8) con las cualidades o la presencia de:
    pureza
    conocimiento
    paciencia
    amabilidad
    el Espíritu Santo
    amor no fingido
    la palabra de verdad
    el poder de Dios
    por honra o por deshonra
    por buena fama o por mala fama

35. Probar sus ministerios (6:8-10) al soportar ser:
    como engañadores, pero veraces
    desconocidos, pero bien conocidos
    castigados, mas no muertos
    como entristecidos, pero siempre gozosos
    como pobres, mas enriqueciendo a muchos
    como no teniendo nada, mas poseyéndolo todo

36. Hablar abiertamente a aquellos a los que ministran y ensanchar sus corazones hacia ellos (6:11).

37. Limpiarse a sí mismos en carne y en espíritu en el temor de Dios para la santidad perfecta (II Corintios 7:1).

38. Ser honestos y verdaderos de manera que los acusadores no tengan nada que decir (7:2).

39. No condenar sino edificar al pueblo del Señor, a través de los canales de relación y amor (7:3).

40. Darse a sí mismos para la gente (7:3).

41. Sentir lo que la gente siente (7:3).

42. 4Ser abiertos al pueblo de Dios (7:2-4).

43. Sentirse libres para para compartir experiencias con pueblo de Dios (7:2-4).

44. Apoyar (confortar) al pueblo de Dios y recibir lo mismo de ellos (7:5-7).

45. Estimarse a sí mismos como personas sencillas (7:6).

46. Estar satisfechos con el fruto de su labor la cual es la respuesta positiva de la gente a sus instrucciones y a su represión (7:5-7).

47. Castigar al rebaño, como lo hace el padre, trayéndolos a una tristeza piadosa y no a una del mundo; la corrección en amor trae vida, pero la corrección hecha de otra manera produce muerte. (7:8-13).

48. Provocar el dolor piadoso en la gente por medio del regaño amoroso (1 Corintios 7:11) que produce:
    más cuidado en el caminar de la oveja
    remoción del yo (arrepentimiento para buenas obras)
    indignación contra el mal
    el temor de Dios
    deseo vehemente por Dios
    celo por Dios
    venganza contra el pecado
    confort para los líderes

49. Revelar el cuidado y preocupación por el rebaño, aun si es necesario demostrarlo a través de la represión (7:12).

50. Exhortar a las ovejas a hacer buenas obras aun cuando noten que ya las están haciendo (7:13).

51. Recordar que cuando ellos le revelan la verdad al Cuerpo, el Cuerpo la revelará a otros (7:14).

52. Ser abiertos a recibir consuelo de la gente así como el de Dios (7:6,13).

53. Tener confianza en las ovejas, también confianza en ellos mismos, pero principalmente en Dios (7:16).

54. Tener perseverancia con gozo (8:2).

55. Estar dispuestos a sacrificar (8:4).

56. 5Estar dispuestos a soltar todo y permitir a Dios obrar (8:6).

57. Exhortar en amor y en diligencia (8:7).

58. Estar dispuestos a servir y ser capaz de poner el servicio por obra a través del amor fraternal (8:9).

59. Auspiciar la ayuda mutua (8:14).

60. Ser capaces de dar consejos sabios (8:14).

61. Ver a Dios como la fuente de su provisión, a pesar de que Dios use diferentes instrumentos para satisfacer sus necesidades (8:15).

62. Ser agradecidos (8:16).

63. Ser celosos por el Señor (8:17).

64. Tener integridad y ser irreprensibles (8:20).

65. Ser honestos ante Dios y las personas (8:21).

66. Ser buenos mensajeros (8:23).

67. Darse cuenta de que no están solos, sino que tienen padres en la fe (8:23).

68. Retar a la gente a demostrar su fe y ministerio (8:24).

69. Tener corazones arraigados en el amor (8:24).

70. Ocasionalmente usar la repetición al enseñar al pueblo de Dios (9:1).

71. Animar un enfoque positivo de la gente (9:2).

72. Recordarle a la gente sus propias palabras (9:3,4)

73. Hacer colectas económicas regularmente antes de que el dinero sea codiciado por la gente (9:5).

74. Recibir del Señor (9:6-11).

75. Recordarle a la gente que el dar bendice a ambos: al que da y al que recibe (9:13).

76. Recordarle a la gente que el dar es comparable con alabar a Dios con sacrificios espirituales (9:12)

77. Presumir a otros lo bueno que hay en su gente, de forma que se esfuercen para vivir a la altura de ello (9:13,14).

78. Moverse en la osadía del Espíritu Santo y no la osadía de la carne, (que se manifiesta en elevar al líder por encima de la gente) (10:2,3).

79. Buscar la raíz interior de la rebelión y desobediencia, más que en las apariencias externas (10:5-7).

80. Ejercer su autoridad para la edificación del rebaño, no para su destrucción (10:8).

81. Vivir lo que predican y no compararse con nadie (10:12).

82. Obrar con lo que Dios les ha dado, y no tratar de impresionar a la gente con un lenguaje religioso (10:13,14).

83. Llevar a la perfección a aquellos que Dios les ha dado, así como ellos crecen hacia la perfección (10:15,16).

84. Gloriarse sólo en aquello que Dios les ha dado, y no en el conocimiento de sus propios corazones (10:17,18).

85. Proteger siempre a aquellos que están a su cargo, y no huir de los problemas como hacen los asalariados (11:1-3).

86. Demostrar siempre un espíritu de siervo y no ser una carga a aquellos a quienes ministran (11:1-3).

87. Proveer para sus propias necesidades cuando sea necesario, y no esperar a que la gente siempre lo haga (11:7-9).

88. Prevenir al rebaño contra los falsos ministros, y estar alerta a las maquinaciones del diablo (11:12-15).

89. Siempre estar motivados por el amor (11:11).

90. Gloriarse sólo en sus enfermedades y debilidades y no hacerse más grandes que otros ministros (11:21-22,30-33 y 12:15).

91. Soportar las pruebas y persecuciones que vienen a ellos a través de la vida con más frecuencia que a otras personas (11:23-29).

92. Llevar las responsabilidades de sus posiciones y no delegarlas simplemente para evitar un trabajo (11:28-29).

93. Mantener una conciencia limpia delante del Señor (11:31).

94. Mantenerse humildes en los tiempos de gran revelación (12:1-4).

95. Entender los propósitos de Dios en los tratos a sus vidas (12:5-7).

96. Recordar que se les ha dado gracia en sus debilidades (12:8,9).

97. Tener contentamiento en sus debilidades (12:10).

98. Reconocer el poder de Dios en medio de sus debilidades (12:9).

99. Ver sus limitaciones, así como Dios las ve (12:11).

100. No tener un concepto demasiado alto de sí mismos, ni tampoco una falsa humildad (12:11).

101. Aprender a reconocer cuando están equivocados (12:13).

102. Vivir una vida de sacrificio por las ovejas (12:14).

103. Dar sin esperar recibir (12:15).

104. Caminar rectamente delante del Señor y de Su pueblo (12:18).

105. No estar a la defensiva en cuanto a su llamado de Dios para sus vidas (12:19).

106. Ser capaces de llorar por los pecados de la gente (12:21).

107. Tener la confirmación de dos o tres testigos para las cosas que ellos digan (13:1).

108. Ejercer la autoridad espiritual y mantener la disciplina de la Iglesia (13:2).

109. Tener en ellos el poder de Dios (13:4).

110. Examinarse a sí mismos delante de Dios (13:5).

111. Conocer su posición en el Señor (13:6).

112. Rechazar el mal (13:7)

113. No ser egoístas, sino por el contrario, tener un amor puro por el Cuerpo de Cristo (13:9).

114. Edificar el Cuerpo de Cristo, lo cual producirá amor, consuelo, paz y unidad (13:11).

Capítulo 18

MINISTRANDO EN EQUIPO

Casi llegamos al final de nuestro estudio sobre liderazgo. Si usted es (o quiere ser) un ministro joven que está pidiendo a Dios que lo lance al servicio, este capítulo ha sido escrito para usted. También es para el ministro con mayor antigüedad que desea moverse hacia un trabajo ministerial en equipo.

El Equipo Ministerial como un Patrón Bíblico

Muchos líderes en la Iglesia de hoy día no aprecian la verdad del ministerio en equipo. En un equipo ministerial, dos o más líderes trabajan juntos para cumplir con una misma tarea espiritual. Es un grupo de hombres o mujeres de Dios que están enlazados juntos, en propósito y espíritu para el Reino de Dios.

Desafortunadamente, muchos líderes nunca han colaborado con otros en un esfuerzo de equipo. Por muchos años, la Iglesia ha sido dominada por "pastores orquesta", es decir, una sola persona lleva toda la responsabilidad y hace todo el trabajo por sí misma. Dios nunca planeó que sólo una persona llevara toda la responsabilidad o la presión de una iglesia o de un ministerio grande. Hay mucha gente que ha sufrido colapsos en lo sentimental, en lo físico en lo moral o en lo emocional por soportar tales cargas. Por esta razón práctica, así como por otras razones morales, doctrinales y espirituales, Dios ha decidido que los ministros trabajen en equipo.

El trabajo en equipos es un modelo escritural. La lista a continuación nos da algunos ejemplos de equipos ministeriales en el Nuevo Testamento:

Jesús y sus apóstoles (en los evangelios)

Pedro y Juan (en los Hechos)

Felipe y Pedro con Juan (Hechos 8)

Pedro y ciertos hermanos (Hechos 10)

Pablo y Bernabé (Hechos 13 y 14)

(Hechos 13:13 se refiere a Pablo y sus acompañantes)

Judas y Silas se reúnen con Pablo y Bernabé (Hechos 15)

Bernabé, Juan y Marcos viajan juntos, mientras que Silas se va con Pablo (Hechos 15)

Timoteo se une a Pablo y Silas (Hechos 16)

Pablo toma a Priscila y a Aquila con él (Hechos 18)

Timoteo y Erasto son enviados a Macedonia (Hechos 19)

Cuando se dirigía a Asia, Pablo era acompañado por Sópater, Aristarco, Segundo, Timoteo, Gajo, Timoteo, Tíquico y Trófimo (Hechos 20).

El Propósito y Ventajas del Ministerio en Equipo

El equipo ministerial provee de una demostración viviente del principio del ministerio del cuerpo (I Corintios 12).

Al enseñar esta verdad del presente día, ver más de una voz hablando la misma cosa se hace un mejor impacto (Deuteronomio 17:6; Mateo 18:16; II Corintios 13:1).

Un equipo puede descubrir más efectivamente la mente del Señor para una reunión o serie de reuniones y orar por el cumplimiento de la voluntad de Dios.

Un equipo ministerial será mucho más efectivo y obtendrá mejores resultados.(Eclesiastés 4:9-12).

El ministerio en equipo proporciona una mayor posibilidad de balance y seguridad en el ministerio (Proverbios 11:14).

El equipo ministerial ayuda a protegerse contra las trampas de inmoralidad que pone el enemigo, las cuales han engañado a demasiados ministerios individuales.

El ministrar en equipo da fortaleza y ánimo a los ministros mismos (Éxodo 17:12). El servir junto a otros provee de un sentido de inspiración y crecimiento espiritual. El gran compañerismo involucrado provee de mucha fuerza.

Cuando los ministros de menor experiencia pueden ser acompañados por otros más maduros, se fortalece el proceso de discipulado y entrenamiento.

Principios y Práctica del Ministerio en Equipo

La primera clave para el éxito en el ministerio en equipo es hacer equipo con el Señor (Marcos 16:20). Si el Señor no se encuentra en el esfuerzo, con seguridad éste fracasará, o se disipará con sólo una pequeña medida de logros. Antes que cualquier otra cosa, cada miembro del equipo debe buscar ansiosamente la mente del Señor y todos deben estar convencidos de que la ventura es la voluntad del Señor. Esto también incluye la visión o meta del ministerio. Sólo entonces será apropiado formar un equipo.

La segunda clave para el éxito del equipo ministerial es el compromiso. El equipo debe entregarse a sí mismo sin reservas al cumplimiento del propósito de Dios para él, sin permitir que nada le distraiga u obstaculice. Es necesario también que cada miembro del equipo se comprometa con los otros, porque ello será el fundamento de su amor creciente por ellos.

Otro punto clave para el éxito es la vida devocional, personal y corporativa, de los miembros del equipo. El ministerio hacia el Señor va a orientar la ministración hacia la gente. Una vida de oración, consistente, viva y llena de deseo, es de vital importancia para el equipo de ministerio. "El equipo que ora junto, ministrará unido".

En el equipo ministerial debe reconocerse el principio del liderazgo. A pesar de que ningún miembro tiene mayor importancia que otro, por causa de la eficiencia y el orden, uno debe tomar el liderazgo y la responsabilidad final. Errar en el reconocimiento y aplicación de este principio es encaminarse al desastre.

Muy cercanamente relacionado al principio anterior está la tremenda clave para el funcionamiento verdadero de un equipo, el principio de sumisión (Efesios 5:21). Momento tras momento se requerirá de la verdadera sumisión del miembro de un equipo, y a menos que tenga un espíritu sumiso, encontrará difícil funcionar en el equipo. Si sólo un miembro decida ir por su propio camino sin considerar a los otros miembros, puede afectar en gran manera el esfuerzo y espíritu de equipo.

El éxito en el desarrollo de fuertes relaciones es vital para el equipo ministerial. La unidad es algo obligatorio. Muchos esfuerzos de equipos han sido derrumbados por fallas en esta área. Son muy benéficos los principios de comunicación en este ambiente, y uno debe guardarse de celos, rivalidades, amargura, espíritus de crítica y de queja.

Cada miembro debe recordarse a sí mismo constantemente que es un miembro del equipo por la voluntad de Dios y que, por lo tanto, debe rendir sus propios derechos y hacer todo lo que pueda para apoyar y ayudar a los otros ministros del equipo.

Las Escrituras apoyan el hecho de que Dios quiere que todos los líderes se involucren en alguna forma de equipo ministerial al hacer la obra. ¿En qué tipo de equipo ministerial está involucrado usted? Con la restauración del equipo ministerial a la Iglesia y a sus ministerios mayores, la Iglesia podrá funcionar con más seguridad y efectividad para satisfacer las necesidades del pueblo de Dios.

Llevando un Ministerio Ya Existente a Ser un Equipo Ministerial

En el caso de ministerios jóvenes, la ventura de fe del equipo ministerial puede muy bien incluir el inicio de un nuevo ministerio. A veces, sin embargo, un líder puede estar sirviendo en un ministerio ya establecido, y tener el deseo de moverse hacia la forma de equipo ministerial. En este punto, estará en el proceso de buscar a sus colaboradores. Esto es una transición muy importante, y debe darse en una forma mesurada y ordenada para evitar la confusión y los ataques del enemigo al ministerio.

Las siguientes preguntas pueden ayudar a los líderes a evaluar a sus colaboradores potenciales, sus contribuciones y la naturaleza de las relaciones de trabajo en equipo. Estas preguntas son un recurso inicial para un proceso que requerirá mucha oración y tiempo. El líder debe desarrollar un entendimiento detallado de lo que será su equipo ministerial antes de moverse a esta forma de ministerio.

¿Cómo Debe Escoger sus Colaboradores el Pastor?

Por el carácter y no sólo por la habilidad de la persona.

Después de mucha oración y buscar a Dios.

Después de examinar los sentimientos de otros acerca de la persona(s).

Por su dedicación a Jesucristo.

Por su ministerio y llamado específicos.

Por su amor a las almas perdidas.

Por su amor por el pueblo de Dios.

Por su disposición a servir sin ser notados.

Por su unidad en espíritu.

¿Cómo No Debe Escoger sus Colaboradores el Pastor?

Por sus habilidades y no por el carácter.

Cuando esté bajo la presión de llenar un puesto en la iglesia.

Si necesita comprometer sus propios principios a la Palabra de Dios.

Porque su colaborador le dará mucho dinero a la iglesia.

Porque tiene la mejor educación académica.

Por su juventud, talento y energía.

Porque amenazan con dejar la Iglesia si usted no les usa inmediatamente.

Porque son competentes en otras áreas.

¿Cómo Debe el Pastor Entrenar a sus Colaboradores?

Dándoles dirección, no confusión.

Por medio de ánimo y nunca condenación.

Al servirles, no esclavizándolos.

Dándoles inspiración, no negación.

Al darles disciplina, no descuido.

Canalizándolos, no controlándolos.

Al auspiciarlos, no encadenarlos.

Dándoles esperanza y no desprecio.

¿Cómo Debe Trabajar con sus Colaboradores un Pastor?

Debe reconocer sus propios puntos fuertes en el ministerio.

Debe reconocer su propias debilidades y limitaciones ministeriales.

Debe admitir los puntos fuertes de los otros miembros del equipo.

Necesita mantener un espíritu y un corazón de siervo.

Debe haber un involucramiento interpersonal del uno con el otro.

Debe mantener un espíritu de familia en el equipo.

Es menester cultivar la lealtad y la confianza.

Se debe fomentar y mantener un espíritu perdonador.

Se debe cultivar una actitud abierta y honesta hacia el equipo.

Se debe mantener un espíritu enseñable.

Se deben mantener buenas comunicaciones.

Capítulo 19

LA UNCIÓN DEL ESPÍRITU SANTO

El éxito ministerial de un líder depende grandemente de la unción en su vida. Sin la unción de Dios en el ministerio del líder, éste no producirá ningún fruto permanente para el reino de Dios. Sin el ardor espiritual que sólo Dios puede proveer, el ministerio se volverá algo muerto, sin vida. La apariencia externa y profesional del líder no es el punto más importante, sino la habilidad del Espíritu para usar su vida en la transformación de vidas y caracteres de los demás. Pablo dijo, *"Porque el reino de Dios no consiste en palabras, sino en poder"* (I Corintios 4:20, vea también 2:4,5).

La Iglesia de hoy, necesita desesperadamente moverse bajo la unción del Espíritu Santo. Esta necesidad se ve incrementada por la tendencia de la Iglesia de irse por otros caminos como el de confiar en prácticas profesionales. Es obvio que la Iglesia necesita lo divino para ser exitosa. Ha venido un letargo espiritual sobre nuestras iglesias actuales que demuestra tal necesidad. Siendo que el reino de Dios es espiritual, debe operar por bajo principios espirituales y poder espiritual.

Fuentes Inadecuadas de la Unción

Desafortunadamente, los líderes de la Iglesia de nuestros días son entrenados en instituciones seculares o en seminarios altamente académicos que no conocen nada del poder de la unción de Dios. Pero a algunos de los graduados de los seminarios se les hace sentir que han aprendido los "como se hace" del éxito de la iglesia local. Ellos se gradúan con confianza, habiendo estudiado áreas tales como, cómo preparar un sermón, cómo servir la comunión, cómo dirigir un culto de la iglesia, cómo tener reuniones de avivamiento, y cómo hacer crecer a la iglesia. Obviamente, todos estos conocimientos son importantes para los ministros de la iglesia, pero ellos deben tener la vida del Espíritu.

Cuando los graduados de los seminarios inician sus ministerios, se encuentran con muchos problemas al tratar de hacer funcionar esos "cómo". Pequeños "estuches de herramientas pastorales" son las herramientas de trabajo con las cuales muchos líderes principiantes trabajan en nuestra época. Cuando estos equipamientos no funcionan, estos líderes experimentan extrema frustración.

Un problema que aparece inmediatamente. Muchos de los principios aprendidos en universidades seculares y en algunos seminarios, no se basan en la Palabra de Dios. Doy gracias al Señor por todos aquellos seminarios que están profundamente comprometidos con la Palabra de Dios, e infunden firmes principios bíblicos a sus estudiantes.

Desafortunadamente, algunos seminarios no proveen esto. En su lugar, ofrecen secos estudios académicos (muchas veces llenos de contenido humanista y de "alta crítica") que apagan el Espíritu. ¿Al permanecer de cuatro a ocho en este ambiente, cómo no puede ser afectada la vida espiritual de un hombre o una mujer? Demasiados seminarios usan la Biblia como una referencia secundaria. Para responder a las necesidades de la Iglesia ellos buscan primeramente en la psicología, en la filosofía, en la sociología, en la antropología, en la psicología social, en la historia secular, administración de empresas, etc. Todos estos temas tienen una riqueza de consejos prácticos y observaciones en la vida. Pero cuando se convierten en el foco de la vida de estudio del líder, pueden secar la unción del Espíritu.

¿Por qué? Porque Dios no permite que nada carnal se gloríe en Su presencia (I Corintios 1,2). El santo aceite de la unción no puede reposar sobre cosas de la carne. Sólo puede reposar sobre lo que ha experimentado la muerte y la sangre limpiadora de Jesús. Cuando el líder insiste en ministrar intelectualmente desde su mente en lugar de su espíritu bajo la mano de Dios, sólo va a obtener cristianos con cabezas llenas y manos vacías; mucho conocimiento, pero sin poder. Como en cada visitación espiritual del Espíritu Santo, Dios está enfatizando las cosas que Él usa para edificar Su Reino: oración, la Palabra, santidad, ayuno, obediencia, y dependencia de la unción de Su Espíritu.

Lo que No es la Unción

Antes de movernos a definir lo que es la unción, definamos primero lo que la unción de Dios no es:

Sólo habilidad o talento

Profesionalismo

Demostración externa

Solamente oratoria sofisticada

Imitar estilos famosos de predicación

Cursos formales de homilética

Posición o autoridad eclesiásticas

Reconocimiento por la organización

Buenas técnicas para dar conferencias

El resultado directo de la buena educación

Formas religiosas externas

Música estética, buen sonido

Emocionalismo

Seguir simplemente una lista de "cómo se hace..."

Una reunión religiosa tranquila

Ninguno de los puntos arriba mencionados puede asegurar la ungida presencia de Dios sobre la vida de alguien. La unción nace de un corazón humilde y quebrantado delante de Dios.

La Definición de Unción

Para hacer una definición general y conceptual de la unción de Dios sobre algún ministerio, debemos revisar las palabras griegas y hebreas básicas que la Biblia traduce como "unción" o "ungir".

Palabras Hebreas:

"Balal": Es una raíz primaria, que significa inundar, (especialmente con aceite, y por implicación significa mezclar).

"Dashen": Es una raíz primaria, significa estar gordo, o en forma transitiva engrasar o considerar graso. Significa especialmente ungir, o en forma figurada, satisfacer.

"Yishar": Nombre usado para decir aceite, como se usa para producir iluminación o en forma figurativa, para ungir.

"Mimshach": Viene de una raíz primaria que significa frotar con aceite, en el sentido de expansión o dispersión (por extensión, hacerlo con las alas extendidas).

"Mashyach": Usualmente se refiere a la persona consagrada (rey, sacerdote o santo) y especialmente al Mesías.

"Cuwk" Una raíz primaria, significa frotar con aceite, o ungir.

"Shemen" Una forma de ungüento, especialmente líquida (como la del olivo) que por lo general es perfumado. En forma figurativa, esta palabra significa riqueza.

Palabras Griegas del Nuevo Testamento

"*Aleipho*": Aceitar (usualmente con perfume).

"*Egchrio*": Frotar (con aceite), cubrir.

"*Epichrio*": Embarrar sobre algo.

"*Murizo*": Aplicar ungüento (perfumado) a algo.

"*Chrio*": Untar o frotar con aceite, por implicación consagrar para un oficio o servicio religioso.

Palabras Relacionadas en Español

Ungir: frotar sobre algo con aceite o una sustancia untuosa: aplicar aceite a algo como parte de un rito sagrado, especialmente con propósito de conservar.

Ungido: Una persona consagrada a Dios.

Ungüento: Un remedio o pomada que se aplica a la piel, por lo regular mezclada con un medicamento, con propósitos de belleza o salud.

Vivificar: Hacer vivo, traer a la vida, revivir espiritualmente, causar estímulo espiritual o iluminación, causar un ardor más intenso, acelerar, apremiar, entrar en una etapa de crecimiento y desarrollo activo, resplandecer con más brillo.

Consagrado: Dedicado a Dios para sus propósitos; hacer santo en carácter, y así, preparar para un uso espiritual y apartar para el servicio de Dios.

Definición general de Unción. Combinemos ahora los significados de las palabras hebreas, griegas y castellanas en una definición general y conceptual de lo que es la unción. Esto proveerá cierto entendimiento espiritual de la unción del Espíritu de Dios:

La unción del Espíritu de Dios es el fluir de la vida divina de santidad del Mesías hacia la vida humana que se ha consagrado a Dios a través de la experiencia personal de la cruz de Cristo que le hace espiritualmente rico y capaz de impartir efectivamente la luz y la fragancia de la Palabra de Dios en las vidas de los demás, produciendo en ellos una profunda satisfacción espiritual y obvia fructificación espiritual.

Para estudios personales, el lector puede exponer más plenamente cada una de estas frases en relación al tema de la unción.

Ilustraciones de la unción. Para hacer esta definición compacta más práctica en este punto, ofrecemos los siguientes renglones como definiciones e ilustraciones posteriores de la unción de Dios en la vida de un maestro. La unción del Espíritu es en forma evidente:

Cuando un líder predica un mensaje completo espontáneamente, como avivado por el Espíritu, descartando totalmente el mensaje que tenía planeado, y la congregación se mueve espiritualmente en cierta dirección. (¡Si usted ha observado un intento de esto sin el mover del Espíritu, recordará que a pesar de todo, obviamente fue algo improductivo!)

Cuando aparece la sensación consciente de la presencia de Dios habitando y moviéndose.

Cuando el mensaje del pastor trae resultados espirituales en las vidas de sus oyentes, aun si no sigue las reglas de la gramática, la homilética, la presentación u organización profesional. (Sin embargo esto no niega la necesidad de estas habilidades de comunicación. ¡Se necesitan en gran manera!)

Cuando el ministro siente a Dios muy cerca de él después de ser quebrantado o arrepentirse de cierto pecado, y ministra a la gente con el mismo espíritu.

Es el poder del Espíritu en el ministerio cuando Dios sana a los enfermos, liberta a los pecadores, y muestra Su poder a través de Su vaso preparado.

Cuando algún cantor o músico canta o toca una canción al Señor espontáneamente, y ésta edifica a la congregación.

Cuando el líder es levantado por el Espíritu y ministra la Palabra de Dios por iluminación profética y habla directamente a las necesidades de la gente que está presente.

Cuando un espíritu de oración e intercesión viene sobre la congregación y todos oran por turnos, espontáneamente, como Dios les va poniendo la carga particular en sus corazones.

Cuando Dios a través del Señor Jesucristo da autoridad espiritual para demostrar el carácter y don del líder.

Cuando el ministerio práctico de verdadera sanidad, que se manifiesta por el amor, comprensión y oración, ayuda a alguien que está necesitado o quebrantado en su corazón.

Cuando todo el ser de la persona (espíritu, mente, voluntad, emociones y cuerpo) responde positivamente al mover del Espíritu Santo.

Cuando una persona es sensible a la dirección interna del Espíritu Santo, la cual nunca contradice la Palabra de Dios.

Cuando un líder internamente siente a través del Espíritu las necesidades físicas o espirituales de la congregación durante un culto de la Iglesia y las ministra.

Podríamos añadir más enunciados descriptivos como los de arriba, porque Dios se mueve poderosamente en una multitud de formas. La esencia de todas estas descripciones se enfocaría en seguir espontáneamente la dirección del Espíritu, quien siempre glorifica a Jesucristo y expone la condición espiritual de la gente (para su sanidad). Debemos añadir aquí que un líder puede funcionar en la unción al seguir los planes diseñados previamente y sus sermones bosquejados con anticipación, etc, siendo el caso que estos hayan sido originados o avivados por el Espíritu Santo para tal ocasión. La unción del Espíritu no niega la importancia de la disciplina y la organización del liderazgo. La unción no hace innecesaria la mente del hombre. Usa la mente del líder como un vaso con el que se transmite el sentir y el corazón de Dios para cada ocasión en particular, en tanto que el ministro se mueva con el fluir del Espíritu.

Ahora bien, le pediremos al lector que no reaccione excesivamente ante nuestro énfasis en el Espíritu Santo en este punto. En efecto, la unción requiere de gran esfuerzo y disciplina para ejercitar los dones espirituales. Requiere de disciplina para la búsqueda de una vida profunda de oración, y de verdadera meditación espiritual en la Palabra de Dios. Exige que el líder enfoque diligentemente su oído espiritual a Dios durante cada servicio o evento, y que esté preparado a cambiar el "plan del juego" para ir hacia otras formas en las que se libere la provisión de Dios para la gente en ese momento específico. El Espíritu dará mayor entendimiento acerca de la unción a los ministros que hagan estas cosas.

El tema de la unción es en verdad delicado. Es algo totalmente místico (espiritual), en tanto que se relaciona directamente con la aplicación práctica a situaciones específicas. Una clave importante para moverse en la unción es mantener un corazón humilde y entender que no ha usado de nosotros tanto como Él quisiera. Otra clave es permanecer abiertos a las formas específicas y diversas en que el Espíritu puede guiarnos para salvar las almas, edificar la Iglesia y liberar la presencia y poder de Jesucristo en las reuniones. La Palabra de Dios provee el balance, el "chequeo de seguridad", y los principios que nos ayudarán a entender la guianza del Espíritu.

Palabras para estudio posterior. El estudiante se verá interesado en los sinónimos claves que le desarrollarán un entendimiento de la unción. Cada palabra añade una mayor dimensión de profundidad. Otros sinónimos en español son: poder, investir de poder, dinámica, unción, aceite, mover, profecía y manto. Para un estudio subsecuente con todos los recursos bibliotecarios, usted podría considerar "excavar como un minero en busca de oro" en estas palabras: carisma, carismático, predicar (con poder), comunicación, profeta(s), profecía, manto profético, éxtasis, pentecostalismo y los dones del Espíritu Santo. Finalmente le presentamos aquí las palabras bíblicas claves que permiten revelar el significado y tipologías en la unción: aceite, los varios símbolos del Espíritu Santo (viento, agua, fuego, fruto, paloma, unción), Espíritu, avivar, vivificar, moverse sobre, perfume, fragancia, aroma grato, consagrar, olivo (aceite, árbol, rama), rebosar, fluir, Mesías (el Ungido), profeta, profecía, manto y grosura.

Estudios Detallados Acerca de la Unción

Como un ejemplo de cómo aun un pequeño estudio de estas palabras puede dar un gran entendimiento en cuanto el tema de la unción, demos un vistazo a dos términos bíblicos: el manto y el árbol de olivo.

El Manto. En la Biblia, usualmente un manto es una prenda exterior para proteger el cuerpo contra los elementos. En su uso común, la palabra da la idea de una cobertura que es amplia (suficientemente larga y ancha) para cubrir lo que se supone que debe proteger. En forma figurada, el manto significa predominantemente el poder, la unción y el ministerio del Espíritu Santo en la vida de la persona que lo porta. El mejor ejemplo escritural de ello son los profetas Elías y Eliseo (II Reyes 2:12-15). Estos dos poderosos profetas de Israel hicieron varias señales y maravillas en un intento de hacer volver al pueblo corrupto de su tiempo. Esta demostración de poder está en conexión con el manto de Elías que Eliseo heredó (I Reyes 19:16). En I Reyes 19:13, Elías envolvió su cara en el manto para escuchar la voz de Dios. En II Reyes 2:8-14 el profeta dividió las aguas del Jordán para poder cruzarlo. Después de cruzarlo, Eliseo dijo a Elías, *"Te ruego que una doble porción de tu espíritu (manto) sea sobre mí."* Entonces, cuando Elías fue llevado al cielo en un carro de fuego, Eliseo recibió la doble porción del Espíritu del profeta y de su unción. Pero esto no sucedió sin el manto de Elías. Él levantó el manto y lo usó para dividir nuevamente las aguas del río y lo cruzó como Elías lo había hecho. El manto era la unción.

El Olivo. El segundo ejemplo que usaremos para ilustrar la riqueza que tenemos en los estudios detallados de la unción es el vástago de olivo o el árbol de olivo. En las Escrituras, la planta del olivo generalmente tiene gran significado debido a que recibe o contiene la unción de Dios debido a su contenido natural de aceite y a que es fructífero.

Más específicamente, la planta de olivo (o de aceite de olivo) representa la paz (Génesis 8:11); al justo (Salmo 52:8); al Israel natural (Oseas 15:5-6; Jeremías 11:16); a la Iglesia (Romanos 11:16-24) y a los dos testigos ungidos de Dios (Zacarías 4:11-14 y Apocalipsis 11:3,4). Cada uno de estos temas representa a algo o alguien que tiene o posee la unción divina al presente o tiene la bendición de Dios sobre sí. Ciertamente aquellos que son justificados por la sangre del Cordero y aquellos que son parte de la Iglesia, han recibido la unción de parte del Señor. Si la Iglesia ha recibido en general la unción especial del Espíritu Santo, ¡cuanto más desea Dios ponerla sobre Sus líderes!

Para los antiguos hebreos, el olivo era el más importante de todos los árboles. Es llamado aún el rey de los árboles (Jueces 8:8,9). El olivo cultivado crece aproximadamente seis y medio metros de altura y tiene un tronco muy torcido con muchas ramas. El árbol crece muy lentamente. Es necesario cuidarlo muy diligentemente, y si esto es así, produce grandes racimos de aceitunas plenas de rico aceite por siglos. El fruto de un olivo silvestre sin embargo, no sirve, y solamente puede dar un fruto aceptable si se le injerta una porción de un árbol cultivado.

Las aceitunas se maduran a principios de otoño. En el pasado eran cosechadas al sacudir y golpear las ramas con largos palos a finales del mes de noviembre. Después de la cosecha, se juntaban todas las aceitunas en una cisterna no muy honda, de piedra donde eran aplastadas con una piedra de molino, (la cual se prefería en lugar de hacerlo con los pies). Este paso producía el rico aceite de oliva, el cual se asentaba para dejar que los materiales extraños se sedimentaran y fueran desechados. Una vez que se habían eliminado las impurezas, el rico aceite se almacenaba en vasijas de barro o en cisternas de roca.

Los hechos concernientes a la cosecha y producción de aceite de oliva contienen muchas verdades espirituales que pueden ser aplicadas a la unción del Espíritu Santo en la vida del líder. Un hecho: El rico aceite de oliva sólo puede obtenerse después de moler estas con una piedra de molino. La aplicación espiritual: Sólo si la vida de el líder ha sido quebrantada por Dios puede empezar a fluir el aceite de la unción a través de la vida del líder. Por esta razón, los líderes nunca deben cuestionar al Señor si su ministerio o vida está siendo quebrantado, ya que Dios sólo está tratando de engrandecer y hacer más efectivo su ministerio y ungirlo con Su santo aceite.

Un segundo paralelo entre el aceite de oliva y la vida del servidor de Dios está en la remoción de impurezas al aceite de oliva. Cuando un líder siente que lo han puesto "en la banca" (no fluyendo abierta y públicamente en el ministerio al cual cree que Dios lo ha llamado), esto es con el propósito de remover las impurezas espirituales de su vida, de modo que pueda ser un vaso más puro para el uso del Maestro. El líder no debe quejarse cuando lo ponen "en la banca." Por el contrario, debe buscar aún más al Señor para descubrir qué áreas desea Él cambiarle para su propio beneficio (del líder).

Ambos, el manto y el olivo, ilustran las profundas aplicaciones espirituales disponibles a través del estudio de las palabras bíblicas y sus sinónimos relacionados con la unción. Animamos a cada líder a realizar estudios posteriores en esta área, para incrementar su propio entendimiento y experiencia personal del poder del Espíritu Santo en su vida y su ministerio.

Usos de la Unción

En el Antiguo Testamento, el aceite de la unción era un símbolo de prosperidad (Deuteronomio 32:13), para los diezmos espirituales (12:17), y un medio de pagos de dinero (I Reyes 5:11). Además de lo anterior, uno de los principales usos de la unción con aceite era su adición a algunos sacrificios y ofrendas.

El pan sin levadura usado para consagrar a Aarón y a sus hijos ante Dios, era rociado con aceite (Éxodo 29:1,2). Este hecho tiene importantísimas aplicaciones a los líderes de hoy por dos cosas. Primero, para ser ungido por el Espíritu, tiene que haber removido el pecado (levadura) de su vida y tener sólo la sinceridad y verdad en sus actitudes y motivaciones (vea I Corintios 5:1-13). En segundo lugar, todos los líderes deben ser ungidos para consagrarse al servicio de Dios, así como lo fueron Aarón y sus hijos (Éxodo 29:1,23; Levítico 6:20-22; Números 6:13-15).

El hecho de que la flor de harina se ofrecía junto con un cordero en la mañana y en la noche, y que era mezclada con aceite (Éxodo 29:2,7,40) tiene dos aplicaciones espirituales para el día presente. El líder debe asegurarse que su unción se renueve continuamente (día y noche). Cuando el líder ofrece sacrificios a Dios (el cordero en el Antiguo Testamento), él puede saber que la unción, (el aceite) vendrá juntamente. Esto es válido para todos los líderes que hacen sacrificios a Dios. A cambio de los sacrificios del líder, Dios le da una unción más rica para su vida y ministerio.

Las ofrendas de grano eran cocidas en el horno o sobre la plancha se mezclaban con aceite (Levítico 2:4,5; vea también 2:1,2,6,7 y 7:10,12; 14:10,21 y 23:10-13). En aplicación esto significa que Dios va a dar Su unción no importa qué pruebas (el horno o la plancha) Él permita que el líder pase. Cada hombre de Dios debe poder declarar confiadamente, "*Todas las cosas obran juntas para el bien de mi vida y mi ministerio, porque yo amo a Dios y soy llamado a ministrar conforme a Su propósito*" (derivado de Romanos 8:28).

Las ofrendas pacíficas que se ofrecían con acción de gracias también se mezclaban con aceite (Levítico 7:12). Esto expresa la verdad espiritual de que Dios pondrá de Su Espíritu sobre aquellos líderes que "hacen la paz" (como sea) con todas las circunstancias problemáticas (recibiéndolas como amigas, así como lo dice Santiago 1:1-3). En tanto el líder dé gracias a Dios en medio de toda circunstancia, él va a experimentar una mayor libertad en el Espíritu Santo para su vida.

La ofrenda quemada del cordero macho de un año (holocausto) se ofrecía en el mismo día que las gavillas de las primicias después de que Israel había entrado a la tierra prometida y también se mezclaba con aceite (Levítico 23:10-13). Esto significa que Dios dará más de Su unción cuando el líder entra al entendimiento de una nueva verdad de parte de Dios (una nueva porción de la tierra), no importa los sacrificios que sean necesarios (holocaustos) para que él pueda afirmar la verdad que ha recibido. El entrar a la verdad requiere cierta forma de sacrificio en el líder (puede ser el enfrentarse a malos entendidos con la familia, rechazo de la iglesia o la pérdida de amigos). Dios siempre va a honrar tales sacrificios.

La ofrenda de los panes sin levadura que era característica de los nazareos, era una más de las que se rociaban con aceite. Dios siempre va a honrar a aquellos que deciden seriamente separarse (como los nazareos) totalmente para el Señor. Dios unge al líder cada vez que se aparta para no involucrarse con el sistema del mundo (los deseos de la carne, el deseo de los ojos, el orgullo de la vida, la amargura, la ira, el enojo). Cada líder debe abrazar el arrepentimiento como una forma de vida (y no como un evento de una sola ocasión), para él, su familia, y así poner ejemplo ante su gente.

En las ofrendas de los utensilios de plata de los príncipes, estos iban llenos de flor de harina amasada con aceite (Números 7:13 y todo el capítulo 7). Esto quiere decir que sólo a través de la unción del Espíritu Santo (el aceite de Dios) puede entrar un líder a las provisiones y a todas las promesas inherentes a la redención plena en Cristo Jesús (cuyo color es la plata). Sólo el Espíritu Santo puede hacer reales y prácticas en la experiencia las verdades de la obra redentora en Jesucristo para el líder.

La ofrenda para la purificación de los levitas para su oficio de sacerdotes incluía la adición de aceite (Números 8:6,8). Un sacerdote del Nuevo Testamento (I Pedro 2:5,9) debe ser lavado por el Santo Espíritu, revelando y entonces sacando todas las impurezas de su vida. Esto es verdadero para todo creyente cristiano (pues todos son sacerdotes del Nuevo Pacto), pero particularmente aplicable para los que guían al pueblo de Dios a la verdad.

El pecho en la ofrenda mecida y la espaldilla de la ofrenda elevada (de los sacrificios de paz para Aarón y sus hijos) se consideraba como su porción en estatuto perpetuo (Levítico 7:34,35). Esto puede significar para cada líder que las partes más importantes de su vida, las afecciones de su corazón (el pecho) y sus fuerzas (la fuerte espalda o el muslo) deben ser totalmente presentadas a Dios para que el Espíritu unja su vida. Lo que se ha hecho en el área de los afectos del corazón y sus fortalezas puede significar el éxito total o el más completo fracaso en su ministerio. Ojalá todo líder le diese su "pecho" y "espaldilla" a Dios.

Los sacrificios que el príncipe y el pueblo ofrecían al guardar el sábado y la luna nueva se mezclaban con aceite (Ezequiel 46:1-12). Esto contiene una verdad de máxima importancia: los líderes de la iglesia (los príncipes) y el pueblo (la congregación) dependen totalmente del Espíritu Santo para tener paz (el día de reposo), el uno con el otro y para penetrar en el entendimiento de una nueva verdad (la nueva luna) que Dios tiene para la iglesia.

Se usó aceite de la unción para consagrar el tabernáculo de Moisés y el templo de Salomón, juntamente con todas sus partes (Éxodo 40:9; Números 7:1,10,84,88). Esta lista de las diferentes partes del tabernáculo, y las referencia a donde fueron ungidas con el aceite santo, para el servicio, incluye también aplicaciones espirituales para los líderes cristianos.

La unción del altar de bronce (Éxodo 29:36; 30:25,282 y 40:11) anima a cada líder a que el lugar de sacrificio para Dios sea el lugar de la unción del Espíritu Santo.

La unción del lavacro de bronce (Éxodo 30:25,28 y 40:11) anima al líder a que el lugar de la purificación por medio de la Palabra sea un lugar de la unción del Espíritu.

La unción diaria del candelero de oro y todos sus utensilios (30:25,27b) habla al líder de la importancia de llenar diariamente su vaso (vida) con el Espíritu de Dios.

La unción de la mesa de los panes de la proposición (la mesa de Su presencia) y todos sus utensilios (30:25,27) reta al líder de hoy a orar por más iluminación y entendimiento en la mesa de la comunión del Señor, de manera que su congregación experimente más del Espíritu en tales ocasiones.

La unción del altar del incienso (30:25,27c) tiene el significado para el hombre de Dios de que si entra más profundamente a los ministerios de la oración (Apocalipsis 5:8 y 8:4) y adoración al Señor, más va a experimentar la unción del Espíritu.

La unción del arca del pacto (30:25,26b) nos habla de que entre más entremos a la presencia de Dios por medio de Jesucristo, experimentaremos más la unción del Señor sobre nosotros (los dos querubines ungidos sobre el arca y las puertas del santuario interior del templo de Salomón hechos de madera de olivo) (I Reyes 6:23,31-35).

Unción para Profetizar

Todas estas aplicaciones espirituales de la unción apuntan hacia una máxima aplicación profética para la unción de Dios. Esto es para ungir a la Iglesia de Jesucristo, para que vaya y testifique de Cristo con poder (Hechos 1:8; II Corintios 1:21,22). Uno de los tipos del Antiguo Testamento de la unción del Espíritu Santo que vendría sobre la Iglesia es el de Jacob (el tercero de los patriarcas principales).

JACOB
derramó aceite y una libación
(El Espíritu Santo)

sobre un pilar de piedra
(la Iglesia, I Timoteo 3:15)

donde había tenido la revelación de la escalera celestial
(Jesucristo, Juan 1:51; Génesis 28:18; 31:13 y 35:14)

El aceite vino sobre el pilar de piedra exactamente como el Espíritu vino y vendrá sobre la Iglesia, que es el pilar y baluarte de la verdad. En el Nuevo Testamento, en igual forma, la unción del cuerpo físico de Jesucristo (Marcos 14:3,8 y 16:1) se convierte en un cumplimiento profético de la unción que vendría sobre Su Cuerpo, la Iglesia (I Corintios 12:12-27).

Más específicamente, el Nuevo Testamento enseña claramente la importancia de recibir la vista, la comprensión y la iluminación del Espíritu. Juan escribió a la iglesia de Laodicea acerca de su necesidad de esta unción. *"Yo te aconsejo que compres de mí... unge tus ojos con colirio para que veas"* (Apocalipsis 3:18). Los líderes de nuestro tiempo necesitan ver, con la ayuda del Espíritu, el propósito eterno de Dios y echar mano de Su Espíritu. Él usa Su Espíritu para ungir Su Cuerpo, la Iglesia, con Su gloria y poder. Porque Jesucristo mismo había sido ungido por Dios (Hechos 4:27; 10:38 y Hebreos 1:9), así mismo la Iglesia debe ser investida con poder de lo alto de Él (Lucas 24:49).

En conexión con el área de la unción de Dios descendiendo sobre Su Cuerpo, podemos señalar otra verdad espiritual para el líder. En el antiguo Israel, los reyes, así como los sacerdotes, recibían la unción sobre sus cabezas y sus ropas (I Samuel 9:6, 10:1; 12:3,5; 15:17 y 16:12,13). El aceite de la unción debería derramarse de sus cabezas hacia sus ropas. Cuando Aarón y sus hijos fueron ungidos, Éxodo 28:41 afirma, *"Y con ellos vestirás a Aarón tu hermano, y a sus Hijos con él; y los ungirás, y los consagrarás y santificarás, para que sean mis sacerdotes."* En este punto tenemos la unción relacionada con la vestidura de ropas sacerdotales limpias (Levítico 8:30). Más aun, Éxodo 29:7 dice, *"Luego tomarás el aceite de la unción y lo derramarás sobre su cabeza, y le ungirás"* (Éxodo 30.30; 40:13,15; Levítico 8:12; 21:10; Números 3:3 y 35:25).

¿Por qué los poseedores de los más importantes oficios en Israel recibían la unción de aceite en sus cabezas? Era la certeza profética de la necesidad de visión, comprensión e iluminación del Espíritu Santo en las mentes de los líderes de la Iglesia.

Todo hombre de Dios debe tener su mente y sus pensamientos (su cabeza) totalmente consagrados a Dios para ser verdaderamente los líderes que Él desea. David entendió esto aun siendo un pobre pastor, cuando escribió, *"Unges mi cabeza con aceite"* (Salmo 23:5). Él se refería al mismo aceite, que como pastor aplicaba a las cabezas de sus ovejas para librarlas de las moscas pestilentes del tiempo de primavera. Pero también se estaba refiriendo al deseo de colocar su cabeza bajo el pleno control de su Señor, que su vida entera pudiera estar consagrada a Dios. En forma semejante, una mujer quebró un frasco de precioso ungüento sobre la cabeza de Jesús, reconociéndole como Señor, en Marcos 14:3. Es nuestra esperanza que todo líder comprenda que Dios usa Su unción para mantener a Sus líderes totalmente controlados por medio de Su Espíritu y Su Palabra.

La Unción Unida al Carácter

El aceite de la unción fue usado también en la Biblia para retratar diferentes cualidades del carácter que recibirían la bendición de Dios. Los líderes cristianos deben ver que Dios está interesado en algo más que sólo desarrollar en ellos los dones del Espíritu. También y mucho más importante, Dios busca desarrollar en ellos el fruto del Espíritu. Como se ha afirmado ya en esta obra, Dios desea un balance entre el carácter (integridad) y las habilidades (poder) en el ministerio de cada líder. Aquí hay algunas de las cualidades de carácter más importantes que la Biblia relaciona con el recibir el Espíritu Santo:

Preocupación. "*Unges mi cabeza* (David era por la ovejas un pastor preocupado por el bienestar de las ovejas) *con aceite*" (Salmo 23:5b).

Generosidad. "*El alma generosa será prosperada; y el que saciare, él también será saciado* (llenado con aceite)" (Proverbios 11:25)

Diligencia. "*El alma del perezoso desea, y nada alcanza; mas el alma de los diligentes será prosperada* (llenada con aceite)" (Proverbios 13:4).

Confianza. "*Mas el que confía en Jehová prosperará* (llenado con aceite)" (Proverbios 28:25).

Responsabilidad. "*Mañana a esta misma hora yo enviaré a ti* (Samuel) *un varón* (Saúl) *… al cual ungirás por príncipe sobre mi pueblo Israel*" (l Samuel 9:16).

Justicia. "*Has amado la justicia y aborrecido la maldad; por tanto, te ungió Dios, el Dios tuyo, con óleo de alegría más que a tus compañeros*" (Salmo 45:7).

Pureza. "*Te lavarás pues, y te ungirás* (Rut), *y vistiéndote tus vestidos, irás a la era; mas no te darás a conocer al varón hasta que él haya acabado de comer y de beber*". (Rut 3:3)

Valentía. "*Ponen la mesa, extienden tapices; comen, beben. ¡Levantaos, oh príncipes, ungid el escudo! Porque el Señor me dijo así: Vé, pon centinela que haga saber lo que vea*" (Isaías 21:5,6).

Obediencia. "*Montes de Gilboa, ni rocío ni lluvia caiga sobre vosotros, ni seáis tierras de ofrendas; porque allí fue desechado el escudo de los valientes, el escudo de Saúl, como si no hubiera sido ungido con aceite*" (II Samuel 1:21; I Samuel 15:22).

Sumisión. "*Esta será la ley para el leproso cuando se limpiare: Será traído al sacerdote… y tomará el sacerdote un cordero y lo ofrecerá por la culpa, con el log de aceite, y lo mecerá como ofrenda mecida delante de Jehová*" (Levitico 14:2,12. Vea también el tema del aceite en 10,14-18,21,24,26-29).

Unidad. "*¡Mirad cuan bueno y cuan delicioso es habitar los hermanos juntos en armonía! Es como el buen óleo sobre la cabeza*" (Salmo 133:1,2).

Gozo. "*A ordenar que a los afligidos de Sion se les dé gloria en lugar de ceniza, óleo de gozo en lugar de luto, manto de alegría en lugar de espíritu angustiado; y serán llamados árboles de justicia, plantío de Jehová, para gloria suya*" (Isaías 61:3).

Humildad y Quebrantamiento. "*Entonces una mujer de la ciudad... y estando detrás de él a sus pies, llorando, ... y besaba sus pies y los ungía con perfume*" (Lucas 7:36- 50).

Estos son algunas de las cualidades de carácter más esenciales en la vida de un líder. Con su desarrollo, el líder puede esperar confiadamente que Dios le derramará una mayor unción.

Finalmente, diremos que varios de los usos del aceite tienen también algunas verdades espirituales para el líder del pueblo de Dios. Estos pueden ser categorizados por sus usos sociales que les caracterizan.

El aceite se usaba en la preparación de alimentos (I Reyes 17:12-16). El alimento espiritual con que el líder alimenta a sus feligreses a través de la predicación y la enseñanza de la Palabra de Dios, debe ser avivado por el Espíritu Santo para que sea digerido.

El aceite se usaba en las lámparas domésticas y de otro tipo (Mateo 25:1-13, ver también Isaías 42:3). Cada líder debe aceptar su parte de la responsabilidad de mantener llenas de aceite las lámparas de las vidas de su gente, con el aceite del Espíritu Santo, para que ellos puedan creer por sí mismos lo que Jesús dijo que ellos serían: la luz del mundo (Mateo 5:14).

Por costumbre, el aceite era un recurso medicinal (Isaías 1:6; Marcos 6:13; Lucas 10.34). Cada líder debe de ser un canal a través del cual, el Espíritu de Dios pueda sanar las mentes y los corazones de los que están quebrantados espiritualmente.

También se incluía el aceite en ciertos ungüentos cosméticos (II Samuel 14:2; Rut 3:3; Salmo 104:15). Cada líder debe echar mano de la unción del Espíritu sobre la Iglesia para que ella demuestre la imagen y la belleza de Jesucristo.

El aceite era usado típicamente para refrescar a los huéspedes que visitaban la casa (Lucas 7:46). El espíritu de hospitalidad de cada líder (I Timoteo 3:2) debe ministrar frescura espiritual a cada uno que entra en su casa.

El aceite se usaba en combinación con la mirra para ungir a los muertos (Marcos 14:8; Lucas 23:55,56). La unción del Espíritu de Dios debe mezclarse juntamente con la experiencia del líder de la cruz de Cristo (la mirra), para que él pueda ser capaz de transmitir vida a aquellos que están muertos en pecados y delitos.

Propósitos de la Unción

Los propósitos del aceite de la unción son muy similares a sus usos. Pero en esta parte, hemos añadido aquellos que nos añadirán mayor entendimiento. Cada uno de ellos puede ser aplicado a los líderes neotestamentarios. Algunos de los propósitos principales de la unción (aceite) eran:

1. Para capacitar a los líderes para vencer a sus enemigos (como cuando el Espíritu de Jehová venía sobre los jueces de Israel con este mismo propósito: Jueces 3:10 y 6:34; 11:39; 14:6-9 y 15:4).

2. Para consagrar las cosas y la gente para Dios y Su servicio (Éxodo 28:41 y 29:29).

3. Para capacitar a las personas para cumplir sus ministerios delante de Jehová.

4. Para traer buenas nuevas a los afligidos (Isaías 61:1).

5. Para vendar a los quebrantados de corazón (Isaías 61:1).

6. Para proclamar libertad a los cautivos (Isaías 61:1).

7. Para dar libertad a los presos (Isaías 61:1).

8. Para proclamar el año agradable de Jehová (Isaías 61:1,2).

9. Para proclamar el día de Su venganza (Isaías 61:1,2).

10. Para consolar a los que lloran (Isaías 61:1,2).

11. Para dar gloria en lugar de cenizas al los afligidos de Sion (Isaías 61:1,3).

12. Para dar óleo de gozo a los afligidos de Sion (Isaías 61:1,3).

13. Para dar manto de alegría (alabanza) en lugar de espíritu desfalleciente a los que lamentan (Isaías 61:1,3).

14. Para hacer que a los dolidos se les llame árboles de justicia y plantío de Jehová.

15. Para glorificar a Dios y no a los hombres (Isaías 61:1,3).

16. Para calificar a los hijos de Aarón para sus ministerios (Éxodo 40:15).

17. Para señalar a Aarón para su ministerio de las ofrendas (Números 18:8).

18. Para humedecer las ofrendas de flor de harina (Ezequiel 46:13-15).

19. Para ser parte esencial de los holocaustos (Ezequiel 46:13-15).

20. Para dar vista a los ojos ciegos (Juan 9:6).

21. Para investir de poder a los cristianos con los dones y ministerios (I Corintios 12, Efesios 4:11,12).

Todos estos propósitos buscan su cumplimiento espiritual en la vida y en el ministerio del líder. Probablemente los de mayor importancia en la lista superior sean los numerados como 3, 16 y 17, a la luz de nuestro propósito de ayudar a los líderes a funcionar en la unción. Sucintamente, estos propósitos son para capacitar a la gente a realizar sus ministerios delante del Señor, y para ser competentes para sus oficios.

Como ya hemos señalado previamente, una de las grandes controversias del cristianismo ha sido siempre: ¿Quién está calificado para el ministerio? ¿Quién es capaz de hablar con autoridad en el nombre del Señor? ¿Qué es lo que califica a una persona para cierto ministerio? Estas preguntas siguen siendo debatidas hoy día, pero los propósitos de la unción que hemos extraído (3,16 y 17) nos llevan a una parte de la respuesta a tales cuestiones.

Por un lado, la calificación para el ministerio tiene que ver con el carácter y la integridad (I Timoteo 3:2-7), y nadie puede negar esto. Donde quiera que una persona se coloca fuera de los lineamientos escriturales para la conducta y el carácter moral, ella misma se descalifica para el ministerio. Pero el ministerio requiere de algo más que el carácter. Un hombre puede ser el plomero más honesto y virtuoso, pero si no puede arreglar una fuga de agua ¿cómo puede ayudar a una persona que tiene una fuga de agua? De forma parecida, una persona necesita la unción (habilidad), además del carácter, para desempeñar un ministerio específico. Tal persona debe tener el poder y la habilidad en el Señor para funcionar efectivamente en el ministerio.

Dios escogió a Bezaleel y Aholiab (Éxodo 31:2; 35:30; 37:1 38:22. Vea también II Crónicas 2:14) para fabricar las piezas del mobiliario del tabernáculo en el desierto. Dios no los escogió simplemente porque tenían el carácter íntegro y finas virtudes morales. Los escogió porque los iba a ungir con su Espíritu. Los iba a capacitar en sus habilidades y talentos naturales para equiparlos de manera excepcional para un propósito específico.

Cuando David escogió a los músicos y cantores para ministrar delante del arca en el Tabernáculo de Dios, no los escogió simplemente porque tenían ciertas cualidades espirituales; los escogió también porque tenían las habilidades necesarias para tocar y cantar habilidosamente ante Jehová (I Crónicas 15:22 y 28:21; II Crónicas 34:112; Salmo 33 y 78:72). Cuando Dios escogió a un hombre para escribir trece de los libros del Nuevo Testamento, no escogió a Pedro el pescador. Escogió al más hábil fariseo en la Ley de Moisés -- a Pablo.

Por ello, no es justamente el carácter lo que califica a una persona para el ministerio. Lo es también la unción del Espíritu que el Señor les ha dado. Es verdad que algunas habilidades deben pasar por la crucifixión antes de poder ser resucitadas para dar la gloria a Dios. Pero lo importante aquí es que Dios da cierta unción a alguna persona a la que Él capacita para desempeñar su ministerio con efectividad. Los líderes, sin embargo, deben ser cuidadosos de no entrar en un espíritu de profesionalismo que glorifique las habilidades de los hombres. La unción puede caer o no en la esfera del talento natural. Dios puede usar ocasionalmente las debilidades de una persona, su falta de habilidades y talentos, y las necesidades de la gente, y entonces ungirles sobrenaturalmente para cierta tarea.

Es interesante notar los ingredientes del santo aceite de la unción. Éste estaba compuesto de las más finas especias (Éxodo 30:23-25). Estas especias finas eran la mirra, la canela, el cálamo aromático, la casia y el aceite de oliva. El aceite de la unción no contenía nada inferior o degenerado. Este hecho nos habla del deseo de Dios de proveer a sus líderes no sólo con lo mejor de las gracias en su ministerio particular. Para recibir esta unción, sin embargo, el líder debe dar su tiempo y su energía a las cosas buenas del Espíritu divino, y nunca a las cosas de este mundo. Dios va a ungir a cada uno de sus líderes. Pero Él desea ungir los mejores dones y habilidades de los líderes, y no ungirá nada del reino del diablo.

La Tipología Divina en el Aceite de la Unción

El aceite de la unción nos provee de un entendimiento tipológico de la divinidad. El siguiente diagrama nos muestra como cada especia individual representa a los miembros de la Divinidad.

Primeramente vemos como la mirra, la canela y el cálamo representan la plenitud de la Divinidad que habita corporalmente en Cristo.

ESPECIA	MIEMBRO DE LA DEIDAD	EXPLICACIÓN
500 siclos de MIRRA pura	El Señor Jesucristo	La mirra tiene un olor placentero pero un sabor amargo. Fue dada a Jesús en el tiempo de su nacimiento y su crucifixión. Estas experiencias fueron un aroma grato al olfato de Dios.
250 siclos de CANELA dulce	El Señor Jesucristo	Como la preciosa especia de la canela, así el nacimiento, la vida, la muerte y la resurrección de Jesús ha sido preciosa para Dios y para la Iglesia.

250 siclos de CÁLAMO	El Señor Jesucristo	El cálamo era una especia rara y costosa, al igual que la vida, muerte y resurrección de Cristo.
500 siclos de CASIA	Dios Padre	De manera similar como la casia cambiaba de forma al ser molida en un polvo fino de las tiras de la corteza, así el Padre, como el divino y mayor Espíritu, se expresó a sí mismo en la forma corporal del Señor Jesucristo.
Un hin de ACEITE DE OLIVAS	El Espíritu Santo	Como el aceite de olivas era usado para ungir a reyes y sacerdotes, el Espíritu Santo unge a todos los cristianos como reyes y sacerdotes para Dios.

Dado que todas estas especias eran fragantes, nos pueden hablar de "*un aroma de olor grato*" que fue el Señor Jesucristo para el Padre (Efesios 5:2) cuando Él vino a la tierra a realizar la obra de la redención con la unción del Espíritu sobre Él. El hecho de que el aceite de la unción era preparado con cinco ingredientes nos puede hablar de la gracia de Dios que es evidente en la unción divina.

Características de la Unción Divina

La Biblia usa las siguientes palabras para describir el aceite de la unción:

Machacado (Éxodo 29:40)

El aceite de la unción en el antiguo testamento se obtenía de olivas machacadas. La unción del Espíritu Santo, en la vida del líder de Dios, viene a través de los duros y profundos tratos de Dios (que liberan la vida del Espíritu a través de él).

Fresco (Salmo 92:10)

El aceite de la santa unción tenía que ser fresco y nuevo para poder usarse. El líder no puede depender de unciones del pasado para servir a Dios. Todo líder debe obtener del Señor una unción fresca para cada día.

Santo (Éxodo 30.25:,31,32;Salmo 89:20)

La unción del aceite era algo santo. El Espíritu Santo entra en la vida del líder para hacerlo santo, pero fluirá de él hacia los demás solamente si el líder mismo abraza esa santidad.

Perfumado (Éxodo 30:25)

El aceite de la unción era una mezcla perfumada. El Espíritu Santo actúa en el líder para que se libere un aroma de olor suave y fragante a Dios.

Mezclado (Éxodo 30.25)

Este aceite era una mezcla de especias. La vida del Espíritu Santo en el ministerio del líder debe ser desarrollada y expresada por medio de una variedad de principios y experiencias espirituales entremezclados.

Hecho Artesanalmente (Éxodo 30:25)

El aceite era obra de artesanos. El Espíritu de Dios va a obrar en la vida del líder para que se haga la perfecta voluntad de Dios.

Olivo (Éxodo 27:20; 30:24)

La unción santa provenía de olivas machacadas. La unción viene sobre el líder que desarrolla el fruto del Espíritu Santo en su vida (Gálatas 5:22) y en respuesta a la presencia de dicho fruto.

Puro (Éxodo 27:20; I Reyes 5:11)

Este producto debía de ser puro. El Espíritu fluirá en la vida del siervo de Dios sólo si él es puro ante el Señor (moral, emocional y espiritualmente).

Ungido (Éxodo 37:29)

El aceite se usaba con el propósito de ungir a ciertos ministros. Cada líder ha sido llamado a cooperar con el poder de discernimiento del Espíritu Santo, de manera que pueda ser usado para establecer y ungir a ciertos ministerios en el Cuerpo de Cristo.

Precioso (Proverbios 21:20)

Este aceite ceremonial era extremadamente precioso. Así mismo, cada líder debe guardar y proteger la preciosa unción del Espíritu en su vida, y llegar a considerarla su posesión más valiosa en su ministerio.

Prescrito (Ezequiel 45:13-14)

El aceite de la unción había sido especificado por Dios para usarse en las proporciones prescritas con las ofrendas de Israel. El Espíritu Divino requerirá de que se hagan ciertos sacrificios, de acuerdo al grado de la unción que Él da.

Calidad (Amós 6:6; Éxodo 30.22; Números 18:12)

Solamente los más finos aceites de Israel debían usarse en el aceite de la unción. Cada líder por su parte debe comprender que la calidad de la obra en el Espíritu, en y a través de su vida, es más importante que la cantidad de su trabajos.

Costoso (Marcos 14:13)

Para su elaboración se requerían de los más caros ingredientes. Esto nos habla de que por cada nueva profundidad en la unción espiritual que deseemos experimentar, debemos dar cosas preciosas y costosas a Dios. La unción siempre cuesta al líder algo. A Jesús le costó su vida entera.

Restricciones en el Uso del Aceite de la Unción

No debía aplicarse indiscriminadamente. El aceite de la unción no era algo que se podía poner en la carne o el cuerpo de cualquier persona así nada más (Éxodo 30:32). Debía derramarse sólo en aquellas personas que Dios había señalado para cumplir ciertas posiciones ministeriales ante Él. En aplicación, el liderazgo debe observar que esta unción espiritual no es para aquellos que no han sido corregidos. Sólo aquellos que se han arrepentido de sus pecados y han recibido la preciosa sangre de Jesucristo pueden recibir de la unción del Espíritu Santo. La sangre de Cristo debe venir antes que Su aceite. Y más aún, el líder debe tener en cuenta que Dios no ungirá aquella área de su vida que tiene parte con su vieja naturaleza carnal. Ninguna obra de la carne será bendecida con el aceite de la unción divina, sólo la gente y las cosas que Él ha limpiado y ordenado.

No debía ser imitado. Israel no tenía derecho a hacer duplicados de la santa unción de Dios para su uso privado (Éxodo 30:32). El pueblo de Israel no debía preparar otra mezcla de aceite de la unción usando tal proporción de ingredientes. Esto nos indica que aunque puede haber imitaciones engañosas de la unción del Espíritu, la verdadera unción de Dios no puede ser duplicada, porque proviene de Dios precisamente. Ningún líder u organización religiosa debe tratar de usar juegos, actuación o profesionalismo para reproducir la obra y fruto del Espíritu del Señor. Hay muchos que hacen esto, pero nunca trae los resultados deseados por Dios. Que cada líder dependa sólo de la verdadera unción de Dios.

No debía fabricarse de manera diferente. A los judíos se les mandó usar solamente el modelo divino para hacer el sagrado aceite de la unción, y no usar otro. Éxodo 31:11 declara, *"el aceite de la unción... harán conforme a todo lo que te he mandado"* (ver también Éxodo 35:10-19).

Como ya hemos visto, Dios le señaló a Israel ciertos ingredientes y proporciones según los cuales Él quería que se elaborara el aceite para Su servicio. En lo espiritual, Dios no ha cambiado.

Él sigue requiriendo que Su gente (y en especial sus líderes) reciba la unción de Su Espíritu a través de los caminos que Él ha prescrito.

Mucha gente no entra a dimensiones más profundas de la unción de Dios porque no se humillan a sí mismos lo suficiente. En la iglesia primitiva, el hablar en lenguas era una experiencia normal que acompañaba al bautismo del Espíritu Santo (Hechos 2:4 y 9:7; II Corintios 14:18; Hechos 10:46 y 19:6), pero ya no sucede de manera tan frecuente en nuestros días. La humildad es una de las grandes claves para recibir la unción del Espíritu Santo. Si un líder cristiano no es humilde para recibir el bautismo del Espíritu Santo con la señal de las lenguas, ¿que espera para humillarse si desea que Dios le unja en otras formas? La unción de Dios viene realmente a través del bautismo del Espíritu Santo.

Dios ha establecido otros medios por los cuales su unción es liberada. Podemos encontrar algunas claves bíblicas para nosotros en la Palabra de Dios, que es la única fuente autorizada sobre el tema. Tales claves bíblicas, entre otras, son: un corazón quebrantado, un espíritu de sacrificio, de debilidad, de dependencia de Dios, oración, ayuno, fe en la Palabra, y obediencia a Dios. Estos son sólo algunos de los valiosos principios de la Palabra que liberan la unción de Dios. Serán más efectivos si se les usa de manera simultánea, como un estilo de vida, sincera y constante. Sólo dicho método que Dios ha ordenado liberará Su precioso Espíritu verdaderamente, a través de la vida del líder. La unción de Dios debe venir directamente de Su Espíritu, justamente como Bezaleel era la persona señalada para elaborar el aceite del tabernáculo (Éxodo 37).

No debía usarse sin supervisión. Después de que Bezaleel fabricó el aceite de la unción, él lo trajo ante Moisés para su supervisión cercana (Éxodo 39:32-43). Si Moisés encontraba que el aceite había sido elaborado de acuerdo a las indicaciones divinas, estaba libre para bendecirlo. Pero si encontraba que era de calidad inferior, debía retener su bendición. Hay cinco palabras claves que se relacionan con el exámen del aceite de la unción. El aceite debía ser:

Completo (Éxodo 39:32)

Entregado a Moisés (Éxodo 39:33)

Examinado por Moisés (Éxodo 39:43)

Aprobado por Moisés (Éxodo 39:43)

Bendecido por Moisés (Éxodo 39:43)

De la misma forma, Dios bendecirá al líder, sólo si su unción ha pasado la inspección de la Palabra de Dios escrita y del Señor Jesús mismo. El aceite era traído a Moisés exactamente como el ministerio de un líder debe ser traído ante Jesucristo y su Palabra para una cuidadosa examinación y comparación, antes que Dios dé Su bendición.

No debía salir del santo lugar del ministerio. Los sacerdotes que habían sido ungidos no debían abandonar la tienda del testimonio mientras el aceite santo estuviera sobre ellos (Levítico 10:1-7 y 21:10,12). Ellos debían permanecer ministrando al Señor todo el tiempo que el aceite quedara en ellos. En tanto que estaban consagrados con el aceite, debían de servir al Señor. Mientras el aceite estaba en ellos, los sacerdotes debían de llenar las lámparas, acomodar los panes de la proposición, y quemar incienso santo sobre el altar de oro.

De manera similar, todo líder debe desempeñar su ministerio mientras el Espíritu está sobre él. Esto incluye el ministerio de la Palabra de Dios (Salmo 119:105); la mesa de la comunión (la mesa de su presencia) y la oración y la alabanza (Apocalipsis 5:8 y 8:4) para la Iglesia (el candelero). En esta forma, él permanecerá en el "lugar santo" mientras el aceite de Dios está sobre él. El óleo fluirá mientras que Sus lideres obedezcan Su Palabra al ministrarle a Él y a Su pueblo.

No era un sustituto para la vida santa. Algunos servidores de Dios creen que tienen licencia para comportarse y hablar como les plazca, debido a que tienen la unción del Espíritu Santo en sus vidas y a que experimentan algo del poder de Dios. Esta mentalidad es falsa. Es la contraparte pentecostal a la idea católico- romana de la infalibilidad del Papa al hablar en materias de fe y moral. Ambos conceptos están equivocados y son un peligro y un engaño. Sólo la Palabra escrita de Dios puede proveer una guía infalible a la Iglesia en asuntos de fe y conducta.

Trágicamente, muchos ministerios pentecostales que han experimentado el poder de Dios en su servicio han terminado en naufragios morales. Estos numerosos ejemplos nos advierten a todos los líderes a cuidar nuestra vida moral al igual que nuestra unción. El poder de Dios nunca sustituirá a una vida santa. En los días del profeta Miqueas, cuando Israel estaba viviendo en pecado, él declaró:

"Se agradará Jehová de millares de carneros, o de mil arroyos de aceite? ¿Daré el fruto de mis entrañas por el pecado de mi alma? ... Sembrarás, más no segarás; pisarás aceituna, más no te ungirás con el aceite; y mosto más no beberás el vino." (Miqueas 6:7,15 compárese con Hageo 2:12).

Mientras Israel continuaba en iniquidad, ni aún los miles de sacrificios y ríos de aceite no podían expiar sus pecados. De igual forma, los líderes no pueden esperar que Dios les continúe ungiendo en sus ministerios si persisten en hacer cosas contrarias a la Palabra de Dios. Que no haya entre nosotros líderes tan confiados en sí mismos que se enorgullezcan o se confíen tanto en su ministerio de manera que la unción no se convierte en un sustituto de una vida santa.

Otras Prohibiciones. Nos gustaría terminar estos pensamientos acerca de las restricciones de la unción señalando otras prohibiciones que Dios les dio a los sacerdotes antiguotestamentarios. Estas son muy importantes para los líderes de hoy, pues Dios enlaza estas prohibiciones a la unción sacerdotal (vea Levítico 21:10).

Los hijos de Aarón (Éxodo 29:29)

Los hijos de Aarón debían de ser ungidos con la santa unción solamente mientras vistieran las ropas sacerdotales de su padre. Los hijos del Aarón celestial (Jesucristo, según Hebreos 5:4 y 7:11) deben vestirse de las ropas espirituales de justicia, salvación y alabanza para ser ungidos continuamente por el Espíritu Santo.

El Patrón de Aarón (Éxodo 40:15)

Los hijos de Aarón eran ungidos con el aceite en la misma forma en que lo era Aarón. Los líderes cristianos sólo pueden ser ungidos con el Espíritu Santo a la manera en que Cristo fue ungido: a través de los sufrimientos y las tentaciones (Mateo 3:16,17 y 4:1; Lucas 4:1,2,14)

La Diadema de Aarón (Levítico 21:10)

Aarón no debía remover de su cabeza una diadema (que estaba grabada con las palabras "SANTIDAD A JEHOVÁ"). Los líderes de la Iglesia deben mantener sus mentes y sus vidas consagradas a Jesucristo y a una forma de vivir cristiana.

Las Ropas de Aarón (Levítico 21:10)

Aarón no debía de quitarse sus ropas ceremoniales por cualquier razón. El líder moderno, por su parte debe proteger sus ropas de salvación de justicia y de alabanza que Dios le ha dado.

Las Asociaciones de Aarón (Levítico 21:11)

Aarón el sacerdote no podía acercarse (¡y mucho menos tocar!) a ningún muerto. También los líderes actuales no deben tocar por ninguna razón ninguna parte de su cuerpo muerto y carnal de su hombre viejo no regenerado.

Los Padres de Aarón (Levítico 21:10-11)

Aarón no podía desobedecer la Palabra de Dios, aún si sus propios padres se lo pidieran. Todo siervo de Dios debe obedecer a Dios en primer lugar y Su Palabra por encima de los hombres, no importa cuán cercanos sean estos a él (ver Lucas 2:49).

El Santuario de Aarón (Levítico 21:10-12).

Aarón no debía de manchar el santuario de Dios en el desierto en ninguna manera. También nosotros, no debemos corromper con pecados el santuario de su vida o el del pueblo de Dios, entre la que Dios habita (Efesios 1:22 y 2:21,22).

La Esposa de Aarón (Levítico 21:11,13).

Aarón tenía prohibido casarse con una mujer viuda, divorciada o ramera. También los líderes deben casarse con una mujer que conozca a Jesús y le ame, una virgen espiritual. Debe continuamente mantenerse a sí mismo y al pueblo de Dios libre de tener algún amante o esposo que no sea Dios (todo el libro de Oseas está dedicado a esta misma analogía).

Requerimientos para la Unción del Espíritu Santo

Hay ciertos principios espirituales relacionados directamente con las restricciones previamente mencionadas para el uso del aceite, de las cuales depende la unción del Espíritu Santo. Muchos de estos puntos se refieren al aceite, la lluvia o al templo en el Israel natural. Estos se convierten en aspectos proféticos de la unción del Espíritu Santo para el Israel Espiritual, la Iglesia. Lo natural señala hacia lo espiritual.

La unción del Espíritu Santo (a la manera en que se aplica al líder cristiano) depende de:

La obediencia del líder (y de que enseñe al pueblo a obedecer) la Palabra de Dios (Deuteronomio 7:12,13; 11:13,14 y 28:1-68).

Su entrada al derramamiento del Espíritu Santo (Deut.11:13,14; Joel 2:23,24).

La edificación activa que haga de la casa de Dios, la Iglesia (Hageo 1:7-11).

El reconocimiento que el líder haga de Dios (y no de sí mismo) como la fuente de provisión para su unción y prosperidad espirituales (Oseas 2:8,9).

Que el líder use su unción y prosperidad espirituales para el Señor y no para el diablo (Oseas 2:8,9).

Que el líder no glorifique a su unción y progreso en lo espiritual más que a Dios (Oseas 2:8,9).

Que el líder dé libre y voluntariamente para la construcción de la casa de Dios, la Iglesia (y enseñar a la gente a hacer lo mismo) (Éxodo 35:20-29).

Que el líder aprecie y guarde la unción en vu vida (y en las vidas de nuestra gente) (Números 4:9,16; Proverbios 21:20).

El Fruto Resultante de la Unción

¿Que promesas tiene Dios para aquellos que han sido ungidos por Su Espíritu Santo? ¿Cuáles son los efectos buenos de seguir en la unción del Espíritu Santo? Cada uno de los siguientes puntos referenciados puede desarrollarse en un estudio posterior por usted mismo. Algunos de los resultados principales de la unción del Espíritu Santo son:

La ayuda de Dios (Salmo 89:19)

La exaltación y la autoridad (Salmo 89:19,24)

El ser llamado siervo del Señor (Salmo 89:20)

La mano de Dios sobre usted (Salmo 89:21)

La fortaleza de Dios (Salmo 89:21)

El ser libres del engaño (Salmo 89:22)

Libertad de ser afligidos por los malvados (Salmo 89:22)

La victoria sobre nuestros enemigos (Salmo 89:23)

La fidelidad y la misericordia de Dios (Salmo 89:24,28)

Influencia sobre las naciones ("los mares") (Salmo 89:25)

Una relación Padre-hijo (Salmo 89:26)

El poder salvador de Dios (Salmo 89:26)

El ser parte del Pacto eterno de Dios (Salmo 89:27,20-37)

Membresía en la Iglesia de los nacidos de nuevo (Salmo 89:27)

El establecimiento de nuestra descendencia para siempre (Salmo 89:29)

Una presencia resplandeciente (Salmo 104:15)

Libertad del yugo de esclavitud (Isaías 10:27)

Sanidad física del cuerpo (Marcos 6:13)

Que toda la casa se llene con el olor del perfume (Juan 12:1-3)

Visión y percepción espiritual (Apocalipsis 3:18)

El poder de Dios (Hechos 10:38)

La habilidad para ir adelante y hacer el bien (Hechos 10:38)

Habilidad para sanar a los oprimidos por el diablo (Hechos 10:38)

La presencia de Dios (Hechos 10:38)

Continuar en la verdad, desenmascarando el engaño (Hebreos 1:9)

Permanecer con poder y fuerzas, desde el momento en que la recibimos (I Samuel 16:13)

Reconocimiento en medio de nuestra familia (I Samuel 16:13)

El espíritu de profecía (I Samuel 19:18-24)

El oficio de profeta (II Samuel 23:1-7)

Fruto espiritual (Números 17:1-11)

La unción, el poder, y la presencia divinos, son las más grandes necesidades en la Iglesia de hoy. Muchos líderes e iglesias carecen de la unción en sus actividades. En consecuencia, es obligatorio que los líderes entren en un estilo de vida que les lleve hacia la unción del poder de Dios, y deben también enseñar a sus fieles a hacer lo mismo. Sólo de esta forma veremos la gran cosecha de almas que Dios quiere en nuestros días.

Capítulo 20

CRISTO, EL LÍDER UNGIDO

Si la Iglesia quiere ir más allá de un "cristianismo tipo Hollywood," necesita buscar nuevamente los fundamentos verdaderos del liderazgo cristiano. ¿Cuantas veces no sufre la Iglesia las heridas provocadas por líderes infieles, impíos y sin llamado? Las Iglesias seguirán sufriendo de esto mismo en tanto sigan fallando en alcanzar la verdadera unción del Espíritu Santo. Esta unción no debe venir sólo sobre sus líderes, sino sobre todos los que tienen un don y ministerio en la Iglesia --sobre todos los creyentes.

Cristo se sostiene como el centro de toda la enseñanza de la Biblia acerca de la unción del Espíritu Santo. Él es nuestro precursor, nuestro ejemplo y el tutor de nuestra fe en descubrir y funcionar en la unción del Espíritu Santo. Muchos de los tratos de Dios en el llamado y preparación del sus servidores varían de persona a persona. Pero la unción del Espíritu Santo es esencial en la vida de todo creyente. Y sin ella, nadie puede tener un ministerio duradero. Al ir estudiando la unción del Espíritu en la vida de Cristo, descubriremos cómo nosotros mismos podemos venir a estar bajo la unción.

La Unción de Cristo

Encontramos una narración enfocada de cómo fue ungido Cristo en Lucas 3:21-4:20. Aquí se nos muestra que la unción del creyente, al igual que la Suya, viene en una serie de envolvimiento cada vez más profundo en la obra del Espíritu Santo.

La venida del Espíritu. En la primera etapa, el Espíritu vino sobre Cristo (Lucas 3:21,22).

"Aconteció que cuando todo el pueblo se bautizaba, también Jesús fue bautizado, y orando, el cielo se abrió y descendió el Espíritu Santo, en forma corporal, como paloma, y vino una voz del cielo que decía: tu eres mi hijo amado, en ti tengo complacencia."

La llenura del Espíritu. En la segunda etapa el Espíritu llenó a Cristo (Lucas 4:1)

"Jesús lleno del Espíritu Santo, volvió del Jordán y fue llevado por el espíritu al desierto".

El poder del Espíritu. En esta etapa tercera, después de que Cristo soportó las tentaciones en el desierto y mantuvo la fe verdadera, el Espíritu se movió poderosamente en Cristo (Lucas 4:14)

"Y Jesús volvió en el poder del Espíritu a Galilea, y se difundió su fama por toda la tierra de alrededor."

La unción del Espíritu. En la etapa final, en la que Cristo se mantuvo con fidelidad hasta el fin de su ministerio terrenal, el Espíritu le ungió para servir en un ministerio específico (Lucas 4.15-21.)

"Y enseñaba en las sinagogas de ellos, y era glorificado por todos. Vino a Nazaret, donde se había criado; y el día de reposo entró en la sinagoga como era su costumbre, y se levantó a leer. Y se le dio el libro del profeta Isaías; y habiendo abierto el libro halló el lugar donde estaba escrito: El Espíritu del Señor está sobre mí por cuanto me ha ungido para dar buenas nuevas a los pobres; me ha enviado para sanar a los quebrantados de corazón; a predicar libertad a los cautivos y vista a los ciegos; a poner en libertad a los oprimidos a predicar el año agradable del Señor. Y enrollando el libro, lo dio al ministro y se sentó; y los ojos de todos en la sinagoga estaban fijos en él. Y comenzó a decirles: hoy se ha cumplido esta Escritura delante de vosotros..."

Hemos estudiado ya las raíces lingüísticas del concepto de la unción en detalle, en el capítulo anterior. Vale la pena reiterar algunos puntos fundamentales sobre la unción en este punto.

1. Ungir a alguien es comisionarlo para cierto propósito, y casualmente se refiere a la inducción a un ministerio principal, como el de rey, sacerdote, o profeta.

2. 2La unción estaba acompañada de la investidura divina de poder para llevar a cabo la misión para la cual la persona era comisionada.

3. La unción apartaba un objeto o persona para el uso de Dios como un vaso sagrado.

4. En el Nuevo Testamento, el proceso de la unción se enfocaba a la función del Espíritu Santo en la vida de cada creyente. La unción es el "dunamis" (poder de Dios, vea Romanos 1:16) en acción, la fortaleza y potencia para tomar dominio sobre el enemigo, para ejercer autoridad sobre cada situación, para establecer el mandato de Dios y edificar Su Iglesia.

La Naturaleza de la Unción

Trágicamente, la Iglesia a veces malentiende la unción, cuando trata de entenderla con una mente carnal.

Algunos creyentes sienten que la unción nos ha sido dada principalmente para nuestro regocijo. Esto es egoísta y nada bíblico. Esta actitud está arraigado en el "cristianismo tipo Hollywood" que ha traído en años recientes trágicos fracasos de liderazgo. La porción de la Iglesia que mantiene una fe pentecostal parece ser la más vulnerable a este engaño, que sin embargo se encuentra en la Iglesia en cualquier lugar.

Algunos creyentes piensan que la unción está reservada para un número limitado de personas, para establecer un ministerio pastoral. Mientras que esta confusión no parece tan perniciosa como la primera, está igualmente errónea.

Para responder a estas dos confusiones mencionadas, debemos establecer nuevamente dos principios fundamentales acerca de la unción del Espíritu Santo: La unción del Espíritu es para cumplir un propósito de Dios en la Iglesia; y también es dada a todos los creyentes, porque todos reciben un don relacionado y un ministerio que deben ejercer para edificar la Iglesia de Dios.

Los Propósitos de la Unción

En la vida de Cristo podemos ver quince propósitos específicos de la unción espiritual. Encontramos que la unción en Él sirvió para:

Crear celo, la pasión del Espíritu (Juan 2:13-17).

Destruir las obras del diablo (I Juan 3:8).

Servir sacrificialmente y sin egoísmo (Marcos 10:45; Juan 13:3-4).

Predicar buenas nuevas de esperanza a los que carecían de ella (Lucas 4:18).

Sanar a los corazones abatidos y quebrantados (Lucas 4:18).

Liberar a los cautivos de las prisiones satánicas (Lucas 4:18).

Poner en libertad a los de corazón amargado (Lucas 4:18).

Dar ornamento en lugar de ceniza de las vidas arruinadas (Isaías 61:3).

Dar manto de alegría en lugar de espíritu angustiado (Isaías 61:3).

Hacernos árboles de justicia, plantados con seguridad (Isaías 61:3).

Ministrar el poder sanador a los enfermos (Santiago 5:14, Marcos 6:13)

Tomar una posición de liderazgo y guiar (I Samuel 2:10,35; 10:1 y 15:7; II Corintios 1:21,22).

Equipar para la guerra y dar poder para la batalla (Isaías 21:5; Salmo 20:6 y 28:8).

Comprender la verdad dada por el Espíritu (I Juan 2:27).

Balancear la autoridad con la expresión gozosa del ministerio (Hebreos 1:9).

Para dar balance a este capítulo, estudiaremos dos de estos propósitos específicos de esta lista: el celo y el servicio sacrificial.

La Unción Produce Celo

Sin la unción del Espíritu Santo, la Iglesia se embota, y se vuelve flácida, indiferente y sin vida.

Tal vez usted haya escuchado acerca del descubrimiento de un barco congelado en el Océano Ártico, que data del siglo pasado. El capitán del barco se congeló al estar haciendo una última anotación en su cuaderno de bitácora. La fecha de la anotación en ese cuaderno demostró que el barco junto con su tripulación congelada dispersa en hamacas y camarotes, habían vagado entre témpanos de hielo por 13 años, antes de ser descubiertos. Es decir, era un sepulcro en movimiento, compuesto de una tripulación congelada. Que escalofriante es darse cuenta que algunas iglesias se acomodan a esta descripción con toda exactitud.

En un dramático y emocionante contraste podemos ver lo que la Biblia dice acerca del celo en la Iglesia.

Tres versiones diversas en Juan 2:17 dicen:

"El celo de tu casa me consume"

"La preocupación por la casa de Dios me corroerá"

   "El celo por el honor de tu casa arderá en mí"

El Salmo 69 dice en otras traducciones bíblicas:

"Ardo en fuego de pasión por tu casa"

"El entusiasmo por tu casa me ha consumido"

"Mi celo por Dios y por su obra arde candente dentro de mí"

Veamos ahora Isaías 59:17:

"Pues de justicia se vistió como de una coraza, con yelmo de salvación en su cabeza; tomó ropas de venganza por vestidura, y se cubrió de celo como manto"

(Recordemos la tipología bíblica: un manto o rebozo es símbolo de la unción   de Dios, la cual brinda cierta protección al que viste el manto).

Definiendo el Celo de Dios

Hagamos ahora un acercamiento a la palabra celo. ¿Qué significa para nosotros? ¿Cuáles son sus raíces bíblicas?

La palabra hebrea para celo significa arder con fuertes sentimientos de bien o de mal como sucede en los celos o el enojo. Esta palabra se usa preferentemente en un contexto que describe idolatría.

La palabra griega "zeelos" se usa 17 veces en el Nuevo Testamento. Tiene diversos significados relacionados: capacidad o estado de entrega apasionada a una persona o causa; las fuerzas que la motivan; en el griego clásico se refiere a un espíritu aguerrido; pasión; entusiasmo; hervir ardientemente; ferviente; preocuparse uno mismo de algo de manera que se toma la responsabilidad del asunto, de hacerlo una meta y luchar por ella hasta conseguirla con energía.

En su uso común de nuestros días, el celo es entendido como aquello que envuelve apasionado ardor en pos de algo. El celo es un entusiasmo o deseo de hacer u obtener algún objeto. En pocas palabras, el celo que arde apasionadamente dentro de una persona se expresa en una actividad concertada, que es orientada fuertemente hacia algo más allá de la persona ¡Ojalá pudiésemos describir nuestro caminar cristiano hacia Dios con estas palabras!

El Enemigo del Celo

Hay muchos enemigos del celo. Nos enfocaremos al más letal de todos, una condición que puede devorar al mismo celo (¡que paquete!) si se le permite extenderse.

La tibieza es la más segura evidencia de que una persona está viviendo más en la carne que en el Espíritu. La sentencia contra la tibieza de la iglesia laodicense la podemos encontrar en Apocalipsis 3:16. "Por cuanto eres tibio y no frío ni caliente, te vomitaré de mi boca."

El siguiente versículo explica cómo la iglesia de Laodicea había caído en tan deplorable estado. Una actitud subyacía como la raíz del problema, aquella actitud basada en un estilo de vida materialista y carnal. "Porque tu dices: Yo soy rico y me he enriquecido, y de ninguna cosa tengo necesidad; y no sabes que tú eres un desventurado, miserable, pobre ciego y desnudo" (Ap. 3:17).

La tibieza es indiferencia, frialdad, falta de calor. Espiritualmente consiste en colocarse a uno mismo en el centro del universo; desde esta posición uno no tiene responsabilidades, ni deseos. La tibieza provoca:

Parálisis espiritual.

Olvido del primer amor.

Profesión de fe pero sin su esencia.

Mediocridad en el servicio a Dios y a su Iglesia.

Oración indiferente y sin efectos.

Complacencia y abulia.

Oposición extrema a sacrificar algo.

Falta de carga ante el sufrimiento ajeno.

Actitud desapasionada hacia todas las cosas buenas.

Negligencia en las actividades y responsabilidades espirituales.

Engaño espiritual en cuanto a la propia situación como creyente.

El Enfoque del Celo

A través de las Escrituras, el celo saludable se enfoca la mayoría de las veces en la casa de Dios. El celo y fervor del Espíritu se concentraba en el propósito de Dios, la cual tenía su núcleo en el tabernáculo en el desierto o en el templo en Jerusalén. En el Nuevo Testamento, estamos ungidos también con esta misma unción de celo por la casa de Dios.

Jesús ejemplifica tal celo en Juan 2:13-17:

"Estaba cerca la pascua de los judíos; y subió Jesús a Jerusalén, y halló en el templo a los que vendían bueyes, ovejas y palomas y a los cambistas allí sentados. Y haciendo un azote de cuerdas, echó fuera del templo a todos, y las ovejas y los bueyes; y esparció las monedas de los cambistas, y volcó las mesas; y dijo a los que vendían palomas: no hagáis la casa de mi padre casa de mercado. Entonces se acordaron sus discípulos que está escrito: el celo de tu casa me consume."

Cuando Jesús vio el abuso que se hacía en la casa de Su Padre, Él se llenó de ira. Él se puso ardiente, Su ministerio se desarrollaba por medio de acciones radicales. Sentía tal celo por la casa de Dios, que atacó y echó fuera a los que la amenazaban. En el Antiguo Testamento tenemos la contraparte en cuanto al celo en el caso del sacerdote Finees que mató a un israelita que era una ofensa viviente para Dios y causante de una plaga para todo el pueblo porque se había unido a una mujer moabita.

(En este contexto, otras importantes citas acerca del celo las encontramos en Isaías 9:6,7; Romanos 10:2; II Corintios 7:11 y Filipenses 3:6.)

El celo que se muestra en el amor por la casa de Dios. Tenemos numerosos versículos que nos hablan del celo del Espíritu Santo que se enfoca a través del amor por la casa de Dios, de actividades orientadas a edificar y embellecerla y para suplir las necesidades de la gente a través de ella.

Salmo 26:8   *"Jehová, la habitación de tu casa he amado."*

Salmo 132:13-18   *"Porque Jehová ha elegido a Sion; La quiso por habitación para sí. Este es para siempre el lugar de mi reposo; Aquí habitaré, porque la he querido. Bendeciré abundantemente su provisión; A sus pobres saciaré de pan. Asimismo vestiré de salvación a sus sacerdotes, Y sus santos darán voces de júbilo. Allí haré retoñar el poder de David; He dispuesto lámpara a mi ungido. A sus enemigos vestiré de confusión, Mas sobre él florecerá su corona."*

En el Nuevo Testamento, el amor por la casa de Dios se manifiesta en el amor y embellecimiento de la Novia de Cristo, la Iglesia. En II Corintios 4:7-12, note la provisión para las necesidades y el embellecimiento que hace un paralelo similar en cuanto a contenido similar al del salmo 132, citado líneas arriba.

"Pero tenemos este tesoro en vasos de barro, para que la excelencia del poder sea de Dios, y no de nosotros, que estamos atribulados en todo, mas no angustiados; en apuros, mas no desesperados; perseguidos, mas no desamparados; derribados, pero no destruidos; llevando en el cuerpo siempre por todas partes la muerte de Jesús, para que también la vida de Jesús se manifieste en nuestros cuerpos. Porque nosotros que vivimos, siempre estamos entregados a muerte por causa de Jesús, para que también la vida de Jesús se manifieste en nuestra carne mortal. De manera que la muerte actúa en nosotros, y en vosotros la vida."

Otro pasaje del Nuevo Testamento que ilustra el amor y embellecimiento de la novia de Cristo es Efesios 5:25-30.

"Maridos, amad a vuestras mujeres, así como Cristo amó a la iglesia, y se entregó a sí mismo por ella, para santificarla, habiéndola purificado en el lavamiento del agua por la palabra, a fin de presentársela a sí mismo, una iglesia gloriosa, que no tuviese mancha ni arruga ni

cosa semejante, sino que fuese santa y sin mancha. Así también los maridos deben amar a sus mujeres como a sus mismos cuerpos... Porque nadie aborreció jamás a su propia carne, sino que la sustenta y la cuida, como también Cristo a la iglesia, porque somos miembros de su cuerpo, de su carne y de sus huesos." Ef. 5:25-30.

Yendo a la Casa de Dios. El celo se demuestra, repetidas ocasiones en la Biblia, en el gozo de ir a la casa de Dios y en la importancia de hacerlo.

Salmo 27:4	*"Una cosa he demandado a Jehová, ésta buscaré; Que esté yo en la casa de Jehová todos los días de mi vida, Para contemplar la hermosura de Jehová, y para inquirir en su templo."*
Salmo 42:4	*"Me acuerdo de estas cosas, y derramo mi alma dentro de mí; De cómo yo fui con la multitud, y la conduje hasta la casa de Dios, Entre voces de alegría y de alabanza del pueblo en fiesta.".*
Salmo 55:14	*"Que juntos comunicábamos dulcemente los secretos, Y andábamos en amistad en la casa de Dios."*
Salmo 122:1	*"Yo me alegré con los que me decían: A la casa de Jehová iremos."*
Isaías 2:2,3	*"Acontecerá en lo postrero de los tiempos, que será confirmado el monte de la casa de Jehová como cabeza de los montes, y será exaltado sobre los collados, y correrán a él todas las naciones. Y vendrán muchos pueblos, y dirán: Venid, y subamos al monte de Jehová, a la casa del Dios de Jacob; y nos enseñará sus caminos, y caminaremos por sus sendas. Porque de Sion saldrá la ley, y de Jerusalén la palabra de Jehová."*
Hebreos 10:24,25	*"Y considerémonos unos a otros para estimularnos al amor y a las buenas obras; no dejando de congregarnos, como algunos tienen por costumbre, sino exhortándonos; y tanto más, cuanto veis que aquel día se acerca."*

Edificando la Casa, no destruyéndola. El celo verdadero, que es producido por el Espíritu Santo, es algo más que mera intensidad. Es un compromiso para hacer aquello que edifica la casa de Dios y que evita aquello que es destructivo para ella. En ello, el verdadero celo que viene de la unción del Espíritu Santo se toma de la sabiduría para perseguir sus metas, aun cuando el celo no siempre está asociado con la sabiduría.

Proverbios 14:1   *"La mujer sabia edifica su casa; Mas la necia con sus manos la derriba."*

Proverbios 24:4   *"Y con ciencia se llenarán las cámaras De todo bien preciado y agradable."*

Salmo 127:1   *"Si Jehová no edificare la casa, En vano trabajan los que la edifican; Si Jehová no guardare la ciudad, En vano vela la guardia."*

En el Nuevo Testamento, el requerimiento de sabiduría para edificar la casa de Dios se expresa en una necesidad de balance entre la espiritualidad intensa y una cuidadosa atención a las metas apropiadas.

1 Corintios 14:12   *"Así también vosotros; pues que anheláis dones espirituales, procurad abundar en ellos para edificación de la iglesia."*

Como mencionamos en el capítulo diecisiete, la mayor parte de II Corintios provee instrucciones para el celo y la espiritualidad verdaderos.

Hallando Satisfacción en la Casa de Dios. El celo produce la acción que satisface; su nivel de compromiso determinará su nivel de satisfacción. (Esto se muestra en forma de analogía en las aguas que incrementan su nivel en el pasaje de Ezequiel 47:2-6). El celo verdadero, producto de la unción del Espíritu Santo, funciona en forma de un ciclo continuo de acción y satisfacción. Los revolucionarios y gente como ellos pueden ser capaces de generar celo partiendo de otras fuentes. Pero este celo no crea un ciclo completo que se perpetúe a sí mismo. Es entonces, pues, el celo del Espíritu Santo un celo esforzado, continua para producir esfuerzo dirigido para una meta deseada.

Observe cómo se evidencia una búsqueda de satisfacción en estos versículos que hablan del celo directa e indirectamente:

Salmo 36:8   *"Serán completamente saciados de la grosura de tu casa, Y tú los abrevarás del torrente de tus delicias."*

Salmo 42:1,2	*"Como el ciervo brama por las corrientes de las aguas, Así clama por ti, oh Dios, el alma mía. Mi alma tiene sed de Dios, del Dios vivo; ¿Cuándo vendré, y me presentaré delante de Dios?"*
Salmo 63:1-5	*"Dios, Dios mío eres tú; De madrugada te buscaré; Mi alma tiene sed de ti, mi carne te anhela, En tierra seca y árida donde no hay aguas, Para ver tu poder y tu gloria, Así como te he mirado en el santuario. Porque mejor es tu misericordia que la vida; Mis labios te alabarán. Así te bendeciré en mi vida; En tu nombre alzaré mis manos. Como de meollo y de grosura será saciada mi alma, Y con labios de júbilo te alabará mi boca."*
Salmo 87:7	*"Todos los habitantes de Sión dirán... dirán, ¡todos mis manantiales, mis fuentes de gozo e inspiración están en ti, oh ciudad de Dios!* (La Biblia amplificada).
Colosenses 3:1-3	*"Si, pues, habéis resucitado con Cristo, buscad las cosas de arriba, donde está Cristo sentado a la diestra de Dios. Poned la mira en las cosas de arriba, no en las de la tierra. Porque habéis muerto, y vuestra vida está escondida con Cristo en Dios."*

Siendo Plantado y Arraigado en la Casa de Dios. El celo verdadero que se produce a causa de la unción del Espíritu Santo no orilla a uno a la autodestrucción. Por el contrario, produce el amor por la casa de Dios que mueve a la persona a echar raíces en la casa de Dios. *"Plantados en la casa de Jehová, en los atrios de nuestro Dios florecerán. Aun en la vejez, fructificarán; estarán vigorosos y verdes"* (Salmo 92:13-14).

Este versículo crea un cuadro maravilloso. Imagínese una palmera, floreciente con crecimiento, vida y victoria. Es un árbol maduro, que continuamente da fruto, y está lleno de savia --vigoroso y fornido. La palmera, con sus profundas raíces y su tronco flexible, puede resistir tormentas que literalmente pueden doblarlo hasta el suelo.

"Porque mejor es un día en tus atrios que mil fuera de ellos. Escogería antes estar a la puerta de la casa de mi Dios, que habitar en moradas de maldad." (Salmo 84:10).

Manteniendo la Unidad en la Casa de Dios. El celo verdadero trae unidad a la gente para un esfuerzo conjunto, en mente, en propósito y en sacrificios. Por cuanto esto viene a causa de la unción, incluye (al madurar la persona) la disposición de valorar de nuevo metas personales, deseos y "necesidades" para ver si ellos soportan el hecho de una meta compartida. El Salmo 133 nos describe el fruto de este tipo de esfuerzo.

"Mirad cuan bueno y cuan delicioso es habitar los hermanos juntos en armonía, es como el buen óleo sobre la cabeza, el cual desciende sobre la barba, la barba de Aarón, y baja hasta el borde de sus vestiduras, como el rocío de Hermón, que desciende sobre los montes de Sion; porque allí envía Jehová bendición y vida eterna."

La unidad es comparada al santo óleo (que también es presentado como un resultado de la unción del Espíritu Santo).

Tenemos una comparación de la unidad con el rocío. En Palestina, el rocío matinal es lo que asegura la supervivencia de toda la vegetación, aún las cosechas dependen fuertemente del rocío; solamente el rocío puede mantener la vida de un viñedo floreciente. En el cálido desierto, el rocío descenderá solamente si no hay viento. Por analogía, la unidad sólo puede presentarse cuando todas las partes del grupo se mantienen en un enfoque pacífico y no combativo para resolver los problemas y alcanzar las metas.

Efesios 4:1-3 implica que el *"buscar la unidad del Espíritu en el vínculo de la paz"* jugará un papel primordial en ayudar al creyente a *"andar como es digno de la vocación a la que fue llamado."* Mateo 18:18,19 nos dice que la unidad de dos cristianos en oración mueve a Dios a actuar. Un breve estudio de la unidad en la Iglesia primitiva en sus primeros días nos revela una constante unidad, la cual tiene un importante lugar, y hace posible el crecimiento continuo. En Hechos 1:14, leemos que los creyentes estaban en oración de manera *"unánime"* justo antes del día de pentecostés, y que estaban en una gran reunión de oración armónica en ese gran día. Ellos continuaron *"unánimes"* aun después de pentecostés, y la Iglesia creció grandemente y *"tenían favor con todo el pueblo"* en Jerusalén, la unidad alcanzaba al punto de disolver la propiedad individual de la tierra, el dinero para formar un cúmulo corporativo de recursos (Hechos 4:32). Los apóstoles hacían señales y maravillas, y multitudes de hombres y mujeres venían para añadirse a la Iglesia, todos unidos en el contexto de una reunión pública en el pórtico de Salomón en el Templo.

El Celo y el Balance

Dado que el celo lleva implícita la intensidad y la pasión, se requiere de sabiduría y madurez para ser espiritualmente celoso, sin dañar los otros elementos de nuestra vida.

Piense en un atleta que no sólo se entrena y compite, sino que también hace muchas otras cosas para proteger su cuerpo de daño y para mantenerse en una forma mental óptima. Los atletas con años de experiencia y carreras célebres, saben balancear el celo en la competencia, con otras necesidades en sus vidas. Una vida con celo tiene problemas potenciales que el hombre o la mujer de Dios deben prever:

Agotamiento total (un estado emocional).

Desgaste (deterioro físico por descuidar el cuerpo).

Desánimo (al olvidarse de la recreación y gozos sencillos).

Problemas familiares o maritales (al descuidar sus relaciones familiares).

Problemas económicos (al fallar en el desarrollo de una carrera y vida de trabajo saludables).

Aislamiento (por descuidar a las amistades).

Muchos libros de Psicología secular y de autosuperación contienen sabiduría en cuanto a esos temas. Desafortunadamente muchos de estos consejos vienen de un punto de vista impío o de "moralidad neutral." El cristiano ocasionalmente puede hallar algo de valor en esos libros. Sin embargo aconsejamos aplicar los principios de esos libros, solamente después de compararlos con los principios bíblicos. Debemos asegurarnos de que el principio se ajuste a nuestro estilo de vida de fe y servicio, y que no viole ninguno principio escritural.

Una palabra de ánimo en cuanto al proceso de balancear el celo espiritual con los demás elementos de la vida: la calidad del tiempo es más importante y más necesaria que la cantidad del tiempo. "Un tiempo de calidad" sin embargo, no debe ser un pretexto para los intentos vanos e inconsistentes de balancear la vida propia. El tiempo de calidad en cualquier área de la vida, requiere de compromiso, energía y disciplina. Por ejemplo, el dedicar tiempo a la familia, no se logra simplemente "relajándose" y viendo un programa de televisión con los niños. Un tiempo familiar de calidad requiere de una interacción personal, sin distracciones.

Vivir una vida de celo por el ministerio requiere de balance en las otras áreas de la vida también.

La Unción Crea un Espíritu de Siervo

Jesucristo el siervo era alguien que daba sin recibir. ¡Que lejano está este clamor al tipo de ministerio que muchos "líderes" cristianos han desarrollado! Hay muchos que se sirven a sí mismos y se autoglorifican. Si la Iglesia va a reedificar un liderazgo saludable, debe rechazar el "cristianismo tipo Hollywood" y volver a los principios básicos de servicio como Cristo mismo sirvió. Esto es especialmente crucial en estos últimos días, cuando la Biblia dice que la Iglesia va a estar bajo gran ataque, y su obra será cumplida bajo circunstancias de prueba al máximo. En estos tiempos, la Iglesia no debe ser dirigida por hombres o mujeres que "abandonen" a las ovejas y que las dejen descarriarse.

Cristo el Siervo. Cristo habló muy claramente acerca de la necesidad y la centralidad del liderazgo-siervo.

Posición de Liderazgo	Servicio Requerido
Mateo 20:28	
"el Hijo del Hombre vino"...	"no para ser servido, sino para servir, y para dar su vida en rescate por muchos."
Mateo 23:11,12	
"El que es el mayor de vosotros..."	"sea vuestro siervo."
"El que se enaltece..."	"será humillado."
"El que se humilla..."	"será enaltecido."
Marcos 10:43,44	
"El que quiera hacerse grande..."	"será vuestro servidor."
"El de vosotros que quiera ser el primero..."	"será siervo de todos."
Lucas 22:26,27	
"Sea el mayor entre vosotros..."	"como el más joven."
"El que dirige..."	"como el que sirve."
Juan 13:1-20	
"El Señor y el Maestro..."	"he lavado vuestros pies."

El Espíritu Gentil. En Marcos 10:42, Jesús describe el espíritu de gentil que aflige grandes porciones de la Iglesia en nuestros días. En esencia, consiste en ser cristiano, y servir esperando recibir algún pago. Tiene que ver con ser un servidor en la casa de la fe, por ver qué beneficio puede uno obtener, en vez de ser un siervo por lo que uno puede dar a Cristo y a Su Iglesia.

En esta sección de Marcos (como hemos analizado en la introducción de este libro), los discípulos se hallaban discutiendo acerca de quién recibiría la posición más elevada una vez que Cristo regresara como gobernante político y se empezaran a repartir los despojos del éxito. Ellos estaban completamente equivocados acerca de la naturaleza del Reino de los cielos y también en cuanto a la grandeza en el Reino.

Una vez que el asunto estaba claro, Jesús no perdió tiempo para corregirlos. Él describió el espíritu de los gentiles. *"Sabéis que los que los que son tenidos por gobernantes de las naciones (gentiles) se enseñorean de ellas, y sus grandes ejercen sobre ellas potestad."*

El gobernante gentil típico mantenía su elevada posición sobre sus súbditos haciéndoles sentir el peso de su autoridad sobre ellos. Sólo entonces podían ellos lograr la eminencia del señorío y grandeza disponible en el mundo y que ellos creían merecer. Este espíritu es evidente en cualquiera que no ha sido redimido y quien es incapaz de servir sin egoísmo, sino que busca elevar su ego, su posición y su imagen. Servir a otros le hace sentirse tan "bajo" que no puede soportarlo. Él encuentra seguridad y satisfacción al mantener su posición de autoridad, no en servir.

Un espíritu como el de Cristo. Cristo en ese momento pasó a explicar a sus discípulos cómo opera el reino de los cielos. En efecto, el reino pone totalmente de cabeza la noción gentil acerca de la autoridad. Entre los gentiles, el gobernante se colocaba en lo más alto de una pirámide. El gobernante cristiano está colocado en la misma posición, sólo que con una pequeña diferencia: ¡La pirámide ha sido invertida, de manera que la punta está hacia abajo! Más que sentarse indolentemente en la más alta posición sobre el trabajo de los demás, el líder cristiano se coloca al lado de los demás en un papel de apoyo, para hacer todo lo que sea necesario para ayudarles a realizar la máxima fructificación de su ministerio.

La grandeza en el Reino de los cielos, pues, se mide por la disposición y cantidad de bendito servicio sacrificial al pueblo de Dios. Si el líder cristiano es exaltado y premiado por la gente a causa de su labor o no, no es lo importante. Cristo vino a servir sin una posición, para dar sin pensar en una recompensa. No pudo haber sido de otra forma. Cristo sabía que Él iba a tomar la posición más baja para alcanzar a la gente más baja, y para que su obra nunca pudiera ser pagada.

Definición de Servir/Dar

Significados Hebreos. El Antiguo Testamento usa la palabra "abad" para denotar un servicio intenso para otra persona, desarrollar tareas de acuerdo a su voluntad y su dirección. Por extensión, significa hacer un servicio gozoso para el Señor.

El libro de Isaías dedica mucho tiempo a las profecías mesiánicas que describen las actividades de Cristo el Siervo, quien:

42:1-9 Camina humildemente entre los lastimados y sin esperanza

49:1-16 Ha sido conformado por Dios para un destino

50:4-10 Obedece hasta el sufrimiento

52:13 Será exaltado por medio de su muerte y su sufrimiento

53 Pasará por el desprecio y el rechazo como una ofrenda sacrificial

Un siervo ideal desea servir y agradar a Dios con una postura humilde ante los demás. Él o ella están entregados a ayudar a otros, y dispuestos a pagar el precio en sufrimiento personal para poder hacerlo, sabiendo cómo sacar fuerzas para continuar solamente de Dios, quien promete sostener a su siervo.

Significados Griegos en el Nuevo Testamento. La palabra griega "diakoneo" tiene la connotación de un esclavo que da su vida por los demás, sea figurativamente en el servicio a la más pequeña necesidad de otro, o literalmente, como por ejemplo los remeros en las galeras, quienes trabajaban hasta morir.

En el pensamiento griego, este tipo de servicio era vergonzoso. La primera obligación del ciudadano griego consigo mismo, era lograr su pleno potencial hacia la excelencia (¿no le suena familiar esta frase en la cultura de nuestros días?) El ser forzado a sujetarse a la voluntad de otro o rendir su tiempo y sus esfuerzos por otras personas, era intensamente desagradable y humillante para un griego.

El Nuevo Testamento trae a casa el mensaje de Cristo del servicio al usar las mismas palabras que eran tan desagradable para los griegos, como el estándar en cuanto al servicio cristiano. Jesús mismo muestra el modelo de un sistema de valores transformado. En Cristo, el servicio es la vía hacia la grandeza. ¡Nosotros llegamos a nuestro pleno potencial cuando damos a Cristo y a su Iglesia, no cuando tomamos!

Un esclavo por amor era alguien que había escogido ofrecer una vida de servicio a otra persona, no por obligación, sino por el deseo de seguir sirviendo. El esclavo por amor tenía un agujero en el lóbulo de su oreja como una marca de su situación. El apóstol Pablo, se describe en la mayoría de sus epístolas como un esclavo por amor o siervo en cadenas de Cristo.

En Cristo el siervo/dador, vemos el máximo servicio en alguien que dio su vida por nosotros, en una decisión libre, sin coerción, poniendo nuestro bien por encima del Suyo. Como nuestro rescate, Cristo se entregó voluntariamente, total y sacrificialmente dio todo lo necesario para libertar a los esclavos del pecado. Él ilustraba sus enseñanzas para nosotros, con Su propia vida. Él probó que la grandeza no es una meta que deba ser buscada, sino un subproducto de aprender a servir a los demás. Para lograr la verdadera grandeza, debemos descartar primeramente nuestras ideas de lo que ésta es.

Obstáculos al Verdadero Servicio

Confundir los Caminos del Hombre con los Caminos de Dios. La Biblia enseña claramente que aprender a servir a Dios y a la Iglesia requerirá de nosotros vencer los instintos del hombre natural. Nos dice que debemos prepararnos para morir, como el grano de trigo muere antes de llevar fruto en la tierra (Juan 12:24,25). Nos dice que Dios y Sus pensamientos y caminos son demasiado elevados como para que los entendamos naturalmente (Isaías 55:10,11). Nos habla de resistirnos a ser conformados a este mundo, y buscar la transformación de Dios en nuestra misma manera de pensar, si es que queremos servir a Dios como Él se merece (Romanos 12.1,2). La siguiente tabla ilustra el conflicto entre el hombre natural y el espiritual cuando se trata del servicio.

EL CAMINO DEL HOMBRE A LA GRANDEZA	EL CAMINO DE DIOS A LA GRANDEZA
Se enfoca hacia el poder.	Se enfoca a la sumisión.
Enfatiza la libertad.	Enfatiza la responsabilidad.
Se preocupa por las ganancias.	Se preocupa de dar.
Desea la satisfacción inmediata.	Desea los logros duraderos.
Busca la alabanza de los hombres.	Se preocupa por la aprobación de Dios.
Aspira a ser servido.	Aspira a servir a los demás.
Anhela la auto-gratificación.	Anhela el auto-control.
Necesita empujarse hacia adelante.	Necesita de la paciencia.
Lucha por ser líder de la gente.	Lucha por seguir a Dios.
Desea competir.	Desea cooperar.

La Vida Centrada en Uno Mismo. _"Nada hagáis por contienda o por vanagloria; antes bien con humildad, estimando cada uno a los demás como superiores a él mismo"_ (Filipenses 2:3,4). Otra traducción dice, _"Dejen de actuar por motivos de contiendas egoístas o por mezquina ambición."_

¡Que extraño suena esto a la "generación del YO y lo MÍO"! Algo de la más popular sabiduría de nuestra cultura actual: arregla tu propio nido y preocupáte por el número uno. La publicidad se ha volcado sobre este espíritu en forma hasta vengativa. Se nos dice, "Tú puedes seguir tu propio camino. Hazte un favor a ti mismo. Lo mejor es para ti. Te mereces un descanso hoy. Hay que satisfacerse uno mismo."

Realmente esto no es nada nuevo, según nos lo muestra esta lista de fuertes influencias culturales:

CULTURA	FRASE
Grecia	Se sabio, conócete a ti mismo
Roma	Se fuerte, disciplínate tu mismo
Epicureismo	Sé sensual, disfruta tu mismo
Educación	Llénate de recursos, expándete a ti mismo
Psicología	Sé confiado, afírmate a ti mismo
Materialismo	Satisfácete, complácete a ti mismo
Humanismo	Sé capaz, cree en ti mismo.

Pero Jesús vino con un programa totalmente diferente. Él dijo, _"Sé un siervo, entrégate tú mismo y niégate a ti mismo."_ El verdadero cristianismo nunca ha sido popular, a pesar de que algunos cristianos verdaderos ocasionalmente han gozado del favor público. (Sin embargo, esto no es permanente.)

El Nuevo Testamento, en trece lugares usa la palabra griega "aparneomai" que quiere decir negarse, pero hasta lo máximo, al punto de no poseer, de abstenerse, de renunciar.

Jesús dijo, _"Si alguno quiere venir en pos de mí, niéguese a sí mismo, y tome su cruz, y sígame"_ (Mateo 16:24). Él se refiere a la muerte de nuestra propia voluntad, de manera que podamos servir a la voluntad de Dios. Esto es una muerte del yo. También se nos dice que _"habéis muerto y vuestra vida está escondida con Cristo en Dios."_ (Colosenses 3:3). Asimismo que _"no sois vuestros ... porque habéis sido comprados por precio"_ (I Corintios 6:19,20).

Claramente, el camino del servicio cristiano corre totalmente en sentido contrario al camino de "libertad" que la cultura occidental moderna impone. El verdadero servicio cristiano no sólo es algo indeseable, sino imposible para la "generación del yo." El verdadero servicio requiere de una fuerte auto imagen y verdadero auto conocimiento, de los cuales generalmente se carece. Cuando Jesús lavó los pies de sus discípulos, después de su última pascua (Juan 13:1-16), Él les mostró qué tan resueltamente habrían de luchar para vencer el auto centrismo para convertirse en verdaderos siervos.

La Mentalidad de Remedios Rápidos. La frase "el estilo americano" gradualmente ha ido incluyendo algunos significados no tan positivos. En algunas ocasiones se relaciona con el deseo corto de vista de resultados inmediatos, que lleva a usar el camino más rápido, más barato, y más fácil de lograr las cosas. Las industrias norteamericanas son legendarias por ser incapaces o no deseosas de invertir para mantenerse en la punta de la calidad de sus productos. Esto ha redundado en pérdidas de enormes porciones dentro del mismo mercado estadounidense a manos de los competidores extranjeros.

Esta mentalidad de "soluciones al instante" se ha vuelto más dañina en el área de la guerra espiritual entre la Iglesia y Satanás, porque sus resultados son eternos. Jesús dijo a sus discípulos que Él venía a servir, y que en Su servicio Él pagaría el precio final de ofrecer Su vida en "rescate por muchos" (Marcos 10:45).

El principio del sacrificio siempre ha sido el camino de Dios, pero nunca el camino del hombre. En su misma naturaleza, el sacrificio hace que la carne retroceda instintivamente en temerosos intentos de auto-conservación. El sacrificio involucra el pago del alto precio de rendirse, la destrucción o el sufrir la pérdida de algo precioso para conseguir lo que tiene mayor importancia.

Los sacrificios en la Historia de la Salvación. La historia de la salvación se basa en el sacrificio. La tabla siguiente nos delinea brevemente los puntos claves de la historia de nuestra salvación, revelándonos un enfoque reiterativo en lo sacrificial.

LOCALIZACIÓN   SACRIFICIO

Monte Moriah   Dios ordenó a Abraham a sacrificar a su hijo, Isaac, quien sería el vaso por medio del cual vendría el cumplimiento de las promesas de Dios para Abraham. El ángel de Jehová desde los cielos llamó al patriarca para que suspendiera el sacrificio, y Dios proveyó un carnero para el sacrificio, pero sólo después de que el corazón de Abraham recibió la prueba final de su fe (Génesis 22).

Monte Moriah	David edifica un altar y hace ofrenda delante de Dios para que el ángel de Dios detenga la acción del ángel de la muerte. Él de ninguna manera iba a aceptarla oferta de Arauna el jebuseo de usar su buey y sus yugos gratis, sino que debía pagar el precio completo de ellos. David dijo, *"No, sino por precio te lo compraré; porque no ofrecerá a Jehová mi Dios holocaustos que no me cuesten nada"* (II Samuel 24:18-25).
Monte Moriah	Salomón edifica el templo de Jerusalén en el monte Moriah, el mismo sitio que David su padre compró para ofrecer sacrificios para Dios. Este sitio se convierte en el único sitio autorizado para ofrecer sacrificios a Jehová, el único lugar de la santísima presencia de Dios en Israel, y el lugar hacia el cual todos los israelitas dirigirían sus rostros durante la cautividad al buscar el perdón de sus pecados y el regreso a sus posesiones ancestrales (II Crónicas 5,6).
El Gólgota	Cristo, el unigénito del Padre, es crucificado en una colina muy cercana al Monte Moriah, como sacrificio que alejaría la ira de Dios de los pecados de toda la humanidad. A través de los eventos de la crucifixión, se hace aparente que el sacrificio de Cristo es el foco central de todas las obras de Dios a través de la historia, como fue el cumplimiento de muchas profecías.
El Gólgota Espiritual	A los cristianos se nos ordena "presentar nuestros cuerpo en sacrificio vivo" como nuestro servicio razonable de adoración y obediencia a Dios. En términos prácticos, significa que cualesquiera que sean los conflictos de mi voluntad con la voluntad de Dios, mi voluntad debe ser crucificada (Romanos 12:1,2).

Conclusión

Cristo ha sentado un claro patrón a seguir para recibir la unción del Espíritu Santo. Él fue ungido para servir como un esclavo hasta el punto de la muerte. Nosotros debemos morir al yo, si es que vamos a servirle, para hacer los sacrificios que se necesitan para funcionar bajo la unción de Su Santo Espíritu.

La prioridad de Cristo era y es la gente. Él vivía para servir a la gente, no para edificar y servir a su propia posición. Su ministerio y Su propósito estaban enfocados totalmente en la obediencia a Dios y en el servicio a la gente. Los escribas y fariseos criticaban a Su ministerio centrado en la gente por comer con los pecadores, por no ayunar en una forma evidente, por viajar en el sábado y por sanar en el día de reposo.

Cristo pagó el precio por servir. Él sacrificaba diariamente, sin quejarse de la inconveniencia o el costo personal. Él pagó el precio final de Su vida, para completar Su ministerio. Como Cristo, nosotros debemos aprender a vivir sacrificialmente. Debemos romper con la práctica de servirnos a nosotros mismos y de vivir en medio de un universo centrado en uno mismo. Debemos avanzar hacia una vida centrada en Dios.

Este es el llamado de todo creyente. Se logrará sólo a través de la unción del Espíritu Santo. Y es ello, lo único que puede restaurar a los líderes de la Iglesia a la verdadera autoridad que deben tener para guiar a la Iglesia en su asalto a las puertas del Hades.

Capítulo 21

ADVERTENCIAS DEL NUEVO TESTAMENTO

El Nuevo Testamento es muy específico acerca de las cosas de las cuales los creyentes (en especial los líderes cristianos) deben guardarse y cuidar de tal manera que sus vidas y ministerios tengan éxito. La siguiente es una lista de esas amonestaciones principales en el Nuevo Testamento. Cada hombre de Dios debe usarlas como guía de su propia vida y ministerio. Cada punto listado representa una importante área en el cual el líder podría desviarse de la voluntad de Dios. Debemos evitar:

La ostentación	*"Guardaos de hacer vuestra justicia delante de los hombres, para ser vistos de ellos."* (Mateo 6:1)
El legalismo	*"Entonces entendieron que no les había dicho que se guardasen de la levadura del pan, sino de la doctrina de los fariseos y de los saduceos"* (Mateo 16:6; Marcos 8:15).
El espíritu de rachazo a los niños	*"Mirad que no menospreciéis a uno de estos pequeños"* (Mateo 18:10).
Ser engañado por los hombres	*"Guardaos de los falsos profetas"* (Mateo 7:15 y 24:4; Marcos 13:15; Lucas 21:8)
No oír la Palabra de Dios	*"Mirad lo que oís"* (Marcos 4:24).
Desviaciones personales	*"Pero mirad por vosotros mismos"* (Marcos 13:19; Lucas 17:3; Hechos 20:28; I Timoteo 4:16)
Oír la Palabra incorrectamente	*"Mirad, pues, como oís"* (Lucas 8:18)

Que nuestra luz se torne tinieblas	*"Mirad pues, no suceda que la luz que en ti hay, sea tinieblas"* (Lucas 11:35).
Un espíritu codicioso	*"Mirad y guardaos de toda avaricia"* (Lucas 12:15).
Un espíritu abrumado	*"Mirad también por vosotros mismos, que vuestros corazones no se llenen de glotonería y embiaguez, y de los afanes de esta vida, y venga de repente sobre vosotros aquel día"* (Lucas 21:34).
Descuidar al rebaño	*"Por tanto, mirad por vosotros, y por todo el rebaño en que el Espíritu Santo os ha puesto por obispos, para apacentar la iglesia del Señor, la cual él ganó por su propia sangre."* (Hechos 20:28).
Enorgullecerse de la gracia de Dios	*"Porque si Dios no perdonó a las ramas naturales, a ti tampoco te perdonará."* (Romanos 11:21).
Edificar la vida de uno incorrectamente	*"Conforme a la gracia de Dios que me ha sido dada, yo como perito arquitecto puse el fundamento, y otro edifica encima; pero cada uno mire cómo sobreedifica."* (I Corintios 3:10).
Ser tropiezo para los demás a causa de nuestra libertad	*"Pero mirad que esta libertad vuestra no venga a ser tropezadero para los débiles."* (I Corintios 8:9).
Pensar que nunca podría caer	*"Así que, el que piensa estar firme, mire que no caiga."* (I Corintios 10:12).
Devorarnos unos a otros	*"Pero si os mordéis y os coméis unos a otros, mirad que no consumáis unos a otros."* (Gálatas 5:15).
No cumplir nuestro ministerio	*"... Mira que cumplas el ministerio que recibiste en el Señor."* Col. 4:17.
Hacer caso de palabras sin valor	*"ni presten atención a fábulas y genealogías interminables, que acarrean disputas más bien que edificación de Dios que es por fe, así te encargo ahora."* (I Timoteo 1:4, Tito 1:14).

Escuchar a espíritus y doctrinas engañosos	*"Pero el Espíritu dice claramente que en los postreros tiempos algunos apostatarán de la fe, escuchando a espíritus engañadores y a doctrinas de demonios;"* (I Timoteo 4:1).
Abandonar la doctrina cristiana	*"Ten cuidado de ti mismo y de la doctrina; persiste en ello, pues haciendo esto, te salvarás a ti mismo y a los que te oyeren."* (I Timoteo 4:16).
Deslizarse de lo que hemos creído en Cristo	*"Por tanto, es necesario que con más diligencia atendamos a las cosas que hemos oído, no sea que nos deslicemos."* (Hebreos 2:1).
Tener un corazón malo y lleno de incredulidad	*"Mirad, hermanos, que no haya en ninguno de vosotros corazón malo de incredulidad para apartarse del Dios vivo;"* (Hebreos 3:12).
Rechazar las profecías acerca de Cristo	*"Tenemos también la palabra profética más segura, a la cual hacéis bien en estar atentos como a una antorcha que alumbra en lugar oscuro, hasta que el día esclarezca y el lucero de la mañana salga en vuestros corazones; entendiendo primero esto, que ninguna profecía de la Escritura es de interpretación privada, porque nunca la profecía fue traída por voluntad humana, sino que los santos hombres de Dios hablaron siendo inspirados por el Espíritu Santo."* (II Pedro 1:19-21).
Confiarse y ser pretenciosos	*"Y les decía en su doctrina: guardaos de los escribas, que gustan de andar con largas ropas... y por pretexto hacen largas oraciones."* (Marcos 12:38,40).
Gloriarse en la alabanza de los hombres	*"Y les decía en su doctrina: Guardaos de los escribas, que gustan de andar con largas ropas, y aman las salutaciones en las plazas, y las primeras sillas en las sinagogas, y los primeros asientos en las cenas;"* (Marcos 12:38-39).
Obedecer a ceremonias en vez de obedecer a Cristo	*"Guardaos de los perros, guardaos de los malos obreros, guardaos de los mutiladores del cuerpo* (falsa circuncisión).*"* (Filipenses 3:2).

Aceptar filosofías vanas	*"Mirad que nadie os engañe por medio de filosofías y huecas sutilezas, según las tradiciones de los hombres, conforme a los rudimentos del mundo, y no según Cristo."* (Colosenses 2:8).
Soltar el compromiso con Cristo	*"Así que vosotros, oh amados, sabiéndolo de antemano, guardaos, no sea que arrastrados por el error de los inicuos, caigáis de vuestra firmeza."* (2 Pedro 3:17).

Progresos y Contrariedades en el Liderazgo

Hay muchas cuestiones que surgen a lo largo del camino del líder hacia el cumplimiento de la voluntad de Dios para su vida. El líder puede enfrentar diferentes cuestiones en diversos momentos de su ministerio. La mayoría de los hombres y mujeres de Dios, sin embargo, serán retados en algún punto por algunas de las siguientes preguntas:

¿Cuál es mi última posición en la Iglesia?

¿Cómo puedo hallar oportunidades de ministerio?

¿Como saber si estoy bien preparado?

¿Que puedo hacer cuando siento celos de que otro prospera?

¿Como empezar mi ministerio?

¿Cómo se llegarán a cumplir las profecías de mi ministerio?

¿Qué papel juega el tiempo en el desarrollo de mi ministerio?

¿Porqué nadie reconoce mi ministerio?

¿Que hacer para ministrar exitosamente?

Este capítulo sentará algunos fundamentos escriturales para explicar cómo pueden progresar o retroceder lo ministros en su llamado divino final. Al hacerlo de esta manera, muchas preguntas de las arriba anotadas encontrarán respuesta. Algunos líderes de Dios empiezan bien pero caen en el camino (Sansón, Saúl y Salomón). Otros no empiezan tan bien como terminan. De cualquier manera, cada hombre de Dios desea conocer no sólo la voluntad de Dios para su vida, sino también cómo permanecer en el centro de ella por el resto de sus años. El liderazgo de hoy día se va por demasiadas curvas entrando y saliendo de la voluntad de Dios. Este capítulo señalará no sólo los principales escollos a lo largo del camino, sino también los puntos positivos que ayudarán al hombre o a la mujer de Dios para alcanzar su meta en el Señor. Esta sección se enfoca en el siguiente diagrama:

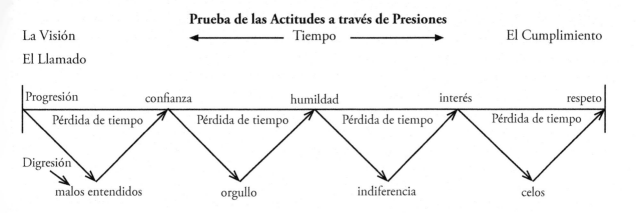

Prueba de las Actitudes al Pasar por las Presiones

La línea horizontal principal en el diagrama representa la línea de tiempo en la vida del líder. En el extremo izquierdo, al principio del diagrama, tenemos el punto en el cual el hombre o la mujer de Dios recibe un llamado o visión para el ministerio. En el extremo de la derecha, al final de la figura, se localiza el punto en el cual el llamado y la visión del líder se cumplen. El espacio intermedio entre los dos puntos representa el tiempo en el cual Dios soberanamente prueba las actitudes del líder.

Las actitudes del ministro (sus disposiciones internas y mentales hacia la vida y el ministerio) le ayudarán a determinar su éxito o fracaso. Si el líder colabora con Dios en el desarrollo de actitudes piadosas en su vida, prosperará. Sin embargo, si por lo contrario, el líder permite que las raíces de impiedad crezcan dentro de él, fracasará al querer hacer lo que Dios le ha pedido que haga. Por ejemplo, en el diagrama usted puede ver que la actitud de "malos entendidos" provoca que el líder tome un camino de retroceso en relación a la perfecta voluntad de Dios. Pero cuando el líder, en lugar de ello permite que la actitud de "confianza" se arraigue en su interior, su progreso continúa. El resto del diagrama sigue este patrón: la "indiferencia" causa un atrasamiento, pero el tener "interés" libera el progreso. Así sucede en la vida de cada hombre de Dios. Cuando Dios trae convicción al líder de que tiene una actitud pecaminosa, su mejor actitud es la de arrepentimiento inmediato y de oración para recibir limpieza.

Actitudes que Causan Progreso o Contratiempos

Listaremos ahora algunas de las causas principales de retraso espiritual y ministerial en la vida del líder. La columna del lado izquierdo nos presenta las actitudes que le ayudarán a progresar. Las del lado derecho son las que traen estancamiento.

Conclusión

Cada persona que sirve a Dios puede usar la tabla anterior para evaluar las actitudes en su propia vida que pueden causar progreso o estancamiento en el ministerio. Al permitir al Señor Jesús desarrollar todas las actitudes positivas de carácter en su vida, cada líder debe ser equipado para seguir exitosamente la voluntad de Dios para su vida y cosechar el fruto resultante.

CAPITULO 22

DISCIPLINA Y RESTAURACIÓN DE LÍDERES Y MIEMBROS DE LA IGLESIA

En este capítulo; deseamos examinar dos áreas de la disciplina correctiva. En primer lugar, deseamos discutir la disciplina de un miembro de la iglesia en pecado. En segundo lugar trataremos la tan importante área de la disciplina a un líder que ha pecado.

Vivimos en una época en que la disciplina es mal entendida y pobremente usada, o peor aún, no es usada en ningún caso. Encontramos esto en las escuelas públicas, en el hogar típico, en los adolescentes rebeldes, y en la misma iglesia. La falta de disciplina ha provocado el mal uso de la gracia, el amor y el perdón. Dios es un Dios amoroso y perdonador. Pero estas virtudes son manifestadas solamente a través del principio de la cruz, el cual requiere del arrepentimiento del pecado. El principio de la disciplina, cuando se aplica sabiamente coadyuvará al arrepentimiento y permitirá la manifestación de la verdad y las bendiciones perdurables de Dios.

Disciplina Correctiva para los Miembros de la Iglesia

En su contexto pleno la disciplina es un entrenamiento que moldea, corrige o perfecciona el carácter moral de un individuo. En este capítulo examinaremos la disciplina en un contexto más limitado de acción correctiva que se toma para remediar un problema específico.

Antes de profundizarnos en este tema, es importante hacer ciertos comentarios generales sobre el propósito de este tipo de disciplina.

No hay ningún líder cristiano o pastor que se alegre de la necesidad de este tipo de disciplina correctiva. Es un deber que se debe desempeñar cuando otros métodos más positivos promotores de crecimiento y madurez han fallado. La mayoría de los pastores preferirían no disciplinar nunca a algún miembro de su iglesia. Donde sea que se encuentre una falta, la necesidad de disciplina es una indicación de fracaso y no de éxito. El líder sabio entrará en una situación de disciplina correctiva con entendimiento y compasión.

Es sabio que entre también a la disciplina correctiva con firme resolución. Mientras que la necesidad de tal disciplina puede ser trágica, su éxito dependerá del corazón de los propósitos del líder. ¿Qué líder hay que no desee ver a las personas limpiadas y restauradas a una iglesia saludable, protegida y unida? Especialmente en periodos de enfermedad espiritual en la iglesia, los líderes de Dios pueden estar agradecidos que esta importante herramienta esté a su disposición. La Biblia desarrolla claramente esta herramienta para el uso del pastor sabio.

Razones para la disciplina

Los miembros de una iglesia necesitan la disciplina correctiva por un sinnúmero de razones. Cuando un miembro cae en pecado de una manera que amenaza su propia vida espiritual y la de los que lo rodean, tanto él como la iglesia deben ser protegidos. La iglesia necesita la acción sabia y decidida de sus líderes en tal caso. En adición a ello otros hermanos comprenderán su propio papel en el proceso de la corrección y restauración. Las áreas que pueden requerir la disciplina eficaz a los miembros son:

Ofensas no resueltas entre miembros

Impureza moral habitual

Codicia

Borracheras

Lenguaje soez

Extorsión

Provocar división activa y agresivamente

Fracaso en la Aplicación de Disciplina. Hay varias razones por las que el liderazgo de la iglesia puede fallar en la aplicación de disciplina del miembro pecador. Es bueno hacer una exploración breve de ellas para conocerlas y entenderlas por adelantado. Cuando las situaciones de disciplina ocurren, el conocer previamente las dificultades que conllevan pueden ayudar a la resolución y la efectividad del liderazgo. El temor y la ignorancia se expresan en diversas formas.

TEMOR

Temor de que la congregación se disguste con el proceso.

Temor de que la gente desarrolle una identificación emocional con el problema.

Temor a que la iglesia desarrolle una reputación de dura o legalista ante la comunidad.

Temor a las reacciones destructivas o de enojo y amargura de la persona a la que se disciplina.

Temor de herir los tiernos corazones de los niños y de los jóvenes.

Temor de causar vergüenza y daño al ministerio o la reputación de aquellos que estarán bajo disciplina.

IGNORANCIA

Ignorancia acerca de la necesidad de disciplina.

Ignorancia de los principios bíblicos de la disciplina.

Ignorancia del proceso de disciplinar.

Beneficios de la Disciplina de la Iglesia

1. Ésta tiene el potencial de traer cambio y crecimiento a la vida del individuo donde ninguna otra cosa lo hará.

2. Da evidencia de un nivel de la convicción bíblica de querer vivir como se le ha ordenado al cristiano.

3. Detiene la influencia contaminante (leudadora) del pecado, para que este no gane terreno en otros miembros de la congregación.

4. Contraataca el espíritu transgresor de la ley presente en nuestra época.

5. Cimenta el valor de la justicia como la base de todas las relaciones del cuerpo de Cristo.

6. Es parte de la responsabilidad de supervisión en la iglesia local.

7. Puede evitarle a otro pastor o líder la tarea de aplicar posteriormente disciplina a un caso peor todavía.

8. Ayuda al miembro a tratar con el pecado en sí mismo, que no había podido eliminar por su cuenta .

9. En algunos casos puede salvar a una Iglesia o congregación de dividirse.

10. Sin la disciplina, no hay una norma clara de lo que está bien o mal entre la congregación.

11. Sin la disciplina de la iglesia, los miembros pecadores continuarán en sus pecados, destruyendo sus propias posibilidades de dar fruto en el Señor.

12. Si no hay disciplina en la iglesia, otras personas van a hacer abiertamente lo que antes habían sido tentados a hacer en secreto, porque la falta de disciplina implica la aprobación de cierta actividad.

13. Sin la disciplina, la vida espiritual del cuerpo, como un todo, se debilita grandemente. Se escapa la vitalidad y llega el estancamiento.

14. Si no tenemos disciplina en nuestras iglesias, la confianza y respeto al liderazgo están perdidos.

El Proceso de la Disciplina

El Nuevo Testamento contiene claras afirmaciones acerca de la necesidad de la disciplina y de su lugar en la vida de la iglesia. Examinemos algunos importantes versículos que nos describen el proceso de la disciplina en la iglesia.

Confrontación. Empecemos por las palabras de Cristo en Mateo 18:15-17:

"Por tanto, si tu hermano peca contra ti, ve y repréndele estando tú y él solos; si te oyere has ganado a tu hermano. Más si no te oyere, toma aún contigo a uno o dos, para que en boca de dos o tres testigos conste toda palabra. Si no los oyere a ellos, dilo a la iglesia, y si no oyere a la iglesia tenle por gentil y publicano."

Exclusión del Compañerismo. La disciplina en este caso, puede alcanzar una etapa de poner a una persona fuera de la comunión con la iglesia. Esto alcanza una expresión muy fuerte en la iglesia de Corinto a la cual el apóstol se dirigió en esta forma:

"Ciertamente yo, como ausente en cuerpo, pero presente en el espíritu, ya como presente he juzgado al que tal cosa ha hecho. En el nombre de nuestro Señor Jesucristo, reunidos vosotros y mi espíritu, con el poder de nuestro Señor Jesucristo, el tal sea entregado a Satanás para destrucción de la carne, a fin de que el espíritu sea salvo en el día del Señor Jesús... porque ¿qué razón tendría yo, para juzgar a los que están fuera? ¿No juzgáis vosotros a los que están dentro? Porque a los que están fuera, Dios juzgará. Quitad pues vosotros a ese perverso de entre vosotros." (I Corintios 5:3-5,12,13).

La disciplina involucra un juicio evidente, el pronunciar una opinión de lo que está bien o mal. Se ejercita como una función interna de la iglesia y no en relación con los no cristianos o de gente que no forma parte de la comunidad de la iglesia.

Dolor y Vergüenza Piadosos. El acto de separar a una persona que necesita disciplina es un tratamiento que va más allá de no permitir a alguien estar en comunión en los grupos de la iglesia. Los miembros de la iglesia son conminados también a evitar cualquier asociación con tal persona en lo individual. Esto está orientado para producir cierta pena en el individuo que pueda moverle a arrepentimiento. Este nivel de ser avergonzado es tal que la persona se vuelve sobre sí misma, sin ningún recurso de otra persona, y siente un pesar honesto y completo que le motiva a cambiar su conducta.

"Pero ordenamos, hermanos, en el nombre de nuestro Señor Jesucristo, que os apartéis de todo hermano que ande desordenadamente, y no según la enseñanza que recibisteis de nosotros... Si alguno no obedece a lo que decimos por medio de esta carta, a ese señaládlo y no os juntéis con él, para que se avergüence. Mas no lo tengáis por enemigo, sino amonestadle como a hermano". (II Tesalonicenses 3:6,14,15)

La palabra griega que se usa para "señalar" en este pasaje incluía un procedimiento en el que la iglesia usa un acto o circunstancias que tenía un claro mensaje y significado para la persona bajo disciplina.

Dios protege a la iglesia de los ataques espirituales del enemigo. En algunos casos un pecador no arrepentido puede buscar refugio bajo la cobertura protectora de la iglesia y no desea cosechar plenamente lo que ha sembrado. Es por eso que Pablo escribe en I Timoteo 1:20: "de los cuales son Himeneo y Alejandro, a quienes entregué a Satanás, para que aprendan a no blasfemar." Cuando una persona es removida totalmente de la comunión se halla en terrenos de Satanás y sin protección. Los ataques perniciosos de Satanás pueden ser la única cosa que rompa la condición de dureza espiritual para reactivar la consciencia de la persona.

El Pecado Más Allá del Arrepentimiento. Es posible que un cristiano caiga en una forma tal que no haya arrepentimiento. La iglesia no puede recuperar a aquellos que se han destinado a sí mismos al infierno. "Al hombre que cause divisiones, después de una y otra amonestación, deséchalo" fue el mandatos de Pablo en Tito 3:10. El que causa divisiones es una persona sectaria, que sigue sus propias preferencias, siguiendo sus propios deseos, lo cuales dañan la iglesia. En los últimos días, habrá también blasfemos que dañarán la obra de Dios, y deben ser echados de la comunión irremediablemente (II Timoteo 3:2).

Protegiendo a la Iglesia. En casos muy severos, la disciplina deja de ser un asunto de restauración del alma de una persona, y se convierte en una función de la iglesia para defenderse a sí misma de los ataques del enemigo. En todas las áreas de la disciplina de la iglesia, pero muy especialmente en esta, el liderazgo debe actuar decididamente y en el momento oportuno. La disciplina puede beneficiar no sólo a los que son disciplinados, sino también al resto de los feligreses: "A los que persisten en pecar, repréndelos delante de todos, para que los demás teman" (I Timoteo 5:20).

Pero cuando una persona se niega a levantarse de su pecado, la iglesia debe protegerse a sí misma.

"Mas os ruego, hermanos, que os fijéis en los que causan divisiones y tropiezos en contra de la doctrina que vosotros habéis aprendido, y que os apartéis de ellos. Porque tales personas no sirven a nuestro Señor Jesucristo, sino a sus propios vientres, y con suaves palabras y lisonjas engañan los corazones de los ingenuos" (Romanos 16:17,18).

Confesión y Limpieza. La Biblia nos da una dirección clara en el siguiente paso para la disciplina efectiva que lleva a la recuperación. En esta etapa, la parte culpable es responsable de confesar, y Dios es fiel para purificarle.

"Cuando pecare en alguna de estas cosas, confesará aquello en que pecó" (Levítico 5:5).

Reconocer y confesar (Salmo 35:1-5).

"Confesaos vuestras ofensas unos a otros..." (Santiago 5:16).

"Si confesamos nuestros pecados, el es fiel y justo para perdonar nuestros pecados y limpiarnos de toda maldad" (I Juan 1:9).

"Si andamos en la luz... la sangre de Jesucristo su hijo, nos limpia de todo pecado" (I Juan 1:7).

"El que encubre sus pecados no prosperará; Mas el que los confiesa y se aparta alcanzará misericordia" (Proverbios 28:13).

La confesión debe dirigirse a las dos partes: a Dios, y a la gente que ha sido herida por el pecado (Romanos 14:7).

Restauración y Recepción. En esta etapa, la iglesia tiene una responsabilidad con su miembro caído y limpiado. En II Corintios 2:1-11, el apóstol Pablo habla a la iglesia acerca de restaurar a una persona que había sido disciplinada en cuanto a su comunión con el cuerpo. La meta de la disciplina había sido lograda: Esta persona se había arrepentido de su pecado. Se le dice a esta iglesia que al recibir de nuevo en la comunidad a esta persona, la iglesia debía:

Perdonar (II Corintios 2:7). Perdonar a alguien es remover toda la condenación y actitudes críticas hacia una persona, liberar el espíritu de la congregación de todos los sentimientos malos.

Consolar (II Corintios 2:7). Hablar palabras de ánimo, levantar las manos caídas.

Amar (II Corintios 2:8). La iglesia debe asegurar al arrepentido de su amor por él, afirmándolo y restaurándolo. Este paso es críticamente importante. Especialmente cuando alguien ha sido separado, el diablo tratará de hacer eso en una división permanente. La iglesia debe de tomar un paso adelante bien agresivo para tratar de reincorporar a esa persona al cuerpo.

No dar ventaja a Satanás. (II Corintios 2:11) Ahora es tiempo de dar un chequeo doble. La iglesia debe de estar segura de que ha hecho los tres pasos de arriba definitiva y afirmativamente y que ningún espíritu dañino se haya metido en la línea y entre la gente envuelta durante este proceso. "¡No queremos que Satanás gane ninguna victoria aquí!" es parte de la traducción de J.B. Philips en este verso. Satanás usará un número de armas, maniobras, diseños, etc. La iglesia está de antemano avisada a no sólo derrotar lo malo, sino a derrotar lo malo con lo bueno.

Resultados de Disciplina en la Iglesia

En otro caso de disciplina en la iglesia primitiva, vemos un cuadro detallado de los resultados. Esto es el caso de Ananías y Safira en Hechos 5. Esta pareja había intentado a ganarse una reputación como benefactores de la iglesia, mientras secretamente estaban reteniendo parte de lo que decían que daban para la iglesia. A través de una palabra de ciencia, el apóstol Pedro descubrió la mentira de Ananías. Confrontado por Pedro, Ananías murió en ese mismo momento. Pronto después, Pedro también confrontó a Safira, y ella pereció al instante, aparentemente por el mover directo del Espíritu Santo.

El resultado de este proceso de disciplina dirigido sobrenaturalmente en la primera iglesia fue tremendo:

"Vino gran temor sobre toda la iglesia" (Hechos 5:11).

Fue soltado el poder para llevar a cabo otras señales y maravillas sobrenaturales. (5:12)

La Iglesia se unió (5:12).

La gente vio el poder en la Iglesia y tuvo un gran respeto y temor (5:13).

Multitudes de nuevos creyentes fueron añadidos a la Iglesia (5:14).

Disciplina Correctiva de los Líderes de la Iglesia.

Una de las más importantes áreas en las cuales la disciplina correctiva protege y sana la iglesia es cuando una bancarrota moral viene al liderazgo de la iglesia. La siguiente descripción general de los procedimientos de la Escritura acerca de la disciplina para líderes de la iglesia se deriva de I Timoteo 3:1-7 y 5:17-25 y de Tito 1:5-9. No estamos haciendo referencia al divorcio o a las segundas nupcias, sino tratando específicamente con la inmoralidad que mancilla la santidad del lecho matrimonial.

Es probablemente la falla más seria que destruye a los ministros de nuestro tiempo. Sin embargo, cuando se lleva a cabo adecuadamente, se puede lograr la restauración redentora, los ministerios pueden ser resucitados y la iglesia puede avanzar en salud.

Los Efectos del Derrumbe Moral en la Vida del Líder y en su Ministerio

La infidelidad marital afecta a la persona y más especialmente al ministerio, en las siguientes áreas de la vida:

Moralmente. Un ministro queda descalificado por sí mismo al caer moralmente. Una esposa puede descalificar el ministerio de su esposo si comete conducta inmoral.

Domésticamente. Si un anciano o ministro no tiene su propia casa en orden, no puede gobernar la casa de Dios. Este orden y gobierno involucra a todas las relaciones inter-familiares. La relación esposo-esposa en especial debe ser reconstruida y restaurada para que la sanidad de la familia tenga lugar.

Mental y emocionalmente. El daño a las relaciones y el tormento de la culpa incluyen heridas profundas emocionales y mentales que sólo pueden ser sanadas por obra de Dios. La colaboración con la sanidad de Dios requiere un arrepentimiento genuino, confesión, y el recibir limpieza y renovación. Las racionalizaciones del pecado no pueden ser justificadas o toleradas. Éstas hacen la sanidades imposibles y dejan al líder expuesto a un engaño y pecados mayores.

Éticamente. Cualquier líder que fracasa moralmente debe bajarse del ministerio en público por un período de tiempo. Este es un regreso visible a la ética escritural que ayuda al proceso de sanidad. Este período de remoción del ministerio debe ser suficiente para permitir el cumplimiento de la disciplina incluyendo la sanidad de las partes involucradas.

Espiritualmente. Los fracasos morales infligen daño y devastación al ministerio público en que el líder está a la vista de la gente y se le tiene como un ejemplo de una vida piadosa. La restauración espiritual debe buscarse por el bien de todos los individuos relacionados.

Eclesiásticamente. Se debe enarbolar la disciplina correcta y escritural, porque el ministro que funciona ante la "Eclesia" tiene una gran influencia. Ninguno de nosotros vive para sí mismo; todos afectamos a los demás, y esto es aún más así entre los líderes cristianos. Si fracasamos en mantener la disciplina escritural, estamos dando precedente para nuevos fracasos morales más, y el sufrimiento de la iglesia se multiplica. El líder que peca, sea éste un anciano o ministro de tipo gubernamental, debe ser reprendido abiertamente ante todos; para que los demás teman. Tales fallas por lo general se vuelven del dominio público (o de la Iglesia) y deben ser tratadas escrituralmente y con decisión. Esto detendrá los rumores y figuraciones.

Lineamientos para la Disciplina Correctiva de los Líderes

Dado que cada circunstancia e individuo involucrados son distintos de caso a caso, no proponemos aquí medidas disciplinarias detalladas. Tampoco lo hace la Biblia. Lo que la Biblia presenta son ciertas guías o lineamientos prácticos aunque generales. Entendamos que el proceso siguiente no debe perseguirse en un espíritu o actitud legalista o farisaico de "yo soy más santo que tú". Cuando Dios perdona, Él realmente perdona, y cuando restaura, en verdad restaura. La meta de la Iglesia a través de este proceso es para restaurar al siervo que ha caído con un "espíritu de mansedumbre considerándote a ti mismo, no sea que también seas tentado" (Gálatas 6:1).

Confesión y arrepentimiento. En primer lugar, la parte culpable debe arrepentirse y confesarlo genuinamente. Él o ella debe hacer su confesión a las partes correspondientes basándose en a quién afectó el pecado, y el nivel del dominio público o privado de tal pecado.

Perdón. En segundo término, después de un verdadero arrepentimiento, todos los participantes en el asunto deben pedirse u ofrecerse perdón. Esto incluye a todas las personas afectadas por el pecado, y no sólo a ellas, sino también a las personas que sufren reproche como resultado de ese pecado; el Señor mismo, la familia, otros líderes de la iglesia y la iglesia en conjunto.

Prueba. En el tercer paso, la parte perdonada debe ser quitada del ministerio en público. Se debe establecer un período de prueba de 6-12 meses, para permitir "la reconstrucción de los muros" derribados por la inmoralidad de las diversas áreas mencionadas anteriormente. Este es un tiempo para limpiar el daño; reedificar en verdad la relación toma más que el tiempo especificado líneas arriba. El orden de Dios para sanar es: perdón, prueba y restauración.

Consejería. Como cuarto punto diremos que el líder bajo la prueba debe tener una relación de consejería con un consejero que le pueda ministrar redención en forma restaurativa.

Restauración. Quinto, un ministro debe ser restaurado después de que un período apropiado de prueba da evidencia de ser un proceso correctivo de restauración. Sin embargo, los líderes de la iglesia deben entender que hay ocasiones en que un ministro pecador no puede ser restaurado a su papel ministerial. Esto puede ser ocasionado por el número de caídas o la profundidad del engaño relacionado. En cualquier lugar que haya arrepentimiento verdadero, la restauración del individuo es bíblica, pero esto no siempre equivale a la restauración al cargo ministerial. Esta es una área que requiere gran sensibilidad y discernimiento del líder eclesiástico.

Ejemplo de una Carta de Corrección Pastoral

Más que permanecer a distancia en situaciones hipotéticas, nos parece más útil presentar una carta pastoral a un líder caído en proceso de corrección. La presentamos con pequeños cambios, para proteger la privacidad. Esperamos que esta carta sirva de instrucción para usted, a la vez que le anime a comprender que aunque el proceso de disciplina sea doloroso, vale la pena si este se lleva a cabo sabia y correctamente. Ofrece a la iglesia esperanza en momentos que ningún otro proceso puede hacerlo.

En la época en que se escribió esta carta, el anciano a que hace referencia había caído en inmoralidad y no estaba respondiendo plenamente a la reprensión bíblica. Por tal razón la carta es dura. No es un ejemplo de un primer comunicado con el anciano que ha sido descubierto en pecado. Una versión suya de esta carta con sus variaciones puede ser usada con mucha oración y sabiduría.

Querido Anciano:

Con respecto a la carta que me envió, me gustaría (en representación del cuerpo de ancianos de la iglesia) también contestar a la misma, refiriéndome a algunos puntos importantes.

1. Primero que nada, parece que la seriedad y lo nefasto de sus pecados no le han herido hasta ahora. Usted lo sabe muy bien en su mente, pero necesita reconocerlo con su corazón profundamente.

No basta decir simplemente "si herí a alguien", queriendo decir a su esposa, hijos y otras personas. La Biblia específicamente dice que el pecado debe confesarse.

"Cuando alguien hubiere pecado en alguna de estas cosas, CONFESARÁ SU PECADO" (Levítico 5:5).

"Si confesamos nuestros pecados, Él es fiel y justo para perdonar nuestros pecados y limpiarnos de toda maldad" (I Juan 1:9).

Como hemos llamado su atención en las primeras pláticas juntos, usted ha "añadido pecado sobre pecado", en estos meses (Isaías 30:1).

Para ser más específicos:

- ENGAÑÓ por meses a usted mismo, a su esposa, a la esposa de otro hombre y su esposo, a sus hijos, al equipo, a los ancianos de la Iglesia y también a las parejas jóvenes de la Iglesia, mientras usted permanecía en pecado.
- MENTIRA -- numerosas mentiras a la gente.
- ORGULLO en lugar de un espíritu de humildad.
- HIPOCRESÍA de la peor clase. Usted enseñó el curso sobre el libro de Timoteo -- siendo que toda la epístola habla de piedad, santidad, sana doctrina como cualidades para los ancianos. Usted se vistió de la máscara e hizo al teatro, mientras que por dentro, usted estaba lleno de hipocresía e iniquidad (Mateo 23:25-28).
- ADULTERIO (malos pensamientos, codicia, adulterio, con la esposa de otro hombre en pensamiento, palabra y obra, manchando su lecho matrimonial, y violando sus votos y pacto nupcial. Hay bases escriturales para el divorcio, para decir lo mínimo, a menos que

la gracia del perdón abunde en la otra parte). Del corazón que es engañoso sobre todas las cosas, y desesperadamente malvado, proceden todas estas cosas (Jeremías 7, con Marcos 7:21-23). Usted no parece entender como Dios entiende, lo engañoso que es el corazón humano.

- EGOÍSMO PECAMINOSO en todas sus formas malignas. Sacando lo que pudo de esta situación, para sus propias necesidades; concupiscencia por amor, racionalización ("Una buena amistad que llegó a equivocarse"). Tal vez fue "una buena amistad errónea" desde el principio, y usted nunca planeó que se fuera por la vía del pecado. Sin embargo, parece que todas las demás circunstancias revelan que usted fue el principal iniciador y engañador.

2. Nosotros mencionamos el principio de "una piedra que cae al agua", de que ninguno de nosotros vive para sí mismo. Cuando pecamos, y en especial en las áreas morales, hacemos caer una piedra de pecado en el agua de la vida y se extienden sus círculos concéntricos de pecado, de tal forma que le han hecho violentar prácticamente todos los diez mandamientos:

- Pecado contra Dios, violando sus mandamientos y echando reproche a su nombre (adulterio, mentira, robo, codicia, etc. Éxodo 20:14-17; Mateo 5:27-30; Salmo 51).

- Pecado contra su propio cuerpo con el adulterio. (Un principio de I Corintios 6:18-20).

- Pecado contra la mujer de su pacto y el lecho matrimonial, y contra el mando de una mujer ajena.

- Pecado contra sus propios hijos.

- Pecado contra sus padres.

- Pecado contra la honrosa posición de anciano, como administrador, tesorero, diácono y maestro de escuela dominical. A la vez usted escuchó una serie de enseñanzas sobre la lujuria y otros cassettes.

- Pecado contra los miembros de la Iglesia a la que usted se comprometió verbalmente, y de esa forma destruyó años de confianza y violó el ministerio de anciano.

Usted ha recibido amplias advertencias. Fue advertido por la persona con la que cometió pecado, por el comité de supervisión, por Jane, y por mí mismo. Le indiqué que no se viera con esa persona en forma tan familiar por tres meses. Le llamé la atención en cuanto a pasarse notas en la orquesta, sobre su comportamiento muy cercano en el cuarto de juegos, y de otros problemas.

Y usted aceptó una posición en el equipo de trabajo, aún conociendo de su forma de vida en pecado.

3. Se le ha llamado la atención acerca de sus planes de fugarse juntos, caminando en una relación adúltera, pensando dejar a su esposa y a sus hijos y hogar, a pesar de que usted afirmaba "amarlos." El amor no hace que uno se escape con la esposa de otro hombre, y pasar por encima de esposa e hijos dejándolos desolados. Cualquier otro razonamiento es un engaño a sí mismo.

4. Le pedimos que escuchara el cassette con el mensaje del domingo pasado, lo cual se hizo pensando en ayudarle, juntamente con su familia. Me parece que usted se ha olvidado de todo el mensaje y el propósito de esa cinta, y en su carta busca justificar su culpa particular. Usted pasó por alto todo el principio de ese mensaje, en lugar de dejar que Dios le hablara por medio de el. Necesita escuchar este mensaje con humildad y no justificarse en sus propias circunstancias.

5. Usted dice estar "enojado" o "herido." Nos gustaría que se enojara con sus pecados y no con su esposa e hijos, con Juan y conmigo, con los ancianos, o la iglesia, o con quien sea.

¡USTED es el que ha pecado! No se enfurezca con nosotros ni juegue a "echar la culpa."

Usted habla de sus "heridas." ¿Y qué de los cientos de heridas de la gente que usted ha dañado?

Usted se pregunta "¿Por qué?" Y nosotros le preguntamos "¿Por qué?" ¿POR QUÉ no pensó en ello en todos estos meses en que se le dio la oportunidad de arrepentirse?

6. Usted dice en su carta que merece ser tratado "como a cualquier otro pecador" y que casi se le ha "excomulgado."

Es evidente que usted no entiende la clave del asunto en todo esto. Déjeme explicársela. Pablo establece en I Corintios 5:9-13 que si alguno que se "dice hermano" se ve envuelto en inmoralidad, nadie se junte con el tal, ni coma con él.

El apóstol Juan dice: "si andamos en la luz, como Él está en la luz, tenemos comunión los unos con los otros, y la sangre de Jesucristo su Hijo nos limpia de todo pecado." (I Juan 1:7). Lo contrario también es cierto. Si no andamos en la luz, no tenemos comunión unos con otros, y la sangre no nos limpia de pecado. Usted ha andado en oscuridad inmoral, se ha roto todo compañerismo alrededor de usted, y la sangre no le ha limpiado de sus pecados (I Juan 1:7).

La verdad continúa de la manera siguiente: "Si confesamos nuestros pecados, Él es fiel y justo para perdonar nuestros pecados y limpiarnos de toda maldad" (I Juan 1:9).

Es en ese orden: confesión, perdón y limpieza.

Jesús dijo que se predicaría el arrepentimiento y remisión de pecados. También es en ese orden. No hay perdón sin arrepentimiento. Dios ha provisto el perdón para todo mundo, pero en sus términos: arrepentimiento de la raíz y del fruto mismo (Lucas 24:47).

Usted ha ostentado una posición de autoridad de un anciano. "A quién mucho se le da, más se le demandará." A mayor luz, mayor responsabilidad, y mayor juicio. Por eso es que a usted no se le ha tratado como a "cualquier otro pecador."

"Contra un anciano, no admitas acusación sino con dos o tres testigos... a aquellos que persisten en pecar REPRÉNDELOS DELANTE DE TODOS para que los demás también teman" (I Timoteo 5:17-20). ¡Esta es la disciplina bíblica para los ancianos!

7. Usted tal vez cree que la "disciplina" que ha recibido es dura o legalista, etc. No es así. "Honroso sea en todos el matrimonio y el lecho sin mancilla, pero a los adúlteros y fornicarios LOS JUZGARÁ DIOS" (Hebreos 13:4).

Note la lista de aquellos que encuentran su lugar en el lago de fuego, si no se arrepienten según Apocalipsis 21:8 y 22:14,15. El que comete adulterio es falto de entendimiento, de principios morales y de prudencia. Destruye su propia vida. "Heridas, vergüenza hallará, y su afrenta nunca será borrada." (Proverbios 6:24-35).

En el caso suyo, usted apenas ha experimentado una parte del castigo divino que se inflige solo. La disciplina" bajo la cual está sometido, no se compara con la disciplina completa de Dios.

Puede hacérsele fácil, como para muchos, estar en disciplina y retirado de la comunión en su iglesia materna y entonces correr a otra iglesia en busca de "compañerismo." ¡Esto no se podía hacer en Corinto! ¡Por eso tenemos el problema de una iglesia dividida!

8. Nadie le dijo alguna vez en esta iglesia que "la consejería se la lleva el viento de todos modos." La consejería puede volverse una trampa, si la gente que es aconsejada busca sólo el consejo y no quiere tomar ninguna acción para enmendar sus vidas. Es obvio que no estamos contra la consejería, pues nosotros mismos hemos desarrollado un curso de consejería y series de enseñanza sobre el tema. Pero si la consejería sólo sirve para hablar sin poner manos a la obra, y degenera en un juego de "echarse la culpa el uno al otro" entonces se convierte en una trampa truculenta, y me niego a apoyarla.

Usted menciona el suicidio, o sea matarse a sí mismo, que le enviaría al infierno. ¿Dónde está el amor por su esposa e hijos en tales frases tan egoístas?

FINALMENTE, usted pregunta qué esperamos para restaurarlo a la casa del Señor.

1. Que experimente la realidad de un arrepentimiento genuino, de la raíz al fruto. Que busque la convicción del Espíritu Santo, a partir del modelo de II Samuel 11-12 y el Salmo 51.

2. Que haga obras dignas de arrepentimiento (como se enseña en la lección sobre Principios Básicos de la Iglesia del Nuevo Testamento, que usted conoce demasiado bien).

3. Que experimente una profunda humildad de corazón y vergüenza por la maldad del pasado, no solamente actuar como si no hubiera pasado.

4. Que se dirija al Manual de Ancianos de la Iglesia, para revisar nuestras políticas en cuanto a la disciplina de la Iglesia en relación a la moral.

5. Será necesario venir con los ancianos en verdadero arrepentimiento.

6. Se necesitará de un reconocimiento verdadero y honesto en público, delante del cuerpo de la iglesia, para que pueda restaurarle al compañerismo como miembro, y esto sólo después de un periodo de prueba.

7. Se requiere de un periodo de prueba. A pesar de que no puedo decirle qué prolongación tendrá, porque esto depende de su rehabilitación espiritual, estos tiempos son de 6 a 12 meses. Toma años reedificar la confianza y la fe. Pueden ser destruidas en una noche, pero no se pueden restaurar de la noche a la mañana. Esto tomará TIEMPO.

8. Busque al Señor junto con su esposa, para reedificar y restaurar las murallas caídas de su relación matrimonial, y cada una de las áreas en que se necesite trabajar.

Nuestra oración es que usted experimente una convicción y arrepentimiento profundos del Espíritu Santo y venga a la purificación, perdón y restauración al compañerismo y también a la reconstrucción de su matrimonio y su hogar.

En Cristo Jesús

En nombre del Cuerpo de Ancianos

Su Pastor

Conclusión

Los líderes de Dios deben usar la disciplina sabia y firme para ayudar a la Iglesia a crecer "en medio de esta generación mala y perversa." De lo contrario, la Iglesia perderá su habilidad de actuar como sal y luz en un mundo caído. Podemos dar gracias a Dios por habernos dado claras instrucciones en la Biblia sobre cómo tratar con los miembros y líderes de la Iglesia que han pecado.

En tanto que Dios restaure el liderazgo neotestamentario, el cual la Iglesia necesita tan desesperadamente, nosotros debemos mantener nuestros corazones abiertos y listos al cambio. Dios se encargará de cambiar nuestros pensamientos y nuestros corazones al ir haciendo volver a su pueblo a los patrones y prioridades bíblicos. En este día, Dios está diciendo a Sus líderes que permitan que Su Espíritu prepare sus actitudes, motivaciones y pensamientos interiores. A través de sus propias pruebas y examinaciones, Dios va a preparar los vasos que Él desea usar en funciones específicas. Él requiere que sus ministros obedezcan la Palabra y sean ejemplos vivientes de ella, más que solo oidores o estudiosos de la misma.

Recuerde que la cuestión de preparar el liderazgo de la Iglesia no es una habilidad de los mismos líderes, sino de Aquel que los prepara a ellos. Si usted ha sido llamado por Dios a un ministerio gubernamental, puede confiar que pasará el proceso. Evite los estancamientos. Coopere con los tratos de Dios y con la unción del Espíritu Santo. Si hace estas cosas verá una plena liberalización de sus dones y su ministerio, y traerá a otros creyentes a la misma experiencia.

La meta de los siervos ungidos, de preparar a la novia para el día de la boda, está ante nosotros. Que todo el pueblo de Dios colabore con Él en tanto que Él continúe el proceso de la hechura de un líder en cada uno de nosotros.

BIBLIOGRAPHY

Brown, Colin (ed.) The New International Dictionary of New Testament Theology (Grand Rapids: Zondervan) 1986.

Douglas, J.D. (ed.) The New Bible Dictionary (Wheaton: Tyndale House) 1982.

Freeman, James Manners and Customs of the Bible (South Plain£leld: Bridge Publishing) 1985.

Kittel, Gerhard (ed.) Theological Dictionary of the New Testament (Grand Rapids: Eerdmans) 1985.

Lindsay, T.M. The Church and the Ministry in the Early Centuries (London: Hodder-Stroughton) 1903.

Orr, James (ed.) The International Standard Bible Encyclopedia (Grand Rapids: Eerdmans) 1944.

Pick, Aaron Dictionary of Old Testament Words for English Readers (Grand Rapids: Kregel) 1979.

Strong, James Strong's Exhaustive Concordance (Nashville: Thomas Nelson Publishers) 1984.

Thayer, Joseph Henry The New Greek-English Lexicon of the New Testament (Grand Rapids: Baker Book House) 1977.

The Compact Edition of the Oxford English Dictionary (OxfOrd University Press) 1971.

Unger, Merrill Unger's Bible Dictionary (Chicago: Moody Press) 1979.

Webster's New Twentieth Century Dictionary of the English Language (Collins World) 1978.

Whiston, William Complete Works of Josephus (Grand Rapids: Baker Book House).

Wigram, George V. Englishman's Greek Concordance of the New Testament (Grand Rapids: Baker Book House) 1984.

Wigram, George V. Englishman's Hebrew and Chaldee Concordance of the Old Testament (Mott Media) 1982.

SUGGESTED READING LIST

Adams, Jay E. Shepherding God's Flock, No.1 (Baker Book House).

Adams, Jay E. Shepherding God's Flock, No.2 (Baker Book House).

Bonhoeffer, Dietrich The Cost of Discipleship (Macmillan).

Bridges, Charles The Christian Ministry (The Banner of Truth Trust).

Chambers, Oswald Spiritual Leadership (Moody).

Coleman, Robert E. The Master Plan of Evangelism (Revell).

Eims, Leroy The Lost Art of Disciple Making (Zondervan).

Engstrom, Ted W The Making of a Christian Leader (Zondervan).

Gangel, Kenneth O. So You Want to Be a Leader? (Christian Publications).

Gangel, Kenneth O. Competent to Lead (Moody).

Getz, Gene A. The Measure of a Man (Regal).

Getz, Gene A. Abraham: Trials and Triumphs (Regal).

Getz, Gene A. Moses (Regal).

Keller, Phillip A Shepherd Looks at Psalm 23 (Zondervan).

Redpath, Alan Victorious Christian Service (Revell).

Robertson, A.T. Making Good in the Ministry - A Sketch of John Mark (Baker Book House).

Swindoll, Charles R. Hand Me Another Brick (Nelson).

Turnbull, Ralph G. A Minister's Obstacles (Baker).

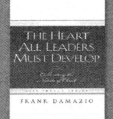

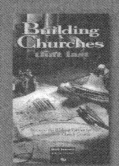
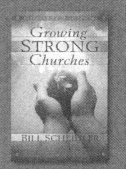

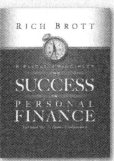

CPSIA information can be obtained at www.ICGtesting.com
Printed in the USA
BVOW09s1112270915

419841BV00006B/66/P